한국
문화의
정체성

한국 문화의 정체성

김형찬 외

KU PRESS
고려대학교
출판문화원

이 책은 〈한샘DBEW연구재단〉의
학술연구지원사업(2018-2020)에 의해 출판되었습니다.

책머리에

한국 문화의 정체성을 다시 논함*

김형찬

1. 들어가는 말

한국인은 반만년의 역사를 자랑한다. 물론 그 역사를 근거로 '한민족'이라는 순수 혈통의 단일 민족 전통을 주장하려 한다면, 민족이란 개념과 의식이 근대에 만들어진 것이라는 지적을 받게 될 것이다. 하지만 적어도 한반

* 이 글은 고려대학교 민족문화연구원에서 진행한 연구과제인 '한국 문화의 정체성 연구'(2018.6-2020.5; 후원: 한샘DBEW연구재단)의 성과를 정리한 것으로, 이 연구과제의 성과로 산출된 논문들을 바탕으로 집필되었다. 따라서 구체적으로 인용 부분을 밝힌 것들 외에도 이 글의 전체 내용은 공동연구의 산물이며, 그 연구 성과를 바탕으로 연구책임자로서 대표 집필한 것이라고 할 수 있다. 다만, 글에 대한 최종 책임은 필자에게 있음을 밝혀 둔다.

도 지역에서 사람들이 대규모의 인구 이동 없이 수천 년간 살아 왔다는 것은 분명한 사실이고,[1] 그 사람들이 오랜 세월에 걸쳐 이른바 '한국 문화'라고 지칭할 수 있는 공동의 문화를 형성해 왔다고 이해하는 것은 자연스런 일이다.

지금 한국 문화의 정체성을 다시 논하는 것은, 한국 문화의 본질 혹은 특성이라고 거론되어 왔던 것들이 근래에 주목받고 있는 한국의 문화 현상들을 온전히 설명해 내지 못하고 있기 때문이다. 한(恨), 고요한 아침의 나라, 선비정신, 자연미 등 한국 문화에 대한 기존의 인식과 표현 방식으로는, 산업화와 민주화를 이루어 온 한국인들의 역동성, 2002년 월드컵을 통해 드러낸 열정과 자부심, 전 세계적 전염병 확산을 관리해 내는 시민의식, 각종 한류 현상들을 통해 펼치고 있는 창조적 에너지 등을 설명하기 어렵다는 것이다. 그러한 특성들은 매우 다양해 보이지만 모두 한국인들의 삶과 역사가 반영되어 드러난 것들이라고 볼 수 있다. 이에 현재 전개되고 있는 한국 문화의 현상들과 그 미래의 가능성을 이해하고 설명해 내기 위해, 현재의 시점에서 그러한 다양한 한국 문화 속에 내재하며 그것들을 만들어 온 어떤 '본질', '원동력' 혹은 '경향성'으로서의 정체성을 논하려는 것이다.

현재 한국인이 살아가는 모습을 돌아보면, 광복 이후 전쟁의 폐허 위에서 이루어 낸 정치·경제·사회·문화 등 각 방면에서의 눈부신 성과에도 불구하고 그 삶은 그다지 행복해 보이지 않는다. 치열한 경쟁사회에서 축적되는 피로감과 빈부격차의 심화로 인한 좌절감은 높은 자살률로 이어지고, 진영 논리로 치닫는 내부 분열은 건전한 토론 대신 양보 없는 적대감을 부추기고 있다. 광복 이래로 한국 사회가 이룬 성취에 대해 우리가 가져야 할 자부심, 성취감, 만족감은 이러한 것들로 인해 분노 혹은 무기력함으로 변질되고 있

1 E. J. 홉스봄은 "한반도는 종족과 언어 면에서 동질적이며 단일 국가로서의 오랜 역사적 전통을 지닌, 세계에서 극히 찾아보기 힘든 지역 중 하나"라고 언급한 바 있다. 에릭 홉스봄, 〈한국어판 저자 서문〉, 《1780년 이후의 민족과 민족주의》, 강명세 옮김(창작과비평사, 1994), 3쪽.

다. 지금 우리가 한국 문화의 정체성을 논하는 것은 바로 이러한 현실을 직시하며 한국 사회가 나아가야 할 방향을 재성찰하기 위한 것이다.

물론 한국 문화의 정체성을 찾는 작업은 고대에서 현재에 이르는 한국인의 오랜 역사를 검토하며 진행되어야 한다는 점에서 과거를 돌아보고 성찰하는 과정이 될 것이다. 그러나 그러한 작업은 또한 한국인의 역사 속에서 만들어지고 다시 그 역사를 만들어 온 문화의 특성을 규정하는 동시에, 향후 한국인들의 삶의 전개를 그러한 방향으로 기대하고 전망하는 것이라는 점에서 미래지향적인 의미를 가진다.

문학, 역사, 철학, 종교, 사회, 예술, 건축 등 각 분야에서 확인되는 한국 문화의 양상들과 그것을 보는 관점들을 조망하며, 이 시대의 관점에서 한국 문화의 정체성을 다시 논한다.

2. 관점의 전환

"존재의 본질 또는 이를 규명하는 성질"[2]이라는 '정체성(正體性, identity)'의 사전적 정의에 따른다면 한국 문화의 정체성이란 한국인들의 문화적 활동과 그것에 의해 구현되는 산물들의 본질을 규명하는 성질이라고 할 수 있다. "본질 또는 이를 규명하는 성질"이라는 표현은 변화하는 현상 이면에 존재하는 어떤 불변의 특성을 상상하게 한다. 한국 사회에 서구 문화가 유입되면서 한국 문화의 정체성에 관한 논의가 본격적으로 이루어지게 되었던 정황은 그러한 상상을 더욱 조장하였다. 우리가 자신의 정체성 논의에 적극적으로 관심을 가지게 된 것은 전근대에서 근대로의 이행기에 타자와 마주하게 되면서 타자와 다른 자신을 규정해야 할 필요성 때문이었다. 당시에 타

2 http://ko,wikipedia.org/wiki/정체성.

자는 일제와 서구였고, 강력한 타자들에 비해 절대적인 물리적 열세 속에서 한국 문화의 '독특한' 정체성을 규정함으로써 자신의 존재가치를 스스로 확인하고 타자에게도 인정받고자 하였다. 특히 일제 침탈기에 "민족은 국가를 대신해 정체성을 이어갔고 민족 문화를 수호하고 그 정체성을 확보하는 것은 생존의 문제"[3]로 받아들여졌다. 그러한 의미에서 한국 문화의 정체성 논의는 동양과 서양, 전통과 근대라는 서구 중심적 관점에 대응하는 한편, 일제의 침탈에 대처해야 했던 어려운 상황이 중첩되면서 그 논의의 방향이 적잖이 굴절될 수밖에 없었다.

지식인들에게 그것은 '문명 대 야만'이라는 서구 중심적 시각에 대해, 그리고 한국인의 자주성을 부정하는 일제 관학자들의 식민사관에 대해, 한국인의 지적 전통을 재조명함으로써 그것을 반박하고 극복해야 하는 문제로 인식되었다. 한국은 '문명'을 자처하는 서구인들에 의해 동아시아 국가들과 함께 '야만'으로 규정되었고, 그러한 관점을 극복하는 것은 한국 지식인들의 주요한 과제로 여겨졌다. 특히 철학은 서구 문명을 상징하는 학문의 정점으로 간주되었고, 한국에서 근대 학문으로서 '철학'의 연구는 한국인 자신들에게도 서구의 철학에 해당하는 지적 전통이 있다는 것을 보여 주어야 한다는 '과제'에 의해 압도되었다. 한국에서의 철학 논의가 한국인의 사유 방식을 효과적으로 이해하고 설명하는 것보다는, 서구의 철학에 해당하는 학술적 자산들이 한국의 지적 전통에도 존재한다는 것을 보여 주는 데 집중되었다는 것이다.[4]

전통과 근대, 동양과 서양의 구도는 문학 분야에서 전통적 문학관과 근대적 문학관을 구분하는 이분법적 단순화의 양상을 초래하였고, 이는 전통 시대 문학관의 다양한 측면과 역동적 변화를 담아내지 못하는 결과를 가져왔

• • • •

3 정혜린, 〈자연과 문화의 관계에서 본 '한국민술'〉, 《'한국 문화의 정체성 연구' 학술대회 자료집》, 2019(이하 《자료집》, 2019), 111쪽.

4 김형찬, 〈한국철학의 정체성과 한국철학사의 관점〉, 《자료집》, 2019, 31쪽.

다. 근대 문학 연구자들 대부분은 한국 근대 문학론의 성립 과정에서 적지 않은 영향을 끼쳤던 서구 학문 체계와 문학관의 영향을 특별히 강조하기 위해 조선 등 근대 이전 시기의 문학관을 '학문' '박학(博學)' '인문' 개념과 유사한 것으로 단순화시킨 후, 마치 전통 시대 전 시기 동안 이러한 문학관이 별다른 변화 없이 일관되게 지속된 것으로 간주하였다. 그러한 시각 이면에는 또한 서구 문화와 구분되는 한국만의 '고유성'과 '독자성'을 발견하여 한국만의 특수한 정체성을 찾아야 한다는 생각이 있었다.[5]

일제 관학자들에 의해 한국인들의 창의성과 자주성이 부정되고, 한국인들에게는 고유한 철학사상이 없다는 주장이 그것을 뒷받침하는 주요한 근거로 제시된 데 대해, 철학 분야에서도 우리에게 '고유한' 철학 사상을 찾아 제시하는 것이 당시의 주요 과제로 여겨졌다. 신규식의 '한국혼', 정인보의 '조선얼', 단군신화에서 찾으려 했던 단일민족의 기원과 그 정신, 배타적 민족주의의 정당화 등이 당시 한국철학에 관한 논의를 지배하는 지식인 사회의 현실이었다.[6]

일본 학자들의 관점이 정체성 논의에서 주류로 자리 잡은 경우도 있었다. 일제 침탈기에 세키노 다다시(關野貞)가 조선 예술의 특징으로 언급했던 가늘고 길게 이어지는 '선의 아름다움'과 그 안에 담긴 조선 백성들의 적막감, 한, 눈물, 원망, 그리고 야나기 무네요시(柳宗悅)가 주장한 조선 민예품의 자연미와 무작위성 등은 현재까지 예술계에서 통용되고 있는 한국미술의 '정체성'이다. 그런데 이러한 관점은 조선 예술의 아름다움에서 유럽의 미와 미술 개념에 대비되는 사항들만을 선택적으로 부각시킨 것이며, 이로 인해 과거 조선 미술의 다양한 면모는 비문화적·비합리적 자연주의라는 축소 변형된 형태로 인식되었다.[7]

• • • •

5 박경남, 〈조선시대 문학관의 변화와 한국문학의 정체성〉, 《자료집》, 2019, 별지 2쪽.

6 김형찬, 〈한국철학의 정체성과 한국철학사의 관점〉, 《자료집》, 2019, 31쪽.

그러나 '동양 대 서양', '전통 대 근대', 그리고 '식민사관'과 같은 관점을 극복해야 한다는 과제는 이미 종결되었다. 한국과 한국인, 그리고 한국 문화의 존재 가치와 자립 능력은 철학, 문학, 예술과 같은 분야에서의 연구의 도움 없이도 정치·경제·사회의 현실에서 이미 증명되었기 때문이다.[8]

정체성이란 오랜 시간을 관통하는 특성을 의미할 수도 있지만, 실제로 정체성을 논하는 사람들의 시각은 자신이 속한 시대의 맥락 안에서 규정되기 마련이다. 그러한 의미에서 정체성이란 "어떤 존재가 시간과 공간, 관계 속에서 한시적으로 부여받은 속성"[9]일 수밖에 없다는 사실에도 주목해야 한다. 조선 시대 문학에서 도문일치(道文一致)의 성격을 정체성으로 규정할 때, 그 안에 있었던 '개인'과 '개체' 중심의 문학관은 보이지 않는다. 그러나 현재의 관점에서 '개인'의 중요성에 주목할 때 조선 시대에도 다양한 '개인'들의 문학이 존재했다는 것이 확인된다.[10] 미술에서도 한국미술의 특성을 '자연'으로 규정할 때 서구의 기교와 세련에 대비되는 정체된 한국미술의 모습만 보이지만, 현재의 관점에서 주목해야 할 것은 "자연과 더불어 자연과 상대하는 또 다른 축, 다양함의 혼종성과 정련, 성숙 등"[11]이다. 한국미술사학자인 고유섭은 1940년대에 이미 문화가 문화과학의 대상으로서 자연물과 달리 인간이 현실에서 획득한 것으로서 영원불변한 관념이 아니며 '영원한 지금에서 늘 새롭게 파악되는 것'이라고 하였다.[12]

••••

7 정혜린, 〈자연과 문화의 관계에서 본 '한국민술'〉, 《자료집》, 2019, 111-112쪽.

8 김형찬, 〈한국철학의 정체성과 한국철학사의 관점〉, 《자료집》, 2019, 31쪽.

9 박경남, 〈조선시대 문학관의 변화와 한국문학의 정체성〉, 《자료집》, 2019, 별지 16쪽.

10 박경남, 〈조선시대 문학관의 변화와 한국문학의 정체성〉, 《자료집》, 2019, 별지 7-14쪽.

11 정혜린, 〈자연과 문화의 관계에서 본 '한국민술'〉, 《자료집》, 2019, 123쪽.

12 고유섭은 '변하면서도 변치 않는(變而不變)' 한국미술의 특성을 정리해 내려 했지만, 신칸트 학파로 대표되는 서구의 철학적 미학적 기준을 유일하게 보편적 기준으로서 한국 문화에 그대로 적용하려 했다는 점에서 한계를 안고 있었다. 정혜린, 〈구수한 큰 맛—번역된 자연미〉, 《'한국 문화의 정체성 연구' 학술대회 자료집》, 2020(이하 《자료집》, 2020), 107-120쪽.

지눌(知訥)의 정혜쌍수론(定慧雙修論)이나 최한기(崔漢綺)의 기학(氣學)과 같은 한국철학도 한반도에서 살아오면서 당면했던 역사의 현실 속에서 문제를 설정하고 대안을 모색하는 과정에서 외래의 이론을 적극적으로 활용한 성과들이다. 따라서 문화의 정체성이란 시대적·사회적 상황에 따라 다른 관점에 의해 다른 방식으로 규정될 수 있으며, 우리는 이 시대가 요청하는 현재의 관점에서 한국 문화의 정체성을 규명하고 규정할 필요가 있다.

3. 정체성 구축 혹은 전통 만들기

오랜 시간 동안 한국 문화 본래의 정체성이라고 받아들여져 온 것들, 그래서 그것이 한국 문화의 전통이라고 여겨져 온 것들도 그 연원을 거슬러 올라가 보면 어느 시기에 누군가에 의해 만들어진 것임을 알 수 있다. 물론 그것들 중에는 특정 시기에 특정한 사람들에 의해 만들어진 경우도 있고 상당한 기간을 거치면서 여러 사람들에 의해 집단적으로 만들어진 경우도 있을 것이다. 당시의 시대적 정황에서 그 사람들이 한국 문화의 특성을 왜 그렇게 규정하려고 했는지 살펴본다면, 문화의 정체성이 역사 속에서 자연히 형성된 것이 아니라 어떤 의도 혹은 관점에 의해 만들어질 수 있는 것임을 알 수 있다.

앞에서 살펴본 철학, 문학, 미술 분야에서의 사례들은 모두 서구 및 일제의 물리적 혹은 문화적 공세에 맞서면서 한국 문화의 정체성이 특정한 입장에 경도되어 규정되었던 사실을 보여 준다. 특히 미술 분야의 경우에는, 일제 강점기에 일본 학자들의 관점에 의해 한국미술의 정체성이 '만들어진' 과정을 구체적으로 확인할 수 있다.

당시에 한국미술의 정체성은 도쿄제국대학 교수로서 조선총독부의 위촉에 따라 한반도의 고적들을 조사했던 세키노 다다시와 그의 한국미술론을 계승한 야나기 무네요시에 의해 규정되어 널리 유포되었다. 야나기는 1919년 한 신문의 연재문에서 조선 예술의 특징을 가늘고 길게 이어지는 '선의 아름다움', 그 안에 담긴 조선 백성들의 적막함, 한, 눈물, 원망 등으로 설명하였다.

야나기는 조선의 예술을 일본 제국주의의 폭력으로부터 지켜 내려는 선의를 지니고 있었고 '조선민족미술관'을 건립하기도 하였다. 하지만 그는 조선이 독립하기를 기대하지 않았고, "무익하게 독립을 갈망하지 말고 인내하라"는 그의 조선 예술론은 결국 조선 문화에 대한 조선총독부의 비폭력적 통제를 정당화하는 이론적 근거를 제공하는 것이었다. 슬픔, 선의 아름다움, 흰색의 편파성은 국내 연구자들에 의해 이미 오래전부터 반박되기도 하였지만, 아직도 별다른 의심 없이 한국의 문화계에서 통용되고 있다.

이보다 더 위험한 논의는 민예(民藝)와 그 자연미에 관련된 논의이다. 1930년대 이후 야나기는 민예(民藝)라는 용어를 만들어 조선 민예품의 자연미, 무작위성을 칭송하였고, 이러한 '한국적 아름다움'은 현재까지 예술계에서 통용되며 한국 문화의 전통이 본래 그러한 것이라는 신화를 형성하고 있다.

이러한 정체성 규정은 조선 고유의 아름다움에 대해 유럽의 미와 미술 개념에 대비되는 사항들만을 선택적으로 부각시킨 '동양적(oriental)' 예술로 한정하였다는 점에서 서구 문화의 강력한 영향 속에서 편향된 관점이라는 한계를 지니고 있다. 이는 결국 국제 문화 교류를 경험할 수 없었던 계층의 정련되지 않은 소박한 미의식으로 한 국가의 조형적 미의식을 축소시켰으며, 동시에 외래문화와 접촉하여 자신의 문화를 변형, 재생산한 지배계층의 문화혼종적이고 정련된 미술을 조선의 미술에서 제외하는 결과를 낳게 되었다.[13]

시대를 좀 더 거슬러 올라가 본다면 고려-조선 시기에 중국 중심의 '천하

13 정혜린, 〈자연과 문화의 관계에서 본 '한국 미술'〉, 《자료집》, 2019, 111-112쪽.

질서' 속에서의 자신의 위치를 설정하면서 이루어진 정체성 만들기의 또 다른 사례를 확인할 수 있다. 이와 관련해서는 일반적으로 두 가지 통념이 있다. 첫째는 동아시아에서는 한족(漢族) 중심의 중화적 천하질서가 진·한대(秦·漢代) 이래로 이미 오래전부터 구축되어 있었다는 것이고, 둘째는 성리학을 국가이념으로 삼았던 조선 건국을 계기로 한반도가 그 천하질서 속에 편입되어 천자국과 제후국의 관계가 정립되었다는 것이다.

그러나 이른바 '천하질서'라는, 천자국과 제후국 간에 조공으로 맺어진 동아시아의 국제질서는 '한족'의 나라가 아닌 몽골의 원 제국을 통해 본격적으로 구축되었고, 한반도를 그 체계에 편입시킨 외교의례는 원의 지배하에 있던 고려 말기에 시작되었다. 물론 고려의 외교의례 대상은 당시의 황제국이었던 원이었다. 고려 전기에 송이나 금과의 외교의례를 원 제국 등장 이후인 고려 말기의 외교의례와 비교해 보면 그러한 변화가 확연히 드러난다. 변화의 계기는 원 제국에 고려가 복속되어 그 질서 속에서 예제(禮制)를 시행하면서부터였다.

정월 초하루나 황제의 생일과 같은 명절에 황제국에서는 신하들이 군신의례인 조하의례(朝賀儀禮)에 참석하여 황제에게 경하를 표하였는데, 고려 전기에 고려 군주는 사자를 보내 자신을 대신하여 조하의례에 참석하여 황제를 상대로 신하의 예를 행하도록 할 뿐이었다. 정작 고려의 군주 자신은 황제국에서 조하의례가 거행되는 날에 황제에게 경하를 표하는 식의 어떠한 신례(臣禮)도 행하지 않았다. 이와 달리 고려 말기에 군주는 사신을 보내 황제국의 명절을 경하하는 것과 별도로 황제국에서 거행되는 조하의례와 연동하여 국내에서 자신이 직접 신하들을 이끌고 신하의 예인 망궐례(望闕禮)를 거행하였다. 이것은 황제국에서 지방 관부의 장관이 조정에서의 조하의례에 맞춰 자기 지역에서 망궐례를 거행한 것과 본질적으로 다르지 않았다. 이는 국내에서조차 황제에 대한 신하로서의 고려 군주의 위상이 구현된 셈이고, 이러한 성격의 망궐례는 질적 변화 없이 조선 말기까지 지속되었다.[14]

이처럼 약소국으로서 강대국에 대한 형식적 의례로서의 외교의례가 황제국과 제후국 간의 실질적인 의례로 전화된 것은 원 제국 체제에 고려가 편입되면서부터였고, 조선 건국 이후에는 그러한 천자-제후국 간의 관계를 내면화하여 명과의 관계를 이어 갔다. 이는 천자국과 제후국 간의 군주-신하 간 의례를 대외관계에서만이 아니라 국내에서까지 충실히 이행함으로써 제후국으로서의 문화를 정책적으로 구축하고 수용하여 국내외에서의 질서 유지에 활용했다는 것을 의미한다.

이상에서 살펴보았듯이, 한국미술에서의 자연미나 무작위성, 천하질서에 편입된 문화의식 등 한국 문화의 정체성 혹은 전통으로 여겨지고 있는 것들이 실제로는 특정한 역사적 정황 속에서 만들어진 것임을 확인할 수 있다. 문화의 정체성은 한국미술의 경우처럼 그 시대의 특정한 관점에 따라 '발견'되어 규정되거나, 고려 말기의 외교의례처럼 그 시대의 필요에 의해 만들어질 수 있다는 것이다. 물론 그렇게 규정되거나 만들어진 것들이 현재에도 우리에게 유효하다면 여전히 그 의미를 가질 수 있겠지만, 그렇지 않다면 이 시대의 관점에서 그 의미와 가치를 다시 평가할 필요가 있다. 나아가 현재 우리에게 필요한 관점이 무엇인지, 우리가 구축해야 할 문화의 방향은 무엇인지 생각해 볼 필요가 있다.

••••

14 최종석, 〈고려 후기 '전통적' 외교의례의 창출과 몽골 유산(legacy)〉, 《자료집》, 2019, 11쪽. 최종석은 본 공동연구의 2차년도 발표문 〈조선 초기 종교 심성의 전환과 神事〉(《자료집》, 2020, 19-36쪽)에서 '근대적' 종교 심성과 대비되는 이른바 '전통적' 종교 심성이 조선 태종대를 분기점으로 하여 자리를 잡아갔다고 보고, 조선 초기에 고려의 유습을 제거하며 추진했던 혁신적인 신사(神事) 정책을 조명하였다. 이 역시 종교문화를 그 시대의 입장에서 만들어 갔던 하나의 사례로 볼 수 있다.

4. 문화접변의 현실

야나기 무네요시가 20세기 전반에 자연미나 무작위성을 한국미술의 정체성으로 규정하려 했을 때, 그는 서구 문화의 세련되고 화려한 작위성과는 다른 어떤 것을 한국 문화 속에서 찾아 드러내고 싶었을 것이다. 그리고 그러한 특성을 여전히 한국미술의 본질적 특성으로 받아들이고 있는 사람들의 생각 속에는 여전히 서구 문화와의 차별성을 찾으려는 의식이 자리 잡고 있을 것이다.

그러나 고려와 조선 시대의 외교의례 형성 과정에서도 확인하였듯이 문화는 그 시대의 사회적 정황 속에서 여러 가지 요인들의 결합에 의해 만들어지고 변형된다. 당시의 외교의례는 금, 원, 명으로 이어지는 동아시아의 국제질서에 고려와 조선이 대응하기 위한 과정에서 만들어진 것이었고, 그것은 또한 성리학을 국가이념으로 삼고 건국의 정당성을 확보하고자 했던 조선의 입장에서 더욱 강화되고 내면화되었다.

그런데 시선을 달리해서 바라본다면, 조선 시대에는 자연미나 무작위성이라는 성격을 구현한 미술 외에도, 강희안이나 김시, 이경윤 등과 같이 중국의 화풍을 받아들인 사람들이 있었고, 추사 김정희와 같이 중국 화단에 대한 방대한 정보를 실시간으로 얻어 내며 이를 의식적·체계적으로 학습한 경우도 확인할 수 있다. 또한 한국미술의 정체성을 자연미에서 찾으려 하는 의식과 달리, 서구가 주도하는 근현대 미술계에서 동시대성을 확보하기 위해 서구의 미술 문화를 수용하고자 힘써 온 작가들이 다수 있었던 것도 당연한 사실이다.

이러한 면에 주목한다면, 한국 문화의 현실은 우리만의 특수한 고유성으로부터 연역되는 것이 아니라 오히려 다양한 문화가 혼입되어 공존하는 가운데서 만들어져 왔다고 할 수 있다. 그러한 다문화 공존의 성격을 쉽게 확인할 수 있는 예로 한국의 종교문화를 들 수 있다. 한국의 종교문화는 기본적으로 유교, 불교, 도교의 삼교가 공존하고 융합한 것으로 알려져 있다. 물론 그러한 성격은 한국만이 아니라 중국, 일본에도 공통적인 것이지만, 동아시아 삼국에서 종교들의 공존 양상은 미묘한 차이가 있다. 중국에서는 도교가 유교와 불교 및 샤머니즘을 흡수하여 발전해 왔고, 일본에서는 신도가 유교와 불교 등을 흡수하여 변용해 왔다. 이처럼 중국과 일본에서는 도교와 신도가 다른 종교문화를 흡수하여 변용하는 핵심적 역할을 해 왔지만, 한국에서는 유교, 불교, 샤머니즘이 영역적, 기능적으로 분화하여 병존해 왔다.

유교가 이념, 제도, 문화 등 거의 모든 영역에서 압도적인 우위를 차지했던 조선 시대에도 유교는 불교나 샤머니즘을 흡수하거나 크게 변용시키지 않은 채 영역적, 기능적으로 분화하여 그들과 혼성적으로 동거하는 방식으로 병존하였다. 조선의 종교문화는 유교가 사회적 중심 혹은 문화적 정점의 영역을 차지하고 불교나 무속 등은 사회적 저변 혹은 문화적 주변으로 밀려난 위계형 종교문화였다. 하지만 공적 영역과 구별되는 사적 영역에서는 불교와 무속 등이 기능적 역할을 충분히 담당하는 혼성형 종교문화의 양상이 함께 나타났다. 혼성형 종교문화는 서울보다 지방으로 갈수록, 지식인보다 민중계층으로 갈수록 더 강하였다.

실제로 한국 문화에는 무속, 선도, 불교, 도교, 기독교, 힌두교, 이슬람, 신종교 등의 다양한 종교들이 유입되었으며, 이러한 새로운 문화의 유입은 새로운 문화접변을 초래하기도 하였고, 충돌과 수용 사이에서 기존 종교문화를 변용하거나 새로운 민족종교를 낳기도 하였다.[15] 역사적으로는 각 시대마다 주류 종교를 중심으로 종교적 위계질서가 바뀌었지만, 각 종교들은 개별적 특성을 그대로 유지하는 한편, 종교문화의 차원에서 서로 혼합되며 복합적인 종교문화를 구성하는 중간층들이 튼튼하게 형성되어 종교 간 긴장과 갈등이 종교전쟁으로까지 번지지 않도록 하는 역할을 하였다. 그로 인해

••••

15 박종천, 〈가족종교의 관점에서 보는 한국종교문화〉, 《자료집》, 2019, 50-51쪽.

현대 한국의 종교문화 역시 특정한 종교 전통의 개별성을 최대한 존중하면서도 타 종교의 문화적 양상을 배려하면서 공존하는 다종교 문화를 구성하고 있다.[16]

현재 한국인들의 가치관을 검토해 보면, 종교문화에서 나타나는 문화접변의 현상이 한국인들의 일상적 삶 속에도 상존함을 확인할 수 있다. 교단종교로 자리 잡은 불교를 제외한다면, 문화로서 한국인의 생활에 영향을 미치는 한국인의 가치관의 영역에 도교(무교)와 유교가 공존하는 것을 볼 수 있다.

도교는 현세적 종교로서 내세보다는 현세를 더 중요시 여긴다. 한국인에게 중요한 가치관들인 부, 장수, 물질적 쾌락, 액운 등 개인적 가치들은 현세적인 도교적 성향의 것들이다. 유교는 주로 가족적 가치와 행동양식에 많은 영향을 주는 도덕적 가치를 만드는 데 기여한다. 상호관계, 사회생활에 있어서 그리고 행동규범을 보면 단연 유교의 영향이 크다. 그리고 한국인의 의식을 지배하는 핵심적 사회적 가치라고 할 수 있는 효, 조상숭배, 가족, 어른 공경, 위계질서, 어른 공경 등은 대부분 유교의 가치이다.[17]

현세적·개인적 가치를 추구하는 도교(무교)적 가치관과 도덕적·공동체적 가치를 추구하는 유교적 가치관은 대립적이기 때문에 공존이 어려울 듯하

16 박종천, 〈풍류(風流)의 관점에서 해석한 한국의 종교〉, 《자료집》, 2020, 62쪽.

17 김은기, 〈가치관을 통해 본 한국인의 정체성〉, 《자료집》, 2019, 100쪽. 김은기는 2차년도 연구성과로 발표한 논문에서 한국 '시민종교'의 특징을 분석하여 한국 사회의 문화적 다양성 양상을 다시 확인시켜 주었다. 광복 후 분단과 내전 등 심각한 갈등을 경험한 한국 사회가 강력하고도 지속 가능한 사회통합을 위해 산업화를 지향하는 발전주의, 유교적 사회윤리, 그리고 단군신화로 상징되는 단일민족주의 등의 다양한 요소를 결합한 일종의 '시민종교'를 통해 현대 한국사회의 문화적 정체성을 형성하였다는 것이다. 김은기, 〈한국의 시민종교와 국가 정체성〉, 《자료집》, 2020, 69-86쪽. 또한 정병욱은 '권위'와 '민주·평등'으로 대비되는 한국 사회의 정체성이 각각 서울 중심부의 가로축(세종로)과 세로축(종로)을 따라 펼쳐져 있다고 설명한다. 정병욱, 〈서울의 세로와 가로—권위와 민주·평등의 교차〉, 《자료집》, 2020, 91-102쪽.

지만, 우리가 사는 현실은 그러한 두 종류의 가치를 모두 필요로 한다. 개체로서 생존을 유지하고 번성하기 위해서는 현세적이고 개인적인 가치가 필요하지만, 그것을 도덕적·공동체적 가치로 제어하지 않는다면 사회질서가 유지될 수 없다. 역으로 도덕적이고 공동체적인 가치는 사회의 운영을 위해 필요하지만 현세적·개인적 가치 없이는 현실적 삶이 지속되기 어렵다. 이러한 것이 한국인에게만 해당되는 것은 아니다. 두 종류의 가치관은 인간이 사회를 이루고 살아가기 위해 필요한 양면이며, 한 측면의 문화가 다소 두드러지게 보인다고 해서 그러한 두 문화가 병존함을 부정할 수 없고, 그것은 한국 문화라고 해서 예외일 수 없다. 한국 문화의 경우에는 오랜 역사 속에서 도교(무교)와 유교의 병존을 통해서 그러한 가치관들을 내재화해 왔다고 할 수 있다.

이처럼 다양한 종교와 그 가치들은 한국 문화 속에서 큰 충돌 없이 혼종적으로 병존해 왔고, 그러한 다문화의 공존과 조화라는 문화적 특성은 시대적 전환기를 만났을 때 새로운 변화와 발전의 동력이 될 수 있다. 한국 사회는 이전 어느 시대보다 세계와 활발하게 교류하며 이를 사회 각 분야의 동력으로 삼고 있다. 이 시대에 이러한 다문화 공존성에 주목하여 한국 문화를 다시 바라본다면 미래지향적 관점에서 한국 문화의 정체성을 바라볼 수 있을 것이다.

5. 한국 문화의 재인식

미래지향적 관점에서 한국 문화의 정체성을 모색하려 한다면, 서구 문화와의 차별성을 찾아 드러냄으로써 한국 문화의 존재가치를 증명하려 했던 과거의 시도들에 대해 일정한 거리를 두고 성찰할 필요가 있다. 그러한 시도들 역시 한국 문화의 특성을 찾아내려는 것이었다는 점에서 의미는 있겠지만, 당시 한국이 처했던 현실의 열세를 과거에 대한 재조명을 통해 혹은 타 문화와의 차별성 부각을 통해 극복해 보려는 시도였다는 점에서 시대적 한계를 가진다.

그와는 다른 방식으로, 서구 문화의 격류 속에서 한국인 자신의 모습을 적나라하게 바라보려는 반성적 성찰의 시도도 있었다. 문학 분야에서 1950-70년대에 이상(李箱)을 화두로 삼아 한국문학을 조명해 보려 했던 시도들[18]은 바로 위기에 처했던 당시 자신의 문화를 미화하지 않고 정면으로 마주하면서 이질적인 새로운 문화 도입의 정당성을 확보해 보려는 것이었다. 그것은 토속성 혹은 지방성으로 대표되던 김동리, 서정주, 조연현 등의 작품을 통해 서구의 근대 문화와 대비되는 한국문학의 의미를 찾으려 했던 것과는 다른 방향이었다.

해방과 6·25전쟁을 경험한 세대는 전후의 '폐허' 위에서 전통단절론을 제기하면서, '조선적 후진성'을 끊임없이 의식하며 이로부터의 탈피를 꿈꾸었던 이상의 문학을 통해, 자신들의 세대의식이 정착할 수 있는 문학적 지향의 구체적 증거를 찾으려 하였다. 이상의 작품에서는 식민지 상황에 대한 직접적인 비판을 찾아볼 수 없지만, 식민지의 불우한 개인이 처한 문제를 전면화하는 동시에 이를 구조화하여 보여 준다. 그에 대한 주목은 바로 전통과 단절을 해서라도 시대의 문제를 공유한 '현대성'과 '보편성'을 찾으려 했던 당시 한국 문화의 절박성을 보여 준다.[19]

그러나 2020년, 지금은 상황이 달라졌다. 산업화, 민주화 이후에 한국 사회가 이루어 놓은 성과 위에서 아마도 역사상 처음으로 중화, 서구, 일제 등 주변 강대국에 대한 열등감 없이, 다시 말해 무언가 독특한 차별성을 내세

• • • •

18 이상은 1950-1970년대에 국문학계에서 가장 많이 연구된 작가였다. 고지혜, 〈1950~1970년대 이상(李箱)론을 통해 본 한국문학의 정체성〉, 《자료집》, 2019, 130쪽.

19 위의 글, 130-137쪽.

워서라도 한국인의 존재 가치를 주장해야 한다는 절박함 없이 한국 문화의 정체성을 당당하게 논할 수 있게 되었다. 그러한 입장에서 고유성 혹은 차별성에 집착하지 않고 한국 문화를 바라본다면, 한국 문화가 매우 다양한 문화를 적극적으로 수용해 왔을 뿐 아니라 새로 수용된 문화들이 기존에 축적된 문화와 상호작용하면서 변화 발전해 온 사실을 확인할 수 있다.

물론 문화의 수용과 상호작용은 대부분의 지역 문화에서 흔히 볼 수 있는 현상이다. 하지만 한반도의 경우에는 대륙과 해양이 만나는 반도라는 지형적 조건, 특히 중국이라는 거대한 문명 국가를 곁에 둔 지정학적 운명 속에서 외래문화의 수용이 불가피했을 뿐 아니라, 선진 외래문화의 신속한 수용은 국가의 생존을 좌우하고 정치권력의 향배를 결정하는 중대한 문제였다. 그러한 여건 속에서 다양한 외래문화를 받아들여 기존의 문화와 함께 자기 것으로 소화해 내면서 독자적인 사회를 지속·발전시켜 나가는 것은 한국 문화의 체질이 되었다고 할 수 있다.

한반도가 속한 동아시아에서는 중원(中原)을 차지한 자가 천하의 중심이 되었다. 중원을 차지한 것은 한족(漢族)만이 아니었지만, 한족은 자신을 정복한 종족들마저 동화시키는 강력한 문화력으로 다시 중원의 주인이 되어 돌아오곤 하였다. 한국은 그 영향권 속에 있으면서도 독립적으로 존속해 온, 그리고 몽골족이나 만주족이 중원을 차지했던 시기에도 국가를 지켜 온 동아시아 대륙의 유일한 나라이다. 서세동점(西勢東漸)의 시대에는 서구 세력을 등에 업은 일본의 침탈을 받기도 했지만, 결국에는 다시 독립국가의 지위를 회복하였고, 지금은 중화 문명이 과거의 영광을 되찾겠다며 서구 문명과 맞서는 시기에 그 갈등과 충돌의 경계에 서 있다.

강대국을 옆에 둔 한반도는 늘 국제질서의 변동에 직접 영향을 받았다. 원명 교체기에는 한반도에서 5백 년 만에 왕조 교체가 이루어졌고, 명청 교체기에는 청나라를 세운 만주족에게 항복한 뒤에야 사직을 유지했으며, 청나라가 서구 세력에 무너졌을 때는 서구 제국주의를 흉내 낸 일본의 침탈에 국권을 잃었다. 하지만 그러한 것들은 중원의 주인이 바뀌는 것을 보면서 현명한 선택을 하면 되는 문제일 수 있었다. 누군가는 중원의 주인이 되고 우리는 새로운 동아시아 체제의 주도세력과 함께 살아가는 길을 찾으면 되는 것이었다. 하지만 중국과 미국, 중화 문명과 서구 문명 사이에서 현재 진행되고 있는 갈등과 대립은 전 지구적 차원의 패권 전쟁이기에, 중원의 주인 교체로 결판이 나기를 기대할 수 없다. 대립의 경계에 서 있는 한국이 스스로 새로운 국제질서의 대안을 찾아내지 않는다면, 그동안 축적해 온 한반도의 역량이 그 갈등의 시간 속에서 모두 소진될 수 있다.

우리는 한반도에서 수천 년을 살아오면서 그러한 현실에 대처하며 살아가는 문화를 만들어 왔다. 다른 측면에서 본다면, 숱한 전쟁을 겪으며 중원의 주인들이 바뀌어 갔어도 한반도에서는 고려의 건국 이래 천 년 동안 사실상 무혈 혁명에 의한 왕조 교체가 한 차례 있었을 뿐이다. 서세동점의 시대 이전까지 한반도에서는 사회 주도 계층의 대규모 변동 없이 지속성을 가진 사회를 이루어 왔다. 한반도의 지식인들은 중국을 통해 들어오는 외래 문물을 적극적으로 받아들임으로써 '천하질서'의 변동에 뒤처지지 않으려 고군분투하였고, 기존의 문화 위에 새로운 문물을 수용하며 다양성이 조화롭게 공존하는 문화를 창출하면서 한국의 역사를 만들어 왔다.

6. 한국 문화 정체성을 다시 논함

한국 문화는 불국사 마당의 석가탑과 다보탑처럼 다양성이 공존하는 문화이다. 목조탑의 화려한 양식을 석재에 담은 다보탑과 석탑의 중후함 위에 목조탑의 정교함을 얹은 석가탑은 대조의 미를 이루며 한 마당 위에 천 년을 서 있다. 그것이 창조된 것이든 수입된 것이든, 새로운 문화가 나타난다고 해서 기존 문화를 배척하지 않았다. 문화는 오래된 지층들처럼 켜켜이 쌓여 가는 것이고, 특히 오랜 역사를 가진 한국 문화는 다양한 문화들이 그렇게 서로 기대고 얹히며 전개되어 왔다.

외부로부터 흘러드는 다양한 문화를 수용하고 소화해 내는 것은 광대한 대륙과 망망한 대해를 곁에 둔 한반도의 숙명이다. 다양한 문화가 교차하는 반도에서 대립과 갈등을 넘어 조화와 협력의 길을 찾아서 현재의 위기를 극복하고 미래를 여는 것은 한반도에서 생존하기 위해 얻어진 한국인의 문화적 체질이다. 한국 문화는 대륙과 해양으로부터 반도로 흘러든 문화들이 어우러지고 경쟁하면서 형성·발전해 왔다는 점에서 매우 복합적인 성격을 지니지만, 또한 한반도라는 흔치 않은 지정학적 위치에서 수천 년간 대규모 인구 이동이 없이 살아온 사람들에 의해 그 다양한 문화들이 지혜롭게 축적되며 형성·발전해 왔다는 점에서 일정한 정체성을 가진다.

서로 다른 지역에서 형성되어 갈등하던 문화도 한반도에 들어와서는 공존의 길을 찾았고, 한국인들은 그것으로 조화와 협력의 길을 제시하였다. 그리고 그러한 조화와 협력의 방식은 한반도라는 터전 위에서 승화된 지혜를 궁극의 아름다움으로 드러냈다. 자연의 숨결로 이어지는 곡선과 엄정한 규율의 직선이 어우러지며 화합의 메시지를 온 천하에 전하는 성덕대왕신종(聖德大王神鍾, 에밀레종), 군왕의 권세가 자연의 오묘한 지세(地勢) 안에 스며들도록 설계된 천인합일(天人合一)의 궁궐 창덕궁(昌德宮), 봉황산의 솟아오른 산세를 따라 펼쳐지는 다기한 풍광이 현상세계의 무상(無常)함을 일깨우는 영주 부석사(浮石寺), 계곡의 물소리와 대나무 스치는 바람소리 사이에 담담한 건축물들이 책 읽는 선비처럼 앉혀진 담양 소쇄원(瀟灑園), 장중한 도량의 반듯한 지붕들이 남해의 파도가 되어 들고나는 듯이 펼쳐진 순천 송광사(松廣寺)… 야나기 무네요시는 한국 미술의 특성으로 '자연미'에 주목하였지만, 한국 문화에서의 자연미는 오히려 인위적 조작과 결합됨으로써 한국 문화의 진가를 드러낸다. 한국 문화의 자연미란 자연 그대로의 모습 혹은 그저 자연을 모방한 아름다움이 아니라, 한반도의 자연이라는 바탕 위에 시대의 고

뇌와 지혜가 어우러지는 공존의 미, 자연의 질서 안에 인간의 생각과 손길이 배어 들어 자연 그 자체보다 더 풍요로운 조화를 이루어 내는 아름다움이다.

한국인이 오랜 세월 동안 주변 강대국의 영향과 압력 속에서도 독자성을 유지하며 발전해 온 요인, 그리고 미래에도 한국 사회를 지속 가능하게 할 동력을 한국 문화에서 찾으려 한다면, 다양성을 수용하고 소화해 내서 새로운 문화를 창출하며 그 시대의 당면 과제들을 해결해 온 그 경험과 역사에서 찾아야 할 것이다. 실제로 한국 문화는 단지 고유한 문화를 중심으로 외래의 것들을 주변화하는 방식이 아니라, 고유하든 고유하지 않든 그동안 축적된 문화적 자산 위에 그 시대에 필요한 외래문화를 적극적으로 받아들여 새로운 자산으로 활용하며 발전해 왔다.[20] 그 시대의 당면 현실을 직시하며 과제를 설정하고, 그 과제의 해결을 위해 이용 가능한 선진문화를 최대한 수용하여 대안을 모색해 왔으며, 그 성과들이 한국 문화를 형성해 왔고, 그러한 문화 형성의 방식 역시 한국 문화의 주요한 특성이 되었다.

동아시아 대륙의 중원에서 정치권력과 연계된 불교의 종파들이 이념적으로 사분오열할 때 원효는 일심이문(一心二門)의 화쟁(和諍)사상으로 분열을 넘어서는 진리의 길을 제시하였고, 탈속의 쟁론이 세속의 권력과 결탁하여 대립의 깊은 뿌리를 내린 선종과 교종의 갈등을 지눌은 정혜쌍수(定慧雙修)의 종지(宗旨)로 극복하였다. 국가이념으로 자리 잡은 주자학이 형식화되어 생명력을 잃어갈 때 퇴계는 양명학의 비판적 문제의식을 수용하여 주자학과 양명학을 모두 넘어서는 조선유학의 길을 열었으며, 기독교가 유입되어 유교 전통과 충돌할 때 다산은 기독교의 시각으로 유학의 본질을 다시 성찰하며 새

• • • •

20 황두진이 제시한 "무지개떡 건축", "카멜레온 건축"은 사람들이 생활하는 일정한 건축물에 공간적·시간적으로 다양한 범용성을 담아낸다는 의미에서 이러한 한국 문화의 성격을 잘 반영한 것이라고 할 수 있다. 황두진, 〈密度戰略—변화하는 시대, 한국건축의 정체성과 그 제안〉, 《자료집》, 2019, 143-154쪽.

로운 사회를 설계하였다.

생존을 위해서는 선진문화의 생산지이자 유통로였던 중국을 통해 외래 문화를 수입해야 했고, 그 타성에 젖어서 바닷길로 들어오는 새로운 선진문화를 외면했을 때 한반도는 존망의 위기에 빠지기도 하였다. 그럼에도 대륙 문화와 해양 문화가 지금처럼 격렬하게 맞부딪치는 강대국들의 전선 한복판에 놓이게 된 것은 반만년 한국사에서도 처음 있는 일이다. 시대적으로는 동양의 전통 문화와 서구의 근대 문화, 이념적으로는 자유민주주의와 국가사회주의, 문명사적으로는 동아시아 유교 문명과 서구 기독교 문명이 병존하는 한반도는 그것들을 다 끌어안고 시대를 넘어서지 않고서는 지속하기 어려운 운명을 마주하고 있는지도 모른다. 한반도는 이 갈등과 충돌의 경계에서 적어도 한 세대 이상을 견뎌야 할 것이고, 우리는 한국 문화가 축적해 온 경험에서 그것을 넘어서는 지혜를 찾아야 한다.

현재 한반도에 드러난 이러한 갈등의 문화적 현상들은 한반도 역사에서 축적된 문화에 비추어 보면 빙산의 일각일 뿐이다. 그러한 갈등과 대립 속에서 조화와 협력의 길을 열어 가는 것이 한국 문화의 전통이다. 그와 같은 대립적 문화들을 활용하여 대안을 찾고 미래를 열어 가는 것이 한국 문화의 동력이며, 그것이 바로 현재의 한국을 만들어 온 한국 문화의 정체성이다. 그것은 강대국들에게 둘러싸인 한반도의 절박성에서 비롯된 것일 수도 있겠지만, 그러한 한국 문화의 특성은 전 세계가 상호 소통하는 이 시대에 더 빛을 발할 것이다.

차례

2부
20세기 한국 문화의 재구성

1부

한국 문화 전통의 재인식

한국철학의 정체성과 한국철학사의 관점*

김형찬

1. '한국철학' 혹은 '한국사상'

'한국철학'의 정체성이란, 한국철학이 한국철학으로서 존재할 수 있는 근거가 되는 본질적 특성을 의미한다.[1] 그것은 한국철학이 근대 학문으로서의 철학 분과에 해당하며, 다른 철학과 달리 '한국' 철학으로 규정되어야 한다는 것을 설명할 수 있어야 할 것이다. 이를 설명하기 위해서는 한국철학

* 한국철학의 정체성에 대한 문제 제기에서 시작하여 한국철학사의 관점이라는 주제로 논의를 이끌고 나간 이 글의 문제의식은 필자가 연구책임자로서 '한국 문화의 정체성 연구'라는 공동연구 프로젝트를 기획하면서 시작되었다. 이 프로젝트는 '한국 문화'를 이 시대의 관점에서 다시 조명해 보기 위한 것이었고, 필자가 맡은 부분은 그중 '한국철학'에 관한

이 근대학문의 한 분과로 자리 잡으면서 당면했던 두 개의 과제를 상기해야 한다.

하나는 서세동점(西勢東漸)의 시대에 제기되었던 서구인들의 '문명 대 야만' 구도를 극복해야 한다는 과제였다. 당시 한국을 포함한 동아시아 국가들은 '문명'을 자부하는 서구인들에 의해 '야만'으로 규정되었고, 이 지역 지식인들은 절대적인 물리력의 열세 속에서 그 '야만'의 관점을 반박해야 하는 처지에 서게 되었다. 특히 '철학'은 서구 문명의 탁월한 우월성을 상징하는 학문으로 여겨졌고, 동아시아의 문화적 전통에도 그 '철학'에 해당하는 학문이 존재한다는 것을 증명하는 것이 지식인들의 과제로 받아들여졌다.[2]

이 당시 한국에 소개된 서구의 '철학'은 일본을 통해 유입된 독일 관념론 중심의 논의들이었고, 그것들을 통해 이해된 '철학'이라는 학문의 성격과 기능 자체도 온전한 것이었다고는 할 수 없다.[3] 하지만, 한국의 지식인들은 한국인의 지적 전통 중에서 그러한 '철학'에 해당하는 자료들을 추출하여

• • • •

것이었다. '한국철학'을 정의하기 위해서는 '한국철학사'의 관점 혹은 기준을 논의하는 것이 필요하겠다는 것이 필자의 생각이었고, '한국철학사상교육연구회' 주최로 개최된 '한국철학 교육 제도화를 위한 연합 학술대회'(주제: '한국철학 교육 제도화, 그 길을 열다', 2019년 6월 25일)에 발표자로 참가하여 '어떤 '한국철학'을 가르칠 것인가?'에 대한 논의가 필요하다는 생각을 전개하면서, 이것이 결국 한국철학사의 관점과 기준에 대한 논의로 귀결된다는 것을 더욱 절감하였다. 이 글은 그 과정에서 프로젝트의 공동연구자들, 학술대회 참가자들과의 토의를 통해 더 깊어지고 다듬어졌고, 그 후 《한국사상과 문화》(한국사상문화학회) 제100집(2019.12)에 게재되었다.

1 정체성의 사전적 정의는 "존재의 본질을 규명하는 성질"이다(https://ko.wikipedia.org/wiki/정체성).

2 펑유란(馮友蘭)의 《중국철학사(中國哲學史)》(上海: 商務印書館, 1934), 후스(胡適)의 《중국 고대철학사(中國古代哲學史)》(台灣: 臺灣商務印書館, 1958) 등이 바로 그러한 관점에서 기술된 중국의 철학사이다. 1970-80년대에 '한국철학회'에서 '한국철학사'를 공동 집필할 때 그 방향을 제안했던 박종홍의 글 역시 그러한 입장을 대변한 것이라고 할 수 있다(박종홍, 〈한국사상의 방향〉, 《한국철학연구(상)》, 동명사, 1977, 1-20쪽). 이러한 입장은 동아시아의 전통사상에도 서구의 민주주의, 실용주의 등과 유관한 것이 있음을 강조하면서, 그것을 근거로 전통사상의 가치를 논하고 그러한 주제들을 중심으로 철학사 혹은 사상사를 연구하는 것이었고, 그러한 문제의식은 바로 이 '야만' 극복의 과제를 의식한 데서 비롯된 것이라고 할 수 있다.

이를 중심으로 한국철학을 구성하여 연구하였고, 그러한 맥락에 가장 적합한 것으로 주목을 받은 불교와 유교의 형이상학적 논의들이 한국철학의 주된 연구 대상이 되었다.

하지만 그러한 기준으로 구성-연구되는 '한국철학'이 '철학'에 해당하는가에 대한 의문은 사라지지 않았다. 사실 그러한 논란은 서양철학을 전공하는 학자들 사이에서 먼저 제기되었다. 한국철학을 포함한 동양철학이란 소박한 의미의 윤리학이나 정치사상에 해당할 뿐 서양철학과 같은 '심오한 철학'으로 인정할 수는 없다는 시선을 연구자들은 극복해야 했다. 그런 가운데서도 동아시아의 학자들은 자신들의 지적 전통 중에서 서양의 '철학'에 해당하는 논의들을 추려내어 이른바 동양의 '철학'을 만들려는 노력을 계속해 왔고, 그러한 노력에 힘입어 한국철학을 포함한 동양철학은 '철학'의 한 부분으로서 자리를 잡아 가는 듯하였다.

그러나 근래에 사회가 급변하고 과학기술이 빠르게 발전하는 가운데, 서구에서는 철학의 연구에서 철학사 연구에 해당하는 부분들을 역사의 몫으로 돌리고, 현재 인간이 당면한 문제들을 철학적 방법론으로 논의하는 것을 주된 일로 삼는 경향이 강하다. 한국철학 및 동양철학 연구자들이 동아시아의 지적 전통 중에서 열심히 추려 낸 '철학'의 성과들은 이제 모두 역사학으로 재분류되고 있는 것이다.

다른 한편으로, 일부 동아시아의 학자들 사이에서 '철학'이라는 학문분류를 동아시아의 지적 전통에 적용하는 것이 적합한 일인가에 대해 의문이 제기되어 왔다. 이는 동아시아 지식인들이 '문명-야만'의 관점에 대해 방어적 입장에서 대응하는 수준을 넘어서, 자신들의 지적 전통과 학문 성격을 온전히 재조명할 수 있는 방법을 찾으려는 의식에서 비롯된 문제 제기였으며,[4]

• • • •

3 이광래, 《한국의 서양 사상 수용사》(열린책들, 2003), 317-333쪽.

4 중국 청대 철학을 연구하다가 한국 현대철학에 관심을 기울였던 이규성의 관점에서 이러

또한 그것은 '문명 대 야만'의 관점을 근본적으로 해소하는 길이기도 하였다. 이러한 논의는 아마도 '철학이냐, 사상이냐'라는 용어의 문제로 집약될 수 있을 것이다.

유교, 불교, 도교로 대표되는 동아시아의 '철학'은 이성적이고 논리적인 사유의 체계일 뿐 아니라, 개인적으로는 공부-수양과 유기적으로 연계되어 수신(修身)의 성과로 나타나고, 사회적으로는 그러한 공부-수양의 성과가 타인들과의 관계 속에서 구현되며 크고 작은 집단의 구성과 운영에 적용되고 검증된다. 그러한 점에서 서양 근대 학문의 분과로 보자면 동아시아의 철학적 논의란 형이상학적 철학 이론과 윤리학, 역사학, 정치학, 행정학 등이 연관된 종합적 학문이라고 할 수 있다. 그것은 개인의 삶과 사회의 질서를 구축하고 유지하기 위한 도구로서의 학문인 동시에 자연-사회-인간의 일치를 지향하는 인격 완성의 학문이라는 점에서 근대적 방식의 학문 분류 자체는 큰 의미를 가지지 못할 수도 있다. 그러한 것은 근대 학문으로 분화되기 이전의 전근대적 학문의 일반적인 특성이라고 볼 수도 있겠지만, 그보다는 학문의 본질 자체가 그렇게 근대 분과학문의 기준으로 분절해서는 그 특성을 온전히 이해할 수 없는 성격의 학문이라고 할 수 있다. 그러한 의미에서 한국 또는 동아시아의 전통에 기반한 학문으로서의 '철학'에 대해서는 '철학'보다는 역사적 사회적 맥락을 보다 더 포괄적으로 고려하는 의미에서 '사상'이라는 용어가 적합할 수도 있다.

그럼에도 '철학'이 '사상'에 비해 인간의 사유 과정과 체계에 대해 보다 집중하며 이론적 탐구를 지향하는 학문으로 발전해 왔다는 사실을 고려한다면, 동아시아 지적 전통에서의 사변적 이론의 성과를 '철학'의 분과에서 논의할 때 가지는 장점도 무시할 수는 없다. 또 한편으로 이미 철학과 사상이라는 용어가 일상적으로 별다른 구분 없이 사용된다는 점에서 그러한 용

••••

한 문제의식을 읽을 수 있다. 이규성, 《한국현대철학사론》(이화여자대학교출판부, 2002), 6-37쪽.

어를 둘러싼 논의 자체가 사실상 소모적인 것이라고 볼 수도 있다.[5]

여기서 이에 관한 오랜 논의의 결론을 내리자는 것은 아니다. 다만, 그러한 논의는 바로 한국철학이 단순히 서구 근대의 분과학문으로서의 철학으로 규정되기 어려우며, 그보다는 좀더 넓은 역사적 맥락 속에서 이해되어야 하고, 개인적 사회적 실천 속에서 구현되고 검증되는 과정을 고려 혹은 포괄해서 논의해야 한다는 점을 지적하려는 것이다. 그러한 의미에서 이 글에서는 이러한 문제의식을 포함한다는 전제 아래서, 학계에서 일반적으로 통용되는 의미에서 '한국철학'이라는 용어를 사용한다.[6]

2. 고유성과 정체성

근대 학문으로서의 한국철학이 당면했던 또 하나의 과제는 일제 관학자들이 전파시킨 식민사관을 반박하고 극복하는 일이었다. 그들은 한민족에게 창의성과 자주성이 결여되어 있으며, 한민족에게는 고유한 철학사상이 없다는 것이 그것을 증명해 준다고 주장하였다. 따라서 한국인은 독립국을 유지할 만한 주체적 역량이 없으며, 그런 의미에서 일본의 조선 합병이 정당화된다는 것이었다.[7] 국권 침탈의 피해의식을 가진 한국의 지식인들로서는

• • • •

5 중국사상사 연구자인 거자오광(葛兆光)은 그러한 의미에서 '철학' 혹은 '사상'의 용어 문제와 관련된 논쟁에 끼어들기를 원치 않는다고 분명하게 밝힌다. 그럼에도 '철학'이라는 용어가 이 분야에 미치는 지대한 영향력 때문에 그 역시도 이 논쟁을 완전히 피하지는 못하고 있다. 거자오광, 《사상사를 어떻게 쓸 것인가》, 이연승 옮김(영남대학교출판부, 2002).

6 한국철학 분야에서 논의되는 주제의 대부분을 차지하는 유교, 불교, 도교가 다른 한편으로는 종교의 성격을 가진다는 점에서 '한국철학'과 '한국종교'의 구분도 고려할 필요가 있다. 그러나 연구 대상을 공유하면서도 그 세부 주제와 연구 방법에 따라서 학계에서 이미 철학 분과와 종교 분과에서 나뉘어 연구, 교육되고 있다는 사실을 고려하면, 이 자리에서 굳이 그것을 재론할 필요는 없을 것이다.

그들에 대해 뭔가 한국만의 독창적인 고유 사상의 존재를 주장해야 했던 역사적 정황이 있었다. 신규식의 '한국혼', 정인보의 '조선얼' 등이 그러한 맥락에서 이해될 수 있고, 나라 잃은 국민의 "무공포적(無恐怖的) 도덕"을 주장하며 일종의 폭력적 민족주의로 나아간 사고방식까지도 약소국의 생존을 위해 불가피한 것으로 정당화되었다.[8] 단군신화와 홍익인간에서 단일민족의 기원과 그 정신을 찾으려 했던 사람들의 생각도 그러한 의미로 이해될 수 있고,[9] 한국철학에 대한 관점도 그러한 역사적 현실에서 자유로울 수 없었다.

철학 분야에서 그것은 한국인에게 면면히 이어지는 고유한 철학이 있다는 것을 증명하려는 의무감으로 나타났다. 하지만 고유의 철학이 있어야 독립국의 자격이 있다는 주장의 허구성은 어렵지 않게 드러난다. 실제로 고유한 철학을 가진 민족 혹은 국가는 그리스, 인도, 중국 등 인류 문명의 기원들로 여겨지는 몇 지역에 위치한 소수의 나라들뿐이다. 더욱이 서구 선진국이라는 나라들 대부분이 그리스철학을 자신들의 철학의 기원으로 삼고 있는 사실을 고려하면, 고유한 철학을 가져야 독립국가가 성립될 수 있다는 식민사관의 논리는 간단히 논파된다.

더욱이 이제 그러한 과제는 현실에서 이미 종결되었다. 한국과 한국인의

• • • •

7 일제 관학자들의 식민사관과 그에 대한 비판에 대해서는 이만열, 〈일제관학자들의 식민주의사관〉, 《한국근대 역사학의 이해》(문학과지성사, 1981), 259-292쪽; 김정인, 〈식민사관 비판론의 등장과 내재적 발전론의 형성〉, 《사학연구》(한국사학회) 제125호(2017), 7-44쪽 참조.

8 신채호, 〈도덕〉, 《단재 신채호 전집 (7)》(독립기념관 한국독립운동사연구소, 2008), 627-632쪽; 〈조선혁명선언〉, 《단재 신채호 전집 (8)》(독립기념관 한국독립운동사연구소, 2008), 891-901쪽.

9 단일민족의 정신에 기대어 민족 중심주의 혹은 국가 중심주의로 나아간 대표적 인물로 안호상을 들 수 있다. 그가 이를 토대로 국가유기체설에 기초한 전체주의를 구상한 것에 대해서는 비판적인 평가를 할 수 있겠지만, 그것이 그 시대의 과제에 능동적으로 응답한 철학적 사유의 한 양상이었음은 분명하다. 그에 관해서는 오상무, 〈현대 한국의 국가철학—안호상을 중심으로〉, 《범한철학》(범한철학회) 제36호(2005), 71-96쪽 참조.

존재 가치와 자립 능력은 철학사나 정신사 연구의 도움 없이도 정치·경제·사회의 현실에서 이미 증명되었다. 이제 그 누구도 한국인이 왜 독립국의 국민으로 존재해야 하는지에 대해 의문을 제기하지 않는다.

그렇다면 고유성 문제가 해소된 상황에서 '한국철학'이란 무엇인가? 아직도 학계 안팎에서 인정받을 만한 '한국철학사'가 나오지 못하고 있는 것을 보면 식민사관 극복의 문제와는 별개로 한국철학의 정체성에 관련된 논의는 더 적극적으로 이루어져야 한다. 다른 철학들과 다른 '한국철학'의 정체성 문제는 기본적으로 한국철학의 범주를 규정할 수 있는 지역, 사람, 주제 등에 대한 논의를 통해 접근할 수 있을 것이다. 하지만 한반도의 오랜 역사 속에서 이루어진 크고 작은 국가들의 흥망, 민족들의 교류, 철학적 논의들의 다양함 등을 고려한다면, 그러한 접근 방법은 너무 많은 시간과 노력이 필요할 것이다.

그간에 한국철학 또는 한국사상 분야에서 축적된 많은 연구 성과를 인정한다면, 그 성과들을 통해서 학계에서 공감대를 형성하고 있는 '한국철학'의 특성을 추출할 수 있을 것이다. 기존의 연구 성과들을 바탕으로 '한국철학사'를 서술할 경우에 대다수의 관련 연구자들이 공감할 수 있는 '한국철학'의 논제를 선정하고, 그것들이 가지는 공통적 특성을 추출한다면 그것이 '한국철학'의 정체성이 될 수 있으리라는 것이다. 다시 말해서, '한국철학사'를 기술하려 할 때 어떤 관점을 가지고 평가하고 정리할 수 있는지에 대한 논의를 통해 한국철학의 정체성을 드러낼 수 있으리라는 것이다.

3. 한국철학의 '특성'

'한국철학'이라고 하면 당연히 떠올리게 되는 학자들이 있다. 원효(元曉, 617-686), 지눌(知訥, 1158-1210), 퇴계 이황(退溪 李滉, 1501-1570), 율곡 이이(栗谷 李珥, 1536-1584),

다산 정약용(茶山 丁若鏞, 1762-1836), 혜강 최한기(惠崗 崔漢綺, 1803-1879) 등이다. 물론 이보다 더 많은 학자들이 있을 수 있겠지만, 적어도 현재까지 한국철학 분야에서의 학문적 평가, 그리고 관련 연구 성과의 질과 양을 고려할 때 이들의 학문이 한국철학임을 의심할 수 없고, 또한 누가 한국철학사를 집필하든 이들을 빼놓고 한국철학사를 완성할 수는 없다. 만일 이들의 학설에서 한국철학이라는 학문 분야와 연관된 어떤 공통적 특성을 찾을 수 있다면, 그것이 한국철학의 정체성을 규정할 수 있는 특성이 되고, 한국철학사 집필을 위한 평가 기준 혹은 관점이 될 수 있을 것이다.

1) 분열과 대립의 극복

철학사에서 원효의 가치는 당시 여러 종파로 나뉘어 사분오열하던 7세기 동아시아 불교계의 현실에서 불교의 본질에 입각하여 불교 이론의 성격을 판별하고 화합할 수 있는 있는 기준을 세우고 그 기준으로 종파의 갈등을 넘어설 수 있는 길을 제시했다는 데서 찾을 수 있다. 특히 그는 중관(中觀)과 유식(唯識)의 두 갈래로 불교계의 분열을 정리하고, 그것들이 불교의 진리의 양면을 설명하는 상호 보완적인 것임을 천명하는 이론을 제시함으로써, 이른바 '화쟁(和諍)'으로 대립을 극복할 길을 제시하였다. 그리고 세간적 현상계와 출세간적 본체계의 대립을 넘어선 불타의 자세로 민중 속으로 들어가 불교의 정신을 실천하였으며,[10] 그러한 그의 이론과 실천은 각 종파가 화합하고 삼국이 통일로 가도록 하는 당대의 시대정신을 선도한 것이라고 평가할 수 있다.[11] 당나라로 유학을 갔던 의상(義湘, 625-702)과 대비되곤 하는 원효는 삼국이 대립하던 한반도에서 동아시아 불교의 핵심 문제를 마주하였고, 그 해결책을 제시하며 그것을 한반도의 현실에서 실천한 것이었다.

• • • •

10 은정희, 《대승기신론 강의》(예문서원, 2008), 14-23쪽.

11 한기두, 《한국불교사상연구》(일지사, 1980), 40-41, 55-56쪽.

고려 시대를 대표하는 승려로서 지눌의 문제의식도 바로 그가 당면했던 불교계의 현실 속에 있었다. 국교(國敎)로 인정된 불교의 사찰과 승려들이 당시 지배세력의 일원으로서 부와 권력을 분점하고 있었다는 사실을 고려한다면, 불교계의 문제는 바로 고려 지배층의 문제였다. 지눌은 선정(禪定) 수행과 교학(敎學) 공부의 병행, 깨달음을 향한 맹렬한 공부-수행과 헌신적 이타행(利他行)의 실천을 통해 당시 불교계의 반목과 부패를 극복하기 위한 결사운동을 주도하였다. 그는 선종과 교종의 대립이라는 당시 불교계의 뿌리 깊은 갈등을 넘어서 두 가지 공부와 수행의 방식이 불교의 궁극적 깨달음을 위해 모두 필요한 것임을 강조함으로써 고려 불교의 기풍을 새로이 세웠다.[12] 또한 각자의 역량에 따라 불교의 가르침을 익히고 수행할 수 있는 길을 제시함으로써, 수행자가 허황된 자만으로 빠져드는 것을 막고 실질적인 수행의 길로 나아갈 길을 마련하였다.

이들은 분열과 대립, 그리고 세속적 타락으로 물들어 가는 불교계의 현실 속에서 불교의 근본정신을 회복하고, 진리를 추구하는 모범으로서 불교가 갈 길을 모색하였으며, 그 대안을 만들기 위해 인도와 중국의 불교 이론을 활용하여 그 대안을 만들어 실천하였다. 그리고 그러한 문제의식과 대안은 당시 한반도는 물론 동아시아 불교의 빛이 되었고, 지금까지 이어지는 한국 불교의 기풍이 되었다.

2) 국가의 이념적 대안 모색

퇴계 이황은 조선의 건국이념이 퇴색되어 가던 시기에 주자학의 기반 위에 당시 중국에서 유행하던 양명학의 심성론적(心性論的) 문제의식에도 주목하였고, 이를 바탕으로 사람들이 자발적으로 도덕 이상사회를 구현해 가도록 하기 위한 이론을 구축하고, 이를 현실의 정치와 사회에서 실현할 수 있

12 길희성, 《지눌의 선사상》(소나무, 2001), 225-250쪽.

도록 하는 데 일생을 바쳤다. 그는 당대의 중국 유학사를 정리하고 주자학과 양명학의 저술들을 재검토하는 한편 사단칠정(四端七情) 논쟁을 주도하며 성리학 이념의 이론적 기반을 천착하여 조선 유학이 나아갈 길을 제시하였다. 자연의 이치가 인간의 심성을 통해 현실에서 판단과 행위로 구현될 수 있는 강렬한 도덕적 지향성을 가지고 있다는 학설을 세우고, 그러한 도덕적 지향성을 가진 군왕의 심성으로부터 온 세상에 덕치(德治)가 펼쳐지도록 해야 한다는 정치사상을 제시하였다.[13] 다른 한편으로 상소문과 편지를 통해 유교국가의 주체로서 지식인의 역할을 재정립하고, 진리의 전당으로서 서원의 건립 운동을 주도하여 부패하기 쉬운 권력을 견제할 수 사회적 장치를 마련하기 위해 노력하였다.[14]

율곡 이이는 철저하게 주자학의 이기론(理氣論)과 심성론(心性論)의 이론체계를 바탕으로 하여, 현실세계를 이상적인 도덕사회로 만들 수 있는 방법을 찾으려 하였다. 이기심성론의 정합적인 체계로 세계를 이해한 그는 도덕적 판단력을 가진 인간의 의지로 세상을 바로잡을 수 있다고 생각하였고, 그러한 의지를 바른 방향으로 이끌 수 있는 공부와 수양의 방법을 제시하고 현실 정치에서 그것을 구현하려 하였다.[15] 그는 축출되었던 사림(士林)이 복귀하던 시기에 조정의 중심에서 군왕과 지식인 관료의 협치(協治)를 통해 유교국가의 이상을 실현하기 위해 노력하였다. 군왕은 유학적 진리의 담지자를 상징하지만, 그 진리를 실현하기 위해서는 역량 있는 신하들이 그 실현 방안을 찾아 실천할 수 있도록 해 주어야 한다는 것이었다. 특히 세습된 군왕보

• • • •

13 김형찬, 《율곡이 묻고 퇴계가 답하다—퇴계와 율곡의 성리학과 정치 철학》(바다출판사, 2018), 231-236쪽.

14 김형찬, 〈퇴계의 서원관에 관한 철학적 해명〉, 《퇴계학보》(퇴계학연구원) 제136집(2014), 99-126쪽.

15 김형찬, 〈氣質變化, 욕망의 정화를 위한 성리학적 기획—율곡 이이의 심성수양론을 중심으로〉, 《철학연구》(고려대학교 철학연구소) 제38호(2009), 189-211쪽.

다는 유학의 도통(道統)을 계승한 지식인 관료들의 역할을 강조함으로써 군왕의 독단과 편견을 견제하고 유학적 정치의 이상을 구현하고자 하였다.[16]

퇴계와 율곡은 건국의 주체들이 기득권 세력화되어 가던 시기에, 성리학적 이상국가를 지향했던 건국이념의 의미와 한계를 성찰하고 조선이 나아갈 바를 고민하며, 당대에 그들이 활용할 수 있는 학문들을 최대한 수용하여 대안을 찾았다. 그 고민의 과정에서 나온 이기심성론 논의, 국정 운영에서 군신(君臣)의 관계와 역할에 관한 논의, 서원과 향약 등 유교 이념의 사회화에 관한 논의들은 조선 유학을 심화 발전시키고, 조선 사회를 장기적으로 이끌어 갈 동력이 되었다.

3) 지적 전통의 재해석과 외래문화의 수용

다산 정약용은 퇴계 학맥에서 이어지는 조선 유학의 굳건한 전통 위에 있었다. 그는 철저하게 유학의 학문적 전통 위에서 거의 모든 유학 경전들을 꼼꼼히 읽으며 수백 권의 주석서를 집필한 경학자(經學者)였다. 그러나 철학사상사에서 그의 가치는 천주교와의 만남으로써 화려한 빛을 발하였다. 그는 천주교를 통해 눈뜬 새로운 사상의 관점으로 주희를 비롯하여 동아시아의 학문적 전통에 속한 학자들의 주석을 비교 검토하며 이천 년 전통의 유학 경전들을 재해석해 내었다. 그는 현실의 변화에 대한 대응력을 잃어 가던 유학을 되살릴 수 있는 새로운 가능성을 보았으며, 유학의 이상을 천주교라는 외래의 관점에 비추어 보며 다시 읽어 냄으로써, 유학 본래의 정신을 당대의 현실에서 실현할 수 있는 길을 보여 주려 하였다.[17] 이를 통해 자연의 원리에 근거한 인간 본성에 의존하여 도덕 이상사회를 구현하기보다

• • • •

16 김형찬, 《율곡이 묻고 퇴계가 답하다》, 237-242쪽.

17 금장태, 〈다산의 유학사상과 서학사상〉, 《다산 정약용의 서학사상》(다섯수레, 1993), 94-100쪽.

는 후천적인 노력에 의해 인간들 간의 관계 속에서 도덕의 가치를 이해하고 익힘으로써 유학이 본래 지향했던 도덕사회를 구현할 수 있다는 학설을 제시하였다. 이는 '성즉리(性卽理)', '이일분수(理一分殊)' 등과 같은 주자학의 핵심 명제들을 전복시킨 것이었을 뿐 아니라 다산 자신이 사숙하고 존경했던 퇴계의 이론을 벗어나는 것이기도 하였다. 하지만 그가 주목한 것은 기존 학문의 권위나 전통이 아니라 오히려 그가 확신한 유학의 가치를 실현할 수 있는 새로운 현실이었고, 결국에는 외래 기독교의 거울에 비추어 유학 경전들을 재해석함으로써 그 현실의 문제를 타개하고 유학의 이상을 실현할 수 있는 대안을 찾았다.[18]

혜강 최한기는 중국을 통해 들어오는 서구의 자연과학에 주목하였다. 감각 가능한 현상세계를 천시하고 감각되지 않는 형이상학의 영역에 관한 논의에 치중했던 당시 지식인들의 세태를 비판하고, 감각 가능한 현상세계에 대한 경험적 지식을 통하여 세계에 대한 재인식을 시도하며 그의 기학(氣學)을 세웠다. 그는 옛 성인(聖人)들의 경험과 지식에 지나치게 의존하던 기존의 공부 방법을 비판하고, 인류의 지식이 많이 축적될수록 자연의 진리에 더 가까이 다가갈 수 있으며, 따라서 옛 성인보다 후대의 사람들이 진리 인식에 더 유리한 위치에 있다는, 당시로서는 혁신적인 관점을 제기하였다. 나아가 그는 경험적인 관찰에 기초하여 작성한 기준을 바탕으로 인재의 발굴과 양성 및 평가, 그리고 그러한 인재들을 통한 사회 운영 방안을 제시하였다. 이러한 그의 생각들은 경전의 주석을 통해 견해를 제시하던 전통적인 경학(經學)의 방법을 벗어나, 자신의 생각을 경험적 근거를 통해 펼쳐가는 새로운 학문방법으로 제시되었다.[19]

• • • •

18 김형찬, 〈욕망하는 본성과 도덕적 본성의 융합—다산 정약용의 기호설을 중심으로〉, 《철학연구》(고려대학교 철학연구소) 第41호(2010), 71-93쪽; 〈근기실학의 학문 연원과 퇴계학의 학문 정신〉, 《국학연구》(한국국학진흥원) 第21호(2012), 20-27쪽.

다산과 혜강은 청나라를 통해 서구문물이 빠르게 유입되던 시기에, 수백 년간 조선을 지탱해 온 유학의 한계를 인식하였고, 그 대안을 찾기 위해 새로운 지식에 목말라하였으며 서구의 천주교와 과학기술이라는 새로운 사상과 학문을 통해 길을 찾고자 했다. 그들은 그러한 지식을 단지 이해하고 익히는 데 그치지 않고 그것을 통해 기존의 학문적 전통을 재검토하였으며, 새로운 지식으로 유학을 재해석함으로써 오랜 지적 전통이 새로운 문화와 만나서 미래사회의 대안으로 재탄생하도록 하는 모범을 보여 주었다.

4. 한국철학의 성공과 실패

한국철학을 대표하는 그들은 당시의 현실 문제, 그것이 종교계든 지성계든 정치계든 간에 그 현실의 문제에 대해 근본적인 해결책을 모색하였고, 그 근본적인 모색의 수준이 이른바 '철학'이라는 근대의 학문 영역에서 다뤄지는 수준에 이르렀다. 그들이 관심을 기울인 것은 당대 현실의 문제를 파악하고 그에 대한 대안을 마련하기 위해 당대에 그들이 동원할 수 있는 지적 성과를 최대한 동원하는 것이었고, 그렇게 활용 가능한 지식을 가지고 당대의 현실에 대해 치열하게 성찰하고 대안을 모색한 성과가 바로 우리가 '한국철학'이라고 알고 있는 것들이다.

현실 인식과 과제의 설정, 그리고 다양한 지식의 활용은 그 대안 모색의 방향을 결정하였고, 그 성과의 현실적 타당성과 학문적 수준에 따라 '한국철학사'에서의 평가가 결정된다.

• • • •

19 손병욱, 〈최한기 氣學의 학문체계 탐구〉, 《혜강 최한기 연구》(성균관대학교 출판부, 2016), 47-117쪽; 김용헌, 〈최한기의 서양과학 수용과 철학 형성〉(박사학위논문, 고려대학교, 1995), 78-117쪽; 김형찬, 〈氣철학에서의 총체적 통찰과 경험적 인식〉, 《철학연구》(철학연구회) 제69호(2005), 49-71쪽.

1) 현실인식과 문제의식

현실에 대한 문제의식은 철학적 사유의 출발점이다. 현실의 문제에 대한 명확한 인식과 이를 대하는 태도는 학자에게 학문적 관점과 입장으로 드러난다. 여말선초의 대표적인 지식인 관료였던 목은 이색(牧隱 李穡, 1328-1396)과 삼봉 정도전(三峯 鄭道傳, 1342-1398)은 당시 원명(元明) 교체기라는 동아시아 격변기에 한반도의 지식인으로서 그 인식과 태도에서 상징적으로 대비되는 인물로 평가된다.

14세기 후반에 고려 사회에 상당한 정도의 변화가 필요하다는 데 대해서는 목은과 삼봉을 포함한 다수의 지식인 관료들이 공감하고 있었다. 그러나 원·명 교체라는 동아시아 국제질서의 변동과 그에 따른 정치권의 권력 투쟁 격화, 토지겸병으로 인한 농민의 빈곤화와 국가재정의 악화, 특권층이 된 불교계의 권력화와 부패 등 당시 사회문제의 원인으로 지목된 것들에 대한 인식과 대안에서 두 사람의 생각은 갈라졌다.

목은은 당시 사회가 대동(大同) 사회의 전 단계인 소강(小康) 사회로서 태평성대와 다름이 없다고 생각하였고, 사전(私田) 혁파와 같은 전제(田制) 개혁에 반대하며 기존 체제 안에서 성리학적 소양을 갖춘 관료들의 양성에 의한 사회의 변화를 기대하였다.[20] 그에 반해, 삼봉은 국가체제를 중앙집중화하고 역량 있는 재상과 관료를 중심으로 국정을 운영할 수 있는 체제를 구축하며 토지제도를 근본적으로 바꾸는 수준의 개혁이 있어야 한다고 생각하였다. 그것은 결국 당시 현실에서 왕조 교체 수준의 변혁이 아니면 불가능한 개혁이었다. 목은은 주자학적 이념을 지향하면서도 유학과 불교가 공존하는 사회를 지향했지만, 삼봉은 천 년의 뿌리를 가진 불교와의 전면적인 사상투쟁을 통해서 불교를 격하시키고 그와 결탁한 기득권 세력의 현실 권력을 박탈해야 온전한 개혁이 가능하다고 생각하였다.[21]

• • • •

20 도현철, 《목은 이색의 정치사상 연구》(혜안, 2011), 131, 251-255쪽.

그 결과, 고려 말 지식인 관료 사회를 이끌었던 목은은 중국 성리학 혹은 주자학을 깊이 이해하고 고려의 마지막을 지킨 사람으로 기억될 뿐이다. 그는 현실 타개를 위한 철학적 대안을 제시하지 못하였고, 그러한 논의를 위한 치열한 성찰의 성과도 보여 주지 못하였다. 그에 반해 삼봉은 불교를 맹렬히 비판하며 성리학의 정당성을 이론적으로 구축하였고, 이를 바탕으로 민본정신에 입각한 성리학 이상국가의 구상을 구체화하여 법제화하기 위한 계획을 제시하였다.《조선경국전》,《경제문감》,《경제문감별집》 등으로 정리된 그의 새로운 사회 구상은 철학과 현실 정치의 관계와 역할에 대한 모범을 보여 주는 사례로 전해지며, 그러한 그의 성과는 조선 유학의 정신으로 이어져 한국철학의 중요한 특성이 되었다.

2) 새로운 지식과 낡은 지식

새로 수용한 외래의 지식도 머지않아 내재화되고, 곧 낡은 것이 된다. 이미 과거의 것이 되어가는, 혹은 이미 내재화된 그 지식에 매달리고 고착될 때, 새로운 지식은 기존의 지식들을 과거로 밀어낸다. 그리고 이때, 과거의 지식에 매달린 사람들도 함께 밀려난다.

17-18세기 조선을 대표했던 두 지식인, 농암 김창협(農巖 金昌協, 1651-1708)과 남당 한원진(南塘 韓元震, 1682-1751)은 좋은 예가 될 것이다. 두 사람은 율곡 이이(栗谷 李珥) → 사계 김장생(沙溪 金長生) → 우암 송시열(尤庵 宋時烈)로 이어지는 서인(西人) 노론(老論)의 정통을 계승하였다. 남당은 우암의 가르침에 따라 주자의 이론만을 교조적으로 고수하며 여타의 학파와 정파를 이단으로 몰아붙이면

• • • •

21 한영우,《왕조의 설계자 정도전》(지식산업사, 1999); 박홍규,《삼봉 정도전—생애와 사상》(선비, 2016); 송재혁,《정도전의 정치체제론》(박사학위논문, 고려대학교, 2016). 이 저술들은 삼봉의 정치철학적 입장이 재상 중심인가 군왕 중심인가에 대해서는 서로 상반된 견해를 보이지만, 국가권력의 중앙집중화, 토지 개혁, 불교 비판 등에 대한 삼봉의 입장에 대해서는 이견이 없다고 할 수 있다.

서 배타적 정통성을 확보하려 했다. 그는 17세기 조선 유학의 대표적 논쟁인 인성물성논쟁(人性物性論爭)에서 인성물성이론(人性物性異論)의 입장을 주장하면서, 정치적으로는 주자를 정통으로 계승한다고 자부하는 서인 노론 강경파 외에 모든 세력을 배척하였다.[22] 주자 정통주의를 고집하는 정신은 이후에 위정척사파로 이어지기는 하지만, 순혈주의를 고집하는 자파의 세력을 스스로 고립시켰고 변화하는 세상에 대응할 대안을 제시할 수도 없었다.

반면에, 한양에 있던 농암은 청나라로부터 들어오는 외래 문물에 관심을 기울이고 새로운 문예사조를 받아들이며, 유학 경전과 성리학 이론에 대한 다양한 해석과 견해에 개방된 자세를 견지하였다. 그는 이기심성론(理氣心性論)의 문제에서도 율곡의 학설뿐 아니라 퇴계의 문제의식도 포용하여 "(퇴율)절충파"[23]로 평가될 뿐 아니라, 인성물성론에서도 기본적으로 인간과 동물의 공통성에 주목하는 동론(同論)의 입장을 취하였고, 그러한 입장은 훗날 외래문화 수용에 적극적이었던 북학파 지식인들에 의해 계승된 것으로 평가된다.[24]

남당은 이미 낡은 지식이 된 주자학에 매달리다가 '과거'가 되었고, 농암은 '율곡'과 '주자'을 기반으로 하면서도 새로운 지식을 받아들이며 '미래'가 되었다. 물론 오랜 세월이 지나지 않아 농암과 안동 김문(安東 金門)도 '과거'가 되었고, 우리는 권력에 취해 그 다음의 '미래'를 외면했던 그들을 조선 후기의 대표적 적폐인 세도정치 세력의 핵심으로 기억한다.

• • • •

22 김태년, 〈남당 한원진의 '正學' 형성에 대한 연구〉(박사학위논문, 고려대학교, 2006), 179-192쪽.

23 배종호, 《한국유학사》(연세대학교출판부, 1974), 151쪽.

24 김형찬, 〈安東 金門의 지식논쟁과 지식권력의 형성—농암 김창협의 학문적 입장을 중심으로〉, 《민족문화연구》(고려대학교 민족문화연구원) 제56호(2012), 325-351쪽.

5. 맺음말

정체성과 관점

한국철학은 이제 근대 학문의 한 분야로서 자리를 잡았지만, 서구와 일제의 침탈을 겪고 그에 대응하는 과정에서 그 성격에 다소 편중되거나 왜곡된 면이 있다. 서세동점 시대에 서구 중심적 관점에 의해 설정된 '문명 대 야만'의 구도에 맞서는 과정에서 지나치게 서구 학문의 관점에 따라 한국철학의 범위와 논제가 제한되었고, 일제 식민사관의 극복이라는 과제 속에서 철학사상의 '고유성'에 지나치게 집착해 왔다.

그럼에도 한국철학 분야의 연구는 그동안 양적으로나 질적으로 많은 발전과 축적을 이루었다. 그 연구 성과들을 기반으로 하여, '한국철학사'에 담길 만한 대표적인 '한국철학'들의 특성과 철학사적 가치에 주목한다면, 한국철학사의 관점, 즉 철학사의 평가기준을 세울 수 있고, 그 관점은 곧 한국철학의 본질적 특성, 즉 한국철학의 정체성을 드러내는 것이 될 것이다.

이를 위해 먼저 원효, 지눌, 퇴계, 율곡, 다산, 혜강같이 대표적인 한국철학자로 평가되는 학자들이 이룬 업적의 특성에 대해 검토하였다. 원효와 지눌은 중관(中觀)과 유식(唯識), 선종(禪宗)과 교종(敎宗)의 분열과 대립이라는 당시 불교계의 문제를 극복하기 위한 길을 모색하면서 동아시아 불교와 신라 및 고려 사회 불교의 과제에 대한 대안을 제시하였으며, 그것이 동아시아 불교사에 기여하고 한국불교의 기풍이 되었다. 퇴계와 율곡은 건국 정신이 퇴락하고 기득권이 고착화되어 가던 16세기 조선의 현실에서 건국의 사상적 기반이었던 유학을 재해석함으로써, 국가 이념을 다시 세우고 국가 운영 방식을 재정립하여, 이후 조선의 학문과 정치가 나아갈 길을 제시하였다. 다산과 혜강은 조선 유학이 경직화되면서 새로운 시대에의 대응력을 잃어 가던 시기에, 외래의 지식을 적극 수용하여 새로운 관점으로 유학의 오랜 지적 전통을 비판적으로 검토하며 새로운 사회의 대안을 제시하였다.

이들은 모두 현실의 당면 과제에 대해 당대에 그들이 이용할 수 있는 지식들을 적극 수용하고 활용하여 대안을 모색하였고, 그 치열한 모색의 과정에서 이룬 성과들이 한국철학사의 대표적인 성취로 평가된다. 삼봉이 목은과 달랐던 것은 바로 현실에 대한 철저한 문제의식을 가지고 그 해결책을 찾고자 노력했다는 것이며, 당시 선진 사상이었던 성리학의 보편적 기준으로 사회 개혁의 목표를 설정하고 그것을 제도화해 내려 했다는 것이다. 또한 농암이 남당과 달랐던 것은 바로 기존 이념과 학문에 안주하지 않고 시대의 변화에 관심을 기울이며 적극적으로 외래문화를 수용하여 새로운 대안의 모색을 시도했다는 것이다.

그동안 한국철학 분야에서 주목되어 왔던 심성론 혹은 존재론 분야의 치밀한 개념적 논의는 바로 그러한 성과들의 일부이며, 그것은 한국철학이 '철학'이라는 학문 분야로 인정될 수 있는 근거가 된다. 한편, 원효에서 혜강에 이르는 '한국철학자'들이 한반도에서 당면했던 현실의 과제들과 그에 대한 문제의식들은 그들의 성과가 '한국' 철학일 수 있는 특수성에 해당할 것이다. 그렇다면 '한국철학사'는 한반도의 현실에서 한국인들이 당면했던 문제들에 대해 대안을 모색하는 과정에서 그 논의의 형식과 수준이 근대 학문으로서의 철학 분야에서 인정될 만한 정도에 이른 것들로 이루어지는 것이며, 그것이 '한국' 철학인 이유는 바로 그러한 성과들이 한국인들이 겪어 온 역사의 현실 속에서 이루어진 문제 설정과 대안 모색의 산물이라는 점에 있다고 할 수 있다.

그런데, 현재 한국철학 분야의 연구는 근대 이전의 전통 철학에 대한 연구에 한정되어, 현재의 학문으로서 철학적 논의를 생산하지 못하고, 원효, 지눌, 퇴계, 율곡, 다산, 혜강 같은 학자를 탄생시키지 못하고 있다. 이는 바로 한국철학 연구자들이 현재 우리가 당면한 현실에 대한 문제 설정과 대안 모색이라는 과제를 방기하기 때문일 것이다. 한국 사회는 근대 이후 사회의 발전 방향을 서구의 추종에 맞추었고, 그 문제 설정과 대안 모색도 서구의 경험과 이론에 의존하였다. 이것은 곧 스스로 문제 설정과 대안 모색의 의지를 포기한 것이었고, 그에 따라 자연히 그러한 능력도 상실되었다. 이제 서구의 모델을 한국 사회에 그대로 적용하고 추종하는 것이 한계에 이르렀고, 우리 스스로 새로운 방향을 찾아야 하는 시점에 이르렀다는 사실을 인정한다면, 그러한 문제의식으로 문제를 설정하고 대안을 모색하는 철학적 논의가 반드시 필요하며, 그 과정은 바로 한국철학의 재생산 체계를 재건하는 것이 될 것이다. 그러한 의미에서 이상에서 설정된 한국철학사의 관점은 바로 한국철학의 정체성을 규정하는 특성인 동시에, 이 시대에 한국철학을 다시 '생산'하기 위한 연구의 방법이 될 수 있을 것이다.

참고 문헌

거자오광(葛兆光). 《사상사를 어떻게 쓸 것인가》. 이연승 옮김. 영남대학교출판부, 2002.

금장태. 〈다산의 유학사상과 서학사상〉. 《다산 정약용의 서학사상》. 다섯수레, 1993.

길희성. 《지눌의 선사상》. 소나무, 2001.

김용헌. 〈최한기의 서양과학 수용과 철학 형성〉. 박사학위논문, 고려대학교, 1995.

김정인. 〈식민사관 비판론의 등장과 내재적 발전론의 형성〉. 《사학연구》(한국사학회) 제125호(2017).

김태년. 〈남당 한원진의 '正學' 형성에 대한 연구〉. 박사학위논문, 고려대학교, 2006.

김형찬. 〈근기실학의 학문 연원과 퇴계학의 학문 정신〉. 《국학연구》(한국국학진흥원) 제21호(2012).

______. 〈氣質變化, 욕망의 정화를 위한 성리학적 기획—율곡 이이의 심성수양론을 중심으로〉. 《철학연구》(고려대학교 철학연구소) 제38호(2009).

______. 〈氣철학에서의 총체적 통찰과 경험적 인식〉. 《철학연구》(철학연구회) 제69호(2005).

______. 〈安東 金門의 지식논쟁과 지식권력의 형성—농암 김창협의 학문적 입장을 중심으로〉. 《민족문화연구》(고려대학교 민족문화연구원) 제56호(2012).

______. 〈욕망하는 본성과 도덕적 본성의 융합—다산 정약용의 기호설을 중심으로〉. 《철학연구》(고려대학교 철학연구소) 제41호(2010).

______. 《율곡이 묻고 퇴계가 답하다—퇴계와 율곡의 성리학과 정치 철학》. 바다출판사, 2018.

______. 〈퇴계의 서원관에 관한 철학적 해명〉. 《퇴계학보》(퇴계학연구원) 제136집(2014).

도현철.《목은 이색의 정치사상 연구》. 혜안, 2011.
박종홍.〈한국사상의 방향〉.《한국철학연구(상)》. 동명사, 1977.
박홍규.《삼봉 정도전—생애와 사상》. 선비, 20016.
배종호.《한국유학사》. 연세대학교출판부, 1974.
손병욱.〈최한기 氣學의 학문체계 탐구〉.《혜강 최한기 연구》. 성균관대학교출판부, 2016.
송재혁.《정도전의 정치체제론》. 박사학위논문, 고려대학교, 2016.
신채호.〈도덕〉.《단재 신채호 전집 (7)》. 독립기념관 한국독립운동사연구소, 2008.
______.〈조선혁명선언〉.《단재 신채호 전집 (8)》. 독립기념관 한국독립운동사연구소, 2008.
오상무.〈현대 한국의 국가철학—안호상을 중심으로〉.《범한철학》(범한철학회) 제36호(2005).
은정희.《대승기신론 강의》. 예문서원, 2008.
이광래.《한국의 서양 사상 수용사》. 열린책들, 2003.
이규성.《한국현대철학사론》. 이화여자대학교출판부, 2002.
이만열.〈일제관학자들의 식민주의사관〉.《한국근대 역사학의 이해》. 문학과지성사, 1981.
한기두.《한국불교사상연구》. 일지사, 1980.
한영우.《왕조의 설계자 정도전》. 지식산업사, 1999.

馮友蘭.《中國哲學史》. 商務印書館, 1934.
胡適.《中國古代哲學史》. 臺灣商務印書館, 1958.

풍류(風流)로 보는 한국 종교의 에토스

박종천

1. 한국 종교문화에 대한 풍류적 접근의 필요성

종교문화는 복합적이고 다층적이며 유동적인 현상이다. 종교문화는 특정한 한 가지 요인이나 측면만으로 충분히 설명할 수 없다는 점에서 복합적이고, 서로 다른 종교전통들이 상하의 위계질서를 이루거나 내부와 외부에서 상호 영향을 주고받으면서 구성된다는 점에서 다층적이며, 일정한 선험적 특징이나 고유한 특성을 지닌 채 고정불변하는 것이 아니라 시간과 공간의 변화에 따라 끊임없이 변화하는 현상이라는 점에서 유동적이다. 따라서 복합적이고 다층적이며 유동적인 종교문화를 규명하기 위해서는 자연과학처럼 물질을 몇 가지 기본 원소(element)들의 구성물로 설명하는 환원적 설명

(reductionism)보다는 상호문화적 접근, 사회구조적 접근, 역사적 접근 등을 충분히 고려하는 역동적 이해가 필요하다. 이러한 역동적 이해는 역사적 맥락에서 문화적 다양성과 구조적 복합성을 고려하고 문화접변의 구체적인 역사적 변화를 주목한다는 점에서 한국 종교의 선험적 고유성을 가정하는 정태적 파악이나 자민족중심주의(ethnocentrism)의 한계를 극복한다는 점에서 유용하다.[1]

고정불변하는 문화가 없듯이, 고정불변하고 선험적이며 고유한 문화적 정체성도 없다. 이러한 문화적 복합성과 다층성을 단일한 고정불변의 선험적 요인으로 환원하지 않으면서도 다양한 문화적 요인들 간의 역동적 긴장관계와 상호문화적 변용의 역사적 경험을 서술하는 길이 있다. 예컨대, 한국의 다양한 종교전통들이 역사적으로 구성해 온 복합적이고 중층적인 상호문화적 작용의 전개 양상은 '가족종교'의 혼성적 종교문화로 설명할 수 있다.[2] 특정한 종교 전통의 교리를 넘어서서 조상숭배와 효의 영성을 중심으로 사회적으로 구현되는 가족종교의 다양한 양상은 역사적으로 가족의 구성과 특성이 변화함에 따라 지속적으로 변화하고 있을 뿐만 아니라 종교의 영역을 넘어서서 다른 문화적 영역에서도 나타난다는 점에서 한국의 종교문화를 이해하는 좋은 실마리가 될 수 있다.

그런데 이러한 설명은 의례적 실천이나 공동체적 구성 양상을 중심으로 혼성적 종교문화를 접근하는 것이기 때문에, 혼성적 종교문화가 성립할 수 있는 사상적 기반에 대한 설명으로는 부족한 점이 있다. 그렇다면 한국인들이 예부터 지금까지 다양한 종교전통들을 외부로부터 수용하고 기존의 문화적 요인들과 새로운 요인들을 재구성 혹은 재전유하는 사유의 기반은 무

• • • •

1 한국종교문화의 역동적 이해의 관점에 대한 논의로는 박종천, 〈한국종교문화의 역동적 이해〉, 《종교문화연구》(한신대 종교와문화연구소) 제22호(2014) 참조.

2 박종천, 〈가족종교의 관점에서 보는 한국종교문화〉, 《민족문화연구》(고려대학교 민족문화연구원) 제85호(2019) 참조.

엇이었을까? 이와 관련해서 동아시아 문화권에서는 '삼교합일(三敎合一)'의 혼성적 종교문화가 두드러지는데, 일본이나 중국이 각각 신도(神道)와 도교(道敎)를 중심으로 다른 종교적 요인들을 흡수하되 그것들을 전면적으로 변용하고 습합하는 혼합주의(syncretism) 경향이 상대적으로 강한 반면, 한국에서는 이질적 요인들을 일정하게 수용하면서도 상이한 요인들을 한데 섞어서 습합하기보다는 특정 종교전통의 이상을 순수하게 심화시키는 혼성적 병존의 양상이 뚜렷하다.[3] 요컨대, 혼성적 종교문화가 동아시아 종교문화의 중요한 특성이라면, 순수한 이상의 심화와 이질적 요인들의 혼성적 병존은 한국의 종교문화의 개성적 양상이라고 할 만하다.

그렇다면, 순수한 이상의 심화와 이질적 요인들의 혼성적 병존은 어떻게 양립 가능한가? 이 글에서는 일면 상호모순적으로 보이는 이 두 가지 흐름이 구성하는 한국 종교의 전개를 이해할 수 있는 문화적 에토스를 '풍류'(風流)의 관점에서 모색하고자 한다. 풍류로 한국 종교를 해석하면, 한국 종교사의 구조적 양상인 주류 엘리트 전통의 '순수 정통주의(orthodoxy)'와 비주류 대중적 전통의 '관용적 포용주의(inclusivism)'가 병존하는 현상을 이해할 수 있는 단서를 포착할 수 있다. 종교학자 윤이흠(1940-2013) 교수에 의하면, 한국의 종교사에서 절대적 신념체계인 교리를 정비한 성직자 엘리트들의 '순수 정통주의'가 종교적 헤게모니의 주류를 차지하면서 타 종교에 대한 배타적 정체성을 구축한 반면, 일반 대중 신자들은 다양한 종교적 요소들을 폭넓게 포용하고 수용하는 양상을 드러내고 있다.[4] 한국 종교사에서는 이 두 가지가 각각 상하로 종교적 위계질서를 구성하는 가운데, 역사적 흐름에 따라 불교, 유교, 기독교 등 주도적인 주류 종교 전통의 교체가 종교적 위계질서의

••••

3 같은 글, 226-227쪽.

4 '순수 정통주의'와 '관용적 포용주의'의 특성과 전개 양상에 대해서는 윤이흠, 《한국의 종교와 종교사》(박문사, 2016), 47-56쪽; 윤이흠 외, 《한국인의 종교관—한국정신의 맥락과 내용》(서울대학교출판부, 2001), 135-200쪽 참조.

상층부에서 일어난다는 것이다.

그런데 과연 양자가 상호 양립 불가능한 모순관계라면, 역사적으로 설명하기 힘든 세 가지 난점에 봉착하게 된다. 첫째, 상호 모순으로 보이는 순수 정통주의와 관용적 포용주의의 관계는 어떻게 이해할 수 있는가? 둘째, 주류 종교들의 역사적 헤게모니 교체는 과연 배타적 갈등과 투쟁이기만 하고 서로 영향을 주고받는 것은 없었는가? 셋째, 상이한 종교전통들 간의 교차점과 엘리트 전통과 대중 전통의 교차점은 무엇인가?

이 글에서는 이 세 가지 물음에 대한 답변을 마련하기 위해서 '풍류'를 한국 종교의 문화적 에토스로 설정하고, 그러한 에토스가 새로운 문화를 만났을 때 드러내는 '신비주의의 보편성'과 '다문화적 수용성' 및 '사회적 실현 양상' 등을 시간적으로는 삼국시대부터 현대에 이르기까지 포괄하고 전통별로는 불교, 유교, 기독교에 이르기까지 몇 가지 중요한 종교사상을 중심으로 살펴보고자 한다.

2. 최치원의 '풍류'와 종교문화적 에토스

'풍류'를 다원적 종교들을 수용하는 한국의 문화적 수용성을 설명하는 인식의 사상적 기원은 신라의 최치원(崔致遠, 857-?)으로부터 비롯된다. 한국 역사에서 '풍류'는 전통적으로 예술 혹은 문화적 활동과 연관된 즐거움 혹은 미학적 멋을 드러내는 용어로 쓰였다. 실제로 조선 시대 역사서나 문집 등의 자료를 보면 대부분 이러한 용법으로 사용되었다. 그러다가 근대에 와서 최남선(1890-1957)과 안호상(1902-1999) 등을 비롯한 일부 국학자(國學者)들과 대종교(大倧敎)를 비롯한 민족종교인들이 '풍류'를 화랑(花郞) 혹은 신선(神仙) 등과 연관된 '신교'(神敎) 혹은 '고신도'(古神道)로 이해하면서 유불도(儒佛道) 삼교(三敎)가 유입되기 이전에 존재하던 한민족 고유의 종교 전통 혹은 사상으로 설명하기 시

작하였는데, 그 사상적 기원이 바로 최치원의 〈난랑비 서문〉이다.[5]

> 나라에 현묘(玄妙)한 도(道)가 있으니 '풍류'(風流)라고 한다. 가르침을 베푸는 근원은 《선사(仙史)》에 자세히 갖추어져 있는데, 그 내용은 유·불·도 삼교(三教)를 포함해서 뭇 생명들을 접하여 교화하는 것이다. 우선 집 안에서는 부모님께 효도하고 밖에 나가서는 나라에 충성하는 것은 노나라 사구(司寇, 공자)의 가르침이고, 인위적이지 않은 방식으로 처신하고 말없음의 가르침을 실천하는 것은 주(周)나라 주사(柱史, 노자)의 종지이며, 모든 악을 저지르지 않고 모든 선을 받들어 행하는 것은 천축(天竺, 인도) 태자(太子, 석가모니)의 교화이다.[6]

최치원은 〈난랑비 서문〉에서 《선사(仙史)》를 자료적 근거로 삼아서, 신라에 '풍류'라는 현묘한 도(道)가 있다고 설명했다. '도'(道) 혹은 '교'(教)는 현대적 관점에서 보면 종교, 윤리, 문화를 포괄하는 용어인데, '현묘'라는 표현과 '선사'(仙史)라는 이름을 고려해 보면 '현묘지도'인 풍류는 유불도(儒佛道) 삼교(三教)를 아우르는 '선도'(仙道)로 보인다. 다만 선도가 삼교보다 앞서 존재했는지는 확인할 수 없다. 물론 풍류를 고대 한민족의 신선(神仙) 혹은 선도가 6세기 신라 화랑(花郞)의 활동과 기풍으로 정착한 것으로 설명하는 견해도 있다.[7] 이러한 설명은 풍류를 나라를 다스리는 방책으로 제시한 진흥왕의 '풍월도'(風月道)[8]나 '화랑도'(花郞道)와 연결시켜 이해하는 것인데, 풍류가 화랑도

••••

5 최영성, 〈한국사상의 원형과 특질—풍류사상, 민족종교와 관련하여〉, 《철학논집》(한국철학사연구회) 제55집(2017), 15-17쪽 참조.

6 《三國史記》 新羅本紀 眞興王條. "國有玄妙之道, 曰風流. 設教之源, 備詳仙史, 實內包含三教, 接化群生. 且如入則孝於家, 出則忠於國, 魯司寇之旨也; 處無爲之事, 行不言之教, 周柱史之宗也; 諸惡莫作, 諸善奉行, 竺乾太子之化也."

7 김성환, 〈최치원 '國有玄妙之道'설의 재해석—'한국 고대 신선사상의 지속과 변용'의 시각에서〉, 《도교문화연구》(한국도교문화학회) 제34집(2011).

8 《三國遺事》 卷3 塔像第4 彌勒仙花 未尸郎 眞慈師 참조.

나 풍월도와 직간접적으로 연관되었을 가능성은 상당히 높지만, 양자를 동일한 것으로 확인하기에는 아직 문헌적 증거가 부족하고 고고학적 자료가 충분하지 않기 때문에 그 역사적 실체를 구체적으로 확인할 수 없다. 따라서 현재로서는 구체적인 종교 사상 혹은 특정한 종교 전통으로서의 '풍류'를 논의할 수는 없다.

그러나 '현묘지도'로서 삼교의 문화적 다양성을 포용하는 종교문화적 수용성의 에토스(ethos)로서 '풍류'를 논의하는 것은 가능하다. 유교, 불교, 도교처럼 다른 종교들과 구별되는 구체적인 종교 전통이 아니라 문화적 기풍이나 습관인 에토스로서 접근하면, 한국 고유의 독자적 전통을 고수하는 선험적 고유성이 아니라 유교, 불교, 도교 등 외래의 종교사상이나 문화를 수용할 수 있는 문화적 수용성의 관점에서 다양한 한국의 종교문화를 이해할 수 있기 때문이다.

이런 관점에서 먼저 주목할 만한 것은 풍류의 어원적 유래다. 풍류는 본래 '유풍여류'(遺風餘流)에서 비롯된 용어로서, "공자의 육경(六經) 편수가 선왕(先王)들의 풍류(風流)가 기울고 몰락함에 따라 이루어졌다"고 설명한 동진(東晉)의 스님인 도안(道安, 312-385)의 〈이교론(二教論)〉에서 영향을 받은 개념인데, 최치원도 "부처님이 꽃을 들어 보이며 후세에 전한 '풍류'", "선대왕(先大王, 경문왕)께서 (…) 특별히 '풍류'를 떨치셨다" 등 2번에 걸쳐 '유풍여류'의 의미로 사용했다.[9] 따라서 최치원은 문화적으로 전승되는 기풍이나 관습, 즉 문화적 에토스라는 포괄적 의미로 '풍류'를 사용했으며, 특별히 신라의 문화적 에토스를 표현할 때는 삼교를 포함하는 '현묘지도'로 그것을 더욱 한정하여 사용했다고 할 수 있다.

물론 이러한 내용은 당나라의 유불도 삼교교섭 혹은 삼교융합과 일정하

• • • •

9 이러한 어원과 용례에 대한 설명은 최영성, 앞의 글, 18-19쪽을 따른다. 해당 원문은 〈智證大師碑銘〉, 〈大崇福寺碑銘〉 등에 보인다.

게 연관되는 것이다. 다만, 중국에서는 혼합주의적 삼교융합 양상이 상당히 강하게 보이는 반면, 신라 이후 한국에서는 혼합주의적 삼교융합의 양상보다는 삼교가 각각 특색을 지키면서 병존하는 삼교병존적 양상에 가깝다는 점에서 차이가 있다.[10]

실제로 사상적인 면에서 중국의 삼교회통론이 북송(北宋) 말의 도교 도사 장백단(張伯端, 987-1082)의 삼교귀일론(三教歸一論)과 불교 승려 계숭(契嵩, 1007-1072)의 삼교회통론(三教會通論) 등[11]을 비롯하여 삼교융합론이나 삼교동원론(三教同源論)을 향해 나아가는 데 비해, 기화(己和, 1376-1433)를 비롯한 조선의 삼교회통론은 압도적인 유교의 배불론(排佛論)에 대한 방어적 대응으로서 회통을 전개하면서도 불교사상의 우월성을 견지하는 호교론적 관점이 뚜렷하다는 차이점이 있다. 또한 중국에서는 북조(北朝) 이후 당(唐)까지 국교화의 공인과 통일 교단의 체계를 갖추었던 도교(道教)를 중심으로 송(宋)에 이르러 본격적인 삼교회통론을 전개하였으며 금(金)나라 이후 삼교동원론의 전진교(全眞教)를 비롯하여 삼교융합적 양상의 신도교(新道教)들이 교단으로 출현한 반면,[12] 한국에서는 유불도 삼교합일의 혼합주의적 종파가 본격적으로 흥성하지 못한 대신 삼국시대와 고려 시대의 불교, 조선 시대의 유교, 현대의 기독교가 각각 개별 종교의 독자적 교리에 충실한 개성을 표출하면서 타 종교와 병존하였다.

한편, 최치원의 설명에 따르면, 신라의 문화적 에토스로서의 풍류는 '현묘지도'(玄妙之道), '포함삼교'(包含三教), '접화군생'(接化群生) 등의 세 가지 차원으로 구성된다.

• • • •

10 주 3 참조.

11 김경수, 《북송 초기의 삼교회통론》(예문서원, 2013), 3-4장 참조.

12 중국의 삼교회통론과 중국도교의 삼교융합적 특징과 전개 양상에 대해서는 각각 같은 책, 2장; 李養正, 《道教概說》(北京: 中和書局, 1989); 任繼愈, 《中國道教史》(上海: 上海人民出版社, 1989) 등 참조.

첫째, 최치원이 신라의 풍류를 일컫는 표현으로 사용한 '현묘지도'는 이성이나 언어를 초월한 근원적 실재(the Ultimate Reality) 혹은 보편적 일자(the One)와 하나가 되는 신비주의(mysticism)의 보편성을 보여 준다.[13] 《도덕경(道德經)》 1장에 의하면, '현'(玄)은 형상과 이름이 없는 근원적 실재이고, '묘'(妙)는 근원적 실재로부터 형상과 이름이 나타나는 현상적 세계다. 따라서 '현묘지도'는 근원적 실재와 현상적 세계가 본래 하나이지만, 근원적 실재로부터 '만물의 근원'(萬物之母)이 현상적 세계로 구현되는 '유'(有)의 과정과 현상적 세계로부터 '천지의 시원'(天地之始)이 근원적 실재로 귀의하는 '무'(無)의 과정으로 구성된다. '유'의 과정이 세계의 생성이라면 '무'의 과정은 종교적 수행의 실천인 것이다. 따라서 '현묘지도'는 세계 생성의 과정에 대한 이해와 더불어 생성의 과정을 역순으로 거슬러 오르는 신비적 합일의 수행을 포함한다는 점에서 신비주의의 보편성을 지니게 된다.

모든 신비주의는 궁극적 실재가 인격적 신인가, 비인격적 원리인가의 차이는 있지만, 개별적 존재들이 그 개별성을 넘어서서 궁극적 실재와 합일된다는 구조를 지닌다는 점에서는 보편적이다. '현묘지도'라는 표현은 그러한 '신비주의의 보편성'을 잘 보여 준다. 한국의 종교사상은 개별 종교전통별로 다양하게 나타나지만, 일반적으로 '풍류'가 전제하는 신비주의적 보편성을 지향하는 양상이 나타나는데, 신라 이후 한국불교가 주목한 '한마음'(一心)의 내재적 보편성,[14] 조선 시대 성리학 이후 확고하게 한국의 종교문화에 자

• • • •

13 신비주의에 대해서는 성해영, 〈신비주의란 무엇인가?—개념에 대한 오해와 유용성을 중심으로〉, 《인문논총》(서울대 인문학연구소) 제71권 1호(2014), 153-187쪽; William James, *The Varieties of Religious Experience: A Study in Human Nature*(London: Routledge, 2008), pp. 41-58; John Macquarrie, *Two Worlds Are Ours: An Introduction to Christian Mysticism*(Minneapolis: Fortress Press, 2004), pp. 1-34 참조.

14 한자경은 한국종교문화의 에토스인 '한마음'의 특징을 '내면적 초월주의'로 설명했다. 한자경, 《한국철학의 맥》(이화여자대학교 출판부, 2008) 참조.

리 잡은 '이'(理)의 도덕적 보편성,[15] 단군신화로부터 유교의 천(天)을 거쳐 민족종교 혹은 민간종교는 물론 기독교까지 연결되는 '하늘님', '상제'(上帝), 하나님 등의 초월적 보편성 등은 비인격적 원리인가 인격적 신인가, 내재적인가 초월적인가 등의 구분과는 별도로 모두 개체적 현상을 넘어서서 '하나 됨'의 신비주의적 보편성을 지향한다.

둘째, '현묘지도'는 '포함삼교'를 통해 개별 종교 전통들의 문화적 다원성을 인정하고 수용하는 '다문화적 수용성'을 드러낸다. 최치원은 신라에 귀국하기 전에 당나라에서도 '풍류'나 '현묘지도'에 대한 설명과 유사한 설명을 한 적이 있다. 그는 자신의 이상으로 가섭(迦葉)의 진종(眞宗), 용(龍, 노자)의 덕(德), 유동(儒童, 공자)의 선교(善教), 즉 불교, 도교, 유교를 제대로 수용하고 실천하여 '상고(上古)의 기풍(風)'과 '대동(人同)의 교화(化)'를 이룩하는 목표를 다음과 같이 제시한 바 있다.

> 다음 소원은 태위가 이 세상을 깨끗이 청소하고 조정 위에 높이 앉아, 가섭(迦葉)의 진종(眞宗)을 널리 펴서 용(龍, 노자)과 덕(德)을 견주고 유동(儒童, 공자)의 선교(善教)를 들어서 기린이 때를 잃지 않게 하는 것입니다. 그리하여 상고(上古)의 기풍(風)을 제대로 일으키고 대동(大同)의 교화(化)를 길이 이루어서, 머리털을 이고 치아를 머금은 인간으로부터 물속에 잠기고 공중을 나는 것들에 이르기까지 모두 자비의 힘을 입어 빠짐없이 해탈(解脫)할 수 있게 하는 것입니다.[16]

• • • •

15 오구라 기조(小倉紀藏)는 조선 유교 이후 정착한 한국 사상의 특징을 '도덕지향성'으로 설명했다. 오구라 기조, 《한국은 하나의 철학이다》, 조성환 역(모시는사람들, 2017) 참조.

16 崔致遠, 〈求化修大雲寺疏〉, 《桂苑筆耕集》 卷16. "次願太尉廓清寰宇, 高坐廟堂, 演伽葉之眞宗, 龍堪比德, 舉儒童之善教, 麟不失時, 克興上古之風, 永致大同之化, 凡於戴髮含齒, 鱗潛羽翔, 皆荷慈悲, 盡能解脫."

여기서 '상고의 기풍'은 '풍류' 혹은 '현묘지도'와 유사하고, 유불도 삼교에 대한 '대동의 교화'는 '포함삼교'를 연상시키며, '모두가 빠짐없이 자비로써 해탈하도록 하는 것'은 '접화군생'에 견줄 수 있다. 따라서 이렇게 연결되는 세 가지 차원은 최치원이 지닌 종교문화 인식의 구조라고 해도 과언이 아니다. 분명히 최치원은 당나라의 삼교교섭 혹은 삼교공존의 문화에 영향을 받았고 신라에 귀국한 뒤에는 그러한 관점으로 '풍류'에 대해 새롭게 인식했다.

그러나 앞서 살펴본 바 있듯이, 한국 종교사에서 최치원의 '포함삼교'는 삼교의 교섭과 회통을 거쳐 혼합주의로 거의 나아가지 않았으며, 삼교가 병존하면서 각각 그 독특한 개성을 상실하지 않은 채 그 가능성을 최대한 발현하는 양상을 선보였다는 점에서 중국의 삼교융합처럼 혼합종교를 제안하지 않았다. 실제로 중국의 삼교융합과 한국의 삼교병존의 차이는 각각 송대 신도교의 등장과 조선 신유학의 득세 이후에 확연하게 부각되었다. 따라서 '포함삼교'는 특정한 문화적 전통의 고유성을 고집하는 것이 아니라 다문화적 상상력을 적극적으로 인정하고 수용하여 그 가능성을 주체적으로 실현하는 다문화적 수용력이라고 볼 수 있다.

이러한 다문화적 수용력은 자기 기준으로 타자를 평가하고 변용시킴으로써 다른 종교를 자기 종교 아래로 편입하려는 제국주의적 지배의 논리가 아니라 다른 종교의 빛으로 자기 종교의 새로운 가능성을 발견하여 풍요롭게 만들고 그런 방식으로 다종교들이 병존할 수 있는 병존의 문화적 에토스라고 할 수 있다. 원효(元曉, 617-686)의 '화쟁'(和諍)이 특정한 종파를 중심으로 다른 종파들을 상하의 위계질서로 편입시키는 교상판석(敎相判釋) 방식을 지양하고 보편성의 견지에서 개별 종파의 상대적 종교사상들의 한계를 자각하고 인정하는 열린 자세를 강조한 것이나,[17] 류영모(柳永模, 1890-1981)가 '얼나'를

17 조성택, 〈화쟁의 해석학적 함의와 현대적 의미〉, 《한국불교학》(한국불교학회) 제93집(2020).

중심으로 유교, 도교, 불교, 기독교의 구체적인 제도종교를 회통(會通)하는 보편적 영성(spirituality)을 역설한 것[18] 등이 그 대표적인 사례이다. 이들은 모두 특정 종교를 다른 종교의 틀로 변용시키거나 해체시키지 않으면서도 근원적 진리의 차원에서 특정 종교의 교리를 넘어서서 보편적 영성의 가능성을 분명하게 보여 주었다. 이런 흐름은 신비주의적 영성의 보편성과 다문화적 수용성을 지녔다는 점에서 '영성적이지만 종교적이지는 않은'(spiritual but not religious, SBNR) 한국 종교문화적 에토스라고 평가할 만하다.

셋째, 이러한 다문화적 수용력은 자연스럽게 사회적 풍화(風化) 효과로 구현된다. '상고의 기풍'과 '대동의 교화'는 각각의 개별적 종교들이 혼합이 아닌 병존을 통해 이상적인 사회적 질서의 구현을 위해 선의의 경쟁을 하는 종교의 사회적 영향으로 볼 수 있다. 최치원은 그 구체적인 예시로 불교의 묘지(妙旨)가 은연중에 '현묘한 교화'(玄化)를 돕고 불교의 미언(微言)이 '중생을 널리 깨우친다'고 했다.[19] 이러한 사회적 풍화 효과는 불교뿐만 아니라 다른 개별 종교전통들에도 적용된다. 이를 〈난랑비 서문〉에서는 '접화군생'으로 표현했는데, 사회적 풍화는 '충효(忠孝)'의 유교적 사회윤리, '무위불언(無爲不言)'의 도교적 수행, '연기(緣起)'의 불교적 실천 등으로 구현된다. 삼자는 각각 공동체 구성 질서, 신비주의적 수행, 종교윤리적 실천으로서 구체적인 삶의 맥락 속에서 구별될 수 있지만, 현실에 충실하면서도 한정된 개별적 한계를 넘어서서 궁극적 실재를 구현한다는 점에서 모두 보편적 이상을 지향한다.

요컨대, '풍류'는 '현묘지도'의 신비주의적 보편성, '포함삼교'의 다문화적 수용성, '접화군생'의 사회적 실현 양상이 유기적으로 맞물리는 종교문화적 에토스인 것이다. 따라서 '풍류'의 종교문화는 신비주의적 보편성을 이상으

• • • •

18 박영호, 《다석 류영모》(두레, 2009), 137-147, 156-157쪽. 특히 146쪽 참조.

19 崔致遠, 〈求化修大雲寺疏〉, 《桂苑筆耕集》 卷16. "詳夫教列爲三, 佛居其一. 其如妙旨則暗裨玄化, 微言則廣諭凡流. 開張勸善之門, 解摘執迷之網. 然則欲使衆心歸敬, 須令像設莊嚴, 有感必通, 無求不應, 墾情田而種福, 游法海而淘殃, 不可思議, 於是乎在."

로 삼되, 문화적 고유성을 고수하는 것이 아니라 보편적인 타 문화를 적극적이고 개방적으로 수용함으로써, 다양한 종교문화들이 각각 개성적 방식으로 사회적 공공선을 향해 혼합이 아니라 병존하는 종교문화의 양상을 구현하는 문화적 토대가 되었다고 평가할 수 있다.

3. 신라 시대 원효의 일심사상과 의상의 〈화엄일승법계도〉

그렇다면 다양한 종교와 문화를 수용하는 포용적 수용성을 신비주의적 영성의 보편성과 어떻게 연결하여 이해할 수 있는가? 종교사상에서 개별적 현상의 차이를 무시하지 않고 인정하면서 신비의 보편성에 이르는 양상은 두 가지 측면에서 접근이 가능하다. 일원적인 신비적 영성의 보편성과 다양한 문화의 개별성은 종교적 해석의 구조와 문화적 표현의 특성을 통해 잘 구현된다.

영성의 보편성과 문화의 개별성은 하나인 근원적 실재 혹은 보편적 일자와 다양한 개별자들의 관계를 규정하는 논리로 설명되기도 하고, 종교 전통 내부의 종파성을 극복하는 '화쟁'(和諍)의 논리나 특정 종교 전통을 넘어서서 타 종교까지 아우르는 '회통'(會通)의 논리로 나타나기도 한다. 신라의 원효로부터 현대의 류영모에 이르기까지 한국의 종교사상은 화쟁이나 회통의 사유를 면면히 드러내었다. 화쟁이나 회통은 모두 다양한 현상이나 상대적 견해들을 모으고 그 내용들을 보편적 관점에서 연결하여 압축하는 과정이자, 개별적인 현상적 맥락의 상대적 가치를 충분히 인정하거나 존중하면서 보편성을 지향하는 움직임이다.

회통이나 조화의 종교사상은 '요'(要)와 '도'(圖)의 문화적 표현방식을 통해서 잘 드러난다. 신라 불교의 원효와 조선 유교의 이이(李珥, 1536-1584)가 '요(要)'의 방식으로 다양한 사상을 조화롭게 압축했다면, 신라 불교의 의상(義湘, 625-

702)과 조선 유교의 이황(李滉, 1501-1570)은 '도(圖)'의 방식으로 다양한 사상을 보편적으로 회통했다. 원효의 《열반종요(涅槃宗要)》나 이이의 《성학집요(聖學輯要)》, 의상의 〈화엄일승법계도(華嚴一乘法界圖)〉와 이황의 〈성학십도(聖學十圖)〉가 그 대표적인 사례다. 또한 이황의 《주자서절요(朱子書節要)》를 비롯하여 중국에서 들어온 보편적 핵심 사상을 '절요'(節要)의 형식으로 압축하는 경향도 강했다. 이렇듯 상이한 사상을 핵심적 명제나 '도설'(圖說)로 압축하고 회통하는 한국적 양상의 선하(先河)를 연 것이 바로 신라 시대의 원효와 의상이다.

7세기 동아시아 불교는 화엄, 정토, 유식, 반야 등 대승 경전을 중심으로 다양한 불교 종파가 공존했는데, 종파적 성격의 중국불교가 한반도에 직간접의 영향을 미치기 시작하던 때 원효는 어느 종파에도 속하지 않으면서 새로운 해석학적 체계 구축을 시도했다. 원효가 펼쳤던 '종요'(宗要)와 '개합'(開合)은 화쟁을 실현하기 위한 해석학적 틀이자, 개별 경전의 개성과 독특성을 인정하면서도 그러한 다양성을 불법(佛法)의 체계로 회통시키는 논리로서 제시되었다. 이러한 경향은 종파적 흐름의 중국 불교나 일본 불교와 구별되는 한국 불교의 초종파적 회통사상으로 설명할 수 있다.[20]

원효는 화엄불교에서 정토불교까지 대승불교의 다양한 흐름이 각각 개별적 의미를 적절하게 표현하면서도 그것이 일치하는 궁극적 차원을 '일심'(一心)으로 설명했다. 그리고 그 일심은 생멸문(生滅門)의 현상과 진여문(眞如門)의 본체가 회통하는 보편성을 보여 주었다. 그는 불성(佛性)의 본체[體]를 '일심'으로 규정하면서, 일심에 대한 다양한 논의들이 원인[因]과 결과[果], 진제(眞諦)와 속제(俗諦) 등을 포함한 다양한 차원과 맥락에 따라 긍정과 부정이 교차하고 양자 모두를 존중하는 '개시개비'(皆是皆非) 혹은 '비연비불연'(非然非不然)이라는 논리로 화쟁을 진행했다.[21] 원효는 차원이나 맥락에 따라 불성을 보는

••••

20 최남선, 〈朝鮮佛敎—東方文化史上에 있는 그 地位〉, 《불교》(불교사) 통권 74호(1930), 244-250쪽; 조성택, 앞의 글, 214쪽.

21 元曉, 《涅槃宗要》, 한국불교전서1, 537c쪽.

관점이 달라질 수 있음을 문화적 수용성의 차원에서 인정하면서도, 현상과 본체, 원인과 결과 등의 구별이 그 궁극적 근원인 일심(一心)의 보편적 영성을 통해 회통한다는 점을 강조하며 다음과 같이 역설하였다.

> 위의 여섯 분의 주장은 비록 모두가 불성(佛性)의 실체를 다하지는 못했지만 각기 입장에 따라 설명하여 '각각 그 뜻을 얻었다'고 하는 것이다. 그러므로 아래의 글에서 '저 눈먼 사람들이 각각 코끼리를 말하는데, 비록 그 실질을 얻지는 못하였지만 코끼리를 말하지 않는 것은 아니다'라고 하였다. 불성을 말하는 것도 또한 그와 같아서 여섯 학설에 그대로 일치하는 것도 아니고 그것을 벗어나서 있는 것도 아니다. 이 가운데의 여섯 학설이 그러한 줄을 알아야 한다.[22]

이러한 설명은 다양한 사상들의 의미있는 차이를 충분히 존중하면서도 그것들이 본체를 설명하는 데 지닌 의의와 한계도 함께 인정하는 방식이다. 여러 갈래로 전개되는 다양한 주장들은 부분적이기 때문에 상대적일 수밖에 없으며 부분적인 것을 통섭하여 총체적인 차원으로 합류할 때 온전한 진리가 드러난다. 원효는 이러한 구조를 "뭇 경전의 부분을 통섭[統]하여 온갖 흐름의 한 맛[一味]으로 되돌이켜 지극히 바른 부처님 뜻을 열어[開] 백가의 다양한 논의들[異諍]을 화해하는 것"으로 표현하기도 했다.[23]

이렇듯 상대적인 '이쟁'(異諍)들의 부분적 설명의 논리로는 온전히 접근할 수 없는 궁극적인 '일미'(一味)의 총체적 진리를 현상적 설명과 보편적 진리의 구조적 관계로 설명하면, 다양한 이설들을 각각 개별적 차원에서 긍정하면서도 그러한 개별적 차원들이 각각 우열의 차별 없이 논리적 갈등의 함정

• • • •

22 같은 책, 539a쪽.

23 같은 책, 524a쪽. "統衆典之部分, 歸萬流之一味; 開佛意之至公, 和百家之異諍."

에서 벗어나 상대화되면서 '일심'의 보편적 차원으로 합류할 수 있게 된다. 그리하여 불법(佛法)의 의미를 다양하게 전개하는 이쟁(異諍)들은 부분적 설명들을 총체적 진리로 통섭하는 '통'(統)을 통해 근원적 하나로 귀일하는 신비주의적 보편성에 이르게 되고, 그것을 기반으로 보편적이고 총체적이며 근원적인 진리의 '전개'[開]를 통해 다양하게 전개되는 개별적 현상들이 상호 갈등이 아니라 화회(和會)로 나아가는 다문화적 수용성으로 성숙하게 된다. 이것이 바로 통섭과 전개가 어우러지는 '통'(通)을 통한 화쟁(和諍)이다.[24]

여기서 중요한 대목은 '통'과 '개'를 아우르는 통합적 구조에서 근원적 하나로 통섭하는 것과 더불어 다양한 개별자로 전개되는 것을 함께 고려한다는 점이다. '종요'와 '개합'의 구조에서 '종'(宗)이 '일미'의 불설(佛說)이 다양하게 전개되는 것이고 '요'(要)가 다양한 것이 '일'(一)로 통합하는 것이라면, '개(開)'는 '일'에서 '다'(多)로 전개되는 것이고 '합'(合)은 '다'를 '일'로 통합하는 것이다.[25]

'풍류'의 관점에서 보자면, '합'이 현(玄)의 회통이라면, '개'는 묘(妙)의 회통이다. 이 양쪽의 균형이 중요하다. 언어로 표현 불가능한 일심의 보편적 깨달음을 향해 수렴할 수도 있고, 다양한 언어로 표현되는 구체적 현상으로 나아갈 수도 있다. '회통'이라고 해서 모든 것을 다 합치기만 하는 것이 아니라는 점이 중요하다. 이는 '귀일심(歸一心)'의 일원론적 관점을 근간으로 하면서도 현상적인 개별적 다양성을 긍정하는 다문화적 사유로서 '사사무애'(事事無碍)의 가능성을 잘 보여 준다.[26]

이러한 방식은 모든 논의들에 대한 가치평가를 통해 상하의 위계질서를

• • • •

24 조성택, 앞의 글, 214쪽 주 13 참조.

25 元曉, 《大乘起信論疏》, 한국불교전서1, 698c쪽. "開則無量無邊之義爲宗; 合則二門一心之法爲要. 二門之內, 容萬義而不亂; 無邊之義, 同一心而混融. 是以開合自在, 立破無礙, 開而不繁, 合而不狹, 立而無得, 破而無失."

26 조성택, 앞의 글, 223-224쪽. 특히 주 34 참조.

세우는 '교상판석'의 체계화와는 달리, 모든 사상들의 체계적 통합을 지향하는 것이 아니라 다양한 상대적 관점의 타당성을 모두 인정하되 근원적 일심의 관점에서 그 모든 것이 한계가 있을 수밖에 없음을 통찰한다는 점에서 다양한 종교사상의 병존을 가능하게 한다. 이러한 열린 자세는 노자(老子)나 장자(莊子) 등 타 종교 사상에 대해서도 확장적으로 적용되었다.[27] 따라서 원효는 하나의 관점을 중심으로 다른 관점들을 포용하는 방식의 위계적 체계를 세우는 것이 아니라 모든 관점들을 다 '포함(包含)'하면서도 그 포함이 궁극적 차원에서 '일심'의 하나[一]에서 가능함을 보여 줌으로써, 불교사상 내에서 특정한 종교성(religiosity) 혹은 종파성을 넘어서서 보편적 영성(spirituality)과 문화적 수용성을 함께 갖춘 '현묘지도'의 모범을 잘 구현했다고 평가할 만하다.

한편, 국내에 머문 원효와 달리, 의상은 당나라로 유학을 떠나 화엄사상을 수입하였다. 그가 만든 〈화엄일승법계도〉는 중국의 회문시(回文詩)의 영향을 받은 반시(盤詩) 형식을 채용하여,[28] 화엄법계(華嚴法界)를 시각적인 방식으로 응축해서 보여 주었다. 그런데 이 그림 속에서 '하나'로 표상되는 부동(不動)의 진성(眞性)이라는 궁극적 실재와 '일체'(一切)의 '다'(多)로 나타나는 법계의 모습이 각각 '현'의 보편적 영성과 '묘'의 문화적 다양성을 함께 지닌 구조라는 점을 주목할 필요가 있다. 그리하여 의상은 하나[一]와 일체 혹은 하나와 여럿[多]이 '상즉상입(相卽相入)'하는 화엄사상을 잘 구현하였을 뿐만 아니라 초발심(初發心)과 정각(正覺), 생사와 열반, 이(理)와 사(事)가 구별은 되지만 항상 하나로서 나눌 수 없는 원융무애(圓融無礙)한 법계를 극명하게 보여 주었다.

27 최유진, 《원효 연구》(경남대학교 출판부, 2020), 306-323쪽 참조.
28 이시이 코세이, 《화엄사상의 연구》, 김천학 역(민족사, 2020), 320쪽 이하 참조.

의상의 〈화엄일승법계도〉(법성게)

의상대사(義湘大師, 625-702)의 법게송(法性偈) 〈화엄일승법계도(華嚴一乘法界圖)〉[29]

존재 본성 두루 하나 두 개 형상 따로 없고
모든 존재 안 움직여 본래부터 고요하네
이름 없고 형상 없어 모든 것이 끊어지니
깨친 지혜 아는 바요 남은 경계 아니라네

····

29 義湘,《華嚴一乘法界圖》, 한국불교전서2, 1a쪽. "法性圓融無二相, 諸法不動本來寂. 無名無相絶一切, 證智所知非餘境. 眞性甚深極微妙, 不守自性隨緣成. 一中一切多中一, 一卽一切多卽一. 一微塵中含十方, 一切塵中亦如是. 無量遠劫卽一念, 一念卽是無量劫. 九世十世互相卽, 仍不雜亂隔別成. 初發心時便正覺, 生死涅槃常共和. 理事冥然無分別, 十佛普賢大人境. 能仁海印三昧中, 繁出如意不思議. 雨寶益生滿虛空, 衆生隨器得利益. 是故行者還本際, 叵息妄想必不得. 無緣善巧捉如意, 歸家隨分得資糧. 以陀羅尼無盡寶, 莊嚴法界實寶殿. 窮坐實際中道床, 舊來不動名爲佛."

참된 본성 깊디 깊어 지극히도 미묘하니
자기 성품 집착 없이 인연 따라 이룬다네
하나 안에 모두 있고 여럿 안에 하나 있어
하나가 곧 모두이며 여럿이 곧 하나라네
하나 작은 티끌 안에 온 세계를 머금으니
모든 티끌 안에서도 그것 또한 그러하네
한량없는 긴 시간이 곧 한 생각일 뿐이요
한 생각이 바로 한량없는 시간일 뿐일세
과거 현재 미래 거듭 한 생각과 상통하나
뒤섞여 어지럽지 않고 나뉘어 따로 이루네
처음 마음 내었을 때 올바른 깨달음이요
생사와 열반이 항상 함께 어루어져 있네
진리와 현상 그윽하여 결코 분별 없으니
일체 부처 보현보살 대인의 경지라네
부처 자비 일체 바다 비추는 삼매 가운데
뜻대로 근기 따라 나투니 불가사의네
보배 비로 중생 도와 허공을 가득 채우니
중생들은 그릇 따라 이익을 얻는다네
그러므로 수행자는 본래 실제로 돌아가니
망상을 쉬지 않으면 결코 얻을 수 없다네
대상 없어 좋은 기묘 방편으로 선의 잡고
집 안으로 돌아가서 분수 따라 양식 얻네
진실한 다라니[眞言]의 다함 없는 보배로써
법계를 엄숙히 꾸며 보배 궁전 가득 차네
마침내 참된 실제의 중도 보좌에 앉으니
예부터 움직이지 아니함을 부처라 했네

더욱 중요한 것은 의상의 〈화엄일승법계도〉에 대해 《삼국유사(三國遺事)》 〈의상전교(義湘傳敎)〉에서 '신라인들이 다투어 몸에 차고 다니는 보배'로 〈법계도〉를 설명하면서, 독송이나 휴대용 부적 같은 다라니로 쓰고 있다고 지적한 점, 그리고 한국의 불교의식에서 회향 전 독송하는 통례가 있고, 법성게의 굴곡에 따라 행도(行途)하는 일이 있을 정도로 법계도를 존중한다는 점이다.[30] 불교 화엄사상의 핵심을 담고 있는 법성게가 신라 시대에 부적처럼 활용되었고 한국 불교의 천도재 의식에서 독송된다는 점은 현묘지도가 접화군생의 대중 교화를 위한 의례적 실천을 통해 사회적 효과를 이룩한다는 점에서도 주목할 만하다. 의상의 법성게는 원효의 정토불교 혹은 거사불교와 더불어 엘리트전통과 대중전통을 상호 소통시킨다는 점에서 현묘지도가 접화군생으로 구현되는 양상을 극명하게 잘 보여 준다.

요컨대, 원효의 일심사상과 의상의 법성게는 불교적으로 이야기하면 '상구보리(上求菩提)'의 깨달음과 '하화중생(下化衆生)'의 중생 교화가 진여문과 생멸문의 이문(二門)을 통해, 즉 말을 떠난[離言] 진여(眞如) 탐색과 말을 통한[依言] 법성(法性) 탐색의 양면을 모두 갖춘 일심(一心)의 차원에서 이루어지며, 그 결과는 보현행(普賢行)의 실천을 통해 중생 교화의 효과를 거둔다고 할 수 있다. 따라서 원효와 의상은 현묘지도의 포함삼교적 측면과 현묘지도의 접화군생의 측면이 어떻게 실현될 수 있는지를 모범적으로 보여 준 불교적 풍류사상가였다고 할 수 있다.

4. 조선 시대 유교의 풍류적 탐색

한국의 종교사상은 마음[心]과 본성[性]의 관계를 중심으로 하는 심성론을 토

••••

30 같은 책, 320-329쪽 참조.

대로 삼아 구축되었다. 그것을 극명하게 보여 주는 것이 바로 조선 시대 유학이다. 조선 시대 성리학에서 중국에서 크게 발달하지 않은 정(情)에 대한 논의를 사단칠정론(四端七情論)으로 집중적으로 검토하거나 미발함양(未發涵養)에 대한 논의가 풍성하게 이루어진 것은 마음의 다양한 현상적 전개와 근원적 본성의 탐색이라는 종교사상의 양면으로 이해할 수 있다. 한국 유교의 이러한 특징적 전개 양상을 '풍류' 혹은 '현묘지도'의 관점에서 볼 때, 미발함양론이 생각이나 감정의 대상이 나타나기 이전의 근원적 실재로 거슬러 올라가는 '현'(玄)의 심성수양론이라면, 사단칠정론은 생각이나 감정이 현상적으로 발현된 양상을 탐색하고 수양의 대상으로 삼는 '묘'(妙)의 심성수양론이라고 할 수 있다.

먼저, 한국 유교는 특정 지역이나 학파를 막론하고 모두 기(氣)의 현상적 움직임보다 근원적인 진리인 이(理)의 우위성을 철저하게 존중하였다. 한국 유교의 사상적 스펙트럼은 대체로 이러한 이(理)철학의 전개과정이라는 점에서 동일하며 다만 방향의 차이가 있을 뿐이다. 예컨대, 이황이 '이기불상잡(理氣不相雜)'의 관점에서 기와 섞일 수 없이 순수한 이의 근원성을 역설함과 동시에 이의 주재적 작용을 강조한 반면, 이이는 '이기불상리(理氣不相離)'의 관점에서 이의 보편성이 기의 개별성을 통해 현실적으로 구체화되는 양상에 주목하였는데, 이는 방향성이 서로 다르지만 이철학이라는 점에서는 기본적으로 동일하다.

실제로 한국 유교에서 이를 배제한 순수한 의미의 기(氣)철학은 거의 찾아보기 힘들다. 이로 인해 한국적 사유는 동아시아의 다른 나라들에 비해 도덕중심주의 혹은 이념중심주의 경향이 강하다.[31] 이렇듯 다양한 현상보다 근원적 이치를 강조하는 경향은 현묘지도의 보편성이 유교적 도덕성 혹은 이념성과 결합하면서 강화되었으며, 이는 조선 시대 유교를 넘어

31 오구라 기조, 앞의 책 참조.

서서 현대에 이르기까지 현실적 탄력성을 상실한 특정한 종교의 근본주의(fundamentalism)나 좌우 이념의 극단적 대립으로 표출되기도 했다.

이이의 이통기국설(理通氣局說)은 주자 성리학을 심화하여 무형무위(無形無爲)의 이(理)와 유형유위(有形有爲)의 기(氣)를 주인과 그릇으로 비유함으로써 형상과 작용이 없는 이와 형상과 작용의 기를 철저하게 구분하고, 형상을 넘어선 무한으로 이의 보편성과 형상에 제한된 유한으로 기의 개별성을 명시하였다.[32] 또한 특정한 개별적 형상이 없는 물이나 공기가 특정한 형상이 있는 그릇이나 병에 의해 제한되는 현상을 비유로 들어 현상적인 기의 형상과 작용을 개별적 제한으로 보고 형상과 작용이 없는 근원적 이의 무제한적 보편성을 대비시켰다.[33]

나아가 '이기불상리'의 관점에서 유형(有形)의 기에 깃든 무형(無形)의 이를 본성[性]으로 확인하는 한편,[34] 그러한 미발(未發)의 성(性)과 이발(已發)의 정(情)을 포함하는 마음[心]의 연속적 프로세스 속에서 작동하는 다양한 기의 현실적 제약 혹은 한계를 극복하는 '교기질'(矯氣質)의 과제를 강조하였다.[35] 이러한 사상적 경향은 조선 시대에 한편으로 강력한 현실적 실천력을 발휘하는 제도개혁의 성과를 산출하기도 했고, 다른 한편으로는 한말 화서학파의 위정척사(衛正斥邪)운동에 이르기까지 현실에 굴복하지 않는 강인한 정신적 자세로 연결되기도 했다.

이이가 주자학의 체계 내에서 논리적 정합성을 명료하게 구축한 반면, 이

• • • •

32 李珥, 〈答成浩原〉, 《栗谷全書》 卷2. "無形無爲, 而爲有形有爲之主者, 理也; 有形有爲, 而爲無形無爲之器者, 氣也. 理無形而氣有形, 故理通而氣局. 理無爲而氣有爲, 故氣發而理乘."

33 李珥, 〈答成浩原一理氣詠〉, 《栗谷全書》 卷10. "元氣何端始, 無形在有形. 窮源知本合, 沿派見羣精. 水逐方圓器, 空隨小大甁. 二岐君莫惑, 默驗性爲情."

34 李珥, 〈答成浩原〉, 《栗谷全書》 卷10. "性者, 理氣之合也, 蓋理在氣中, 然後爲性. 若不在形質之中, 則當謂之理, 不當謂之性也."

35 박종천, 〈일상의 성화(聖化)를 위한 유교적 의례화—율곡 이이의 예학적 구상〉, 《유학연구》(충남대학교 유학연구소) 제31집(2014), 29-34쪽 참조.

황은 '이기불상잡'의 관점에서 기를 주재하는 이의 존재론적 우선성은 물론 적극적이고 능동적이며 주체적인 주재성을 강조하였다. 나아가 지나치게 논리를 따지는 것이 도리어 심기(心氣)의 병을 조장한다는 문제점을 지적하면서 지나치게 마음을 쓰는 수양과 탐색이 아니라 의도 없이 이(理)가 자연스럽게 드러나도록 편안하고 여유롭게 접근하면, 저절로 궁극적 실재가 드러나고 조존(操存)과 성찰(省察)의 수양 효과까지 얻게 된다는 점을 역설했다.

> 심기(心氣)의 병은 바로 이치를 살피는 데 투철하지 못하여, 이치에 맞지 않는 말만을 꼬치꼬치 캐면서 무리하게 찾으며 마음을 잡는 방법에 어두워 싹을 뽑아 올려 성장을 돕느라 자기도 모르게 마음을 괴롭히고 정력을 극도로 소모하여 이에 이르게 된 것입니다. 이것은 또 학문을 처음 하는 사람들의 공통된 병통이니, 회옹(晦翁) 선생[주자]이라도 처음에는 이런 병통이 없지 않았던 것입니다. (…) 이치를 궁구하는 것은 일상생활의 평이하고 명백한 곳에 나아가 간파하고 익히며, 이미 아는 바에 대해서는 편안하고 여유 있는 마음으로 음미해야 합니다. 오직 착심(着心)한 것도 아니고 착심하지 않은 것도 아닌 사이에 두고 잊지 말도록 하여야 합니다. 그리하여 쌓기를 오래 하면 저절로 이해되어 얻는 것이 있을 것이니, 너무 집착하거나 얽매여서 빨리 효과를 보려 해서는 더욱 안 됩니다. 보내 준 편지에, 함양하고 몸소 살피는 것[體察]은 우리 유가(儒家)의 종지(宗旨)이며, 천리(天理)와 인사(人事)가 본래 두 가지가 아니라고 한 것은 좋습니다. 다만 '깨닫는다[悟]'는 한마디를 극력 주장해서 말하였으니, 이것은 총령(葱嶺)에서 가져온 돈오(頓悟)·초월(超越)을 말하는 불가(佛家)의 방법이고, 우리 유가의 종지에 이런 것이 있다는 말은 듣지 못하였습니다. 그러기에 전에 말한 무리하게 찾아서 조장하는 병이 아마도 여전히 남아 있음을 면하지 못한 것 같습니다.[36]

• • • •

36 李滉, 〈答南時甫 彦經○丙辰〉, 《退溪集》 卷14.

이러한 방식은 이이처럼 실천적 의도를 앞세우기보다는 점진적이지만 온전한 수양을 강조하는 것이다. 이황은 현실적으로 개별적 사안에 지나치게 몰두하면 섣부른 실천이 도리어 역효과를 낼 수도 있기 때문에 차근차근 근본적이고 보편적 이치에 편안하게 머무는 것을 제안한 것이다. 이는 기의 현실성과 개별성보다는 이의 주재성과 근원성을 더욱 주목한다는 점에서 차이가 있다.

이렇듯 유교적 심성수양론은 보편적이고 근원적인 '이'와 개별적이고 현상적인 '기' 사이에서 '현묘지도'의 '풍류'와 유사한 구조를 갖고 있으나, 그것을 실현시키는 방식에서는 '탈세간적'인 '돈오'의 불교적 방식이 아니라 점진적 수양을 통해 자연스럽게 '천인합일(天人合一)'의 이상에 이르는 방식, 곧 철저히 일상적 생활과 인륜관계에 집중한다는 점에서 독특하다.

한편, 미발함양의 가능성을 포함한 '경'(敬)의 실천을 역설하는 성리학에 비해 정약용(丁若鏞, 1762-1836)은 전통적 동양 종교사상으로서 자연과 인간의 포괄적 연속성을 뜻하는 '만물일체'(萬物一體)에서 상제, 인간, 만물의 존재론적 위계질서의 차별상을 강조하는 '만물일본'(萬物一本)으로 전환하였다.[37] 여기서 서학(西學)의 영향을 수용한 정약용은 영명(靈明)한 귀신과 인간들과 달리 영명성이 없는 만물의 차이를 드러내면서 영명성의 기준을 '무위(無爲)'가 아닌 '유위(有爲)'의 주체성으로 정립하는 한편, 귀신과 인간 영혼의 '무형성'과 인간의 몸과 만물의 '유형성'을 대립시켜 보면서 미발함양의 신비주의적 가능성보다 구체적인 현상 속에서 보편성의 경지에 도달하도록 노력하는 현상적 행동주의를 강조한다. 이는 이를 중심으로 했던 성리학에서 서학의 상제(上帝)를 수용하면서 생긴 변화이기도 하다.

요컨대, 조선 시대의 성리학들은 '이기불상리'와 '이기불상잡'의 원칙에 모두 동의하면서도 상대적으로 그중 한쪽의 경향을 지지했는데, 이황의 '이

37 박종천, 《다산 정약용의 의례이론》(신구문화사, 2008), 92-110쪽 참조.

발'(理發)에 대한 논의가 현묘지도의 보편적 영성 중에서 '현'의 근원적 실재가 지닌 자연적 자율성과 주재성을 주목했다면, 이이의 기발리승일도설(氣發理乘一途說)은 '묘'의 개별적 현실을 개선하는 의도적 노력을 강조했다. 양자는 모두 '수기치인(修己治人)'을 강조하는 유학적 사유를 보여 주었으나, 상대적으로 이황이 개인적 수양을 통한 '접화군생'을 주목했다면, 이이는 제도적 개혁의 '접화군생'을 역설하였다. 이러한 경향은 각각 '현묘지도'의 내면적 이상을 구현하는 개인적 수양과 사회적 실천으로 구현되었다. 이러한 관심은 유학자에 따라서 다양하게 나타났지만, 기본적으로는 성(誠)과 경(敬)을 중심으로 하는 수양과 실천으로 유교적 경건주의 문화를 이룩하였다.

한편, 사단칠정론에서 다루는 정(情)에 대한 관심은 사상적 논의에 그치지 않고 끈끈한 인간관계에 스며들어 한국인의 독특한 정 문화를 낳았다. 한국인들은 처음 보는 사람에게도 형이나 언니, 아저씨와 아주머니, 이모 등처럼 친족에게 쓰는 호칭을 쓰면서 친근한 관계를 만든다. 그런데 정작 가족은 한없이 기대고 싶은 안정적 정서의 기반이면서도 언제라도 벗어나고 싶은 갈등의 굴레이기도 하다. 그리하여 미운 정과 고운 정, 좋은 것과 나쁜 것이 떼려야 뗄 수 없이 섞여 있는 가족문화와 대면사회의 특징으로 인해 역동적인 긴장과 갈등의 장을 형성한 정 문화는 최근 한류를 이끌어 가는 K-문학, K-드라마, K-영화의 근간이 되었다.

요컨대, 조선의 유교는 전반적으로 이(理)를 강조하였다. 이는 기(氣)의 현실주의를 강조하는 중국이나 마코토(誠)의 상대주의가 두드러지는 일본과는 상당히 대조적이다. 조선의 성리학은 보편적 영성의 순수한 이상인 이(理)를 추구하는 경향을 한국의 종교문화에 강하게 새겨넣었다. 이에 따라 중국의 중화주의와 일본의 야마토(和) 정신이 종족적 민족주의를 강조하는 것에 비해 상대적으로 종교적 특수주의 내지 민족주의보다는 종교적 보편주의 혹은 세계주의를 지향하는 경향을 일관되게 유지하였다. 동아시아 문화권 중에서도 한국이 중국이나 일본보다 기독교를 더욱 철저하게 수용한 것도 이러한 경향과 관련이 있다. 이는 현묘지도의 순수한 이상 추구가 문화적 수용성으로 전개되는 구조이기 때문에 가능한 것이다.

5. 현대 한국 기독교의 풍류도 해석

'풍류'를 직접 모색하지 않고 에토스의 차원에서만 전개한 불교나 유교와는 달리, 현대 한국의 기독교는 '풍류도(風流道)'를 직접 모색하여 기독교와 접목하는 양상을 선보였다. 특히 기독교 신앙에 대해 무애자재(無碍自在)한 '영성'과 영육쌍전(靈肉雙全)의 영성적 인간인 '신선(神仙)'을 강조하는 해석은 다른 문화권에서 찾아보기 힘들 만큼 독특하다.

예컨대, 문화신학자 류동식(1922-)은 '하늘 본향을 찾아가는 나그네의 길'로 자신의 인생을 설명하면서 "내가 걸어왔다기보다는 바람(성령)에 밀려 흘러온 데 지나지 않는다. (…) 그런데 바람이 나를 밀어붙인 곳은 놀랍게도 하늘 아버지가 계신 고향이었다"[38]고 고백했고, 토착화 신학자 ᄒᆞᆫ ᄇᆞᆰ 변찬린(邊燦麟, 1934-1985)은 단군을 신선으로 보고 선맥(僊脈)으로 해석하면서 우화등선하는 신선처럼 '신령한 바람을 타고 우주화된 인간'을 풍류체(風流體)로 화한 인간, 자유로운 바람을 타고 소요하는 '무애자재'의 완성된 인간으로 설명했다. 여기서 풍류의 '바람'은 기독교의 '성령'으로 연결되었으며, 신앙적 삶은 불교의 '무애자재'나 도교의 '무위자연(無爲自然)' 등과 연결되는 '풍류도'로서 성령의 바람에 따라 도달하는 기독교의 '하늘 본향을 찾아가는 나그네의 길'로 새롭게 해석되었다.

실제로 변찬린은 《선사》에서 최치원의 난랑비 서문으로 연결되는 '단군이 신선이 되었다'는 기록에 따라 '풍류'를 신선사상으로 이해하였다. 그는

38 류동식, 《종교와 예술의 뒤안길에서》(한들출판사, 2002), 207-208쪽.

영육이 자유자재한 인간을 지향하는 풍류도가 사라진 뒤에 출현한 것이 유교, 불교, 도교, 무교이며, 화랑도, 팔관회는 풍류도의 아류라고 설명했다. 여기서 신라의 화랑도를 포함하여 전통적인 제도종교들을 모두 풍류도의 아류로 본다는 것은 특기할 만하다.

> 선의 원적지는 청구였고 선의 하늘을 개천한 사람이 단군이었다.[39]

> '바람이 임의로 불매 네가 그 소리는 들어도 어디서 와서 어디로 가는지 알지 못하나니 성령으로 난 사람도 다 그러하니라.'(요 3:8) 성령으로 거듭난 사람은 바람같다 하였다. 바람! 바람은 무엇을 암시하는가? 바람은 아무 곳에도 머물지 않고 집착하지 않고 항상 흐른다. 절대자유한 존재는 바람처럼 머물거나 집착하지 않고 흘러야 한다. 그러므로 바람은 절대 자유한 자이다. 율법과 죽음에서 해방받은 자이다. 진리로 자유하게 된 존재이다. 절대자유한 자는 풍류체가 되어야 한다. 무애자유한 거듭난 사람, 이것이 영으로 다시 산 사람의 정체다.[40]

> 예수는 거듭난 사람은 풍류체가 됨으로 '바람이 임의로 불며 어디서 와서 어디로 가는지 알지 못한다'라고 비유하고 있다. 예수는 인간이 거듭[重生]하면 풍류체(風流體) 곧 신선(神仙)이 된다고 했다.[41]

한편, 변찬린이 풍류의 관점에서 기독교 신학의 혁신을 시도했다면, 류동식은 한국종교문화사를 풍류도의 관점에서 설명했다. 그런데 둘 다 〈요한복

39 변찬린, 〈僊(仙)攷〉, 《증산사상연구》(증산사상연구회) 제5집(1979), 190쪽.
40 변찬린, 《성경의 원리》(문암사, 1979), 187-188쪽.
41 변찬린, 〈僊(仙)攷〉, 202쪽.

음〉 3장 8절을 강조했다. 이렇듯 풍류(風流)를 〈요한복음〉 3장 8절과 연관지어 해석하는 것은 신비주의의 보편성으로 이해할 수 있다. 더구나 신약성경의 복음서 중 〈마태복음〉, 〈마가복음〉, 〈누가복음〉 등의 공관복음(共觀福音)들과는 달리 〈요한복음〉은 보편적 영성이나 신비주의적 해석으로 연결될 수 있는 가능성이 높다. 실제로 많은 신비주의자들의 소의(所依)경전이자 타 종교인들도 애독하여 해석하는 텍스트였다. 따라서 보편적 영성의 관점에서 기독교의 영성을 한국 종교문화의 맥락과 접목하거나 역사 시대의 '종파종교'를 넘어서는 새 시대의 '초종교'를 창출하는 방향의 해석이 나타난다.

> '바람은 제가 불고 싶은 대로 분다. 너희는 그 소리를 듣고도 어디서 불어와서 어디로 가는지를 모른다. 성령으로 난 사람은 다 이러하다.'(요 3:8) 바람이 신령이나 하나님의 생명을 상징하는 것은 인류문화에 있어 보편적인 상징인 것 같다. 그러므로 최치원이 화랑의 영성을 풍류도라 했을 때 그것은 바람(영)이 흐르는 길, 곧 종교적 영성을 지시하는 것이었으며, 실로 삼교를 포함한 깊고 오묘한 것이었다. 풍류도는 유불선 삼교를 포함한 것이라 했다. 풍류도만 터득한다면 삼교를 다 터득할 수 있는 것이다.[42]

다만 단군신화를 무교(巫敎)의 관점에서 이해하는 류동식에 비해, 변찬린은 풍류도의 맥이 끊어진 뒤에 나타난 것이 무교와 화랑도라고 보았다. 이는 화랑도와 풍류도를 연결지어 이해하는 김범부(金凡父, 1897-1966)나 안호상 등 민족종교 계열의 이해와도 사뭇 다르다. 다만 이들의 주장은 역사적 종교성에 대비된 비역사적 영성을 가리킨다. 여기서 영성(spirituality)이란 특정한 종교 전통의 차별적 개성을 뜻하는 종교성(religiosity)이 아니라 전통-교리 구속적인 종교성을 넘어서서 모든 종교 전통에서 발견될 수 있는 영적 양상으로

42 류동식, 《風流道와 한국의 종교사상》(연세대학교출판부, 1997), 58쪽.

서 영성을 규명하려는 용어다.[43] 이러한 영성에 따라 류동식은 자신의 신앙이 역사적 예수가 아니라 신앙의 그리스도를 대상으로 한다고 고백했으며, 변찬린은 실제 역사 속에서 전개된 제도 종교를 모두 비판적으로 이해했다.

더욱 흥미로운 것은 변찬린, 류영모(1890-1981), 함석헌(1901-1989), 류동식 등이 타 종교의 경전을 구약성경처럼 대우하면서 화쟁의 해석을 가했다는 점이다. 변찬린의 경우에는 타 종교의 언어를 성경에 나오는 장자의 언어에 대비되는 차자의 언어로 이해하는 한편, 제도종교의 교리를 현세적 유교, 초월적 불교, 우화등선의 도교, 율법적 기독교 등으로 규정하여 비판했다.

한편, 한국 개신교 계통의 신종교들이 주로 채택하거나 오용했던 성경 해석 중 '씨앗속임'의 교리 해석은 변찬린으로부터 비롯되었다. 변찬린은 하나님의 축복을 받은 아담의 씨앗과 뱀의 유혹으로 인한 마귀의 씨앗을 구분했다. 아담의 씨앗과 마귀의 씨앗의 구분은 영원한 생명으로 인도하는 근원적 믿음과 선악의 분리로 전락하는 현상적 불신앙을 비유하는 것이다.

> 〈하나님으로 말미암아 득남(得男)〉한 아들들은 가인처럼 살인자(殺人者)가 아니었다. (…) 하와가 말한 〈하나님으로 말미암아 득남(得男)하였다〉는 임신 고백은 거짓임을 알 수 있다. (…) 가인은 하나님의 축복으로 출생(出生)한 아담의 씨가 아닌 마귀의 씨였다. 다른 말로 표현하면 가인은 뱀의 종자(種子) 곧 하와가 밀통(密通)한 간부(姦夫)의 씨, 불륜(不倫)의 열매였다.[44]

나아가 변찬린은 육신의 씨와 언약의 씨를 죽음과 삶으로 대조했다. "죽은 자들은 〈육신의 씨〉이고 산 자들은 〈언약의 씨〉임을 알 수 있다."[45] 죽은

43 이와는 별도로 한국의 영성에 대하여 '신중심적/의인화된'(theocentric/anthropomorphic) 영성과 '인간중심적'(anthropocentric) 영성의 구별이 제안되기도 했다. Don Baker, *Korean Spirituality*(Honolulu: University of Hawaii Press, 2008) 참조.

44 변찬린, 《성경의 원리》 중권(영일문화사, 1980), 13쪽.

자의 맥과 산 자의 맥 비유는 육신과 영성을 대비하면서 육신의 타락을 역사화하여 성경을 해석하는 양상으로 나타난다. 이러한 대비를 통해 변찬린은 〈요한일서〉 3장 8-12절에 근거하여 자신의 성경 해석을 오용한 피가름의 교리를 '사이비종교'로 철저하게 비판했다.

> 오늘날 피가름의 교리를 밀교화하고 있는 사이비종교에서는 〈씨앗속임〉의 음사가 다반사처럼 일어나고 있다. 사교에 빠진 광신자들은 뱀의 씨를 잉태하고도 남편의 씨처럼 속이고 있는 것이다.[46]

변찬린은 실제로 통일교의 '피가름 교리'를 비롯해서 많은 신종교에서 이 씨앗속임의 발상을 성적인 타락과 혈통적 구원의 문제로 오독하고 오용했다는 점을 철저하게 비판하였다. 특히 에덴동산이라는 종교체험의 영성공간에서 구도(求道)를 하다가 생명과의 정각(正覺)을 하지 못하고 선악과의 오각(誤覺)을 한 사건이 바로 타락이라고 설명했다.[47] 따라서 하나님, 언약, 생명과, 정각은 각각 마귀, 육신, 선악과, 오각과 분명하게 대조되면서 근원적 이상과 현상적 현실의 차이를 뚜렷하게 부각시켰다. 이러한 설명은 육신과 영성을 분명하게 대립시키는 관점이다. 이 관점에 따르면 혈과 육은 하늘나라에 못 간다. 이것은 선악과의 이원론적 현상세계와 생명과의 일원적 근원을 구분하는 것이다.

이러한 양상은 '만물일본'에 따라 상제와 인간, 영명한 존재와 그렇지 않은 만물을 철저하게 구분하고 대조하는 정약용에게서도 보이지만, 류영모에게서도 분명하게 확인된다. 실제로 류영모는 몸과 마음을 구분했으며 몸

• • • •

45 같은 책, 61-63쪽.

46 변찬린,《성경의 원리》중권, 16쪽.

47 변찬린,《성경의 원리》(1979), 71-74쪽.

의 본능과 달리 마음이 지닌 형이상학적 본능이 절대자를 향한다는 점을 다음과 같이 역설했다.

> 하느님이 계시느냐고 물으면 나는 '없다'고 말한다. 하느님을 아느냐고 물으면 나는 '모른다'고 말한다. 그러나 사람이 머리를 하늘에 두고 산다는 이 사실을 알기 때문에, 사람의 마음이 절대를 그린다는, 이 사실을 알기 때문에 나는 하느님을 믿는다. 몸의 본능인 성욕이 있는 것이 異性이 있다는 증거이듯이 내 마음에 절대(하느님)를 그리는 형이상적인 性慾이 있는 것은 하느님이 계시기 때문이다. 우리들이 바라고 흠모하는 거룩한 존재, 이 존재를 나는 하느님이라고 한다.[48]

나아가 류영모는 기독교 신학자들로부터 다원주의 신학(pluralistic theology)의 선구자라는 평가를 받고 있다.[49] 기독교 외에도 서구의 철학과 힌두교, 유교, 불교, 도교까지 두루 포괄하는 양상을 선보였기 때문이다. 더욱 중요한 것은 그러한 종교나 사상을 회통하는 한국 종교사상을 제시하고 있다는 점이다. 특히 1941년 51세부터는 하루에 저녁 한 끼만 먹는 일일일식(一日一食)을 철저하게 지켰고, 잣나무 널 위에서 자고 성생활을 하지 않는 해혼(解婚) 선언을 통해 금욕적 생활을 실천했다. 1942년 1월 4일 '거듭난 날'의 체험 혹은 입신(入信)의 날에 이룬 '파사귀천(破私歸天)'으로 표현하였다.[50]

류영모는 러시아정교회에서 파문당한 톨스토이(Lev Nikolayevich Tolstoy, 1828-1910)가 성직계급, 기적에 대한 믿음, 경전에 대한 믿음을 종교의 타락으로 비판하고 종파중심주의의 배타성과 의식중심주의에서 탈피했으며 삼위일

• • • •

48 류영모,《多夕語錄》, 박영호 엮음(弘益齋, 1993), 15-16쪽.

49 姜敦求,〈多夕 柳永模의 宗教思想(1)〉,《정신문화연구》(한국정신문화연구원) 통권 65호(제19권 4호)(1996).

50 박영호,《多夕 柳永模의 生涯와 思想》(弘益齋, 1985), 163쪽.

체론, 원죄론, 동정녀 탄생설을 부정했던 것처럼 종교론에서 인간을 무한한 신성의 일부로 파악하는 한편, 동물적인 소아(小我)를 극복하고 개인적 행복의 욕망을 초월하며 자기 내부의 사랑을 증대하여 남에게 사랑을 실천하는 황금률(the golden rule)을 따랐음을 주장하였다. 또한 톨스토이의 가르침에 따라 만물의 본원으로서 신이나 열반의 절대성과 보편성으로 귀의하는 것을 모든 종교의 강령으로 주장함으로써 특정 종교를 넘어서는 신비주의적 경향을 드러냈다.

이러한 신비주의적 경향은 특수한 종교성을 넘어서서 보편적 영성을 지향한다. 변찬린에 의하면, 종교는 성인의 말씀이며, 말씀은 말[言]을 씀[用]이란 뜻으로서 믿음과 실천의 일치로 구성된 종교적 언어다. 종교적 언어는 다시 역사 시대의 종교나 경전에 나오는 '차자의 언어'와 영성 시대의 새 종교인 '장자의 언어'로 구분된다. 차자의 언어가 종교성을 구성한다면 장자의 언어는 영성을 드러낸다.

또한 언어가 모음과 자음을 합하여 성립하듯, 종교적 언어는 엄마의 소리[母音]와 아들의 소리[子音]로 구성되는데, 모든 종교는 이 둘의 합이며, 종교적 진리는 도(道)인 성부(聖父) 하나님이 직접 계시하는 것이 아니라 도의 신부(神婦)인 어머니 성신(聖神) 혹은 성령(聖靈)이 가르치는 것이라고 설명했다.[51] 옳고 그름의 이분법적 분별은 세속적인 까마귀 소리에 불과하지만, 영성은 무분별지(無分別智)의 온전한 소리인 옴(OM)을 듣는다. 또한 절대자인 성부 하나님의 숨결에 호응하여 울리는 성령과 성자의 모자음(母子音)이 '도'이자 영생의 묘음이자 깨달음의 원음이 된다.

이것이 시是면 저것은 비非

••••

51 이호재, 〈변찬린의 풍류사상에 대한 종교적 이해—풍류도맥론(風流道脈論)의 영성(靈聖)담론의 가능성을 위한 시론〉, 《한국종교》(원광대학교 종교문제연구소) 제45집(2019), 314-315쪽 참조.

이것이 비非면 저것은 시是
허공에 까마귀 날아가네.
시是와 비非는 까마귀 소리
웃는 귀 옴OM소리 들네
본래 참 말씀은 모음母音과 자음子音
뉘라서 날 더러 부음父音이 있다던가?
〈모자(母子)〉의 말씀밖에 딴 소식없네.
아버지의 숨결에 교향交響하는 모자음母子音
이것을 이름하여 도道라 하네
죽지 않는 골 안에 가득한 묘음妙音
동그라미 원음原音이 메아리치네.[52]

위 시에 잘 나타나듯이, '도'는 기독교가 전파하는 '하나님의 모자음'이자 '영생의 묘음'인 동시에 불교가 가르치는 '옴소리'이자 '동그라미의 원음'이므로, 모든 소리는 근본적으로 하나인 것이다. 이렇듯 변찬린은 타 종교를 아우르면서도 기독교 중심의 회통을 선보였다. 불교나 도교의 용어들이 자유롭게 활용되었지만, 그것은 어디까지나 성경의 맥락을 동양적 영성의 시각으로 해석하는 것이었다. 다만 그것은 역사적인 제도적 기독교가 아니라 초역사적 초종교를 지향하였다. 변찬린은 그러한 초종교의 진리를 '풍류의 선맥'으로 표현했다.

성경聖經 속에 뻗어 내린 대도大道의 정맥正脈은 선맥僊(仙)脈이었다. 성경은 선僊을 은장隱藏한 문서文書다. 에녹과 멜기세덱과 엘리야와 모세와 예수로 이어지는 도맥道脈은 이 날까지 미개발의 황금광맥黃金鑛脈이었다. 산 자의 영

52 변찬린, 《禪, 그 밭에서 주운 이삭들》(가나안출판사, 1988), 73-74쪽.

맥靈脈인 선僊은 동방東方의 지혜智慧가 아니면 해독解讀할 수 없는 비의秘義이다.[53]

류동식도 이런 선맥의 역사에 동의하였다. 그는 유불선의 동양적 관점, 특히 선맥의 관점에서 〈요한복음〉을 새롭게 해석하고자 했다. 그리하여 한국 전통의 선(仙)이 유불도 삼교가 추구하는 새로운 존재를 포괄하여 제시하는 것처럼 요한이 제시하는 하늘나라에 이르는 도를 통해 새로운 존재가 되는 것도 방법과 목적이 동일하다는 점을 강조하였다.

성서에서 '도(道)'만 찾으려고 하지 말고 '선(仙)'맥을 찾아봐야 한다"고 하는 말을 전언(傳言) 형태로 말하면서, "유불선에서도 말하는 (…) 하나의 새로운 존재, 그것을 요한이 제시한 준 것이거든요. 도성인신 (…) 결국은 우리가 '도'를 통해야 하늘나라에 가는데 (…) '내가 길이요 진리요 생명이니' (…) 하는 말은 방법과 목적이 하나라는 것을 이야기하고 있어요.[54]

또한 그는 "한국의 종교사는 풍류도의 원시종교적 표출인 무교를 토대로 불교와 유교와 기독교가 교체하며 전개되어 온 역사"[55]라고 설명하면서, 신라의 화랑도, 원효의 통불교 사상, 지눌(知訥, 1158-1210)의 돈오점수(頓悟漸修), 휴정(休靜, 1520-1604)의 선교(禪敎)관, 이이의 성리학과 정약용의 실학사상, 최제우(崔濟愚, 1824-1864)의 동학사상, 한국적 신학을 개척한 최병헌(1858-1927), 김재준(1901-1987), 서남동(1918-1984), 안병무(1912-1986) 등의 기독교 신학자들, 신앙적 예술가 이용도(1901-1933), 풍류도인 함석헌, 빈민의 아버지로 유명한 예술목회

• • • •

53 변찬린, 〈서문〉, 《성경의 원리》(1979).

54 소석 류동식 박사 고희기념 논문집 출판위원회 편, 〈풍류신학자 류동식〉 좌담회 대담, 《한국종교와 한국신학》(한국신학연구소, 1993).

55 류동식, 앞의 책, 72쪽.

자 이연호(1919-1999) 등의 예술적 영성가들을 탐색했다. 그러한 탐색을 통해 풍류도의 기본 구조를 "무교는 원시적 형태의 멋의 종교요, 불교는 철학적 한의 종교요, 유교는 윤리적 삶의 종교다. 풍류도는 '한 멋진 삶'이고, 한국의 종교문화사는 '한 멋진 삶'의 실현과정"이라고 역설했다. 이는 한국인의 영성을 종교, 예술, 문화로 확장하여 이해한 것으로 해석할 수 있다.

이렇듯 한국 기독교 사상가들은 여러 종교의 차별성보다 공통점을 찾는 종교다원주의의 경향과 함께 영육의 갈등을 주목하고 영성을 추구하는 구도적 자세를 역설하였다. 그리하여 식색(食色)의 동물적 욕망을 극복하고 성령 혹은 영성에 따를 것을 역설하는 금욕적인 경향을 분명하게 드러내기도 했다. 예컨대, 류영모는 식색의 욕망을 극복하기 위해 일일일식(一日一食)과 해혼(解婚)을 거쳐서 깨달음의 체험에 이르렀다. 또한 그는 개별적인 욕망의 주체인 '제나'를 벗어나서 보편적인 영성인 '얼나'로 거듭나야 함을 역설하면서 〈요한일서〉 3장 9절에 나오는 하느님의 씨를 '씨ᄋᆞᆯ'로 연결시키는 한편, 예수의 성령, 석가의 다르마, 노자의 도, 공자의 덕 등이 모두 동일한 보편적 영성인 '씨ᄋᆞᆯ'임을 강조했다.[56] 실제로 류영모와 그 제자들은 대체로 기독교는 물론 유불도 삼교에도 능통했으며 다양한 해석과 각종 강연을 활발하게 했다. 이는 기독교적 '현묘지도'가 '포함삼교'로 연결되는 양상을 분명하게 드러낸다.

> 우리는 이 껍질(몸)을 쓰기 전 또 벗어 버린 뒤에 어찌 될 줄은 모른다. 그러나 영원한 생명인 얼나가 있는 것은 틀림없다. 예수, 석가의 마음 속에 나타났던 영원한 생명(얼나)이 내 맘 속에도 나타났으니 영원한 생명인 얼나가 시간과 공간을 초월하여 존재하는 것만은 틀림없다.[57]

• • • •

56 박영호, 앞의 책, 137-147, 156-157쪽 참조.

57 같은 책, 146쪽.

이러한 씨올사상은 류영모와 함석헌, 박영호(1935-) 등의 제자들을 통해 하느님의 생명인 성령이 바람처럼 불어와서 '제나'의 개별적 자아를 넘어서는 보편적 영성인 '얼나'의 씨앗으로서 불교의 '여래장(如來藏)'과 상통하는 것으로 해석되었으며, 예수가 역설했던 '섬김받는 자가 아닌 섬기는 자'라는 의식에 따라 '백성'을 뜻하는 용어로 재전유되면서 '민존관비(民尊官卑)'의 사회적 이념으로 발전하여 함석헌을 거쳐서 민주화운동은 물론 평신도와 수도원 등을 포함한 공동체 운동의 새로운 사회적 실천으로도 전개되었다. 이 점에서 씨올사상은 기독교적 '현묘지도'가 '접화군생'으로 전개되는 적절한 사례를 잘 보여 준다.

류영모 역시 제도화된 종교전통을 인정하지 않았으며, 그러한 제도화된 전통에 의해 왜곡되거나 축소된 예수, 부처, 공자의 본래 진리는 하나라고 보면서 다음과 같이 표현했다. "동야자이야(同也者異也), 즉 같은 것이라는 것은 다른 것이다. 이단이라고 헤프게 부르지 말라"[58] 이렇듯 타 종교를 이단으로 배척하지 않고 수용하는 열린 자세는 풍류의 현묘지도가 지닌 다문화적 수용성을 잘 보여 준다.

6. 풍류의 종교문화적 특색과 현대적 의의

한국에서는 불교, 유교, 기독교 등 세계종교의 보편적 이상을 순수하게 추구하는 주류 엘리트 전통의 '순수 정통주의'와 더불어 다양한 이질적 요인들의 혼성적 병존을 드러내는 비주류 대중적 전통의 '관용적 포용주의'가 병행되어 왔는데, 풍류는 순수 정통주의가 배타적 근본주의로 치닫지 않고 포용적 관용주의와 공존할 수 있게 만든 한국종교의 문화적 에토스였다.

• • • •

58 류영모, 앞의 책, 79쪽.

풍류는 '현묘지도'(玄妙之道)의 보편적 신비주의의 차원에서 구체적인 역사적 상황 속에서 특정한 개별적 종교전통이 주도적인 가운데 외래에서 유입된 보편적 종교사상들을 개별 종교전통에 충실하게 수용하고 계승하면서도, 열린 자세로 타종교 전통의 문화적 장점을 흡수하여 자기 종교전통을 풍성하게 만들어서 '포함삼교'(包含三敎)의 차원에서 다양한 문화를 인정하고 수용하는 문화적 수용성을 통해 종교간 갈등이 증폭되는 배타적 근본주의를 적절하게 제어하는 한편, '접화군생'(接化群生)의 사회적 실천을 통해 엘리트 종교사상과 대중적 종교문화 간의 병행도 가능하게 만들었다.

이 글에서는 이러한 관점에 따라 풍류의 에토스가 한국종교사에서 불교, 유교, 기독교의 핵심 교리나 신념을 일심(一心), 이(理), 씨ᄋᆞᆯ 혹은 얼나 등의 보편적 실재에 입각한 회통(會通)적 사유와 활동을 통해 신비주의적 영성의 보편성으로 전개하고, 이것을 근간으로 삼아 외래의 문화를 수용하는 다문화적 수용성과 함께 사회적 교화를 실현하는 양상을 규명하였다.

한국 역사상 최초로 풍류를 설명했던 최치원에 의하면, 풍류는 문화적 에토스를 뜻하며, 유불도 삼교를 화학적으로 결합하여 새로운 종교를 만드는 혼합주의(syncretism)를 의미하지 않는다. 이는 일본에 들어가는 모든 종교가 독특한 개성을 상실한 채로 일본 종교화 혹은 신도(神道)화 되는 양상과 분명하게 구분된다.[59] 외부에서 유입된 종교사상과 문화는 그 개별성은 그대로 유지한 채 서로 어울려서 종교문화적 공감대를 형성한다. 그리하여 특정한 종교 전통의 신봉자라도 삶의 특정한 차원이나 상황에 따라서 각기 다른 종교적 전통으로부터 비롯된 사상이나 실천을 할 수 있게 된다.

따라서 풍류는 특수한 종교전통의 차별성이 아니라 도의 보편성을 보여준다. 최치원은 〈진감선사비문〉 첫머리에서 "대저 도는 사람에게서 멀리 있지 않고 사람은 나라에 따라 차이가 없다. 이런 까닭에 우리나라 사람들이

••••

59 박종천, 〈가족종교의 관점에서 보는 한국종교문화〉, 223-227쪽 참조.

불교를 하고 유교를 하는 것은 필연적이다"라고 했다. '인무이국'(人無異國)의 논리는 결국 문화의 지역적 차별성이 아니라 보편성을 역설하는 것이다. 민족종교와 재야사학을 비롯한 일부에서는 현묘지도를 국학(國學)의 차원에서 선험적 고유성의 시각에서 규정하거나 해석하기도 하지만, 비록 그런 전통이 선(仙)으로 존재했다고 하더라도, 그 전통이 배타적으로 계승되는 것이 아니라 그것이 지닌 구조적 특성에 따라 신비주의 영성의 보편성을 근간으로 선에 국한되지 않는 다문화 수용적이고 포괄적인 종교문화를 구성해 왔다는 점이 중요하다.

풍류는 고유의 문화를 배타적으로 고수하는 것이 아니라 외부의 종교와 문화를 끊임없이 수용하되 각각의 개성을 유지하면서 공존하는 문화적 토대와 더불어 개별 종교전통들이 공유하는 문화적 공감대를 확장해 왔다는 점에서 한국 종교문화를 이해하는 해석학적 개념으로 유용할 뿐만 아니라 다문화주의 사회와 종교다원주의 사회의 현실 진단과 미래적 방향 설정을 전망하는 데에도 유용하다. 이런 관점에서 풍류는 순수 정통주의가 포용적 관용주의와 병존할 수 있게 하는 사상적 토대로서 중요하다.

한국의 종교문화는 대체로 보편적 이상을 순수하게 추구하는 경향이 강하다. 외래문화로서 수용된 불교, 유교, 기독교는 모두 보편성을 지닌 세계종교였으며, 한국에서는 이 종교들을 순수하게 믿고 철저하게 실천하는 양상이 다른 나라에 비해 두드러진다. 이러한 양상은 심지어 종교사상의 이단 비판으로 전개되기도 했다. 예컨대, 조선 시대 유교문화에서 퇴계 이황의 이단 비판과 우암 송시열의 이단 비판은 각각 순수 정통주의가 포용적 관용주의로 전개된 대표적 사례와 순수 정통주의가 배타적 근본주의로 나아간 상징적 사례인 반면,[60] 현대 한국 불교에서 돈오점수를 주장했던 보조국사

••••

60 박종천, 〈조선 후기 영남 유학자들의 벽이단론(闢異端論)—온건한 포용주의에 대한 재평가〉, 《철학연구》(대한철학회) 제138집(2016); 박종천, 〈조선 후기 유교적 벽이단론의 스펙트럼〉, 《종

지눌을 돈오돈수(頓悟頓修)의 관점에서 철저하게 비판한 성철(性徹, 1912-1993)의 선(禪) 지상주의는 순수 정통주의가 포용적 관용주의를 날카롭게 비판한 사례라고 할 수 있으며, 이용도, 변찬린, 변선환(1927-1995) 등에 대한 한국 개신교의 이단 비판들은 순수 정통주의가 관용적 포용주의를 억누르고 배타적 근본주의로 전개된 대표적인 사례라고 할 수 있다.

순수 정통주의는 배타적 근본주의로 전개되어 타 종교문화와 갈등하는 상황이 전개되는 근간이기도 하지만, 다양한 사상적 차이와 문화적 개성을 넘어서서 순수한 이상을 지향하면서 보편적인 근원으로 귀의하려는 종교적 지향성을 갖는다는 점에서 개별 종교전통을 넘어서는 '보편적 신비주의'와 일정하게 상통한다. 풍류는 '현묘지도'라는 보편적 신비주의의 차원과 함께 '포함삼교'라는 차원에서 문화적 다원성을 인정하고 수용하는 문화적 수용성을 함께 지니고 있으며, 신비주의의 영성적 보편성과 다양한 문화를 수용하고 포괄하는 문화적 수용성은 사회적으로 '접화군생'을 통해 위계적 병존과 저변적 혼합의 중층적인 문화를 구축하는 문화적 토대가 된다.

또한, 한국의 종교사상과 문화는 비록 현상적 마음을 넘어서서 보편적 영성으로 나아가느냐, 보편적 실재에서 현상적 차원으로 전개되느냐에 따라 방향성이 다르고, 인격적 신이냐 비인격적 자연이냐 등의 해석의 차이가 있으며, 신앙의 대상인 신이냐 신앙의 주체인 인간이냐를 두고 강조점을 달리하지만, 구조적 측면에서 영성의 핵심인 근원적인 실재 혹은 보편적인 일자에 대한 순수한 믿음과 실천을 공유한다는 점에서는 동일하다. 방향, 해석, 중점에 따라 상이한 측면을 강조하면 갈등이 불거지고, 구조적 측면의 공통성을 주목하면 조화가 이루어질 뿐이다. 이런 관점에서 보면, 현대에 이르기까지 어떤 종교전통을 수용하더라도 그 본질을 변화시키지 않으려는 순수 정통주의의 교리적 근간을 유지하면서 때로는 근본주의의 철저한 자세

••••

교연구》(한국종교학회) 제76권 3호(2016) 참조.

가 나타나기도 하고 또 다른 층위에서는 다양한 문화적 습합이 용인되는 양상을 이해할 수 있게 된다. 이는 교리의 근간마저 변용하는 일본의 신도문화와 차이가 나는 대목이다.

예컨대, 조상의 시체를 무덤에 안치하는 무속적 조상숭배 문화가 효의 유교적 이념에 따라 윤리적으로 정립되고, 그것이 다시 불교와 기독교에도 영향을 미쳐서 각 종교의 교리에 따라 효를 재해석하고 강화하는 흐름 가운데 불교식 재(齋)와 기독교식 추모예배의 형태로 재구성되면서 각 종교의 핵심적 교리를 일정하게 유지하는 등의 양상은 조상과 자손의 가족적 유대를 공유하는 차원에서 한국의 모든 종교가 거부할 수 없는 종교문화의 토대가 되었다. 실제로 유교적 제사의 대상이 조상의 신위가 되는 반면, 불교의 재는 부처님을 앞에 두고 조상의 위패를 모시는 경우로 불교적 의식을 보여 주는 데 비하여, 기독교는 조상의 상징물이 없이 신께 드리는 예배에 추모의 정을 회상하는 방식으로 제사를 추모예배로 재구성했다. 그리고 이러한 양상이 동시에 병존하기도 한다. 장례식장에서 유교, 불교, 기독교식으로 각자 자기 종교에 따라 의식을 진행하도록 모두 준비를 해 두는 것도 이러한 관점에서 이해할 수 있다.

한국의 현대 종교문화의 핵심적 양상은 특정한 종교전통의 개별성을 최대한 존중하면서도 타 종교의 문화적 양상을 최대한 배려하면서 공존하는 다종교문화를 구성하고 있다는 점이다. 이러한 양상은 다른 종교문화권에서는 찾아보기 힘들다. 어떻게 이런 문화가 가능한가? 역사적으로는 무속과 선도, 불교, 유교, 기독교, 민족종교와 신종교 등이 특정한 역사적 계기에 등장하면서 축적적으로 각 개별 전통들이 없어지지 않고 쌓이면서 주류 종교를 중심으로 하는 종교적 위계질서는 바뀌었으나, 각 종교들이 개별적 특성을 그대로 유지하면서도 종교문화의 차원에서 상호 작용하여 복합적인 종교문화를 구성하는 중간층들이 튼튼하게 형성되어 종교 간 긴장과 갈등이 종교전쟁으로 번지지 않도록 하는 역할을 했기 때문이다.

한편, 현묘지도는 다양한 종교문화를 순수 정통주의에 따라 자기 종교와 타 종교가 중심과 주변, 정점과 저변으로 병존하는 종교적 위계질서를 구성하거나 종교문화의 주변이나 저변에서 여러 종교들의 혼합이 일어나는 중층적인 양상이 문화적으로 표출된다. 최치원은 이러한 복합적 구조의 가능성을 풍류로 포착했으며, 이에 따라 풍류는 한국 종교문화의 구조를 이해하는 개념이 될 수 있었다.

실제로 한국의 종교문화는 삼교뿐만 아니라 다양한 종교전통들을 수용하였는데, 풍류는 한국적 종교문화의 근간 에토스로서 신비의 영성적 보편성과 다양한 개별 전통을 포괄하는 문화적 수용성 및 사회를 이상적인 방향으로 이끄는 사회적 실천성을 전개했다. 먼저 '현묘지도'는 언어적 표현과 합리적 이성 및 개별적 경험의 지평을 넘어서는 현묘한 신비주의적 차원을 지니고 있다. 아울러 '포함삼교'는 종교뿐만 아니라 '횡설수설'이나 '무애'로 표상되는 직관적 논리와 비빔밥이나 조각보와 같은 어울림의 문화전통으로 구현되기도 했다.

또한 풍류는 종교문화적 에토스로서, 한국종교사에서 신비주의적 영성의 보편성을 근간으로 외래의 문화를 수용하는 다문화적 수용성과 함께 사회적 교화를 실현하는 양상으로 구현되었다. 최치원, 원효, 의상, 이황, 이이, 정약용, 류영모, 변찬린 등에 이르기까지 걸출한 한국의 종교사상가 혹은 종교실천가들은 대체로 풍류의 종교적 사유, 실천, 문화를 몸소 구현한 인물들이다. 이들은 대체로 외부로부터 유입된 특정한 종교전통을 철저하게 수용하고 각각 불교, 유교, 기독교 등 특정한 종교전통의 교리나 신념을 순수하게 실천하면서도, 일심(一心), 이(理), 씨ᄋᆞᆯ 혹은 얼나 등 '현묘지도'의 신비주의적 영성의 보편성에 입각하여 철저한 회통(會通)적 사유와 활동을 전개했다. 그리하여 중국이나 일본처럼 여러 종교의 요소들이 습합되는 혼합주의적 방식이 아니라 여러 종교들이 각각 핵심적인 개성을 유지하면서 병존하는 병존적 종교문화를 이룩하는 데 일조했다.

현대에도 이러한 전통이 지속적으로 계승되고 있다. 이러한 회통적 사상가들은 타 종교를 이단으로 배척하지 않으면서도 타 종교의 사상을 통해 자기 종교전통을 풍부하게 살찌우되 자기 종교전통의 개성을 철저히 준수함으로써 배타적 근본주의로 치닫지 않는 겸손한 포용주의를 보여 주었다. 그리고 이런 포용주의는 각 종교의 개성을 존중하면서도 다종교가 병존할 수 있는 가능성을 사상적으로 선보였다. 예컨대, 현대 한국의 탄허(呑虛, 1913-1983) 스님은 "유교는 뿌리를 심고 도교는 뿌리를 북돋우고 불교는 뿌리를 뽑는 것이다"라고 설명함으로써 유교의 '존심양성(存心養性)'과 불교의 '명심견성(明心見性)'과 도교의 '수심연성(修心鍊性)'을 두루 포괄하면서 심성론적 차원에서 현상적이고 개체적 마음을 수양하여 근원적이고 보편적 본성에 이르는 길을 개별 종교의 개성적 치이를 존중하면서도 구조적 차원에서 그 모든 사상이 어우러지는 다종교사상의 병존가능성으로 잘 표현했다.[61] 이런 맥락에서 풍류도는 여러 종교들의 내용을 넘어서 있는 메타-텍스트의 사유-틀이자 문화적 에토스로서 한국 종교사에서 지속적으로 기능한다고 할 수 있다.[62]

현묘지도의 종교문화적 에토스 가운데 기독교의 류영모와 변찬린, 불교의 탄허 스님 등이 문화적 수용성의 면모를 폭넓게 보여 준다면, 기독교의 류영모와 함석헌 등은 씨올사상에 입각하여 민주화운동과 평신도 중심의 공동체 운동을 펼쳤으며, 불교의 생활화와 대중화를 선도하면서 한마음선원의 새로운 불교 공동체를 연 대행(大行, 1927-2012) 스님은 원효의 일심을 '한마음의 주인공(空)'으로 재해석하고 공생(共生), 공심(共心), 공체(共體), 공용(共用), 공식(共食) 등 오공(五共)의 실천을 통해 현대적으로 구현하였다. 비구니인 대행 스님은 "우주 전체가 생명의 근본 마음이고 (…) 일체 제불의 마음이 곧

• • • •

61 최재목, 〈탄허의 철학사상에 보이는 '會通'적 사유의 근저—예언·민족주의·신비주의의 '풍류도적 방법'에 대해〉, 《文학/史학/哲학》(한국불교사연구소) 제33호(2013).

62 같은 글, 176쪽.

내 한마음이고, 일체 제불의 법이 곧 내 한마음의 법이며 생활"이므로 개별적 존재의 마음이 근원적 한마음과 같다는 점에서 새롭게 현묘지도를 재구성함으로써 여성과 재가신도 중심의 새로운 '접화군생'의 보현행(普賢行)을 구현하였다.[63]

이렇듯 풍류의 종교문화적 에토스는 '현묘지도'의 신비주의적 영성의 보편성을 중심으로 '포함삼교'의 다문화적 수용성과 '접화군생'의 사회적 실천을 통해 한국의 종교사상과 문화를 풍요롭게 만들어 왔다. 그리하여 '현묘지도'의 차원에서 특정한 역사적 상황 속에서 특정한 개별적 종교전통이 주도적인 가운데 외래에서 유입된 보편적 종교사상들을 개별 종교전통에 충실하게 수용하고 계승하면서도 열린 자세로 타 종교전통의 문화적 장점을 흡수하여 자기 종교전통을 풍성하게 만들어서 '포함삼교'의 차원에서 종교 간 갈등이 증폭되는 배타적 근본주의를 적절하게 제어하는 한편, '접화군생'의 차원에서 엘리트 종교사상과 대중적 종교문화 간의 병행도 가능하게 만들었다고 평가할 수 있다.

참고 문헌

《道德經》.

金富軾.《三國史記》.
元曉.《涅槃宗要》.
______.《大乘起信論疏》.
義湘.《華嚴一乘法界圖》.
李珥.《栗谷全書》.

63 大行,《한마음요전》(한마음선원, 2016), 349-351쪽 참조.

李滉.《退溪集》.
一然.《三國遺事》.
崔致遠.《桂苑筆耕集》.

大行.《한마음요전》. 한마음선원, 2016.
呑虛.《탄허록》. 휴, 2012.

姜敦求.〈多夕 柳永模의 宗教思想(1)〉.《정신문화연구》(한국정신문화연구원) 통권 65호(제19권 4호)(1996).
______.〈多夕 柳永模의 宗教思想(2)〉.《정신문화연구》(한국정신문화연구원) 통권 66호(제20권 1호)(1997).
고영섭.〈한국불교의 전통과 元曉佛學의 고유성—원효의 '和諍 會通' 논법과 관련하여〉.《불교학보》(동국대 불교문화연구원) 제69집(2014).
김경수.《북송 초기의 삼교회통론》. 예문서원, 2013.
김성환.〈최치원 '國有玄妙之道'설의 재해석—'한국 고대 신선사상의 지속과 변용'의 시각에서〉.《도교문화연구》(한국도교문화학회) 제34집(2011).
김영태.《함석헌의 사상과 삶에 대한 종교철학적 탐구》. 전남대학교출판부, 2018.
류동식.《風流道와 한국의 종교사상》. 연세대학교출판부, 1997.
______.《한국무교의 역사와 구조》. 연세대학교출판부, 1998.
______.《종교와 예술의 뒤안길에서》. 한들출판사, 2002.
______.《풍류도와 예술신학》. 한들출판사, 2006.
류영모.《多夕語錄》. 박영호 엮음. 弘益齋, 1993.
박영호.《多夕 柳永模의 生涯와 思想》. 弘益齋, 1985.
______.《다석 류영모》. 두레, 2009.
박종천.《다산 정약용의 의례이론》. 신구문화사, 2008.
______.〈일상의 성화(聖化)를 위한 유교적 의례화—율곡 이이의 예학적 구상〉.《유학연구》(충남대학교 유학연구소) 제31집(2014).
______.〈한국종교문화의 역동적 이해〉.《종교문화연구》(한신대학교 종교와문화연구소) 제22호(2014).
______.〈조선 후기 영남 유학자들의 벽이단론(闢異端論)—온건한 포용주의에 대한 재평가〉.《철학연구》(대한철학회) 제138집(2016).
______.〈조선 후기 유교적 벽이단론의 스펙트럼〉.《종교연구》(한국종교학회) 제76권 3호(2016).
______.〈가족종교의 관점에서 보는 한국종교문화〉.《민족문화연구》(고려대 민족문화연구원) 제85호(2019).
변찬린.《성경의 원리》. 문암사, 1979.
______.〈僊(仙)攷〉.《증산사상연구》(증산사상연구회) 제5집(1979).
______.《성경의 원리》. 중권. 영일문화사, 1980

변찬린.《禪, 그 밭에서 주운 이삭들》. 가나안출판사, 1988.
성기욱·서은숙. 〈'한류(韓流)'에 내재한 '고대풍류정신(古代風流精神)'의 다원성 연구〉. 《문화와 융합》(한국문화융합학회) 제41권 5호(2019).
성해영. 〈신비주의란 무엇인가?—개념에 대한 오해와 유용성을 중심으로〉. 《인문논총》(서울대학교 인문학연구소) 제71권 1호(2014).
오구라 기조. 《한국은 하나의 철학이다》. 조성환 역. 모시는사람들, 2017.
신은경. 《風流—동아시아 미학의 근원》. 보고사, 1999.
야규 마코토. 〈최한기의 종교회통사상—《신기통》의 '통교(通敎)'개념을 중심으로〉. 《종교연구》(한국종교학회) 제79권 2호(2019).
윤승용. 《한국 신종교와 개벽사상》. 모시는사람들, 2017.
윤이흠. 《한국의 종교와 종교사》. 박문사, 2016.
윤이흠 외. 《한국인의 종교관—한국정신의 맥락과 내용》. 서울대학교출판부, 2001.
이시이 코세이. 《화엄사상의 연구》. 김천학 역. 민족사, 2020.
이호재. 《한밝 변찬린—한국종교사상가》. 문사철, 2017.
______. 《포스트종교운동—자본신앙과 건물종교를 넘어서》. 문사철, 2018.
______. 〈변찬린의 풍류사상에 대한 종교적 이해—풍류도맥론(風流道脈論)의 영성(靈聖)담론의 가능성을 위한 시론〉. 《한국종교》(원광대 종교문제연구소) 제45집(2019).
정희성. 〈종교심리학의 한국적 자원연구—수난의 여왕과 풍류도〉. 《신학과 실천》(한국실천신학회) 제38호(2014).
조성택. 〈화쟁의 해석학적 함의와 현대적 의미〉. 《한국불교학》(한국불교학회) 제93집(2020).
최남선. 〈朝鮮佛敎—東方文化史上에 있는 그 地位〉. 《불교》(불교사) 통권74호(1930).
최병헌. 〈한국불교사의 체계적 인식과 이해방법론〉. 최병헌 엮음. 《한국불교사 연구 입문(상)》. 지식산업사, 2013.
최영성. 〈한국사상의 원형과 특질—풍류사상, 민족종교와 관련하여〉. 《한국철학논집》(한국철학사연구회) 제55집(2017).
최유진. 《원효 연구》. 경남대학교 출판부, 2020.
최재목. 〈'건달'의 재발견—불교미학, 불교풍류 탐색의 한 시론〉. 《미학·예술학 연구》(한국미학예술학회) 제23집(2006).
______. 〈탄허의 철학사상에 보이는 '會通'적 사유의 근저—예언·민족주의·신비주의의 '풍류도적 방법'에 대해〉. 《文학/史학/哲학》(한국불교사연구소) 제33호(2013).
한국 문화신학회. 《한국 문화와 풍류신학》. 한들출판사, 2002.
한자경. 《한국철학의 맥》. 이화여자대학교 출판부, 2008.

李養正. 《道教概說》. 北京: 中和書局, 1989.
任繼愈. 《中國道教史》. 上海: 上海人民出版社, 1989.
Baker, Don. *Korean Spirituality*. Honolulu: University of Hawaii Press, 2008.

James, William. *The Varieties of Religious Experience: A Study in Human Nature*. London: Routledge, 2008.
Macquarrie, John. *Two Worlds Are Ours: An Introduction to Christian Mysticism*. Minneapolis: Fortress Press, 2004.

한국인의 가치관과 문화적 정체성*

무교와 유교를 중심으로

김종만•김은기

1. 서론

문화는 특정 사회 내에서 공유되며 학습된 모든 전통, 관습, 예술, 종교, 행동, 사물 등을 포함한다. 문화는 정신적인 측면과 물질적인 측면으로 구성된다. 전자는 상징, 언어, 신념, 음악, 가치관 및 행동 규범 등이 있고, 후자는 음식, 의복, 건축, 가구, 식기, 공구 등으로 이루어진다. 그 외에도 문화의 구성 요소는 수없이 많고 다양하다. 문화적 요소들은 집단 구성원들의 정체

* 이 글은 《신학과 사회》 34(2020)에 〈가치관을 통해 본 한국인의 문화적 정체성—유교와 무교를 중심으로〉라는 제목으로 발표된 바 있다.

성과 소속감에 중요한 역할을 한다. 이러한 요소들은 소속한 집단의 인종과 역사는 물론이고 언어, 종교, 전통, 관습 등과 같은 문화적 요인들이 포함되어 있다.

이 글의 논점은 한국의 문화적 정체성에 영향을 주는 문화적 요소들을 규명하고, 그중에서 가장 근본적인 요소는 무엇인지를 고찰하는 것이다. 사실, 한국의 문화적 정체성을 분석하기 위해서는 언어, 문학, 종교, 철학, 예술, 관습, 제도, 건축, 역사 등 다양한 문화적 핵심 키워드를 다룰 수 있다. 하지만 이 글은 한국인의 근본적인 가치체계에 초점을 맞추어서 분석하려고 한다. 특히, 한국인들이 공유하는 중요한 가치를 파악하여 어떤 개념들이 그들을 한국 문화의 구성원으로 결속시키는지에 관해 살펴보고자 한다.

이 글에서는 한 가지 전세를 가정하고 논의를 전개하겠다. 현대 한국사회는 서구문화 및 세계화의 영향으로 개인주의가 확산되고 있다. 그럼에도 불구하고 한국인의 문화적 정체성에 지대한 영향력을 발휘하고 있는 두 종교 전통은 무교와 유교이다. 따라서 이 글은 두 종교 전통이 한국인들의 의식, 세계관, 정서, 상호관계, 행동규범, 일상생활 등의 토대문화라는 사실을 조명할 것이다.

이 글의 전개 방식은 우선 한국인들의 대표적인 가치관들을 유형화하여 그 가치관들이 어떻게 한국인들의 문화적 정체성에 영향을 미치는지를 평가한다. 이를 위해 가치관과 관련한 기존 연구결과, 문헌자료 및 설문지 조사에서 나온 자료를 종합하여 한국인에게 가장 중요한 가치관이 무엇인지를 도출하고, 그 가치관들의 문화사회학적 함의를 설명할 것이다. 제1절에서는 '문화적 정체성'이란 개념과 가치관에 대한 사회학적 정의를 검토하고, 제2절과 제3절에서는 무교적 가치관과 유교적 가치관의 사례들을 각각 제시하며 그것의 문화적 및 사회학적인 특징들을 규명한다. 결론에서는 무교적 가치관과 유교적 가치관이 우리의 정체성에 어떤 영향을 미쳤는지를 종합적으로 평가한다.

2. 문화적 정체성

사회학적 정의

'문화'의 간단한 정의는 각 지역 사람들이 주어진 환경에 나름대로의 방식으로 적응하기 위해 만들어 낸 서로 다른 삶의 양식이라 할 수 있다. 네이버 국어사전은 문화의 의미를 "자연 상태에서 벗어나 일정한 목적 또는 생활 이상을 실현하고자 사회 구성원에 의하여 습득, 공유, 전달되는 행동 양식이나 생활양식의 과정 및 그 과정에서 이룩해 낸 물질적·정신적 소득을 통틀어 이르는 말로서 의식주를 비롯하여 언어, 풍습, 종교, 학문, 예술, 제도 따위를 모두 포함한다"라고 한다.[1]

문화는 역사적으로도 의미 있는 개념이다. 오늘날 통용되는 문화의 개념은 고전 라틴어 또는 고전기 이전의 라틴어인 '경작'(cultivation)이나 '양육'(nurture)이라는 의미에서 유래했다. 오늘날에도 쓰이는 영어 단어 'agriculture'(농업), 'horticulture'(원예학), 'cult'(숭배) 등이 그때부터 쓰인 단어들이다. 그 당시 문화는 농업과 비유하여 "영혼의 수양"(cultivation of the soul)으로 간주되었고, 인간이 성취할 수 있는 최고의 이상으로 취급되었다.

'정체성', 특히 이 글에 더 적합한 '자아 정체성'은 민족성, 가족 배경, 사회계층 등 자신이 소속된 집단의 특징과 나이, 외모, 직업, 역할, 취미, 성격, 관심 분야, 주관적인 경험 등 개인적인 특징들의 영향을 받아 개인이 스스로 바라보는 자신의 모습 또는 자신에 대한 생각이다. 따라서 문화적 정체성은 아래와 같이 정의할 수 있다.

> '정체성'이란 개인이나 집단 혹은 민족과 국가가 공통된 역사 및 문화적 배경을 가진 사회문화적 동질성을 갖고서 스스로 일체감을 느끼면서 동시에

1 네이버 국어사전, 2018.

귀속감을 느끼는 사회심리적 현상이라 할 수 있다. 그렇기 때문에 정체성에서 '문화'가 갖는 의미는 더욱 중요해지는 것이다.[2]

문화적 정체성은 특정 집단이 오랜 기간에 걸쳐서 발생시킨 고유한 문화가 구성원들에 의하여 습득 및 공유되면서 자신들의 문화에 대해 갖는 자긍심이며 그들을 결속시키는 소속감, 유대감, 동질감 및 일체감이다. 이는 특정 집단의 사회적 결속력의 원천이 될 수도 있지만 선택과 의지에 따라 새롭게 형성되고 재구성되기도 한다. 그렇다면, 문화적 정체성(cultural identity)과 국가 정체성(national identity)은 다른 것인가? 국가 정체성은 한 개인이 국가라는 정치적인 집단의 구성원으로서 소속감을 느끼고 다른 구성원들과 유대감을 가지며 그 일체감을 통해 국가에 대한 충성심 및 애국심을 갖게 되는 것을 의미한다.

베니딕트 앤더슨(Benedict Anderson)은 국가를 '상상의 공동체'(imagined communities)로 정의한다. 국가 또는 국가 정체성이 실체로 존재한다기보다는 한 집단의 구성원들이 자신들을 사회적으로 구성된 공동체에 소속되었다는 상상의 산물로 보았기 때문이다. 사실 앤더슨은 민족을 '상상의 정치적 공동체'로 규정한다. "민족은 가장 작은 민족의 성원들도 대부분의 자기 동료들을 알지 못하고 만나지 못하며 심지어 그들에 관한 이야기를 듣지도 못하지만, 구성원 각자의 마음에 서로의 교통(communion)의 이미지가 살아 있기 때문에 상상된 것이다."[3]

민족이 상상의 공동체인 또 다른 이유는 "각 민족에 보편화되어 있을지 모르는 실질적인 불평등과 수탈에도 불구하고 민족은 언제나 심오한 수평

2 이남희, 〈동북아문화공동체의 정체성과 그 구축 방안—문화유산의 활용과 가치공유를 중심으로〉, 《동양사회사상》 11(2005), 4쪽.

3 베네딕트 앤더슨, 《민족주의의 기원과 전파》, 윤형숙 옮김(나남, 1993), 21쪽.

적 동료의식으로 상상되기 때문이다."[4] 종합하면, 문화적 정체성과 비교할 때 국가 정체성은 특정 정치적 구성단위의 구성원으로서 갖는 소속감 및 일체감으로서 정치적인 성향이 강하다. 또한 한 국가의 문화보다는 영토, 역사, 국제관계, 정치적 이상 등과 밀접한 연관이 있으며 정치적 목적을 위해 촉진되고 동원되기도 한다.

1) 가치관의 정의

가치관(values)이라는 개념은 일상생활에서 흔히 언급된다. 예를 들어, '개인주의적 가치관', '결혼에 대한 가치관', '서양적 가치관', '가치관 차이', '가치관의 변화', '그릇된 가치관' 등이 있다. 가치관의 사전적인 의미는 "개인으로서 인간의 욕망과 전체로서 사회의 열망을 포괄하고 있는 개념"이라고 정의할 수 있다.[5] 즉, "가치관은 인간이 바라는 바를 뜻하며, 미래의 삶의 방향을 정하고 과거 행동을 정당화하는 기능을 하며, 사회화 과정에서 핵심적인 개념"이다.[6] 미국 심리학자 밀턴 로키치에 따르면, "가치관은 모든 문화적, 제도적 및 개인적 세력들의 집합체로서 개인에게 평생 영향력을 행사"한다.[7] 가치는 개인의 일상생활의 행동과 선택을 결정짓는 기준 또는 삶의 지침(guiding principle)이며 중요도에 따라 위계적으로 구성되어있다.[8] 로키치에 따르면, "어른은 아마 수천수만 또는 수십만 이상의 신념과 수천 개의 태도를 가지고 있지만 [중요한] 가치관은 십여 개밖에 가지고 있지 않다".[9]

• • • •

4 위의 책, 23쪽.

5 Braithwaite & Scott, "Values," in John P. Robinson, Phillip R. Shater & Lawrence S. Wrightsman, eds., *Measures of Personality and Social Psychological Attitudes*, volume 1(New York: Academic Press, 1991), p. 661.

6 김철민, 〈가치관 연구에 관한 비판적 고찰—개념 정의, 가치요소와 측정방법을 중심으로〉, 《학생생활연구》 6(1999), 54쪽.

7 Milton Rokeach, *The Nature of Human Values*(New York: The Free Press, 1973), p. 23.

8 *Ibid.*, p. 25.

가치관은 한 집단의 문화를 이해하는 데 매우 유용하다. 왜냐하면 그것은 개인이 사회화되는 과정에서 습득한 특정 사회의 핵심 개념으로서 사물이나 어떤 대상에 대해서 무엇이 바람직하고, 옳고, 그른지 등을 판단하는 기준이기 때문이다. 바로 이러한 가치관의 유용함 때문에 많은 국내외 연구자들이 광범위하게 가치관을 연구해 왔다.[10] 하지만 가치관에 대한 정의는 학문에 따라 다르고 학자에 따라 차이가 있다.[11] 그러므로 가치관 관련 연구의 가장 큰 어려움 가운데 하나는 정립된 개념 정의의 부재이다. 예를 들어, 사회학에서는 가치관을 "개인, 조직, 사회가 행동하는 방식, 그들이 무엇을 위해 노력하는지, 그리고 그들이 중요하다고 여기는 것에 대한 방향을 제시"하는 것으로 정의한다.[12] 인류학적 관점에서 대표적인 클라이드 클럭혼의 해석으로는 "암묵적이거나 명시적인 한 개인에게 독특하거나 집단에 특징적인 바람직한 것의 개념으로서 가능한 행위의 양식(modes), 수단(means), 그리고 목적(ends)들을 선택하는 데 영향을 주는 것"으로 정의된다.[13] 심리학은 가치관을 흔히 행동과 연관시켜 정의하는데 용기, 정직, 근면, 평등, 자아실현 등 다양한 행위 양식에 대한 원시적 선호나 태도로 이해한다.[14]

••••

9 Milton Rokeach, *Beliefs, Attitudes, and Values: A Theory of Organization and Change*(San Francisco: Jossey-Bass, 1968), p. 124.

10 엄밀한 의미에서 가치, 가치관 및 가치체계를 다른 개념들이라고 구분할 수도 있고 구분해서 쓰는 경우도 있지만 본 논문에서는 이 세 가지 '개념'들을 유사한 의미로 서술할 것이다.

11 이 단락은 양종회, 〈현대 한국의 가치체계의 기원과 변동〉, 《한국사회의 구조론적 이해—숨겨진 원리, 드러난 변화》(아르케, 1999), 59쪽을 요약한 것임.

12 Jaspers, "Values", Oxford Bibliographies, 2016. https://www.oxfordbibliographies.com/view/document/obo-9780199756384/rjobo-9780199756384-0182.xml Jaspers 2016

13 Clyde Kluckhohn, "Values and Value-orientations in the Theory of Action: An Exploration in Definition and Classification," in T. Parsons & E. Shils, eds., *Toward a General Theory of Action*(Cambridge: Harvard University Press, 1951), p. 395.

14 차재호, 〈가치관의 변화〉, 한국사회과학연구협의회 편, 《한국사회의 변화와 문제》(법문사, 1986), 400쪽.

특히, 심리학적 가치론의 확립에 크게 기여한 로키치는 가치관에 대한 다양한 논쟁을 정리하여 그 개념에 대한 심리학적 이론화를 정립했다.[15] 그는 문화를 신념(beliefs), 태도(attitudes), 가치(values) 등 세 분야로 분류한 후 가치가 개인의 가장 기본적이고 심층적인 시각으로서 그가 이 세상을 어떻게 바라보고 이해하는지에 막대한 영향을 끼친다고 주장한다.[16] 그는 신념, 태도 및 가치는 서로 연결되어 있지만 가치가 개인의 태도 및 신념이나 의견 형성에 가장 큰 영향을 준다고 믿었기 때문이다. 그는 가치관을 '궁극적 가치'(terminal value)와 '도구적 가치'(instrumental value)로 나눈다. 전자는 '행복', '성취감', '즐거움', '편안한 삶', '신나는 생활', '자유', '사회적인 인정' 등 인생에서 최종적인 상태를 추구하고 이루고자 하는 가치들인 반면, 후자는 '야심적인', '능력 있는', '정직한', '관대한', '독립적인', '책임감 있는' 등 궁극적 가치들을 성취하기 위해 수단이 되는 가치들이다.[17]

가치는 객관적으로 관찰하기도 어렵지만 개인의 가치를 측정하는 방법도 학문적 신뢰성이 매우 낮다는 것이 학계의 정설이다. 예를 들어, 필립 콘버스는 가치 측정이 어려운 이유를 개인의 신념체계가 매우 유동적인 점, 어떤 이슈에 대한 확고한 태도가 없는 경우가 많은 점, 응답자가 피상적이거나 편리한 대로 대답하는 성향 등을 지적한다.[18] 특히 한국의 경우, 직접적인 자료나 계량화된 지표들 없이 가치를 단순히 추론한다는 것, 표본의 대표성이 떨어진다는 것, 부분적 가치만을 다룬다는 사실 및 대부분의 연구가 단편적이어서 한 집단의 가치를 체계적으로 또는 종합적으로 고찰하지 못한다는 사실 등이 지적되고 있다.[19]

• • • •

15 Rokeach, 1968; 1973.

16 Rokeach, 1968; 1973.

17 Rokeach, 1973.

18 Philip Ernest Converse, "The Nature of Belief Systems in Mass Publics," *Critical Review: A Journal of Politics and Society* 18, 1964/1-3.

이 외에도 서구에서 만들어진 다양한 가치관 척도들을 단순히 번역하여 사용함으로써, 외국에서 도입된 가치관 척도의 이론적 배경에 대한 충분한 고찰 없이 답습하고, 척도의 내용들을 한국적 상황에 맞게 어떻게 적용할 것인지를 주의 깊게 고려하지 않는다는 점을 들 수 있다.[20] 이러한 어려움에도 불구하고 한 가지 확실한 것은 문화권은 물론이고 세대 및 성별에 따라 가치체계를 구성하는 주요 내용들이 크게 다를 수 있으며, 구체적으로 나이, 성, 종교, 소득, 교육수준 등 인구사회학적인 특징에 따라 서로 다른 측면을 내포하고 있다는 사실이다.

가치관의 특성과 가치관에 대한 인문·사회과학 내 다양한 학문의 정의를 종합해 보면, 가치관은 주어진 상황에 대해 대응할 때 개인의 선택이나 판단의 기준에 영향을 주는 사고방식, 신념 또는 태도이다. 즉, 가치관이란 특정 사회 내에서 무엇이 맞고 틀린지, 옳고 그른지, 좋고 나쁜지, 바람직하고 바람직하지 않은지에 관한 관념이다. 가치관은 어떤 행동들이 적절하고 적절하지 않은지에 대한 기준을 알려 주는 것은 물론이고, 어떤 기준으로 사람과 사물, 현상을 평가해야 하는지 그 잣대를 제시한다.[21]

가치관은 보통 긍정적인 가치와 부정적인 가치가 짝을 이룬다. 예를 들어, 용감함과 비겁함, 근면과 태만, 정직함과 부정직함, 성실함과 비성실함 등이다. 가치관은 "개별적으로 존재한다기보다는 하나의 체계로서 또는 구조로서 존재하는 것"이며, "여러 가지의 가치가 위계서열을 이루고 있으며, 그들 간에는 상호의존과 상호통제"의 관계가 있다.[22] 그리고 가치관은 개인적인 것과 사회적인 것이 구분될 수 있는바, 전자는 개인이 선호하는 태도

••••

19 이훈구, 〈《가치관의 변화》에 대한 논평(1)〉, 한국사회과학연구협의회 편, 《한국사회의 변화와 문제》(법문사, 1986) 참조.

20 김철민, 앞의 글, 54쪽.

21 Robin Williams, "The Concept of Values," in David Sills, ed., *International Encyclopaedia of the Social Sciences* 16(New York: Macmillan, 1968), pp. 283-284.

나 관점으로 개인에 따라 상이한 반면에 후자는 한 사회의 다른 구성원들과 공유되고 합의된 행동의 표준으로 작용하기 때문에 공식성(公式性)을 띠게 된다.

2) 기존 연구

국내에서 가치관 관련 연구의 시작은 1960년대부터이다. 하지만 본격적인 연구는 1980년대가 되어서야 비로소 소규모로 나타난다. 1980년대 이후 대부분의 가치관 연구들은 한국인의 중요한 가치관이 무엇인지를 규명한다. 이것을 다시 인본주의, 권위주의, 집합주의 등과 같은 '전통적 가치관' 및 근대 이후의 물질주의, 평등주의, 개인주의 등과 같은 '현대적 가치관'으로 구별하고 이 두 영역에 속한 가치관들의 차이와 변화를 분석하는 데 초점을 둔다.[23] 특히, 한국인의 가치관 변화 추이를 측정하려는 시도들이 많았지만, 이들 연구들은 대부분 '한국인의 성격', '한국인의 국민성', '한국인의 의식과 가치관' 등의 제목으로 진행되었다. 그중 가장 대표인 것이 문화체육관광부의 〈한국인의 의식·가치관 조사〉, 성균관대학교 서베이리서치센터의 〈한국종합사회조사〉, 서울대학교 사회발연구소의 〈국민의 가치관과 의식에 대한 조사〉 등이다. 예를 들어, 문화체육관광부는 〈한국인의 의식·가치관 조사〉를 통해 한국인의 의식·가치관을 1996년 최초 조사 이후 2001년, 2006년, 2008년, 2013년까지 총 5회 조사했다. 이 설문조사는 사회변동과 한국인의 의식 체계의 변화를 파악할 수 있는 토대를 마련해 주고 있는 바, 국민들이 현시대를 살아가면서 어떤 생각을 하고 있는지에 초점이 맞

• • • •

22 양종회, 〈현대 한국의 가치체계의 기원과 변동〉, 《한국사회의 구조론적 이해—숨겨진 원리, 드러난 변화》(아르케, 1999), 69쪽.

23 김철민, 앞의 글; 임희섭, 《사회변동과 가치관》(정음사, 1987); 차재호, 〈가치관의 변화〉, 한국사회과학연구협의회 편, 《한국사회의 변화와 문제》(법문사, 1986); 김경동, 《한국인의 가치관과 사회 의식》(박영사, 1992) 참조.

추어져 있다. 여기에는 '더 좋은 사회가 되기 위해 필요한 가치', '삶의 만족도', '행복한 삶을 위해 중요한 분야', '가족·결혼에 대한 가치관', '남아선호', '우리 사회는 남녀가 평등한 사회인가?', '북한에 대한 태도' 등에 대한 질문들이 포함되어 있다. 1980년대까지 이렇게 규명된 가치관들을 전부 나열하면 다음과 같다.

> 일, 돈, 정치적 자유, 권위로부터 자유, 성의 자유, 개인주의, 자유주의, 사랑, 권력, 지위, 완전한 인격 완성, 국가 민족의 발전, 입신출세, 자선 사업, 공부, 자립, 검소, 근면, 안정, 생활 수준의 향상, 행복한 가정, 사회 정의, 평등, 사회복지, 보람 있는 일, 부모 존경, 인생을 즐겁게 산다, 의리 있는 친구, 건강, 화목한 가정, 인간적 유대, 우애, 예의, 자기 좋은 대로 사는 것, 자아실현, 권위주의, 평등주의, 인간주의, 물질주의, 집합주의.[24]

김태길은 한국 대학생들을 면접하는 방법으로 그들에게 가장 중요한 가치관, 즉 인생에 있어서 가장 바라고 원하는 것들을 규명하였다. 그는 '건강한 상태가 지속되는 장수', '넓고 깊은 학식', '높고 원만한 인격', '풍족한 물질생활', '변함없이 아름다운 우정', '뜨겁고 변함없는 이성 간의 사랑', '전국에 알려진 명성', '나라를 좌우할 만한 권력', '국가 또는 인류를 위한 헌신적인 봉사', '예술 또는 그 밖의 분야에서 창조적 활동', '현세의 괴로움을 초월하는 해탈의 경지', 그리고 '사랑과 기쁨에 가득 찬 신앙생활' 등이 중요한 가치관임을 밝혔다.[25] 차재호(1980)는 구한말 이후 1970년대까지 한국에서 살았던 22명의 외국인들이 약 100년에 걸쳐 한국인의 전형적이고 대표적인 정서와 가치를 관찰하고 기록한 책(견문록)을 분석하여 19개의 핵심

····

24 김철민, 앞의 글, 65쪽.

25 김태길, 《한국인의 가치관 연구》(문음사, 1982).

가치관들을 추출하였다.[26] 차재호가 규명한 19가지 가치관 가운데 대표적인 것들은 금전과 부, 효, 조상, 자손 번창, 학문, 위계, 무사안일, 장생 또는 장수, 액운과 죽음의 회피, 대음대식(大飮大食), 그리고 자연과의 조화 등이다.

앞서 로키치가 언급한 것처럼 어른이 가지고 있는 중요한 가치관이 10여 개밖에 없다고 가정한다면, 과연 한국인들에게 가장 기본적이고 중요한 가치관 10개는 무엇일까? 한국인의 핵심 가치관들을 살펴보기 전에 미국인들에게는 어떤 가치관들이 가장 중요한지 먼저 고찰해 보면 비교에 도움이 될 수 있다. 미국 사회학자 로빈 윌리엄스(Williams 1965)는 미국인들이 가장 중요하게 여기는 가치관들을 다음의 열 가지로 규정한다: 성취 및 성공, 개인주의, 근면, 능률성 및 현실성, 과학과 기술, 물질적 편리함, 자유, 민주주의, 평

• • • •

26 차재호가 자료로 활용한 책들은 우리나라 19세기 말부터 20세기 초 역사에 큰 영향을 끼친 선교사들이 쓴 책들을 포함한다. 예를 들어, 프랑스 클로드 샤를 달레(Claude Charles Dallet) 신부의 *Historie de l'eglise de Coree*, 2권(《한국천주교회사》, 1874), 우리나라에 온 미국의 첫 선교사이자 한국에서 왕실 의사였던 호러스 알렌(Horace Allen)의 조선 체류기인 *Things Korean*(1908), 초기 선교사들이 한국에 대해 관찰한 글 등이 실려 있는 아펜젤러(Appenzeller)와 존스(Jones)의 *The Korean Repository*, 5권(1892, 1895, 1896, 1897, 1898), 1888년 처음 한국을 방문한 후 1928년까지 40년간 이어진 선교 활동과 그 어느 외국인 선교사보다 많은 저술 업적을 통해 한국을 세계에 알리는 데 큰 위업을 남긴 캐나다 선교사 제임스 게일(James S. Gale)의 *Korean Sketches* (1898), 그리고 한국의 역사, 종교, 언어, 관습 등에 대한 관찰과 함께 조선의 멸망사를 서술한 미국 선교사 호머 헐버트(Homer B. Hulbert)의 *The Passing of Korea* (1906)가 검토 대상이었다. 초기 선교사들의 견문록 외에 서구의 여행 작가, 상인, 언론인 등이 서술한 책들도 분석 대상이었다. 예를 들어, 독일 상인 어니스트 오페르트(Ernest Oppert)가 무역을 위해 여러 차례 조선을 방문했는데 그 경험을 토대로 당시 정치, 사회, 문화, 역사 등을 소개한 *A Forbidden Land: Voyages to the Corea* (1880), 영국의 세계적인 여행 작가 이사벨라 버드 비숍(Isabella Bird Bishop)이 1894~1897년 사이에 4차례에 걸쳐 조선을 방문한 후 쓴 *Korea and Her Neighbor* (《조선과 그 이웃 나라들》, 1898)인데 당시 한국의 각지 풍경, 생활상 등을 서구인의 눈으로 보고 느낀 것들을 기록한 책, 그리고 일본 제국 군대에 의해 자행된 제암리 학살 사건의 진상을 세계에 알린 것으로 잘 알려진 캐나다 언론인 프레더릭 매켄지(Frederick A. McKenzie)의 *The Tragedy of Korea* (《대한제국의 비극》, 1908) 등이 포함되었다. 위의 책들은 한국에 대한 정보가 거의 없던 19세기 말과 20세기 초에 서구사회에 한국을 알리는 데 크게 기여했다. 차재호, 〈한국인의 성격과 의식〉, 한상복 등, 《한국 문화의 연속과 변화에 관한 연구》(한국사회과학연구협의회, 1980).

등 그리고 특정 그룹의 우수성(예: 인종적 소수집단 대비 백인의 우수성). 물론 미국인들의 중요한 가치관들은 이외에도 더 많이 있다. 예를 들어, 부, 위신(prestige), 권력, 가족, 애국심, 정의, 정직, 책임감, 박애주의 등을 들을 수 있다.[27] 미국인들이 가장 중요하게 여기는 가치관 중 부, 가족, 근면, 물질적 편리함 등은 한국 문화에서도 중요하게 취급되는 가치관들이라고 평가할 수 있다. 하지만, 평등, 정의, 정직 등은 한국에서 다른 해석도 가능할 수 있다.

어쨌든, '한국 사람에게 가장 중요한 가치관들은 무엇인가?'라는 질문에 대해서는 명백한 대답, 즉 계량화한 자료를 찾기 힘든 것이 사실이다. 왜냐하면, 한국인의 가치에 대한 조사들은 대부분 응답자가 자유롭게 어떤 방식으로든 대답할 수 있는 개방형 설문이 아니라, 특정 가치나 이슈에 대한 생각을 미리 제시된 선택지 중에서 고르는 것만을 허용하는 폐쇄형 설문방식이기 때문이다. 즉, 지금까지 수행된 한국인의 가치관과 관련된 연구들은 '응답자(한국인)에게 가장 중요한 가치는 무엇입니까?'라는 위주의 개방형 질문보다는 '효도가 최고의 덕목이므로 가장 먼저 실천해야 한다'와 같은 문항에 대해 응답자가 어느 정도 동의('매우 그렇다' ~ '전혀 그렇지 않다')하는지를 10점 척도로 계량화하는 폐쇄형 질문에 기초했다. 따라서 '한국인들이 가장 중요하게 생각하는 가치는 무엇인가?'라는 질문에는 아직도 계량화된 자료가 많지 않고 분명한 결론을 도출할 수 없는 것이 현실이다.

이러한 배경에서 이 글은 부, 귀(성공), 장수(건강), 효, 조상숭배, 가족, 어른공경, 집단주의, 위계질서(권위주의), 교육, 근면, 점과 운세 등을 한국인들에게 가장 중요한 가치관으로 가정하고자 한다. 이는 무교(巫敎)와 유교에서 유래한 전통적인 가치의 중요성이 과거에 비해 감소한 것은 사실이지만, 여전히

• • • •

27 Robert K. Merton, *Social Theory and Social Structure*, enlarged edition(New York: Free Press, 1968), pp. 185-214; Robert N. Bellah, William M. Sullivan, Richard Madsen, Ann Swidler and Steven M. Tipton, *Habits of the Heart: Individualism and Commitment in American Life*(Berkeley, CA: University of California Press, 1985).

한국인의 정서와 세계관에 지대한 영향을 미치고 있을 뿐만 아니라 한국인의 집단적 결속력과 문화적 정체성에 상당한 영향력을 미치고 있는 가치이기 때문이다.

3. 무교적 가치관

1) 무교와 전통적 가치관

무교 또는 샤머니즘(shamanism)은 샤먼(무당)을 중심으로 한 신앙 체계이다. 우리나라에서는 무교를 무속, 무속신앙, 민간신앙 등[28]과 혼용하는 경향이 있다. 그러나 무교는 고대사회부터 한국 고유종교로서 한국 문화에 지대한 영향을 미쳤다는 사실에는 큰 이견이 없다. 특히 무교의 영향은 한국인의 장수, 건강, 부, 귀(성공) 등에 관한 가치관에서 두드러지게 나타난다. 이는 중국의 《서경(書經)》에 나오는 인생에서 바람직하다고 여겨지는 다섯 가지 복(福), 즉 오복(五福), 오래 사는 수(壽), 풍족하고 재산이 많은 부(富), 몸이 건강하고 마음이 편안한 강녕(康寧), 덕을 좋아하며 즐겨 선행을 행하는 유호덕(攸好德), 제명대로 다 살다가 편안하게 죽는 고종명(考終命)과도 흡사하다. 오복론에도 '수, 부, 무병, 식재, 도덕'을 오복이라 하거나 '수, 부, 귀, 강녕, 다남'을 오복이라 하는 설 등 여러 이설이 존재하지만 한국인들이 가장 중요하게 여기는 복은 단연 수(壽), 부(富), 귀(貴)이다.[29]

수(壽)의 복은 이 세상에서 오래 사는 것을 말한다. 이는 저승에서 '영생'을

••••

28 무교(巫敎) 또는 샤머니즘에 대한 개념은 학자들마다 다르다. 우선 이능화는 무속(巫俗), 유동식은 무교(巫敎), 조흥윤은 무(巫), 그리고 샤머니즘이라고도 한다. 이 글에서는 학술적 개념으로 많이 사용되는 '무교' 혹은 '무교적'이라는 말로 통일하여 사용하겠다. 이에 대해서는 김승혜·김성례 외, 《그리스도교와 무교》(서울: 바오로딸, 1998), 50-53쪽 참조.

29 최정호, 〈무사상(無思想)의 사회, 그 구조와 내력—현대한국의 정신적 상황에 관하여〉, 《계간 사상》 1(1989), 34쪽.

기원하는 것과는 다른 차원으로 이승에서의 장수를 최고의 가치로 생각한다. 수에 대한 집착은 "현세긍정주의·생명지상주의·차안(此岸)절대주의로 통한다고 할 수 있다".[30] 부(富)의 기복은 일차적으로는 가난을 면하는 바람이지만 더 많은 부를 축적하고픈 욕구이기도 하다. 부는 현실적인 재화(財貨)이고 물질주의·현실주의적인 특성을 내포하며 수의 현세주의·차안주의의 연장이라고 할 수 있다.[31]

귀(貴)는 '공경받는 것'을 의미한다. 하지만 한국인의 정서에는 덕망과 훌륭한 품성과 같은 인격적인 면은 무시되고 사람의 높은 지위, 즉 외면적이고 사회적인 지위만을 인정하고 추구하는 가치로 변형되었다. 귀는 한국적인 기복사상으로 엄격한 신분 사회였던 조선 시대에 더 심화되었으며, 양반이라도 오직 "높은 벼슬을 해서 〈귀〉를 누려야 〈천〉함을 벗어날 수 있다는 생각에서 〈귀〉를 추구하는 한국적 특수성 또는 강박성(强迫性)이 있었다".[32] 부와 귀를 함께 누리고자 하는 바람인 부귀영화(富貴榮華)도 한국인의 가치체계에서 중요한 자리를 차지하고 있다.

한국인의 현세적 성향은 설문조사에서도 잘 나타난다. 2004년 한국갤럽 설문조사에 따르면 응답자의 63.4%가 기독교에서 말하는 천국이나 불교에서 말하는 극락이 저승에 있지 않고 이 세상에 있다고 믿는다(한국갤럽 2004, 113). 흥미로운 것은 '극락과 천국은 저세상에 있는 것이 아니라 이 세상에 있다'는 의견에 종교를 가진 많은 응답자들도 '그렇다'고 응답하였다는 점이다. 종교별로는 불교인 74.8%, 천주교인 71.5%, 개신교인 41.9%(1984년 조사에서는 54.9%)가 '그렇다'고 응답하였다. 같은 설문조사에서 '살아가는 데 가장 중요하다고 생각하는 것'들을 묻는 자유응답식 개방형 질문에서 응답자들은 '건강'(37.5%), '돈/경제력'(20.7%), '믿음/신뢰'(7.3%), '가족 및 가정의 행복'(6.4%), '사

30 위의 글, 34쪽.

31 위의 글, 34쪽.

32 위의 글, 35쪽.

랑'(4.3%), '성실'(2.5%), '행복추구'(2.0%), '정직'(1.8%), '인간관계'(1.3%) 등의 순으로 선택했다(한국갤럽 2004, 235). 수치에서 드러나듯, 한국인들은 인생에서 가장 중요한 가치관으로 '신앙'과 같은 종교적인 것보다 '건강'과 '돈' 같은 물질적인 것에 훨씬 더 많은 의미부여를 한다는 사실을 알 수 있다.

이런 '물질주의적' 가치관의 중요성은 한국갤럽이 2014년에 실시한 종교 설문조사에서도 나타난다. 응답자들은 일상생활과 관련된 11가지 항목 중에 가장 중요하다고 생각하는 것 두 가지를 선택하게 했다. 그 결과 '건강한 것'이 53%로 단연 가장 많았고, 그 뒤를 이어 '가정생활이 즐거운 것'(37%), '돈이 많은 것'(25%), '좋은 친구들이 있는 것'(22%), '마음이 평안한 것'(18%), '직업이 좋은 것'(14%), '여가/휴식 시간이 많은 것'(12%), '신념을 갖고 생활하는 것'(6%), '종교를 갖는 것'(5%), '존경을 받은 것'(4%), '남을 돕는 것'(2%) 등의 순으로 나타났다(한국갤럽 2015, 76). 1984년, 1989년, 1997년, 2004년 조사에서도 항목 간 순위가 바뀌는 경우가 있기는 하지만 상위 세 가지 항목, 즉 '건강한 것', '가정생활이 즐거운 것', '돈이 많은 것'이 가장 중요한 가치로 나타났다. 특히, '건강'을 중요시하는 성향은 다소간 정도의 차이는 있지만 불교인(61%), 개신교인(49%), 천주교인(50%), 비종교인(52%) 모두 비슷한 수준이었다는 점도 특징적이다.[33]

2011년 특임장관실에서 실시한 설문조사에서도 응답자들은 건강을 삶에 있어 가장 중요한 것으로 꼽았다. 좀 더 자세하게 설명하면, "삶에 있어서 가장 중요하게 생각하는 것"이 무엇이냐는 질문에 응답자의 과반 정도가 건강(48.9%)을 꼽았으며, 다음으로 가족의 행복(33.9%), 경제적 풍요(8.1%), 능력 개발(3.6%), 사회적 성공(2.6%), 대인관계(2.5%)의 순이었다(특임장관실 2011, 45). 문화체육관광부의 〈한국인의 의식·가치관 조사〉(2013) 역시 비슷한 조사 결과를 보여 주었다. 그 조사에 따르면 행복한 삶을 위해 항목별로 얼마나 중요한지

••••

33 한국갤럽, 《한국인의 종교 1984-2014》(한국갤럽조사연구소, 2015), 77쪽.

를 10점을 만점으로 측정한 결과 '건강'(9.4점)이 가장 높았으며 그 다음으로 '배우자'(8.9점), '소득이나 재산'(8.6점), '자녀'(8.6점) 등의 순으로 나타났다.

한국인들에게 장수의 중요성은 속담을 통해서도 드러난다. 장수에 대한 대표적인 한국 속담들은 '말똥에 굴러도 이승이 좋다', '거꾸로 매달아도 사는 세상이 낫다', '죽은 석숭(石崇)보다 산 돼지가 낫다'(또는 '산 개가 죽은 정승보다 낫다') 등이 있다. 이들 속담에는 사는 것이 아무리 고생스럽고 천하다 해도 죽는 것보다는 낫다는 생각, 즉 현세의 삶에 대한 집착이 그대로 배어 있다. 속담은 역사적으로 구전되거나 기록되어 온 문화유산으로서 각 문화마다 고유의 속담들이 있다. 속담은 각 문화권에 속한 사람들이 역사적 경험을 통해 축적한 지혜의 보고이며 사회적 생활양식의 길잡이로서 진실이나 교훈 등을 내포한다. 속담은 문화적 구성원들의 정서와 심리를 관철하는 것뿐만 아니라 당시 문화의 양상이나 실태를 반영하여 표현되기 때문에 특정 문화를 파악하는 데 중요한 자료가 될 수 있다. 실제로 한국에서 어른에게 인사를 할 때 건강과 장수를 기원하는 일은 보편적 현상이며 새해 인사에서도 건강과 장수를 기원하는 것은 필수적 덕담이다. 이러한 현상은 서구에서는 보기 드문 것이며, 없지는 않지만 정도나 보편성에 있어서 한국과는 비교하기 어렵다.

이처럼 건강한 삶에 부여되는 내적 중요성, 즉 강한 현세적 성향은 어디에서 기인한 것일까? 이것은 현세와 내세에 관한 철학적 및 교리적 해석을 추구하는 각 문화권의 종교적 전통과 깊이 관계되어 있다. 편의상 종교 전통은 크게 현세적인 종교(this-worldly religion)와 내세적인 종교(the-other-worldly religion)로 양분할 수 있다. 이 가운데 불교, 기독교, 이슬람교, 힌두교, 유대교 등 소위 '세계적 종교'(world religions) 또는 '고등종교'들은 내세적인 종교들로서 그것의 핵심 교리, 가르침, 의미, 실천 및 개종을 통한 "보상" 등은 궁극적으로 죽음 후(내세)와 관련되어 있다.[34]

기독교의 경우 영생과 천국에 대한 교리가 없다면 종교로서의 존재 의미가 없을 정도로 기독론이나 구원론에 이러한 개념들이 핵심적으로 내포되어 있다. 그래서 현세의 가난이나 불행에도 불구하고 예수를 구원자로 받아들이고 그 가르침을 준수하고 살면 천국에서 영생을 누릴 수 있다고 믿는다. 영생을 더 중요시하는 이런 교리에 노출된 많은 서구 기독교인들은 주일예배의 참가 빈도와 상관없이 장수나 건강에 한국인들만큼 그렇게 큰 의미를 부여하지는 않는다.

반면에, 한국인들의 정서, 세계관 및 종교관에 큰 영향을 미치고 있는 무교는 현세적인 종교이다. 무교는 사후 세계에 현세와 구별되는 독자적 가치를 부여하지 않는다. 뿐만 아니라 이 세상의 복락을 강조하는 등 매우 현세주의적인 가치관을 표방한다. 현세주의는 '지금 여기'(here and now)라는 공간적 한정성과 '살아생전'이라는 표현에 나타나는 '죽고 나면 모든 게 끝'이라는 시간적 한정성을 동시에 내포한다. 따라서 현세주의적 종교는 지금 사는 것을 가장 중요한 가치로 여긴다. 그러므로 현세에 가장 중요한 것들인 부, 번영, 건강, 장수 등에 초점이 맞추어져 있다.

무교에는 내세에 관한 교리가 명확하지 않다. 사람이 죽으면 혼이 몸을 떠나 내세로 간다는 것과 조사(早死)나 급사(急死)처럼 한(恨)을 가지고 죽거나 억울하게 죽은 사람들의 혼은 바로 내세에 가지 않고 현세에 남아서 남에게 피해를 줄 수 있다는 믿음이 있다. 후자의 경우 전통적으로 씻김굿, 진혼굿을 통해 혼을 위로하고 달래서 내세로 안내한다고 하지만, 전통적 굿이나 기도의 주된 목적은 결국 개인이 바라는 부, 번영, 성공, 건강, 장수 등 현세적인 것들에 초점이 맞추어져 있다.

이처럼 수·부·귀에 초점을 맞추어 복을 추구하는 것은 독일 사회학자

••••

34 세계의 모든 종교들은 부, 무병 등 본인에게 득이 되는 복(福)을 바라는 신앙 행태인 기복신앙 요소가 있다. 하지만 기독교, 불교 등 고등종교로 구분되는 종교들은 단순히 복을 기원하는 행위에 그치지 않고 그것을 초월하는 가치를 추구하나 무교 같은 원시-고대 종교는 이런 요소가 없다고 할 수 있다.

게오르크 짐멜(Georg Simmel)의 표현으로는 "'보다 많은 삶'(als mehr Leben)으로서 복을 추구하는 것"이라고 할 수 있다. 그러나 "거기에는 '삶보다 이상의 것'(mehr als Leben)을 추구하는 〈초월〉에의 지향은 존재하지 않는다."[35] 복(福)사상의 근원은 물론 무교이다: "죽은 사람을 위한 의례에 치중하는 일본 무교와 달리, 산 사람을 위한 현세복(現世福), 적극적인 축복기원에 굿의 중심을 두는 한국 무교가 복 사상의 바탕에는 있다."[36] 초월이 부재한 현세주의 및 기복(祈福)사상은 과거나 현재나 교육 수준과 상관없이, 그리고 신분이나 사회적 지위와 상관없이 한국인의 보편적인 인생관을 규정하는 특색을 지닌다.[37]

한편, 한국인의 기복신앙은 한국의 전통종교인 불교에도 영향을 주어 사찰 내에 다양한 기복신앙의 흔적들이 있다. 사찰 내외부의 연등에 신자들이 정성들여 쓴 축원문이나 기도문들, '소원성취 기와불사'라고 새겨진 수많은 사찰의 기왓장들, 그리고 무교에서 가장 중요시되는 산신(山神)을 모시는 산신각(山神閣)이나 산령각(山靈閣)이 사찰 내에 존재하기도 한다. 또한 칠성신 및 독성(獨星)을 모시는 삼성각(三聖閣)도 많은 사찰에서 흔하게 볼 수 있다. 칠성신은 도교에서 유래했지만 무교에서 산신과 함께 가장 중요한 신으로서 인간의 장수와 재물을 관장하는 신으로 숭배되고 있다. 대다수 한국 불자들은 사찰을 방문하면 부처가 모셔진 법당에 가서 기도할 뿐만 아니라 산신각이나 삼성각에 들러 기도를 한다.

이처럼 인간의 물질적인 소망에 신이 응답하기를 바라는 기복신앙은 개신교 목사들의 설교에서 두드러지게 나타난다. 김대곤은 한국의 저명한 목사 30인이 행한 설교 모음집을 분석한 결과, 기독교의 신을 구세주로 영접

••••

35 최정호, 앞의 글, 38쪽.

36 최정호, 앞의 글, 39쪽; 류동식, 《한국종교의 역사와 구조》(연세대학교출판부, 1975), 345-349쪽 참조.

37 최정호, 앞의 글, 33쪽; 신수진·최준식, 《현대 한국사회의 이중가치체계》(집문당, 2002), 81쪽.

함으로써 얻을 수 있는 물질적 축복이 설교의 주된 핵심이었으며, 이를 뒷받침하기 위해 성경 속의 기사(奇事)들이 특히 강조되었음을 밝혔다.[38] 대표적으로 현재 7십만 명 이상의 신도 수를 자랑하는 세계 최대 규모의 서울 여의도 순복음교회를 개척한 조용기 목사의 설교이다. 한국 내 교회 성장의 롤모델로 평가받는 그의 삼박자 축복론은 건강(장수), 부, 구원을 교리적으로 재해석하고 신자 충원에 적용한 것으로 유명하다. 간단히 요약하면, '부의 신학'을 통해 성령을 영접함으로써 내세의 구원뿐 아니라, 현세의 건강과 물질적인 성공이라는 축복을 받을 수 있다는 것이다. 또한 생일, 사업 성공, 무사히 치룬 군복무 등 "신의 축복"에 감사하기 위해 축복예배라는 새로운 형태의 의례를 강조한다. 이처럼 "한국 기독교인의 교회 출석, 새벽기도에 대한 열성, 교회 헌금에 대한 관대함은 모두 현세의 세속적 소망 충족과 긴밀한 관계가 있다".[39] 잘 알려진 것처럼 서구에서도 물질적인 축복을 강조하는 성령운동 또는 오순절주의(Pentecostalism)라고 불리는 교단이 존재하지만, 그들은 신앙치유, 방언과 기적의 체험을 더욱 중요시함으로써 내세적 '구원'과 영생을 진리로 삼는 감리교, 장로교, 침례교 등 '주류' 개신교 교단과는 분명하게 구분된다. 반면에 한국의 교회들은 교파와 상관없이 대부분의 교회에서 '예수를 구세주로 받아들이면 복을 받는다'는 기복신앙을 설파하고 있는 것이 사실이다.

2) 점과 운세

한국인의 기복적 가치관은 특히 점과 운세를 중요시하는 성향에서 나타난다. 운세는 어떤 사람의 삶과 미래를 예언하는 행위로 한국인들의 정서와 세계관에서 매우 중요하다. 국내 운세 산업의 한 해 시장가치는 2011년 대

38 김대곤, 〈한국 교회 설교에 나타난 구약성서에 관한 연구〉(석사학위논문, 한신대학교 신학대학원, 1983).
39 정진경, 〈한국교인의 복개념〉, 《기독교 사상》 21(1977), 42쪽.

략 4.6조~6조 원이다. 이는 세계 9위의 한국 영화산업 규모보다 크다.[40] 점복 관련 종사자들 또한 꾸준히 늘고 있다. 서울 미아리 점술촌은 물론이고 대학로, 신촌 대학가 주변, 강남구 압구정동 점집, 사주카페, 타로 점집들이 번성하고 있다. 뿐만 아니라 '점복업자'가 되기 위해 역술학원에서 점술을 배우려는 사람들의 발길이 꾸준히 이어지고 있고 모바일 콘텐츠 시장에서 운세 관련 소프트웨어 개발이 활발하게 이루어지고 있으며 운세산업 기업들도 등장하고 있다.[41] 대학에서는 오래전부터 관상, 사주팔자, 풍수지리 등과 관련된 과목들이 학부는 물론이고 대학원 과정에서까지 개설되고 있다.

이를 반영하듯 많은 설문조사에서 한국인들의 점복 경험과 운세에 대한 "신뢰도"는 비교적 높은 것으로 나타난다. 예를 들어, 2014년 1월에 실시된 설문조사에서는 성향과 교육 정도에 상관없이 응납자들의 38.3%가 점을 친 경험이 있다고 대답했다(중앙선데이 2014). 특히 중졸 이하는 39.9%, 고졸 이하는 39.1%, 대학교 재학 이상은 37.2%가 점을 친 경험이 있었다. 운세에 관심이 높은 걸 반영하듯 점집(역술원, 사주카페, 점술카페, 철학관, 작명소 등 포함)은 전국 곳곳에서 쉽게 찾을 수 있고, 운세와 관련된 산업 종사자가 45만 명(무속인 15만 명과 역술인 30만 명)이라고 알려져 있다.[42]

인터넷 시대를 맞아 운세 사이트도 성황리에 운영되고 있다. 선진국들의 경우 점을 쳐 본 경험이 있는 인구의 비율이 한국에 비해 현저히 낮다. 예를 들어, 미국 퓨 연구센터(Pew Research Center)의 2009년 설문조사에 의하면 미국인의 15%만이 점을 쳐 본 경험이 있는 것으로 나타났다.[43] 이는 한국이 서양 국가처럼 근대화 및 세계화 정도가 높음에도 불구하고 운세에서만큼은

• • • •

40 정승안, 〈일상생활의 위기와 운세산업의 사회적 의미〉, 《문화경제연구》 14(2011).

41 위의 글.

42 중앙선데이, 〈'신령님 타령만 해선 안 통해' 디지털로 무장, 힐링에 방점〉, 2013.02.02., http://news.joins.com/article/10587225.

43 Pew Research Center, *Many Americans Mix Multiple Faiths*(Washington, D.C.:Pew Research Center, 2009).

그 관심과 사랑이 매우 각별하다는 것을 의미한다. 운세를 보는 방법 중 한국인들에게 제일 애용되는 방법은 사주팔자(四柱八字)이다. 사주(四柱)는 사람이 태어난 년(年), 월(月), 일(日), 시(時)의 네 기둥을 의미하고, 8자(八字)는 이 네 기둥을 각각 두 글자로 형성한 한자들이다. 역술인은 사람의 운세를 볼 때 사주와 8자를 연결시켜 "의미"를 해석한다. 사주를 통해 궁합과 길일(출산택일, 결혼택일, 행운의 결혼 날짜, 이사일, 개업 날짜 등)을 알아보는 것은 꽤 인기가 있다. 2014년 설문조사에 의하면, "귀하의 친척이 선을 봤는데 궁합이 아주 나쁘다면 결혼하지 않는 것이 좋다고 생각하십니까?"라는 질문에 37%가 "결혼하지 않는 것이 좋다"라고 응답했고, 1984년 설문조사에서는 같은 응답자 비율이 38%에 달했다.[44] 이는 삼십 년이란 기간 동안에도 궁합에 대한 가치관이 크게 변하지 않고 있다는 것을 보여 준다.

관상과 풍수지리도 한국인들에게 잘 알려진 운세 유형들이다. 2014년 실시한 한국갤럽의 조사에 의하면[45] "명당에 선조의 묏자리를 쓰면 자손이 잘된다"라는 항목에 52%의 응답자가 "그렇다"라고 동의했는데 이는 1984년의 48% 보다 높은 수치이다. 흥미로운 사실은 상당한 비율의 개신교인(35%)과 천주교인(45%)조차도 이러한 음택풍수의 효력을 믿고 있다는 것이다.[46]

또한 한국인들의 독특한 운세관 중 하나가 작명(作名)이다. 전통적으로 우리 선조들은 주어진 이름과 운세가 밀접한 관계가 있다고 믿었다. 사실 여러 설문조사에 따르면 상당수의 한국인들은 아직도 이름과 운명의 상관관계를 긍정적으로 생각하는 경향이 있다. 예들 들어, 2004년 한국갤럽(2005, 108-109) 조사에 의하면 "이름의 좋고 나쁨이 그 사람의 운명과 얼마나 상관있다고 생각"하느냐는 질문에 54.3%가 "상관있다"(아주 상관있다+약간 상관있다)라고 대답했는데 이는 1984년 조사 결과의 42.3%에 비해 12%p나 늘어난 수

••••

44 한국갤럽, 앞의 책, 85쪽.

45 위의 책, 86쪽.

46 위의 책, 86쪽.

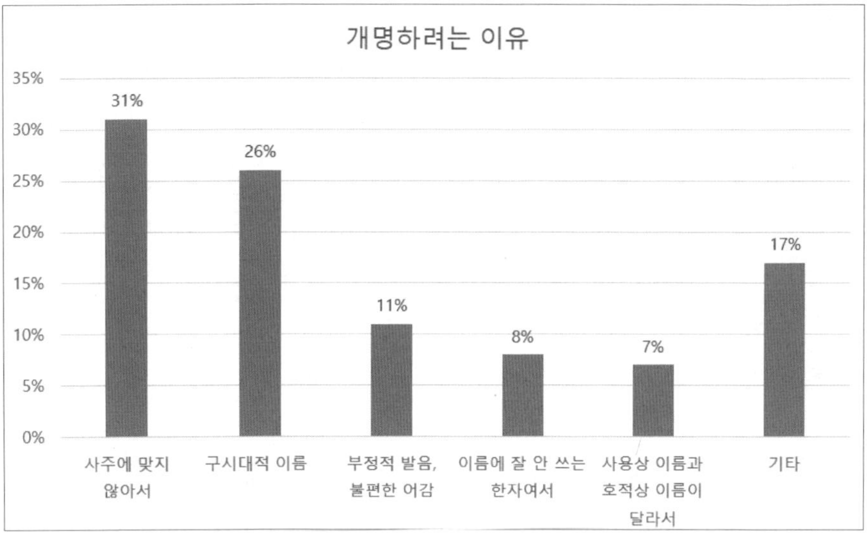

개명의 개인적 이유(출처: 《조선일보》, 2016.10.17.)

치이다. 한국인들의 이름에 대한 '애착'은 많은 수의 개명 신청에서도 나타난다. 대법원 자료를 보면 2006년부터 2015년까지 10년간 법률상 이름을 바꾸겠다고 법원에 개명 신청을 한 사람은 151만 9,524명으로 이는 국민 34명당 1명에 이른다. 2016년에만 개명을 신청한 사람의 수가 16만 2,899명이었고 2009년 이후 개명 신청자 수는 매년 15만 명을 넘고 있다.[47] 개명을 신청한 사유는 다양했지만 '사주와 맞지 않아서'가 가장 큰 이유로 나타났다(조선일보 2016, 위 그림 참고).[48] 최근엔 취업난과 결혼 등 고민이 많은 20-30대 젊은 사람들이 개명을 선택하는 경우도 많이 늘어 2016년 전체 개명자 중 20-30대가 43%를 차지했다(뉴스메이커 2017).

• • • •

47 《조선일보》, 〈이름을 바꾼다고 인생이 달라질까? 내가 개명하려는 이유〉, 2016.10.17., https://m.post.naver.com/viewer/postView.nhn?volumeNo=5268906&memberNo=10005291&vType=VERTICAL.

48 우리나라에서 개명은 사람 이름에만 국한되어 있지 않다. 2000년대 초반에는 아파트 개명이 인기 있었다. 기존 아파트 입주민들은 거주하는 아파트에 브랜드를 넣는 방식으로—예

4. 유교와 한국인의 정체성

유교는 무교와 함께 한국인의 문화적 정체성을 결정하는 중요한 요소다. 한국인의 전통 가운데 유교 사상에서 유래란 가치관들, 즉 효(孝), 조상숭배(사회학의 선구자인 허버트 스펜서는 조상숭배는 모든 종교의 근간이 된다고 했다), 가족, 어른 공경, 위계질서, 집단주의, 교육, 근면 등에 주목할 필요가 있다. 유교적 가치관은 조선시대 이후 지금까지 개인적인 수양 및 가족 그리고 사회생활의 기준이 되었고 여전히 한국인의 정서와 세계관 및 행동의 내면에 뿌리 깊게 자리 잡고 있다.[49] 유교적 가치관은 한국인의 마음과 행동에 내재되어 있고 종교적 신앙(조상숭배, 제사)으로서뿐만 아니라 생활 규범과 윤리의 기초로도 자리 잡고 있다. 유교는 한국사회에서 제도종교와 공존하지만 한국인의 의식, 관습, 인생관·가치관 등에 큰 영향을 주고 있다.

〈2015 인구주택총조사보고서 종교통계〉에 따르면 우리나라 유교인은 총인구의 0.2%에 불과하지만 '생활상의 종교적 관행을 유형별로 나눈 것'을 의미하는 성원등급(成員等級) 연구에 따르면, 응답자의 91.7%가 유교의 기본

••••

를 들어, 삼성아파트는 '래미안,' 대우아파트는 '푸르지오,' 현대아파트는 '힐스테이트'—아파트 명칭을 변경하여 이미지를 개선하고 궁극적으로 집값 상승을 기대했다(머니투데이 2016a). 지금도 아파트 개명은 진행 중이다. 최근엔 행정구역명을 아파트 이름에 넣는 것이 성행한다. 잠원동 '래미안잠원'은 입주 바로 전에 부촌 이미지인 '반포'와 '궁전'을 뜻하는 팰리스(palace)를 결합해 '래미안신반포팰리스'로 이름을 바꾸었고 서울 신정동 '목동힐스테이트'는 행정구역이 목동이 아닌데도 중산층이 선호하는 지역인 목동 생활권 안에 있다는 것을 부각시키기 위해 단지 명에 목동을 넣었다(머니투데이 2016a).

49 심경섭 외, 〈유교가치 척도 개발연구〉, 《한국심리학회지—일반》 31(2012), 466쪽; 고병익, 《동아시아의 전통과 변용》(문학과지성사, 1996); 조긍호, 〈동아시아 집단주의와 유학사상—그 관련성의 심리학적 탐색〉, 《한국심리학회지—사회 및 성격》 21(2007); 차재호, 〈지난 100년간에 일어난 한국인의 가치, 신념, 태도, 행동의 변화〉, 《한국심리학회지—사회》 6(1994c); 한덕웅, 〈한국의 유교문화에 관한 심리학 연구의 비판적 개관〉, 《한국심리학회지》 20(2001) 참조.

등급 성원이다.[50] 유교의 기본등급 성원으로 나타난 응답자의 상당수가 불교인(100%), 천주교인(90%), 개신교인(76.4%)으로 밝혀졌다.[51] 우리나라는 일본은 물론이고 유교가 유래한 중국보다 더 "유교화"된 문화라는 주장에 따르면 한국인들이 유교의 대표적인 가치관들인 효와 충성에 대해 동의하는 정도가 다른 유교문화권 사람들인 중국인과 일본인들보다 높고 유교적 장례식을 치르는 비율과 제사를 지내는 비율도 이 두 나라보다 월등히 높다.[52] 실제로 많은 한국인들은 유교적 관습인 제사나 조상숭배 등을 여전히 실행하고 있고,[53] 유교적 가치를 전반적으로 받아들이고 있다.

이 점에서 모든 한국인은 유교적 신념(conviction)과 실행(practice)에 있어서 기독교, 불교 등 다른 종교를 신봉하더라도 여전히 '유교인'이라는 사실을 부인할 수 없다. 한국인들은 "철저히" 유교화되어 행동 하나하나가 유교 예절의 범위를 벗어나지 않는다는 것을 부인하기 힘 들 것 같다. 서구 학계의 연구들도 한국, 중국, 일본, 대만 등을 유교적 유동성(Confucian dynamism)이 매우 높은 국가들로 분류하며 유교가 이 사회들이 공유하는 가치관이라고 지적한다.[54]

전통이란 과거로부터 전승된 바람직한 사고와 행동, 관습 등을 말하는데 유교는 한국 전통문화의 대명사이다. 유교적 가치는 한국사회에서 오랜 기간 동안 뿌리를 내리며 한국인의 일상생활과 의식 및 정서의 저변에 넓고 깊게 자리 잡고 있으며 아직도 많은 영향을 미치고 있다. 유교적 가치관은 한국인의 인간관계, 예의범절, 의사결정, 사회적 행동 등 의식 전반에 막대

••••

50 금장태,《한국현대의 유교문화》(서울대학교출판부. 1999), 113쪽.

51 위의 책, 113쪽.

52 Koh, "Confucianism in Contemporary Korea," in Tu Wei-Ming, ed., *Confucian Traditions in East Asian Modernity*(Cambridge: Harvard University Press, 1996).

53 *Ibid.*; 한국갤럽, 앞의 책.

54 심경섭 외, 앞의 글, 466쪽 재인용; Hofstede & Bond, 1991; Hofstede, 1991; Nisbett, 2003 참조.

한 영향력을 행사하고 있고 현대 한국인의 가장 핵심적인 '정신적 자원'을 제공하였다. 그리고 한국인의 종교관 및 문화관을 분석해 보면, 의식적이든 무의식적이든, 자각적이든 잠재적이든 유교적 의식과 가치관이 광범위하게 영향을 미치고 있음을 알 수 있다.[55] 한국인의 사고와 행동에 유교적 가치관이 어떤 형태로 남아 있는지 확인하는 연구에서 심경섭 등은 "유교적 가치관은 구시대의 유물로 사라진 것이 아니라 여전히 한국인의 내면에 살아 숨 쉬고" 있으며 조상에 대한 제사는 계속 지내야 한다는 내용을 담은 '세계관,' 인간으로서 옳고 그름을 인간의 도리로 인식하는 것인 '인간관,' 자애와 효도를 중요시하는 '부자관,' 연령에 따른 사회적 서열 관계를 내용으로 하는 '장유관,' 친구 관계에서의 신뢰와 존중을 강조하는 '붕우관,' 남녀와 부부 사이의 사회 역할을 구분하는 '부부관' 등으로 아직도 한국인들의 의식과 인간 관계적 규범의 기초를 제공하고 있다고 주장한다.[56]

이들의 연구에 따르면, 대체로 연령대가 높을수록 남성이 유교적 가치관을 더 긍정적으로 인지하는 것으로 나타났다.[57] 유교적 가치관의 수용 여부를 종교별로 보면, 유교를 포함하여 종교를 가진 사람들이 무종교인에 비해 유교적 가치관이 더 높게 나타났다. 이는 유교가 종교를 초월하는 한국인의 보편가치로 기능하고 있음을 암시하는 것이라고 해석된다. 즉, "한국인들은 종교에 관계없이 유교적 가치관을 대인관계 규범이자 생활 규범으로 받아들이고 있는 것이거나 한국인의 종교 심성의 바탕에는 유교적 가치관이 깔려 있기 때문으로 해석할 수 있다".[58]

여러 가치관 연구에서 알 수 있듯이 개인주의 사상이 높아지고, 평등, 인

• • • •

55 심경섭 외, 앞의 글, 466쪽.

56 위의 글, 481-482쪽.

57 위의 글, 483쪽.

58 위의 글, 483쪽. 또 하나 흥미로운 사실은 우리나라는 단일민족으로 구성되어있고 국토면적도 상대적으로 작은데도 중요하게 생각하는 가치관은 지역에 따라 어느 정도 차이가 있

권, 정의, 사회복지, 행복 등의 가치관이 새로 등장했다 해도, 아무리 시대가 변했다고 해도, 그리고 선호도의 수치가 어느 정도 변화했더라도 부, 건강, 장수, 효, 어른 공경, 가족 등 우리나라 사람들의 핵심 가치관은 변화가 없다고 할 수 있다. 즉, 한국인이 현재 가장 중요하게 생각하는 가치관은 무교나 유교에서 유래한 전통적 가치관과 크게 다르지 않다는 것이다.

많은 학자들은 한국인의 정서는 물론이고 한국사회의 저변에 내재해 있는 문화는 전통적 가치관에 기반을 두고 있다고 주장한다. 예를 들어, 최재석은 가족주의, 출세지향, 상하서열, 친족 구분 및 공동체 지향 등을 한국의 문화적 특성으로 규명했다.[59] 백완기는 운명주의, 가족주의 그리고 권위주의를, 그리고 김태길은 가족주의, 금전만능주의, 외관과 형식주의, 이지(理)보다는 감정을 우선시하는 성향 등을 한국사회의 핵심을 이루는 정신이라고 주장했다.[60] 특히, 임희섭은 전통적 가치와 근대적 가치를 구분하면서 전통적 가치를 대표하는 것으로 다음 세 가지 가치관을 설명하고 있다.[61]

첫째, 자연을 정복하는 대상으로 보기보다는 '자연과의 조화'를 강조하는 자연주의와 개인의 도덕적 완성을 강조하는 인본주의(humanism)이다.

둘째, 권위주의의 가치지향이다. 유교는 인간관계에 있어 군신(君臣), 부부(夫婦), 부자(父子), 형제(兄弟) 등의 관계와 같이 불평등을 전제로 하고 불평등한 구조 속에서 출발한다. 이들의 관계는 의무를 전제로 하며 자신에게 주어진 역할을 충실히 수행함으로써 실천된다. 한국사회에 경직된 위계질서가 뿌리내리게 된 원인은 인간관계를 수직적으로 보는 '삼강오륜'(三綱五倫)과 같은 유교 사상의 영향이 크다. 한국사회의 인간관계와 윤리 및 행동규범을 규정

••••

는 것으로 나타났다[조봉진, 〈한국인의 가치관 분석〉, 《경영학연구》 18(1990)]. 이는 우리나라 교통통신 발달의 역사가 짧아 지역들 간 소통이 제한되었고 1960년대 이후에는 지역주의가 정치적으로 유용되었기 때문인 것 같다.

59 최재석, 《한국인의 사회적 성격》(개문사, 1976); 《한국가족연구》(개문사, 1977).

60 백완기, 《한국의 행정문화》(고려대학교출판부, 1982); 김태길, 앞의 책.

61 임희섭, 《한국의 사회변동과 가치관》(나남, 1994), 98-100쪽.

하는 기본 원리는 철저하고 엄격한 위계질서이다. 주지하듯, 군신(君臣), 부부(夫婦), 부자(父子), 장유(長幼) 등 거의 모든 기본적 인간관계가 불평등한 구조 속에서 존속하고 위계 서열적으로 규정된다. 이런 "상하 서열의식과 권위주의적 가치지향은 오늘날의 한국인들의 사회생활·가정생활·직장생활·언어생활 및 정치문화 등에 뿌리 깊이 잠재해 있는 전통적 가치임은 많은 학자들의 연구에서도 일관되게 밝혀져 왔다".[62] 사회적 및 정책적으로는 평등주의를 추구하고 있지만 문화적으로는 위계질서가 중요시되는 것이다. 공자는 사람들이 각자 다른 능력을 가지고 있기 때문에 적절한 신분의 차별은 사회 질서를 위해 필요하다고 믿었다. 그래서 유교는 남자와 여자, 어른과 아이 및 전통적으로는 군주와 신하 사이의 명확한 신분 구조를 바탕으로 하는 인간관계를 이상적으로 여긴다. 직분이나 지위를 구분하기 위한 다양한 요소들이 존재하지만 유교 문화에서는 나이가 가장 기본적이고 중요한 기준이다.

정서적으로 위계질서를 중요시하기 때문에 한국사회는 수직적인 구조를 가진 조직들이 난무한다. 이러한 수직적인 구조의 좋은 예는 서구 기업에 비해 지나치게 복잡하고 세분화된 한국 기업의 직급체계를 들 수 있다. 최근 직급체계를 단순화하려는 노력도 있고 업체마다 차이는 있지만 한국 기업들은 임원과 직원을 포함하여 많게는 13개 이상의 직급체계를 갖고 있다(회장-부회장-사장-부사장-전무-상무-이사(상무보)-부장-차장-과장-대리-주임-사원 등). 반면에 서구 기업들의 경우 비교적 더 유연하고 단순화된 조직구조를 가진다. 미국의 경우 기업의 조직은 보통 여섯 개 직급으로 유지되는데 'chief executive officer'(CEO, 최고경영자) 아니면 'chief financial officer'(CFO, 최고재무책임자), 'chief marketing officer'(CMO, 최고마케팅책임자) 등 'senior vice presidents'(수석부사장)급-'vice

••••

62 위의 책, 99쪽; 홍승직, 《한국인의 가치관 연구》(고려대학교 아세아문제연구소, 1969), 112-113쪽; 최재석, 《한국인의 사회적 성격》(개문사, 1976), 79-122쪽 참조.

president'(VP, 부사장)-'director'(국장)-'manager'(부장, 과장)-사원 등이다.

셋째, 집합주의 가치지향이 한국적 가치체계의 뚜렷한 특성이다.[63] 한국사회는 전통적으로 개인보다는 가족, 지역공동체, 국가공동체 등 집합체를 더 중요시하는 가치를 지향한다. 모든 문화에는 개인주의(individualism)와 집단주의 또는 집합주의(collectivism)가 공존하지만 문화에 따라 전자 혹은 후자가 지배적이고 더 큰 영향력을 가진다. 예컨대, 미국, 영국, 프랑스, 캐나다 등 서구문화들에서는 집단주의보다 개인주의가 훨씬 더 중요하다. 반면에 한국을 비롯해 중국, 일본 등 유교문화권은 집단주의가 개인주의보다 훨씬 더 중요한 가치관의 원천이다. 개인주의는 자기 지향적이고 개인의 정체성 및 개인의 자유 및 권리를 더 중요시하고 독특성을 존중하며 평등주의를 중요하게 생각한다. 반면에 집단주의는 집단 지향적이고 개인의 권리보다는 집단의 조화를 우선시한다. 상호의존적이고 집단에 대한 의무가 강하며 위계질서를 중요시한다. 이 외에도 개인주의와 집단주의는 근본적으로 아래와 같이 주요한 가치관의 차이를 보여 준다.

위의 세 가지 유교적 가치에 추가되어야 할 항목은 가족주의이다. 유교사상의 기본 세계관은 가족적 질서로 구축되어 있고, 유교 사회의 기초 단위는 가정이다. 유교적 생활세계(life-world)는 가족과 가문의 혈연공동체를 토대로 삼는데 "가족을 모든 사고와 실천의 가장 우선순위에 놓는 것은 분명히 유교적 전통과 깊은 상관관계"를 갖고 있다.[64] 사실, 가족주의는 위에서 거론한 집합주의와 밀접한 연관이 있다. 가족은 가장 중요한 집합체이며, 집합주의도 엄밀히 말하면 가족주의적 집합주의이다. 한국의 "집단주의는 국가, 정치공동체 혹은 집단 일반에 충성하는 측면보다는 소집단주의 혹은 가족·혈연집단의 수직적 위계 속에 개인을 함몰시키고 그것과의 조화, 일체

63 Chang, 1977.

64 김동춘, 〈유교(儒敎)와 한국의 가족주의—가족주의는 유교적 가치의 산물인가?〉, 《경제와 사회》 55(2002), 94쪽.

[표] 집단주의와 개인주의의 차이점

집단주의	개인주의
타인과의 연결 및 사회적 관계에 의해 정체감 형성	개개인의 특성과 목표에 의해 정체감 형성
집단 지향	자기 지향
집단의 결속함 및 공통적 이익 추구	개인 성취 및 사리 추구
집단의 관계성 및 집단에 대한 의무	개인의 자유와 권리
상호의존—집단의 보호를 추구함	자기 의존—개인의 힘에서 안심감 찾음
좌우명: "사람이 혼자만 살 수는 없다"	좌우명: "네 자신에 충실해라"
'우리' 의식 중요	'나' 의식 강함
다른 사람들과 조화(내 집단의 조화를 중요시함)	다른 사람들과 경쟁
상황에 따라 바뀌는 자신	모든 상황에서 일관성 있는 자신
그룹으로 작업하는 것 선호	홀로 일하는 것 선호
낮은 창의력	높은 창의력
획일화 중요/독특성에 대한 반감	독특성 존중
위계질서 중요	평등주의 중요

화를 추구한다는 점이 특징적이다".[65]

이처럼 한국인들에게는 "가족이 다른 어떤 집단과도 비교할 수 없을 정도로 중시되며, 개인은 가족에서 독립하지 못하고, 가족 내의 관계가 여타의 사회관계를 지배할 때, 우리는 그 사회가 가족주의의 논리에 기초해 있다"라고 할 수 있다.[66] 한국인들이 가족을 여전히 가장 중요한 집단으로 여기고 있다는 것은 1996년 공보처 설문조사에서 잘 나타난다. 응답자의 93.5%는 소속감을 느끼는 집단으로 '가족'을 선택한 반면에, 10.3%는 '국가'를, 그리고 36.9%는 '이웃이나 지역사회'에 대해서 소속감을 갖고 있는 것으로 나타났다(김동춘 2002, 97 재인용). 한국인의 가족 중심적 정서는 2016년 〈한국인의 의식·가치관 조사 보고서〉에서도 명백하게 나타난다. 이 보고서에 따르면 '삶에서 가장 중요하게 생각하는 것은 무엇인가'라는 질문에 '행

65 위의 글, 98쪽 재인용.

66 최재석, 《한국인의 사회적 성격》(현음사, 1994), 27쪽.

복한 가정'이라는 의견이 29.6%로 가장 높은 응답률을 보였고 이어서 '건강/아름다움'(27.2%), '경제적 풍요'(18.3%), '사회적 성공'(8.7%), '자신의 능력 개발'(7.6%) 등의 순으로 나타났다(문화체육관광부 2016).

한국인의 가족주의적 성격은 효(孝)의 윤리와도 밀접한 관계가 있다: "가족주의적 성격은 친자 간의 기본윤리인 효(孝)의 윤리가 '백행(白行)의 근본'으로 규정되고 모든 사회윤리의 원형으로 인식되어졌으며, 친족·동족은 물론 지역공동체와 국가공동체까지도 혈연적 가족관계의 연장으로 파악되어 온 점에서도 잘 나타나고 있다".[67] 효는 개인의 정체가 가족과 같은 집합체의 구성원으로서만 얻을 수 있고 또 개인은 가족을 위해 희생할 수 있다는 의무를 암시한다. 즉, 가정생활의 기본 원리는 효라는 것이다. 개인에 대한 평가도 "개인의 특성 그 자체보다는 그가 속한 집합체와의 특수한 관계를 중시하는 특수주의적 성향이 강하다".[68]

가족주의적 집합주의가 강한 사회의 또 다른 특징은 조상숭배, 제사, 가족의식 등이 중요한 가치관으로 부각된다는 것이다. 자식들이 부모를 존경하고 돌보는 행위는 동서고금을 막론하고 존재하는 보편적 가치이다. 하지만 유교문화권 사람들, 특히 한국인들은 부모에 대한 감정이 더 깊다. 한국인에게 효는 도덕과 행동 규범의 토대이고 최우선의 가르침이자 사상이다. 효는 사후에도 이어지는 행위여서 조상에 대한 제사가 효의 중요한 덕목 중 하나이다. 유교문화권 나라에서 '효(孝)'는 대중적으로도 매우 중요하고 익숙할 뿐만 아니라 인륜의 핵심적 덕목으로 여겨졌다. 반면에 영어권의 경우 '효'라는 단어 자체가 없었으며 유교의 '효'를 번역하면서 'filial piety'라는 단어를 사용했다. 따라서 이 단어는 소수의 영어권 사람들만 이해할 수 있고 일상생활에서는 거의 쓰이지 않는다. 특히 역사적으로 조선 시대부터 효

67 임희섭, 앞의 책, 100쪽; 최재석, 앞의 책, 1976, 21-46쪽 참조.

68 양종회, 〈현대 한국의 가치체계의 기원과 변동〉, 《한국사회의 구조론적 이해—숨겨진 원리, 드러난 변화》(아르케, 1999), 74쪽.

자 및 효녀를 국가적 및 지역적 영웅으로 존중해온 전통이 있다는 것과 현재에도 효행상이 한국사회에서 보편적으로 수여되고 있다는 점은 세계 어디에서도 보기 힘든 한국적 문화전통이라고 할 수 있다. 뿐만 아니라 부모와 자녀의 관계에서도 문화적 차이가 있다. 서구문화에서 부모는 자식이 18세까지는 물질적 및 정신적 돌봄을 제공하지만, 18세 이후에는 성인으로 취급한다. 또 자식은 부모로부터 독립해서 사는 것이 당연시됨으로써 대학에 진학하거나 직장을 구하는 경우 대부분 독립하여 살게 된다.[69]

한국인의 가족 중심적 정서는 연고주의와 지역주의와도 연관이 있다. 한국인들은 대인관계에서 가족 및 혈연적 유대관계를 맺고 있는 사람과 그렇지 않은 사람에 대해 대우가 다른 사회적 태도를 보인다. 이것이 현대 한국에 지속되고 있는 연고주의와 지역주의의 기초라고 볼 수 있다. 서울대가 진행한 국민의식 조사에 따르면(한국일보, 1997.2.3), 한국인들은 사회구성원을 연결하는 가장 중요한 요소로 동창 관계, 배우자, 형제 순서로 선택했다.[70]

연고주의는 "혈연·지연·학연 등 일차 집단적 연고를 다른 사회적 관계보다 중요시하고, 이런 행동 양식을 다른 사회관계에까지 확장·투사하는 문화적 특성을 말한다".[71] 가족주의에 뿌리를 둔 연고주의는 "조직 내에 가족적·

• • • •

69 지난 5월 미국 뉴욕에서는 흥미로운 소송이 있었다. 부모가 30살이 되었는데도 독립해서 살지 않고 부모 집에서 얹어 살던 아들을 대상으로 이사 가라고 소송을 건 것이다(Global News, 2018). 아버지는 아들에게 집에서 나가 달라는 편지를 여러 번 썼고 돈을 주면서까지 나가 달라고 했지만 성과가 없었다. 판사는 소송에서 부모의 손을 들어 주며 아들에게 퇴거 명령을 내렸다. 아직 언제까지 방을 비워야 하는지에 대한 최종 기한은 정해지지 않았지만 아들은 항소하기로 했다고 한다. 사실 부모와 아들은 한 지붕 아래에서 살았지만 남들처럼 살았다고 한다. 부모는 아들에게 식사나 빨래 등 가족에게 해 주는 편의를 제공하지 않았고 아들은 집 관리나 집안일에 도움을 주지 않았다고 한다. 정확하게 어떤 직업에 종사하는지는 밝혀지지 않았지만 아들은 그동안 부모 집에 살면서 가계비도 내지 않았다고 한다.

70 김동춘, 앞의 글, 97쪽 재인용.

71 이종수, 《행정학사전》(대영문화사, 2009), 325쪽.

친화적 분위기를 조성해 인간관계를 개선하지만, 파벌적·할거주의적 행태를 조장함으로써 대내외 정책 및 조직관리의 공평성과 합리성을 저해하는 역기능을 초래한다".[72]

연고주의는 혈연, 학연 및 지연처럼 폐쇄적인 관계이며 궁극적으로 개인적인 인연이 있는 사람을 우선시하고 혜택을 주는 관계이다. 그런 면에서 연고주의는 실적주의와 반대되는 의미이다. 예를 들어, 연고주의는 조직 구성원을 선발할 때 직무수행에 필요한 능력과 상관이 없거나 미달되는 사람을 선발하는 경우가 많아서 개인이 자신의 능력을 향상시키기 위해 노력하기보다 자신에게 유리한 연고를 찾거나 구축하려는 비생산적 활동으로 이어지게 된다. 연고주의(연줄주의)의 또 다른 문제는 다원성과 민주성을 해치고 사회발전의 장애 요인으로 작용함으로써 특혜와 개인적 친분관계를 임용 기준으로 하는 정실주의(favoritism 또는 patronage system)의 확산, 사회의 규범과 윤리의식의 파괴, 구조적 부패, 비합리주의, 배타적 집단주의, 지역갈등, 패거리 정치 등을 조장한다. 같은 유교문화권인 중국, 일본과 비교할 때조차 한국인의 연고주의는 상대적으로 강한 문화적 토대로 기능한다. KBS와 연세대학교가 1996년에 수행한 조사에 의하면, 한국, 중국 및 일본에서 능력보다는 연고주의(혈연, 학연, 지연)가 삶에 더 중요한 영향을 미친다는 결과가 나왔다.[73]

그러나 학연, 혈연, 지연의 중요성을 묻는 질문에 대해서는 한국인이 일본인과 중국인보다 혈연, 학연, 지연이 더 중요하다고 대답하였다. 구체적으로 보면, 중국인들은 일반적으로 혈연을 가장 중요시하고, 지연과 학연을 비교적으로 낮게 평가한 반면에, 일본인들은 학연은 중시하지만 지연과 혈

••••

72 위의 책, 325쪽; 이훈구, 앞의 책; 김성국, 〈우리에게 연고는 무엇인가—한국의 집단주의와 네트워크〉, 《전통과 현대》 23(2003); 강준만, 《현대정치의 겉과 속》(인물과 사상사, 2009) 참고.

73 김동춘, 앞의 글, 97쪽 재인용.

연에 대해서는 한국인들만큼 중요하게 생각하지 않았다. 이런 조사 결과는 한국이 "동아시아 유교문화권 국가 중에서도 가족적 유대, 혈연과 지연 등 연고에 가장 집착하는 경향"이 있다는 것을 보여준다.[74] 조상과 혈연공동체를 중시하는 한국사회에서 혈연이 중요한 것은 당연하지만, 혈연 범위 자체가 상대적으로 좁아 사회적 영향력도 크지 않고, 지연의 영향력도 도시화 및 근대화로 인해 약화되었다고 할 수 있다. 물론 고향에 대한 향수 때문에 다양한 향우회가 존재하지만 그 영향력은 제한적이다.

5. 결론

문화란 특정 사회 내에서 공유되며 학습된 모든 전통, 관습, 예술, 가치관, 행동, 사물 등을 포함하며 언어와 생각 및 가치관과 같은 정신적인 면과 의식주와 같은 물질적인 면으로 이루어진다. 본고는 문화를 구성하는 수많은 요소 가운데 한국의 문화적 정체성을 이해하는 데 가장 중요한 요소로 가치관으로 꼽았다. 가치관의 사전적인 정의는 개인이 살아가는 데 사물이나 어떤 대상에 대해서 무엇이 바람직하고, 옳고, 좋은가 등을 판단하는 표준이나 기준이다. 즉, 가치관은 개인의 소신이나 신념이기도 하고 개인이 살아가면서 직면하는 갈등 및 선택 상황에서 판단 기준을 제공하는 이정표 역할을 할 뿐만 아니라 개인의 사회적 행동에도 지대한 영향을 미친다.

가치관이 중요한 또 다른 이유는 한 사회의 구성원들이 갖는 문화적 정체성에 큰 영향을 미친다는 것이다. 문화적 주체성은 특정 집단의 사회적 결속력의 원천이자 사회 통합과 발전의 무형적 토대가 된다. 무엇보다 오늘날 한국인들에게 가장 중요한 가치들을 추출하고자 한다면 무교와 유교에서

••••

74 위의 글, 97-98쪽 재인용.

유래한 전통적 가치관의 영향을 우선적으로 고려해야 한다. 무교와 유교는 한국인들의 의식, 세계관, 정서, 상호관계, 행동, 규범, 일상생활 등의 토대 문화이다. 어떤 문화든 대표적이고 지배적인 가치관들이 존재하는 것이 일반적이라면, 한국인의 가치에 영향을 미친 주된 영향원은 무교와 유교라 할 수 있다. 무교는 현세적 종교로서 내세보다는 현세(현재, 여기)를 더 중요시함으로써 부, 장수, 무사안일, 물질적 쾌락, 액운 등 개인적 가치들에 그 원천을 제공한다. 유교는 주로 가족적 가치와 행동 양식에 많은 영향을 주는 도구적 가치를 만드는 데 기여한다. 이는 상호관계, 사회생활, 그리고 행동 규범을 보면 단연 유교의 영향이 다른 무엇보다 크다는 사실에서 알 수 있다. 그리고 한국인의 핵심 가치관들인 효, 조상숭배, 가족, 어른 공경, 위계질서, 어른 공경 등이 유교 가치관들이다.

많은 학자들은 오늘날 한국사회가 "가치체계의 혼란"에 직면해 있다고 말한다. 한국은 해방 후 산업화·근대화 바람과 함께 서구의 문물이 거침없이 몰려들어 왔고, 경제성장, 사회개발, 민주주의, 개인주의, 평등주의, 인권 등 유교적 가치체계와는 대립적인 서구적인 가치가 도입되어 갈등이 만연했다고 지적한다. 하지만, 이들 가치들은 이질적이거나 상반된 특징들을 내포하지만 현대 한국사회에서 이중적으로 또는 다중적으로 공존하고 있는 것으로 보인다. 같은 맥락에서 무교적·유교적 가치체계는 약화되었다고 할 수 없다. 급격한 사회의 변화 속에서도 전통적 가치들은 사회의 안정을 도모하고 일관성을 유지할 수 있게 한다. 특히, 유교적 가치체계는 아직도 탄탄하며 사회구조, 상호관계, 의식, 행동 전반에 큰 영향을 미침으로써 여전히 사회 결속 및 사회 통합의 역할에 상당한 기여를 하고 있다.

시대가 변함에 따라 강도의 정도는 변할 수 있어도 불멸의 가치관이 있다. '마음의 습관'(habits of the heart)이라고도 부를 수 있는 지배적인 가치관, 즉 문화의 구성원들이 공유하는 세계관의 토대이다. 세대 간 현격한 의식 차이나 변화과정은 무시할 수 없지만 기본적인 가치관이자 정체성에 영향을 주는 가치체계는 세대를 초월한다. 예를 들어, 한국에서 이혼율이 비교적 높고 젊은 사람들의 혼인율이 낮다고 해서 가족이란 가치관에 변화가 있었다고 할 수 없다. 행복하지 않은 결혼 생활에서 벗어나고 싶어서 이혼을 선택한 것이지 결혼이라는 가치나 제도를 거부해서가 아니기 때문이다. 젊은 사람들이 비혼으로 지내는 이유 역시 결혼이라는 가치와 제도를 거부해서가 아니라 안정된 직장이 없거나 재정적 여유가 없기 때문이다. 비슷한 맥락에서, 서구 사람들이 주일미사나 주일예배에 참석하는 비율이 이전과 비교해 많이 감소한 것이 사실이지만, 이 현상을 두고 기독교의 영향력이 어느 정도 감소했거나 세속화의 영향 때문으로 추론해야지 '탈기독교화' 또는 '비기독교화'라고 할 수는 없다. 왜냐하면 기독교에서 유래한 가치나 행동규범이 서구 사람들의 정서와 세계관에 토대를 제공하기 때문이다.

결국, 한 사회의 문화적 정체성에 대해 우리는 전체론적(holistic) 관점으로 이해할 필요가 있다. 한국인들이 효에 대한 애착심이 이전에 비해 감소했고, 집단주의도 이전과 달리 덜 견고하고, 위계질서 역시 훨씬 더 약화되고, 제사를 지내는 사람들의 수도 감소한 것이 사실이다. 하지만 이러한 변화들로 한국사회를 '탈유교화' 또는 '비유교화'로 단정하는 것은 문제가 있다. 위에서 제시한 다양한 사회조사들로부터 우리는 한국인의 의식, 정서, 가치, 세계관, 사회적 상호작용, 행동 규범 등에 유교는 여전히 지배적인 영향력을 끼치고 있다는 것을 확인하였다. 서구문화가 개인주의적 사고방식에서 집단주의적 의식으로 바뀔 것이라고 주장하는 학자가 없는 것처럼, 한국인의 전통적 가치가 변할 것이라고 막연히 말하는 것은 여전히 시대착오적 판단이라 할 수 있다.

끝으로, 한국인의 핵심적 가치관들이 동양의 다른 국가들이 가지는 일반적인 정서와 크게 다르지 않을 수 있다. 특히 중국, 일본 등 유교문화권 국가들과의 상대적 차이는 더 미미한 것으로 보일 수도 있다. 이러한 측면에서 이 글은 한국 고유의 가치관들 그 자체를 규명한 것이 아니라 다른 나라와 비슷할 수도 있지만 정도나 깊이가 매우 다른 문화적 특수성에 그 초점을 맞추어 논의를 진행하였다.

참고 문헌

강준만. 《현대정치의 겉과 속》. 인물과 사상사, 2009.

고병익. 《동아시아의 전통과 변용》. 문학과 지성사, 1996.

《국민일보》, 〈지성에 한국의 길을 묻다(1): 이진우 포스텍 석좌교수 "헬조선의 뿌리는 유교적 권위주의 촛불"〉, 2017.01.02., http://news.kmib.co.kr/article/view.asp?arcid=0923667917&code=11131100&cp=nv

금장태. 《한국현대의 유교문화》. 서울대학교출판부, 1999.

김경동. 《한국인의 가치관과 사회 의식》. 박영사, 1992.

김대곤. 〈한국 교회 설교에 나타난 구약성서에 관한 연구〉. 석사학위논문, 한신대학교 신학대학원, 1983.

김동춘. 〈유교(儒敎)와 한국의 가족주의—가족주의는 유교적 가치의 산물인가?〉. 《경제와 사회》 55(2002).

김성국. 〈우리에게 연고는 무엇인가—한국의 집단주의와 네트워크〉. 《전통과 현대》 23(2003).

김승혜·김성례 외. 《그리스도교와 무교》. 바오로딸, 1998.

김철민. 〈가치관 연구에 관한 비판적 고찰—개념 정의, 가치요소와 측정방법을 중심으로〉. 《학생생활연구》 6(1999).

김태길. 《한국인의 가치관 연구》. 문음사, 1982.

뉴스메이커, 〈작명 통해 긍정적인 삶 되찾아 주다〉, 2017.06.07., http://www.newsmaker.or.kr/news/articleView.html?idxno=45790.

문화체육관광부. 〈한국인의 의식·가치관 조사〉. 문화체육관광부, 1996-2016.

백완기. 《한국의 행정문화》. 고려대학교출판부, 1982.

신수진·최준식. 《현대 한국사회의 이중가치체계》. 집문당, 2002.

심경섭·이누미야 요시유키·상연·서신화·장양·한성열. 〈유교가치 척도 개발연구〉. 《한국심리학회지: 일반》 31(2012).

양종회. 〈현대 한국의 가치체계의 기원과 변동〉. 김일철 외. 《한국사회의 구조론적 이해—숨겨진 원리, 드러난 변화》. 아르케, 1999.

유동식. 《한국종교의 역사와 구조》. 연세대학교출판부, 1975.

윤사순. 《한국인의 가치관 연구》. 문음사, 1984.

윤태림. 《한국인의 성격》. 현대교육총서, 1977.
이남희. 〈동북아문화공동체의 정체성과 그 구축 방안—문화유산의 활용과 가치공유를 중심으로〉. 《동양사회사상》 11(2005).
이부영·차재호·황필호. 《한국인의 성격》. 한국정신문화연구원, 1984.
이종수. 《행정학사전》. 대영문화사, 2009.
이훈구. 〈《가치관의 변화》에 대한 논평(1)〉. 한국사회과학연구협의회 편. 《한국사회의 변화와 문제》. 법문사, 1986.
______. 《연고주의》. 법문사, 2003.
임희섭. 《사회변동과 가치관》. 정음사, 1987.
정승안. 〈일상생활의 위기와 운세산업의 사회적 의미〉. 《문화경제연구》 14(2011).
정진경. 〈한국교인의 복개념〉. 《기독교 사상》 21(1977).
조긍호. 〈동아시아 집단주의와 유학사상—그 관련성의 심리학적 탐색〉. 《한국심리학회지—사회 및 성격》 21(2007).
조봉진. 〈한국인의 가치관 분석〉. 《경영학연구》 18(1990).
《조선일보》, 〈이름을 바꾼다고 인생이 달라질까? 내가 개명하려는 이유〉, 2016.10.17., https://m.post.naver.com/viewer/postView.nhn?volumeNo=5268906&memberNo=10005291&vType=VERTICAL
《중앙선데이》, 〈'신령님 타령만 해선 안 통해' 디지털로 무장, 힐링에 방점〉, 2013.02.02., http://news.joins.com/article/10587225
《중앙선데이》, 〈점집 찾는 성향은 이념·학력과 관계없어〉, 2014.02.02., http://sunday.joins.com/article/view.asp?aid=32926
차재호. 〈한국인의 성격과 의식〉. 한상복 등. 《한국 문화의 연속과 변화에 관한 연구》. 한국사회과학연구협의회, 1980.
______. 〈가치관의 변화〉. 한국사회과학연구협의회 편. 《한국사회의 변화와 문제》. 법문사, 1986.
______. 〈한국사회에서의 가치관 변화와 가치에 관한 명제의 도출〉. 《심리과학》 3(1994).
______. 《문화 설계의 심리학》. 서울대학교출판부, 1994.
______. 〈지난 100년간에 일어난 한국인의 가치, 신념, 태도, 행동의 변화〉. 《한국심리학회지—사회》 6(1994).
최영균. 《세계가 놀란 히딩크의 힘》. 중앙M&B, 2002.
최재석. 《한국인의 사회적 성격》. 개문사, 1976.
______. 《한국가족연구》. 개문사, 1977.
______. 《한국인의 사회적 성격》. 현음사, 1994.
최정호. 〈무사상(無思想)의 사회, 그 구조와 내력—현대한국의 정신적 상황에 관하여〉. 《계간 사상》 1(1989).
KBS·연세대학교. 《한국·중국·일본 국민의식조사 백서》. KBS·연세대학교, 1996.

특임장관실. 〈한국인의 가치관 여론조사 결과〉. 특임장관실, 2011.
한국갤럽. 《2004년 한국인의 종교와 종교의식》. 한국갤럽조사연구소, 2005.
한국갤럽. 《한국인의 종교 1984-2014》. 한국갤럽조사연구소, 2015.
한덕웅. 〈한국의 유교문화에 관한 심리학 연구의 비판적 개관〉. 《한국심리학회지》 20(2001).
홍승직. 《한국인의 가치관 연구》. 고려대학교 아세아문제연구소, 1969.

게일, 제임스 S. 《조선, 그 마지막 10년의 기록》. 최재형 역. 책비, 2018.
달레, 샤를. 《한국천주교회사》. 안응렬·최석우 역. 한국교회사연구소, 1979.
매켄지, F. A. 《대한제국의 비극》, 신복룡 역, 집문당. 1999.
비숍, 이사벨라 버드. 《조선과 그 이웃 나라들》, 신복룡 역, 집문당. 2000.
알레, 호레이스 N. 《알렌의 조선체류기》, 윤후남 역. 예영커뮤니케이션. 1996.
앤더슨, 베네딕트. 《민족주의의 기원과 전파》, 윤형숙 역, 나남, 1993.

Appenzeller, Henry G. and Geo. Heber Jones. *The Korean Repository*. Seoul: The Trilingual Press. 1892, 1895, 1896, 1897, 1898.

Bellah, Robert N., William M. Sullivan, Richard Madsen, Ann Swidler and Steven M. Tipton. *Habits of the Heart: Individualism and Commitment in American Life*. Berkeley, CA: University of California Press. 1985.

Braithwaite, Valerie A. & William A. Scott. "Values." In John P. Robinson, Phillip R. Shater & Lawrence S. Wrightsman, eds. *Measures of Personality and Social Psychological Attitudes*. Volume 1. New York: Academic Press. 1991. Pp. 661-753.

Chang, Yun-shik. "Urban Korean as Individual." *Korea Journal* 17(1977/5): 49-57.

Converse, Philip E. "The Nature of Belief Systems in Mass Publics." *Critical Review: A Journal of Politics and Society* 18(1964/1-3): 1-74.

Global News. "Judge in New York Rules 30-year-old Son Will be Evicted from Parents' Home." May 22. 2018. https://globalnews.ca/news/4224851/judge-new-york-rules-30-year-old-son-evicted-from-parents-home/Hechter

Hofstede, Geert. *Cultures and Organizations: Software of the Mind*. London: McGraw-Hill. 1991.

Hofstede, Geert & Michael Harris Bond. "The Confucius Connection from Cultural Roots to Economic Growth." *Organizational Dynamics* 16(1991/4), 5-21.

Hulbert, Homer B. *The Passing of Korea*. New York: Doubleday, Page & Company. 1906.

Jaspers, Eva. "Values." *Oxford Bibliographies*. 2016. https://www.oxfordbibliographies.com/view/document/obo-9780199756384/rjobo-9780199756384-0182.xml

Kluckhohn, Clyde. "Values and Value-orientations in the Theory of Action: An Exploration in Definition and Classification." In T. Parsons & E. Shils, eds. *Toward a General Theory of Action*. Cambridge: Harvard University Press. 1951.

Koh, Byong-ik. "Confucianism in Contemporary Korea." In Tu Wei-Ming, ed. *Confucian Traditions in East Asian Modernity*. Cambridge: Harvard University Press. 1996.

Merton, Robert K. *Social Theory and Social Structure* (Enlarged Edition). New York: Free Press. 1968.

Nadel, Lynn & Richard E. Michod, ed. *The Origins of Values*. New York: Aldine de Gruyter. 1993.

Nisbett, Richard E. *The Geography of Thought: How Asians and Westerners Think Differently and Why*. New York: Free Press. 2003.

Oppert, Ernest. *A Forbidden Land: Voyages to the Corea*. London: Sampson Low, Marston, Searle, and Rivington. 1880.

Pew Research Center. *Many Americans Mix Multiple Faiths*. Washington, D.C.: Pew Research Center. 2009.

Rokeach, Milton. *Beliefs, Attitudes, and Values: A Theory of Organization and Change*. San Francisco: Jossey-Bass. 1968.

______. *The Nature of Human Values*. New York: The Free Press. 1973.

Williams, Robin. *American Society: A Sociological Interpretation*. 2nd ed. New York: Knopf. 1965.

______. "The Concept of Values." In David Sills, ed. *International Encyclopaedia of the Social Sciences*. 16. 283-287. New York Macmillan. 1968.

고려 후기 '전형적' 제후국 외교의례의 창출과 몽골 임팩트

'전형적인' 조공 책봉 관계의 이해 심화를 겸하여

최종석

1. 문제의 소재

고려 말기의 외교의례와 그 의주는《고려사》예지를 통해서 확인할 수 있다.《고려사》예지에 수록된 〈영대명조사의(迎大明詔使儀)〉, 〈영대명사로사의(迎大明賜勞使儀)〉, 〈영대명무조칙사의(迎大明無詔勅使儀)〉, 〈원정동지상국성수절망궐하의(元正冬至上國聖壽節望闕賀儀)〉, 〈진대명표전의(進大明表箋儀)〉 등이 이에 해당한다.[1] 이들 각각을 간략히 소개하자면, 〈영대명조사의〉는 명(황제)이 보낸 조사

• • • •

1 〈영대명조사의〉, 〈영대명사로사의〉, 〈영대명무조칙사의〉는《고려사》권65 지19 예7 빈례에, 〈원정동지상국성수절망궐하의〉와 〈진대명표전의〉는《고려사》권67 지21 예9 가례에 수록되어 있다.

(詔使, 조서[詔書])를 맞이하는 의례와 그 의주, 〈영대명사로사의〉는 명(황제)이 보낸 사로사(賜勞使, 예물)를 맞이하는 의례와 그 의주, 〈영대명무조칙사의〉는 명이 보낸 자문(咨文) 등의 공첩(公牒)을 지니고 온 사신을 맞이하는 의례와 그 의주, 〈원정동지상국성수절망궐하의〉는 원정(元正), 동지(冬至), 성절(聖節) 시에 명황제를 대상으로 한 망궐례와 그 의주, 〈진대명표전의〉는 고려 군주가 표전을 작성하여 자국의 사신에게 건네는 과정에서 행하는 신례(臣禮)와 그 의주이다. 이들 의례는 모두 고려(국왕)가 명(황제)을 대상으로 신례를 구현하는 의례였다.

고려 말기의 이들 외교의례와 그 의주는 사실상 조선 시대까지도 존속되었다. 《세종실록》 오례와 《국조오례의》에 수록된 황제[국]를 대상으로 한 외교의례는 〈영조서의(迎詔書儀)〉, 〈영칙서의(迎勅書儀)〉, 〈정지급성절망궐행례의(正至及聖節望闕行禮儀)〉, 〈황태자천추절망궁행례의(皇太子千秋節望宮行禮儀)〉, 〈배표의(拜表儀)〉(배전의[拜箋儀]) 등인데,[2] 〈영조서의〉는 〈영대명조사의〉와, 〈영칙서의〉는 〈영대명사로사의〉와, 〈정지급성절망궐행례의〉·〈황태자천추절망궁행례의〉는 〈원정동지상국성수절망궐하의〉와, 〈배표의〉(배전의)는 〈진대명표전의〉와 같은 종류의 것이다. 다만 〈영대명무조칙사의〉에 상응하는 의례(의주)는 확인되지 않는다. 의례 종류의 존속에 그치는 것이 아닌 게, 《세종실록》 오례와 《국조오례의》에 수록된 이들 외교의례는 의주 내용 면에서도 각각에 상응하는 《고려사》 예지의 것과 사실상 동일하였다. 조선 시대의 이들 의례는 《고려사》 예지의 것에 비해 의주 내용이 훨씬 상세하고 보완적이긴 해도, 의례절차의 기본 구성뿐만 아니라 각 부분 내 세부 절차에서조차 다르지 않았다.[3] 마치 양자는 상세본과 요약본의 관계와도 같다.

• • • •

2 〈영조서의〉, 〈영칙서의〉, 〈정지급성절망궐행례의〉, 〈황태자천추절망궁행례의〉, 〈배표의〉[배전의]는 《세종실록》 오례 가례의식(嘉禮儀式)과 《국조오례의》 권3 가례에 수록되어 있다. 《세종실록》 오례와 《국조오례의》에는 수록되어 있진 않지만, 이들 외에 황제[국]를 대상으로 한 외교의례로는 〈영고명의(迎誥命儀)〉가 더 있다. 《세종실록》 권3 세종 1년 1월 신해.

《세종실록》 오례와 《국조오례의》에 수록된 외교의례는 애초에 명(황제)을 대상으로 마련된 것이긴 해도 청에 항복한 이후로는 명(황제) 대신 청(황제)을 대상으로 적용되었다. 곧 조선 후기에도 〈영조서의〉, 〈영칙서의〉, 〈정지급성절망궐행례의〉, 〈황태자천추절망궁행례의〉, 〈배표의〉(배전의) 등의 의례는 지속되었을 뿐만 아니라, 각 의례의 의주 내용도 바뀌지 않았다.[4]

이처럼 고려 말기의 외교의례와 그 의주는 사실상 조선 말기까지, 정확히는 대한제국 성립 이전까지 지속되었다.[5] 그런데 주목해야 하는 것은 고려

• • • •

3 이 점은 《세종실록》 오례와 《국조오례의》의 〈영조서의〉를 고려 말기의 〈영대명조사의〉와 비교한 연구에서 확인되는데, 여타 의례도 다르지 않다. 최종석, 〈조선초기 迎詔禮 운영과 《蕃國儀注》〉, 《역사와 담론》(호서사학회) 제86집(2018) 참조.

4 청과의 강화조약에 따르면, "성절(聖節)·정조(正朝)·동지·중궁천추(中宮千秋)·태자천추(太子千秋) 및 경조(慶吊) 등의 일이 있으면 모두 모름지기 예를 올리고, 대신 및 내관에게 명하여 표문을 받들고 오게 하라. 바치는 표문과 전문의 정식(程式), 짐이 조칙(詔勅)을 내리거나 혹 일이 있어 사신을 보내 유시를 전달할 경우에 그대와 사신이 상견례를 하는 것, 혹 그대의 배신(陪臣)이 알현하는 것 및 영접하고 전송하며 사신을 대접하는 예 등을 명나라의 구례와 다름이 없도록 하라"(《인조실록》 권34 인조 15년 1월 무진)고 하여, 청 황제에게 칭신(稱臣)한 이후로도 외교의례는 달라지지 않았다. 이에 관한 청 측 기록은 《清太宗實錄》 卷 33 崇德 2년 정월 무진 기사를 참조할 수 있다. 실제로 각각 영조대와 정조대에 편찬된 오례서인 《국조속오례의(國朝續五禮儀)》와 《춘관통고(春官通考)》에 수록된 외교의례는 그 의주가 《국조오례의》의 것과 동일하였다. 《국조오례의》에 수록된 외교의례와 그 의주는 조선 말기까지 그대로 존속·기능한 것이었다. 영조대에 편찬된 《국조속오례의》는 《국조오례의》에서 변화가 있거나 새롭게 추가된 전례를 정리한 속편에 해당하는 것인데, 각종 외교의례는 의주상에 변개가 없어서 아예 여기에 수록되지 않았다. 정조대 편찬된 《춘관통고》는 《국조오례의》와 《국조속오례의》 등의 국가 전례서에 수록된 의주를 종합하고 각 전례의 역대 사실을 정리한 작업 결과물이었는데, 권46에 기재된 〈정지급성절망궐행례의〉, 〈황태자천추절망궁행례의〉, 〈영조서의〉, 〈영칙서의〉, 〈배표의〉[배전의]의 제목에는 "국조오례의의 의식대로 한다[원의잉구(原儀仍舊)]"라는 세주가 부기되어 있다. 의주 면에서 변화가 없던 것이다. 《국조속오례의》와 《춘관통고》에 관해서는 다음 연구들이 참고된다. 김지영, 〈18세기 후반 國家典禮의 정비와 《春官通考》〉, 《한국학보》(일지사) 제114집(2004); 김문식, 〈조선시대 國家典禮書의 편찬 양상〉, 《장서각》(한국학중앙연구원) 제21집(2009); 송지원, 〈영조대 儀禮 정비와 《國朝續五禮儀》 편찬〉, 《한국문화》(서울대 규장각한국학연구원) 제50호(2010); 〈정조대 의례 정비와 《春官通考》 편찬〉, 《규장각》(서울대 규장각한국학연구원) 제38집(2011).

말기 이래 황제국을 대상으로 한 외교의례와 그 의주가 그 이전 시기의 것과는 큰 폭으로 다른 사실이다. 그것은 고려 전기의 외교의례에 해당하는, 《고려사》 예지에 수록된 〈영북조조사의(迎北朝詔使儀)〉, 〈영북조기복고칙사의(迎北朝起復告勅使儀)〉[6]와 이질적이었다.[7]

고려 전기의 외교의례는 황제의 조서와 칙서 등을 지니고 온 사신을 맞이하는 의례가 전부일 정도여서, 당시에는 망궐례와 배표례처럼 고려 군주가 황제국에서 온 인사(사신)의 시선이 없는 상황에서조차 자국 내에서 황제를 상대로 신례를 거행하는 의례는 아예 존재하지 않았다.[8] 달리 말해, 고려 말기에는 고려 전기에는 존재하지도 않았던 〈원정동지상국성수절망궐하의〉(망궐례)와 〈진대명표전의〉(배표례)가 실행된 것이다.

〈영대명조사의〉, 〈영대명사로사의〉, 〈영대명무조칙사의〉는 사신을 맞이하는 의례여서 〈영북조조사의〉, 〈영북조기복고칙사의〉와 동일한 성질의 것으로 생각하기 쉬우나, 의주 내용을 비교해 볼 때, 양자는 껍데기만 같고 내용물이 완전히 다르다고까지 말할 수 있을 정도다. 가령 〈영대명조사의〉는

• • • •

5 《대한예전(大韓禮典)》은 대한제국의 건립 후 황제국의 위상에 걸맞은 국가 전례를 실행하기 위해 편찬된 국가 전례서인데, 여기에는 황제를 대상으로 거행해 온 의례들인 〈영조서의〉, 〈영칙서의〉, 〈정지급성절망궐행례의〉, 〈황태자천추절망궁행례의〉, 〈배표의〉 등의 외교의례가 일괄 삭제·제외되었다. 《대한예전》에 관해서는 김문식, 〈장지연이 편찬한 《대한예전》〉, 《문헌과 해석》(문헌과해석사) 제35호(2006); 임민혁, 〈대한제국기 《大韓禮典》의 편찬과 황제국 의례〉, 《역사와 실학》(역사실학회) 제34집(2007) 참조.

6 《고려사》 권65 지19 예7 빈례 영북조조사의; 영북조기복고칙사의. 이들 의례에서 북조는 거란을 지칭한다(김성규, 〈고려 외교에서 의례(儀禮)와 국왕의 자세〉, 《역사와 현실》[한국역사연구회] 제94호 [2014]). 금은 사신 왕래 등을 요가 했던 예대로 행한 데서(《고려사》 권15 세가15 인종 4년 9월 신미), 이들 의례가 고려와 금 사이에도 활용되었을 것은 비교적 분명하다.

7 《고려도경》에 수록된, 송 황제의 조서를 맞이하는 예식인 수조(受詔) 의례(《고려도경》 권25 수조[受詔])와도 이질적이었다.

8 이에 관해서는 최종석, 〈고려시대 朝賀儀 의례 구조의 변동과 국가 위상〉, 《한국문화》(서울대 규장각한국학연구원) 제51호(2010); 〈고려후기 拜表禮의 창출·존속과 몽골 임팩트〉, 《한국문화》(서울대 규장각한국학연구원) 제86호(2019) 참조.

똑같이 조사를 맞이하는 의례인 〈영북조조사의〉와 이질적이다. 〈영북조조사의〉에서는 고려 군주가 궁성 안에서 조사를 맞이하였고[9] 선 채로 사신으로부터 조서를 건네받았으며 또한 이 과정에서 조서의 낭독이 이루어지지 않은 데 비해, 〈영대명조사의〉에서는 국왕이 직접 국문(도성문) 밖에까지 나가서 조사를 맞이하였고 무릎을 꿇은 채 낭독되는 조서 내용을 들어야 했다.[10]

요지는 고려 말기의 외교의례와 그 의주가 사실상 조선 말기까지 지속된 데 비해 고려 전기의 외교의례와는 단절적이자 이질적이었다는 사실이다. 이러한 고려 말기 이래 외교의례는 본문에서 상술하듯 다음과 같은 특징을 노정한다. 간략히 소개해 보겠다.

우선, 고려 전기의 외교의례가 고려 군주의 외교(대외) 현장에서 황제 제후(신하)의 위상을 구현하는 성격의 것인 데 비해, 고려 말기 이래의 외교의례는 외교(대외) 무대에 한정되지 않고 국내에서조차 신하의 위상을 구현하는 성격의 것이었다. 요하례(遙賀禮=망궐례)를 사례로 하여 이 차이를 보충 설명해 보도록 하겠다. 정조, 성절 등의 명절에 황제국에서는 신하들이 군신 의례인 조하례(朝賀禮)에 참석하여 황제에게 경하를 표한다. 고려 전기에 고려 군주도 사자를 보내 사신이 자신을 대신하여 조하례에 참석하여 황제를 상대로 신례를 구현하도록 하는데, 정작 국왕 자신은 황제국에서 조하례가 거행되는 날에 황제에게 경하를 표하는 식의 어떠한 신례도 행하지 않았다. 이와 달리 고려 말기에 고려 군주는 사신을 보내 황제[국]의 명절을 경하하는 것과 별도로 명에서 거행되는 조하례와 연동하여 자국 내에서 자신이 직접 신하들을 이끌고 신례인 망궐례를 거행하였다. 이것은 명 지방 관부의 장관

• • • •

9 〈영북조조사의〉는 고려 군주가 조사를 어디에서 맞이하는지를 말해 주지 않지만, 《고려사》 세가 기록에 따르면, 시기에 따라서 조금씩 차이는 있었지만 공통으로 궁성 안에서 조사를 맞이하였다. 정동훈, 〈고려시대 사신 영접 의례의 변동과 국가 위상〉, 《역사와 현실》(한국역사연구회) 제98호(2015), 116-117쪽 참조.

10 위의 글. 이 외에도 여러 의절에서 두 의주는 큰 폭의 차이를 보인다.

이 조정에서 거행된 조하례에 맞춰 망궐례를 거행한 것과 본질적으로 다르지 않았다.[11] 국내에서조차 고려 군주의 황제 신하로서의 위상이 구현된 셈인데, 고려 말기의 〈원정동지상국성수절망궐하의〉는 바로 이러한 망궐례(의주)에 해당한다.[12] 재삼 언급하듯이, 이러한 의미를 지닌 망궐례는 질적 변화 없이 조선 말기까지 지속적으로 거행되었다.

둘째, 고려 전기와 달리 고려 말기 이래의 외교의례는 명·청 지방 관부에서 황제를 대상으로 거행하는 의례와 동조적(同調的)이었다.[13] 가령 고려 말기 이래의 망궐례·배표례는 의례 구조 등의 면에서 명·청 지방 관부에서 거행하는 망궐례·배표례와 동질적이었던 데 비해, 고려 전기에는 황제국의 지방 관부에서와는 달리 이들 의례가 아예 거행되지 않았다.[14] 영조례의 경우 고려 말기 이래의 영조례는 명·청 지방 관부에서 거행되는 영조례와 동조적인데[15] 비해, 고려 전기의 영조례(영북조조사의)는 황제국 지방에서 거행하는 영조례—가령 금의 〈외로영배사조(外路迎拜赦詔)〉[16]—와 이질적이고도 별개로 운영되었다.

여기서는 고려 말기 이래의 외교의례가 등장한 과정과 맥락을 탐색하고자 한다. 더 구체적으로는, 고려 전기와 이질적이자 단절적인 고려 말기 외

• • • •

11 최종석, 〈고려시대 朝賀儀 의례 구조의 변동과 국가 위상〉 참조.

12 고려 말기에는 국왕이 자국의 사신에게 표문을 건네는 과정에서 황제를 대상으로 신례를 거행하였지만, 고려 전기에는 그 과정에서 어떠한 신례도 행한 바 없다. 최종석, 〈고려후기 拜表禮의 창출·존속과 몽골 임팩트〉. 고려 전기에는 보이지 않던 배표례의 등장은 망궐례의 출현과 같은 맥락에서 이루어진 조치였다.

13 의주에 지방 관부와 번국(蕃國)의 차이가 반영되긴 했지만, 의례의 기본 구조나 성격은 동일하였다고 할 수 있다.

14 최종석, 〈고려시대 朝賀儀 의례 구조의 변동과 국가 위상〉; 〈고려후기 拜表禮의 창출·존속과 몽골 임팩트〉 참조.

15 정동훈, 앞의 글 참조.

16 〈외로영배사조〉는 금의 지방 관부에서 거행하는 영조례(의주)이다. 《大金集禮》 卷24 외로영배사조.

교의례가 어떠한 과정을 통해 출현하게 되었는지, 고려 말기 외교의례의 이질적인 특징은 무엇을 동인으로 하여 성립되었는지를 검토할 것이다. 특히 단절의 계기로 원 복속기에 발생한 변화를 주목하면서, 원 복속기 동안 외교의례 방면에서의 변화가 고려 말기에 어떠한 식으로 전유(轉有)·계승되었는지를 살펴볼 것이다.[17]

그간 조선과 명·청의 외교 관계는 전형적인 조공 책봉 관계로 이해되어 왔다.[18] 이러한 이해에 따르면, 고려 말기 이래 외교의례는 전형적인 조공 책봉 관계의 일부분을 이루는 전형적인 외교의례에 해당한다고 할 수 있다.[19] 전형적인 조공 책봉 관계의 설정은 중국 중심의 동아시아 국제관계가 성립되는 초창기에 이미 전형적인 관계의 모델이나 원형이 존재하였고 그것이 시간의 경과에 따라 전형적 모습으로 성장한다고 하는 기원론적 접근법, 목적론적 역사관을 토대로 하고 있다고 할 수 있는데, 여기에서는 종래의 이해 방식에서 탈피하여 전형적인 외교의례로 이해되곤 한 고려 말기 이래 외교의례를 대상으로 해서 그것이 원 복속기에 우발적으로 변질되고 신출(新出)한 외교의례를 전유·계승하여 성립되었음을 규명해 보고자 한다.[20] 필자가 보기에 고려 말기 이래의 외교의례가 전형·전통으로 호명된 것은 홉스봄이 언급한 근대의 발명품에 해당한다고[21] 할 수 있다.[22]

• • • •

17 이 과정에서 고려 말기 이래 외교의례의 특징에 관한 검토도 이루어질 것이다.

18 전해종, 《韓中關係史研究》(일조각, 1970).

19 전형적인 제후국 외교의례라고도 명명할 수 있을 것이다.

20 필자는 배표례를 매개로 하여 고려 군주가 정동행성 승상이기도 한 데서 비롯되었을 '돌출적' 의례가 어떤 메커니즘을 통해 조선과 명·청 사이의 소위 '전형적' 조공 책봉 관계를 구성하는 제후[국] 의례로 재탄생하게 되었는지를 규명한 바 있다. 최종석, 〈고려후기 拜表禮의 창출·존속과 몽골 임팩트〉. 여기서는 외교의례 전반으로 확대하여 이러한 시도를 해 보려 한다.

21 에릭 홉스봄, 《만들어진 전통》, 장문석·박지향 공역(휴머니스트, 2004).

22 이 글은 '한국 문화의 정체성 연구'라는 학술대회(고려대 민족문화연구원 주최)에서 발표한 원고를 수정·보완한 것이다. '한국 문화의 정체성'을 탐구하는 측면에서 보자면, 본고는 '전통

2. 원 복속기

원(몽골) 지방 아문 의례의 활용·변용

1) 변화상

《고려사》 예지에는 원 복속기에 고려(국왕)가 원(몽골) 황제를 대상으로 거행한 의례의 의주가 보이지 않는다. 고려(국왕)는 원(몽골) 황제를 대상으로 각종 의례를 거행하였지만, 후술하듯 문서 형태로 된 공식 의주를 작성하진 않은 듯싶다.

주목해야 할 사실은 원 복속기에 〈영대명조사의〉, 〈영대명사로사의〉, 〈영대명무조칙사의〉, 〈원정동지상국성수절망궐하의〉, 〈진대명표전의〉에 상응하는 의주가 작성되진 않았어도 고려 말기에 거행된 각종 외교의례에 부합하는 의례들이 실행되었으며 예식절차도 고려 말기와 질적으로 다르지 않았을 것이라는 점이다. 달리 말하자면, 원 복속기에 거행된 의례는 고려 전기와 단절적이자 이질적인 데 반해 고려 말기 외교의례의 선구라 할 수 있는 것이다. 가령 원 복속기에는 그전까지 행해진 바 없던 망궐례(요하례)와 배표례가 등장하였고, 종래의 영조례는 고려 말기와 같은 성질의 의례로 탈바꿈하였다.[23] 이하에서는 원 복속기에 들어서 외교의례가 변화한 양상을 구체적으로 짚어 보도록 하겠다.

요하례는 늦어도 원종 14년(1273) 8월에는 시행되었다.[24] 이때 요하례는 원

••••

적' 외교의례(외교 관계)를 규명하는 작업이라고도 할 수 있다. 근대가 맞닥뜨린 '전통적' 외교의례(외교 관계)는 특정 시기에 등장하여 자리잡은 것일 텐데, 이 글은 그러한 '전통적' 외교의례(외교 관계)가 등장한 과정과 맥락을 검토하는 연구가 될 수 있다.

23 이에 관해서는 다음 연구들이 참고된다. 최종석, 〈고려시대 朝賀儀 의례 구조의 변동과 국가 위상〉; 〈고려후기 拜表禮의 창출·존속과 몽골 임팩트〉; 정동훈, 앞의 글.

24 《고려사절요》 권19 원종 14년 8월. 최종석, 〈원 복속기 遙賀禮(望闕禮)의 거행과 예식 변화상—원종·충렬왕대를 중심으로〉, 《한국학연구》(인하대 한국학연구소) 제59집(2020), 378-382쪽 참조.

(몽골) 조정에서 거행되는 성절 조하례와 연동하여 원종이 자신의 신하들을 이끌고 성절을 하례하는 의례였다. 이후로 요하례는 정조와 성절 시 원(몽골) 조정에서 거행되는 조하례[25]와 연동하여 정례적으로 치러졌을 것이다.[26]

고려 전기에 조하례는 정조, 동지, 군주 탄일 시에 고려 군주가 자신의 신하들로부터 경하를 받는 예식(수조하[受朝賀] 예식)으로만 치러졌다. 그러다 원 복속기에 들어서 조하례는 고려 군주가 자신의 신하들로부터 경하를 받는 예식(수조하 예식) 외에도 고려 군주가 황제에게 경하하는 요하례를 구성 요소로 하게 되었다. 그 결과 정조 시의 조하례는 요하례와 수조하 예식의 조합으로, 황제의 탄일인 성절 시의 조하례는 요하례만으로, 동지와 군주 탄일 시의 조하례는 수조하 예식만으로 거행되었다.[27] 이러한 식의 조하례 운영은 요하례가 조하례의 한 축을 차지하게 된 데서 비롯된 것인데, 동아시아 전체를 상정하더라도 전례가 없는 일이었다.[28]

요하례와 짝을 이루는 배표례도[29] 원 복속기에 등장하였다. 배표례는 충렬왕 28년(1302) 8월 갑자일에 처음으로 시행되었고[30] 그 이후로 일반적으로 거행되었다. 표문은 고려 시대 내내 황제국에 올려졌지만, 충렬왕 28년 8월

• • • •

25 원대의 조하례에 관해서는 許正弘, 〈元朝皇帝天壽聖節考〉, 《成大歷史學報》(成功大學歷史學系) 第四十四號(2013年 6月) 참조.

26 원은 몽골의 관습에 따라 동지에는 조하 의례를 거행하지 않았다. 그러했기에 동지에는 요하례가 행해지지 않았다.

27 최종석, 〈고려시대 朝賀儀 의례 구조의 변동과 국가 위상〉 참조.

28 이 이전에는 중국에서건, 조하례 제도를 수용한 그 주변국에서건, 조하례는 수조하 예식만으로 치러졌다.

29 정조, 성절 등의 명절을 맞아 황제국에서는 신하들이 황제에게 축하의 표문을 바치고, 명절 당일에는 군신 의례인 조하례에 참석하여 황제에게 경하를 표한다. 고려의 사자 역시 군주를 대행하여 황제[국]의 명절을 축하하기 위해 표문을 올리고 조하례에도 참석한다. 이에 상응하는 것으로 국내에 머무는 군주가 황제[국]의 명절을 맞아 거행하는 신례는 배표례와 요하례였다. 배표례는 고려 군주가 황제에게 올리는 표문을 자국의 사신에게 건네는 과정에서 행하는 신례였다.

30 《고려사》 권67 지21 예9 가례 충렬왕 28년 8월 갑자.

갑자일에 배표례가 처음으로 시행되면서 고려 군주는 작성된 표문을 자신의 신하인 사자에게 전달하는 과정에서 여러 차례 배례(拜禮)를 행하고 꿇어앉은 채 표문을 사자에게 직접 전달하는 식으로 황제를 대상으로 신례를 거행하였다. 이 조치 이전에 중국 밖의 제후국 군주가 자국의 사자에게 표문을 건네는 과정에서 배표례를 거행한 사례는 동아시아의 지평에서 보더라도 전무하였다. 충렬왕 28년 8월 갑자일 이전까지는 고려 군주는 작성된 표문을 황제국에 파견되는 자신의 신하에게 전달하는 과정에서 배표례를 행하지 않고 건넨 것이다. 구체적으로는 국왕이 아닌 실무자가 사자에게 표문을 전달하였을 것이다.[31]

영조례는 원종대에 이미 탈바꿈하였다. 개경으로의 환도 직후인 원종 11년 12월 을묘에 원종은 직접 교외에까지 나가 조서(조사)를 맞이하였다.[32] 충렬왕 즉위 직후를 제외하고는 이 이후로 줄곧 고려 군주는 몸소 교외인 선의문(宣義門, 나성 서문) 밖에까지 나가서 조서(조사)를 맞이하였다.[33] 고려 전기에 군주가 궁성 안에서 조사를 맞이하였던 것과는 확실히 달라진 것이다.

원 복속기에는 〈영북조조사의〉, 〈영대명조사의〉와 같은 종류의, 고려가 작성한 영조례 의주가 부재한 데다가, 《고려사》에는 고려 군주가 교외에서 조서(조사)를 영접한 사실 및 조서의 내용만이 기록되어 있어, 영조례 예식절차 변화의 구체상을 포착하기란 쉽지 않다. 그럼에도 원 복속기 들어서 고려 군주가 직접 교외에까지 나가 조사를 영접하게 된 변화상은 여타의 영조례 예식절차에서도 큰 폭의 변화가 있었을 것을 강력히 시사한다.

원 복속기에는 요하례, 배표례 외에도 고려 군주의 황제를 대상으로 한 군신 의례로 새로이 등장한 것이 더 있었다. 충렬왕 2년(1276) 1월 을해일

31 이상 배표례에 관한 서술은 최종석, 〈고려후기 拜表禮의 창출·존속과 몽골 임팩트〉를 토대로 했다.

32 《고려사》 권26 세가 원종 11년 12월 을묘.

33 정동훈, 앞의 글 참조.

에, 충렬왕은 세조 쿠빌라이의 성갑일(聖甲日)(본명일[本命日])을 맞아 보제사(普濟寺)에 법석을 설치하고는 황제의 만수무강을 비는 예식을 거행하였다.[34] 본명일 예식은 이 이후로 지속된 듯싶다. 이외에도 충렬왕 27년(1301) 1월 병진일(보름)에, 충렬왕은 백관을 거느리고 묘련사(妙蓮寺)에 행차하여 황제를 위하여 복을 빌었다.[35] 후술하듯 이것을 시작으로 국왕은 정월 초하루와 보름에 사원에 행차하여 황제를 위하여 복을 비는 예식을 정례적으로 거행하였을 것이다.[36]

2) 변화의 맥락

원 복속기 외교의례 방면에서의 이러한 대대적인 변화는 왜 그리고 어떠한 계기를 통해 발생한 것일까? 변화 발생의 계기는 일정한 경향을 보이긴 해도 의례마다 소폭의 차이가 있어 개별적인 검토 작업이 필요할 듯싶다.

변화의 계기가 상대적으로 뚜렷이 확인되는 영조례 사례를 먼저 다루어 보도록 하겠다. 다음 기록은 영조례 변화가 무엇을 계기로 이루어졌는지 잘 보여 준다.

> 왕은 조사가 온다는 보고를 받고 재추·시신(侍臣)들을 거느리고 시복(時服) 차림으로 서문 밖에서 맞이하였다. 국왕은 앞서 원 공주와 혼인하였으므로, 비록 조사라도 일찍이 성 밖까지 나가 맞이한 적이 없었다. 설인(舌人) 김태가 원에 갔을 때 성관(省官)이 이것을 말하며 이르기를, "부마왕이 조사를 영접하지 않는 것은 선례가 없지 않다. 그러나 왕은 외국의 군주(외국지주[外國之主]) 이시니, 조서가 도착하면 반드시 영접해야 한다"라고 해서, 이때 이르러 맞

••••

34 《고려사》 권28 세가28 충렬왕 2년 1월 을해.

35 《고려사》 권32 세가32 충렬왕 27년 1월 병진.

36 한편 이들 의례는 불교적 성격이 농후해서인지 요하례, 배표례와는 달리 고려 말기 이후로까지 계승되지는 않았다.

이하게 되었다.[37]

충렬왕 원년(1275) 5월 갑술 당시 충렬왕은 서문, 곧 선의문 밖에서 조사(조서)를 맞이하였는데, 이것은 충렬왕이 즉위한 이후 교외에까지 나가 조서를 영접한 첫 사례에 해당하였다. 충렬왕은 즉위 후 황제의 부마임을 내세워 도성 밖에서 조사를 맞이하지 않았으나, 이 결정은 원(몽골)에 의해 제지되고 말았다. 원(몽골)은 충렬왕이 '외국의 군주'이기에 도성 밖에서 조사를 맞이해야 한다고 요구하였고, 충렬왕은 이를 수용하여 충렬왕 원년 5월 갑술일에 교외에서 조사를 맞이하였다. 이 이후로 고려 군주는 직접 교외에까지 나가 조사를 영접해야 했다.

위 기록에 따르면, 원 복속기 들어서 고려 군주가 직접 교외에까지 나가 조사를 영접하게 된 변화는, 원(몽골)이 '외국의 군주'는 도성 밖에서 조사를 맞이해야 한다고 보아 이를 관철한 데서였다. 기존 연구에서 언급하였듯이,[38] 원(몽골)은 복속한 '외국'을 대상으로, 외로 아문에서 조서·사서(赦書)를 영배(迎拜)하는 의례(외로영배조사[外路迎拜詔赦])를 적용하여, 지방 아문의 반수(班首)가 요속 등을 이끌고 성곽 밖(곽외[廓外])에까지 나가 조서·사서를 영접하듯이[39] '외국의 군주'도 자신의 신하들을 이끌고 도성 밖에까지 나와 조서를 맞이하도록 하였다.

원(몽골)은 금의 〈외로영배사조〉를 습용하여 〈외로영배조사〉를 마련하였다.[40] 지방 아문의 반수가 요속 등을 이끌고 성곽 밖에서 조서·사서를 영접토록 한 일도 《대금집례(大金集禮)》〈외로영배사조〉를 토대로 해서였을 것이

37 《고려사》 권65 지19 예7 빈례 충렬왕 원년 5월 갑술.

38 정동훈, 앞의 글.

39 《大元聖政國朝典章》 卷28 禮部1 禮制1 迎接 迎接合行禮數.

40 舩田善之, 〈元代の命令文書の開讀について〉, 《東洋史研究》(東洋史研究会) 第63巻 4號(2005). 원(몽골)의 〈외로영배조사〉 마련은 지원 8년(1271)에 이루어졌다. 《元史》 卷7 世祖本紀4 至元 8년 11월 을해; 《大元聖政國朝典章》 卷28 禮部1 禮制1 迎接 迎接合行禮數 참조.

다.[41] 그런데 원(몽골)은 금과 달리 외국인 고려에도 외로 아문의 의례를 적용하였다.

금은 외로의 장관이 〈외로영배사조〉를 따라 5리 밖에까지 나와 조사를 맞이하도록 한 것과 달리, 고려의 군주를 대상으로 해서는 5리 밖에까지 나와 조사를 맞이하도록 하지 않았다. 금은 요가 했던 방식과 마찬가지로 고려가 스스로 마련한 예식절차에 따라 영조례를 거행하도록 했다. 더 정확히는, 조사를 맞이하는 의절에 그치지 않고 여타의 예식절차도 〈외로영배사조〉와 이질적인, 고려가 마련한 〈영북조조사의〉에 따라 영조례를 거행하도록 했다.[42]

금이 영조례 운영에서 제후국과 지방 아문을 별도로 한 것과 달리, 원(몽골)은 금의 〈외로영배사조〉를 습용하면서도 금과 달리 외국인 고려에까지 외로 아문의 의례를 적용하였다.[43] 금과 원(몽골) 가운데 예외적인 존재는 원(몽골)인 게, 원(몽골) 이전의 역대 중국 왕조도 금과 같은 방식으로 영조례를 운영하였다. 원(몽골)은 유별나게도 지방 관부에서 조서·사서를 영배하는 의례를 외국에까지 적용한 것이다. 이러한 몽골 변수로 말미암아 원 복속기 영조례 예식절차의 변개는 몽골 등장 이전까지는 별개이면서 이질적으로 운영되어 온 〈영북조조사의〉(고려)와 〈외로영배사조〉(금)의 차이만큼 이루어졌다고 할 수 있다. 원 복속기에 이루어진 변화는 〈영북조조사의〉(고려)에서 이와 이질적인 〈외로영배사조〉(금)와 같은 것, 즉 원(몽골)의 외로영배조사로의 변모인 셈이었다.

• • • •

41 《大金集禮》卷24 外路迎拜.

42 고려의 처지에서 보면 스스로가 만든 예식절차에 따라 금의 조사(조서)를 맞이한 것이 된다.

43 〈외로영배조사〉는 지원 8년(1271)에 마련되었다. 그런데 원(몽골)이 영조례 의주를 제정하기도 전에, 원종은 직접 교외에 나가 조서(조사)를 맞이한 적이 있다(《고려사》 권26 세가 원종 11년 12월 을묘). 이 현상은 다음과 같이 설명할 수 있다. 원(몽골)은 자체적으로 〈외로영배조사〉를 마련하기 전까지는 지방 관부에서 조서를 맞이하는 예식절차로 금의 〈외로영배사조〉를 활용하였고 이를 외국인 고려에까지 적용하였을 것이다.

요하례(망궐례)도 영조례와 마찬가지로 정조, 성절 등 황제[국]의 명절 시에 복속된 외국인 고려가 원(몽골)의 지방에서와 다름없이 황제를 대상으로 요하를 행해야 했던 데서 시작되었을 것이다. 아래의 기록을 통해 이 점을 엿볼 수 있다.

> 왕이 여러 신하를 거느리고 성절을 경하하였다. 다루가치가 자신의 요속을 거느리고 오른쪽에 섰다. 상장군 강윤소 또한 자신의 무리를 이끌고 호복(胡服) 차림으로 곧장 들어왔는데, 스스로 객사(客使)를 모방하여 왕을 보고도 절하지 않았다. 왕이 분노하였으나 제어할 수가 없었다.[44]

위 기록에 따르면, 고려에 주재하는 다루가치는 황제의 성절을 맞아 요속을 이끌고 요하하였고, 이와 병행하여 원종도 자신의 신하들을 이끌고 황제의 성절을 경하하였다. 관련 기록이 없어 정확한 전후 사정을 알 순 없지만, 고려 군주가 요하례를 거행하기에 고려에 주재하는 다루가치(이를 포함한 원 관원)도 이에 동참하였다기보다는, 고려에 주재한 원(몽골) 관원이 자국 군주(황제)의 명절을 맞아 요하례를 거행하거나 거행해야 한 상황에서 '외국의 군주'도 열외가 아니어야 하는 데서, 위 기록에서와 같은 장면이 연출되었을 것이다.

요하례는 영조례의 경우와 다른 게 원(몽골) 등장 이전까지는 중국 밖의 국가(제후국)에서 중국 황제를 대상으로 이 의례가 시행된 적이 없었다. 중국 밖의 제후국에서 중국 황제를 대상으로 요하례를 거행해야 한다고 하는 식의 감각은 중국과 그 주변국에 공히 존재하지 않았다. 이를 고려할 때, 원 복속기에 들어서 요하례가 시행된 것은 제후국이 황제를 대상으로 마땅히 거행해야 하는 의례를 수용·시행하려는 데서가 아니었다. 당시 고려에 체류하는

••••

44 《고려사절요》 권19 원종 14년 8월.

원(몽골) 관원의 요하례 거행이 '외국의 군주'인 고려 군주의 요하례 거행을 견인하였을 것이다. 즉 고려 군주는 정치외교적 환경이 전변(轉變)하여 국내에서 황제를 대상으로 한 요하례가 거행되는(거행되기로 한) 여건에서 이를 외면하거나 회피하기는 어려웠을 것이다. 원(몽골) 입장에서 보자면, 요하례를 대상으로 해서도 영조례처럼 복속된 '외국'인 고려에 지방 아문의 의례(외로 아문에서의 배하행례[拜賀行禮])[45]를 적용하는 일이 어색하지는 않았을 것이다.[46]

배표례 시행의 계기는 대국적(大局的) 견지에서는 영조례, 요하례 등과 동일·유사하면서도 세부적으로는 의미 있는 차이가 있다. 원(몽골)은 사전에 명확한 계획을 갖고 지방 아문에서 황제를 대상으로 거행하는 각종 의례를 일괄적으로 '외국'인 고려에까지 적용하려 하지는 않았다. 앞서 본, 원종대 종반과 충렬왕대 초반에 걸친 외교의례 방면에서의 큰 변화는 다소 맹목적이고 우발적인 성격의 일이었다. 그래서인지 요하례와 짝을 이루는 배표례는 요하례보다 꽤 뒤늦게 시행되었다. 배표례 시행의 계기도 요하례와 다소 상이하였음은 물론이다.

배표례의 시행은 (후기)정동행성의 설치와 무관하지 않다.[47] 후기 정동행성으로도 불리는 충렬왕 13년(1287) 이후로의 정동행성은 충렬왕 6년(1280) 이후 원(몽골)의 일본원정을 수행하기 위한 기관(군전행성[軍前行省])으로서 단속적(斷續的)으로 존재하곤 한 기왕의 정동행성과는 이질적이었다. 후기 정동행성은 기본적으로 황제(칸)를 정점으로 하는 지방행정체계에 포함되어 있었다.[48] 충렬

••••

45 《大元聖政國朝典章》卷28 禮部1 禮制1 朝賀 慶賀.

46 요하례 거행의 계기에 대한 상세한 검토는 최종석, 〈원 복속기 遙賀禮(望闕禮)의 거행과 예식 변화상—원종·충렬왕대를 중심으로〉, 383-387쪽을 참조하기 바란다. 한편 충렬왕 2년(1276) 1월 을해일에 시작된 성갑일(본명일) 예식은 영조례, 요하례와 동일한 혹은 유사한 계기에서 거행되었을 것으로 예상하나, 관련 자료가 없어 더 이상의 검토는 어렵다.

47 이하 배표례에 관한 서술은 최종석, 〈고려후기 拜表禮의 창출·존속과 몽골 임팩트〉를 토대로 작성되었다.

48 北村秀人, 〈高麗に於ける征東行省について〉, 《朝鮮學報》(朝鮮學會) 第32輯(1964); 장동익, 〈征

왕은 제1, 2차 (전기)정동행성의 승상직에 임명되어서인지, 충렬왕 13년(1287) 5월에 복설된 정동행성의 행상서성평장정사(行尙書省平章政事)에 임명되었고,[49] 이듬해 2월에 행정동상서성좌승상(行征東尙書省左丞相)으로 개수되었다.[50] 이 이후로 고려 국왕은 정동행성의 승상을 당연직으로 겸직하였다. 그리하여 충렬왕 13년(1287) 이후로 고려 국왕은 지방행정 기구의 장관이기도 하였다. 《대원성정국조전장(大元聖政國朝典章)》에 따르면, 원일(元日), 성절 등의 명절에 5품 이상의 장관은 모두 경하의 표문을 올려야 하는데,[51] 정동행성 승상은 표문을 올리는 5품 이상 관부의 장관에 해당하였다. 충렬왕 14년(1288)부터 충렬왕 32년(1306)까지 정동행성이 고려(군주)의 진하사(進賀使) 파견과 별도로 진하사를 파견한 것은[52] 바로 이러한 이유에서였다.

당시 충렬왕은 정동행성 승상이라는 원(몽골)의 5품 이상 장관의 자격에서 하표를 작성하여 사자를 통해 황제(칸)에게 올렸는데, 이 과정에서 원(몽골)의 5품 이상 외로 아문의 장관과 마찬가지로《대원성정국조전장》에 수록된 〈원일외로배표의(元日外路拜表儀)〉[53]에 의거하여 배표례를 거행하였을 것이다. '고려 국왕' 차원에서의 배표례 시행은 충렬왕 28년(1302)에야 시작된 데서, 충렬왕 14년 이후로 한동안 충렬왕은 정동행성 승상의 명의로 표문을 올린 때에만 배표례를 거행하였을 것이고, '고려 국왕'으로서 표문을 올린 시에는 구래의 방식대로 배표례 없이 사자에게 이를 건넸을 것이다.

재차 언급하듯, '고려 국왕'으로서 표문을 올리는 시에도 배표례를 거행한 것은 충렬왕 28년 8월 갑자일 이후부터였다. 이때 이후로 충렬왕은 이전

••••

東行省의 硏究〉,《동방학지》(연세대 국학연구원) 제67집(1990) 참조.

49 《元史》卷14 本紀14 世祖11 至元 24년 5월 壬寅.

50 《元史》卷15 本紀15 世祖12 至元 25년 2월 己卯.

51 《大元聖政國朝典章》卷28 禮部1 禮制1 進表 表章五品官進賀.

52 정동행성 차원의 진하사 파견에 관해서는 이명미,《13-14세기 고려·몽골 관계 연구》(혜안, 2016), 128-129쪽 참조.

53 《大元聖政國朝典章》卷28 禮部1 禮制1 迎接 迎接合行禮數.

처럼 '고려 국왕'과 정동행성 승상의 자격에서 각각 황제에게 진하표문을 올리면서도 이전과 달리 모두 배표례를 행하였다. 그러다 충렬왕 32년(1306) 7월 기묘일에 정동행성이 성절을 경하하기 위해 진하사를 보내는[54] 것을 끝으로 정동행성이 별도로 사자를 보내 표문을 올리는 일은 소멸하였다. 이후로 고려(군주)만이 진하사를 파견하여 표문을 올렸고, 이 과정에서 배표례가 거행되었음은 물론이다.

배표례의 변화 추이에서 알 수 있듯이, 충렬왕 28년 고려(군주) 차원 배표례의 시작은 정동행성 차원의 배표례 거행에 의해서 견인되었다고 할 수 있다. 충렬왕이 (외신)제후인 '고려 국왕'이면서 동시에 지방 관부의 장관인 정동행성 승상이기도 한 '미증유'의 상황에서, 그리고 동일인을 각기 다른 명의로 한 표문을 따로따로 원(몽골)에 보내는 '독특한' 조건 속에서, 정동행성 승상의 위상은 한 몸에서 공존하는 또 다른 위상인 '고려 국왕'이 배표례를 거행하도록 견인하였을 것이다.

다른 한편으로 고려(군주) 차원의 배표례의 시작은 그 무렵 두드러진 정동행성(승상)을 매개로 한 원제(례) 수용의 흐름과도 무관치 않다. 충렬왕 28년의 배표례 시작은 후대의 시각에서 보자면 제후국이 황제를 대상으로 거행해야 할 의례를 수용·시행한 일로 비칠 수 있으나, 원(몽골) 등장 이전에는 중국 밖의 제후국(군주)이 자국의 사자에게 표문을 건네는 과정에서 배표례를 거행한다고 하는 감각은 황제국과 제후국 어느 편에도 존재하지 않았다. 이 조치는 충렬왕이 정동행성 승상이기도 한 조건에서 그 무렵 두드러진 정동행성(승상)을 매개로 한 원제(례) 수용 흐름의 일환이었다. 즉 배표례의 시행은 정동행성(승상)을 매개로 하여, 표문을 올리는 시에도 외로 아문의 의례를 고려(군주) 방면으로까지 확장하고자 한 차원에서였을 것이지, 존재하지도 않았을 제후국(번국) 버전의 배표례를 수용·실행하고자 한 데서가 아니었다. 중국 밖

54 《고려사》 권32 세가32 충렬왕 32년 7월 기묘.

의 제후국(군주)이 자국의 사자에게 표문을 건네는 과정에서 배표례를 거행한 첫 사례인 충렬왕 28년의 조치는 이러한 맥락에서 이루어졌을 것이다.

배표례는 영조례, 요하례와 달리 충렬왕의 자발적인 판단·의지에서 시행된 듯싶다. 영조례의 변모와 요하례의 출현은 정동행성이 설치도 되기 전에 원(몽골)이 '외국'인 고려에 지방 아문의 의례를 적용한 데서 비롯되었다고 한다면, 배표례의 시작은 충렬왕의 의지·의도가 주요하게 작용하였을 것이다. 이 무렵 충렬왕은 충선왕 측과 왕위 분쟁을 벌이면서 원(몽골) 측의 지지가 필요하였고 또한 국내의 신료들에게 자신과 원(몽골) 측의 강고한 연계를 주지시킬 필요가 있었기에, 정동행성 승상의 위상을 부각하는 것과 맞물려 원(몽골) 외로 아문 의례를 보다 확대 수용하는 차원에서 이 의례를 시작하였을 것이다.

배표례 시작에 1년 앞서 이루어진, 정월 보름에 황제를 위한 '축리(祝釐)' 또한 배표례와 마찬가지로 정동행성 승상을 매개로 한 외로 아문 의례의 수용이라 할 수 있다. 이 예식 실행의 기사에 부가된 "각 노(路)의 행성 이하관은 모두 정월 초하루와 보름에 분향하고 복을 비는데, 이것은 대개 원의 의례이다"[55]라고 한 언급은 이 사실을 직접 말해 주고 있다. 충렬왕은 정동행성 승상으로서 여타 행성관과 다름없이 이 예식을 거행한 것이다.[56] 고려 국왕은 충렬왕 27년(1301) 1월 15일을 시작으로 정월 초하루와 보름에 사원에 가서 황제의 축수를 기원하는 의례를 거행하게 되었는데,[57] 이는 정동행성(승

••••

55 《고려사》 권32 세가32 충렬왕 27년 1월 병진.

56 원(몽골) 내의 '행성이하관(行省以下官)'은 관례·제도의 차원에서 정월 초하루와 보름에 사원·도관에 가서 황제의 축수를 기원하는 불교 의례를 거행하였다. 森平雅彦, 《モンゴル覇権下の高麗－帝國秩序と王國の対応》(名古屋大学出版会, 2013)의 '第六章 大元ウルスと高麗仏教' 참조.

57 이러한 종류의 사례를 기록하는 《고려사》의 기록 방식을 감안할 때, 위 사례는 정월 초하루와 보름에 사원에 가서 황제의 축수를 기원하는 불교 의례의 첫 거행을 알리는 특례여서 기록으로 남았을 것이다. 그러하기에 이를 계기로 해당 불교 의례는 정월 초하루와 보름에

상)을 매개로 하여 원(몽골) 외로 아문의 의례를 수용하는 움직임이 외로 아문에서 행하는 불교 의례로까지 확산해 갔다고 할 수 있다. 이 예식의 실행 역시 원(몽골)의 강요에서가 아니라 충렬왕이 정동행성 승상의 위상을 한층 부각하고자 하는 의도에서 이루어진 것이라 하겠다.

3) 수렴과 귀결

이처럼 원 복속기 들어서 외교의례 방면에서 변화 발생의 계기는 두 갈래였다. 하나는 정동행성이 설치도 되기 전에 원(몽골)이 복속된 '외국'인 고려를 대상으로 지방 아문의 의례를 적용한 것이었고, 다른 하나는 충렬왕이 정동행성(승상)을 매개로 하여 외로 아문의 의례를 확대 수용한 것이었다. 변화 발생의 계기가 상이하였고 이와 맞물려 시작 당시 의례의 성격 등은 유형에 따라 다소 달랐지만, 시간의 경과에 따라 각종 외교의례는 단일한 성격의 것으로 수렴되어 갔다. 여기서는 이 사안을 다루어 보도록 하겠다. 결론을 먼저 말하면, 귀결되어 간 지점은 고려 군주가 '고려 국왕'이자 정동행성 승상의 위상에서 이들 외교의례를 거행한 것이라고 할 수 있다.

정동행성(승상)을 매개로 외로 아문의 의례를 수용한 경우라 할지라도, 해당 의례는 원(몽골) 내지의 행성과 달리 단지 정동행성 차원의 의례로 끝나지 않았다. 그것은 정동행성과 고려(외국)의 '혼일체'의 의례로 기능하였을 것이다. 가령 정월 초하루와 보름에 사원에서 황제를 위해 복을 비는 것은 충렬왕이 정동행성 승상의 위상을 내세워 여타 행성관과 다름없음을 부각하기 위해 시작되었다고 할지라도, 여기에는 행성관에 그치지 않고 고려 신료들도 참석하고 있었다. 후술할 본명일 예식 사례에서 간접적으로 알 수 있듯이, 고려 군주는 정월 초하루와 보름에 '고려 국왕'이자 정동행성 승상으로서 고려 신료들과 행성관을 함께 이끌고 사원에서 황제를 위해 복을 비는

• • • •

정례적으로 거행되었을 것이다.

예식을 거행하였을 것이다.[58]

배표례는 고려(군주) 차원의 배표례가 시작된 이후로도 한동안 고려(군주) 차원과 정동행성 차원의 배표례로 구분되어 별개로 운영되었지만, 정동행성이 별도로 사자를 보내 표문을 올리는 일이 소멸하면서 두 배표례는 '혼일'되었을 것이다. 표면적으로는 정동행성 차원의 배표례는 완전히 소멸하고 고려(군주) 차원의 배표례만이 내세워지는 모습이었지만, 이면을 들여다보면 이야기가 달라진다. 이제현이 원(몽골)에 머문 공민왕을 대신하여 '권단정동성사(權斷征東省事)'의 위치에서 배표례를 거행한 사실에서,[59] 정동행성이 별도로 사자를 보내 표문을 올리는 일은 소멸하였어도, 그리고 이와 맞물려 정동행성(승상)이 고려(국가)와 별개로 독자적으로 배표례를 거행하는 예식은 사라졌어도, 이러한 예식은 잠복된 채 고려(군주)가 거행하는 배표례에 이입(移入)·혼합되었을 것을 추정해 볼 수 있다.[60]

정동행성(승상)을 매개로 외로 아문의 의례를 수용한 경우와 달리 정동행성이 설치도 되기 전에 원(몽골)이 고려를 대상으로 지방 아문의 의례를 적용한 경우에서도, 이에 해당하는 의례는 '고려국왕'이자 정동행성 승상이 거행하는 성격의 의례로 진화하였다. (후기)정동행성이 설치되고 특히 충렬왕의 양위와 충선왕의 즉위 무렵 이후로 한동안 정동행성 승상을 매개로 한 외로 아문 의례의 수용이 활발히 이루어지는 시기를 거치면서 그러한 진화는 구현됐을 것이다.

충렬왕 27년 1월 병진일(보름)에 충렬왕이 백관을 거느리고 묘련사에 행차하여 황제를 위하여 복을 빌고 난 후 며칠 뒤인 을축일(성갑일)을 맞아서, 충렬

• • • •

58 기록에는 왕이 행성관이 아니라 백관을 대동했다고 한다. 이 의례의 특성상 행성관도 참여하였을 것이다.

59 《고려사》 권110 열전23 제신(諸臣) 이제현.

60 이상 배표례에 관한 서술은 최종석, 〈고려후기 拜表禮의 창출·존속과 몽골 임팩트〉를 토대로 작성되었다.

왕은 행성관과 고려 신료를 이끌고 묘련사에 행차하여 황제의 만수무강을 비는 예식을 거행하였다.[61] 성갑일(본명일)을 맞아 사원에 법석을 설치하고 황제의 만수무강을 비는 예식은 충렬왕 초년 이래로 있어 온 것이지만,[62] 충렬왕 27년 1월의 본명일 의례 사례는 원(몽골) 내 지방 관리가 관례·제도의 차원에서 거행하는 본명일 예식을[63] 수용하여 구현된 것이라 할 수 있다. 이는 며칠 전 원(몽골) 외로 아문의 의례를 확대 수용하는 차원에서 거행한, 정월 초하루와 보름에 사원에 가서 황제의 축수를 기원하는 의례와 궤를 같이한다고 할 수 있다.

당시 충렬왕은 행성관과 고려 신료들을 다 함께 이끌고 본명일 의례를 거행하고 있어, 정동행성 승상이자 '고려 국왕'의 위상에서 이 의례를 거행하였을 것이다. 충렬왕은 정동행성(승상)을 매개로 하여 원(몽골) 외로 아문에서 거행하는 해당 의례를 수용하면서도, 원안 그대로가 아니라 '고려 국왕'이자 정동행성 승상의 위상에서 본명일 의례를 거행하고자 했다고 할 수 있다.

요하례도 예외는 아니었다. 요하례는 정동행성이 설치도 되기 전에 시작되었지만, 이후 여타 행성과 동조화하는 차원에서 습의(習儀) 등의 원제(례) 수용이 이루어지면서 요하례 예식절차는 변모해 나갔다.

특히 예식 거행 장소의 변화가 주목된다. 요하례는 당초 정조와 성절 시 모두 궁궐 내 정전에서 거행되었다가, 어느 시점에서부터인가 정조 시에는 궁궐에서, 성절 시에는 정동행성에서 거행되었다. 정조 시에 요하례는 국왕이 자신의 신하로부터 경하를 받는 수조하 예식과 병행돼서인지 통상 정전에서 거행되었지만,[64] 즉위 후 맞이하는 첫 번째 정조 시에는 요하례가 정동

61 《고려사》 권32 세가32 충렬왕 27년 1월 을축.

62 《고려사》 권28 세가28 충렬왕 2년 1월 을해.

63 《通制條格》 권8 儀制 祝壽.

64 만약 거꾸로 정조 시에 요하례를 행성에서 거행하였다면, 요하례를 마친 후 수조하 의례를

행성에서 치러지기도 하였다.[65] 요하례의 거행 장소가 정전이기도, 정동행성이기도 한 사실은, 고려 군주가 '고려 국왕'이자 정동행성 승상의 위상에서 요하례를 거행하였음을 강력히 시사한다.[66] 그리고 고려 군주는 정전에서건 정동행성에서건 고려의 신료들과 행성관을 함께 이끌고 황제를 대상으로 요하례를 거행하였을 것이다.[67]

한편 영조례도 마찬가지여서, 어느 시점 이후로 고려 군주가 사신을 맞이하러 가는 장소는 여전히 도성 밖 교외여도, 이전과 달리 조서를 반포하는 의례의 장소는 궁성으로 한정되지 않고 정동행성이기도 한 경우가 드물지 않았다.[68]

이처럼 국왕의 황제를 대상으로 한 각종 의례는 고려 군주가 '고려 국왕'이자 정동행성 승상의 위상에서 각종 외교의례를 거행하는 것으로 수렴되고 있었다. 이때 고려 군주는 원(몽골) 지방 아문의 의례를 활용하면서도 '고려 국왕'이자 정동행성 승상의 위상에 걸맞은 방식으로, 달리 말해 두 위상을 '혼일'한 면모를 구현하는 방향으로 원(몽골) 지방 아문의 의례를 변용하여

••••

거행하기 위해 번거롭게 궁궐로 돌아와야 했을 것이다. 국왕이 군주의 위상에서 신하들로부터 경하를 받는 예식을 행성에서 거행할 수는 없기 때문이다.

65 최종석, 〈고려시대 朝賀儀 의례 구조의 변동과 국가 위상〉, 249-251쪽.

66 다만 예식 거행 장소의 변화는 후기 정동행성의 설치 무렵이라는 비교적 이른 시점에 이루어졌을 것으로 추정되기에, 그 변화 직후에는 고려 군주가 '고려국왕'이자 정동행성 승상의 위상에서 요하례를 거행하는 면모가 뚜렷하지 않았을 것이다. 그러한 면모는 정동행성(승상)을 매개로 원제(元制)를 확대 수용한 변화, 정동행성 차원의 의례를 더는 독자적으로 운영하지 않게 된 변화 등을 거치고 나서야 뚜렷해졌을 것이다. 원 복속기 요하례 예식 구현의 변화상에 관해서는 최종석, 〈원 복속기 遙賀禮(望闕禮)의 거행과 예식 변화상—원종·충렬왕대를 중심으로〉 참조.

67 요하례와 짝을 이루는 배표례의 경우, 정동행성과 고려(군주) 차원에서 각기 표문을 올리는 일이 '혼일(混一)'되고 나서는 행성관과 고려 신료가 함께 배표례에 참석하였을 것이고, 정조를 경하하는 표문의 배표례는 정전에서, 성절을 경하하는 표문의 배표례는 정동행성에서 거행되었을 것이다.

68 이에 관해서는 정동훈, 앞의 글, 124-125쪽 참조.

사용하였을 것이다. 이러하였기에 원 복속기에는 여타 시기와 달리 고려가 작성한 별도의 의주가 존재하지 않았을 것이다. 원(몽골) 지방 아문의 의례를 직접 활용하면 돼서 별도의 의주를 굳이 마련할 필요가 없었을 것이다.

3. 고려 말기

명의 《번국의주(蕃國儀注)》를 활용한 외교의례 운용

《고려사》 예지에 수록된 고려 말기 외교의례 의주는 명이 작성한 의례의 의주를 토대로 작성되었다. 단순히 참고한 게 아니라 거의 모사하다시피 한 수준이었다. 〈영대명무조칙사의〉를 제외하고 〈영대명조사의〉, 〈영대명사로사의〉, 〈원정동지상국성수절망궐하의〉, 〈진대명표전의〉는 이러한 방식으로 작성되었다. 즉 〈영대명조사의〉, 〈영대명사로사의〉, 〈원정동지상국성수절망궐하의〉, 〈진대명표전의〉는 각각 명이 편찬한 《번국의주》에 수록된 〈번국접조의주(蕃國接詔儀注)〉, 〈번국수인물의주(蕃國受印物儀注)〉, 〈번국정단동지성수솔중관망궐행례의주(蕃國正旦冬至聖壽率衆官望闕行禮儀注)〉, 〈번국진하표전의주(蕃國進賀表箋儀注)〉의 복제품과도 같은 것으로, 의례의 구성, 절차, 참여자, 집사자 등 모든 면에서 동일하다고 할 수 있다.[69]

••••

69 《고려사》 예지에 수록된 고려 말기 외교의례 의주가 《번국의주》에 수록된 것과 완전히 같지는 않다. 의주에 따라 약간의 편차는 있지만, 일반적으로 다음과 같은 차이점이 있다. 고려는 명 측이 작성한 의주를 저본으로 고려 말기의 외교의례 의주를 작성하면서, 오탈자를 교정한다든가, 불특정 번국을 대상으로 한 것을 고려에서 행하는 의례로 구체화한다든가, 일부 구절을 축약하여 기술한다든가, 같은 내용을 미미하게 다르게 표현한다든가 하였다. 〈원정동지상국성수절망궐하의〉의 경우에는 여기에 더해 의주 말미에 〈번국정단동지성수솔중관망궐행례의주〉에는 전혀 기술되지 않은 "명의 사신으로 고려의 도성에 머무는 동안 정월 초하루, 동짓날, 성수절(聖壽節)을 맞이한 자는 상복(常服)으로 먼저 망궐례를 행하고 국왕 주도의 망궐례에는 참석하지 않는다"라고 한 구절이 첨가되었다. 이는 고려가 해당 의례를 원활하게 운영하고자 하는 의도에서 행사 당일 명의 사신이 고려(도성)에 체류하고 있

《고려사》 예지에 수록된 고려 말기 외교의례 의주의 원서(原書)로 작용한 《번국의주》란 명이 홍무 3년(1370, 공민왕 19)에 편찬한 인쇄 책자이다. 명은 이전 왕조들과 달리 천자가 예제를 매개로 중국과 번국(蕃國)들로 이루어진 천하를 다스리는 새로운 방식의 화이질서를 구현하고자 하였고, 그 일환으로 번국 내에서 명(황제)을 대상으로 거행하는 의례들의 의주까지 직접 작성하였다.[70] 홍무 3년(1370) 9월에 편찬된 《대명집례》의 빈례 내 〈번국접조의주〉, 〈번국수인물의주〉, 〈번국정단동지성수솔중관망궐행례의주〉, 〈번국진하표전의주〉가 이러한 성격의 의주들이다. 《번국의주》는 《대명집례》 빈례에 수

을 예상 가능한 상황을 대비하고 해결하는 지침이라 할 수 있다. 이상은 최종석, 〈고려 말기·조선 초기 迎詔儀禮에 관한 새로운 이해 모색—《蕃國儀注》의 소개와 복원〉, 《민족문화연구》(고려대 민족문화연구원) 제69호(2015); 〈고려 말기 《蕃國儀注》의 활용 양상과 그 성격〉, 《한국문화》(서울대 규장각한국학연구원) 제92호(2020) 참조. 특히 〈영대명사로사의〉에는 여타 의주에서는 보이지 않는 성격의 변개가 확인된다. 그러한 변개로는 두 건이 있었는데, 하나는 〈번국수인물의주〉와 달리 인수(印綬)와 예물을 받는 게 아니라 인수를 제외하고 예물만을 받는 예식으로 변개한 것이다. 기존 연구에서 언급하였듯이(윤승희, 〈고려 말 명 사신 영접의례의 성립〉, 《한국중세사연구》[한국중세사학회] 제55호[2018], 582-584쪽), 〈영대명사로사의〉를 작성할 당시에 고려는 이미 명으로부터 인장을 받은 상태였고 게다가 이 인장은 전국새(傳國璽)여서 후대 왕들이 인장을 수여받을 일은 없었을 것이기에, 불필요하다고 할 수 있는 인수를 제외하여 예물만을 받는 예식으로 변개한 것이다. 다른 하나는 교외에서 사신을 영접한 후 왕궁으로 이동하는 행렬 순서를 기록한 부분에서 〈번국수인물의주〉와 달리 '차왕승마행(次王乘馬行)'이라는 구절을 삭제한 점이다. 삭제가 단순 실수에서인지 아니면 어떠한 의도에서 이루어진 것인지는 명확하지 않다. 특정 의도에서 이를 삭제하였을 가능성이 크다고 판단되지만, 일각에서 이해하듯(위의 글, 580-581쪽) 이 일은 고려 군주가 승마를 꺼려서 회피하고자 한 데서 비롯되었다고 보기는 어렵다. 명의 의주를 저본으로 하지 않고 고려가 자체적으로 작성한 〈영대명무조칙사의〉에 국왕이 말을 타고 사신을 맞이하는 규정이 명시되어 있기 때문이다. 만약 고려 군주의 승마를 철저히 기피했다면, 자체적으로 작성한 의주에 고려 군주의 승마 규정을 넣을 이유가 없었을 것이다. 한편 기우에서 첨언하자면, 이들 변개에도 불구하고 〈영대명사로사의〉조차 〈번국수인물의주〉와 사실상 동일한 의주라는 사실은 부정하기 어렵다.

70 이에 관해서는 岩井茂樹, 〈明代中國の禮制覇權主義と東アジアの秩序〉, 《東洋文化》(東京大學東洋文化研究所) 第85號(2005); 檀上寬, 《明代海禁=朝貢システムと華夷秩序》(京都大學 學術出版會, 2013), 第三部 明代朝貢體制と華夷秩序 참조.

록된 각종 의주, 총서(總序), 서례(序例) 가운데 극히 일부에 해당하는 이들 4종의 의주로만 구성된 책자로, 고려를 위해 특별히 제작된 것이었다고 할 수 있다.

명은 홍무 2년(1369, 공민왕 18) 9월에 작성된 각종 번국례(蕃國禮)[71]를 토대로 이를 보완해 나가면서 《대명집례》의 빈례를 완성해 나갔다. 이 와중에 고려 측이 번국에서 황제를 대상으로 거행해야 하는 의례들의 의주를 반사해 줄 것을 요청하자, 명은 《대명집례》 빈례에서 해당 의례들의 의주를 뽑아 《번국의주》를 작성하여 고려에 보냈을 것이다. 이러하였기에 《번국의주》에 수록된 의주들은 《대명집례》와 내용 면에서 거의 동일하였다.[72]

고려 말기 외교의례는 바로 이러한 《번국의주》를 모방·준용한 것이었다. 조선 시대 외교의례 또한 마찬가지였다.[73] 그러하기에 앞서 본, 고려 말기 이래 외교의례의 고려 전기와 이질적이자 단절적인 면모는 명이 작성한 외교의례(의주)를 모방·준용하여 고려 말기 이래의 외교의례를 마련한 데 따른 산물이라고도 할 수 있다. 달리 말해, 고려 말기 이래의 외교의례가 외교(대외) 무대에 그치지 않고 국내에서조차 황제 신하의 위상을 구현한다든지, 명·청 지방 관부의 황제를 대상으로 한 의례와 동조한다든지 한 특징 등은, 고려 말기 이래 외교의례의 '고유한' 속성이라기보다는 명이 작성한 외교의례 의주, 정확히는 《번국의주》에서 비롯된 것이었다.

••••

71 이는 《明太祖實錄》 卷45 洪武 2년 9월 임자 조에 기재되어 있다.

72 이상의 《번국의주》에 관한 소개 내용은 최종석, 〈고려 말기·조선 초기 迎詔儀禮에 관한 새로운 이해 모색—《蕃國儀注》의 소개와 복원〉; 〈조선초기 迎詔禮 운영과 《蕃國儀注》〉를 토대로 작성되었다.

73 《세종실록》 오례와 《국조오례의》 등에 수록된 조선시대 외교의례는 고려 말기와 달리 의주의 내용이 훨씬 상세하고 보완적이어서 《번국의주》에 수록된 의주들의 복제품과도 같은 것으로 보긴 어렵다. 하지만 의례절차의 기본 구성뿐만 아니라 각 부분 내 세부 절차마저도 다르지 않아, 대국적(大局的)으로 보아 조선 시대의 외교의례 또한 명이 작성한 외교의례의 모사품과도 같은 것이라고 할 수 있다.

그런데 이러한 식의 이해는 사실관계에 부합하기는 해도 지극히 피상적이고 몰역사적이다. 당시에 이러한 일이 발생하게 된 이유 등을 전혀 설명해 주지 못하기 때문이다. 여기서는 다음 질문들에 대한 해답을 구해, 이러한 일의 발생 배경과 이유를 파악해 보고자 한다.

- 왜 명은 유례없이 번왕(蕃王)이 번국 내에서 명(황제)을 대상으로 거행하는 의례(의주)까지 직접 작성하였을까?
- 왜 고려는 명에게 번국에서 황제를 대상으로 거행해야 하는 의례(의주)의 반사를 요청하였을까?
- 왜 고려는 하사받은 이들 의례(의주)를 모사하다시피 하여 외교의례를 작성하였을까?

첫 번째 질문은 명의 화이질서가 지닌 역사적 특징을 실마리 삼아 풀어볼 수 있다. 원·명 혁명 이후 명은 화이질서의 측면에서 원(몽골)을 계승하고자 하였다. 명대적 화이질서는 유례없이 확장된 원조의 천하질서를 의식·계승·전유한 것으로, 예제를 활용하여 천자가 이적의 세계까지를 포함한 천하를 지배하는 면모를 실현하고자 하는 질서였다고 할 수 있다. 이 질서 아래에서 명조는 현실 세계에서의 실현 여부와 상관없이 예제 차원에서 천자를 정점으로 한 무외(無外)·일시동인(一視同仁)의 세계를 지향·구현하고자 하였다.[74] 일례로, 명은 유례없이 피책봉국의 명산대천을 중국 내의 것과 마찬가지로 천하 산천의 일부로 간주하여 제사 대상에 포함했고, 이와 맞물려 명 황제는 피책봉국에 사신을 보내 그곳의 산천을 제사했다.[75] 예제적으로 천

• • • •

74 宮岐市定, 〈洪武から永樂へ一初期明朝政權の性格〉, 《東洋史研究》 第27卷 4號(1969); 岩井茂樹, 앞의 글; David M. Robinson, "The Ming Court and the Legacy of the Yuan Mongols", *Culture, Courtiers, and Competition: The Ming Court (1368-1644)*(Harvard University Asia Center, 2008); 檀上寬, 앞의 책 참조.

자는 피책봉국을 포함한 천하의 산천에 제사한 것이다.

요컨대, 이러한 명대적 화이질서의 구현은 유례없이 확장된 원조의 천하 질서를 의식·계승·전유한 것으로, 천자를 정점으로 한 (예적) 지배질서가 외교 무대라는 울타리를 넘어 번국 내에까지 실현되는 것을 특징으로 하였다. 다만 예제를 매개로 해서 번국 안까지 천자의 천하 지배를 구현하고자 한 일은 무위를 동원해서라도 반드시 실현해야 하는 성질의 것이 아니라, 우선은 예서 등의 지면 위에 실현해 놓아야 하는 성질의 것이었다—실질적으로 구현되면 더할 나위 없이 좋을 테지만—.[76] 지면을 넘어선 실현은 번국 측이 번국 안까지 천자의 천하 지배를 구현하는 예제를 자발적으로 수용·실천하는 데 달려 있었다.

명이 작성한 외교의례(의주)는 명대적 화이질서의 특성을 여느 것 못지않게 잘 보여 준다. 명이 작성한 외교의례(의주)의 역사적 성격과 그 연원을 검토하기 위해서는《대명집례》빈례를 들여다볼 필요가 있다.

《대명집례》빈례는 3권으로 이루어져 있다. 권30(빈례1), 권31(빈례2), 권32(빈례3)에는 각각 '번왕조공편(蕃王朝貢篇)',[77] '번사조공편(蕃使朝貢篇)',[78] '견사편(遣使篇)'[79]이 수록되어 있다.《대명집례》빈례에는 번왕·번사가 명에 조공하러 온 시의 의례와 번국에 명 사신을 보낸 시의 의례가 실려 있는 것이다.

• • • •

75 원대에는 예제 차원에서라고 할 수는 없지만, 원(몽골)의 관원이 황제의 명을 받고 고려 산천에 치제하러 오곤 하였다. 명대의 피책봉국 산천에 대한 새로운 인식은 원대의 유산일 공산이 크다. 이에 관해서는 최종석, 〈여말선초 명의 예제와 지방 성황제 재편〉,《역사와 현실》(한국역사연구회) 제72호(2009); 〈중화 보편, 딜레마, 창의의 메커니즘—조선 초기 문물제도 정비 성격의 재검토〉,《조선시대 예교 담론과 예제 질서》(소명출판, 2016) 참조.

76 예제를 매개로 한 명대적 화이질서의 구현이 사실상 지면상의 구현에 만족한 점에 관해서는 최종석, 〈鞠躬인가 五拜三叩頭인가?—조서를 맞이하는 예식을 둘러싼 조선과 명 사신 간의 갈등에 관한 탐색〉,《한국문화》(서울대 규장각한국학연구원) 제83호(2018), 234-235쪽 참조.

77 《大明集禮》卷30 빈례1 總序.

78 《大明集禮》卷31 빈례2 總序.

79 《大明集禮》卷32 빈례3 總序.

《대당개원례》 권79, 빈례의 〈번주래조견사영로(蕃主來朝遣使迎劳)〉, 〈황제견사계번주현일(皇帝遣使戒蕃主見日)〉, 〈번주봉현(蕃主奉見)〉과 《대당개원례》 권80, 빈례의 〈황제연번국주(皇帝宴蕃國主)〉에서 볼 수 있듯이, 전대 예서에도 '번왕조공'에 해당하는 의례와 그 예식절차가 수록되어 있어, 《대명집례》의 '번왕조공편'은 전대와 구별되는 면모와 특징이 두드러지지 않는다고도 볼 수 있다. 하지만 '번왕조공편'에는 이전 예서와는 비교가 되지 않을 정도로 번왕의 입경(入境) 후의 '영로(迎勞)'부터 번왕을 대상으로 한 '노송출경(勞送出境)'까지 시간 순서에 따른 예식 전반이 각 예식별로 소상하게 기술되어 있고,[80] 관복, 진설 등의 '서례'에 해당하는 항목도 빠짐없이 마련되어 있다. 명은 원대에 있었던 고려 국왕 등의 친조(親朝)를 제후(번왕)의 천자를 대상으로 한 '세일현(世一見)'의 구현으로 전유하고는[81] 이러한 식으로 '번왕조공편'을 작성하였을 것이다.

또한 '번왕조공편'에서 무엇보다 주목되는 사실은 여기에 〈번국정단동지성수솔중관망궐행례의주〉와 〈번국진하표전의주〉가 수록된 점이다. 이들 의례(의주)는 역대 중국 왕조의 예서에 수록된 적이 없는 것이다. 《대명집례》에 번국 내에서 황제를 대상으로 한 망궐례와 배표례 예식이 수록된 것은, 앞서 보았듯이 고려가 원(몽골)의 복속 아래에서 원(몽골) 지방아문의 의례를 활

• • • •

80 《大明集禮》 卷30 빈례1. '蕃王朝貢篇'에 수록된 항목은 다음과 같다. 總序→迎勞→冠服→陳設→儀仗→班位→執事→樂舞→贊獻→宴會→賜予 → 迎勞儀注 → 朝見儀注→見東宮儀注→見諸王儀注→見宰輔以下儀注→宴會儀注東→宮賜宴儀注→省府臺宴會儀注→陛辭儀注→辭東宮儀注→勞送出境.

81 《大明集禮》 卷30 賓禮1의 總序 항목에서 은나라 시대 이래 번왕 조공의 내력을 정리하는 와중에, 명은 몽골이 전통적으로 속국에 부과하는 의무 사항인 '군장친조(君長親朝)'를 고려를 상대로 관철한 일을, 세조 쿠빌라이가 고려에 '세일현(世一見)'의 예를 행하도록 명령하였고 고려는 이를 좇아 그러한 예를 행한 것으로 전유하였다. 김호동, 《몽골 제국과 고려—쿠빌라이 정권의 탄생과 고려의 정치적 위상》(서울대 출판부, 2007), 93-96쪽; 최종석, 〈1356(공민왕 5)~1369년(공민왕 18) 고려-몽골(원) 관계의 성격—'원간섭기'와의 연속성을 중심으로〉, 《역사교육》(역사교육연구회) 제116집(2010) 참조.

용·변용하여 유례없이 요하례와 배표례를 거행한 역사 현실을 배경으로 하여 이루어졌을 것이 분명하다. 여기서 주목하는 지점은 번왕이 친히 조공하러 오지 못한 상황에서 번국 내에서 황제를 대상으로 망궐례와 배표례를 거행하는 의례(의주)인 〈번국정단동지성수솔중관망궐행례의주〉와 〈번국진하표전의주〉가 그 반대라 할 수 있는 '번왕조공'의 편목에 수록된 사실이다. 다소 어색할 수도 있지만, '번왕조공'의 핵심은 번왕의 황제를 대상으로 한 진표(進表)·진방물(進方物) 및 조현의(朝見儀)에서의 신례 거행일 것인 데서, 〈번국정단동지성수솔중관망궐행례의주〉와 〈번국진하표전의주〉를 빈례에 수록해야 한다고 할 때 '번왕조공편'에 개재하는 것이 매우 적절하다고까지는 아니어도 그리 부자연스럽지 않다고는 할 수 있다. 다른 편목인 '번사조공편'이나 '견사편'에 수록하였다면 더욱 부자연스러웠을 것이다.

요컨대, '번왕조공편'에는 번왕이 직접 조공하러 와 황제에게 신례를 행하는 예식과 번왕이 번국 내에 있으면서 황제를 상대로 신례를 행하는 예식이 함께 수록된 것이다. 이 편목은 번왕이 주체가 되어 황제를 대상으로 신례를 거행하는 각종 의례를 수록한 성격의 것인 셈이다.[82]

'견사편'은 개조(開詔)·석인(錫印)·사여(賜予)부터 번국에서 조서·인수·예물을 맞이하는 것까지를 수록하고 있다.[83] 번국에 파견할 사신에게 조서와 인수 그리고 예물을 전달하는 예식은 부분적으로라도 전대 예서에서 확인되나,

••••

82 한편 '번사조공편'은 영로(迎勞)부터 노송출경(勞送出境)까지의 예식 전반과 관복 등의 '서례'에 해당하는 항목이 기술되어 있어 '번왕조공편'과 거의 동일한 체제로 구성되어 있다. 《大明集禮》 卷31 빈례2 참조. '번사조공편'에 수록된 항목은 다음과 같다. 總序→迎勞→冠服→陳設→儀仗→班位→執事→樂舞→貢獻→錫宴→賜予→迎勞儀注→受蕃國來附遣使進貢儀注→受蕃使每歲常朝儀注→東宮受蕃國來附遣使進貢儀注每歲常朝入見儀附→蕃國遣使來附叅見省府臺官儀蕃國遣使每歲常朝入見儀附→錫宴儀注東宮錫宴儀同→省府臺宴勞儀注→蕃使陛辭儀注→蕃使辭東宮儀注蕃使每歲常朝儀附→勞送出境.

83 '견사편'에 수록된 항목은 다음과 같다. 總序→詣蕃國開詔書附→賜蕃國印綬→賜吐蕃國禮物→迎接→序坐→蕃國接詔儀注→遣使賜印綬儀注賜禮物儀同→蕃國受印物儀注.

번국이 조서·인수·예물을 지니고 간 사신을 영접하고 번왕이 조서·인수·예물을 하사받는 예식은 유례를 찾아볼 수 없다. '견사편'에 번국에서 명 사신을 맞이하는 의주인 〈번국접조의주〉, 〈번국수인물의주〉가 수록된 점은 역사적 현상이라 할 수 있는 것이다.

이처럼《대명집례》의 빈례에는 번왕이 직접 조공을 하러 오는 경우와 그렇지 못하고 번국 내에서 배표와 요하를 행하는 경우와, 번사가 조공을 하러 오는 경우와, 명이 번국에 파견할 사신에게 조서, 인수, 예물을 전달하는 경우와, 번국이 사신(조서, 인수, 예물)을 맞이하는 경우 등을 대비하는 각종 의례(의주)가 수록되었다. 당시 명은 '번왕조공', '번사조공', '견사' 편목에 해당할 수 있는 예식들을 작성하는 과정에서 번왕이 번국 내에서 행해야 하는 것까지도 수록하는, 전례를 찾아볼 수 없는 확장된 인식을 노정하였다.

《대명집례》 빈례에서 확인되는 이러한 면모는 명대적 화이질서의 구현과 밀접하게 연관되는 것으로 다음과 같은 과정을 통해 등장하였을 것이다. 특히 명이 원 복속기에 고려가 원(몽골)을 상대로 거행했던 의례를 전유·계승한 데 초점을 맞춰 이 과정을 간략히 언급해 보도록 하겠다.

앞서 본 바와 같이, 원(몽골)은 고려의 출륙 이후 고려를 외국으로 간주하면서도 일부의 지방 아문 의례와 그 예식절차를 고려에 적용하였고, 후기 정동행성의 설치 이후로는 고려(군주)가 주체가 되어 정동행성을 매개로 지방 아문 의례들과 그 예식절차를 확대 수용하였다. 이러한 환경 아래에서 원(몽골)은 지방 아문 의례의 의주와는 별도로, 복속된 외국인 고려를 대상으로 해서는 의주를 작성하지 않았다. 고려 역시 원(몽골) 황제를 대상으로 각종 의례를 거행하면서도 지방 아문 의례들의 의주를 활용·변용하였을 뿐 별도로 의주를 마련하지 않았다.

그러다 원·명 혁명과 뒤이은 명에 대한 사대 이후 상황은 바뀌었다. 명은 원(몽골)과 달리 지방과 번국을 명확히 구분하였고[84] 황제를 대상으로 한 의례의 측면에서도 그러하였다. 명은 고려를 외로 아문과 명확히 구분되는 번국으로 바라본 것이다. 그런데 여기서 주목해야 할 게 명은 전대에 고려에서 정동행성(승상)을 매개로 각종 외로 아문 의례를 활용·실행한 일을, 번국인 고려가 지방 아문의 의례와 다를 바 없는 각종 외교의례를 거행하고 이와 맞물려 천자의 천하 지배가 번국 내에서도 구현된 것으로 전유·계승하였을 것이라는 점이다. 명은 그 당시의 시각에서 전대의 역사를 전유하고 있었기에, 원(몽골) 복속 하의 고려가 과연 번국(제후국)의 위상에서 그러한 의례를 실행했는지의 문제는 시야에 들어오지 않았을 것이다. 앞서 언급하였듯이, 명은 고려가 속국에 부과하는 몽골의 전통적 의무 사항인 '군장친조(君長親朝)'를 행한 일을 제후가 '세일현(世一見)'의 예를 실행한 것으로 해석하였다. 또한 몽골 등장 이전까지는 중국 밖의 제후국 군주가 중국 황제를 대상으로 망궐례와 배표례를 거행한 적이 없지만,[85] 명은 고려가 원(몽골)을 상대로 망궐례와 배표례를 거행한 사실을 전거로 이들 의례를 번국(제후국)이 황제국을 대상으로 행해야 하는 의례로 당연시하였을 것이다.

이에 명은 전대의 것을 계승·변용하여 지방 아문의 황제를 대상으로 한 의례를 작성하는 것과 별도로, 원대의 각종 지방 아문 의례(및 그 활용·변용의 것)를 바탕으로 하면서도 나름의 변형과 해석을 가해 번국(왕)에서 황제를 대상으로 거행하는 의례(의주)를 직접 작성하였다. 《대명집례》 빈례 내의 〈번국접조의주〉, 〈번국수인물의주〉, 〈번국정단동지성수솔중관망궐행례의주〉, 〈번국

••••

84 이와 관련하여 정동훈, 앞의 글 참조.

85 최종석, 〈고려시대 朝賀儀 의례 구조의 변동과 국가 위상〉; 〈고려후기 拜表禮의 창출·존속과 몽골 임팩트〉. 원 복속기 이전에도 고려 군주가 황제를 상대로 배표례를 거행하는 예가 있곤 했지만, 이러한 사례는 국교 재개 이후 송과의 관계에서처럼 사신 왕래가 제한적이고 비정례적으로 이루어지는 여건 속에서 비정례적으로 방문한 송 사신 편에 표문을 전달하는 과정에서 발생하였다. 이러한 배표례는 고려 군주가 황제를 대행한 조사에게 표문을 건네는 과정에서의 일로, 자신의 신하에게 표문을 전달하는 과정에서 행한 배표례와는 질적으로 다른 성격의 일이었다. 앞서 언급한 바와 같이 고려 군주가 자신의 신하에게 표문을 전달하는 과정에서 배표례를 행한 것은 원 복속기 이래로였다.

진하표전의주〉는 그 결실이었다. 이러한 방식으로 작성되었기에, 이들 번국을 대상으로 한 의례(의주)는 의례 구성 등의 면에서 지방 아문의 황제를 대상으로 한 의례(의주)와 질적으로 다르지 않았고,[86] 의주는 번왕이 국내에서조차 황제 신하의 위상을 구현한다든지, 번국에서의 의례가 명 지방 관부의 황제를 대상으로 한 의례와 동조한다든지 하는 특징을 노정하였을 것이다.

이처럼 명은 지방 아문의 황제를 대상으로 한 의례(의주)를 마련하는 것에 그치지 않고 이것의 연장선에서 번왕이 번국 내에서 황제를 대상으로 거행하는 의례(의주)까지 직접 작성하였고, 이러한 예제 작업을 통해 천자의 천하 지배를 번국 안까지 구현하고자 하는 열망을 지면상에서나마 실현해 냈다고 할 수 있다.

다음으로, 고려가 명 측에 번국에서 황제를 대상으로 거행하는 의례(의주)의 반사를 요청하고, 하사받은 이들 의례(의주)를 모사하다시피 하여 외교의례(의주)를 작성한 이유에 관해서다.

고려가 작성한 〈영대명조사의〉, 〈영대명사로사의〉, 〈원정동지상국성수절망궐하의〉, 〈진대명표전의〉는 누차 언급하였듯이 《대명집례》 빈례에 수록된 〈번국접조의주〉, 〈번국수인물의주〉, 〈번국정단동지성수솔중관망궐행례의주〉, 〈번국진하표전의주〉가 아니라 《번국의주》에 수록된 의주들을 토대로 작성되었다.[87] 고려가 《번국의주》를 명으로부터 입수하게 된 경위는 이러하다.

공민왕 18년(1369) 8월 고려는 명에 사대하고 난 이후 처음으로 명절을 경하하는 사신으로 하성절사(賀聖節使), 천추사(千秋使), 하정사(賀正使)를 한꺼번에 보내면서 이 진하사 편에 〈본국조하의주(本國朝賀儀注)〉의 하사를 요청하였다.[88] 고려가 요청한 〈본국조하의주〉란 고려의 처지에서 불필요한 황제 조

• • • •

86 정동훈, 앞의 글; 최종석, 〈고려후기 拜表禮의 창출·존속과 몽골 임팩트〉 참조.

87 고려 말기 당시에 《대명집례》는 고려가 아예 보지도 입수하지도 못한 서책이었다. 김문식, 〈조선시대 國家典禮書의 편찬 양상〉, 82-83쪽 참조.

정에서 거행되는 조하례의 의주,《대명집례》로 치자면 〈정단조하의주(正旦朝賀儀注)〉와 〈성절의주(聖節儀注)〉가[89] 아니라, 본국(고려)에서 명 황제를 대상으로 거행하는 조하례 의주,《대명집례》로 치자면 〈번국정단동지성수솔중관망궐행례의주〉에 해당하는 것이었다. 명은 고려의 요청에 응해 다음 해 6월 〈본국조하의주〉 한 책을 고려에 하사하였다.[90] 그런데 당시에 〈본국조하의주〉, 곧 〈번국정단동지성수솔중관망궐행례의주〉만이 하사되지는 않은 듯하다. 명은 고려가 요청한 〈본국조하의주〉의 하사에 그치지 않고 당시 편찬 중이던《대명집례》의 빈례에서 〈본국조하의주〉(번국정단동지성수솔중관망궐행례의주)를 포함하여 세트라 할 수 있는 동일한 성격—번국에서 명 황제를 대상으로 거행하는 의례—의 4종의 의주를 일괄한《번국의주》를 하사하였을 것이다.[91] 마치 고려가 제복(祭服)을 요청하자, 명은 군주의 제복과 조복, 왕비 관복, 배신 관복 등 당시 명에서 규정이 존재하였던 관복 전반을 하사한 것과[92] 유사하게도 말이다. 그러하였기에 고려는《대명집례》를 아예 보지도 입수하지도 못했음에도,《대명집례》의 〈번국정단동지성수솔중관망궐행례의주〉뿐만 아니라, 〈번국접조의주〉, 〈번국수인물의주〉, 〈번국진하표전의주〉도 복제한 것과 같은 의주를 작성할 수 있었을 것이다.

고려가 번국에서 황제를 대상으로 거행하는 의례들을 명 측에 반사해 줄 것을 요청한 것은 명의 환심을 사려는 의도에서도, 명의 무언의 압력에 밀려서도 아니었다. 이 문제와 관련하여 주목해야 하는 사실은 고려가 원(몽골)

••••

88 《고려사》 권41 세가41 공민왕 18년 8월 무진.

89 《大明集禮》 卷17 嘉禮1 朝會.

90 《고려사》 권42 세가42 공민왕 19년 6월 갑술.

91 《고려사》에 명이 〈본국조하의주〉를 하사하였다고 기록된 까닭은 고려가 당초 〈본국조하의주〉를 요청하였고 이 요청에 응하여 명이 《번국의주》를 작성하여 하사하였기 때문이었을 것이다.

92 김윤정, 〈고려시대 사여관복(賜與冠服) 행례와 예제(禮制) 질서의 형성〉,《역사와 현실》 118(2020), 8-9쪽.

에서 명으로 사대처를 바꾸기 전까지 '본국조하의'(요하례)를 비롯하여 본국(고려) 내에서 원(몽골) 황제를 대상으로 거행하는 각종 의례를 해 왔으며, 명에 사대하고 나서 처음으로 명절을 경하하기 위한 사신을 보내면서 사신 편에 〈본국조하의주의〉 하사를 요청한 점이다. 달리 말해, 당시 고려는 사대처가 명으로 바뀌었어도 그동안 원(몽골) 황제를 상대로 해 온 '본국조하의'(요하례)를 명 황제를 대상으로 해서도 당연히 거행해야 하는 것으로 간주하고서는 명 측에 그 의주의 하사를 요청한 것이다. 물론 '본국조하의'(요하례)에 한정되는 일은 아니었을 것이다. 명이 원대의 일을 계승·전유하여 번국 내에서 명(황제)을 대상으로 거행하는 의례들까지 직접 작성한 심성(mentality)과 마찬가지로, 고려도 전대에 정동행성(승상)을 매개로 각종 외로 아문 의례를 활용·변용해 온 일을 번국(제후국)이 행해야 하는 외교의례의 실천으로 전유하고 있었을 것이다.[93]

당시 고려가 당면한 문제는 전대에 황제를 대상으로 거행한 각종 의례와 그 방식을 지속할지 여부가 아니라, 지속을 전제로 하면서도 어떠한 의주에

• • • •

93 관련 기록이 극히 부족한 탓에, 의식세계의 측면에서 고려가 명에 사대한 이후로도 전대의 외교의례 관행을 승습한 까닭을 명확히 알기는 어렵다. 그럼에도 원 복속기를 분기점으로 한 화이(華夷) 의식 변화와 그 지속은 실마리가 될 수 있다. 원 복속기에는 화이 의식을 원 안대로 수용하여 스스로를 종족과 공간의 측면에서 이적으로 간주하면서도 여타 이적들과 달리 보편적 성격의 중화 문명(문화)을 추구·향유한다고 하는 의식('자신을 이[夷]로 간주하는 화이 의식')이 대두하였고, 이 의식은 이후로도 지속되었다. 이러한 화이 의식 아래에서 고려는 자신을 중국 밖의 외국(이적 세계)이면서도 '보통의 오랑캐(상이[常夷])'와는 달리 중화문명(문화)을 추구·구현한 곳으로 보아, 천자를 정점으로 한 천하질서를 수용·긍정시하면서 동시에 천하질서 내에서 자신의 위상인 이적 세계(중국 밖 외국) 내의 제후(국)를 망각하지 않고 그 본분을 다하고자 하였다. 명에 사대한 직후 고려가 먼저 전대와 마찬가지로 국내에서 황제를 대상으로 한 외교의례를 거행하고자 한 심산에서 명 측에 해당 의례(의주)를 요청한 것은 원 복속기 이래 변화된 의식 세계에서 촉발되었을 것이다. 원 복속기를 분기점으로 한 화이 의식 변화에 관해서는 최종석, 〈고려 후기 '자신을 夷로 간주하는 화이 의식'의 탄생과 내향화—조선적 자기정체성의 모태를 찾아서〉, 《민족문화연구》(고려대 민족문화연구원) 제74호(2017) 참조.

입각해서 이들 의례를 거행해야 하는지였을 것이다. 그러하기에 고려가 명 측에 황제를 대상으로 거행해야 하는 의례의 의주를 요청하는 행보는 자연스러운 수순이었다고까지 할 수 있다. 설령 고려가 전대처럼 지방아문 의례(의주)를 활용·변용하고자 한다 해도, 명 지방 아문 의례(의주)의 입수는 필요했을 것이다. 이러한 여건 아래에서 고려는 명에 보내는 진하사 편에 다가올 명 황제 명절에 거행해야 하는 요하례의 의주를 요청하였을 것이다. 명 측은 때마침 고려가 원하고 요구하는 의주들을 작성하고 있었기에[94] 이들 의주를 일괄하여 책자 형태로 만들어 고려에 하사하였을 것이다. 그 결과 고려는 어떠한 의주에 근거해서 전대 이래로 해 온 외교의례를 거행해야 하는지의 문제를 말끔히 해결할 수 있었을 것이다.[95]

이러한 배경에서 고려는 하사받은 이들 의주를 선택적으로가 아니라 일괄 활용하여, 그리고 모사하다시피 하여 〈영대명조사의〉, 〈영대명사로사의〉, 〈원정동지상국성수절망궐하의〉, 〈진대명표전의〉라는, 황제국을 상대로 한 '제후(국) 의례'를 마련하였을 것이다. 그런데 《번국의주》를 토대로 작성된 〈영대명조사의〉, 〈영대명사로사의〉, 〈원정동지상국성수절망궐하의〉, 〈진대명표전의〉는 각각 그 저본인 〈번국접조의주〉, 〈번국수인물의주〉, 〈번국정단동지성수솔중관망궐행례의주〉, 〈번국진하표전의주〉를 폐기·대체하기 위해 마련된 것이 아니었다. 고려는 〈영대명조사의〉, 〈영대명사로사의〉, 〈원정동지상국성수절망궐하의〉, 〈진대명표전의〉를 작성한 이후로도 이것과 《번국의주》에 수록된 의주를 함께 사용하였을 것이다. 구체적으로는 《번

••••

94 이러한 양국 사이의 공명(共鳴)은 우연이라기보다는 전대에 고려(군주)가 원(몽골) 외로 아문의 의례를 활용하여 각종 외교의례를 거행한 역사 현실을 양국이 공히 유교적 원리주의로 전유하여 계승한 데서 발현되었을 것이다.

95 만약 고려가 명의 지방아문 의례(의주)를 받았다면 원 복속기처럼 이를 참고로 해서 외교의례를 운용하였을 것이다. 별다른 의주를 받지 못했다면, 원 복속기의 관행을 감안하면서 외교의례를 운영하였을 것이다. 두 경우 모두 고려가 관련 의주를 작성했을 수도, 의주 작성 없이 관례대로 의례를 행했을 수도 있다.

국의주》를 기본 전거로 활용하였고, 이와 병행하여 의례의 실무자나 감독·책임자가 외교의례의 예식절차 전반과 그 흐름을 보다 정확하고 용이하고 빠르게 파악하는 것을 돕고자 하는 목적에서 별도의 외교의례(의주)를 마련하였을 것이다.[96]

고려는 〈영대명조사의〉, 〈영대명사로사의〉, 〈원정동지상국성수절망궐하의〉, 〈진대명표전의〉의 작성에 더해서 명이 하사한 의주를 저본으로 하지 않고 자체적으로 작성한 의주인 〈영대명무조칙사의〉도 갖추고 있었다. 〈영대명무조칙사의〉란 명이 보낸 자문(咨文) 등의 공첩(公牒)을 지니고 온 사신을 맞이하는 의례(의주)이다.

명 사신을 통해 전달된 자문 등의 공첩은 원 복속기 이래로의 관문서식 외교문서였긴 하나,[97] 원 복속기와 달리 예식을 갖추어 맞이하였다. 본래 공첩은 조서, 수조(手詔)·칙부(勅符) 등과 달리 황명(皇命) 문서가 아니었기에 예식 없이 단순히 접수만 해도 되었고, 이 때문에 중국에서는 공첩을 맞이하는 예식(의주)이 마련된 적이 없었다. 원 복속기에도 그러한 예식은 부재하였을 것이다. 그런데 고려 말기에 고려는 자체적인 판단과 의지에 따라 자문 등의 공첩을 지니고 온 사신을 유례없이 예식을 갖추어 맞이하였다. 당시는 원 복속기와 마찬가지로 여전히 관문서인 자문 등의 공첩이 양국 사이에 오가고 있었고 오히려 우왕대 이후로는 외교 행위가 자문을 위주로 이루어지고 있었으며 자문에는 일반적으로 고려를 대상으로 한 홍무제의 성지가 담겨 있는 상황에서, 고려는 원 복속기와 달리 공첩을 접수하고 마는 식이 아니라 황명 문서와 다름없이 예식을 갖추어 맞이하였다. 이렇게 되면서 고려는 원컨 원치 않건 간에 자체적으로 〈영대명무조칙사의〉를 작성해야 했을

96 이에 관해서는 최종석, 〈고려 말기《蕃國儀注》의 활용 양상과 그 성격〉을 참조하기 바란다.

97 이에 관해서는 森平雅彦, 〈牒と咨のあいだ: 高麗王と元中書省の往復文書〉, 《史淵》(九州大學大學院人文科學研究院) 第144輯(2007); 정동훈, 〈高麗-明 外交文書 書式의 성립과 배경〉, 《한국사론》(국사편찬위원회) 제56권(2010) 참조.

것이다.

명을 포함하여 역대 중국 왕조에서 자문 등의 공첩을 맞이하는 의례(의주)를 마련된 적이 없기에, 고려가 〈영대명무조칙사의〉를 작성한 시에 직접 참고할 만한 의례(의주)는 전혀 존재하지 않았다. 이에 고려는 예식절차의 기본적인 틀은 〈영대명조사의〉와 〈영대명사로사의〉를 활용하여 마련하였고, 세부적인 의절은 〈영대명조사의〉와 〈영대명사로사의〉 그리고 명 지방 아문의 의례에서 참고할 만한 게 있으면 이를 활용하여 작성하였으며, 활용할 만한 전거가 없는 경우, 문제가 되지 않은 수준에서 자체적으로 판단하여 마련하기도 하였다.[98]

4. 맺음말

이 글에서는 외교의례가 원 복속기를 경과하면서 그 이전과 이질적이자 단절적인 것으로 변모하였고 고려 말기의 외교의례는 원 복속기의 것을 전유·계승하여 성립되었음을 살펴보았다. 원 복속기 이래의 외교의례는 외교(대외) 무대에 한정된 고려 전기와 달리 국내에서조차 황제 신하의 위상을 구현한다든지, 황제국 지방 관부의 황제를 대상으로 한 의례와 별개로 운영된 고려 전기와 달리 이와 동조한다든지 하는 특징을 노정하였는데, 여기서는 이러한 특징을 부각·규명하였고 더 나아가 이러한 특징의 성립 동인을 검토하였다.

이하에서는 영조례(의주)와 배표례(의주)를 매개로 원 복속기를 분기점으로 한 외교의례 전환과 그 맥락을 간략히 정리해 보도록 하겠다.

• • • •

98 최종석, 〈고려 말기 《蕃國儀注》의 활용 양상과 그 성격〉 참조.

- 몽골 등장 이전에는 황제국의 지방 아문에서 황제가 파견한 조사(조서)를 맞이하는 의례(가령 금의 〈외로영배사조〉)와 고려에서 북조(北朝)인 요·금의 조사(조서)를 맞이하는 의례(〈영북조조사의〉)는 서로 이질적이었으며 완전 별개로 운용되었다. 그리하여 당시 고려는 황제국 지방 아문의 의례와 이질적이며 자체 제작한 〈영북조조사의〉에 의거해서 영조례를 거행하였다.

  고려 전기의 외교의례는 황제의 조서와 칙서 등을 지니고 온 사신을 맞이하는 의례가 전부이다시피 하였고 고려 군주가 외교(대외) 현장에서 황제 제후(신하)의 위상을 구현하는 성격의 의례였다. 그러하기에 고려 군주가 표문을 작성하여 자국의 사신에게 건네는 과정에서 행하는 신례(배표례)와 같은, 외교(대외) 무대에 그치지 않고 국내에서조차 신하의 위상을 구현하는 성격의 의례는 거행되지 않았다. 당시에 고려 군주는 작성된 표문을 자신의 신하에게 전달하는 과정에서 배표례를 행하지 않고 건넸다.

- 원 복속기에 들어서 외교의례는 전면적으로 전환되었다. 개별 외교의례에 따라 변화 발생의 계기는 다소 달랐지만 크게 두 갈래로 정리해 볼 수 있다. 하나는 정동행성이 설치도 되기 전에 원(몽골)이 복속된 '외국'인 고려를 대상으로 일부의 지방 아문 의례를 적용한 것이다. 영조례 사례는 이에 해당하였다. 원(몽골)은 금의 〈외로영배사조〉를 계승한 〈외로영배조사〉를 마련하였고 이를 복속된 외국인 고려에까지 적용하였다. 이로 인해 고려가 자체적으로 작성하여 운영해 온 〈영북조조사의〉는 이와 이질적인, 금의 〈외로영배사조〉를 계승한 원(몽골)의 〈외로영배조사〉로 대체되었다. 다른 하나는 후기 정동행성의 설치 이후로 충렬왕이 정동행성(승상)을 매개로 아직 도입되지 않은 외로 아문 의례를 수용한 것이다. 배표례 사례가 이에 해당하였다. 고려 군주가 원(몽골) 지방 관부의 장관인 정동행성 승상이기도 한 여건에서, 충렬왕은 모종의 의도에서 정동행성 승상을 부각해야 했고 이와 맞물려 원(몽골) 외로 아문

의례의 확대 수용·활용 차원에서 배표례를 시행하였을 것이다.

- 외교의례 변화의 계기는 상이했지만, 시간의 경과에 따라 영조례와 배표례를 포함하여 원 복속기의 외교의례는 고려 군주가 '고려 국왕'이자 정동행성 승상의 위상에서 원(몽골)의 지방 아문의 의례를 활용하면서도 그러한 위상에 걸맞게 변용하는 방향으로 수렴되었다. 이와 맞물려 당시에는 여타 시기와 달리 고려가 작성한 별도의 의주는 존재하지 않았다. 고려는 별도의 의주 작성 없이 원(몽골)의 외로 아문 의례를 활용·변용하면서 각종 외교의례를 거행하였다.
- 명은 유례없이 확장된 원조의 천하질서를 의식·계승·전유하여 현실 세계에서의 실현 여부와 상관없이 예제 차원에서 천자를 정점으로 한 무외(無外)·일시동인(一視同仁)의 세계를 지향·구현하고자 하였고, 이와 맞물려 이전 왕조들과 달리 번국 내에서 명(황제)을 대상으로 거행하는 의례(의주)까지 직접 작성하였다. 홍무 3년(1370) 9월에 편찬된 《대명집례》 빈례 내의 〈번국접조의주〉, 〈번국수인물의주〉, 〈번국정단동지성수솔중관망궐행례의주〉, 〈번국진하표전의주〉가 이러한 성격의 의주들로, 이 가운데 〈번국접조의주〉와 〈번국진하표전의주〉는 각각 번국 내에서 명 황제를 대상으로 거행하는 영조례와 배표례의 의주에 해당한다.

명이 번국 내에서 명(황제)을 대상으로 거행하는 의례(의주)까지 직접 작성한 데에는, 전대에 고려에서 정동행성(승상)을 매개로 각종 외로 아문 의례를 활용·실행한 일을, 번국인 고려가 지방 아문의 의례와 다를 바 없는 각종 외교의례를 거행하고 이와 맞물려 천자의 천하 지배가 번국 내에까지 구현된 것으로 전유·계승한 인식이 작용하였을 것이다.

- 고려도 명이 전대의 일을 계승·전유하여 번국 내에서 명(황제)을 대상으로 거행하는 의례(의주)까지 직접 작성한 심성과 마찬가지로, 전대에 정동행성(승상)을 매개로 각종 외로 아문 의례를 활용·변용해 온 일을 번국(제후국)이 행해야 하는 외교의례의 실천으로 전유하였을 것이다. 당시 고

려의 당면과제는 전대에 황제를 대상으로 거행한 각종 의례와 그 방식의 지속을 전제로 하면서도 어떠한 의주에 근거해서 이들 의례를 거행해야 하는지였을 것이다. 그로 인해 고려는 명에 보내는 진하사 편에 다가올 명 황제 명절에 거행해야 하는 요하례의 의주(본국조하의주)를 요청하였다.

- 명 측은 때마침 고려가 원하고 요구하는 의주들, 즉 번왕이 번국 내에서 명(황제)을 대상으로 거행하는 의례들을 작성하고 있었기에 이들 4종의 의주를 일괄하여 책자 형태로 만들어 고려에 하사하였을 것이다. 곧 명은《번국의주》를 하사한 것이다. 이 책에는 번국 내에서 명 황제를 대상으로 거행하는 영조례와 배표례의 의주인 〈번국접조의주〉와 〈번국진하표전의주〉가 수록되어 있었다.
- 고려는 명이 하사한《번국의주》의 수록 의주들을 토대로 그것의 복제품과도 같은 〈영대명조사의〉, 〈영대명사로사의〉, 〈원정동지상국성수절망궐하의〉, 〈진대명표전의〉를 작성하였다. 고려는 여기에 더해서 명이 하사한 의주를 저본으로 하지 않고 자체적으로 작성한 의주인 〈영대명무조칙사의〉—명이 보낸 자문 등의 공첩을 지니고 온 사신을 맞이하는 의례와 그 의주—를 제작하였다. 고려는 이 의주의 작성 과정에서 자체적인 판단·결정을 하면서도《번국의주》수록 의주와 명 지방 아문 의례(의주)에서 참고할 게 있으면 최대한 이를 활용하였다.
- 그 결과 원 복속기는 물론이요 고려 말기의 외교의례도 국내에서조차 황제 신하의 위상을 구현한다든지, 황제국 지방 관부의 황제를 대상으로 한 의례와 동조한다든지 하는 특징을 노정하게 되었다.

〈영대명조사의〉와 〈진대명표전의〉를 포함한 고려 말기 외교의례와 그 의주는 이후로도 이어져 사실상 대한제국 성립 이전까지 지속되었다. 고려 말기의 외교의례는 원 복속기를 전유·계승한 데서, 원 복속기 이래의 외교의례는 대한제국 성립 이전까지 지속되었다고 할 수 있다. 원 복속기 이래의 외교의례는 전형적인 조공 책봉 관계의 일부분을 이루는 전형적인 외교의례라 할 수 있기에, 본고는 '전형'·'전통'과 몽골 시대 유제(遺制)의 예상치 못한 인연을 보여 준다고 하겠다.

참고 문헌

《고려사》.
《고려사절요》.
《태조실록》.
《세종실록》.
《인조실록》.
《국조오례의》.
《國朝續五禮儀》.
《春官通考》.
《大韓禮典》.
《元史》.
《明太祖實錄》.
《淸太宗實錄》.
《高麗圖經》.
《大唐開元禮》.
《大金集禮》.
《大元聖政國朝典章》.
《大明集禮》.

김문식. 〈조선시대 國家典禮書의 편찬 양상〉. 《장서각》 21(2009).
김호동. 《몽골 제국과 고려—쿠빌라이 정권의 탄생과 고려의 정치적 위상》. 서울대학교 출판부, 2007.
김성규. 〈고려 외교에서 의례(儀禮)와 국왕의 자세〉. 《역사와 현실》 94(2014).
김지영. 〈18세기 후반 國家典禮의 정비와 《春官通考》〉. 《韓國學報》 114(2004).
송지원. 〈영조대 儀禮 정비와 《國朝續五禮儀》 편찬〉. 《한국문화》 50(2010).
______. 〈정조대 의례 정비와 《春官通考》 편찬〉. 《규장각》 38(2011).

윤승희. 〈고려 말 명 사신 영접의례의 성립〉. 《한국중세사연구》 55(2018).
이명미. 《13~14세기 고려·몽골 관계 연구》. 혜안, 2016.
장동익. 〈征東行省의 硏究〉. 《동방학지》 67(1990).
전해종. 《韓中關係史硏究》. 일조각, 1970.
정동훈. 〈高麗-明 外交文書 書式의 성립과 배경〉. 《한국사론》 56(2010).
______. 〈고려시대 사신 영접 의례의 변동과 국가 위상〉. 《역사와 현실》 98(2015).
최종석. 〈여말선초 명의 예제와 지방 성황제 재편〉. 《역사와 현실》 72(2009).
______. 〈1356(공민왕 5)~1369년(공민왕 18) 고려-몽골(원) 관계의 성격—'원간섭기'와의 연속성을 중심으로〉. 《역사교육》 116(2010).
______. 〈고려시대 朝賀儀 의례 구조의 변동과 국가 위상〉. 《한국문화》 51(2010).
______. 〈고려 말기·조선 초기 迎詔儀禮에 관한 새로운 이해 모색—《蕃國儀注》의 소개와 복원〉. 《민족문화연구》 69(2015).
______. 〈중화 보편, 딜레마, 창의의 메커니즘—조선 초기 문물제도 정비 성격의 재검토〉. 《조선시대 예교 담론과 예제 질서》. 소명출판, 2016.
______. 〈고려 후기 '자신을 夷로 간주하는 화이 의식'의 탄생과 내향화—조선적 자기정체성의 모태를 찾아서〉. 《민족문화연구》 74(2017).
______. 〈조선초기 迎詔禮 운영과 《蕃國儀注》〉. 《역사와 담론》 86(2018).
______. 〈鞠躬인가 五拜三叩頭인가?—조서를 맞이하는 예식을 둘러싼 조선과 명 사신 간의 갈등에 관한 탐색〉. 《한국문화》 83(2018).
______. 〈고려후기 拜表禮의 창출·존속과 몽골 임팩트〉. 《한국문화》 86(2019).
______. 〈원 복속기 遙賀禮(望闕禮)의 거행과 예식 변화상—원종·충렬왕대를 중심으로〉. 《한국학연구》 59(2020).
______. 〈고려 말기 《蕃國儀注》의 활용 양상과 그 성격〉. 《한국문화》 92(2020).

舩田善之. 〈元代の命令文書の開讀について〉. 《東洋史硏究》 63(4)(2005).
北村秀人. 〈高麗に於ける征東行省について〉. 《朝鮮學報》 32(1964).
岩井茂樹. 〈明代中國の禮制覇權主義と東アジアの秩序〉. 《東洋文化》 85(2005).
檀上寛. 《明代海禁=朝貢システムと華夷秩序》. 京都大學學術出版會, 2013.
宮崎市定. 〈洪武から永樂へ—初期明朝政權の性格〉. 《東洋史硏究》 27-4(1969).
森平雅彦. 〈牒と咨のあいだ—高麗王と元中書省の往復文書〉. 《史淵》 144(2007).
森平雅彦. 《モンゴル覇權下の高麗—帝国秩序と王国の対応》. 名古屋大学出版会, 2013.

Robinson, David M. *The Ming Court and the Legacy of the Yuan Mongols, Culture, Courtiers, and Competition: The Ming Court (1368-1644)*. Harvard University Asia Center, 2008.

유가 성리학적 이념의 구현과 체현으로서의 문학관

조선 시대 문학관의 변화와 한국문학의 정체성(1)

박경남

1. 문학관을 통한 정체성 탐구

단일민족국가로만 여겨졌던 한국은 새 천년이 시작되는 시기를 전후로 갈수록 증가하는 외국인 노동자와 결혼 이민자, 그리고 한국의 경제와 문화를 배우러 온 외국인 유학생들로 인해, 어느덧 그들과 일상을 공유하며 함께 살아가야 하는 다문화 사회로 탈바꿈하고 있다. 지하철 안에서 외국인들을 만나는 것은 이제 특별한 일이 아니며, 명동 거리나 강남의 어느 길목에서, 그리고 대림과 안산 등 외국인 노동자 밀집 거주지역에서 만나는 외국인들은 단순한 관광객을 넘어 직장 동료와 이웃 거주민으로 한국인들과 일상을 공유하고 있다. 필자가 다니는 대학 강의실에 외국인 유학생들이 넘쳐 나는 것은 이미 낯선 풍경이 아니며, 중고등학교에 다니는 청소년들과 대학 부설 어린이집에 다니고 있는 우리 아이도 중국과 일본, 미국, 인도 및 동남아시아 여러 국가의 부모님을 둔 다문화가정의 아이들과 함께 생활하고 있다.

한 나라 안에서 다양한 민족과 문화가 뒤섞이고 있는 상황에서 어쩌면 우리는 지금 심각한 정체성의 혼란에 빠져들고 있는지도 모른다. 최근 들어 한국 문화의 정체성을 묻는 책들이 여러 분야에서 지속적으로 출간되는 것도 변화된 상황에 걸맞게 이러한 정체성의 혼란을 극복하고 실천적으로 해결하고자 하는 학문적 노력의 소산일 것이다. 또한 이전과 달리 단일 민족의 고유성을 강조하기보다는 다문화적 관점에서 '한국 문화의 정체성'을 재구성하려는 움직임이 일어나고 있는 것을 보면, 이제 우리는 다중적이고 다문화적인 관점에서 '정체성' 개념을 새롭게 재구성해야 할 학문적 과제를 떠맡게 되었다고도 할 수 있을 것이다.

이 글은 이러한 학문적 과제를 염두에 두면서 좁게는 '한국문학의 정체성'을 탐구하는 일환으로, 넓게는 한국과 한국 문화의 정체성을 새롭게 재구성하기 위한 포석으로 조선 시대 문학관을 통시적으로 살펴보고자 한다. 이 과정에서 서구의 근대 학문 체제와 근대 문학 개념의 도입과 심화·확산 과정에서 줄곧 지극히 단순하게 요약되었던 조선 등 전통 시대 문학관의 다기한 측면과 역동적 변화 과정을 소개하고자 한다. 대부분의 근대 문학 연구자들은 한국 근대 문학론의 성립 과정에서 적지 않은 영향을 끼쳤던 서구의 학문 체계와 문학관의 영향을 특별히 강조하기 위해 조선 등 근대 이전 시기의 문학관을 '학문'·'박학'·'인문' 개념과 유사한 것으로 단순화시킨 후, 마치 전통 시대 전 시기 동안 이러한 문학관이 별다른 변화 없이 일관되게 지속된 것으로 인식하고 있다. 하지만, '문학(文學)'이라는 용어 그 자체에만 집착할 것이 아니라 매 역사 시기마다 자신이 처한 시공간 속에서 '문(文)'·'문사(文辭)'·'문학(文學)'이라는 용어로 다양한 '문학' 담론을 펼쳤던 전통 시대 문인들의 문학관을 종합적으로 고찰한다면, 전통 시대 문학관에 대한 더욱 풍부한 인식에 도달함은 물론 동서양의 문학 개념 자체를 훨씬 더 넓은 지평에서 사고할 수 있게 될 것이다.

더 나아가 조선 시대 문학관을 중심으로 전통 시대 문학관의 다양한 스펙트럼을 확인하는 이 과정은 한국문학의 정체성을 새롭게 규정함은 물론, '동일성'의 지속 및 공유에 입각한 기존의 '정체성' 개념[1]을 해체하고, '차이'와 '변화', 그리고 '복수성'과 '관계성'에 입각한 새로운 '정체성' 개념을 재구성하는 계기를 마련해 줄 것으로 기대된다. 아울러 한국 문화의 '정체성'을 확립하기 위해 민족문화의 '고유성'과 '독자성'을 발견하는 데 집착했던 선학들의 노력과는 달리, 오히려 문화의 '보편성'과 '공명성(共鳴性)'의 시각에서 한국 문화의 '정체성'을 재구성하는 새로운 출발점이 될 것이다.

• • • •

1 개인 심리학 분야에서 정체성(Identity) 이론을 정립했던 독일의 심리학자 에릭슨(Erik Erikson, 1902-1994)에 따르면, 정체성이란 어떤 존재의 자기 동일성(self sameness)과 지속성(continuity)에 대한 인식이자, 공동체의 다른 사람들이 그 존재의 자기 동일성과 지속성을 인정함을 인식하는 것이다(E. H. Erikson, *Identity: Youth and Crisis*, New York: Norton & Com. 1994(1968), pp. 45-53 참조). 정체성(identity)이란 개념은 이처럼 '개인 심리학' 연구에서 출발한 것이긴 하지만 현재는 '문화 정체성'이나 '국가 정체성'처럼 보다 넓은 범위에서도 흔히 사용되고 있다. 국가나 문화로 범위가 확장되어 사용되어도 지속적으로 유지되고 공유되는 '동일성'을 핵심 개념으로 하여 '정체성'을 규정하는 것에는 변함이 없다. 하지만, '동일성'은 한 개인·국가·민족·문화의 복합성을 추상적으로 사상(捨象)시켜 버릴 경우에만 가능한 일이다. 따라서 최근에는 다양한 집단에 속한 현실의 개인을 특정한 정체성에 귀속시키는 '단일한 정체성' 개념에 반대하고, 개인에게 동시적으로 존재하는 '복수적·다원적 정체성' 개념이 제안되기도 하였다(Amartya Sen, *Identity and Violence: The Illusion of Destiny*, New York: W W Norton&Co Inc, 2006; 아마르티아 센, 《정체성과 폭력》, 이상환·김지현 옮김, 바이북스, 2009). 본고는 '개인'(국가·문화·민족)이 맺고 있는 다양한 관계 속에서 한 개인은 '일관되거나 혹은 일관되지 않을 수도 있는' '서로 다른 자아'를 복수로 가지고 있으며, 이러한 복수의 자아마저도 시간의 흐름과 자신이 맺고 있는 관계 속에서 끊임없이 변화한다는 입장을 취한다. 따라서 다양한 차이가 공존하는 구체적 현실에 기반한 어떤 존재의 '관계성'과 '복수성', '차이'와 '변화'에 입각하여 '정체성' 개념이 새롭게 정의되어야 한다고 생각한다.

2. 근대 이전 문학관에 대한 단선적 사고

문학관이란 곧 '문학'에 대한 관점을 말하며, 이는 '문학이란 무엇인가'라는 보편적 물음에 대한 자기 나름의 대답일 터이다. 그렇다면, 한국문학의 정체성을 탐구하는 자리에서 '문학이란 무엇인가'라는 물음을 던지는 이유는 무엇인가? 또한, '문학이란 무엇인가'라는 이 근대 분과 학문의 문학 개론 수업에서나 나올 법한 질문에 대한 대답을 문사철이 통합되어 있었던 전통 시대 조선 문인들에게 구하는 이유는 무엇인가? 그것은 바로 근대와 근대 이전의 학문을 나누는 이분법적 사고, 다른 나라(외부)와 한국(내부)을 구분하여 한국만의 특수한 정체성이 있다고 믿는 사고가 지극히 허구적이며 제한적인 것임을 드러내고자 함이다. 우선 근대적 문학관의 형성에 관한 근현대 문학 연구자들의 논의를 살펴보면서 논의의 실마리를 풀어가 본다.

> (가) 문(文)이나 문학(文學)이란 말은, 일찍이 《논어》에서 사용된 대로 그 범위가 그야말로 광막무은한 것이다. 곧, 일체의 문자 행위 내지 학문을 의미하는 것이었으며 (…) 문장(文章)과 박학(博學)의 이과(二科)를 함축한 것이었다. (…) 조선조의 문학론에 있어서도 문이나 문학이란 말의 테두리는 크게 이 같은 테두리를 벗어나지 아니하였다. 조선조의 정도전이나 권근 등이 내세운 삼재지문(三才之文)의 이론도 문(文)의 개념을 거의 무한에 가까운 것으로 설정하여 천지문(天之文)으로서 일월성신(日月星辰), 지지문(地之文)으로서 산천초목(山川草木), 인지문(人之文)으로서 시서예악(詩書禮樂) 등을 포괄하였으며, 이 같은 개념은 당시[1894-1919]에까지도 그대로 수용되었다. (…) 인지문(人之文)의 광범한 개념 내지 테두리를 한정지워서, 창작예술로서의 문학이란 단계에 이른 것이다. 이 과정은 개신 유학자[장지연·박은식·신채호]들의 문학론에 이어 유학 세대들[이광수·최두선·백대진]의 문학론에 와서야 보다 뚜렷하게 구체화 되었다.[2]

(나) 문학이라는 명사가 애초에는 현재의 문학과 같은 의미에서의 문학이 아니라, 학문 혹은 박학(博學)을 가리켰다는 것은 널리 알려진 사실이다. 예컨대 《논어》, 〈선진(先進)〉 편에 덕행, 언어, 정사(政事)와 함께 사과(四科)의 하나로 나오는 문학은 유교 경전을 배우는 학문의 이름이었으며, (…) 한대(漢代) 이후 중국이나 한국에서 학문과 구별되는 문학을 지칭할 경우에는 문이나 문장이라는 단어를 보다 일반적으로 사용했다는 사실이 말해주듯이 문학은 결국 학문이라는 의미의 한정에서 좀체로 벗어나지 못한 용어였다. (…) 문학에 대한 근대적 지식의 생산이라는 면에서 보면 이광수의 선구적 위치는 충분히 인정할 만한 것이다. (…) 그는 이미 문학과 학문의 어휘론적 분별을 명확히 하고 있다.[3]

(다) 주진(周秦) 시대까지 문학이라는 말은 문장과 박학이라는 두 가지 뜻을 동시에 가지고 있어서, 문과 학은 구분될 수 있는 개념이 아니었다. 양한(兩漢) 시대에 이르면, 문(文)과 학(學)이 분리되면서 문학(文學)과 문장(文章)을 구별하여 사용하게 된다. 이때 문학은 대개 학술을 지칭하는 것이며, 이에 반해 정이나 미감을 중시하는 글을 문장이라 하게 된다. 송대에 이르면, 성현의 사상이 문을 논하는 표준이 되고 문이재도(文以載道)의 문학관이 정립된다. (…) 우리나라의 경우, "조선시대에 있어서는 (…) 문이관도나 문이재도가 조선시대 문학이론의 지배원리로 군림하게 되었"으며, "조선 전기에 형성된 문학관이 후기에 이르기까지 특기할 만한 변화 없이 일관된다." (…) 1900년대에

••••

2 홍신선, 〈韓國 近代文學 理論 形成 過程에 關한 硏究—1894~1919年을 中心으로〉(박사학위논문, 동국대학교, 1987), 93쪽. [ ]의 주는 이 글의 앞뒤 문맥에 비추어 인용자가 삽입한 것이다.

3 황종연, 〈문학이라는 譯語—〈문학이란 何오〉 혹은 한국 근대문학론의 성립에 관한 고찰〉, 《문학사와 비평》 6(1999), 10-11, 13쪽.

이르면, 문이재도의 문학관에서 핵심영역에 해당하는 도의 관념이 유효성을 상실하게 된다.[4]

위 세 글은 모두 근대적 문학론의 형성을 탐구한 것으로, 이 글들이 다루는 시기는 대략 19세기 말부터 20세기 초까지다. 논문의 필자들은 자신의 관심에 따라 이 시기를 각각 '신구의 형식이 혼재된 과도기'(가), '서구의 학문 제도와 문학 담론이 도입 번역되는 시기'(나), '정치적 공공영역의 발생과 계몽의 기획으로 대변되는 시기'(다)로 달리 규정하고 있지만, 세 사람은 공히 이 시기에 **서구로부터 들어온 근대적 담론과 제도**의 사회적 확산이 '학문'으로부터 '문학'을 분리하는 근대적 '문학관'의 형성에 주요한 계기가 되었음을 역설하고 있다. 근대 제도의 확립과 근대적 문학관의 형성을 연결시키는 관점에는 대체로 동의할 수 있다. 하지만, 위 인용문에 보이듯 "유교 경전을 배우는" '학문' 그 자체를 지칭하거나, 유가적 도의 관념과 긴박된 것으로만 전통시대 문학관을 단순화시키고, 마치 이러한 관념이 공자(孔子) 시대에 출현하여, 송대 유학자들에 의해 문이재도(文以載道)의 문학관으로 정립된 후, 조선에 유입되어 19세기 말에 이르기까지 "특기할 만한 변화 없이 일관"되게 지속된 것으로 이해하는 태도는 선뜻 받아들이기 어렵다.

전통 시대 문학관에 대한 근대 문학 연구자들의 단순 요약은 그들이 근대 이전 문학관의 다성적 측면을 실제로 몰라서일 수도 있겠다. 그렇지만, 위의 논자들이 한대(漢代) 이후 '문학과 학문의 분화'를 스스로 언급하고 있음에도(나·다), 이러한 현상에 대한 심도 깊은 분석을 결여한 채, '문학'이라는 용어에 집착하여 전통 시대 문학관의 다양한 분화와 변화를 애써 무시하고자 하는 것은 '전통'과 절연하려 했던 '근대 초기'를 새로운 문예가 싹트는 시기로 부각시키고, 절연을 감행하는 중요한 '무기'이자 '방향타' 역할을 했던

• • • •

4 김동식, 〈한국의 근대적 문학 개념 형성과정 연구〉(박사학위논문, 서울대학교, 1999), 54-55, 58쪽.

'서구'의 문예관을 강조하기 위한 다분히 의도적인 단순화로 보인다.

하지만, 근대 이전 시기를 조선 시대만으로 한정한다고 하더라도 19세기 말 이광수와 같은 유학 세대들 이전에 이미 '문학'과 '학문'을 구별하는 '선구적'인 논의들이 제출·확산되었으며, 전통 시대 '문학'을 지칭하는 '문(文)·문사(文辭)·문장(文章)·문학(文學)'이라는 용어는 그것을 사용하는 논자의 '문학을 바라보는 관점'에 따라, 또한 그것이 사용되는 사회적 문맥, 혹은 대화적 맥락에 따라 매우 다양한 의미를 함축하고 있었다. 거기에는 물론 서양과 마찬가지로 고대로부터 19세기까지 '학문'과 미분화된 의미로서 '문학'을 지칭하는 논의도 있고,[5] '문학'을 '인문(人文)' 일반으로 생각한 정도전(鄭道傳) 같은 이도 있으며, 근대적 제 담론과 제도가 들어오기도 전에 '문학'과 '학문'을 명백히 구분하면서 자신의 문학관을 정립한 논의도 존재한다. 문학에 관한 지배적 담론과 별개로 문학을 정의하는 다양한 논의와 관점이 현대에도 존재하듯, 전통 시대에도 '문학이란 무엇인가'에 대한 대답, 곧 '문학의 정체성'을 묻는 질문에 대한 여러 대답들이 공존했다는 것이다. 따라서 이 글은 조선 시대 문학관을 중심으로 전통 시대 문학관의 다양한 실체적 진실을 밝히고, 그러한 바탕 위에서 여전히 지속되고 있는 전통과 근대, 동양과 서양을 가르는 이분법적 사고의 문제점과, 그 시대를 대표하는 지배적 담론이라는 미명하에 당대에 공존했던 다양한 논의들을 의도적으로 무화시켜 버리는 단선적 사고의 허구성을 지적하고자 한다.

••••

5 '문학'으로 번역되는 'literature'도 서구에서 고대부터 19세기까지 아주 오랜 시간 동안 '학문'의 의미를 지녀 왔다. 'literature'의 어원인 라틴어 'literratura'는 '교양', '박학'을 뜻한 말이었으며, 상상적인 저작으로서 시·소설·극 등의 장르를 포괄하는 용어로서의 'literature'는 18세기 이전에는 출현하지 않았고, 19세기에 들어서 본격적으로 논의되기 시작했다. 이에 대해서는 황종연, 앞의 글, 15쪽 참조.

3. 동아시아 전통적 문학관의 다양한 면모

조선 시대 문학관을 다루기 전에 먼저 동아시아의 전통적 문학관을 대표하는 몇몇 관점을 소개하기로 한다. 주지하다시피 조선 시대 문학관은 당대 동아시아 문명의 중심지인 중국에서 일찍이 논의되어 왔던 다양한 문학관들을 흡수하며 발전해 왔기 때문이다. 가장 일찍부터 그리고 가장 오랫동안 유지되었던 대표적인 문학관은 현대 문학 연구자들도 지적하고 있듯이 **학문과 박학으로서의 문학**일 것이다. 일찍이 공자가 《논어》에서 제자들의 장점을 구분해 덕행(德行)·언어(言語)·정사(政事)·문학(文學)의 사과(四科)로 나누어 말할 때,[6] 문학의 의미는 작자의 허구적 창작물을 가리키는 것이 아니라 학문 일반과 크게 다를 바 없는 의미로 사용된 것이었다.[7] 조선 초기의 하륜(河崙, 1347-1416)이 우리나라 문학의 성대함을 중국에 보여 준 이로 정몽주를 이색·이숭인과 함께 높이 평가할 때나,[8] 근대 초기 최치원의 후손인 최국술(崔國述, 1870-1953)이 《고운집(孤雲集)》을 편찬하며 최치원을 '동국문학의 비조'라고 할 때도[9] 시문을 포함한 학문 전반을 지칭하는 용어로 '문학'이 사용되고 있는 것으로 보아, 문학이라는 용어가 조선 시기 내내 창작 시문은 물론 학문적 저술을 포괄하는 용어로 사용되어 왔음을 알 수 있다.

• • • •

6 《論語》〈先進〉. 子曰: (…) 德行, 顔淵, 閔子騫, 冉伯牛, 仲弓. 言語, 宰我, 子貢, 政事, 冉有, 季路, 文學, 子游, 子夏.

7 공자(孔子)의 문학관이 학문과 미분화된 상태였다는 것에 대해서는 郭绍虞,《中国文学批评史》(商务印书馆, 2010), 第二篇·第一章·第一节 '孔门之文学观' 참조.

8 河崙, 〈圃隱先生詩卷序〉,《圃隱集》. 圃隱先生鄭公以天人之學, 經濟之才, 大鳴前朝之季, (…) 此篇當與牧隱, 陶隱二先生之集並傳於中國, 而使中國之士, 知海東有邦文學之盛矣, 顧不偉哉! 본문의 '차편(此篇)'은《포은집(圃隱集)》을, '목은(牧隱)'과 '도은(陶隱)'은 이색(李穡)과 이숭인(李崇仁)을 가리킨다.

9 崔國述, 〈孤雲集序〉,《孤雲集》. 伏惟我孤雲先生, 東國文學之祖也. 幼而北學, 早登魁第, 而天下之士, 莫敢爭先, 蓋其才德, 間世一人而已. 宜黼黻皇猷, 經緯宇宙, 以續三代不傳之緖.

다만 주의할 것은 근대 이전 문학관을 살필 때 '문학'이라는 용어에만 집착해서는 전통 시대 문인들의 '문학관'을 온전히 살필 수 없다는 점이다. 창작상의 시와 문을 포괄하는 용어로 전통 시대 문인들은 '문학'이라는 용어 외에도 '문(文)·문사(文辭)·문장(文章)' 등의 용어를 혼용해 왔고, 따라서 '문학'이라는 용어가 함의하는 의미의 변천이 아니라, 근대 이전 문인들의 문학관, 다시 말하면 그들이 문학을 어떻게 규정하고 문학의 정체성을 어떻게 생각했는지 알고자 한다면, '문학'이라는 용어와 함께 이들 용어들도 당연히 검토의 대상이 되어야 할 것이다.[10]

두번째는 **뜻과 정을 드러내는 것으로서의 문학**이다. 서진(西晋) 때의 저명한 문학가인 육기(陸機, 260-303)는 〈문부(文賦)〉에서 문학 창작에 대한 자신의 견해를 밝히면서 "매번 글을 지을 때는 더욱 그 정(情)을 보아야" 한다고 하면서 문학 창작에 임해서 창작자는 "내 뜻이 물정(物情)에 맞지 않을까", "문장이 뜻에 미치지 못할까" 염려하지만, 실제로 "그렇게 하기는 어려움"을 토로하고 있다.[11] 문학이란 자신이 쓴 글을 통해 마음속의 뜻을 전달하고, 사물의 정(情)을 드러내는 것이란 관념은 사실 《서경(書經)》과 《시경(詩經)》에서 '시는 마음속의 뜻과 정이 드러난 것'이라고 시(詩)를 정의할 때 이미 언급된 것이므로[12] 그 연원은 더욱 오래된 것이다. 육기는 정(情)을 가진 대상을 주체

• • • •

10 앞서 거론한 현대 문학 연구자들도 이러한 사정을 염두에 두고 있기 때문에, '文學'이 아닌 '文'이나 '文章' 등의 용어를 통해 자신의 문학관을 밝힌 송대 유학자들이나 정도전 등의 조선 문인들의 문학관을 근대 이전 문학관을 살필 때 포함하고 있는 것으로 보인다. 다만, 전통 시대 문인들이 '학문'과 구별하여 '문학'을 지칭할 때 주로 사용했던 '文辭'라는 용어는 현대 문학 연구자들이 근대 이전 문학관을 살필 때 의도적으로 제외하는 경향을 보인다. 다분히 자의적이라고 할 수 있는 이러한 연구 태도는 동아시아의 근대 이전 문학관이 19세기 말까지 '학문'과 '문학'이 미분화된 형태로 존재했다는 그들의 논지와 위배되기 때문인 것으로 보인다.

11 陸機, 〈文賦〉, 《文選》. 每自属文, 尤见其情, 恒患意不称物, 文不逮意, 盖非知之难, 能之难也.

12 《書經》〈虞書-舜典〉. "詩言志, 歌永言." 《詩經》〈毛诗序〉. 詩者, 志之所之也. 在心爲志, 發言爲詩. 情動於中而形於言, 言之不足, 故嗟歎之, 嗟歎之不足, 故永歌之.

뿐 아니라 객관적 사물에까지 확대하고, 사물과 인간의 정과 뜻을 드러내는 것을 문장의 본질적 속성으로 이해했으니, 육기에 이르러 창작 주체가 창작 대상과의 교감 속에서 그 뜻과 정을 드러내는 것이라는 포괄적인 문학의 정의가 완성된 것이라고 하겠다. 후대에 이르면, 문학에 대한 이러한 인식은 뜻[志, 意]을 강조하면서 작자의 창작의식을 중요시하는 경향과, 정을 강조하여 진솔한 감정(感情)·욕정(欲情)·애정(愛情)을 드러내는 것을 문학의 본령으로 이해하는 경향으로 분화되기도 한다.

세번째는 **사물·인간의 기질과 기상을 드러내는 것으로서의 문학**이다. 이는 삼국시기 위(魏)나라 황제로 문학에도 조예가 깊었던 조비(曹丕, 187-226)가 〈전론(典論)-논문(論文)〉에서 주장했던 것이다. 조비는 국가 경영의 중대사로, 그리고 시간의 소멸을 견디는 불후의 업적을 남길 수 있다는 점에서 문학의 가치를 높이 평가했을 뿐만 아니라,[13] 주의(奏議) 등의 상소문, 서론(書論) 등의 논설체, 명뢰(銘誄) 등의 묘지문, 시부(詩賦) 등의 시가가 추구하는 목표가 각기 다름을 지적하고 있듯[14] 문학의 장르적 차이와 속성을 민감하게 구분하고 있었다. 그리고 바로 이러한 배경과 바탕 위에서 문학 창작에서 가장 중요한 것이 작가의 기질과 기상임을 강조하고 있다. 곡조가 같고 리듬이 같은 음악이라고 해도 그것을 연주하고 노래 부르는 사람의 기질과 기상에 따라 전혀 다른 맛이 나는 것처럼, 문학 역시 창작자의 기상과 기질에 따라 대체 불가능한 차이를 보인다는 것이다. 부모 형제도 바꿀 수 없는 이 타고난 기(氣)의 맑고[淸] 흐림[濁]으로 인해 문학의 탁월함[巧]과 졸렬함[拙]이 결정된다[15]는 조비의 운명론적인 사고방식은 호연지기(浩然之氣)를 기를 수 있다는 전국

• • • •

13 曹丕, 〈典論-論文〉, 《文選》. 蓋文章, 經國之大業, 不朽之盛事. 年壽有時而盡, 榮樂止乎其身, 二者必至之常期, 未若文章之無窮.

14 위의 글. 夫文本同而末異, 蓋奏議宜雅, 書論宜理, 銘誄尚實, 詩賦欲麗. 此四科不同.

15 위의 글. 文以氣爲主, 氣之淸濁有體, 不可力強而致. 譬諸音樂, 曲度雖均, 節奏同檢, 至於引氣不齊, 巧拙有素, 雖在父兄, 不能以移子弟.

시대 맹자의 생각을 자신의 문학관으로 점화하여 양기론(養氣論)을 주장한 당대(唐代) 한유(韓愈, 768-824)와 북송대 소철(苏辙, 1039-1112)[16]에 의해 배제·부정되고 있으나 우리나라에서는 고려 말 죽림고회(竹林高會)의 한 사람인 임춘(林椿)과 조선 전기 서거정(徐居正, 1420-1488)에까지 연결되고 있으니 이 역시 하나의 역사적 계보를 형성한 동아시아의 대표적 문학관 중 하나라고 하겠다.[17]

네번째는 **울분과 불평한 마음을 드러내는 것으로서의 문학**이다. 일찍이 사마천(司馬遷, B.C. 145?-B.C.86?)은《사기(史記)》를 짓고 나서 그 자서(自序)에 이릉(李陵)을 변론하다 화(禍)를 당해 자신이 감옥에 갇혀 궁형(宮刑)을 당했던 일을 회고하고 있다. 그러면서, 서백(西伯: 周文王)·공자(孔子)·굴원(屈原)·좌구명(左丘明)·손빈(孫臏)·여불위(呂不韋)·한비자(韓非子)와《시》삼백 편을 지은 성현들까지 모두 다 자신의 비분한 마음을 드러내고 가슴속에 맺힌 울분을 토로하기 위해 저술을 남긴 것임을 강조하며, 자신도 그러한 발분(發憤)의 마음으로 황제(黃帝)로부터 시작해 요순 이래의 역사를 기록한《사기》를 저술했음을 밝히고 있다.[18] 당대(唐代)의 한유(韓愈, 768-824)는 "만물은 평정을 얻지 못하면 소리내어 운다"(不得其平則鳴)고 함으로써 사마천의 발분저서(發憤著書)를 보다 보편적 차원

••••

16 韓愈, 〈答李翊書〉와 蘇轍 〈上樞密韓太尉書〉 참조. 소철(苏辙)의 양기론(養氣論)에 대해서는 李凱, 〈苏辙文论的价值及地位—兼论古代"文气"说〉,《社会科学研究》, 1997年 01期; 李春青, 〈从人学价值到诗学价值—论苏辙"养气说"的深层含蕴〉,《社会科学辑刊》, 1998年 03期 참조. 중국 문론사상 양기론의 전개에 관한 개괄적 소개는 王辉, 〈古代文论"养气"说之流变〉,《山东师范大学学报(人文社会科学版)》, 2002年 02期 참조.

17 한국 문기론의 전개과정에 대한 보다 자세한 사항은 홍우의, 〈韓國 文氣論 硏究〉(박사학위논문, 서강대학교, 2005) 참조.

18 《史記》, 〈太史公自序〉. 於是論次其文. 七年而太史公遭李陵之禍, 幽於縲紲. 乃喟然而曰: "是余之罪也夫! 是余之罪也夫! 身毁不用矣." 退而深惟曰: "夫詩書隱約者, 欲遂其志之思也. 昔西伯拘羑裏, 演《周易》; 孔子戹陳, 蔡, 作《春秋》; 屈原放逐, 著〈離騷〉; 左丘失明, 厥有《國語》; 孫子臏腳, 而論兵法; 不韋遷蜀, 世傳《呂覽》; 韓非囚秦, 〈說難〉, 〈孤憤〉; 詩三百篇, 大抵賢聖發憤之所爲作也. 此人皆意有所鬱結, 不得通其道也, 故述往事, 思來者." 於是卒述陶唐以來, 至於麟止, 自黃帝始.

으로 확대한다. 인간뿐 아니라 초목과 강물도 바람과 같은 외부의 충격으로 인해 평정심을 잃게 되면 목놓아 울게 되고, 이것이 바로 문학이 되는 것이다.[19] 문학이란 인간과 사물의 불평한 마음과 상태가 자연스레 드러난 것으로, 이러한 문학은 당연하게도 창작자의 울분에 찬 목소리와 현실 비판적인 시각이 담겨 있을 수밖에 없다. 사마천과 한유는 바로 그러한 울분지사의 현실비판적인 문학관을 대변하는 대표적 인물이다.

마지막으로 거론할 것은 조선인들에게는 너무도 친숙한 **유가 성리학적 이념의 구현과 체현으로서의 문학**이다. 이는 '문학을 도를 싣는 도구'(載道之器)로 보았던 송대 유학자들의 문학관이다. 문학을 수레바퀴나 장식으로 보고, 도를 수레에 싣는 실질적 내용으로 보면서, 실질적 내용 없는 문학적 수식을 허식(虛飾)으로 생각하고, 그 실질적 내용인 유가적 도덕과 학문에 충실하면 문학적 아름다움은 뒤따라 오기 마련이다는 생각은 주돈이(周敦頤)로부터 시작하여, 정호(程顥)·정이(程頤)를 거쳐 주희(朱熹)에 이르기까지 송대 도학자들이 공유했던 문학관이었다.[20] 주지하다시피 재도지기적 도문일치적 문학관은 주자학의 도입과 정착 및 심화의 단계를 거치며 조선에서도 점차 지배적 문학관으로 성립되어 다수의 문인 학자들에게 심대한 영향을 끼쳤다.

• • • •

19 韓愈, 〈送孟東野序〉. 大凡物不得其平則鳴, 草木之無聲, 風撓之鳴, 水之無聲, 風蕩之鳴, 其躍也, 或激之, 其趨也, 或梗之, 其沸也, 或炙之, 金石之無聲, 或擊之鳴. 人之於言也, 亦然有不得已者而後言. 其謌也有思, 其哭也有懷, 凡出乎口而爲聲者, 其皆有弗平者乎.

20 周敦頤, 〈文辭〉, 《周敦頤集》. 文所以載道也. 輪轅飾而人弗庸, 徒飾也; 況虛車乎! 文辭, 藝也; 道德, 實也. 篤其實, 而藝者書之, 美則愛, 愛則傳焉. 《二程集》 上, 伯淳先生(程顥)曰: (…) 若修其言辭, 正爲立己之誠意, 乃是體當自家'敬以直內, 義以方外'之實事. 道之浩浩, 何處下手?/伊川先生(程頤)曰: (…) 聖人亦攄發胸中所蘊, 自成文耳. 所謂'有德者, 必有言'也. 朱熹, 〈讀唐志〉《朱熹集》. 聖賢之心, 旣有是精明純粹之實, 以旁薄充塞乎其內, 則其著見於外者, 亦必自然.

4. 조선 시대 도문일치적 문학관의 변화

이제까지 일정한 흐름과 계보를 형성하며 지속되어 왔던 동아시아 전통적 문학관의 다양한 면모를 간략히 살펴보았다. 이후에는 다섯 가지 문학관에 대한 조선에서의 전개 과정을 각각 살펴보아야 하겠지만, 시간과 지면의 제약상 이 글에서 그 모든 것을 다 다룰 수는 없으므로, 우선 조선에 가장 심대한 영향을 끼쳤던 유가 성리학적 이념의 구현과 체현으로서의 문학과 관련된 조선의 문학관을 통시적으로 살펴보고자 한다. 이를 통해 재도지기적 도문일치적 문학관의 도입 및 심화 과정, 그리고 그것으로부터 이탈해 갔던 조선 시대 문학관의 역동적이고 다양한 모습을 살펴볼 수 있을 것으로 기대된다.

유가 성리학적 이념의 구현과 체현으로서의 문학관과 관련하여 가장 먼저 언급되어야 할 인물은 정도전(鄭道傳, 1342-1398)이다. 주지하다시피 그는 〈불씨잡변(佛氏雜辨)〉을 통해 고려 시대의 지배적 사상이었던 불교를 척결하려 했고, 《경국대전(經國大典)》의 기초를 완성하여 성리학적 이념하에 조선의 기틀을 다지고자 했던 인물이기 때문이다. 다음은 현대 문학 연구자들 사이에서도 자주 인용되는 그의 '인문으로서의 문학관'이다.

> 해와 달과 별은 하늘의 문(天之文)이요, 산과 강과 풀과 나무는 땅의 문[地之文]이며, 시(詩)와 서(書)와 예(禮)와 악(樂)은 사람의 문(人之文)이다. 하늘은 기(氣)로, 땅은 형(形)으로 사람은 도(道)로 문을 이루니 그러므로 "문(文)이란 도를 싣는 그릇(載道之器)"이라고 한 것은 인문(人文)을 말한 것이다. 도를 얻으면 시서예악의 가르침이 온 세상에 밝혀져 해와 달과 별의 움직임이 순조롭고 만물이 조화롭게 다스려지니, 문의 번성함은 이에 이르러 최고에 달한 것이다. 선비는 천지간에 태어나 빼어난 기운을 받아 문장을 드러내는데, 혹은 천자의 뜰에서 드날리고 혹은 제후의 나라에서 벼슬을 한다.[21]

조선 건국의 일등 공신으로서 국가 경영의 기틀을 다진 정도전에게 문학이란 개인의 서정을 노래하는 것이기보다는 세상을 다스리는 것과 관련된 어떤 것이다. 윗글에서 그는 '도를 담는 그릇'으로서 문학을 정의내리거니와, 이때 도의 실현이란 "도(道)를 얻으면 시서예악(詩書禮樂)의 가르침이 온 세상에 밝혀"진다는 말에서 알 수 있듯, 《시경(詩經)》·《서경(書經)》·《예기(禮記)》·《악기(樂記)》 등 유교적 경전에 쓰여진 가르침을 정치적·제도적으로 실현하여 세상에 밝혀 드러내는 것을 가리킨다. 그리고 이러한 인문(人文)의 실현으로 천문(天文), 곧 하늘에 있는 "해와 달과 별의 운행이 순조롭고" 이런 자연의 순행과 함께 지상의 만물(地文), 곧 산과 강과 풀과 나무 등도, 마땅한 법칙에 따라 조화롭게 다스려질 터이니, 그때 문장은 비로소 가장 성대한 수준에 도달할 수 있다고 그는 말하고 있다. 결국 그에게 문학이란 개인적 글쓰기라기보다는 천지조화를 책임지는 막중한 역할을 지닌 인간이 자연과 만물과 조화롭게 살아갈 가장 훌륭한 인간의 문화와 제도를 실현하는 것에 가깝다. 요즘 말로 하면 문학이란 그에게 자연 생태계와 어우러지는 인문정신의 실현에 가까운 아주 거대한 역사적 과업인 것이다.

물론 이런 역사적 과업을 수행할 주체는 인용문의 말미에 언급되고 있듯 바로 빼어난 기운을 가진 선비들이다. 또한, 역대의 문학사를 정리하며 그가 한유(韓愈)나 소식(蘇軾) 등의 문인들을 거론하지 않고, 윤길보(尹吉甫)·사극(史克)·숙향(叔向)·정자산(鄭子產)·동중서(董仲舒)·가의(賈誼)·매승(枚乘)·사마상여(司馬相如) 등 문학과 정치적 능력을 겸비한 각 시대를 대표했던 현신(賢臣)들을 거론하는 것을 보면, 자신과 같이 왕을 보필하며 국정을 책임지는 인물이 그러한

• • • •

21 鄭道傳, 〈陶隱文集序〉, 《三峯集》 卷3. 日月星辰, 天之文也, 山川草木, 地之文也, 詩書禮樂, 人之文也. 然天以氣, 地以形, 而人則以道, 故曰: "文者, 載道之器." 言人文也. 得其道, 詩書禮樂之教, 明於天下, 順三光之行, 理萬物之宜, 文之盛至此極矣. 士生天地間, 鍾其秀氣, 發爲文章, 或揚于天子之庭, 或仕于諸侯之國.

역할을 할 수 있다고 자임하고 있음을 알 수 있다. 그리고 그들이 시서예악(詩書禮樂)에 담긴 유가 사상을 세상에 펴는 과정에서 창작했던 모든 것들, 즉 태평성대를 노래한 아송(雅頌)의 시나, 외교상으로 주고받았던 열국(列國) 대부(大夫)들의 시, 신하들이 왕께 바치는 대책문(對策文)과 건의서, 왕의 업적을 찬양하거나 잘못을 경계하는 시부(詩賦) 등 장르에 구애받지 않는 모든 글이 그에겐 유가 성리학적 인문정신을 실현한 훌륭한 문학적 자산이자 전범이었던 것이다.[22]

'문학'과 '정치'를 하나로 보는 정도전의 이러한 관점은 우리나라 문학사를 요약하는 대목에서도 그대로 적용되어 있다. 그는 중국의 유가 문명을 우리나라에 도입하여 꽃피운 인물로 을지문덕(乙支文德)·최치원(崔致遠)·김부식(金富軾)·이규보(李奎報) 등을 거론하고 있으며, 자기 당대의 문학을 소개함에 있어서도 문학과 학문을 겸비한 뛰어난 신하이자 성명도덕(性命道德)의 성리학적 이념을 그 문하에 전파해 고려 말 조선 초에 사상·문학·정치 변혁의 기틀을 다졌던 목은 이색을 중심으로 그 계보를 요약하고 있기 때문이다. 물론 이때에도 정도전은 자신을 이색의 문하에 위치 지움으로써 성리학적 문화 창달의 역할을 자임하고 있다.[23] 유가 성리학적 경세(經世) 이념과 치세(治世) 행위와의 통일 속에서 문학을 평가하고, 세상을 다스릴 주체로서 자신을 포

• • • •

22 鄭道傳, 〈陶隱文集序〉, 《三峯集》 卷3. 如尹吉甫在周, 賦穆如之雅, 史克在魯, 亦能陳無邪之頌, 至於春秋列國大夫, 朝聘往來, 能賦稱詩, 感物喩志, 若晉之叔向, 鄭之子產, 亦可尙已, 及漢盛時, 董仲舒, 賈誼之徒出, 對策獻書, 明天人之蘊, 論治安之要, 而枚乘, 相如, 遊於諸侯, 咸能振英摛藻, 吟詠性情, 以懿文德.

23 위의 글. 吾東方雖在海外, 世慕華風, 文學之儒, 前後相望. 在高句麗曰乙支文德, 在新羅曰崔致遠, 入本朝曰金侍中富軾, 李學士奎報, 其尤者也. 近世大儒, 有若雞林益齋李公, 始以古文之學倡焉, 韓山稼亭李公, 京山樵隱李公, 從而和之, 今牧隱李先生, 早承家庭之訓, 北學中原, 得師友淵源之正, 窮性命道德之說. 旣東還, 延引諸生, 見而興起者, 烏川鄭公達可, 京山李公子安, 潘陽朴公尙衷, 密陽朴公子虛, 永嘉金公敬之, 權公可遠, 茂松尹公紹宗, 雖以予之不肖, 亦獲側於數君子之列.

함한 사(士) 계급의 우월성과 책임감을 강조하는 정도전의 문학관은 당시 정치개혁에 참여했던 신진 사대부 관료 계층의 문학적 지향을 대표한 것으로 평가할 수 있을 것이다.

조선 건국 이후 세조의 왕위 찬탈과 여러 번의 사화(士禍)를 겪는 등 유가 성리학적 이념의 정치적 실현 과정에서 일정한 부침과 곡절을 겪긴 하지만, 조선은 선조대에 이르면 이황(李滉)·이이(李珥)에게서 볼 수 있듯 주자 성리학을 자기화할 정도로 사상적으로 성숙해졌으며 국가 제도와 문화적인 측면에서도 성리학적 기틀을 온전히 갖추었다고 할 수 있다. 사상·정치·제도적으로 성리학적 제도가 완비된 시점에서 보다 중요한 것은 이제 그러한 이념을 마음속 깊이 체화하여 내면화하는 것일 터이다. 중국의 사상사가 명대 중기에 이르러 왕양명 및 양명학파의 사상적 문제제기와 정치적 실천을 통해 이학(理學)에서 심학(心學)으로의 변모를 겪었듯, 조선에서도 선조대 도학자들 사이에서 마음의 수양과 유가 이념의 내면적 체화와 실천이 중요한 사상적 과제로 등장했다. 양명학의 조선 수용에 대한 이황 등 조선 유학자들의 내부 사상 투쟁과 윤근수(尹根壽, 1537-1616)·허봉(許篈, 1551-1588) 등 명나라에 사신으로 갔던 문인들의 양명학 배척으로 인해 양명 심학은 중국과 달리 조선에 뿌리내리지 못했지만,[24] 조선의 사상가들은 유가 경전과 성리학자들의 저술에서 심성 수양에 관한 격언을 모아 편집한 《심경(心經)》을 토대로 심성 수양을 통한 유가 정신의 내면화라는 당대의 사상적 과제를 수행하고 있었다고 할 수 있다.[25] 《정언묘선(精言妙選)》을 편찬할 정도로 문학에도 조예가 깊었던

• • • •

24 조선 문인들의 양명학 비판에 대해서는 김용재, 〈퇴계의 양명학 비판에 대한 고찰〉, 《양명학》 3(1999); 우응순, 〈월정 윤근수와 명인 육광조의 주륙논쟁〉, 《대동문화연구》 37집(2000); 김태년, 〈16세기 조선성리학자들의 양명학 비판 연구〉, 《한국사상사학》 19, 2002; 김동진, 〈허봉의 대명사행과 양명학 변척〉, 《문화사학》 21(2004) 등 참조.

25 《심경》을 둘러싼 조선 유학의 전개 과정에 대해서는 홍원식 외, 《심경부주와 조선유학》(예문서원, 2008) 참조.

이이(李珥, 1536-1584)는 이러한 역사적 단계에 조응하여 문학에서도 심성 수양의 문학관을 펼치고 있다.

> 옛사람의 문(文)은 작문에 뜻을 둔 것이 없습니다. 무릇 구름이 흘러가며 비로 내리고 해와 달이 비추고, 산이 솟고 시냇물이 흐르며 풀과 나무가 꽃을 피우는 것이 하늘과 땅의 문(天地之文)이지만, 하늘과 땅은 스스로 그것이 문장이 됨을 알지 못합니다. 온화하고 순한 마음이 안으로 축적되어 영롱한 빛으로 바깥에 드러나, 행동에는 위엄이 있고, 말을 하면 경전이 되는 것이 성인과 현인의 문이지만, 성현들은 스스로 그것이 문장이 됨을 알지 못합니다. 이런 까닭에 옛사람들은 도를 문장으로 삼아 도로써 글을 지으니, 그러므로 글을 짓지 않으려 해도 문장이 되었습니다.[26]

이이의 이 글도 앞서 살펴본 조선 전기의 정도전처럼 천문과 지문(天地之文)과의 관련 속에서 자신이 생각하는 인간의 문학[人文]을 설명하고 있지만, 이이의 문맥에서 강조되는 것은 '문명'이 아니라 '마음'이다. 또한 똑같이 성현을 거론하고 있지만, 이이가 강조하는 것은 자연과 만물을 조화롭게 아우를 새로운 문명의 건립이 아니라, 무의도(無意圖)의 자연에서 배워야 할 무작위(無作爲)의 마음이다. 무릇 천지자연은 구름이 비가 되고, 매일 해와 달이 뜨고 산과 물과 풀과 나무와 꽃이 시간에 따라 흘러가며 꽃을 피우고 부단히 변하고 있지만, 하늘과 땅은 그러한 변화를 애초에 의도하지 않았기에 그 변화가 왜 일어났는지 그 결과가 어떤 것인지 알지 못할 정도로 무심하다. 그리고 오히려 그런 무심함이 아름다운 천문과 지문을 만들어 내는 것이다.

• • • •

26 李珥, 〈與宋頤菴-己未〉, 《栗谷先生全書》 拾遺 卷3. 古人之文, 無意於爲文者也. 夫雲行雨施, 日照月臨, 山川之流峙, 草木之賁飾者, 天地之文也, 天地不自知其爲文. 和順積中, 英華發外, 動作有威儀, 言語爲經籍者, 聖賢之文也, 聖賢不自知其爲文. 是故, 古之人以道爲文, 以道爲文, 故不文而爲文.

마찬가지로 예전의 성현들 역시 문장을 지으려는 뜻이 없이 그저 오랜 수양을 통해 다듬어진 "온화하고 순한 마음"이 바깥으로 드러나 행동은 위엄이 있고, 말은 곧 경전이 될 정도로 사람들의 귀감과 표준이 되지만, 정작 성현들은 그것이 하나의 훌륭한 문학이 됨을 알지 못한다는 것이다. 문장을 잘 지으려고 애써 배우고 연습하지 않아도, 훌륭한 삶 자체가 문학이 된다는 이 생각은 문학적 완성과 도덕적 완성을 일치시키는 하나의 훌륭한 문학관이 될 수 있지만, 심성 수양을 통한 도덕적 완성만 되면 훌륭한 문학을 이룰 수 있기 때문에 역설적으로 문학을 향한 인간의 욕구와 행위를 억압하는 측면이 있다.

이이와 같은 도문일치적 문장관에 입각하면 문장가들의 작문 취미와 문학 취향은 그 방향부터 잘못된 것이고, 더욱 훌륭한 문장을 짓기 위해 문학 작품을 열심히 읽고 쓰는 것은 오히려 부질없는 시간 낭비가 될 뿐이다. 왜냐하면 훌륭한 문학은 "작문에 뜻을 두"고 훌륭한 문장을 반복 학습해서 이루어지는 것이 아니라 바로 그 자신의 훌륭한 삶, 곧 유가 성리학적 이념과 도덕에 충실한 삶에서 비롯되기 때문이다.

실제로 문학 행위 자체를 도외시하는 이러한 도문일치적 문학관은 16세기 이후 도학자적 문학관을 지닌 이이 같은 이들이 국가의 과거제도와 교육제도에 막강한 영향력을 끼치는 문형(文衡)이 되면서 문인들 사이에서도 부정할 수 없는 지배적인 문학관으로 자리 잡아 갔으며, 그러한 역사적 배경 속에서 문장을 개인적 취미와 삶의 지향으로 생각하는 문인들의 삶을 억압하기 시작했다. 하지만, 유가 성리학이라는 하나의 이념 속에서 삶과 문학을 통일시키려는 구심력이 강해질수록 그로부터 벗어나려는 이탈의 경향도 강화되기 마련이어서 16·17세기에 들어 도문일치적 문학관은 유가 성리학을 고수하는 문인들 내부에서도, 그리고 노장과 불교 및 양명학으로의 경사를 보이면서 성리학의 틀을 벗어나고자 하는 문인들 사이에서도 균열의 조짐을 보이기 시작했다.[27] 18세기에 터져 나온 '개인'과 '개체' 중심의 문학관은 도문일치적 문학관이 균열의 조짐을 보이는 시대적 배경 속에서 도문일치적 문학관의 논리를 부정하며 자신을 변호하는 과정에서 태어났으며, 그로 인해 이제 문학은 거대한 유교 문명의 창달에 공헌하거나, 유가적 심성 수양의 완성을 지향하지 않고서도 그 나름의 독자적 의미를 지니게 되었다.

다음은 개인의 취향과 각자의 지향, 그리고 시시각각으로 변화하는 개인의 진실을 담고자 하는 문학적 지향을 가진 문인들의 개인·개체 중심 문학관의 일련의 모습들이다.

(가) 사람의 뜻이란 벌이 꿀을 먹고, 좀벌레가 종이를 갉아먹는 것과 같다. 지금 잎에 꿀을 찍어 놓고 종이에 먹을 바른 후, 벌과 좀벌레를 그 위에 올려놓으면, 같은 잎이라도 벌은 오식 꿀만을 벅고 빈 잎은 건드리지 않으며, 좀벌레는 다 같은 종이지만 오직 종이만 먹지 먹물 자국이 있는 곳에는 가지 않는다. 마찬가지로 똑같은 육경(六經)의 글이지만 사마천(司馬遷), 반고(班固), 한유(韓愈), 유종원(柳宗元)은 문장에 뜻이 있으니 문사(文辭)에만 관심을 가지고 이(理)에는 관심을 두지 않으며, 정자(程子)와 주자(朱子)는 이(理)에 뜻이 있으니 이(理)에만 관심을 가지지 문장에는 관심을 두지 않는다.[28]

(나) 대개 문장의 오묘함은 샘물 중의 온천, 불 중의 한염(寒焰), 돌 중의 결록(結綠), 쇠 중의 지남철처럼 독특한 기질을 가진 것이 있어서 반드시 자득한 견

• • • •

27 조선 건국 이후 16세기까지의 도문일치론의 심화 과정과 16·17세기 이후 정주학적 도문분리론의 균열 과정에 대한 자세한 사항은 박경남, 〈16·17세기 程朱學的 道文一致論의 균열과 道文分離的 경향〉, 《고전문학연구》 35(2009) 참조.

28 趙龜命, 〈答趙盛叔-爾昌-書〉, 《東谿集》 卷10. 人之有志, 猶蜂之食蜜, 蠹之齧紙. 今夫點蜜於葉, 涴墨於紙. 而放蜂蠹也, 則同是葉也. 而惟蜜之, 旣而未嘗犯乎空葉, 同是紙也, 而惟紙之, 旣而未嘗侵乎墨痕. 同是六經之文也. 而遷, 固, 韓, 柳, 志于辭, 而旣其辭矣, 無關乎理; 程朱夫子, 志于理, 而旣其理矣, 無關乎辭.

해로 그것을 이해해야 할 때 요구되는 것이니, 이때는 이윤(伊尹)·주공(周公)·공자(孔子)·맹자(孟子)가 설한 공공의 이가 필요한 것이 아니다. 지금 저 고라니와 사슴은 꼴을 먹고, 지네는 지렁이를 달게 먹고, 부엉이와 까마귀는 쥐를 좋아하니 이는 실로 천하의 바른 맛(正味)을 잃은 것이지만 배를 채우고 몸을 살찌게 하는 것은 같다. 정자와 주자가 (…) 터득한 것은 천하의 상리(常理)니, 그 말이 평범하고 번다해서 특별한 것을 볼 수 없다. 매일 입고 먹는 것(布帛菽粟)은 정말로 사람들에게 기이하게 보이지 않기 때문이다.[29]

(다) 사람은 태어나면서부터 각자의 눈과 귀가 있으니 천만인의 이목(耳目)이 모두 같지 않다. 또 각자의 의지(意態)가 따로 있어 천만인의 마음이 동일하지도 않다. 이 때문에 모든 사람(千萬人)은 각자 자신의 몸으로 행하니 다른 사람을 모의하지 못한다. 또한 각자 자신의 뜻대로 살아가니 다른 사람에게 간섭받지 않는 것이다. 그러므로 똑같이 어떤 사물을 보더라도 나는 다른 사람의 시각을 빌려 온 적이 없고, 똑같이 어떤 소리를 듣더라도 나는 다른 사람의 청각을 빌려 온 적이 없다. 그러한즉 유독 식견과 깨달음에 있어서만 머리 숙여 고인(古人)의 노예가 되라고 한다면 도리어 어찌 그렇게 할 수 있겠는가?[30]

(라) 천고의 학술을 취하여 앞에 늘어놓지만 그들의 명목(名目)에 구속되지 않

29 趙龜命, 〈復答趙盛叔書〉, 《東谿集》 卷10. 蓋文章之妙, 如泉之溫, 火之寒, 石之結綠, 金之指南, 要其有獨稟之氣, 而又必濟之以自得之見, 非必伊, 周, 孔, 孟公共之理也. 今夫麋鹿食薦, 蝍且甘帶, 鴟鴉嗜鼠, 是固失天下之正味, 而其於飫腸而肥身則同矣. 程朱夫子, (…) 其所得者, 又天下之常理, 常而繁, 故不見其奇. 布帛菽粟, 固不見奇於人也.

30 趙龜命, 〈與李季和-廷燮-書-己酉〉, 《東谿集》 卷10. 天之生斯人也, 各具耳目, 而千萬人之耳目, 無一同焉. 各有意態, 而千萬人之意態, 無一同焉. 是使千萬人者, 各身其身, 而不與人摸擬. 各意其意, 而不爲人管攝者也. 故同視一物, 而吾未嘗借人之視; 同聽一聲, 而吾未嘗借人之聽, 則獨於見識解悟, 屈首爲古人之奴僕, 抑何爲哉?

고, 천고의 문장을 끌어모아 손에 집어 들지만 그 등급을 따지지 않는다. 다만 나의 식견과 깨달음으로 그중에서 찾아, 내 뜻에 맞으면 취하고 맞지 않으면 버린다. 천고의 학술과 문장을 내가 판단하고 주관해야지, 그것이 나를 판단하거나 주관하게 할 수는 없다. 그 모두가 내게 맞지 않으면, 차라리 나의 학문을 배우고 나의 문장을 쓰며, 별도의 깃발을 세우고 북을 울리며 내 맘대로 내달려서 천하의 후대인들에게 유학도 불교도 한유도 유종원도 아닌, 홀로 우뚝 선 건천자(乾川子)가 있음을 알게 하리라.[31]

윗글은 모두 조귀명(趙龜命, 1693-1737)의 글로 그는 꿀을 좋아하는 벌과 종이를 갉아먹는 좀벌레의 비유를 통해 모든 개체는 천성적으로 자기만의 독특한 취향을 가진다는 것을 전제로 사람들 역시 자신의 취향에 따라 문학에 뜻을 두기도 하고, 이학(理學)에 뜻을 두기도 한다고 하면서 자신의 문학적 취향을 옹호하고 있다(가). 또한 보편적 진리를 추구하는 철학과는 달리 문학은 '공통의 이치'(公共之理)나 일상의 '불변의 진리'(常理)를 추구하는 것이 아니라, 샘물 중의 온천, 불 중의 한염(寒焰), 돌 중의 결록(結綠), 쇠 중의 지남철처럼 상리(常理)에 어긋나는 독특한 기질을 가진 존재와 독특한 현상에 대해, 스스로가 느끼고 경험한 자기만의 깨달음을 통해 그 가치를 발견하고 세상에 드러내야 하는 것임을 분명히 하고 있다(나). 모든 사람은 각자 태어나면서부터 서로 다른 눈과 귀를 가지고 태어나기 때문에, 세상을 보는 견해와 시각이 다를 수밖에 없으며(다), 그런 까닭에 자신은 어떤 표본이 되는 고전의 학술과 문장을 배우기보다는 자기만의 독자적 체험과 견해를 바탕으로 한 문

31 위의 글. 摶千古之學術, 列之於前, 而不拘其名目; 櫛千古之文章, 攬之於手, 而不計其等級. 但以吾之見識解悟, 探索乎其中, 合者取之, 不合者舍之. 要使千古學術文章, 爲吾之裁, 而不能裁吾; 爲吾之役, 而不能役吾. 其皆不合于吾, 則寧學吾學, 文吾文, 別建旗鼓, 橫馳旁鶩, 使天下後世, 知有不儒, 不釋, 不韓, 不柳, 嵬嵬獨立之乾川子爾.

학을 할 수밖에 없다는 것이 조귀명 문학관의 결론이다(라).[32]

개인의 취향 및 독자적 체험과 견해를 드러내는 것으로서의 문학관은 비록 소론과 노론으로 정치적 견해를 달리하지만, 후세대 유한준(兪漢雋, 1732-1811)에게로 그 핵심적인 생각이 보존·계승되며 그 적용 범위가 확대되고 있다. 유한준은 아래의 글에서 획일적인 유가 사상의 테두리 안에서만 문학의 가치를 발견할 것이 아니라, 서로 다른 각자의 사상을 인정하고 각자의 길을 추구함으로써 훌륭한 문학과 삶에 이를 수 있다는 생각을 표출하고 있다.

> (마) 만약 저들[인용자: 노장(老莊)과 불도(佛道) 및 문장가들]이 각자 자신의 도(道)를 도(道)로 하여 그 도(道)를 완성했기 때문에 문장이 훌륭해졌다고 한다면, 천하의 소위 도(道)라는 것에는 누구에게나 다 합당한 보편적인 도(恒道)는 없는 것입니다. 그렇다면 도가 반드시 정주학(程朱學)이 아니어도 문장은 그 자체로 문장의 가치가 있는 것입니다. 만약 문장이 반드시 정주(程朱)의 도를 근거로 해야 옳다고 한다면, 이는 '각자 자신의 도를 도로 삼는다'는 각도기도(各道其道)의 설과는 부합하지 않습니다.[33]

> (바) 그러므로 항상 후세에 이름을 전하고자 하면, 내외와 아속을 구별할 것 없이 다만 하나의 일에 지극히 능하면 될 것이니 옛사람들이 또한 그러했다. 우리나라의 한호(韓濩)는 명필로 이름을 전하였고, 석양정(石陽正)은 그림으로

32 조귀명을 포함한 이용휴·이언진 및 18세기 개인·개체 중심 문학관에 대한 보다 상세한 분석은 박경남, 〈18세기 文學觀의 변화와 '개인'과 '개체'의 발견(1)—程朱學的 이념의 해체와 '개인' 중심 문학관의 출현〉, 《동양한문학연구》 31(2010) 참조.

33 兪漢雋, 〈答朴永叔書-乙酉〉, 《自著》 卷20, 如曰: "彼各自道其道而旣於道, 是以文至矣." 然則是天下之所謂道, 無恒道矣. 道不必程, 朱, 而文章固自如也. 使文章必程, 朱之道而後, 可也, 則是各道其道之說, 左矣.

이름을 전했으며, 덕원령(德源令)은 바둑으로, 양예수(楊禮壽)는 의술로, 홍계관(洪繼灌)은 점술로 그 이름을 전했으니 어찌 반드시 문장으로만 이름을 전하겠는가?[34]

(사) 웅의료(熊宜僚)의 공 던지기와 혁추(奕秋)의 바둑, 양유기(养由基)의 활쏘기와 윤편(輪扁)의 수레바퀴 제작은 깨달음으로부터 시작해서 자득에 이른 것이다. 그러므로 마음과 손이 영험해져서 칼로 고기 사이를 날듯이 달리고 빈틈을 휘둘러 쳐서, 뼈마디 사이의 공간을 발라내어 소를 잡는 포정(庖丁)과 같이, 오직 그 마음이 하고 싶은 대로 할 뿐이다. 문장 또한 그러해서 스스로 깨달은 자만이 그 극한에까지 나아가니, 굴원(屈原)과 장주(莊周), 사마천(司馬遷)과 양웅(揚雄) 등은 각각 원망(怨望)과 달관(達觀), 울분(鬱憤)과 적막(寂寞)함의 끝까지가 본 진정으로 깨달은 자이다.[35]

유한준은 윗글 (마)에서 '각자 자신의 도를 도로 삼는다'는 각도기도의 관점을 통해 누구에게나 다 합당한 보편적인 도(恒道)는 없으며, 따라서, 정주학적 도에 부합해야만 문장의 가치를 인정하는 조선의 지배적 문학관인 도문일치적 견해에 반기를 들고 있다. 그에 따르면, 노장(老莊)과 불도(佛道) 및 정주학에 위배되는 많은 문장가들의 문학도 만약 자신의 도를 끝까지 추구하여 어떤 경지에 도달했다면 훌륭한 문학이 될 수 있는 것이다.

(바)와 (사)에서 그는 이러한 생각을 비단 문학에만 그치지 않고, 그림(石

••••

34 俞漢雋, 《自著-著草》, 〈通園遺稿序-辛亥〉. 故常以謂名之傳, 無內外雅俗, 在乎極一事之能, 古人且寘之. 卽我國韓濩以書傳, 石陽正以畫傳, 德源令以碁傳, 楊禮壽以醫傳, 洪繼灌以卜筮傳, 何必文章哉?

35 俞漢雋, 〈燕石集序-辛亥〉, 《自著-著草》. 僚丸, 秋奕, 由射, 扁輪, 彼其始於悟, 終以自得, 故能口靈手化, 刃行肉飛, 亢虛擣批, 窾節開解, 惟意所欲. 文章亦然, 惟悟者, 能造其極, 屈原, 莊周, 司馬遷, 揚雄之屬, 其於怨, 達, 欝, 寂, 眞而悟者也.

陽正)과 바둑(德源令/奕秋), 의술(楊禮壽)과 점술(洪繼灌), 공 던지기(熊宜僚)와 활쏘기(养由基), 수레바퀴 제작(輪扁)에까지도 적용하여 만약 그들이 각자의 기예에 통달하여 자기 마음대로 소를 발라내는 포정의 경지에까지 오른다면, 그들은 "진정으로 깨달은 자"로서 충분히 그 가치를 인정받아야 한다는 생각을 펼치고 있다. 이는 정주학적 사상과 사대부 문인들의 삶만을 가치 있다고 생각하는 당대적 가치에서 멀리 벗어난 것이며, 바로 이러한 가치관 속에서 유한준은 원망과 달관, 울분과 적막함의 끝을 보여 준 굴원과 장주, 사마천과 양웅의 문학을 진정한 깨달음이 있는 훌륭한 글로 인정하고 있기도 하다. 결국 유한준은 유가 성리학의 테두리를 넘어 개인들 각자가 자기만의 사상과 감정, 기예와 삶의 심연을 드러내는 것으로서의 문학을 추구하는 것을 십분 긍정하고 있는 것이다.[36]

다음은 지금 여기 순간의 변화와 그렇게 변화하는 개체들의 면모를 드러내는 것을 문학의 진정한 가치로 여겼던 이옥(李鈺, 1760-1815)의 문학관이다.

> 천지만물에는 천지만물의 본성[性]이 있고 천지만물의 모양[象]이 있으며 천지만물의 빛깔[色]이 있고 천지만물의 소리[聲]가 있습니다. 총괄하여 보면 천지만물은 하나의 천지만물이지만 나누어 말하면 천지만물은 각각의 천지만물입니다. 바람부는 숲에 꽃잎이 비처럼 우수수 떨어져 어지러이 쌓여 있어도 분별하여 살펴보면 붉은 꽃은 붉고 흰 꽃은 하얗습니다. 천상의 음악소리가 우레처럼 웅장하게 울려도 자세히 들어보면 현악은 현악이고 관악은 관악이니 각자 자기 색을 띠고 각자 자기 음을 냅니다. (…) 만물은 만 가지 물건이니 진실로 하나로 할 수 없습니다. 하나의 하늘이라고 해도 또한 하루도 서로 같은 하늘이 없고 하나의 땅이라고 해도 또한 한 곳도 서로 같은 땅이

36 유한준(兪漢雋)의 각도기도론(各道其道論)에 대한 보다 상세한 논의는 박경남, 〈兪漢雋·朴胤源의 도문분리 논쟁과 兪漢雋의 各道其道論〉, 《한국한문학연구》 42집(2008) 참조.

> 없습니다. 마치 천만 인이 각자 천만 가지의 성명을 지녔고, 일 년 삼백 일이 절로 삼백 가지의 일됨이 있으니 오직 이와 같은 것입니다.[37]

《이언(俚諺)》 첫 번째 서문의 한 대목인 윗글의 서두에서 이옥은 천지만물에는 다 저마다의 본성과 모양과 빛깔과 소리가 있다고 하면서, 총괄하여 말하면 그것은 하나의 천지만물이지만 나누어 말하면 다 각각의 천지만물임을 천명하고 있다. 그런데 그 말에 뒤이은 내용이 한결같이 통합적 명칭 속에 가려진 개별적 존재의 서로 다른 차이에 대한 확인인 것을 보면, 《이언》의 서문에서 이옥이 강조하고 싶은 것이 관념 속에 존재하는 '사물의 총체성'이나 '세계의 통일성'이 아니라 이 세상에 실제로 존재하는 '각 개체들의 서로 다른 개별적 면모'임을 간단히 알 수 있다.

총괄하여 보면 꽃은 다 꽃일 뿐이지만, 저 바람 부는 숲속에 꽃들이 아무렇게나 떨어져 뒤섞여 뒹굴고 있다고 해도 그 하나하나에 눈길을 주어 자세히 살펴보면, 뒤섞임 속에서도 붉은 꽃은 붉은빛으로 흰 꽃은 하얀빛으로 자신의 빛깔을 발산하고 있는 개체들의 모습을 발견할 수 있다. 그리고 또한 저 천상에 흐르는 음악 소리도 그저 무심결에 들으면 하나의 웅장한 음악이겠지만, 세심히 듣고 있으면 그 속에 가늘게 흐르고 있는 현악기 소리와 맑고 투명하게 하늘을 가르는 관악기 소리를 구별하여 들을 수도 있는 것이다. 요컨대 개체들의 차이를 인정하지 않으려 하거나 그 차이에 둔감한 이들이라면 모를까, 세상에 존재하는 갖가지 사물들에 진정으로 관심을 가

• • • •

37 李鈺, 〈一難〉, 《俚諺》. 天地萬物, 有天地萬物之性, 有天地萬物之象, 有天地萬物之色, 有天地萬物之聲. 總而察之, 天地萬物, 一天地萬物也, 分而言之, 天地萬物, 各天地萬物也. 風林落花, 兩樣紛堆, 而辨而視之, 則紅之紅, 白之白也. 勻天廣樂, 雷般轟動, 而審而聽之, 則絲也絲, 竹也竹, 各色其色, 各音其音. (…) 萬物者, 萬物也, 固不可以一之. 而一天之天, 亦無一日相同之天焉; 一地之地, 亦無一處相似之地焉. 如千萬人, 各自有千萬件姓名; 三百日, 另自有三百條事爲, 惟其如是也.

진다면 그들이 "각자 자기 색을 띠고"(各色其色) "각자 자기 음을 내고 있다"(各音其音)는 사실을 발견할 수 있다는 게 이옥의 생각이다. 그런 까닭에 이옥은 최종적으로 "만물은 만 가지 물건이니 진실로 하나로 할 수 없다"고 단언하고 있는 것이다.

또한 이처럼 서로 다른 개체·개인들은 설령 같은 하늘을 지고 같은 땅 위에 살고 있다고 해도 그 시간과 공간의 차이를 염두에 두면, 실상은 동일한 하늘과 땅 사이에 살고 있다고 말할 수도 없다. 따라서 이옥은 총괄적으로 추상화시켜 보면 그저 하나의 하늘이고, 하나의 땅이며, 하나의 인간이겠지만, 실제로 우리가 살고 있는 이 세상은 천만 가지의 서로 다른 각자의 성명을 가지고 있는 수천만의 개인들(千萬人)이 일 년 삼백육십오 일 서로 다른 날에 서로 다른 일상을 경험하며 살고 있다고 나직한 목소리로 힘주어 말하고 있는 것이다. 결국 이옥은 모든 만물의 개별성, 혹은 개체성, 그리고 똑같은 개인과 개체도 그것이 놓여진 시간과 공간의 변화에 따라 시시각각으로 변화할 수밖에 없는 모습을 민감하게 포착하고 드러내는 것을 문학의 본령으로 생각했던 것이다.

요약하면, 18세기에 정연한 논리를 갖추며 조선에 등장한 이 세 사람의 문학관은 조선 의 지배이념이었던 정주학으로 포괄할 수 없는 다양한 욕구와 지향이 분출하는 바로 그 시기에, 하나로 통합할 수 없는 서로 다른 개인들의 문학과 삶에 대한 개별적 욕망을 대변하고 있다고 하겠다. 따라서, 이들은 자기 문학 속에 전통적인 유가-성리학적 가치를 드러내기보다는 독자적인 자기만의 생각과 가치판단에 입각하여, 변화하는 시공간 속에 놓인 '개인'과 '개체'적 삶의 진실을 포착하고 그것을 드러내는 것을 문학의 임무이자 본령으로 생각했던 것이다.

5. 정체성 개념의 재정립을 위한 제언

세계가 하나의 지구촌이 되어 감에 따라 한국 사회 역시 점차 다양한 인종과 민족이 섞여 사는 다문화 사회로 탈바꿈하고 있다. 이에 따라 여러 전공 영역에서 새로운 사회에 걸맞는 '정체성' 논의가 활발히 진행되고 있는데, 이 글은 이에 부응하여 문학관을 매개로 한국문학의 정체성 및 정체성 개념 그 자체를 다시 생각해 보고자 하였다. 이를 위해 동아시아 전통적 문학관의 다기한 측면과 유가 성리학적 이념의 구현과 체현으로서의 문학관이 조선 시대에 어떻게 변화되고 있는지를 하나의 사례로 삼아 '문학이란 무엇인가'에 대한 근대 이전 문인들의 다양한 대답들을 검토해 보았다.

이 과정에서 우리는 근대의 문학관이 어느 하나로 통합될 수 없듯이 전통시대의 문학관 역시 시간과 공간, 개인이 처한 위치에 따라 다양한 빛깔과 모습을 띠고 있음을 확인할 수 있었다. 이러한 결과는 '학문과 박학으로서의 문학관'으로 근대 이전 문학관을 단일하게 규정하려 했던 현대 문학 연구자들의 시도와 관점이 얼마나 무모한 것인지 새삼 깨닫게 해 준다.문학을 바라보는 하나의 관점이 단선적으로 존재하기보다는 문학에 관한 다양한 관점이 복수로 존재한다는 이 사실, 즉 문학관의 '복수성'과 '다면성'을 사상한 채 한국문학의 정체성을 어떤 일관되고 통일적인 맥락으로 규정하려 한다면, 그러한 시도는 풍부한 현실을 제거해 버린 추상적인 관념 속에서만 가능한 것이다. 따라서 이 글은 한국문학의 정체성을 서둘러 하나의 관점으로 요약 정리하기보다는 본문을 통해 전통적인 문학관의 '복수성'을 우선 드러내고자 노력했고, 글을 마무리하는 지금은 기존의 '정체성' 개념을 회의하고 쇄신하는 방향으로 이 글의 결론을 대신하고자 한다.

첫째. 정체성이란, '보편'이나 '중심', 그리고 '이웃' 문화와 무관한 '고유성'이나 '독자성'을 말하는 것이 아니다. 민족과 민족문화의 주체성과 고유성을 발견하는 것을 학문의 목표로 삼았던 선학들에게 정체성이란 바로 남과 다른 우리 민족과 민족문화의 '고유성'과 '독자성'을 발견하는 것이었지만, 문화가 하나의 사회를 전제로 한 개념이고, 상호 교섭을 통한 상호작용을 통해 확산, 변형되는 것임을 인정한다면, 애초에 '보편 문화', 혹은 '중심 문화', 혹은 '이웃 문화'와 무관한 고유한 문화는 존재할 수 없다. 즉, 문화가 다양한 인간관계와 사회관계 속에 싹트는 것이라면 '정체성' 역시 '관계'를 통해 형성되고 변모하는 것이다. 이는 앞서 살펴보았듯 조선 시대 문학관이 동아시아의 전통적 문학관과 밀접한 관련을 맺으며 변모되어 왔다는 것에서도 재차 확인되는 사실이다. 따라서, 만약 보편·중심·이웃 문화와 고립되어 존재하는 문화가 있을 수 있다고 해도 그러한 고립된 문화는 필경 머지 않은 시기에 소멸되거나 혹은 더욱 선진적인 다른 문화와의 교섭을 통해 개방될 것이기에 지극히 한시적으로만 존재할 수밖에 없다. 결국 어떤 문화의 정체성을 규정할 때 내·외부에 존재하는 타 문화와의 '관계성'을 고려하지 않고 '고유성'과 '독자성'만을 발견하고자 하는 것은 불가능한 일이며, 설령 고유하고 독자적인 문화가 존재한다고 해도 그러한 문화는 지극히 한시적이고 제한적으로 유지·보존되는 것임을 망각해서는 안 된다.

둘째. 정체성은 '불변하는' 어떤 절대적 '본질'이나 '핵심'적 성질이 아니다. 본고에서 확인할 수 있었듯 전통 시대 문학관도 시대에 따라 변모하고, 또 중국과 조선이라는 공간 속에서 같으면서도 달리 진행되어 왔듯이, 시간과 공간 속에 변하지 않는 것은 없다. 따라서 일정 기간동안 유지되는 어떤 성질이 있다고 해도, 그것은 어떤 사물과 인간의 한시적 '정체성'을 형성할 수는 있지만, 그것이 변하지 않는 그 사람, 그 민족의 '본질'이나 '핵심'이라고 말할 수는 없다. 물론 어떤 민족이나 국가가 근거하고 있는 지리적 위치나 영토, 그에 따른 지형과 기후들은 장기 지속적인 것이고, 이런 풍토와 기후가 한 민족의 외형과 내면, 육체와 정신 상태에 영향을 주는 것은 분명하다. 하지만, 그렇다고 해도 그것은 한 인간의 정체성을 형성하는 다양한 요인 가운데 하나일 뿐이며, 정체성의 불변성을 보증하는 '본질'이나 '핵심'이기보다는 정체성을 형성하는 하나의 배경적 요소에 불과할 뿐이다.

셋째. 정체성은 단일하고 일관된 '동일성'을 유지하는 것이 아니다. 현실적인 존재가 변화하는 시간과 공간, 관계 속에 놓여진 것이라면, 앞서 살펴본 이옥이 일갈했듯 모든 개인과 개체는, 그리고 '나'라고 생각하는 '나'조차도 언제나 똑같지 않은 시공간 속에서 전과 다른 '나'와 '차이'가 있는 '개인'·'개체'로 존재하는 것이다. 따라서 몸을 가진 모든 존재는 서로 다른 '시간'과 '공간'과 '관계' 속에 형성된 각양각색의 '차이'를 지닌 '복수'의 정체성을 가질 수밖에 없다. 아버지와 친구, 선생님과 동학을 마주 대할 때의 내가 다르듯, 우리 땅의 자국인으로 살아가는 나와 이국땅의 외국인으로 사는 내가 느끼고 경험하는 것이 다르듯, 그리고 어느 순간 다르게 느끼고 생각하는 어제의 나와 오늘의 내가 다르듯 우리는 서로 다른 '차이'를 지닌 '복수'의 정체성을 가진 존재로 살아가고 있는 것이다. '한국'이라는 국가가 '미국'과 '일본', '중국'과 '베트남'과의 관계 속에서 서로 다른 위상을 갖게 되고, 일본의 식민지였던 국가가 어느새 동남아시아에서 아(亞)제국주의화 되어가는 것을 경계하게 된 것처럼 개인뿐 아니라 국가 역시 변화하는 시공간과 다른 나라와의 관계 속에서 그 위상과 모습을 달리하는 복수의 정체성을 가질 수밖에 없다. 이는 국가 내부를 들여다보아도 마찬가지다. 한반도 안에는 남과 북, 영남과 호남, 부산과 경남, 광주와 전주, 그리고 같은 서울 하늘 아래 전혀 다른 생각과 생활을 영위하는 서로 다른 계층의 사람들이 살고 있다. 그들은 서로 다른 정치·경제적 여건 속에서 생활하며 그 차이로 인해 갈등을 빚고 있거나, 서로 다른 생각과 문화, 서로 다른 취향의 차이를 인정하며 각자의 삶을 영위하면서 때로는 소통하고 때로는 갈등하며 따로 또 같이 살아가고 있는 것이다. 이 다양한 한국인의 삶 중 어느 한 집단, 어느 한 계층의 삶을 덜어 내 그것이 한국인의 본질이고 핵심을 이루는 한국인의 정체성이라고 한다면, 이러한 규정은 '학문과 박학으로서의 문학관'만을 전통시대 문학관의 전부인 양 생각했던 단선적 사고의 오류와 똑같은 잘못을 범하게 될 것이다.

넷째. 정체성은 보편성을 전제로 하지만, 그렇다고 보편성에 종속된 특수성이나 개별성이 아니다. 설령 장기간 보편과 특수, 보편과 개별자의 수직적, 종속적, 일방적 관계가 지속된다고 해도, 또한 중심 문화와 주변 문화의 위계가 오랜 기간 유지된다고 해도, 그 둘 간의 위계적 관계가 항시적이며 불가역적인 것이 아님을 끊임없이 환기하지 않는다면, 중심에 대한 주변, 보편에 대한 개별 문화는 언제나 '보편의 변형'이거나 '원형의 왜곡', 또는 '중심으로부터의 이탈'로만 이해될 수밖에 없기 때문이다. 이 글에서 살펴본 18세기 문학관의 변모는 물론 16세기 중반 이후 전개되었던 명대 양명학의 '개인'의 발견과도 맥을 같이하는 것이긴 하지만, 이러한 경향이 하나의 '개인·개체 중심 문학관'으로 분명하게 모습을 드러낸 것은 또한 한국문학의 독특한 지점이라고 하겠다. 지금의 음악 한류가 서양 음악을 기반으로 하면서도 자기만의 독특한 모습으로 미국과 서구 음악계에 충격을 주듯 주변 문화 역시 선진문물을 흡수 소화한 시점에서는 '중심 문화'에 새로운 숨결을 가져다줄 수 있는 독자적인 영역을 구축할 수 있는 것이다.

그렇다면 이제 무엇이 아니다라는 부정적 정의를 통해 새롭게 형성된 우리의 정체성 개념은 무엇인가? 부정적 정의라는 이 어려운 심의 과정을 거치면서도 살아남은, 혹은 부정적 정의를 통해서 더욱 간결해지고 단순해진, 더 나아가 부정적 정의를 통해서 새롭게 생성된 정체성 개념은 무엇인가? 그것은 바로 **정체성이란 "어떤 존재가 시간과 공간, 관계 속에서 한시적으로 부여받은 속성"**이라는 것이다. 물론 이때 어떤 존재는 '개체로서의' '인간'과 '사물'일 수도 있고, '집단으로서의' '국가'나 '민족'일 수도 있다. 따라서 이제 정체성 탐구에서 중요한 것은 '영원불멸의 정체성'이 아니라 '지금' 바로 '여기' 당신과의 '관계' 속에 우리 자신에게 형성된, 혹은 우리 자신에게 부여된, 혹은 우리 스스로가 우리에게 부여할 '한시적인 정체성'이 무엇이냐는 것이다. 정체성을 탐색하는 우리는 이제 그 관심을 우리 자신을 규정하고 있는 과거가 아니라 우리의 미래를 결정할 현재에 두어야 한다. 역사적 시간의 축적에 의해 규정된 우리 자신의 모습을 하나의 불변적 본질로 받아들이는 수동적인 시각과 태도를 벗어나, 현재 관계 맺으며 살아가고 있는 개개인의 한국 사람들이 이루고 싶은 한국·한국인·한국 문화의 모습을 떠올리며 미래지향적이고 가치지향적인 방식으로 지금 여기 우리들만의 '정체성'을 모색해야 하고, 그리고 결국 바로 그것이 우리가 한시적으로 합의한 한국인의 정체성이 될 것이다. 주의할 것은 동시대를 살아가고 있는 '우리 한국인들' 사이에도 분명한 많은 차이가 존재할 터이므로, 과거처럼 '정체성'의 통일을 위해 이 차이를 폭력적으로 거세하거나 무화시키려 해서는 안 되고, 오히려 '정체성' 논의에 이 다양한 차이, 곧 '복수성'을 전제로 한 차이와 '시간'과 '공간'과 '관계'의 차이에서 비롯되는 '변화'를 염두에 두면서 우리가 함께 지향해야 할 '한국'(혹은 각 지역, 각 계층, 각 집단)의 '정체성'을 한시적으로 합의하고, 그것을 이루고자 노력해 보는 것일 터이다.

서론에서 밝혔듯 이 글은 좁게는 한국문학의 정체성을 탐구하는 일환으로, 넓게는 한국과 한국 문화의 정체성, 그리고 정체성 그 자체를 다시 생각해 보기 위한 일환으로 조선 시대 문학관을 통시적으로 살펴보는 방법을 취했다. 그리고 그러한 과정을 거쳐 기존의 정체성 개념 대신 '복수성'과 '관계성', '차이' 및 '변화'에 입각한 새로운 정체성 개념을 제안하게 되었다. 하지만, 이 글은 다만 조선 시대 전·중·후기의 뚜렷한 변화를 감지할 만한 자료들을 중심으로 '유가 성리학적 이념의 구현과 체현으로서의 문학관'의 통시적 변화 과정만을 살펴보았을 뿐이다. 따라서 제3절에서 개괄적으로 제시한 동아시아의 전통적 문학관 각각에 대한 조선에서의 전개 과정을 또 다른 글을 통해 하나씩 정리하고, 마지막으로 그렇게 복수로 존재하는 각각의 문학관들의 관계를 다시 한번 종합적으로 사유하고 정리할 수 있을 때, 비로소 스스로가 제기한 '한국문학'과 '문학'의 정체성, 그리고 '정체성' 그 자체에 대한 비교적 온전한 답변에 도달할 수 있으리라고 본다. 조선 시대

문인들의 문학관을 중심으로 정체성을 탐색하는 필자의 연구가 '문학이란 무엇인가?'라는 오래된 질문을 지속적으로 환기시키고, 근대 이전 문학관의 '복수성'을 온전히 드러내는 가운데, 궁극적으로는 '정체성' 개념을 새롭게 재구성하는 하나의 초석이 될 수 있기를 기대한다.

참고 문헌

《書經》.

《論語》.

《史記》.

蕭統.《文選》. 岳麓書社, 2002.

韓愈.《韓昌黎文集校注》. 上海古籍出版社, 1998(1987).

周敦頤.《周敦頤集》. 中華書局, 2009.

程顥·程頤.《二程集》上. 中華書局, 2004

朱熹.《朱熹集》. 四川教育出版社, 1996.

樓昉 編.《崇古文訣》. 文津閣四庫全書本, 452. 北京: 商務印書館, 2005.

崔致遠.《孤雲集》. 韓國文集叢刊本.

鄭夢周.《圃隱集》. 韓國文集叢刊本.

鄭道傳.《三峯集》. 韓國文集叢刊本.

李珥.《栗谷先生全書》. 韓國文集叢刊本.

趙龜命.《東谿集》. 韓國文集叢刊本.

兪漢雋.《自著》. 韓國文集叢刊本.

李鈺.《俚諺》. 국립중앙도서관 소장본.

김동식.〈한국의 근대적 문학 개념 형성과정 연구〉. 박사학위논문, 서울대학교, 1999.

김동진.〈허봉의 대명사행과 양명학 변척〉.《문화사학》 21(2004).

김용재.〈퇴계의 양명학 비판에 대한 고찰〉.《양명학》 3(1999).

김태년.〈16세기 조선성리학자들의 양명학 비판 연구〉.《한국사상사학》 19, 2002.

박경남.〈16·17세기 程朱學的 道文一致論의 균열과 道文分離的 경향〉.《고전문학연구》 35(2009).

______.〈18세기 文學觀의 변화와 '개인'과 '개체'의 발견(1)—程朱學的 이념의 해체와 '개인' 중심 문학관의 출현〉,《동양한문학연구》 31(2010).

박경남. 〈兪漢雋·朴胤源의 도문분리 논쟁과 兪漢雋의 各道其道論〉. 《한국한문학연구》 42집(2008).

우응순. 〈월정 윤근수와 명인 육광조의 주륙논쟁〉. 《대동문화연구》 37집(2000).

홍신선. 〈韓國 近代文學 理論 形成 過程에 關한 研究—1894~1919年을 中心으로〉. 박사학위논문, 동국대학교, 1987.

홍우의. 〈韓國 文氣論 研究〉. 박사학위논문, 서강대학교, 2005.

홍원식 외. 《심경부주와 조선유학》. 예문서원, 2008.

황종연. 〈문학이라는 譯語-〈문학이란 何오〉 혹은 한국 근대문학론의 성립에 관한 고찰〉. 《문학사와 비평》 6(1999).

郭绍虞. 《中国文学批评史》. 商务印书馆, 2010.

王辉. 〈古代文论"养气"说之流变〉. 《山东师范大学学报(人文社会科学版)》, 2002年 02期

李凯. 〈苏辙文论的价值及地位—兼论古代"文气"说〉. 《社会科学研究》, 1997年 01期

李春青. 〈从人学价值到诗学价值—论苏辙"养气说"的深层含蕴〉. 《社会科学辑刊》, 1998年 03期

Erikson, E. H. *Identity: Youth and Crisis*. New York: Norton & Com., 1994(1968).

Sen, Amartya. *Identity and Violence: The Illusion of Destiny*. New York: W W Norton&Co Inc, 2006. (센, 아마르티아. 《정체성과 폭력》. 이상환·김지현 옮김. 바이북스, 2009)

조선 초기 종교 심성의 전환과 신사(神事) 혁신

'전통적' 종교 심성의 탄생에 관한 탐색

최종석

1. 머리말

이 글에서는 종교 심성의 전환과 맞물려 진행된 조선 초기 신사(神事) 혁신의 문제를 다루어 보도록 하겠다.[1] 조선 초기에 추진된, 신사[2]를 대상으로 한

1 필자는 불사(佛事) 문제를 이러한 관점에서 다룬 적이 있다. 최종석, 〈조선초기 종교 심성의 전환과 불교—제의 감각의 변환의 시각에서 본 佛事 인식〉, 《불교학연구》(불교학연구회) 제61호(2019). 한편 본고에서 사용되는 '심성'이라는 용어는 특별한 이론적 함의를 지닌 것은 아니고 장기 지속적인 정신세계 정도를 가리킨다.

2 신사는 개념이 유동적이고 중의적인데, 여기서는 국가와 개인 차원에서 신에게 제사하는 일을 의미한다.

각종 개혁책은 종래와는 이질적인 것으로, 새롭게 등장한 종교 심성을 토대로 전개되었을 것이라는 문제의식에서[3] 신사 혁신의 문제를 다루고자 한다. 특히 종래와 이질적인 종교 심성을 토대로 한 각종 조치가 실천·정착의 과정에서 구래의 관행과 충돌·갈등하곤 한 양상과 그 성격을 주목하려 한다.

조선 초기에 추진된, 신사를 대상으로 한 각종 개혁책은 그간 유교화의 시각에서 다루어져 왔다. 조선 건국을 계기로 유교화가 본격적으로 추진되

••••

3 과거에 기존 연구성과를 참고하여 종래와 이질적인 종교 심성을 간략하게 정리한 바 있는데(최종석, 앞의 글, 3-5쪽), 이를 소개하면 다음과 같다.

- 국가 제사 예규인 사전(祀典)에는 국가와 민인에게 공덕(功德)이 있는 신이 등재되었다. 참고로 고려 시대에는 상대적으로 도드라진 영험을 지닌 존재가 사전에 등재되곤 하였다.
- 음사는 제사하는 자의 분한(分限)에 넘치는 제사이자 국가와 민인에게 공덕이 있지 못해 사전에 오르지 못한 신을 섬기는 제사였다. 가령 천자만이 제사할 수 있는 천신인 호천상제에게 분수에 맞지 않게 제후왕이 제사하는 것도 음사요, 사전에 등재되지 못한 모종의 산천(신)에게 제사하는 것도 음사에 해당하였다. 고려시대에 음사는 무풍(巫風)의 성행과 맞물려 무격을 지나치게 믿는 행위(제사) 정도로 인식되었다. 이러하기에 음사 배격은 무격을 내쫓아 무풍의 성행을 잠재우는 식으로 이루어졌다.
- 공적 제사를 지내야 하는 대상(신)은 국가와 민인에게 공덕을 베푼 존재였고, 제사는 국가와 민인에게 공덕을 베풀어 온 행위에 대한 보답과 감사의 차원에서 마땅히 행해야 하는 행위였다. 해결해야 할 문제가 있어서가 아니라 그동안 베풀어 준 은혜에 보답하는 차원에서 치제가 이루어지는 것이었다. 이와 달리 고려 시대에 신은 영험을 지닌 인격신적 존재로, 신에 대한 제사는 그의 영험에 의지하여 원하는 바를 얻고자 하는 행위였다.
- 신은 추상적 존재여서 인격신적인 요소가 희박 또는 부재하였다. 명이 창안하고 조선 태종대에 수용된 풍운뢰우산천성황제(風雲雷雨山川城隍祭)를 사례로 하자면, 그 제의의 대상 신인 풍운뢰우지신(風雲雷雨之神), 국내산천지신(國內山川之神), 국내성황지신(國內城隍之神)은 개별성을 상실한 채 합체화되고 일반·추상화된 존재였고, 더구나 풍운뢰우산천성황제는 이질적 성격의 이들 세 신을 함께 제사하는 방식으로 거행되었다. 제사는 공덕을 지닌 존재에 대한 보답 차원에서 이루어지는 것이다 보니, 치제 대상이 개별성을 상실한 채 합체화되고 일반·추상화된 존재라고 하는 면모는 문제가 되지 않았고, 같은 맥락에서 여러 신을 함께 제사하는 것도 무방하였다. 제사 자체가 추상적 성격의 일인 것이었다.
- 이러한 추상성, 비인격성으로 인해 위패만이 인정되고 신상(神像)은 부정되었으며, 신의 가족 또한 인정되지 않았고, 신에게 부여한 각종 봉작도 삭제되었다. 고려 시대에는 신의 영험성이 강조되면서 신은 경험적이고 인격신적 측면을 강하게 지녔고, 신사(神祠)에는 시각적인 효과가 뚜렷한 신상이 일반적으로 구비되었으며 신의 가족이 설정되곤 하였다.

었고 그 일환에서 유교적 제의를 확대·강화하고 비유교적 제의를 혁파하는 식의 각종 개혁책이 단행되었다고 본 것이다.[4] 필자는 이러한 관점과 이에 따른 연구성과를 부정하거나 과소평가하지는 않지만, 유교화 차원에서의 접근은 신사를 대상으로 한 각종 개혁책과 그 추진의 뒷배경을 보여 주는 데 그치고 마는 한계가 있다고 보고 있다. 밑그림만 그리다 말았다고 비유할 수 있는 것이다. 가령 그러한 각종 개혁책이 유교적 조치임은 의심할 여지가 없지만, 하고많은 것들 가운데 왜 그것들이 조선 초기에 등장하고 구현되었는지는 유교화의 진전이라는 맥락만으로는 설명되지 않는다. 유교화의 진전이 있었다고 해도, 조선 초기에 풍운뢰우산천성황제(風雲雷雨山川城隍祭), 여제(厲祭) 등과 같은 제도·정책이 시행된다고 하는 보장은 어디에도 없기 때문이다. 그런데 종래의 논리는 조선 초기에 유교화의 진전이 있었고 바로 그때 신사를 대상으로 한 각종 개혁책이 추진되었으니 그러한 개혁은 유교화의 결과라고 하는 식에 가깝다.[5] 조선 초기 신사를 대상으로 한 각종 개혁책과 그 추진은 유교화라는 간접적 틀로 바라보는 데 그쳐서는 안 되고 더 직접적인 요인으로 설명해야 하는 것이다.

이에 필자는 조선 초기에 추진된, 신사를 대상으로 한 각종 개혁책이 종래와는 이질적인 종교 심성을 토대로 이루어졌고, 이것들은 유교화의 차원에서 시행된 것으로 그치지 않고 명나라 초기에 새로이 등장한 종교 심성과 이를 토대로 한 각종 조치를 수용해서 이루어졌을 사실을 밝혀 보도록 하겠다. 이러한 검토를 통해서 당시에 그러한 개혁책이 선택·실행된 이유를 설명하고자 한다.

• • • •

4 저서를 위주로 주요 연구성과를 소개하면 다음과 같다. 한우근, 〈朝鮮王朝初期에 있어서의 儒教理念의 實踐과 信仰·宗教〉, 《한국사론》(서울대 국사학과) 제3호(1976); 한형주, 《朝鮮初期 國家祭禮 硏究》(일조각, 2002); 김해영, 《朝鮮初期 祭祀典禮 硏究》(집문당, 2003); 김철웅, 《한국중세의 吉禮와 雜祀》(경인문화사, 2007); 이욱, 《조선시대 재난과 국가의례》(창비, 2009).

5 유교화 대신 성리학적 질서의 강화로 보는 견해도 다르지 않다.

더 나아가, 명초(明初)의 종교 심성은 유례없이 혁신적이었고 이를 토대로 한 각종 조치 또한 그러하였으며, 이러한 각종 혁신책은 명에서 하향식으로(top-down) 추진되었고 당시 현실과 괴리가 커 예제와 법령을 통해 강제되었음에도 시간이 흐를수록 정착되어가기보다는 오히려 유야무야되어 간 사실을[6] 주목할 것이다. 그리고 이를 지렛대 삼아 조선 초기에 추진된, 신사를 대상으로 한 각종 개혁책이 명에서와 같이 종래의 종교 심성과 이질적이었고 당시 현실과 괴리가 클 정도로 혁신적이었을 사실을 부각하면서, 이러한 혁신적 종교 심성을 토대로 한 각종 조치가 실천·정착되어 간 과정을 종래와는 다른 시각에서 검토해 볼 것이다. 즉 명초의 종교 심성과 이를 토대로 한 각종 조치는 수용만 하면 쉽사리 구현할 수 있는 성질의 것이 아니었을 사실을 염두에 두면서 조선 초기 신사 혁신의 문제를 다룰 것이다. 명초의 종교 심성과 이를 토대로 한 각종 조치가 수용·정착할 만한 여건이 갖추어져 있지 않았다면, 또한 수용·정착을 주도한 이들이 명초의 종교 심성과 이를 토대로 한 각종 조치를 비타협적으로 지향하고 공감하지 않았다면, 수용했어도 종국에는 흐지부지되고 말았을 것이다. 그런데 이들 조치는 본문에서 언급하듯, 태조·정종대에 공전(空轉)하기는 했지만 태종대를 분기점으로 해서 구현되어 갔다. 이에 공전은 공전이 발생하게 된 맥락대로, 구현은 구현이 가능하게 된 맥락대로 앞서 언급한 관점에서 검토해 볼 것이다.

이상이 본 연구에서 검토하고자 하는 사안들이다.[7] 특히 조선 초기에 명초의 종교 심성과 이를 토대로 한 각종 조치를 수용하여 이루어졌을 사전(운

6 이에 관한 논증과 전거는 본문에서 언급하도록 하겠다.

7 이 글은 '한국 문화의 정체성 연구'라는 학술대회(고려대 민족문화연구원 주최)에서 발표한 원고를 수정·보완한 것이다. '한국 문화의 정체성'을 탐구하는 측면에서 보자면, 본고는 '전통적' 종교 심성을 규명하는 작업이라고도 볼 수 있다. 근대가 맞닥뜨린 '전통적' 종교 심성은 특정 시기에 등장하여 확산·정착해 온 것일진대, 필자는 '전통적' 종교 심성이 태종대를 분기점으로 하여 자리를 잡아 갔다고 보고 있다. 이 글은 '전통적' 종교 심성의 등장 국면을 검토하는 연구로도 볼 수 있는 것이다.

영) 혁신 및 제사를 하는 자의 분한(分限)에 부합하는 제사 거행의 추진에 초점을 맞추어 종교 심성의 전환 및 전환된 종교 심성을 토대로 한 신사 혁신이라는 문제에 접근해 볼 것이다.

2. 태조·정종대

혁신적 신사 정책의 수용·실행과 공전(空轉)

왕조가 개창된 지 채 한 달도 지나지 않은 태조 1년(1392) 8월 경신일에 예조전서 조박 등이 건의한 상서는[8] 사전 방면에서 신왕조가 고려로부터 넘겨받은 유산과 그 개편의 방향을 잘 보여 주고 있어 주목된다. 이 상서는 내용면에서 크게 두 부분으로 나뉜다.

하나는 종래의 종묘, 적전, 사직, 산천, 성황, 문선왕 석전제가 예나 지금이나 행해야 하는 국가 상전(常典)이기에 때에 따라 거행하도록 건의한 부분이다. 이 건의는 이들 제의가 고려에서와 마찬가지로 사전 제사(국제[國祭])로 거행되어야 함을 말하고 있다. 월령(月令)의 규식대로 "아래에 갖추어 기록하였다"라고 하나, 아쉽게도 그 내용은 확인되지 않는다. 추정컨대, 조박 등은 고려와 다소 상이한 규식을 마련하였을 것이다.

다른 부분은 고려로부터 물려받은 부정적 유산을 제거·혁신하고자 하는 제안을 위주로 하고 있었다.

그 가운데 첫째는 천자의 제천례인 원구[제]를 혁파하도록 제안한 것이다. 이것은 제후의 명분에 맞지 않게 천자만이 행할 수 있는 원구제를 지내온 부정적 유산을 제거하자는 건의였다. 조박 등에게 제천례 거행은 예를 벗어나고 분수를 넘는 비윤리적 행위로 혁파되어야 하는 대상이었다.

••••

8 《태조실록》 권1 태조 1년 8월 경신.

둘째는 "국제소(國祭所)인 여러 신묘(神廟)와 주군 성황은 모주(某州)·모군(某郡) 성황신이라고만 칭하고 위판을 설치하며 각기 그 고을 수령이 봄·가을마다 제사를 지내도록 하고 전물·제기·작헌의 예는 한결같이 조정예제(朝廷禮制, 명 예제)에 의거하도록" 제안한 것이다. 이것은 사전에 등재되어 온 여러 신묘와 주군 성황에 대한 제사 방식을 고려에서와는 달리 명의 예제에 부합하도록 한 건의였다. 조박 등에게 여러 신묘와 주군 성황에 관한 전대(前代)의 운영 방식은 이들이 수용한 명의 예제라는 기준에서 볼 때 용인될 수 없어 변화해야 하는 것이었다. 후술하듯 명의 예제를 토대로 한 방식은 전대의 운영 방식과 이질적이었다.

셋째는 "봄가을 장경(藏經)과 백고좌(百高座) 법석과 7개의 친히 행차하는 도량과 여러 도전(道殿), 신사(神祠), 초제(醮祭) 등의 일은 고려의 군왕이 각기 개인적 바람으로써 때에 따라 설치한 것을 후세의 자손들이 구습에 따를 뿐 혁파하지 못한 것이니" 혁거하도록 제안한 것이다. 이것은 전대에 군왕의 개인적 바람 등에 기대어 행해 온 각종 국가 제의를 혁파하자는 건의였다. 조박 등에게 군왕의 개인적 바람을 충족하기 위해 거행되어 온 국가 제의는 바람직하지 못하기에 혁파되어야 하는 것이었다. 이들에게 국제로 거행되어야 하는 제사의 대상은 바로 다음 건의 사항에서 보듯 국가와 민인에게 공·덕이 있는 존재였다.

넷째는 평양부가 때에 따라 단군과 기자를 제사하도록 제안한 것이다. 이것은 고려에서와는 달리 동방(민인)에 공·덕이 있는 단군과 기자를 마땅히 제사 지내도록 한 건의였다.[9] "고려의 혜왕·현왕·충경왕·충렬왕을 태조묘(太祖

• • • •

9 고려에서 이미 기자 사묘(祠廟)를 건립하고 국가 차원에서 제사했기는 하나, 이는 숙종대에 이르러서야 시작되었고(《고려사》 권63 예지 길례소사 잡사 숙종 7년 10월 임자) 그 이후로 기자를 대상으로 한 국가 차원의 제사는 간헐적으로 이루어진 듯하다(《고려사》 권63 예지 길례소사 잡사 충숙왕 12년 10월; 《고려사》 권63 예지 길례소사 잡사 공민왕 5년 6월; 《고려사》 권63 예지 길례소사 잡사 20년 12월; 이강한, 〈1325년 箕子祠 祭祀 再開의 배경 및 의미〉, 《한국문화》[서울대학교 규장각 한국학연구원] 제50호[2010], 6쪽 참조). 게다가 단군을 대상으로 한 국가 차원의 치제는 아예 이루어지지 않았다.

廟)에 붙여 제사 지내도록" 한 것도 마찬가지의 제안이었다.[10] 이는 전대에 없던 방식을 실행하고자 한 것으로[11] 백성에게 공·덕이 있는 전대의 왕들을 치제하도록 한 건의였다.[12] 조박 등은 동방(민인)에 공·덕이 있어 마땅히 치제 대상이 되어야 하는 인물을 국가 차원에서 제사해야 한다고 본 것이다.

결과적으로 보자면, 이들 제안은 사전에서 아예 제거하자는 것(첫째와 셋째), 운영 방식을 혁신하자는 것(둘째), 사전에 새로이 추가하자는 것(넷째)으로 나누어 볼 수 있다.

고려로부터 물려받은 부정적 사전 유산을 혁신하고자 한 이상의 제안은 필자가 생각하기에 다음 두 목표를 성취하고자 한 것이었다고 하겠다.

하나는 사전 내에 음사(淫祀·淫祠)를 혁파하고 정사(正祀·正祠)를 추가하고자 한 것이다. 이들에게 음사란 국가와 민인에게 공·덕이 있지 않아 사전에 오르지 못한 신을 섬기는 제사였다(제사 대상의 측면). 또한 그것은 제사하는 자의 분한에 넘치는 제사이기도 하였다(제사 주체의 측면). 정사는 거꾸로 국가와 민인에게 공·덕이 있어 사전에 등재된 신을 섬기는 제사이며 제사하는 자의 분한에 부합하는 제사였다. 후술하듯 이러한 음사·정사 인식은 명나라 초기에 새롭게 대두한 관념으로 이들이 수용한 것이었다.

조박 등의 건의 가운데 군왕의 개인적 바람, 영험에 힘입어 사전에 등재되어 온 신사, 불사, 도교 제의를 사전에서 제거해야 한다는 제안은 국가와

• • • •

10 고려 태조묘 제사에 관해서는 다음 연구를 참고할 수 있다. 김인호, 〈조선전기 숭의전의 설치와 역사인식〉, 《사학연구》(한국사학회) 제78호(2005); 한정수, 〈조선 초기 崇義殿 설치와 四位享祀—16位 功臣從祀의 성립〉, 《조선시대사학보》(조선시대사학회) 제67집(2013).

11 고려는 고구려 계승의식의 차원에서 동명왕 사묘 제사를 국제로 행하곤 하였지만, 정작 전대 왕조인 신라의 시조묘 제사는 거행하지 않았다. 또한 고려에서는 시조묘에 공덕이 있는 후대의 왕들을 부제(附祭)하는 일이 없었다.

12 조박 등의 상서에는 민에게 공이 있는 전대의 왕을 태조묘에 붙여 제사 지내자고 하고 있으나, 《태종실록》 권31 태종 16년 5월 갑인 기사에는 민에게 공덕이 있는 전대의 왕이라 하였다.

민인에 공·덕이 있지 못한 신을 사전에서 제외하고자 하는, 음사 혁파를 목적으로 한 일이었다. 원구제는 국왕의 개인적 바람, 영험에 기대어 등재되어 온 국제가 아니긴 해도 제후국인 조선에서는 명분에 어긋나는 참월한 행위인 데서, 원구제 혁파의 제안 역시 음사 혁파를 목적으로 한 일이라 볼 수 있다. 이와 달리 동방(민인)에 공·덕이 있는 단군·기자, 혜왕·현왕·충경왕·충렬왕을 국제 차원에서 제사해야 한다고 한 것은 정사의 추가를 목적으로 한 일이었다. 조박 등의 건의대로만 된다면, 사전 가운데 음사는 사라지고 새로운 정사가 충원될 것이다.

다른 목표는 첫 번째 목표와도 밀접한 것으로 사전에 등재된 제의를 예에 부합하게 운영하고자 한 것이다. 비례(非禮)인 음사를 제거하고 사전을 정사로 채우는 것으로 그치지 않고 사전 제사를 예에 맞게, 윤리적으로 운영하고자 한 것이다. 준거로 작용한 예는 《홍무예제》 등의 명초 예제였는데, 후술하듯 명초 예제는 전례 없이 혁신적 성격의 것이었다. 여러 신묘와 주군 성황의 운영 방식을 겨냥한 각종 혁신안은 이러한 취지에서의 일이었다.[13]

여기서 주목해야 할 사실은 조박 등의 건의가 명나라 초기의 혁신적인 종교 인식과 이를 토대로 한 정책들의 수용·발현이라는 역사성을 노정한 점이다. 본고의 검토 대상인 신사에 한정해서 이 점을 간략히 언급해 보도록 하겠다.

고려에서는 물론이요, 중국의 송·원대에도 사전에 등재된 것은 모두 백성에게 공덕이 있는 신이라는[14] 식의 인식은 생소한 것이었다. 송·원대에는 영험이 있는 신을 대상으로 한 사액(賜額)과 봉작 수여 등이 빈번히 이루어졌고,[15] 고려에서도 영험이 있는 신이 사전에 등재되는 것—더 구체적으로는

• • • •

13 이상의 사실로 미루어 볼 때, 조박 등은 종묘·적전·사직·산천·성황·문선왕 석전제를 공·덕에 보답하는 차원의 치제로 간주하였기에 승습(承襲)하고자 하였을 것이고 규식을 명 예제에 부합하도록 마련하였을 것이다.

14 《朝鮮經國典》 卷上(《三峰集》 卷7) 禮典 諸神祀典 참조.

영험이 국가 차원에서 검증된 신을 대상으로 그러하였다—은 드물지 않은 일이었다.[16]

제사할 수 없는데 제사하는 식의, 천지·산천 등에 제사할 자격이 없는 주체의 치제 행위도 마찬가지였다. 음사(淫祠)를 금하는 명 태조의 제서(制書)에서 "하늘에 비는 자가 부지기수"라고 문제시할 정도로,[17] 명초의 적극적인 음사 금단 조치 이전에는 "천자는 천지에 제사하고 제후는 산천에 제사하며 대부(大夫), 사서(士庶)는 각기 제사해야 하는 바가 있다"[18]라는 식의 언설에 위배되는 행위가 만연하고 있었고, 이 현상은 오래전부터 있어 온 일이었다. 명초 이전까지는 제사 주체의 분한을 의식하면서 음사를 바라보고 이를 제어하고자 한 움직임은 부재하다시피 하였다. 고려에서도 사정은 다르지 않아, 가령 민인의 산천·성황 등을 대상으로 한 제사는 비일비재하였고 국가 차원의 원구제도 어떠한 논란 없이 지속되어 오고 있었다.[19]

그러다 명의 건국 후 상황은 돌변하였다. 홍무제는 원(몽골) 시대를 거치면서 타락한 습속을 개혁하고 유교적·한적(漢的)인 예 질서를 회복하고자 했다.

• • • •

15 이에 관해 다음 연구들이 참고된다. Valerie Hansen, *Changing Gods in Medieval China, 1127-1276*(Princeton University Press, 1990)의 Chapter IV 'The Granting of Titles'; 金井德幸, 〈南宋の祠廟と賜額について—釈文珣と劉克荘の視點〉, 《宋代の知識人—思想·制度·地域·社會》(汲古書院, 1993); 須江隆, 〈唐宋期における祠廟の廟額·封号の下賜について〉, 《中國：社會と文化》(東大中国学会) 第9號(1994); 小島毅, 〈洪武改制と明代の地方志〉, 《中國近世における禮の言說》(東京大學出版會, 1996).

16 강은경, 〈고려시대 국가, 지역 차원 祭儀와 개인적 신앙〉, 《동방학지》(연세대학교 국학연구원) 제129집(2005); 박성지, 《고려시대 기이담론 연구》(박이정, 2012); 최종석, 〈제의와 영험〉, 《고려 역사상의 탐색》(집문당, 2017) 참조.

17 《明太祖實錄》卷53 洪武 3年 6月 甲子.

18 위의 글.

19 김갑동, 《고려의 토속신앙》(혜안, 2017); 桑野榮治, 〈高麗から李朝初期における圓丘壇祭祀の受用と變容—祈雨祭として機能 を中心に〉, 《朝鮮學報》(天理大學朝鮮學會) 第161輯(1996); 奥村周司, 〈高麗の圜丘祀天禮と世界觀〉, 《朝鮮社會の史的展開と東アジ ア》, 武田幸男 編(山川出版社, 1997).

이러한 예속 복구의 노력은 국가(황제)에 의해 주도되었고 모든 방면을 포괄한다고 할 수 있을 정도로 광범위하고 대대적으로 이루어졌다.[20] 음사와 관련된 제사 방면도 예외는 아니었다. 흥미롭게도 홍무제 시기에 이루어진 각 방면에 걸친 예적 질서 회복은 의도했는지 여부를 떠나 원(몽골) 이전의 것으로의 복귀가 아니라 이념형적인 것의 실현,[21] 달리 말해 사실상 다른 세계로의 인도였다.

명 태조대에는 음사를 국가와 민인에게 공·덕이 없어 사전에 오르지 못한 신을 섬기는 제사이자 제사하는 자의 분한에 넘치는 제사로 규정하고는[22] 이렇게 정한 음사를 법으로 강력하게 억제하였다.[23] 명초에는 영험을 기반으로 해온 제사를 사전에서 배제하였을 뿐만 아니라 음사로 내몰아 엄단하였고, 민서(民庶)에게는 사실상 부조(父祖) 제사만을 허용하였다.[24] 달리 말해, 국가와 민인에게 공·덕이 있어 사전에 등재된 신에 한해 제사하고 각자의 분한에 맞게 제사하도록 한 것이다. 이러한 현상은 유례를 찾을 수 없는 혁신적 성격의 일이었다. 경전적이고 이념적이다 보니 이러한 명대의 양상은 원대는 물론이거니와 당·송대의 현실과 거리가 멀었다. 명대 현실의 반영도 아니어서 현실과의 괴리가 컸고, 이로 인해 명초 이후로는 현실과의 타협이 이루어지면서 음사 금단은 점차 힘을 잃어갔다.[25]

• • • •

20 吴恩荣, 〈元代礼失百年与明初礼制变革〉, 《北京社会科学》(北京市社会科学院) 2016年 第8期; 孔伟, 〈规制与教化—明初礼俗的基层控制及其成效〉, 《深圳大学学报》(深圳大学) 2018年 第3期 참조.

21 濱島敦俊, 〈明初城隍考〉, 《榎博士頌壽記念東洋史論叢》(汲古書院, 1988); 小島毅, 〈洪武改制と明代の地方志〉, 《中國近世における禮のい言說》(東京大學出版會, 1996).

22 《明太祖實錄》 卷35 洪武 元年 10月 丙子; 《明太祖實錄》 卷53 洪武 3年 6月 癸亥. 濱島敦俊, 《総管信仰—近世江南農村社会と民間信仰》(研文出版, 2001) 참조.

23 《大明律》 卷11 禮律 祭祀의 致祭祀典神祇, 褻瀆神明, 禁止師巫邪術 참조.

24 정확히는 부조 제사 외에도 섣달그믐날 밤 사조(祀竈), 봄가을 이사(里社)의 토곡신(土穀神)에 대한 제사, 여제를 거행하거나 이에 참여할 수 있었다. 《明太祖實錄》 卷53 洪武 3年 6月 甲子 참조.

조박 등은 명초에 대두한 이러한 인식을 수용하여 영험, 국왕의 개인적 바람에 힘입어 사전에 등재되어 온 제사를 사전에서 제외하고자 했고,[26] 생전에 국가와 민인에게 공·덕이 있어 국가 차원에서 보답해야 할 인물에 대한 제사를 추가하고자 했으며, 제후의 분한에 걸맞지 않은 원구제를 폐지하고자 한 것이다. 조박 등의 이들 제안은 명의 현실과도 괴리가 있을 정도로 혁신적 성격의 일이었을 데서 당시 조선의 현실이 감당하기에는 무척이나 벅찼을 것이다.

사전에 등재된 여러 신묘와 주군 성황의 운영 방식에 관한 혁신안 또한 마찬가지였다. 이 혁신안의 내용은 본래 홍무 3년(1370) 6월 계해일에 반포된 조서에서[27] 처음으로 제시된 것이었다. 이 조서는 명·청대 사묘 정책의 틀을 부여한 것으로 평가되고 있는데,[28] 예를 더럽히는 불경스러운 것을 이유로 산천·성황 등에 사여되어 왔던 봉작을 없애는 식의 신호(神號) 개정을 비롯하여, 조서에 수록된 각종 내용은《홍무예제》등의 명 예제에 반영되었다.[29] 조서에 수록된 내용(조치)은 "옛 제도에 의하여 제도를 정한다"라는 지향하에서 작성되었다고는 하나, '돌출적'이라 평가될 정도로[30] 이례적인 면모를 지니고 있었다. 단순히 고제의 복구로 그치는 것이 아니라 고제 복원을 구실로

••••

25 赵克生·于海涌,〈明代淫祠之禁〉,《社会科学辑刊》(辽宁社会科学院) 2003年 第3期, 129-230쪽.

26 이러한 성격과 종류의 건의는 몇 해 전인 공양왕대에 이미 보이기는 한다. 즉 공양왕대에는 김자수가 사전에 등재된 제사를 제외하고는 음사를 일절 금지할 것을 건의하거나(《고려사》 권120 열전33 金子粹), 정도전이 사전에 등재된 제사를 제외하고는 음란하고 괴이하고 아첨하고 번독스러운 제사를 모두 금단하도록 건의한 바 있다(《고려사》 권119 열전32 鄭道傳). 하지만 신왕조가 들어선 직후 제기된 조박 등의 건의는 공양왕대에 비해 상세하고도 구체적이었다.

27 《明太祖實錄》卷53 洪武 3年 6月 癸亥.

28 小島毅,〈洪武改制と明代の地方志〉,《中國近世における禮のい言說》(東京大學出版會, 1996), 108쪽.

29 濱島敦俊,〈明初城隍考〉,《榎博士頌壽記念東洋史論叢》(汲古書院, 1988); 小島毅,〈洪武改制と明代の地方志〉,《中國近世における禮のい言說》(東京大學出版會, 1996); 최종석,〈여말선초 명(明)의 예제(禮制)와 지방 성황제(城隍祭) 재편〉,《역사와 현실》(한국역사연구회) 제72호(2009) 참조.

한 혁신이기도 한 것이다.[31]

이러한 명초의 조치는 중국의 전대와 명대는 물론이요, 고려의 관행과도 충돌하는 것이었다. 이러한 괴리로 인해 공민왕 19년(1370) 홍무제가 이 내용을 수록한 조서를 고려에 보내 조서에 기재된 조치를 준용하도록 권고까지 했지만,[32] 당시에 고려는 미동조차 하지 않았다. 무반응이었다가 신왕조가 들어서자마자, 조박 등은 혁신적 조치랄 수 있는 "여러 신묘와 주군 성황은 모주·모군 성황신이라고만 칭하고 위판을 설치하며 각기 그 고을 수령이 봄·가을마다 제사를 지내도록 하고 전물·제기·작헌의 예는 한결같이 조정 예제에 의거하는" 조치의 수용을 촉구한 것이다.[33]

조박 등의 건의가 지닌 혁신적 성격과 면모를 감안할 때, 당시에 해당 건의가 제한적으로 수용되었거나 수용되었어도 대개는 지속할 동력이 없어 사문화되었을 것은 충분히 예상해 볼 수 있는 바이다. 우선, 영험, 국왕의 개인적 바람에 기대어 사전에 등재되어 온 제사를 제거하자는 건의는 수용되지 못하였다. 국왕인 태조가 이를 수용했는지 여부는 확인되진 않지만, 수용되지 않았을 게, 얼마 후인 동년(1392) 9월에 대사헌 남재 등이 건의한 내용으로 봐서 그러하다. 곧 남재 등은 "사전에 등재된 제사로 도리에 합당한 것을 제외하고 그 외 음사는 일절 금단할" 것을 건의하였다.[34] 사전에 등재된 제사로 '이(理)'에 합당한 것이란 영험, 국왕의 개인적 바람이 아니라 공·덕

• • • •

30 罗冬阳, 〈从明代淫祠之禁看儒臣·皇权与民间社会〉, 《求是學刊》(黑龙江大学) 第33卷 第1期(2006), 133쪽 참조.

31 이는 당시 예외적인 것이 아닌 게 명초에는 이전에 제도가 있었던 없었든 상관없이 처음으로 시도되는 방식이 드물지 않았고, 이러한 시도는 대개 국가 차원에서 예속을 회복한다는 미명 아래 탑다운 방식으로 이루어졌다. 가령 여제, 풍운뢰우산천성황제, 신명정(申明亭)·정선정(旌善亭) 등은 명이 처음으로 시도한 것이었고, 후술할 이사(里社), 향음주례(鄕飮酒禮) 등은 기존의 것을 혁신한 시도였다.

32 《고려사》 권42 세가42 공민왕 19년 7월 임인; 《明太祖實錄》 卷53 洪武 3年 6月 癸亥.

33 최종석, 〈여말선초 명(明)의 예제(禮制)와 지방 성황제(城隍祭) 재편〉, 227-233쪽 참조.

34 《태조실록》 권2 태조 1년 9월 기해.

에 의거하여 등록된 제사를 의미하였을 것이기에, 이 의견은 조박 등의 건의와 상통한다고 할 수 있다. 남재 등의 견해에 따르면, 영험, 국왕의 개인적 바람에 기대어 사전에 등재되어 온 제사는 '이(理)'에 합당하지 않기에 사전에서 제외되어야 하고, 사전 외의 제사(음사)는 국가 차원에서건 개인 차원에서건 상관없이 금단되어야 하는 것이었다.[35] 따라서 이 견해는 조박 등의 건의가 수용되지 못해 사전이 '이'에 부합하는 제사로만 되어 있지 못한 현실에서 제기되었다고 할 수 있다.[36]

이와 달리 사전에 등재된 여러 신묘와 주군 성황을 명초의 혁신적 예제에 부합하게 운영하자는 건의는 수용되었다.[37] 이로 인해 관련 저령(著令)이 마련되었다. 그런데 그로부터 얼마 지나지 않은 태조 1년(1392) 9월 임인일에, 도평의사사 배극렴·조준 등은 "석전제와 여러 주의 성황제는 관찰사와 수령이 제물을 풍성히 하고 깨끗하게 하여 때에 따라 거행할" 것을 건의하였다.[38] 이는 조박 등의 "여러 신묘와 주군 성황은 각기 그 고을 수령이 봄·가을마다 제사를 지내도록 하고 전물·제기·작헌의 예는 한결같이 조정예제에 의거하도록 한" 건의의 연장선에 있었다고 할 수 있는데, 태조는 이 제안 또한 수용하였다. 이 조치는 기존 저령의 재확인이나 보완이었을 것이다. 제사를 행하는 주체와 시기에 관한 사안은 이러한 과정을 거치면서 태조대에 정착된 듯싶다. 하지만 그 저령 가운데 작호, 신상 등을 혁신하는 조치는 후

••••

35 사전에서 공덕에 의거하지 않은 제사를 제외하는 데 그치지 않고 이를 음사라 하여 금단하고자 한 데서, 남재 등의 의견은 조박 등에 비해 명초에 이루어진 조치를 보다 온전하게 반영하였다고 할 수 있다.

36. 남재 등의 건의 역시 수용되지 못하였다. 이 이후로 한동안 영험, 국왕의 개인적 바람에 기대어 사전에 등재되어 온 제사를 사전에서 제거하자는 조치는 실행되지 않았을 뿐만 아니라, 이러한 종류의 건의조차 제기되지 않았다. 후술하듯 이 일은 태종대에 이르러서야 착수되었다.

37 《태종실록》 권25 태종 13년 6월 을묘 참조.

38 《태조실록》 권2 태조 1년 9월 임인.

술하듯 태종대까지 사문화되다시피 하였다.[39]

제사를 행하는 주체와 시기에 관한 개선안이 상대적으로 빠르고 수월하게 정착한 데에는, 종교적 심성의 전환 없이도 실행 가능하였다는 사실이 일 요인으로 작용하였고, 무엇보다 국가(중앙)의 지방 통제를 위한 현실적 필요가 주요하게 작용하였을 것이다.[40] 이와 달리 기왕의 관행·종교 심성과 정면으로 충돌하는 작호 삭제 식의 신호 혁신 및 신상 철거(위판 설치) 등의 사안은 정착이 쉽지 않았다. 해당 아이디어가 나온 명에서조차 실현이 쉽지 않은 데서, 이는 '자연스러운' 현상이라고까지 말할 수 있을 것이다. 태조대에는 구래의 봉작을 없애는 게 아니라 오히려 새로이 봉작을 수여하는 조치가 드물지 않게 이루어졌다.[41] 또한 신상의 철거와 위판의 설치를 실행한 기록은 태조대에 확인되지 않는다. 이에 관한 기록은 태종대에 가서야 등장한다.

한편 태조 1년(1392) 11월 갑오일에, 도평의사사는 사전 운영 과정에서 하나의 신을 몇 곳에 나누어 제사 지내거나 하루 동안에 거듭 제사를 지내는 고려 이래로의 독란(瀆亂) 폐단을 혁파할 것을 건의하였다. 이에 국왕은 예조가 이 사안을 상세히 상정하여 아뢰도록 명했다.[42] 이 제안은 사전 내 제사에서 이루어진 번독(煩瀆) 관행이라는 비윤리적 행위를 없애고자 한 일이었다고 할 수 있다.[43] 예조에 의한 상정·신문은 이루어졌을 것이나, 실행·정착

• • • •

39 《태종실록》 권25 13년 6월 을묘.

40 조선 초기 관 주도 지방지배 질서의 성립 양상은 다음 연구에 잘 정리되어 있다. 한국역사연구회, 《조선은 지방을 어떻게 지배했는가》(아카넷, 2003) 가운데 '1. 조선 초기 국가의 지방 지배'; 채웅석, 〈고려말 조선초기 향촌사회의 변화와 지배질서의 재편〉, 《중세사회의 변화와 조선 건국》(혜안, 2005).

41 《태조실록》 권3 태조 2년 1월 정묘; 《태조실록》 권8 태조 4년 9월 병신; 《태조실록》 권8 태조 4년 12월 무오.

42 《태조실록》 권2 태조 1년 11월 갑오.

43 "不當祠而祠曰淫 不得祠而祠曰瀆"(《明史》 卷220 列傳31 王璡)에서 엿볼 수 있듯이, '독(瀆)'은 제사하는 자의 비윤리적 행위를 의미하였다.

은 시기상조였을 것이다.[44] 기왕의 관행·종교 심성과 충돌하는 사안이었기 때문이다. 이 사안 역시 태종대를 기다려야 했다.

이처럼 태조대에는 사전 혁신에 관한 건의들 가운데 종교적 심성의 전환이 뒷받침되어야 하는 것은 예외 없이 공전(空轉)하였고 여전히 고려 이래로의 관행이 지속되었다. 국왕이 혁신적 종교 심성을 수용·공감하고 이러한 심성은 유자 관료 내에 일반적으로 공유되었어야, 각종 사전 혁신안은 실행·정착될 수 있었을 것이다. 본래 혁신적 종교 심성과 이를 기반으로 한 각종 혁신안은 명초에 사회 현실과 조응하는 식이 아니라 국가(황제) 주도로 부상하여 탑다운 방식으로 예와 법을 매개로 그 구현이 도모된 데서, 조선에서 혁신적 종교 심성과 그를 기반으로 한 각종 예제의 구현은 자연스럽게 이루어질 일이 아니라 국왕과 유자 관료가 뚜렷한 비전을 갖고 꾸준히 지향해야 그나마 가능한 일이었을 것이다. 그런데 태조는 혁신적 종교 심성을 수용하거나 이해할 만한 인물이 못 되었고 당시 일부 유자 관료조차 그러하였다. 원구제의 폐지와 번복 사례는 당시의 분위기를 잘 보여 준다. 원구제는 조박 등의 건의를 계기로 폐지된 듯싶다. 하지만 2년여 뒤에 복구되었다. 번복은 국왕이 예조의 건의를 수용하는 절차를 통해서였다. 복구 이유는 오래전부터 행해 온 일을 가벼이 폐지할 수 없다는 것이었다.[45] 뒤 시기와 비교하면 복구 근거는 무논리에 가까울 정도로 궁색하다. 더구나 폐지의 근거로 작용한 제후 명분의 위배 문제는 논리적으로 해결하지도 못한 채, 더 정확히는 외면한 채 원구제 복귀가 성사되었다. 관성과 구래의 심성을 좇아 다시금 원구제를 거행하고 싶었을 게다.

• • • •

44 다음 사례를 통해 간접적으로나마 이 점을 엿볼 수 있다. 태조 4년(1395) 4월에 대사헌 박경 등은 재변을 이유로 국왕의 공구수성을 촉구하면서 실정을 열거하였는데, "불신(佛神)에 첨독(諂瀆)하는 것은 공구수성에 무익하다"라고 한 비판은 그 가운데 하나였다. 기양(祈禳) 차원이긴 했지만, 여전히 불·신에게 첨독하는 제의가 행해지고 있던 것이다. 더군다나 국왕은 이러한 비판에 미온적이었다.《태조실록》권7 태조 4년 4월 무자 참조.

45 《태조실록》권6 태조 3년 8월 무자.

다음으로는 사전 이외의 신사 문제로, 관·민을 대상으로 조상 이외의 제사를 금단하고자 한 사안에 관해서다.

이 사안은 앞서 언급한 바 있는 태조 1년(1392) 9월 대사헌 남재 등의 상언에 등장한다. 이때 대사헌 남재 등은 귀신의 도는 선사(善事)에 복을 주고 음사(淫事)에 재앙을 내리니 사람이 덕을 닦지 않고 독제(瀆祭)를 행하는 것은 무익하다고 전제하면서, 천자, 제후, 대부, 사서인은 각자 마땅히 제사 지내야 하는 것에 제사 지내야지 선한 일을 행하지 않으면서 오로지 귀신만을 섬겨 복을 얻고자 하는 것은 이치에 어긋난다고 하였다.[46] 제사는 덕을 닦고 선을 행하는 차원의 일이어야 해서 각자의 분한에 맞게 이루어져야지, 분한에 위배되는 식의 음사가 되어서는 안 된다는 것이다. 유사한 취지의 언설을 빌리자면, "대개 군자는 화복에 있어서 자기 마음을 바르게 하고 자기 몸을 닦을 뿐, 복은 구태여 구하지 않아도 저절로 이르고, 화는 구태여 피하지 않아도 저절로 멀어지기에",[47] 묵묵히 덕을 닦아야 하고 제사도 그러한 차원의 일이어야 하는 것이다. 이러한 식의 인식에 따르면, 관·민은 관행인 산천 등을 대상으로 한 제사를 분한에 어긋나기에 더는 행할 수 없게 되고 자신의 조상만을 제사 지낼 수 있게 될 뿐이었다.[48]

태조 1년(1392) 9월 임인일에, 도평의사사 배극렴·조준 등이 공경(公卿)부터 하사(下士)까지는 모두 가묘를 세워 선대를 제사하고 서인은 그 정침(正寢)에서 제사 지내며 그 나머지 음사는 일절 금단하도록 건의한 것도 바로 이러한 이유에서였을 것이다.[49] 이 건의는 수용되어 음사를 혁파하고 가묘를 세우

••••

46 《태조실록》 권2 태조 1년 9월 기해.

47 《佛氏雜辨》[《三峰集》 卷9] 佛氏禍福之辨.

48 앞서 언급했듯이, 제사하는 자의 분한에 위배되는 제사를 음사로 보는 식의 인식 또한 명초에 등장한 것이었다. 이러한 음사 인식이 고려 이래로의 제사 관념과 이질적이었음은 최종석, 〈조선전기 淫祀的 城隍祭의 양상과 그 성격—중화 보편 수용의 일양상〉, 《역사학보》 제204집(2009)를 참고하기 바란다.

49 《태조실록》 권2 태조 1년 9월 임인.

도록 하는 저령이 내려졌다. 그럼에도 이는 쉽사리 정착되지 못하였다. 이후에도 동일한 문제 제기가 수차례 언급되었고 관련 저령은 거듭 확인되었다.[50] 아무리 저령이 있다고 해도, 복을 구하고 재앙을 없애기 위해 각종 신을 대상으로 제사를 지내 온 관·민의 종교 심성이 바뀌지 않은 한, 자신의 부조만을 제사 지내는 것은 실현 불가능하였을 것이다. 신념이 투철하고 실천 역량이 뛰어난 일부 유자에나 가능한 일이었을 것이다.

정종대에도 특별한 게 없었다. 태조대의 연장선에 있었다고 할 수 있다. 경연에서의 대화 사례는 당시의 분위기를 대변해 준다. 즉 시강관 유관이 "본조의 재상이 명산에 제사 지내는 것은 심히 비례이다"라고 한 언급에, 정종은 지금까지 이를 금하지 않은 이유를 물었고, 이에 답하여 유관은 전조의 관행이 금단되지 않고 지금까지 이어진 데서였다고 하면서 금지를 요청하였다.[51] 이에 대해 정종은 별다른 조치마저 취하지 않았다. 정종대에 상황이 바뀌었으리라 보기는 어려운 것이다.

3. 태종대

혁신적 종교 심성을 토대로 한 신사 정책 구현의 분기점

1) 태종의 즉위와 혁신적 신사 정책의 본격화

태종대는 태조·정종대와 달리 혁신적 종교 심성 구현의 분기점으로 작용하였다. 여기서는 사전과 개인적 치제 방면에서 혁신적 종교 심성의 구현 양상과 그 특징을 살펴볼 것이다. 이에 관한 본격적 검토에 앞서 혁신적 종교 심성의 구현에 있어 태종의 국왕 즉위라는 변수가 의미하는 바를 부각하

50 《태조실록》 권8 태조 4년 12월 갑인; 《태조실록》 권8 태조 4년 12월 무오; 《태조실록》 권11 태조 6년 4월 정미.

51 《태조실록》 권15 태조 7년 12월 무오.

기 위해 태종 즉위 직후의 사례들을 간략히 다루어 보도록 하겠다.

태종은 즉위 당일인 1400년 11월 계유일[52]에 의정부와 예조에 명해서 신사, 불사를 없애는 일을 의논토록 했다. 국왕이 먼저 신료들에게 신사, 불사를 없애는 일을 논의하도록 한 것인데, 이러한 경우는 태조와 정종대는 물론이요, 고려 왕조에서도 찾아볼 수 없는 일이었다. 획기적인 성격의 일인 것이다.

당시 태종은 "신사, 불사가 징험이 없어 무익하다고 보아 이를 전면적으로 혁파하고자 하나, 태상왕인 태조와 상왕인 정종이 이를 믿기에 없앨 만한 것을 참작하여 아뢰도록" 명했다.[53] 태종은 신사, 불사를 전면 부정하는 생각을 지니고 있었고 즉위 당일에 이러한 명령을 내릴 정도로 구래의 신사, 불사를 어떤 식으로든 정리하고자 하는 뚜렷한 의지를 갖고 있었다고 할 수 있다.

이 일의 연장선에서 태종은 경연 석상에서 소격전에서의 초성(醮星)을 제외한 그 나머지 음사의 혁거 여부를 경연관에게 물었다. 태종은 음사 혁파에 마음을 두고 이 질문을 하였을 것이다. 이에 응답하여 경연관들은 천자·제후·사·서인 각자가 제사할 수 있는 신이 있는데, 서인이라 할지라도 모두가 산천에 제사를 지내니 이를 금지해야 한다고 하였다. 이 사안은 앞서 보았듯이 이미 태조·정종대에 수차례 제기된 이슈였다. 경연관들은 태종이 언급한 초성을 제외한 나머지 음사를 서인의 산천제와 같은, 제사하는 자의 분한에 위배되는 제사로 해석하면서 이를 금지해야 한다고 건의한 것이다. 그런데 정작 말을 먼저 꺼낸 태종은 삶의 평안을 신의 음조(陰助)에 기대는 민간의 상신(尙神) 풍속을 고려하여, 금령을 내려 각자의 분한에 위배되는 제사를 막았을 때 발생할 민인의 원망을 우려하였다. 태조대에 음사를 금하는

• • • •

52 《정종실록》 권6 정종 2년 11월 계유.

53 《정종실록》 권6 정종 2년 11월 계유.

금령이 수차례 내려졌지만 그것은 민인의 종교 심성과 정면으로 충돌한 탓에 사문화되어 왔을 여건에서, 태종은 분한에 위배되는 제사를 막는 금령을 실행해야 한다고 생각하였을 것이면서도 민인의 반발을 우려하여 금령을 내리는 것을 주저한 것이다. 무거운 책임을 짊어진 최종 정책 결정자다운 면모라 할 수 있다. 이러한 상황에서 김첨은 명에서처럼[54] "이사(里社)를 세워 민인으로 하여금 모두 제사 지내게 하면, 민인 모두 기쁘게 따르고 음사도 장차 근절될 것이다"라고 하는 흥미로운 발언을 하였다. 민인에게 조상 제사 외에 《홍무예제》에도 수록된 이사라는 분출구를 제공하여 장기적인 차원에서 음사 근절을 도모하고자 한 의견일 것이다.[55] 후술하듯 이사는 이때 수용되지는 않았지만, 태종대에 결국 시행되었다.

얼마 후인 12월 임자일에, 예조는 즉위일에 있은 태종의 명령에 화답하여 경외 사사(寺社)에서 설행하는 도량·법석·국복(國卜)·기은(祈恩)·연종환원(年終還願) 등의 일을 모두 정파하며, '사신(祀神)'의 경우 사전에 등재된 명산대천은 《홍무예제》에 의거하여 치제하고 국무당과 감악산·덕적산 등지에 무녀와 사약(司鑰)을 보내 때아닌 때에 제사하는 것은 일체 금단할 것을 상언하였다. 그런데 태종은 신사 관련 건의는 수용치 않고 불사만 정파하도록 했다.[56] 그리하여 '불사를 정파하는' 조치만 단행되었다.[57]

신사에 관한 예조의 개혁 건의는 "신에게 제사하는 것은 성경(誠敬)을 위주로 해야 하고 음사에서 번독하는 것은 제사하지 않는 것만 못하다"라는 인식을 토대로 하고 있었다. 이러한 취지에서 예조는 사전에 등재된 명산대천을 예에 부합하게 《홍무예제》에 따라 제사해야 하고, 국무당과 감악산·덕적

••••

54 《明太祖實錄》 卷36 洪武 元年 11月 丙午; 《明太祖實錄》 卷53 洪武 3年 6月 甲子.

55 《정종실록》 권6 정종 2년 12월 무신.

56 《정종실록》 권6 정종 2년 12월 임자.

57 이는 국행(國行) 불사의 정파였을 것이다. 《태종실록》 권1 태종 1년 1월 정축; 최종석, 〈조선 초기 종교 심성의 전환과 불교—제의 감각의 변환의 시각에서 본 佛事 인식〉, 15쪽 참조.

산 등지에 무녀와 사약을 보내 때아닌 때에 제사하는 것은 제사 지내지 않는 것만도 못하기에 금단해야 한다고 보았을 것이다. 당시까지도 사전에 등재된 명산대천(신)을 대상으로 한 제사는 여전히 정성과 공경을 갖추지 못하고 번독한 듯싶다. 달리 말해, 여러 신묘와 주군 성황을 대상으로 한 제사를 조정예제 즉 《홍무예제》에 의거하도록 한 태조대의 저령은 사문화되어 왔다고 할 수 있다. 그리하여 예조는 기왕의 관행을 바꾸기 위해 《홍무예제》에 의거해서 해당 제사를 거행토록 건의하였을 것이다. 또한 내행기은(內行祈恩)·춘추기은(春秋祈恩) 등은 전조(前朝)의 방식을 습용하여 예에 어긋나게 감악산, 덕적산 등의 명산(신)에 무녀와 사약을 보내 제사하는 식으로 이루어져 왔기에, 예조는 비례를 바로잡기 위해 이러한 방식의 제사를 금단토록 건의하였을 것이다.[58]

앞서 언급하였듯이, 태종은 이때 불사와 달리 신사에 관한 제안은 수용하지 않았다. 당시 신사에 관한 예조의 개혁 방안이 수용되지는 않았지만, 유례없이 국행 불사 전반이 혁파된 데다가 국왕조차 혁신적 종교 심성을 토대로 하여 종래의 신사 관행을 개변하고자 한 데서, 태종은 전대 국왕과 달리 변혁을 위한 적절한 기회를 포착하고 있었다고 보아야 할 것이다. 태종대 신사에 관한 개혁 조치의 착수는 시간문제였던 것이다.

2) 사전(祀典)과 그 운영의 혁신

태종 1년(1401) 4월 신미일에 '음사를 감하는(감음사[減淫祀])' 조치가 이루어졌다. 이 조치는 "무격의 음사가 번독하니 이제부터는 춘추 양절(兩節)은 한결같이 명 예제에 의거하여 시행하라"고 하는 태종의 명에 따른 것이었다.[59] 명령의 내용을 고려할 때, 이것은 몇 달 전 예조가 건의한 내용을 수용한 것

••••

58 이 점은 다음 기사를 통해 엿볼 수 있다. 《태종실록》 권2 태종 11년 5월 계미; 《태종실록》 권22 태종 11년 7월 갑술.

이었다고 볼 수 있다. 그때 예조는 신에 대한 치제가 번독해서는 안 된다고 한 취지에서 사전에 등재된 명산대천(신)을 《홍무예제》에 따라 제사해야 한다고 건의한 바 있다. 그 당시에 태종은 이를 수용하진 않았지만, 이때 와서 받아들인 것이다. 이때의 '음사를 감하는' 조치는 그간 지지부진해 온 사전 제사 운영의 혁신이 궤도에 오르는 신호탄이었을 것이다.

그런데 예조가 동일한 취지로 건의했던 "국무당과 감악산, 덕적산 등에 무녀와 사약을 보내 때아닌 때에 제사하는 것을 금단해야 한다"라는 것은 여전히 외면받았다. 이 문제는 이로부터 10여 년이 지난 태종 11년(1411) 5월에 이르러서야 빛을 보게 되었다.[60] 다음 기사가 이 사안에 관한 것이다.

> 임금이 예조에 명하기를, "송악·덕적·감악 등의 명산의 신을 대상으로 축문을 쓰고 신하를 보내 분향하게 하는 것이 예(禮)이다. 전조 이래로 내행기은(內行祈恩)이라 칭하며 사절(四節) 때마다 양전(兩殿) 측이 내신(內臣)·사약(司鑰)·무녀로 하여금 이름도 없는 제사를 몰래 행하게 한 것이 지금까지 아직 중단되고 있지 못하니 예에 부합하지 않는다. 너희들은 전조의 사전에 실린 것을 상고하여 시종과 본말을 모두 써서 아뢰라. 내 마땅히 예로써 행하겠다" 하였다.[61]

위 기록에 따르면, 태종은 송악산, 덕적산, 감악산 등 명산의 신을 대상으로 한 내행기은이 전조의 방식을 습용하여 예에 어긋나게 거행되어 온 '불합리'를 제거하겠다고 하는 강력한 의사를 피력하였다. 이를 위해 태종은 비례의 원천인 고려의 사전을 조사하여 보고하라는 과제를 예조에 부여하

••••

59 《태종실록》 권1 태종 1년 4월 신미.

60 종교 심성의 측면에서 이 사안은 《홍무예제》에 의거한 제사 운영에 비해서 상대적으로 실현하기 어려웠던 듯싶다.

61 《태종실록》 권21 태종 11년 5월 계미.

였다.

예조의 조사·보고가 있었을 테지만 이는 확인되지 않고, 예조의 조사·보고 이후에 이루어졌을 후속 조치가 몇 달 뒤에 행해졌다. 즉 동년 7월 갑술일에 태종은 예조에 명령을 내려 덕적산·감악산·개성대정(開城大井)의 제례를 정하도록 하였다. 구체적으로 말하면, 태종은 덕적산·백악산·송악산·목멱산·감악산·개성대정·삼성(三聖)·주작(朱雀) 등을 대상으로 한 춘추기은(春秋祈恩) 시에 환시(宦寺)·무녀·사약으로 하여금 제사하고 여악(女樂)을 베푼 행위는 전조 이래로의 관행으로 비례이기에 혁파해야 한다고 보고 내시별감(內侍別監)이 향을 받들어 제사해야 한다고 했다.[62] 이에 대해 예조는 송악산·백악산·감악산 등지에 내시별감으로 하여금 향을 받들어 제사하도록 한 별기은(別祈恩)이 춘추에 국제로 거행하는 제사와 중첩되는 문제를 제기하였다. 앞뒤 문맥으로 보아 폐지를 주장한 듯싶다. 제후인 국왕의 산천제는 분의에 어긋나지 않았기에, 예조의 건의는 기은 일반이 아니라 중첩해서 행하는 폐단이 있는 기은의 폐지를 건의하였다고 볼 수 있다. 이에 대해 태종은 춘추에 송악산·백악산·감악산 등지에 기은을 행한 것이 오래전부터 있어 온 일이라 하여 폐지에는 부정적이었다.[63] 결과적으로, 기은은 이전과 마찬가지로 국제와 일부 중첩되기는 했지만 이전과 달리 내시별감을 보내 향을 받들어 제사하는 식으로 변모하였다.

이렇다고 한다면, 태종 즉위년에 태종이 먼저 신사를 없애는 일을 의논토록 하고 이에 화답하여 예조가 건의한 신사에 관한 개혁안은 이때 이르러서야 온전히 구현되었다고 할 수 있다. 일부 사전 제사가 무격에 의해 번독하게 이루어져 온 방식을 없애고 명 예제에 의거하도록 한 태종 1년 4월 신미일의 '음사를 감하는' 조치가 그 이후로도 지속되었는지는 확인하기 어렵지

62 《태종실록》 권22 태종 11년 7월 갑술.

63 《태종실록》 권22 태종 11년 7월 갑술.

만, 명산에 기은 시 환시·무녀·사약 대신에 내시별감을 보내 제사하도록 한 조치는 이 이후로 적지 않게 확인된다.[64] 현실에 뿌리를 내린 것이다.[65]

새로운 종교 심성을 토대로 한 사전 개혁이 이것으로 마무리되지 않았음은 물론이다. 이를 유형별로 검토해 보고자 하는데, 첫째는, 사전의 운영을 명초의 혁신적 예제에 부응하고자 한 조치에 관해서다. 《홍무예제》에 의거한 운영으로 상징되는, 고려 이래의 운용 방식을 혁신하고자 한 움직임은 태조 원년 이래로 추진되었고 태종대에도 여전히 지속되었다. 정확히는 태종대 들어서야 본격화되었다고 할 수 있다. 이러한 지체는 기존 관행과 180도 다른 제의 방식을 수용·정착하는 게 지난한 일인 데서였을 것이다. 사전 개혁을 위한 본격 시동은 혁신적 종교 심성을 수용·지향하는 군주의 출현을 기다려야 하는 것이었다.

앞서 살펴본 태종 1년(1401)의 '음사를 감하는' 조치, 즉 예조가 사전에 등재된 명산대천(신)을 《홍무예제》에 따라 치제할 것을 건의하고 몇 달 뒤 태종이 무격 음사의 번독함을 이유로 춘추 양절의 치제를 한결같이 명 예제에 의거하도록 한 조치는 이 유형에 해당할 것이다.[66] 태종 12년(1412) 2월 신유일에 백악신주(白岳神主)와 목멱신주(木覓神主)를 고쳐 만든 일도 이러한 움직임의 연장선에서였을 것이다. 신주를 고쳐 만든 이 일은 오래전에 만든 백악신주와 목멱신주가 고제에 부합하지 않아 《홍무예제》에 의거하여 고쳐 만들도록 한 예조의 건의를 수용해서였다.[67] 추정컨대, 고쳐 만들기 이전의 백악신주와 목멱신주는 봉작이 있는 식으로 제작돼 신호가 《홍무예제》의 규

• • • •

64 다음 기록을 시작으로 해서 국왕이 내시[별감]를 보내 치제한 사례(기은)를 다수 확인할 수 있다. 《태종실록》 권26 태종 13년 9월 신묘. "遣內侍, 祭鎭州胎靈山神."

65 상대적으로 실행하기 어려워 뒤늦게 이루어졌을 내시별감을 보내 치제토록 한 조치가 정착된 것으로 미루어 보아, 먼저 실행된 '음사를 감하는' 조치 또한 뿌리를 내렸을 것이다.

66 춘추기은 시 송악산·백악산·감악산 등지에 내시별감으로 하여금 향을 받들어 제사하도록 한 조치도 넓게 보아서 이 유형에 해당할 것이다.

67 《태종실록》 권23 태종 12년 2월 신유.

정과 맞지 않았을 것이다.

또한 태종 13년(1303) 6월 을묘일에는 그간 사문화되다시피 한 태조 원년의 교지를 실효가 있도록 하여 《홍무예제》에 따라 신호(神號)를 고쳐 바로잡고 신주 일위(一位)만 남기고 처첩 등의 신을 모두 없애며 신상을 철거하도록 하였다.[68] "태조의 교지(저령)가 있었음에도 유사(有司)가 관행을 좇아 이를 실행하지 않아 작호와 신상은 예전과 다름없고 그로 인해 음사가 행해졌다"라고 한 예조의 언설에서 알 수 있듯이, 《홍무예제》를 따르는 제사 운영은 종래의 관행 대신에 《홍무예제》에 의거하겠다고 하는 교지를 내린다고 해서 정착될 수 있는 일이 아니었다. 태종대에는 태조대와 달리 명초의 혁신적 예제를 수용·정착하고자 하는 뚜렷한 의지와 지향이 존재한 데다가 여러 방면에서 가시적인 성과가 나타난 만큼, 신호를 고쳐 바로잡는 조치 등은 다시금 공염불로 그치지는 않았을 것이다. 이와 관련하여 이 조치 이후 몇 달 뒤에 태종이 내시를 보내 광주성황지신(廣州城隍之神)에게 제사지냈다[69]라고 한 기록이 주목된다. '광주성황' 식의 표기와 달리 '광주성황지신'은 공식 신호라 할 수 있는데, 이 신호는 태조 원년의 교지를 부활하여 각 군현 성황의 신호를 단지 '모주성황지신'으로 칭하도록 한 태종 13년(1303) 6월의 조치를 반영한 산물이라 추정된다. 이렇듯 《홍무예제》를 따르는 제사 운영은 드디어 실행에 옮겨졌을 것이다. 다만 이 조치 이후로도 정착을 위한 시간 및 지속적인 노력은 요구되었다. 적어도 세종대까지는 그러하였다.[70]

한편 태종 13년(1413) 11월 경진일에, 태종은 예조의 건의를 수용하여 사복시에서 무격을 동원하여 마신(馬神)에게 치제해 온 음사를 개편토록 했다. 곧 마조(馬祖)·마보(馬步)·마사(馬社)·선목(先牧) 신에 대한 제사는 사복관이 향을

• • • •

68 《태종실록》 권25 태종 13년 6월 을묘.

69 《태종실록》 권26 태종 13년 10월 정사.

70 이욱, 앞의 책, 101-102쪽; 최종석, 〈여말선초 명(明)의 예제(禮制)와 지방 성황제(城隍祭) 재편〉, 237-240쪽 참조.

받아 제사하도록 했다.[71] 이는 기존 사전 제사 가운데 음사 식으로 운영되어 온 것을 예(명 예제)에 부합하도록 탈바꿈한 조치라 할 수 있다. 이것 또한 명초의 혁신적 예제에 부합하고자 한 사전 운영의 연장선에 있었다고 볼 수 있겠다.

다음 유형은 영험처로 사전에 등재되어 온 성황·산천·여러 신사(神祠) 등을 사전에서 배제한 조치이다. 세종대 기록이긴 하나, 이에 따르면 태종 9년[1409]에 영험처인 성황·산천·여러 신사 등을 사전에서 제거하는 조치가 단행되었다고 한다.[72] 필자가 아는 한, 이것은 사전에 등재되어 온 영험처를 사전에서 배제한 첫 시도였다. 이는 고려 이래로의 관행과 결별하고 사전을 국가와 민인에게 공덕이 있는 존재로만 채우고자 하는 발걸음을 내디딘 움직임이라고 할 수 있다. 혁신적 종교 심성이 구현되어 감을 상징하는 의미심장한 조치인 것이다.

이때 사전에 수록된 영험처는 대거 정리된 듯싶고, 이 이후로도 제한적이나마 영험처 정리가 이루어졌다. 즉 태종 14년(1414) 8월 신유에 사전에 등재된 명산대천 및 여러 산천을 등급화하는 와중에, 영안성(永安城), 정주목감(貞州牧監), 구룡산(九龍山), 인달암(因達巖) 등을 대상으로 해서 사전에서의 제외가 단행되었다.[73] 이러한 유형의 일은 태종대로 끝나지 않고 그 이후에도 한동안 지속되었다.[74]

다음으로는 사전에 등재된 명산대천의 분등(分等)에 관해서다. 앞서 언급한 태종 13년 6월 을묘일에 예조는 당·송과 달리 사전에 등재된 산천 제사가 아직 등급화되지 못하였다고 하여, 경내의 명산대천 및 여러 산천을 고제에 의거하여 등제(等第)를 나누도록 요청하였다.[75] 당시까지 사전에 등재된

71 《태종실록》 권26 태종 13년 11월 경진.

72 《세종실록》 권29 세종 7년 7월 기사; 《세종실록》 권46 세종 11년 11월 계축.

73 《태종실록》 권28 태종 14년 8월 신유.

74 최종석, 〈여말선초 명(明)의 예제(禮制)와 지방 성황제(城隍祭) 재편〉 참조.

산천 제사는 중사, 소사 등으로 구분되지 못하였는데, 이는 고려 이래로의 현상이었다.

당시까지도 분등이 이루어지지 않은 것은 명산대천이 주로 영험을 토대로 사전에 등재되어 온 현실과 무관하지 않았을 것이다. 그동안에는 영험이 있는 명산대천을 사전에 등록하여 '국제'로 치르는 것이 중요하였지, 그리고 국가 차원에서 명산대천의 영험에 의지하여 복을 구하고 재앙을 물리치는 것이 중요하였지, 명산대천을 대사, 중사, 소사 등으로 구분하는 것은 관심사가 아니었을 것이다. 대사, 중사, 소사 등의 구분이 본래 해당 신의 공·덕을 감안하여 등급화하였을 것을[76] 감안하면 더욱 그러하다고 하겠다.

이렇다고 할 때, 태종 13년 6월 을묘일 예조의 명산대천 분등 건의와 이후 태종 14년(1414) 8월 신유일 명산대천 분등의 시행은[77] 이 일에 앞서 단행된 태종 9년 사전에서의 영험처 제거 조치와 짝을 이루었을 것이다. 즉 사전에 등재되어 온 산천 등 가운데 영험처를 정리한 후에 존속한 명산대천 및 여러 산천을 대상으로 해서 공·덕을 기준으로 분등을 시도하였다고 볼 수 있다.

사전에서 영험처의 제외, 사전에 등재된 명산대천의 분등 등의 조치 역시 종교 심성이 전환되어 감을 대변한다고 할 수 있다. 만약 당시에 종교 심성의 전환이 뒷받침되지 않았다면, 지식의 차원에서 '사전에서 영험처의 제외', '사전에 등재된 명산대천의 분등' 등의 조치를 인지했어도 실행에 옮기기는 어려웠을 것이고, 설령 실행되었다고 할지라도 뿌리를 내리기는 힘들었을 것이다. 그런데 조선에서는 태종대를 분기점으로 하여 착근이 이루어졌다. 비록 태종대에 완료되지는 못했어도 말이다.

마지막으로 《홍무예제》에 수록된 각종 제사의 도입·실행에 관해서다. 풍

• • • •

75 《태종실록》 권25 태종 13년 6월 을묘.

76 이욱, 앞의 책, 95쪽.

77 《태종실록》 권28 태종 14년 8월 신유.

운뢰우산천성황제, 여제, 지방 사직제 등이 이에 해당하는 제사이다.《국조오례의》 길례 변사(辨祀)를 기준으로 하자면, 풍운뢰우산천성황제는 중사, 도성의 여제는 소사이고 지방 여제는 주현제, 지방 사직제는 주현제였다. 도입 순서는 여제가 태종 4년(1404)으로 가장 빠르고,[78] 다음은 태종 6년(1406)에는 시행되었을 지방 사직제였고,[79] 풍운뢰우산천성황제가 태종 11년(1411)으로 가장 늦었다.[80]

태종대에 이들 제의를 시행한 것은 표면적으로는《홍무예제》(명 예제)의 준용 차원에서였다. 그리고 표면 너머에는 문명 중화를 보편가치로 간주하고 이를 추구·구현하고자 하는 일환에서《홍무예제》에 수록된 이들 제의를 도입·실행하였을 맥락이 자리 잡고 있었을 것이다.[81] 그런데 종교 심성 전환의 측면에서 보자면, 이들 제의의 시행은 혁신적 종교 심성의 토대가 구비되어 가는 속에서 이루어진 조치라고도 할 수 있다. 본래 이들 제의는 명초의 혁신적 종교 심성의 대두와 맞물려 성립된 것이었다. 곧 이것들은 혁신적 종교 심성을 토대로 하고 있었다.[82] 그러하기에 태종대에 이들 제의를 도입·실행하였다고 함은 단순히 새로운 제의를 시행한 것으로 그치지 않고 이들 제의를 가능케 한 심성적 조건이 갖추어져 가고 있었음을 시사할 것이다.

• • • •

78 《태종실록》 권7 태종 4년 6월 무인. 태종 1년 1월 갑술일에 권근이 여제의 시행을 건의한 바 있다.《태종실록》 권1 태종 1년 1월 갑술 참조.

79 《태종실록》 권11 태종 6년 6월 계해. 조선시대 지방 사직제와 관련해서는 장지연, 〈조선시기 州縣 社稷壇 설치의 의미와 그 실제〉,《한국문화》(서울대학교 규장각 한국학연구원) 제56호(2011) 참조.

80 《태종실록》 권21 태종 11년 5월 무진.

81 최종석, 〈조선시기 城隍祠 입지를 둘러싼 양상과 그 배경—高麗 이래 질서와 '時王之制' 사이의 길항의 관점에서〉,《한국사연구》(한국사연구회) 제143집(2008); 〈여말선초 명(明)의 예제(禮制)와 지방 성황제(城隍祭) 재편〉; 〈한국의 '전통적' 邑治 경관의 창출에 관한 시론〉,《역사교육》(역사교육연구회) 제112집(2009) 참조.

82 小島毅, 〈洪武改制と明代の地方志〉,《中國近世における禮の言說》(東京大學出版會, 1996); 濱島敦俊,《総管信仰—近世江南農村社会と民間信仰》(研文出版, 2001) 참조.

풍운뢰우산천성황제를 예시로 이러한 점을 간략히 언급해 보도록 하겠다.[83] 풍운뢰우산천성황제의 대상 신인 풍운뢰우지신, 국내산천지신, 국내성황지신은 개별성을 상실한 채 합체화되고 일반·추상화된 존재였고, 더구나 풍운뢰우산천성황제는 이질적 성격의 이들 세 신을 함께 제사하는 방식으로 거행되었다. 이는 명 이전에는 전혀 존재하지 않은 방식이었다. 제사는 공덕을 지닌 존재에 대한 보답 차원에서 이루어지는 것이라는 지적 환경 아래에서 치제 대상이 개별성을 상실한 채 합체화되고 일반·추상화된 존재라고 하는 면모는 문제가 되지 않았고, 같은 맥락에서 여러 신을 함께 제사하는 것도 무방하였다. 신은 영험을 지니고 있는 인격신적 존재로, 신에 대한 제사는 그의 영험에 의지하여 원하는 바를 얻고자 하는 행위로 보는 고려 시대 사람들의 감각에서 보자면, 풍운뢰우산천성황제의 대상인 이들 신에게서 구체적이고 가시적인 영험을 기대할 수는 없었을 것이다. 고려 시대에서라면 풍운뢰우산천성황제 식의 제사는 수용되기 어려웠을 뿐만 아니라 설령 수용되었다고 할지라도 유명무실화되기 십상이었을 것이다. 그런데 태종대에는 풍운뢰우산천성황제가 도입되었으며 이에 그치지 않고 그 이후로도 풍운뢰우산천성황을 대상으로 한 제사는 지속되면서도 비중 있게 설행되었다. 단순히 풍운뢰우산천성황제의 수용·시행으로 그 의미가 축소되어서는 곤란한 것이다.

지방 사직제와 여제도 풍운뢰우산천성황제와 마찬가지로 명초의 혁신적 종교 심성을 토대로 하였을 것인데, 조선 후기까지 사회적 효력을 발휘한 채 지속되었다.[84] 한때의 해프닝으로 끝나지 않은 것이다.

• • • •

83 이하 풍운뢰우산천성황제에 관한 언급은 최종석, 〈조선초기 風雲雷雨山川城隍祭의 수용·지속과 그 인식적 기반〉, 《한국학연구》(인하대학교 한국학연구소) 제42집(2016)을 토대로 작성되었다.

84 이욱, 〈조선시대 국가 사전과 여제〉, 《宗教硏究》(한국종교학회) 제19집(2000); 이욱, 《조선시대 재난과 국가의례》; 장지연, 앞의 글; 강문식·이현진, 《종묘와 사직》(책과함께, 2011) 참조.

3) 개인적 치제 방면—음사 금단의 주저와 이사(里社)의 시행

앞서 언급하였듯이, 태종 즉위년(1400)에 경연관은 서인의 산천제와 같은 각자의 분한에 위배되는 제사를 금지해야 한다고 건의하였지만, 태종은 내심 이에 공감하였을 것이면서도 민인의 관습을 감안하여 제사하는 자의 분한에 위배되는 제사를 막는 금령의 실행에 주저하였다. 또한, 혁신적 종교심성 아래에서는 분한 측면에서 조상 제사만이 허용되는 민인에게 조상 제사 외에 《홍무예제》에도 수록된 이사라는 분출구를 제공하여 장기적인 차원에서 음사 근절을 도모하자는 의견이 제기되기도 하였음을 본 바 있다. 사전 방면에서의 대대적이고 적극적인 움직임과 달리, 개인적 치제를 대상으로 한 혁신의 움직임은, 이 문제에 대한 태종의 현실적 접근에서 예상할 수 있듯이, 상대적으로 답보 상태였다고 할 수 있다. 이러한 분위기이다 보니 태종 12년(1412) 10월 경신일에 이르러서야 분한에 위배되는 제사를 금하자는 건의가 제출되었다. 사간원은 그 당시까지도 나라의 진산(鎭山)부터 군현의 명산대천에 이르기까지 관민의 산천제 풍조가 만연되어 예를 벗어나고 분수를 넘는 일이 심하다고 평가하면서, 중외의 대소인신(大小人臣)이 함부로 산천에 제사 지낼 수 없게 해서 존비의 분수를 밝히고 위반자는 엄히 법으로 다스리며 인귀(人鬼) 음사도 엄격히 금하여 풍속을 바르게 할 것을 건의하였다.[85]

이러한 제안은 이전부터 종종 건의되어 온 것인 데서 특별하다고 볼 수 없다. 금령도 태조대에 이미 갖추어진 것이었다. 다만 태종 즉위년에 논의가 있었다가 수면 아래로 가라앉고는 꽤 오랫동안 산천제와 같은 조상 제사 이외의 제사를 금지하고자 하는 움직임이 없다가, 이때 들어 다시금 불을 지핀 사실만은 주목해 볼 만하다. 흥미로운 사실은 당시 사간원이 중외의 대소인신(大小人臣)의 산천제 및 인귀 음사를 엄격히 금할 것을 제안하는 과정

••••

85 《태종실록》 권24 태종 12년 10월 경신.

에서 사간원은 태종이 각자의 분한에 맞게 제사를 지내는 의리를 알아 원구제를 정파하고 산천제만을 제사하게 된 사실을 부각한 점이다. 관민을 대상으로 각자의 분한에 부합하는 제사를 지내도록 요구하면서, 제후인 국왕 자신이 천제를 거행하는 것은 이율배반일 것이다. 고려에서처럼 군주건 관민이건 구분 없이 각자의 분한에 부합하는 제사를 지내야 한다는 의식이 없다면야 이율배반도 성립될 수 없겠지만, 시대는 달라져 있었다. 이러한 관점에서 보자면 제천례의 폐지는 각자의 분한에 맞는 치제를 위한 국왕의 솔선수범이라고도 할 수 있다. 제천례의 폐지가 이루어져야 국왕(국가)은 신민을 대상으로 분한에 부합하는 제사의 준수를 명분 있게 요구할 수 있었을 것이다. 제천례는 태종 12년(1412) 8월에 폐지된 데서,[86] 제천례 폐지 직후에 이를 명분 삼아 신민의 조상 제사 이외의 제사를 금지하고자 하는 움직임이 재개된 것은 결코 우연이 아니었을 것이다.

한 달여 뒤인 태종 12년 11월 을사일에, 태종은 "천자는 천지에 제사하고 제후는 산천에 제사해야 하는데 지금 대신들이 송악산과 감악산에 제사 지내는 일로 휴가를 신청하는 것은 비례이고, 망자의 천도를 위해 모두 불사를 행하니 잘못되었다"라고 언급하면서, 의정부가 앞의 사간원 상소를 의논하도록 명했다.[87] 의논 과정에서 혁파해야 한다는 의견이 다수였긴 하나, 성산군 이직이 제동을 걸고 무관 5, 6인이 나서서 오래전부터 있어 온 신·불사를 갑자기 없앨 수 없다고 반대하면서 혁파 논의는 흐지부지되고 말았다.[88]

결국, 관민이 자신의 분한에 맞지 않게 산천제를 행해 온 관행을 제어하고자 한 시도는 성공을 거두지 못하였다. 이로부터 한 달 뒤인 태종 12년 12

••••

86 《태종실록》 권24 태종 12년 8월 경진. 제천례 폐지에 관해서는 최종석, 〈조선 초기 제천례와 그 개설 논란에 대한 재검토〉, 《조선시대사학보》(조선시대사학회) 제67집(2013) 참조.

87 위의 언급에서는 누락되었지만, 사간원 상소(上疏)는 신사뿐만 아니라 불사에 관해서도 문제를 제기하였다.

88 《태종실록》 권24 태종 12년 11월 을사.

월 신미일에, 태종은 사헌부에 명하여 대인, 소인이 송악 성황에 복을 비는 것을 금지하도록 했다.[89] 대인, 소인의 산천 치제 일반을 금지하고자 한 것은 아니고 지나치게 많은 사람이 송악 성황에 몰려가 제사하는 과열·폐단을 막으려는 조치였을 것이다. 그런데 이마저도 지속되지 못하였다. 태종 18년(1418) 1월 을해일 기사에 따르면, 태종은 송악·감악 제사를 금지하지 말도록 했다. 잡인(雜人, 서인)의 종교적 심성을 배려한 조치였을 것이다. 정도가 심해 문제가 되는 일부 산천제의 금지마저 관철하지 못한 셈이다. 그만큼 관민이 분한에 맞지 않게 산천에 제사 지내 온 관행을 제어하는 일은 불가능에 가까울 정도로 고난도의 작업이었다고 할 수 있다. 어쩔 수 없이 당장의 효과를 기대하고 금지를 하는 대신에 긴 호흡을 갖고 풍속·심성의 변화를 유도할 수밖에 없었을 것이다.[90]

이러한 분위기에서 이사가 시행되었을 것이다. 앞서 보았듯이, 태종 즉위년에 태종은 분한에 위배되는 제사를 막는 금령을 실행하고자 했지만 민인의 반발을 의식하여 금령을 내리는 것을 주저하자, 김첨이 이사 시행을 제안한 바 있다. 이 당시에 김첨의 제안은 수용되지는 못하였다. 이후 이(里) 단위에 설치하는 이사에 상응하는 향(鄕) 단위에 설치하는 향사(鄕社), 곧 지방 사직단(사직제)이 태종 6년(1406)에 설립·시행되었지만, 이때도 이사는 도입되지 않았다.

그러다 분한에 위배되는 제사를 막는 금령의 시행이 구래의 심성에 막혀 지지부진한 상황에서, 태종 14년(1414) 1월 계사에 충청도 도관찰사 허지는 이사의 시행을 요청하였다.[91] 허지는 "조정[명]에서 반강한 예제에 주부군현은 모두 사(社)를 세우고, 또 향촌에는 이사가 있습니다. 지금 각도의 주군은 모두 사를 세우고 수령이 때에 따라 제사를 지내나, 오로지 이사의 법은 폐

••••

89 《태종실록》 권24 태종 12년 12월 신미.

90 《태종실록》 권35 태종 18년 1월 을해.

91 《태종실록》 권27 태종 14년 1월 계사.

지되고 있습니다"라고 하였다.《홍무예제》를 지칭하는 '조정에서 반강한 예제'에[92] 수록된 지방 사직제(향사)는 조선에서 시행되고 있지만, 이사만은 그렇지 못하다는 것이다. 당시 현실을 반영한 언급이라 하겠다.[93] 그런 후에 허지는 "[이사 법은] 힘써 신명(神明)을 공경하고 향리(鄕里)를 화목하게 하여 풍속을 후하게 하는 것으로 인심을 권하는 좋은 법입니다. 이 법에 의거하여, 각 향촌에서는 민호의 다과를 계산하고 지경(地境)의 막히고 가까운 것을 헤아려서 40호 또는 50호마다 1사를 세워서 제사 지내게 하소서. 지금부터 향리의 민인이 저령을 준수하지 않고 오히려 음사를 행하여 신당이라 칭하고 따로 이중(里中)에 세운 것은 일체 모두 불태워 없애 버리고 엄격히 다스리소서"라고 하였다. 40, 50호마다 이사를 세우고 향리의 신당을 없애 버리도록 요청한 것이다. 허지의 의도대로만 된다면야, 향리의 신당에서 행해져 온 음사는 사라지고 이사의 시행을 통해 향리 내에 예속이 자리 잡게 될 것이다. 신당을 불태워 없애는 일이 단행되었는지는 불명확하나, 이사는 실행되었을 것이다.[94] 김첨의 견해에서 추정해 볼 수 있듯이, 이사의 실행은 긴 호흡에서 이루어졌을 것이다.

그런데 이사의 시행으로 관민의 산천에 대한 치제 관행이 수그러들었을

• • • •

92 '조정에서 반강한 예제'에 수록된 이사의 의주 내용은《홍무예제》와 동일하다.

93 다만 "이사의 법은 폐지되고 있다"라고 한 언급은 수사적 오류일 것이다. 이때까지 조선에서 이사는 시행된 바가 없었기 때문이다.

94 이사가 실행되었음은《태종실록》권31 태종 16년 6월 을축 기사를 통해 추정해 볼 수 있다. 단 이사제가 실행되었다고 해도 이(里)마다 이사가 설치되었다고는 생각되지 않는다. 한편 이해준은 이사제가 시행되지 않았다고 보았다. "(…) 향촌 자체의 발전 방향을 도외시한 것이었다. 따라서 이같은 이사제의 실시는 일괄적으로 추진될 수 없었고, 수령이 파견되는 군현 단위에 사직단이 세워지는 선에 머물 수 밖에 없었다"(이해준, 〈朝鮮前期 鄕村自治制〉,《국사관논총》[국사편찬위원회] 제9집[1989], 59쪽)라고 하여, 이사제는 군현 사직제를 실시하는 것으로 그쳤다고 보았다. 그런데 이(里)의 사직인 이사는 군현 사직인 향사(鄕社)와 다른 것이었고, 향사는 이사제 실시 건의 전에 이미 시행되고 있었다. 또한 이사제가 시행되지 못했다고 하는 것에 대한 논증도 없다.

지는 의문이다. 무엇보다《홍무예제》에 수록된 이사의 성격을 감안할 때 그러하다.《홍무예제》에 따르면, 이(里)마다 단을 설치하고 춘추 사일(社日)에 향촌 인민은 오토(五土)·오곡(五穀)의 신에게 풍년을 빈다. 제사가 끝나면 회음을 시행한다. 회음은 한 사람이 서사(誓詞)를 낭독한 후 장유의 차례대로 자리에 나아가서 잔치를 즐기는 식이었다. 동리(同里) 사람을 대상으로 한 서사의 내용은 이(里) 안의 강포한 자를 없애고 약자를 돕는 것을 취지로 하였다. 구체적으로 그 내용을 소개하면 '예법을 준수하고 힘을 믿고 약자를 능멸하지 않음. 이를 어기면 이(里)에서 함께 다스린 뒤에 관에 넘김. 가난한 집을 두루 도와주되 3년 이내에 자립하지 않으면 모임에 참여하지 못하도록 함. 혼인이나 장사 지내는 일에 궁핍함이 있으면 능력에 따라 서로 도움. 중의에 따르지 않거나 간음과 도둑질을 하고 거짓을 꾸며 남을 속이거나 하는 일체의 비위자(非爲者)는 모임에 들어오는 것을 허락하지 않음' 등이다.[95] 서사의 내용은 이(里) 내에 유교적인 예의 질서를 구축하는 것을 핵심으로 하고 있었다.

《홍무예제》에 반영된 명 태조대 이사 시행은 국가 제도적 차원에서 이(里)를 예와 도덕의 공동체로 기능하도록 한 조치였다. 이사는 한대(漢代) 이래로의 것으로 명에서와 달리 사사(私社)라고 하여 관적·공적 통제의 대상이 아니었다. 다만 당 고종·측천무후 시기 이후로 이사를 국가의 통제하에 두고자 하는 노력이 있었고 그로 인해 이사는 현종대에 편찬된《대당개원례》에 수록되기까지 하였다.[96] 이때 이사는 사전에 들어간 것이다. 하지만《대당개원례》편찬 이후 얼마 지나지 않아 관사(官社)는 방기되었고 이사를 대상으로 한 국가 차원의 통제도 폐지되었다. 다시금 이사는 사사로, 달리 말해 민간 신앙의 형태로 되돌아갔다.[97] 그러다 명초에 들어서 명 조정은 이사를 관사

• • • •

95 《洪武禮制》祭祀禮儀 里社.

96 《大唐開元禮》卷71, 諸里祭社稷.

97 王美华,〈唐宋时期地方社稷与城隍神之间纠葛探析〉,《求是学刊》(黑龙江大学) 第43卷 第3期

로 운영하고자 하였다. 이와 맞물려, 《홍무예제》에 수록된 이사 운영 방식에서 엿볼 수 있듯이, 이사 운영의 방식은 각 이(里)에서 시행하기를 기대하는 [명 조정·홍무제의] 바람을 제도로 강제한 것이라고 할 수 있다. 이사는 법·제도를 통해서 지역사회 내에 예적 질서를 강제하고자 한 명초 특유의 일련의 프로그램 가운데 하나였다.[98]

이러한 명초 이사는 구래의 사사를 부정·혁신하여 관사인 당대(《대당개원례》)의 이사로 되돌아간 것으로도 볼 수 있지만, 실제로는 당대의 이사와 이질적이었다. 당대와 달리 단이 설치되었다는 등의 세세한 차이를[99] 차치하고서라도, 명초 이사는 무엇보다 당대와 달리 도덕과 예의 공동체로서의 면모가 뚜렷하였다. 특히 제사가 끝난 후에 거행하는 '회음독서문례(會飮讀誓文禮)'가 그러하였다. '회음독서문례'에서는 당대에는 보이지 않던 도덕과 예의 윤리를 내용으로 한 훈사(訓詞)를 선독한다든가, 낭독한 후에 장유의 차례대로 자리에 나아가서 잔치를 즐긴다든가 하였다.[100] 이와 대동소이한 면모는 명초 이(里) 단위에서 거행된 향음주례에서도 확인되는데,[101] 이러한 모습 탓에 명초의 향음주례 역시 전대의 향음주례와 이질적이었다고 이해되고 있다.[102] 또한 명초의 이사는 사직제를 거행하는 것과 향(주현 단위)이 아닌 이(里)

• • • •

(2016), 156-157쪽.

98 이러한 명초의 움직임은 송·원 시대 지방 사대부 주도의 자발주의와 상이하였다. 이와 관련하여 Peter K. Bol, *Neo-Confucianism in History*(Harvard University Asia Center, 2010), pp. 256-260 참조. 또한 명초에 시행된 이사와 같은 성격의 조치로는 향음주례, 신명정(申明亭)·선명정(旌善亭), 이노인제(里老人制) 등이었다. 張佳, 〈彰善癉惡, 樹之風聲—明代前期基層教化系統中的申明亭和旌善亭〉, 《中華文史論叢》, 2010年 第4期; 邱仲麟, 〈敬老適所以賤老—明代鄉飲酒禮的變遷及其與地方社會的互動〉, 《中央研究院歷史語言研究所集刊》(中央研究院歷史語言研究所) 第76本 第1分(2005) 참조.

99 당대에 이사는 신수(神樹) 아래에서 설행되었다. 《大唐開元禮》 卷71 諸里祭社稷 참조.

100 《洪武禮制》 祭祀禮儀 里社.

101 《大明集禮》 卷29 嘉禮13 鄉飲酒禮; 《大明會典》 卷79, 鄉飲酒禮

102 申万里, 〈宋元乡饮酒礼考〉, 《史学月刊》(河南省历史学会) 2005年 第2期; 邱仲麟, 앞의 글 참조.

단위인 것을 제외하고는 성격상 향약과 별반 다르지 않았다고도 할 수 있다.[103] 이처럼 명초의 이사는 당대 관사의 복구가 아닌, 국가 차원에서 지역사회 내에 예적 질서를 부식(扶植)하고자 한 명초의 특유의 분위기 속에서 새롭게 태어난 혁신적 성격의 것이었다.

명초 이사의 성격을 고려할 때, 태종대에 이사가 시행되어, 김첨이 말하듯, 민인들은 조상 제사 외에 이단(里壇)에서 오토·오곡의 신에게 제사 지낼 수 있게 되었다고 할지라도, 이사가 산천제를 행하고자 하는 민인들의 욕구를 감퇴시켰을 것으로 생각되지 않는다. 우선 제도 자체의 정착조차 용이치 않았을 것이다. 조선 후기에서조차 이사 시행의 노력이 이어졌음에서[104] 이 사실을 짐작해 볼 수 있다. 비록 일부 지역에서 이사가 시행되었어도 그것의 혁신성을 감안할 때 민인들의 구래 심성이 바뀌지 않는 한 이들에게 이사는 결코 매력적이지 않았을 것이다. 허지의 요청을 수용하여 이사를 실행했었어도 관민의 산천에 대한 치제가 여전히 수그러들지 않았을 것으로 보는 것은 이러한 이유에서이다.[105] 개인적 치제 방면의 혁신은 금령에 의지하지 않고 긴 호흡을 갖고 심성의 변화와 예속의 정착을 기다려서 해서인지 조선 후기에 가서야 구현된 듯싶다. 추후에 본격적인 검토를 해 봐야 분명해지겠지만, 17세기 중반을 분기점으로 하여 개인 치제 방면의 변화가 뚜렷

• • • •

103 조선 후기이긴 하나, 실제로 삼척 지역에서는 향약의 시행과 맞물려 이사의 설치가 이루어졌다.《記言》권37 陟州記事의 置里社諭父老文과 論鄕約文 참조.

104 가령《척주지》에 따르면, 삼척부사인 허목이 이 지역에 이사를 처음으로 설치하였다고 한다. 심일종,〈조선후기 '이사(里社)'의 도입과 마을성황사의 유교적 진전〉,《민속학연구》(국립민속박물관) 제43호(2018) 참조.

105 명에서조차 이사를 비롯하여 이와 동일한 내지 유사한 취지에서 시행된 일련의 프로그램은 그 혁신성과 이를 강제한 탑다운 방식으로 말미암아 명 중기 이후로는 공통적으로 이완 내지 폐지의 운명을 맞았다. 小畑龍雄,〈明代鄕村の教化と裁判: 申明亭を中心として〉,《東洋史研究》(東洋史研究會) 第11卷 第5·6號(1952); 邱仲麟, 앞의 글; 孔伟,〈从乡饮酒礼看明代地方社会控制〉,《海南师范大学学报—社会科学版》(海南师范大学) 2016年 第2期; 張佳, 앞의 글 참조.

해졌다고 판단된다. 변화의 동인은 무엇보다 지역사회 내 예속의 실현이었다고 할 수 있다.[106] 이렇듯 개인적 치제 방면의 혁신은 사전 방면과 달리 새로운 종교 심성이 민인에까지 침투할 만큼 보다 넓고 깊게 파급되어야 가능해서인지 아무래도 더디게 진행되었고, 이와 맞물려 태종대에조차 가시적 성과는 미미하였다.

4. 맺음말

지금까지 종교 심성의 전환이라는 관점에서 조선 초기에 명초의 종교 심성과 이를 토대로 한 각종 조치를 수용하여 이루어진 사전 운영 혁신 및 제사를 하는 자의 분한(分限)에 부합하는 제사 거행의 추진을 위주로 하여 신사(神事) 문제를 다루어 보았다. 검토 내용을 정리하는 것으로 맺음말을 대신하려 한다.

태조대에 이미 일부 유자 관료들을 중심으로 사전(祀典)과 개인적 치제(致祭) 방면을 혁신하고자 하는 시도가 드물지 않게 이루어졌다. 사전 방면의 혁신은 사전 내에 음사를 혁파하고 정사를 추가하고자 한 것을 핵심으로 하여 시도되었다. 사전 혁신을 주창하는 이들에게 음사는 국가와 민인에게 공·덕이 있지 않아 사전에 오르지 못한 신을 섬기는 제사였고, 또한 그것은 제사하는 자의 분한에 넘치는 제사이기도 하였다. 정사는 이와 반대로 국가와 민인에게 공·덕이 있어 사전에 등재된 신을 섬기는 제사이며 제사하는 자의 분한에 부합하는 제사였다. 이러한 음사·정사 인식은 종래와는 이질적이고 유례없는 것이었는데, 일부 유자 관료는 이러한 새로운 기준, 인식에 의거

106 이와 관련해서는 최종석, 〈조선전기 淫祀的 城隍祭의 양상과 그 성격—중화 보편 수용의 일양상〉, 226-231쪽 참조.

하여 고려로부터 물려받은 부정적인 사전 유산을 혁신하고자 하였다. 그리고 사전 방면의 또 다른 혁신은 사전에 등재된 제의를 예에 부합하게 운영하고자 한 것이었다. 준거로 작용한 예는《홍무예제》등의 명초(明初) 예제였다. 한편 개인적 치제 방면의 혁신은 관·민을 대상으로 하여 조상 이외의 제사를 금단하고자 한 것이었다. 이러한 주장을 제기하는 측은, 제사는 덕을 닦고 선을 행하는 차원의 일로 각자의 분한에 맞게 이루어져야 한다는 믿음 속에서, 관·민이 분한에 어긋나는 산천 등을 대상으로 한 제사 관행을 더는 행해서는 안 되고 자신의 조상만을 제사 지내야 한다고 보았다.

이와 관련하여 간과하지 말아야 할 사실은 일부 유자 관료들이 주도한 사전과 개인적 치제 방면을 혁신하고자 한 노력이 명나라 초기의 혁신적인 종교 인식과 이를 토대로 한 정책들의 수용·발현이라는 역사성을 노정한 점이다. 이들 개혁 방안은 명에서조차 현실과의 괴리가 컸을 정도로 혁신적·급진적 성격의 것이었다. 명초에는 원(몽골) 시대를 거치면서 타락한 습속을 개혁하고 예속을 회복하고자 하는 움직임이 국가(황제) 주도로 활발하게 이루어졌는데, 그 결과는 예속 회복을 넘어 이념형적인 것의 구현으로, 고제(古制)에 의거하면서도 실제로는 혁신적인 것의 창출로 나타났다. 명초의 각종 조치는 법령과 예제를 통해 탑다운 방식으로 강제되었고, 현실과의 괴리가 크다 보니 시간이 갈수록 흐지부지되어 갔다.

사전과 개인적 치제 방면을 혁신하고자 한 시도는 바로 이러한 성격의 명초 조치들을 수용하려 한 것이었고, 그러다 보니 당시 조선의 현실이 감당하기에는 무척이나 벅찼을 것이다. 그러해서인지 사전과 개인적 치제 방면에 관한 혁신안은 태조대 당시에 제한적으로 수용되었거나 수용되었어도 대개는 지속할 동력이 없어 사문화되고 말았다. 기왕의 관행·종교 심성과 정면으로 충돌하는 혁신안은 수용되지 않거나 수용되었어도 실행·정착되지 못하였다. 가령 작호(爵號) 삭제 식의 신호(神號) 혁신 및 신상 철거(위판 설치) 등의 사안은 태조의 교지(저령[著令])가 있었음에도 현실적 효력을 발휘하지 못하다시피 하였다. 다만 제사를 행하는 주체와 시기에 관한 개선안과 같이 종교적 심성의 전환 없이도 실행 가능한 사안은 수용 후에 상대적으로 빠르고 수월하게 정착하였다.

이처럼 태조대에는 혁신에 관한 건의들 가운데 종교적 심성의 전환이 뒷받침되어야 하는 사안은 예외 없이 공전(空轉)하였고 여전히 고려 이래로의 관행이 지속되었다. 정종대에도 상황은 변하지 않았다. 기왕의 관행·종교 심성과 충돌하는 혁신적 종교 심성과 이를 기반으로 한 각종 예제의 구현은 명의 경우를 보더라도 자연스럽게 이루어질 일이 아니라 국왕과 유자 관료가 뚜렷한 비전을 갖고 탑다운 방식으로 꾸준하고 강력하게 추진해야 그나마 가능한 일이었다. 그런데 태조·정종은 혁신적 종교 심성을 수용하거나 이해할 만한 인물이 못 되었고 당시 일부 유자 관료조차 그러하였다.

그러다 태종이 즉위하면서 상황은 돌변하였으니, 혁신적 종교 심성을 수용·지향하는 군주가 출현한 것이다. 태종은 사전과 개인적 치제 방면을 혁신하는 데 스스로 앞장섰다. 태종대에는 전대(前代)에 수용되지 않았거나 수용되었어도 사문화되고 만 혁신안 가운데 대부분이 구현되었고, 더 나아가 이전에 보이지 않던 새로운 방안이 추가로 시행되기도 하였다. 다만 이러한 혁신은 기왕의 관행·종교 심성과 충돌하는 성격의 것이다 보니, 여러 사안이 일괄적으로 구현되지 않고 사안의 성격과 사정에 따라 제각기 실현되었다. 이렇듯 태종대는 혁신적 종교 심성 구현의 분기점으로 작용하였다고 할 수 있다.

태종대에 이루어진, 새로운 종교 심성을 토대로 한 사전 개혁은 여러 제도·방안을 통해서 구현되었는데, 이들 조치는 크게 보아 네 유형으로 나누어 볼 수 있다. 첫째는, 사전 운영을 명초의 혁신적 예제에 부응하고자 한 조치였다. 이에 해당하는 제도·방안의 대부분은 태종대에 새로이 도입·실행된 것이라기보다는 태조대에 이미 교지(저령)가 있었을 정도로 추진되었기는 하나 사문화되다시피 하였다가 태종대에 동력을 얻어 실행에 옮겨진 것이라고 할 수 있다. 가령 작호를 삭제하는 식으로 신호를 혁신하고, 신상을 철거하고 그 대신 위판을 설치하는 조치처럼 말이다.

다음 유형은 영험처로 사전에 등재되어 온 성황·산천·여러 신사(神祠) 등을 사전에서 배제한 조치였다. 태종 9년(1409)에 영험처인 성황·산천·여러 신사 등을 대거 사전에서 제거하는 조치가 단행되었다. 이것은 사전에 등재되어 온 영험처를 사전에서 배제한 첫 시도로, 영험이 있는 신을 위주로 한 고려 이래로의 사전 운영 관행과 결별하고 혁신적 종교 심성과 부합하도록 사전을 국가와 민인에게 공덕이 있는 존재로만 채우고자 하는 발걸음을 내디딘 것이라고 할 수 있다.

또 다른 유형은 사전에 등재된 명산대천을 분등(分等)한 조치였다. 그때까지 사전에 등재된 산천 제사는 중국과 달리 중사, 소사 등으로 구분되지 않았는데, 이는 고려 이래로의 현상으로 명산대천이 영험을 위주로 사전에 등재되어 온 사실과 무관하지 않았다. 태종대 명산대천 분등의 시행은 이 일에 앞서 단행된 사전에서 영험처를 제거하는 조치와 짝을 이루었으니, 즉 사전에 등재되어 온 영험처를 정리한 후에 존속한 명산대천 및 여러 산천을 대상으로 해서 공·덕을 기준으로 분등을 시도한 것이었다고 할 수 있다.

마지막 유형은《홍무예제》에 수록된 각종 제사의 도입·실행이었다. 풍운뢰우산천성황제, 여제, 지방 사직제 등이 이에 해당하는 제사였다. 본래 이들 제의는 명초의 혁신적 종교 심성의 대두와 맞물려 성립된 것이었기에, 태종대 이들 제의의 도입·시행은 단순히 새로운 제의를 도입·실행한 것으로 그치지 않고 혁신적 종교 심성의 토대가 구비되어 가는 속에서 이루어진 움직임이라고 할 수 있다.

새로운 종교 심성을 토대로 한 사전 개혁은 태종대를 분기점으로 하여 구현되어 갔지만, 태종대에 마무리되지는 못하였다. 그렇지만 그 이후로의 사전 개혁은 태종대의 연장선에서 진행되었고 성종대에는 사실상 마무리되었다고 할 수 있다.

사전 방면에서의 대대적이고 적극적인 혁신 행보와 달리, 개인적 치제 방면에서의 혁신은 지지부진하였다. 서인(庶人)의 산천제와 같은 각자의 분한에 위배되는 제사를 금지해야 한다는 건의가 제기되곤 하였지만, 태종은 내심 이에 공감하였을 것이면서도 민인의 관습을 감안하여 제사하는 자의 분한에 위배되는 제사를 막는 금령의 실행에 내내 주저하였다. 사전 방면의 혁신이야 국가(국왕)가 확고한 의지와 지향을 지니고 탑다운 방식으로 구현해 낼 순 있지만, 개인적 치제의 경우 관·민 내에 혁신적 종교 심성이 자리 잡지 못한 상황에서 사실상 조상 제사만을 허용하는 금령을 밀어붙였다간 반발과 부작용이 클 수밖에 없었을 것이다. 이러한 여건에서 국가(국왕)는 관민이 분한에 맞지 않게 산천 등에 제사 지내 온 관행을 당장의 효과를 기대하고 금지를 하는 대신에, 긴 호흡을 갖고 풍속·심성의 변화를 유도하였을 것이다. 한편으로는 국왕이 솔선수범하여 자신의 분한에 위배되는 제사인 제천례를 폐지하는 모범을 보이기도 했다.

이러한 분위기에서 태종 14년(1414) 충청도 도관찰사 허지의 건의를 수용하여 이(里) 단위의 사직제라 할 수 있는 이사(里社)가 시행되었을 것이다. 이사는《홍무예제》에도 수록된 것으로, 이사의 시행은 민인에게 조상 제사 이외에 예에 어긋나지 않는 지역(집단) 제사를 제공하여 장기적인 차원에서 민인의 산천제 거행과 같은 음사의 근절을 도모하고자 한 조치라 할 수 있다.

그런데 이사의 시행으로 관민의 산천에 대한 치제 관행이 수그러들지는 않았을 것이다. 이사는 법·제도를 매개로 지역사회 내에 예적 질서를 강제하고자 한 명초 특유의 일련의 프로그램 가운데 하나로, 이사와 관련하여 국가 차원에서 지역사회 내에 부식(扶植)하고자 한 질서란 이(里)가 도덕와 예의 공동체로 기능하도록 한 것이었다. 이사의 성격이 이러하다 보니, 태종대에 이사 제도가 시행되었어도 제도의 정착조차 쉽지 않았을 것이다. 비록 일부 지역에서 이사가 실행되었다 할지라도 그것의 혁신성, 이상주의적 면모를 감안할 때 민인들의 구래 심성이 바뀌지 않는 한 이들에게 이사는 결코 매력적이지 않았을 것이다. 이렇듯 개인적 치제 방면의 혁신은 사전 방면과 달리 새로운 종교 심성이 민인에까지 침투할 만큼 보다 넓고 깊게 파급되어야 가능해서인지 아무래도 더디게 진행되었고, 이와 맞물려 태종대에조차 가시적 성과는 미미하였다고 할 수 있다.

개인적 치제 방면의 혁신은 조선 후기에 가서야 구현된 듯싶다. 곧 17세기 중반을 분기점으로 하여 개인 치제 방면의 변화가 뚜렷해졌다고 할 수 있다. 이러한 변화의 동인은 무엇보다 지역사회 내 예속의 실현이었다.

참고 문헌

《고려사》.
《태조실록》.
《정종실록》.
《태종실록》.
《세종실록》.
《朝鮮經國典》.
《佛氏雜辨》.
《記言》.
《陟州誌》.
《明太祖實錄》.
《明史》.
《大明律》.
《大唐開元禮》.
《大明集禮》.
《洪武禮制》.
《大明會典》.

강문식·이현진.《종묘와 사직》. 책과함께, 2011.
강은경.〈고려시대 국가, 지역 차원 祭儀와 개인적 신앙〉.《동방학지》(연세대학교 국학연구원) 제129집(2005).
김갑동.《고려의 토속신앙》. 혜안, 2017.

김인호. 〈조선전기 숭의전의 설치와 역사인식〉. 《사학연구》(한국사학회) 제78호(2005).
김철웅. 《한국중세의 吉禮와 雜祀》. 경인문화사, 2007.
김해영. 《朝鮮初期 祭祀典禮 硏究》. 집문당, 2003.
박성지. 《고려시대 기이담론 연구》. 박이정, 2012.
심일종. 〈조선후기 '이사(里社)'의 도입과 마을성황사의 유교적 진전〉. 《민속학연구》(국립민속박물관) 제43호(2018).
이강한. 〈1325년 箕子祠 祭祀 再開의 배경 및 의미〉. 《한국문화》(서울대학교 규장각 한국학연구원) 제50호(2010).
이욱. 〈조선시대 국가 사전과 여제〉. 《宗教硏究》(한국종교학회) 제19집(2000).
______. 《조선시대 재난과 국가의례》. 창비, 2009.
이해준. 〈朝鮮前期 鄕村自治制〉. 《국사관논총》(국사편찬위원회) 제9집(1989).
장지연. 〈조선시기 州縣 社稷壇 설치의 의미와 그 실제〉. 《한국문화》(서울대학교 규장각 한국학연구원) 제56호(2011).
채웅석. 〈고려말 조선초기 향촌사회의 변화와 지배질서의 재편〉. 《중세사회의 변화와 조선 건국》. 혜안, 2005.
최종석. 〈조선시기 城隍祠 입지를 둘러싼 양상과 그 배경—高麗 이래 질서와 '時王之制' 사이의 길항의 관점에서〉. 《한국사연구》(한국사연구회) 제143집(2008).
______. 〈여말선초 명(明)의 예제(禮制)와 지방 성황제(城隍祭) 재편〉. 《역사와 현실》(한국역사연구회) 제72호(2009).
______. 〈조선전기 淫祀的 城隍祭의 양상과 그 성격—중화 보편 수용의 일양상〉. 《역사학보》 제204집(2009).
______. 〈한국의 '전통적' 邑治 경관의 창출에 관한 시론〉. 《역사교육》(역사교육연구회) 제112집(2009c).
______. 〈조선 초기 제천례와 그 개설 논란에 대한 재검토〉, 《조선시대사학보》(조선시대사학회) 제67집, 2013.
______. 〈조선초기 風雲雷雨山川城隍祭의 수용·지속과 그 인식적 기반〉. 《한국학연구》(인하대학교 한국학연구소) 제42집, 2016.
______. 〈제의와 영험〉. 《고려역사상의 탐색》. 집문당, 2017.
______. 〈조선초기 종교 심성의 전환과 불교—제의 감각의 변환의 시각에서 본 佛事 인식〉. 《불교학연구》(불교학연구회) 제61호(2019).
한국역사연구회. 《조선은 지방을 어떻게 지배했는가》. 아카넷, 2003.
한우근. 〈朝鮮王朝初期에 있어서의 儒教理念의 實踐과 信仰·宗教〉. 《한국사론》(서울대 국사학과) 제3호(1976).
한정수. 〈조선 초기 崇義殿 설치와 四位 享祀—16位 功臣從祀의 성립〉. 《조선시대사학보》(조선시대사학회) 제67집(2013).
한형주. 《朝鮮初期 國家祭禮 硏究》. 일조각, 2002.

金井德幸.〈南宋の祠廟と賜額について—釈文珣と劉克荘の視點〉.《宋代の知識人—思想·制度·地域·社會》. 汲古書院, 1993.

小島毅.《中國近世における禮の言說》. 東京大學出版會, 1996.

桑野榮治.〈高麗から李朝初期における圜丘壇祭祀の受用と變容—祈雨祭として機能 を中心に〉.《朝鮮學報》(天理大學朝鮮學會) 第161輯(1996).

須江隆.〈唐宋期における祠廟の廟額·封号の下賜について〉.《中國—社會と文化》(東大中国学会) 第9號(1994).

小畑龍雄.〈明代鄉村の教化と裁判—申明亭を中心として〉.《東洋史研究》(東洋史研究會) 第11卷 第5·6號(1952).

奧村周司.〈高麗の圜丘祀天禮と世界觀〉. 武田幸男 編.《朝鮮社會の史的展開と東アジ ア》. 山川出版社, 1997.

濱島敦俊.〈明初城隍考〉.《榎博士頌壽記念東洋史論叢》. 汲古書院, 1988.

______.《総管信仰—近世江南農村社会と民間信仰》. 研文出版, 2001.

孔伟.〈从乡饮酒礼看明代地方社会控制〉.《海南师范大学学报—社会科学版》, 2016年 第2期.

______.〈规制与教化—明初礼俗的基层控制及其成效〉.《深圳大学学报》, 2018年 第3期.

邱仲麟.〈敬老適所以賤老—明代鄉飲酒禮的變遷及其與地方社會的互動〉.《中央研究院歷史語言研究所集刊》第76本 第1分(2005).

罗冬阳.〈从明代淫祠之禁看儒臣·皇权与民间社会〉.《求是學刊》第33卷 第1期(2006).

申万里.〈宋元乡饮酒礼考〉.《史学月刊》, 2005年 第2期.

吴恩荣.〈元代礼失百年与明初礼制变革〉.《北京社会科学》, 2016年 第8期.

王美华.〈唐宋时期地方社稷与城隍神之间纠葛探析〉.《求是学刊》第43卷 第3期(2016).

張佳.〈彰善癉惡，樹之風聲-明代前期基層教化系統中的申明亭和旌善亭〉.《安徽史学》, 2019年 第2期.

赵克生·于海涌.〈明代淫祠之禁〉.《社会科学辑刊》, 2003年 第3期.

Bol, Peter K. *Neo-Confucianism in History*. Harvard University Asia Center, 2010.

Hansen, Valerie. *Changing Gods in Medieval China, 1127-1276*. Princeton University Press, 1990.

기질(氣質)과 기상(氣像)을 드러내는 것으로서의 문학관

조선 시대 문학관의 변화와 한국문학의 정체성(2)

박경남

1. 문학관을 통한 정체성 탐구

본고는 개인과 공동체의 정체성, 혹은 문화적 정체성을 파악함에 있어, '본질적'이고 '핵심적'인 성질을 찾아 '단일하고 고유한' '정체성' 개념을 확립하려 했던 기존의 노력에 회의하며, 전통시대 문학관의 변화를 매개로 '복수성'과 '관계성', 그리고 '차이'와 '변화'에 입각한 새로운 정체성 개념을 제안하는 두 번째 기획이다.

필자는 이를 위해 조선 시대 문학관의 변화 과정을 탐색함으로써 한국문학의 정체성을 새롭게 정립하고자 하였고, 그 과정에서 '정체성이란 무엇인가'(정체성의 정체성), '문학이란 무엇인가?'(문학의 정체성), '한국문학이란 무엇인가?'(한국문학의 정체성)라는 세 가지 차원의 물음을 스스로 제기하며 이러한 방법적 회의를 통해 그 각각의 물음에 대하여 추상적인 대답이 아닌, 시간과 공간, 관계 속에서 변화하는 정체성을 반영할 수 있는 보다 구체적이고 역동적인 대답을 찾고자 하였다.

이전 논고에서 이미 동아시아 전통시대 문학관의 다기한 논의를 개괄한 후, 그중 '유가 성리학적 이념의 구현과 체현으로서의 문학관'을 중심으로 조선 시대 문학관의 변모 과정을 살펴봄으로써, '복수성'과 '관계성' 및 역사적 '변화'에 입각하여 한국문학의 정체성을 드러내는 작업을 일부 선보인 바 있다. 이를 통해 전통시대 문학에서도 문학을 바라보는 하나의 관점이 단일한 대답으로 존재하기보다는 문학에 관한 다양한 관점과 시각을 보이는 복수의 대답이 존재한다는 사실을 확인했다. 그 과정에서 근대 이전 문학의 정체성을 '학문과 박학으로서의 문학관'으로만 단일하게 요약, 규정하려 했던 현대 문학 연구자들의 시도가 얼마나 무모한 것인지를 드러냈으며, 또한 문학에 관한 다양한 관점과 시선이 공존하며 각축하는 당대 현실의 '복수성'을 복원하면서 문학의 정체성 및 한국문학의 정체성이 새롭게 구성되고 정립될 필요가 있음을 제기하였다. 그리고 이러한 논의를 바탕으로 "어떤 존재가 시간과 공간, 관계 속에서 한시적으로 부여받은 속성"이라는 '정체성' 개념을 새롭게 도출하여 제안하기도 하였다.

본고에서는 전통시대 문학관 중 '사물 및 인간의 기를 드러내는 것으로서의 문학관'의 역사적 변모 과정을 살펴봄으로써 이 논의를 지속·확대·심화하고자 한다.

2. 중국에서의 기(氣)와 문학의 관련 양상

기(氣)라는 용어는 동아시아 역사 속에서 아주 오랫동안 천지자연과 모든 생물체, 그리고 인간을 연결하는 철학적 개념으로 존재해 왔다. 하지만 서구의 과학과 철학이 근대 학문의 기준이 된 이후 우리는 세계와 자연, 인간을 통일적으로 설명하기 위해 원자나 분자, 에너지와 같은 용어를 사용할 뿐, '기'라는 용어로 세상과 자연의 유기적 연결을 설명하지 않는다. 물론 양자 이론과 상대성 이론 등의 현대 물리학적 지식이 만물의 움직임을 '기'로 설명하는 동양의 세계관과 유사하다는 서양 물리학자의 주장이 있었고,[1] '기'라는 범주의 역사적 변천 과정을 선진 시기부터 근대까지, 중국은 물론 한국과 일본의 사례까지 정리하여 오늘에 되살리려는 노력이 없지 않았다.[2] 그로 인해 기란 용어가 대학 철학과의 동아시아·중국·한국 철학 전공자의 머릿속에서나마 하나의 거대한 철학적 범주로 자리잡을 수 있었고, 동서양의 여러 나라에서 기공을 단련하고 기 수련을 행하는 일군의 사람들이 생겨나기도 하였다.

하지만, 그뿐이다. 지난 세기말에 잠깐 동안 힘을 발휘했던 기에 대한 관심은 새로운 세기로 넘어선 지금, 관련 학자나 애호가들에 의해 다만 그 명맥만이 유지될 뿐 대중적으로 더이상 그 관심이 확장되는 것 같지는 않다. 현재를 사는 대다수의 사람들은 '대기권(大氣圈)'의 구름 사진을 가리키며 일기예보를 전하는 기상캐스터의 모습을 보면서, 혹은 '생기(生氣)' 있게 피어나는 봄꽃들을 감상하면서, 아니면 '활기(活氣)'차게 뛰노는 아이들의 모습을 보

••••

1 프리초프 카프라, 《현대 물리학과 동양사상》, 김용정·이성범 역(범양사, 2006)[초판 1979]; Fritjof Capra, *The Tao of Physics*, 3rd edition(Shambhala Publications, 1991)[1st edition 1975] 참조.

2 小野澤精一·福永光司·山井湧 編, 《氣の思想》(東京大学出版会, 1978); 张立文 主编, 《气》(中国人民大学出版社, 1990); 前林清和·佐藤貢悅·小林寬, 《氣の比較文化: 中國·韓國·日本》(昭和堂, 2002). 이러한 책들은 한국에서 오노자와 세이치(小野澤精一)·후쿠나가미쓰지(福永光司)·야마이 마사오(山井湧) 공편, 《기의 사상》, 전경진 옮김(원광대학교 출판국, 1987); 장립문 주편, 《기의 철학》, 재판, 김교빈 외 역(예문서원, 2004)[초판 1992]; 마에바야시 기요카즈(前林清和)·사토 고에쓰(佐藤貢悅)·고바야시 히로시(小林 寬), 《氣의 비교문화》, 박문현·세키네 히데유키(關根英行) 옮김(한울, 2006)으로 번역되었다.

면서 기라는 용어를 잠깐 환기하거나 무의식적으로 스치듯 지나칠 뿐 그것이 어떤 의미인지 그다지 관심이 없다. 현대를 사는 사람들에게 '기'는 생명력을 상실한 화석과 같은 존재가 되었을 뿐이다.

기란 용어가 확인되는 가장 오래된 문헌은 《춘추좌전(春秋左傳)》과 《국어(國語)》로, 주(周)나라 때부터 그 용어가 사용되었음을 알 수 있다.[3] 음(陰)·양(陽)·풍(風)·우(雨)·회(晦)·명(明) 육기(六氣)로써 사계절과 절기의 운행을 논하거나[4] 백성들의 호오(好惡)의 감정 및 희노애락(喜怒哀樂)이 육기에서 생겨난다[5]고 말하고, 천지음양의 기가 질서를 잃으면 백성들의 삶이 어지러워지고 나라가 멸망한다[6]고 하는 것을 보면, 그 진위야 어찌 되었든 동아시아 고대인들의 사고 속에서 기는 자연과 인간의 상태를 규정하고 연결하는 핵심적 기제로 생각되었음을 알 수 있다. 그리고 이러한 사고방식은 세계 각국의 지리·역사·물산·학문 등을 상세히 소개한 《지구전요(地球典要)》와 함께 《기측체의(氣測體義)》와 《기학(氣學)》을 저술하여 우주와 세계와 인간을 기의 취산(聚散)과 유행(流行)으로 이해하려 했던 조선 말의 기 철학자 최한기(崔漢綺, 1803-1879)에게서 볼 수 있듯 근대의 여명까지도 기나긴 생명력을 유지하며 활기차게 지속된 것이었다.

본고는 기를 중심으로 문학을 정의하고, 기질 혹은 기상이 드러난 것이 곧 문학이라고 생각했던 동아시아 전근대 문인들의 문학관을 통시적으로

••••

3 小野澤精一·福永光司·山井湧(1978)과 张立文(1990)은 공히 갑골문(甲骨文)과 금문(金文)에서 발견되는 '三'을 '氣'로 추정한 여러가지 설과 그 해석을 소개하고 있다. 하지만, '雲氣'라는 설은 주(周)나라 이후 후한(後漢)의 학자 허신(許愼, 30-124)의 《설문해자(說文解字)》에 근거한 해석이고, 그 밖의 용례는 '바라다'(乞求), '~에 이르다'(乞至), '끝내다'(終訖) 등의 동사로 해석되는 것들이어서 '三'을 '氣'로 해석하는 것이 타당한지 논란의 여지가 없지 않다.

4 《春秋左傳》昭公 元年. 六氣曰陰, 陽, 風, 雨, 晦, 明也. 分爲四時, 序爲五節.

5 春秋左傳》昭公 25年. 民有好, 惡, 喜, 怒, 哀, 樂, 生於六氣.

6 《國語》, 〈周語〉 上. 夫天地之氣, 不失其序; 若過其序, 民亂之也. 陽伏而不能出, 陰迫而不能烝, 於是有地震. 今三川實震, 是陽失其所而鎭陰也, 陽失而在陰. 川源必塞; 源塞, 國必亡.

살펴봄으로써, 우리나라 문인들이 당시로서는 선진 문명인 중국의 문학 담론을 어떻게 수용하고 종합하면서 자기만의 문학관을 정초해 갔는지 살펴보고자 한다. 이 과정은 기를 위주로 문학을 사고했던 전근대 문인들의 문학관의 역동적 변화 과정을 드러내는 한편 한국문학의 정체성을 구성하는 또 다른 항목을 추가하는 작업이 될 것이다.

기와 문학과의 관련 양상에 대해서는 문기론(文氣論)을 최초로 주장했던 조비(曹丕)나 양기론(養氣論)을 설파했던 소철(蘇轍) 같은 개별 작가의 문학론을 살피거나,[7] 문론(文论)에서 '양기'설의 변천 과정을 살핀 중문학 분야의 연구[8]가 있고, '기'를 '도(道)'와 '상(象)'과 함께 하나의 미학 범주로 설정하여 그 개념의 역사적 변천 과정을 통시적으로 연구한 미학적 측면의 연구도 있다.[9] 또한, 국문학 분야에서도 문학론에 나타난 기의 의미를 작가의 '개성'이나 '창조력'으로 의역해서 이해[10]하려는 노력이 일찍부터 있었다. 하지만, 최근에는 자연·생명·인간·사회·예술 영역에 두루 사용되는 범주인 '기'를 어떤 단일한 의미로 규정하거나 유사한 다른 용어로 번역하기보다는 '기'라는 용어를 그대로 사용하면서 그것이 사용되는 역사적·텍스트적 맥락에 따라 그 의미를 이해하면서 문기론(文氣論), 혹은 양기론(養氣論)의 변천 양상을 통시적으로 살피는 경향의 연구가 제출되고 있다.[11]

본고는 이러한 선행 연구를 기반으로 먼저 이 절에서는 중국 자체 내의

• • • •

7 李凯, 〈苏辙文论的价值及地位—兼论古代"文气"说〉, 《社会科学研究》, 1997年 01期; 李春青, 〈从人学价值到诗学价值—论苏辙"养气说"的深层含蕴〉, 《社会科学辑刊》, 1998年 03期; 문승용, 〈曹丕 文氣論 演變考〉, 《중국학연구》 25(2003).

8 王辉, 〈古代文论"养气"说之流变〉, 《山东师范大学学报(人文社会科学版)》, 2002年 02期

9 王振复 主编, 《中国美学范畴史》, 全3卷(山西教育出版社, 2009).

10 최신호, 〈문학이론에 나타난 氣에 대하여〉, 《진단학보》 38(1974); 최신호, 〈한국 한문학론의 발달과정 연구〉(박사학위논문, 단국대학교, 1977); 심호택, 〈한문학론에서의 氣의 개념〉, 《한국학논집》 8(1981), 정요일, 〈문학 본질론류 용어로서의 '意'와 '氣'의 개념〉, 《인하어문연구》 6(2003).

기와 문학의 관련 양상을 통시적으로 검토하면서, 고려와 조선 문인들의 기와 관련된 문학관에 직·간접적인 영향을 미쳤다고 판단되는 중국 문인들의 논의를 살펴보고, 다음 절에서는 고려·조선 시대의 기와 문학의 관련 양상의 역사적 변천 과정을 대략 세 단계로 나누어 살펴보고자 한다.

> ① 무릇 문학은 본질은 같지만, 그 갈래는 다르니, 주(奏)와 의(議)는 전아(典雅)해야 하고, 서(書)와 논(論)은 이치에 맞아야 하며, 명(銘)과 뢰(誄)는 실질을 숭상하며, 시(詩)와 부(賦)는 아름답고자 하니, 이 네 갈래는 문체가 달라 잘할 수 있는 사람이 편중되어 있다. 오직 재주가 통달한 사람만이 모든 문체를 다 갖출 수 있다. 문장은 기를 위주로 하는데 기에는 맑고 탁한 기가 몸에 있어

• • • •

11 홍우의, 〈韓國 文氣論 硏究〉(박사학위논문, 서강대학교, 2005); 권진옥, 〈한문 산문에서의 문예적 양기〉, 《한성어문학》 39(2018). 홍우의의 연구는 한국 문기론의 역사를 통시적·본격적으로 다룬 최초의 연구라는 점에서 의의가 있고, 각 작가들이 주장하는 문기론의 특성을 양기론(養氣論)·재기론(才氣論)·기상론(氣象論)·기화론(氣化論)·종경론(宗經論)·지기론(志氣論)·심기론(心氣論)·청기론(淸氣論)·천기론(天機論)·이기론(理氣論) 등으로 명명하여 개별 작가들이 문학과 기를 접목시키는 방식이 다름을 드러내고는 있지만, 실제로 각 작가들이 기와 관련된 문학논의를 펴면서 계승하거나 대립했던 지점을 쟁점화하거나 계열화시켜 논의를 펴지는 못하고 있어 아쉬움이 남는다. 권진옥의 연구는 '문예적 양기'라는 용어를 새롭게 도출하여, '외적 체험/내적 성찰/서적 탐독'을 통한 양기론으로 각 작가의 양기론을 분류 계열화하고 있어 진일보한 측면이 있다. 다만, 문예방면에서 논의되는 '양기론' 자체가 애초에 맹자의 호연지기, 사마천의 유람, 도가적 양생의 태도를 문학의 영역으로 가져와 문학 논의에 접목시킨 것이라서 '도덕적 양기'·'양생적 양기' 등과 따로 독립하여 존재하는 '문예적 양기론'이 성립할 수 있을지 의문이다. 또한, 유람과 서적 탐독을 통한 견문의 확대 및 내적인 기의 확충이 곧 문장의 변화를 가져오는 것이라서, '내적 성찰'을 통한 양기론이 독립된 분류항목으로 성립되기 어렵다. 실제로 권진옥이 '내적 성찰'을 통한 양기론으로 분류한 작가들의 논의를 읽어 보면 결국 '외적 체험'인 유람과 서적 탐독을 통한 양기론 둘 중 하나에 편입될 수 있는 것으로 보인다. 따라서, 본고는 두 연구의 문제의식을 계승하면서도 문학과 기를 연관시키는 방식의 '통시적 변화'와 실제로 논의 과정에서 대립하거나 쟁점이 되었던 부분을 고려한 '계열적 관계'에 유의하면서 기천부론(氣天賦論)에 입각한 문기론과 기의 후천적 양성을 주장하는 양기론의 대립 및 양기론 내부의 분화와 변화 과정을 살펴보는 식으로 논의를 전개하고자 한다.

억지로 노력한다고 이룰 수 있는 것이 아니다. 음악에 비유하자면 곡조가 같고 리듬을 같게 조절하더라도 기상이 똑같지 않고 솜씨가 좋고 나쁜 소질이 있어서 비록 부모 형제라도 자제들을 바꿀 수 없다. 대체로 문장이란 나라를 경영하는 큰 사업이요, 불후의 성대한 사업이다. 수명이란 때가 되면 다하고 영화와 즐거움도 자신에게 그치니, 둘은 반드시 한정됨이 있어 문장의 무궁함만은 못하다.[12]

② 옛날 입언자(立言者)의 경지에 이르고자 한다면, 빨리 이루기를 바라지 말고 권세와 이익에 유혹되지 말며, 그 근본을 기르고 결실을 기다리며 등잔에 기름을 부어 빛이 나길 바라십시오. 뿌리가 무성하면 그 열매가 이루어지고 기름이 충분하면 그 빛이 밝으며 어질고 의로운 사람은 그 말이 온화하고 성대합니다. (…) 처음에는 삼대(三代)와 양한(兩漢)의 책이 아니면 감히 보지 않았고, 성인의 뜻이 아니면 마음에 간직하지 않았습니다. (…) 마음에서 취하여 손으로 써낼 때는 오직 진부한 말을 힘써 제거하였고, (…) 이와 같이 또 몇 년을 하니 그 기세도 크고 거침없어졌습니다. (…) 비록 그러하나 근본을 기르지 않을 수 없으니 인의(仁義)의 길을 걸어가고, 《시경》과 《서경》의 원천에서 노닐어 그 길을 잃어버리지 않고 그 원천을 끊지 않으며 평생토록 그렇게 살 것입니다. 기는 물이요, 말은 물 위에 뜨는 물건입니다. 물이 크면 뜨는 물건이 크든 작든 다 뜹니다. 기와 말의 관계도 이와 같습니다.[13]

• • • •

12 曹丕, 〈典論-論文〉, 《文選》: 夫文本同而末異, 蓋奏議宜雅, 書論宜理, 銘誄尙實, 詩賦欲麗. 此四科不同, 故能之者偏也; 唯通才能備其體. 文以氣爲主, 氣之淸濁有體, 不可力強而致. 譬諸音樂, 曲度雖均, 節奏同檢, 至於引氣不齊, 巧拙有素, 雖在父兄, 不能以移子弟. 蓋文章, 經國之大業, 不朽之盛事. 年壽有時而盡, 榮樂止乎其身, 二者必至之常期, 未若文章之無窮.

13 韓愈, 〈答李翊書〉, 《韓昌黎文集校注》, 上海古籍出版社, 169-171쪽: 將蘄至於古之立言者, 則無望其速成, 無誘於勢利, 養其根而俟其實, 加其膏而希其光. 根之茂者其實遂, 膏之沃者其光曄, 仁義之人, 其言藹如也. (…) 始者非三代兩漢之書不敢觀, 非聖人之志不敢存. (…) 當其取於

③ 저는 천성이 글짓기를 좋아하여 글에 대해 깊이 생각해 보니, '글이란 기가 드러난 것이라서 글은 배워서 잘할 수 없고, 기는 길러서 이룰 수 있다'고 여겼습니다. 맹자는 "나는 나의 호연지기(浩然之氣)를 잘 기른다"고 하였습니다. 지금 그의 글을 보면 마음이 넓고 인정이 도타우며 기상이 크고 지식의 해박함이 하늘과 땅 사이에 가득 차 있어 그 기의 크기에 걸맞습니다. 사마천은 천하를 다니면서 사방의 유명한 산과 큰 강물을 두루 구경하고 연(燕)나라 조(趙)나라 지역의 호걸 명사들과 교유하였습니다. 그러므로 그의 글은 탁 트여 거침이 없고 자못 특별한 기운이 있습니다. 이 두 사람이 어찌 일찍이 붓을 들고 이러한 글을 짓는 일을 배웠겠습니까? 그 기가 가슴속에 가득 차서 얼굴에 넘쳐흐르며 말 속에 움직이고 글 속에 드러나지만 스스로는 알지 못합니다.[14]

위에 인용한 글 중 ①은 위(魏) 문제(文帝)인 조비(曹丕, 187-226)의 〈전론(典論)-논문(論文)〉이고, ②는 당대(唐代)의 문인 한유(韓愈, 768-824)의 〈답이익서(答李翊書)〉이며, ③은 북송대(北宋代)의 문인 소철(蘇轍, 1039-1112)의 〈상추밀한태위서(上樞密韓太尉書)〉다. ①은 중국 문학사상 문학과 기를 최초로 연관지어 논의한 글이고, ②는 유가적 인의의 실천과 《시경》·《서경》 등 경전의 독서가 기를 기르는 근본이자 글을 잘 짓는 원천임을 피력한 글이며, ③은 맹자의 호연지기와 태사공 사마천의 주유천하(周遊天下)를 양기(養氣)의 사례로 언급하며 문장의

• • • •

心而注於手也, 惟陳言之務去, (…) 如是者亦有年, 然後浩乎其沛然矣. (…) 雖然, 不可以不養也, 行之乎仁義之途, 遊之乎《詩》,《書》之源, 無迷其途, 無絕其源, 終吾身而已矣. 氣, 水也; 言, 浮物也. 水大而物之浮者大小畢浮, 氣之與言猶是也.

14 蘇轍, 〈上樞密韓太尉書〉, 《欒城集》 卷22: 轍生好爲文, 思之至深, 以爲'文者, 氣之所形, 然文不可以學而能, 氣可以養而致.' 孟子曰: "我善養吾浩然之氣." 今觀其文章, 寬厚宏博, 充乎天地之間, 稱其氣之小大. 太史公行天下, 周覽四海名山大川, 與燕趙間豪俊交遊, 故其文疏蕩, 頗有奇氣. 此二子者, 豈嘗執筆, 學爲如此之文哉? 其氣充乎其中, 而溢乎其貌, 動乎其言, 而見乎其文, 而不自知也.

성취와 연결시킨 것으로 모두 우리나라 문인들에게 일정한 영향을 끼친 글이다.

조비는 후한 말과 위진 시대 초기 문학을 대표하는 인물로, 이 글에서 당대에 이름이 높았던 일곱 명의 문인들인 소위 건안칠자(建安七子)를 거론하며 그 장단점을 평가하고 있는 등 문예에 조예가 깊었던 인물이다. ①의 말미에서 그는 '나라를 경영하는 큰 사업'(經國之大業)이요, '불후의 성대한 사업'(不朽之盛事)으로 문장의 가치를 다른 어떤 것보다 높게 평가하고 있으며, 앞부분에서는 주(奏)와 의(議), 서(書)와 논(論), 명(銘)과 뢰(誄), 시(詩)와 부(賦)의 문체적 특성을 핵심적인 말로 간략히 요약하고 있는 등 당대인들이 향유한 문학의 장르적 속성을 인식하고 있기도 하다. 그런 맥락에서 조비는 모든 장르의 글을 관통하는 문학의 핵심적 기제로 기를 언급하고 있다. 조비에 따르면 글의 성패를 좌우하는 가장 중요한 요소는 사람이 태어나면서부터 그 몸에 부여받은 기인데, 그 기에는 "맑고 탁한 기"가 있어 억지로 노력한다고 해서 좋은 문장을 이룰 수는 없다. "곡조가 같고 리듬이 같"은 노래라도 그것을 부르거나 연주하는 사람의 기상과 솜씨가 다르면 전혀 다른 느낌의 음악이 되듯 천부적 기는 문학 창작과 감상을 좌우하는 절대적인 것이다.

이는 물론 〈전론-논문〉 전체적인 맥락에서 보면 건안칠자인 각 작가들이 서로 장단점이 다르듯, 한 작가가 태어나면서부터 갖게 되는 기질과 기상, 곧 천부적 기의 깊고 얕음, 맑고 탁함이 글의 성취와 빛깔을 좌우한다는 점을 강조하는 맥락에서 말한 것이다. 하지만, 다른 한편 "오직 재주가 통달한 사람만이 모든 문체를 다 갖출 수 있"고, 맑고 탁한 기중 맑은 기를 몸에 타고 난 사람만이 그러한 능력을 갖출 수 있다는 함의도 내포하고 있어 한 작가의 창작 역량과 작품적 성취가 선천적으로 부여받은 기에 의존한다는 운명론적 차등 의식을 보여 주고 있기도 하다.

조비 이후 남조의 양(梁)나라 유협(劉勰, 465?-520?)이 《문심조룡(文心雕龍)》〈체성(體性)〉편에서 글의 문체와 속성을 결정짓는 요인으로 재(才)·기(氣)·학(學)·습(習)

을 논하면서, 문장의 풍취(風趣)가 기(氣)와 밀접히 관련된 것임을 지적한 바 있고,[15] 〈양기(養氣)〉편에서는 후한(後漢)의 왕충(王充, 27-97)이 지은 〈양기(養氣)〉편에 공감하며 억지로 정신을 피로하게 해서 기를 쇠하게 하지 말고 자신의 정기(精氣)와 신지(神志)를 손상시키지 않는 화평한 마음과 조화로운 기(氣)의 상태를 유지하는 자연스러운 글쓰기를 권장하고 있기도 하다.[16] 왕충과 유협의 양기는 선천적 기의 불변성을 주장하는 조비의 관점을 벗어나긴 했지만, 그들의 양기 개념은 도가적 양생(養生)과 같은 것[17]이어서, 맹자의 호연지기를 문학 창작에 연결시킨 한유와 소철의 양기론과는 그 결을 달리한 것이었다.

한유와 소철은 문학이란 곧 그 사람의 기가 드러난 것이라는 조비의 생각

• • • •

15 劉勰,《文心雕龍》,〈體性〉: 然才有庸儁, 氣有剛柔, 學有淺深, 習有雅鄭; 並情性所鑠, 陶染所凝. 是以筆區雲譎, 文苑波詭者矣. 故辭理庸儁, 莫能翻其才; 風趣剛柔, 寧或改其氣; 事義淺深, 未聞乖其學; 體式雅鄭, 鮮有反其習. 各師成心, 其異如面.

16 劉勰,《文心雕龍》,〈養氣〉: 昔王充著述, 制〈養氣〉之篇, 驗己而作, 豈虛造哉! 夫耳目鼻口, 生之役也; 心慮言辭, 神之用也. 率志委和, 則理融而情暢; 鑽礪過分, 則神疲而氣衰. (…) 凡童少鑒淺而志盛, 長艾識堅而氣衰, 志盛者思銳以勝勞, 氣衰者慮密以傷神. 斯實中人之常資, 歲時之代較也. 若夫器分有限, 智用無涯; 或慚鳧企鶴, 瀝辭鐫思. 於是精氣內銷, 有似尾閭之波; 神志外傷, 同乎牛山之木. 怛惕之盛疾, 亦可推矣. (…) 是以吐納文藝, 務在節宣, 清和其心, 調暢其氣, 煩而卽捨, 勿使壅滯, 意得則舒懷以命筆, 理伏則投筆以卷懷, 逍遙以針勞, 談笑而藥倦, 常弄閑於才鋒, 賈餘於文勇, 使刃發如新, 腠理無滯, 雖非胎息之邁術, 斯亦衛氣之一方也.

17 유협이 공감을 표시하고 있는 왕충(王充)의 저술 〈양기(養氣)〉편은 현재 전하지 않는데, 다만, 왕충의 저서《논형(論衡)》,〈자기(自紀)〉의 서술로 보아《양성(養性)》을 가리키는 듯 하다. 왕충의《논형》,〈자기〉에는 "庚辛域際, 雖懼終徂, 愚猶沛沛, 乃作《養性》之書凡十六篇. 養氣自守, 適時則酒, 閉明塞聰, 愛精自保, 適輔服藥引導, 庶冀性命可延, 斯須不老. 旣晩無還, 垂書示後.(경인년과 신묘년간에 비록 죽음이 다가와 두려웠지만 나는 오히려 활력이 넘쳐서 이에《양성》16편을 지었다. 기(氣)를 길러 스스로를 지키고, 때맞춰 술마시고 눈 감고 귀를 막아 정력을 아끼고 스스로를 보호하며 알맞게 약을 복용하고 도인법으로 보조하여 생명이 연장되길 바라니 늙지 않았다. 이미 늙어 돌이킬 수 없게 되자 책을 써서 후세에 보인다.) 이로 보면 왕충의 양기나 그에 공감한 유협의 양기는 인의(仁義)를 확충하는 맹자의 호연지기(浩然之氣)와는 거리가 멀고, 타고난 정기를 잘 보존하여 생명을 연장하는 도가적 양생(養生)에 가까운 것임을 알 수 있다.

을 공유하면서도 선천적 기를 강조하기보다는 스스로의 노력에 의해 기를 기를 수 있다는 생각을 표명하고 있다. ②에서 한유는 입언자(立言者), 곧 후세에 모범이 될 만한 훌륭한 글을 남긴 사람의 경지에 오르기 위해 그 스스로 부단히 노력했음을 밝히면서, 처음에는 하(夏)·은(殷)·주(周) "삼대(三代)와 양한(兩漢)의 책이 아니면 감히 보지 않았고", 글을 쓸 때는 "오직 진부한 말을 힘써 제거"하려고 노력했음을 밝히고 있다. 그런데 윗글에서 반복해서 밝히고 있듯 한유가 좋은 글을 쓰기 위해 평생에 걸쳐 부단히 노력했던 것은 "그 근본을 기르"는 것이었다. "어질고 의로운 사람은 그 말이 온화하고 성대"하기에 그는 "성인의 뜻이 아니면 마음에 간직하지 않았"고, 어느덧 자신의 글이 물이 세차게 흐르듯 "기세가 크고 거침없어졌어도"(浩乎其沛然) 계속해서 근본을 기르기 위해 "인의의 길을 걸어가고", "《시경》과 《서경》"의 글을 읽는 것을 평생토록 멈추지 않을 것을 다짐하고 있다. 결국, 한유는 맹자를 직접 거론하고 있지는 않지만, 그 생각과 표현에 비추어 볼 때, 의(義)와 도(道)와 짝하는 호연지기를 기르겠다는 맹자의 생각[18]을 가져와 이를 문학 창작에 결부시켜 '인의를 실천'하고 '경전의 독서'를 통해 도의를 함양하는 삶을 실천함으로써 자신의 호연지기를 기르고, 그럼으로써 자연스럽게 불후의 글을 남겨 입언자의 경지에 오르고자 했던 것이다. 인용된 글의 말미에 그는 기를 물에 비유하고, 언어를 그 물 위에 뜨는 물건에 비유하고 있는바, 경전의 독서와 인의의 실천을 통해 자신의 기가 커지면 마치 큰물이 모든 물건을 담아내듯 크고 작은 모든 세상, 모든 문학을 담아낼 수 있다는 생각을 피력하고 있다.

③에서 소철은 "글이란 기가 드러난 것"이라고 하면서 기를 길러 그 기의

••••

18 《孟子》〈公孫丑〉上: "敢問夫子惡乎長?" 曰: "...我善養吾浩然之氣." "敢問何謂浩然之氣?" 曰: "難言也. 其爲氣也, 至大至剛, 以直養而無害, 則塞於天地之間. 其爲氣也, 配義與道, 無是, 餒也. 是集義所生者, 非義襲而取之也. 行有不慊於心, 則餒矣."

크기에 걸맞게 글에서도 큰 성취를 이루었던 맹자와 사마천을 거론하고 있다. 한유와 달리 소철은 맹자의 말을 명시적으로 밝히면서 호연지기를 기르는 것이 문장의 성취와 밀접한 관련이 있다는 생각을 밝히고 있다. 하지만, 호연지기를 기르는 것과 문장의 성취와의 관련은 이미 한유가 스스로의 실천적 경험을 통해 구체적으로 입증한 사실이므로 새로울 것이 없고, 소철의 글에서 보다 주목할 것은 사마천의 주유천하와 문장의 성취를 연결한 점이다. 이는 소철이 이 글에서 처음 말한 것으로, 후대인들도 양기론과 관련하여 소철을 인용할 때는 거의 대부분 원유(遠遊)와 유람을 통한 기의 배양과 문학의 성취를 관련시키는 맥락에서 소철을 호출하고 있다. 문헌상 확인되는 소철의 양기론과의 관련은 고려 시대 임춘(林椿, 1148-1186)의 문학론에서 처음 보이는바 이는 다음 절에서 언급하기로 한다.

한편, 양기의 방법으로 원유를 강조했던 소철의 이러한 생각은 원대(元代)의 학경(郝經, 1223-1275)과 명 초(明初)의 문인 송렴(宋濂, 1310-1381)에 의해 비판받는다.

> ④ 저 타산(隋山)과 교악(喬嶽)이 높기는 높아도 나의 도에 무슨 소용이며, 장강(長江)과 대하(大河)가 성대하기는 성대해도 나의 기에 무슨 소용인가? 그러므로 "외유(外遊)를 떠나고자 하는 사람은 반드시 내유(內遊)를 해야 한다"고 한 것이다. 아! 사마천과 같은 인재도 내유는 결국 하지 않았으니, 대체로 그를 칭송하는 것 또한 지나치다 할 것이다.[19]

> ⑤ 문장은 반드시 기를 기르는 데 있으니, (…) 군자는 안을 다스리지 밖을 다스리지 않는다. "(…) 사건을 기록하는 문장(紀事之文)은 마땅히 사마천과 반고

• • • •

19 郝經, 〈內遊〉, 《陵川集》 卷20: 彼隋山喬嶽, 高則高矣, 於吾道何有? 長江大河, 盛則盛矣, 於吾氣何有? 故曰: "欲遊乎外者, 必遊乎內." 噫! 以史遷之才, 果未遊於內邪, 蓋亦稱之者, 過矣!

> 를 근본으로 하고, 도를 싣는 문장(載道之文)은 육경을 버리고 내가 장차 어떤 것을 좇으리오?" (…) 이는 진실로 근대의 당자서(唐子西)의 문장론이나 나의 소견은 이와 다르다. 육경 외에는 맹자가 종주가 되고 한유가 그 다음이며 구양수가 그 다음이다. 이는 온 나라가 통하는 큰 길이니 (…) 성현의 대도로 직접 옮겨 갈 수 있다.[20]

원대와 명 초는 남송의 대학자인 주희(朱熹, 1130-1200)가 확립해 놓은《대학》 중심의 사서(四書) 체계를 과거제도에 도입해서《사서집주(四書集註)》 등 주자의 주석이 관학의 기준으로 자리잡아 간 시대였다. 이에 따라 이기론(理氣論)에 입각한 주희의 철학과 도학 중심의 재도론적(載道論的) 문학관이 가장 큰 영향력을 행사하던 때이기도 하였다. 주자는 도와 문의 관계에 주목하여 도문일치와 관련된 많은 논의를 남긴 반면, 기와 문학에 대해서는 일반적 수준에서 문기(文氣)와 작가, 문기와 시대가 관련되어 있음을 밝히고 있을 뿐이다.[21] 학경은 원대에 한림시독학사를 지낸 유학자로 ④에서 보이듯 소철이 주장했던 사마천의 외유를 통한 양기설을 부정하고, 내유의 필요성을 강조하고 있다. 윗글에서 사마천이 내유를 하지 않았다고 한 것은 사마천의《사기》 중에 유가적 법도에 어긋난 내용들을 염두에 두고 한 말[22]이다. 학경이

• • • •

20 宋濂,〈文原〉,《宋濂全集》(浙江古籍出版社, 1999), 1403-1406쪽: 為文必在養氣, (…) 君子所以攻內不攻外 "(…) 紀事之文, 當本之司馬遷班固, 而載道之文, 舍六籍, 吾將焉從?" (…) 此固近代唐子西之論, 而予之所見, 則有異於是也. 六籍之外, 當以孟子為宗, 韓子次之, 歐陽子又次之, 此則國之通衢, (…) 可以直趍聖賢之大道.

21 朱熹,《朱子語類》卷78: 問: "董仲舒三策, 文氣亦弱, 與晁賈諸人文章, 殊不同, 何也?" 曰: "仲舒爲人寬緩, 其文亦如其人. 大抵漢自武帝後, 文字要入細, 皆與漢初不同./朱熹,《朱子語類》권139. 文氣衰弱, 直至五代, 竟無能變./陵夷至於三國兩晉, 則文氣日卑矣. 古人作文作詩, 多是模倣前人而作之.

22 郝經,〈内遊〉,《陵川集》卷20: 論大道則先黄老而後六經, 序游俠則退處士, 而進姦雄述貨殖, 則崇勢利而羞賤貧, 其於書法也則記繁而志寡, 項籍一夫也, 而述本紀與堯舜並, 陳涉役徒也, 作世家與孔子同, 其失豈淺淺哉?

강조하는 내유의 방법은 심기(心氣)를 제어하여 한 곳에 집중해서 정도(正道)를 지키고, 이를 위해《주역》과《서경》,《시경》등의 경서를 숙독하며 한결같은 마음으로 요·순·우·탕·문·무·주공 등 성인의 길을 따르는 것을 말한다.[23]

송렴 역시 마찬가지다. ⑤에서 확인되듯 우선 그는 도학적 문장(載道之文)과 역사기록 산문(紀事之文)을 분리하여 사마천과 반고를 역사 산문의 전범으로 격상시킨 북송대의 문장가 당경(唐庚, 1070-1120), 곧 당자서(唐子西)의 주장을 부정한다. 사마천과 반고를 문장의 전범에서 제외하는 대신 그는 육경-맹자-한유-구양수로 이어지는 문통을 확립 제시함으로써 사마천의 글과 사마천의 외유를 통한 양기보다는 유가 경전 및 그에 입각한 글을 쓴 당송 고문을 읽는 것을 양기의 한 방법으로 제시하고 있다. 송렴 이후 왕오(王鏊, 1450-1524), 왕문록(王文祿, 1532-1605) 등의 명대 문인과 위희(魏禧, 1624-1680), 이중화(李重華, 1682-1755), 하소기(何紹基, 1799-1873) 등 청대(淸代) 문인들의 글에서도 도리를 밝히는 실천 및 독서를 통한 학문의 축적을 양기의 핵심으로 논의하고 있는 것을 보면,[24] 원·명대 이후 이러한 담론이 문학과 기와 관련된 지배적 담론으로 자리잡은 것으로 보인다.

결국 중국에서 위나라 조비가 선천적 기를 강조하며 최초로 제기했던 문기론은 그 뒤 양나라 유협의 도가적 양생론에 입각한 양기론을 거쳐, 당대 한유와 북송대 소철 이후에는 맹자의 호연지기를 문학론에 도입하여 유가적 도의에 입각한 양기론으로의 변화 과정을 겪은 것으로 보인다. 이후 양

••••

23 위의 글: 身不離於衽席之上, 而遊於六合之外, 生乎千古之下, 而遊於千古之上, 豈區區於足跡之餘, 觀覽之末者, 所能也? 持心御氣, 明正精一, 遊於內而不滯於內, 應於外而不逐於外, (…) 於經也則河圖洛書, 剸劃太古, 挈天地之幾, 發天地之蘊, 盡天地之變, (…) 周誥商盤, 禹謨舜典, 諄忠, 致貫日月開金石, 都俞, 吁咈咢咢灝灝, 唐虞三代之治, 僾然而見, 風雅變正, 諷贊刺美, 洋洋乎? (…) 堯舜禹湯文武周孔, 拱宓犧而坐, 皐夔伊呂, 亞風牧而侍, 孟軻氏辨乎其間, 而顏曾導焉, 荀揚奉焉, 熙熙乎育物之仁, 翕翕乎制物之義.

24 王辉, 〈古代文论"养气"说之流变〉,《山东师范大学学报(人文社会科学版)》, 2002年 02期 참조.

기론은 기를 기르는 방법으로 도학적 실천 외에 경전의 독서를 강조하는 한유의 생각을 따르는 경향과 사마천의 유람을 통한 견문의 확대를 강조하는 소철의 생각이 공존하다가 이기심성론을 확립한 남송대 주자의 학문이 원대 이후 사상 및 문예의 지배적 이념으로 자리잡아 가면서 원·명대 이후에는 경전 독서와 도학적 심성 수양을 양기의 핵심으로 인식하는 경향이 점차 확고해져 간 것으로 보인다.

3. 고려·조선에서의 기와 문학의 관련 양상

고려와 조선의 문인들은 당대 문명의 중심지인 중국 문인들의 문학관을 흡수하며 자기만의 문학관을 펼쳐 갔는데, 기와 관련된 문학관에 있어서도 그러했다. 단, 중국에서는 선천적 기를 강조하는 위나라 조비의 문기론이 후대의 당대 한유와 북송대 소철의 양기론에 의해 극복되는 과정을 겪는다면, 고려에서는 그런 시간적 순서와 상관없이 문인들이 선호하거나 지지하는 문학론이 먼저 수용되고 비판, 극복되는 양상을 보인다.

1) 선천적 기의 중시와 유람을 통한 양기

한성(捍城) 이북은 가 보지 못해서 세상에서 전하는 총석정과 명사십리는 모두 보지 못하였으니, 지금 강동(江東)에서 본 것은 참으로 큰 곡식 창고 안의 제패(稊稗, 피) 하나일 뿐이다. 설사 다 구경하고 비록 만장의 피륙을 다 쓰고, 천 자루의 붓을 뭉개뜨렸다고 해도 어떻게 다 기록할 수 있었으랴? 옛날 태사공 사마천은 일찍이 회계산(會稽山)을 유람하고 우혈(禹穴)을 보았으니 천하의 장관을 다 보았다. 그리하여 기상이 더욱 기이하고 위대해져서 그 문장이 자못 탁 트여 거침없어지고 호방하고 웅장한 풍모가 생겼다. 그런즉 대장

> 부가 세상을 돌아다니며 멀리까지 두루 유람하고, 온 세상을 휘젓고 돌아다니면 장차 가슴에 빼어난 기상이 더욱 커지는 법이다. 내가 만약 명분(名分)의 구속 안에 얽매여 있었다면 필시 이 기이한 광경을 다 보지 못해 나의 평소 뜻을 체험해 보지 못했을 것이다.[25]

윗글은 고려 의종(毅宗)-명종(明宗) 연간의 문인 서하(西河) 임춘(林椿)의 〈동행기(東行記)〉로, 강원도 유람에서 총석정과 명사십리 등 명소를 보지 못했음을 안타까워하는 한편, 그럼에도 자신이 명분의 구속을 받는 관리가 아닌 야인이었기에 강동 지역의 여러 아름답고 기이한 경관을 볼 수 있었던 것에 대한 만족감을 표시하고 있다. 또한 인용된 글의 중간에는 사마천이 회계산 유람 등 천하의 장관을 다 봄으로써 그 기상이 커지고 그에 따라 문장의 기세도 호방해졌음을 거론하며 문장 수련에서 유람을 통한 양기의 중요성을 강조하고 있다. 물론 임춘 자신은 더 좋은 경관을 보고 '만장의 피륙'과 '천자루의 붓'을 다 사용해 글을 쓴다 해도 강동 지역의 훌륭함을 온전히 기록할 수 없었을 것이라고 겸손한 태도를 보이고 있다. 하지만 분명한 것은 이 글에서 사마천을 예로 들어 유람을 통한 기의 확장 및 문장의 변화를 강조하는 부분이나 또 다른 글에서 기를 기르기 위해 명산대천을 두루 유람할 것을 권유하는 대목에서 소철의 글을 직접 인용하고 있는 것을 보면,[26] 유람을 통한 양기의 방법을 제시했던 소철의 의견에 임춘이 깊이 공감하고 있음

• • • •

25 林椿, 〈東行記〉, 《西河先生集》 卷5: 自捍城以北, 未有所歷, 若世所傳, 叢石鳴沙, 皆不目焉, 則今之見於江東者, 眞大倉一稊稗耳. 設使盡觀, 雖窮萬穀之皮, 禿千兔之翰, 安能盡紀耶? 昔司馬太史, 嘗遊會稽, 窺禹穴以窮天下之壯觀, 故氣益奇偉, 而其文頗疏蕩而有豪壯之風, 則大丈夫周遊遠覽, 揮斥八極, 將以廣其胸中秀氣耳. 余若桎梏於名檢之內, 則必不能窮其奇摻其異, 以賞其雅志也.

26 林椿, 〈上李學士書〉, 《西河先生集》 卷4: 養其氣者, 非周覽名山大川, 求天下之奇聞壯觀, 則亦無以自廣胸中之志矣. 是以, 蘇子由以爲於山見終南, 嵩華之高, 於水見黃河之大, 於人見歐陽公, 韓大尉, 然後爲盡天下之大觀焉. 임춘이 〈동행기(東行記)〉와 〈상이학사서(上李學士書)〉에

을 알 수 있다.

반면, 임춘과 동시대에 살았던 이규보(李奎報, 1168-1241)는 〈논시중미지약언(論詩中微旨略言)〉이라는 글에서 소철 이전에 문장의 성취와 천부적 기의 우열을 연관시켰던 조비의 문기론을 연상시키는 생각을 피력하고 있다.

> 무릇 시는 뜻[意]을 위주로 하니 뜻을 세우는 것이 더욱 어렵고, 말을 엮는 것은 그 다음이다. 뜻은 또한 기를 위주로 하니, 기의 우수함과 열등함에 따라 시의 깊고 얕음이 생길 뿐이다. 하지만, 기는 하늘에 근본한 것이니, 배워서 얻을 수 없다. 그러므로 기가 열등한 사람은 문장을 꾸미는 데 공을 들이고, 일찍이 뜻을 세우는 것을 우선으로 삼는 적이 없다. 대체로 문장을 아로새기고 문구에 색을 입히니 참으로 화려하다. 하지만 그 속에 함축된 깊은 뜻이 없다면 처음에는 볼 만한 것 같지만 재차 음미하면 그 맛이 이미 다할 것이다.[27]

이규보는 먼저 시는 뜻[意]을 위주로 한다고 한 후, 뜻은 또한 기를 위주로 한다고 말함으로써 '문장은 기를 위주로 한다'(文以氣爲主)는 조비의 생각을 시에도 적용하고 있음을 알 수 있다. 또한, 기의 우열에 따라 시의 깊고 얕음이 정해지고, 기가 열등한 사람은 깊은 뜻이 담긴 글을 쓰지 못하니 문장을 아로새기는 일에나 힘을 쓴다는 이규보의 말은 시뿐만 아니라 문장에도 확대 적용할 수 있는 논의가 되니 결국 문학의 성패와 기의 우열을 최초로 연

····

서 언급하고 있는 사마천과 소철의 유람을 통한 견문의 확대는 모두 소철(苏辙)의 〈상추밀원한태위서(上樞密韓太尉書)〉(《난성집(欒城集)》 권22)에 나오는 내용이다.

27 李奎報, 〈論詩中微旨略言〉, 《東國李相國全集》 卷22: 夫詩以意爲主, 設意尤難, 綴辭次之. 意亦以氣爲主, 由氣之優劣, 乃有深淺耳. 然氣本乎天, 不可學得. 故氣之劣者, 以雕文爲工, 未嘗以意爲先也. 蓋雕鏤其文, 丹靑其句, 信麗矣. 然中無含蓄深厚之意, 則初若可翫, 至再嚼則味已窮矣.

관시킨 조비의 문기론과 별로 다를 바가 없다. 게다가 기가 하늘에 근본하여 배워서 얻을 수 없다는 이규보의 선언은 하늘이 내 몸에 부여한 기의 청탁을 억지로 바꿀 수 없고, 이렇게 기의 청탁에 따른 문장을 구사하는 솜씨의 차이는 부모도 바꿀 수 없다는 조비의 논의[28]와 궤를 같이한다고 볼 수 있다.

결국 고려의 문인 이규보와 임춘은 동시대를 살면서 조비의 문기론과 소철의 양기론의 관점을 모두 숙지한 상태에서 자신의 문예적 경험에 비추어 대립된 두 관점 중 스스로 옳다고 생각하는 하나의 관점을 택했다고 볼 수 있다. 문헌상으로 더 많은 고려 시대의 자료를 확인할 수는 없지만, 기를 위주로 하는 문학관은 이규보와 임춘 이후에도 문학적 재능과 성패가 선천적으로 부여받은 기에 좌우되는 것인가, 아니면 유람 등 후천적 경험에 따라 길러지는 기에 의한 것인가 논란의 소지를 남기며 문인들 사이에서 선택, 혹은 절충되었으리라고 본다.

조선 전기를 대표하는 문장가인 서거정은 이 두 관점의 충돌을 자기 안의 내면적 갈등으로 보여 주는 흥미로운 글을 남기고 있어 주목된다. 다음 글은 문장의 훌륭함이 유람을 통한 양기에서 비롯된 것인지, 아니면 천부적으로 부여받은 기에 좌우되는지를 두고 스스로의 경험에 비추어 어느 것이 진실인지를 되묻고 있는 서거정(徐居正, 1420-1488)의 〈관광록서(觀光錄序)〉 전문이다.

> ① 내가 일찍이 옛사람이 사마자장(司馬子長)을 논평한 것을 보니 다음과 같았다. "자장은 거침없고 호탕한 기질로 천하의 웅대한 경치를 다 보았기에 문장의 변화가 무궁했다. 회수(淮水)와 장강(長江)에서 놀라운 파도를 구경하고는 그 글이 분방하고 도도해졌고, 동정호(洞庭湖)와 팽려호(彭蠡湖)가 하늘을 적시

••••

28 曹丕, 〈典論-論文〉, 《文選》: 文以氣爲主, 氣之淸濁有體, 不可力強而致. 譬諸音樂, 曲度雖均, 節奏同檢, 至於引氣不齊, 巧拙有素, 雖在父兄, 不能以移子弟.

고 온 산과 호흡하는 것을 보고 그 문장이 그윽하고 깊어졌다. 제(齊)나라, 노(魯)나라와 추역산(鄒嶧山)을 가서 글이 온화하고 진중하며 법도에 맞게 우아해졌으며, 굴원이 노닐던 원수(沅水)와 상수(湘水)에 가서 글이 슬퍼 울분을 토하며 격렬해졌다. 그 웅장하고 용맹함은 유방과 항우의 전쟁터에서 얻었고, 그 높고 가파름은 파촉(巴蜀)의 검각(劍閣)에서 얻었다."[29]

② 나는 속으로 이렇게 의심했다. '문장은 기며 시운(時運)이다. 기는 하늘에서 부여받아 맑고 혼탁하고 순수하고 잡박함이 다르니, 글에 드러나는 것도 솜씨가 좋거나 서툴고 수준이 높고 낮음이 있다. 가령 이백과 두보는 스스로 이백과 두보이고, 한유와 유종원은 스스로 한유와 유종원이며, 왕유와 위응물은 평탄하고 담박하며, 맹교와 가도는 쓸쓸하고 메마르고, 원진과 백거이는 유우석과 허혼이 될 수 없고, 매요신과 황정견은 구양수와 소식이 될 수 없으니, 어찌 명승지를 구경했다고 갑자기 그 기질이 변하겠는가? 하물며 문장은 시운의 번성과 쇠퇴와 관련이 있음에랴? 가령 원나라는 송나라가 아니며 송나라는 당나라가 아니고, 당나라는 진나라와 위나라가 아니며, 진나라와 위나라는 한나라나 진나라가 아니니 어찌 명승지를 구경했다고 갑자기 시대의 습속을 변화시킬 수 있겠는가? 사마자장을 논평한 사람은 다만 그 유람을 장하게 여기고 그 기상을 특별하게 여겨 문장의 형용은 기상이 드러난 것일 뿐이라고 했지만, 사마자장의 문장은 유람을 해서 기이해지고 유람을 하지 않았다고 해서 기이해지지 않는 것이 아니다.'[30]

• • • •

29 徐居正, 〈觀光錄序〉, 《四佳文集》 卷4: 予嘗見古人評司馬子長者曰: "子長以踈宕之氣, 極天下之大觀, 故文章變化無窮. 觀長淮大江驚濤駭浪, 則其詞奔放浩漫; 觀洞庭, 彭蠡涵混呼吸, 則其詞停滀淵深; 之齊魯鄒嶧而溫重典雅, 之三閭沅湘而悲憤傷激. 其壯勇也, 得之劉項之戰場, 其峭拔也, 得之巴蜀之劍閣."

30 위의 글: 予竊自疑曰: '文章者, 氣也, 時運也. 氣稟於天, 有淸濁粹駁之殊, 故發於詞者, 有工拙高下. 如李杜自李杜, 韓柳自韓柳, 王韋止於平淡, 郊島局於寒瘦, 元白之不可爲劉許, 梅黃之不

③ 근래에 거정이 사신의 임무를 받들고 연경에 조회하러 갔었다. 요습(遼霫)을 지나 의무려산(醫巫閭山)과 갈석산(碣石山)을 거쳐 유주(幽州)와 계주(薊州)를 지나 곧바로 연경에 들어가면서, 끝없이 이어지는 넓은 산하와 국토, 웅장하고 화려한 성곽과 궁실, 분명하게 완비된 예악과 제도, 함께 모인 사람들의 의상과 수레들을 구경하였다. 본 것들이 모두 훌륭하고 특별하지 않은 것이 없었지만, 거정의 시가로 표현된 것은 갸날프고 연약하지 않으면 껄끄럽고 궁벽한 단점이 있고 쇠약하지 않으면 조잡하고 거친 단점이 있었으니, 어찌 일찍이 명승을 구경했다고 해서 조금이라도 변화한 것이 있었던가? 그래서 문장의 기질과 습속은 갑자기 변하기가 쉽지 않음을 더욱 믿게 되었으니, 내가 이 견해를 견지한 지가 오래되었다.[31]

④ 지금 세 군자의《관광록(觀光錄)》을 보니, 한양에서 연경까지 8, 9천 리를 왕복하며 눈으로 보고 마음으로 느낀 것을 모두 시로 표현한 것이다. 그 노련하고 강건함은 기세가 크고 장대한 유연(幽燕)의 원로 장군 같고, 그 명쾌하고 날렵함은 폭풍 같고 번개 같은 어양(漁陽)의 돌격 기마대 같으며, 혹 자유롭게 말을 구사하는 것은 변사인 소진과 장의 같고, 혹 차분히 법도와 규율을 지키는 것은 한나라 조정의 노련한 관리 같으며, 맑고 유창하기는 청동구슬이 구절판을 구르는 듯하고, 아름답고 곱기는 연꽃이 물에서 피어난 듯하며, 그 요동치며 갑자기 치솟는 것은 고래 물결이 신기루를 만들고, 물고기와 용이 노니는 것 같고, 그 호방하고 준엄한 것은 높은 바위 깎아지른 절벽

• • • •

可爲歐蘇, 安能因所觀覽, 而遽變其氣乎? 況文章, 關乎時運之盛衰? 如元不宋, 宋不唐, 唐不晉魏, 晉魏不漢秦, 安能因所觀覽, 而猝變時習乎? 其論子長者, 特壯其遊, 奇其氣, 形容文章之發越耳, 非子長之文奇於遊, 不奇於不遊也.'

31 위의 글: 頃年, 居正奉使朝京, 道遼霫, 由閭碣, 歷幽薊, 直造乎燕都, 覩夫山河土宇之緜曠也, 城郭宮室之壯麗也, 禮樂典章之明備也, 衣裳舟車之會同也. 所見無非瑰偉絶特, 而居正之形于詩謌者, 不失之纖弱, 則失之澁僻, 不失之萎薾, 則失之粗厲, 何嘗因所覩覽, 而少有變化者乎? 益信文章之氣之習之未易猝變也, 予持此論久矣.

에 새매가 날고 있는 것 같다. 여러 문체를 모두 갖추어 보면 볼수록 더욱 기이하니, 그 후 나는 옛사람이 사마자장을 논평한 것이 거짓이 아니며 나의 소견이 잘못임을 알게 되었다.[32]

〈관광록서〉는 윗글 ④에서 알 수 있듯 '세 군자'가 연행을 다녀오는 길에 서로 수창한 시들을 모은 시집《관광록》에 부친 서문이다. 세 군자란 곧 성현(成俔, 1439-1504)·이경동(李瓊仝, 1438-1494)·최숙정(崔淑精, 1432-1479)으로 이들은 1475년 함께 북경에 다녀왔다.[33] 서거정은 그 이듬해인 1476년에 이 글을 쓰면서 '유람을 통한 문장의 변화'라는 담론에 대해 의문을 표하면서 그에 관한 자기 생각을 정리한 것이다.

①에서 서거정은 사마천의 문장이 회수와 장강, 동정호와 팽려호, 제나라와 노나라, 원수와 상수, 파촉의 검각 계곡 등을 유람하며 '천하의 웅대한 경치'를 다 보았기에 그 문장이 변화무쌍하고 훌륭해졌다는 옛사람의 사마천에 대한 평을 인용하고 있다. 서거정이 인용하고 있는 옛사람이란 이 글에서 구사하고 있는 어휘 등을 고려할 때 북송대 문인 마존(馬存, ?-1096, 자는 자재[子才])인 듯하며, 이 대목은《고문진보》에도 수록되어 조선 문인들이 널리 읽었을 그의 〈자장유증갑방식(子長遊贈蓋邦式)〉(《고문진보후집》 권10)의 글을 요약 발췌하고 있음[34]을 알 수 있다. 마존은 소철의 형 소식에 의해 발탁된 문인으로 그

• • • •

32 위의 글: 今見三君子《觀光錄》, 自漢都暨燕山, 往還八九千里, 觸於目, 感於心者, 一皆發於詩. 其老健也, 如幽燕宿將, 氣雄勢壯; 其快迅也, 如漁陽突騎, 風飈電閃; 或縱橫榼椑, 如蘇張辨士; 或從容法律, 如漢庭老吏; 其淸圓也, 如銅丸走坂; 其美藻也, 如芙蓉出水; 其洞盪倏翕, 則如鯨波蜃市, 魚龍遊戲; 其豪爽道峻, 則如危巖絶壁, 鷹隼飛翥. 備全衆體, 愈出愈奇, 然後知古人論子長者不誣, 而居正之所見者非也.

33 金安國, 〈虛白堂先生文戴成公行狀〉, 《虛白堂集》 참조.

34 사마천을 거론하고 있는 부분의 원문은 "子長以踈宕之氣, 極天下之大觀, 故文章變化無窮. 觀長淮大江驚濤駭浪, 則其詞奔放浩漫; 觀洞庭, 彭蠡涵混呼吸, 則其詞停滀淵深; 之齊魯鄒嶧而溫重典雅, 之三閭沅湘而悲憤傷激, 其壯勇也, 得之劉項之戰場, 其峭拔也, 得之巴蜀之劒閣."

가 사마천의 예를 들어 주장하는 내용은 사실상 소철이 주장했던 유람을 통한 기의 축적이 변화무쌍하고 기세등등한 사마천 문장의 원동력이 되었다는 소철의 주장을 각 경물에 대응하는 문체의 변화를 통해 조금 더 구체적으로 표현한 것에 불과하다.

하지만, ②와 ③에서 그는 마존·소철 등의 주장을 이론적·경험적으로 반박한다. ②에서는 하늘에서 부여받은 기의 청탁에 따라 드러난 글의 솜씨와 수준이 달라진다는 익숙한 조비의 논법을 가져와 양기론을 비판함과 동시에 이백·두보·한유·유종원 등 당송대의 작가를 예로 들며 그들 각자가 부여받은 기질과 기상에 따라, 그리고 시대의 습속과 기운에 따라 위·진(晉)·진(秦)·한·당·송·원 등 각 시대 각 나라마다 문장의 성취와 기상이 다를 수밖에 없다고 하면서 유람을 통한 문장의 변화를 전면적으로 부정하고 있다. 또한 ③에서는 자신의 연행체험을 들어 연경까지 다녀오면서 이제까지 보지 못했던 산하와 국토, 성곽과 궁실, 예약과 제도, 의상과 수레 등 온갖 기이하고 웅장한 자연과 문물을 접했는데도 자신이 쓴 시가 그로 인해 변한 것이 하나도 없었다는 경험을 말하면서 유람을 통한 문장 변화의 가능성에 대한 부정적 입장을 더욱 심화시킨다.

하지만, ④에서 서거정은《관광록》독서를 통해 선천적 기에 입각한 문기론의 입장을 견지했던 자신의 소견이 잘못되었음을 시인하고 '유람을 통한 기상과 문장의 변화'가 진실일 수 있음을 인정하게 된다. 그도 그럴 것이

••••

인데 이 구절은 마존(馬存)의 다음 글을 발췌 요약한 것이다. "子長平生喜遊, (…) 將以盡天下之大觀, 以助吾氣, (…) 南浮長淮, 泝大江, 見狂瀾驚波, (…) 故其文奔放而浩漫; 望雲夢洞庭之陂, 彭蠡之瀦, 涵混太虛, 呼吸萬壑而不見介量, 故其文渟滀而淵深; ... 泛沅渡湘, 弔大夫之魂, 悼妃子之恨, 竹上猶有斑斑, 而不知魚腹之骨, 尙無恙乎? 故其文感憤而傷激; 北過大梁之墟, 觀楚漢之戰場, 想見項羽之喑啞, 高帝之慢罵, 龍跳虎躍, 千兵萬馬, 大弓長戟, 俱遊而齊呼, 故其文雄勇猛健, 使人心悸而膽慄; 世家龍門, 念神禹之鬼功; 西使巴蜀, 跨劍閣之鳥道. 上有摩雲之崖, 不見斧鑿之痕. 故其文斬截峻拔而不可援躋; 講業齊魯之都, 覩夫子之遺風, 鄕射鄒嶧, 彷徨乎汶陽洙泗之上, 故其文典重溫雅."(馬存, 〈子長遊贈蓋邦式〉,《古文眞寶後集》卷10)

《관광록》에 수록된 세 사람의 시가 연행을 가기 전의 시와 달리 자신들이 만난 경물에 걸맞는 다양한 문체를 구사하여 때론 노련하고 강건하게, 때로는 명쾌하고 날렵하게, 때로는 자유분방하다가도 어느 순간 차분히 규율을 지키며, 맑고 유창한 듯, 아름답고 고운 듯, 요동치며 갑자기 치솟듯 하다가도 또한 호방하고 준엄한 모습으로 변하기 때문이다.

물론 서거정의 양기론과 문기론 사이의 갈등이 이른바 억양법을 통해 기성의 주장을 억누르다가 마지막에 그 주장에 동의하는 반전의 결말을 보임으로써,《관광록》의 문학적 가치를 드높이고, 세 군자의 시 창작 능력 또한 더욱 훌륭해졌음을 강조함과 동시에 '유람을 통한 후천적인 기의 축적과 그를 통한 문장 능력 제고'가 가능함을 보다 극적으로 보여 주기 위한 수사적 배치일 수도 있을 것이다. 하지만, 그렇다고 하더라도 이 수사를 뒷받침하는 내용이 서거정 자신의 실제적 고민이었을 뿐 아니라 임춘과 이규보에서부터 보여지는 기와 문학을 둘러싼 오래된 대립적 관점이었음을 상기한다면, 우리나라는 천부적 기를 강조하며 문학의 선천적 재능을 중시하는 조비의 문기론과 유람을 통한 후천적 노력에 의한 기상·기질 및 문장 변화의 가능성을 중시하는 소철의 양기론이 고려 시대에 수용된 이후 조선 초기까지 오랫동안 각축을 벌이다가 조선 초기 서거정대에 와서 유람에 의한 양기론을 승인하는 방향으로 바뀌었다고 할 수 있다. 왜냐하면, 필자가 확인한 바로는 '선천적 문기론'과 '유람을 통한 양기론' 사이에서 서거정만 한 내면적 갈등과 고민의 깊이를 보여 주는 글은 이후로도 찾아보기 어려우며, 서거정 이후의 기와 관련한 문학관은 천부적 기가 문학의 성취를 결정한다는 운명론적 사고에서 벗어나 양기론을 인정한 상태에서 어떻게 기를 함양할 것인가라는 '양기의 방법'에 촛점을 맞추어 논의가 진행되고 있기 때문이다.

2) 경전(經典) 독서를 통한 의기 함양의 강화

유람을 통해 견문을 확대하여 기를 축적·함양하면 글이 다채롭고 풍부해진다는 생각은 고려의 임춘과 조선의 서거정 이후에도 김종직(金宗直, 1431-1492)·김정(金淨, 1486-1521)·조경(趙絅, 1586-1669)·서종태(徐宗泰, 1652-1719)[35] 등의 글에도 보이는바, 양기의 한 방법으로 유람을 생각함은 조선 시대 내내 지속되어 왔다고 볼 수 있다. 또한, 유람을 통한 양기와 더불어 일찍부터 기를 기르는 방법으로 독서를 통해 의기를 확대하는 방안 역시 이미 당대 한유에서부터 제기된 것이었다. 앞장에서 살펴보았듯 한유는 '삼대와 양한의 책'을 읽고 '성인의 뜻'을 마음에 되새기며 인의의 길을 가고, 《시경》·《서경》 등의 경전을 평생토록 손에서 놓지 않음으로써 자신의 기를 길러 왔음을 밝히고 있다.

고려 시대 최자(崔滋, 1188-1260) 역시 시문은 기를 위주로 한다고 하면서도 자신의 뜻과 정을 말로 잘 표현하기 위해서는 자기 자신에게 익숙할 정도로 책을 읽어야 함을 강조했다. 그러면서 문순공(文順公) 이규보(李奎報)가 새롭고 기이한 뜻을 글로 표현하면서도 생경하거나 난삽하지 않고 그 글이 저절로 풍부하고 아름답게 된 데는 경서(經書)·사서(史書)·백가(百家)의 책을 두루 보았기 때문임을 강조하고 있다.[36] 기를 내면에 축적하거나 기르기 위해 독서, 특히 육경에 대한 독서가 필요함을 강조하는 것은 조선 시대에 더욱 보편적 관념이 되어 다수 작가들의 글 속에서 이와 관련된 내용을 간단히 확인할 수 있다.

① 문장을 짓는 것은 기를 위주로 하고 기를 기름은 뜻을 근본으로 삼으니 뜻이 넓으면 기가 웅장해지고 뜻이 좁으면 기도 졸렬해지는 것은 형세상 당연한 것입니다. 요사이 학자들은 경전의 뜻을 연구하여 유사(有司, 담당관리)의 물음에 대비하고자 하기 때문에 그 뜻이 먼저 구두를 찍고 뜻을 풀이하는

35 金宗直, 〈跋成磬叔觀光錄後〉(《佔畢齋文集》 卷2); 金淨, 〈送韓謙謙赴關北序〉(《冲庵先生集》 卷4); 趙絅, 〈敬亭先生集序〉(《敬亭集》); 徐宗泰, 〈海嶽唱酬集跋〉(《晩靜堂集》 第11) 참조.

36 崔滋, 《補閑集》 卷中: 詩文以氣爲主, 氣發於性, 意憑於氣, 言出於情, 情卽意也. 而新奇之意, 立語尤難, 輒爲生澁. 雖文順公, 遍閱經史百家, 熏芳染彩, 故其辭自然富艷.

사이에 국한되어 오로지 암송에만 힘써 입으로 변론하기만을 취하니 그 의리의 온축과 문장의 법에 대하여는 힘쓸 겨를이 없습니다. (…) 바라옵건대 지금부터는 (…) 오경의(五經疑) 한 문제만을 내고, 여러 경전에서 각기 출제되는 것을 허락하지 않아 (…) 응시자들이 (…) 모두 오경에 통달하여 마음이 너그럽고 뜻이 넓어져 한가롭게 두루 책을 보게 된다면 문장의 기세가 갈수록 나아지고 문장의 재주도 떨쳐 일어날 것입니다.[37]

② 육경은 성인(聖人)의 언행이요, 문장은 육경의 찌꺼기입니다. 문장을 지으면서 옛날 성현을 본받지 않는다면 바람을 타고 날면서 날개가 없는 것과 같고, 문장을 지으면서 경전에 근본하지 않는다면 파도 위의 배에 노가 없는 것과 같습니다. (…) 무릇 문장은 마음[心]이고 기일 뿐이니 배워서 이를 수 있는 것이 아닙니다. (…) 그러하니 문장을 지을 때 (…) 칠정(七情)에 얽매이지 말고 육경에 근본을 두어 다른 길에 현혹되지 않는다면 그 향할 곳을 알게 될 것입니다.[38]

③ 기가 내면에 축적되어 밖으로 드러난 뒤에야 소리가 되는 것이다. (…) 사람이 그 소리를 내서 다른 사람이 좋아하고, 다른 사람이 좋아해서 글로 쓰고, 글로 써서 바른 것에 합당하면 이를 좋은 소리(善鳴)라고 한다. 사람의 소리는 기가 크면 그 소리를 크게 낼 수 있고, 기가 작으면 그 소리를 작게 낼

• • • •

37 權近, 〈論文科書〉, 《陽村先生文集》 卷31: 爲文以氣爲主, 養氣以志爲本, 志廣則氣雄, 志隘則氣劣, 勢當然也. 今之學者, 欲究經旨以待有司之問, 其志先局於句讀訓詁之間, 專務記誦, 取辨於口, 其於義理之蘊, 文章之法, 有不暇致力焉. (…) 乞自今(…), 其五經疑一道, 不許諸經各出, (…) 使赴試者 (…) 皆通五經, 而心志寬廣, 優游博覽, 辭氣增益而文才振發矣.

38 成俔, 〈與楙功書〉, 《虛白堂文集》 卷12. 夫六經者, 聖人之言行, 而文章者, 六經之土苴. 爲文而不法乎古, 則猶禦風而無翼也, 爲文而不本乎經, 則猶凌波而無楫也. (…) 夫文章, 心耳氣耳, 非學所能到也. (…) 不爲七情之所梏, 根本六經, 不惑他歧, 則可知所向之方矣.

수 있다. (…) 사람이 소리를 냄은 기가 그렇게 한 것인데 기가 기가 됨은 누가 그렇게 한 것인가? 기가 기가 된 것은 마음이 그렇게 한 것이다.[39]

④ 유람이 도움이 되는 것에 대해서는 소자유(蘇子由, 소철[蘇轍]), 마자재(馬子才, 마존[馬存]) 두 사람의 글에서 다 말해 놓았다네. 그러나 이 또한 평소에 글을 읽고 학문을 하여 마음속에 쌓인 것이 풍부해진 뒤에 외물을 보고 듣는 것이 내면을 감동시켜 발현될 수 있다는 말일 뿐이니, 어찌 마음속은 공허하여 아무것도 없으면서 오로지 외물의 도움에만 의존한다는 뜻이겠는가? (…) 그러하니, 이른바 '이치를 궁구하고 마음을 보존한다'는 것도 일상생활에서 글을 읽고 일에 대처하는 사이에 있는 것이지 고원하여 미치기 어려운 것이 아니네.[40]

⑤ 문장은 기를 위주로 하고, 법은 그 다음입니다. 무엇을 기라고 합니까? 기는 육경에 담겨 있으니 반드시 먼저 육경을 읽고 도리의 깊고 오묘함을 엿보고 그 속에 푹 빠져 젖어 들어 내면에 축적되어야 가득 차고 빛이 나게 되어, 나의 기를 기르고 나의 기에 통달한 후에야 문장에 드러나니 문장은 기를 기약하지 않아도 저절로 기세가 있게 되니, 육경은 바른 기(正氣)입니다. 노장·한비자·전병(田駢)·추연(鄒衍)·열어구 등 여러 사람들은 비록 기세가 있지만 모두 나쁜 기(邪氣)입니다.[41]

• • • •

39 李珥, 〈贈崔立之序〉, 《栗谷先生全書》 拾遺 卷3: 有氣積於內而發於外, 然後爲聲焉. (…) 人之發其聲而好於人, 好於人而著於文, 著於文而合於正者, 謂之善鳴. (…) 人之於聲也, 氣之大則大其聲而發之, 氣之小則小其聲而發之. (…) 人之有聲, 氣使之也, 氣之爲氣, 孰使之耶? 氣之爲氣, 心使之也.

40 金昌協, 〈答黃奎河-癸未〉, 《農巖集》 卷18: 至於游覽之助, 蘇子由, 馬子才二書, 固已具道矣. 此亦平日讀書爲學, 積於中者已富, 而耳目之接於外者, 有以感觸助發耳. 豈其中空虛無有, 而專有資於外耶? (…) 然所謂窮理存心者, 亦只在於日用讀書應事之間, 非高遠難及.

윗글은 차례대로 권근(權近, 1352-1409)의 〈논문과서(論文科書)〉(①), 성현(成俔, 1439-1504)의 〈여무공서(與楙功書)〉(②), 이이(李珥, 1536-1584)의 〈증최립지서(贈崔立之序)〉(③), 김창협(金昌協, 1651-1708)의 〈답황규하(答黃奎河)〉(④), 남공철(南公轍, 1760-1840)의 〈여김국기논문서(與金國器論文書)〉로, 모두 "문장을 짓는 것은 기를 위주로 한다"는 대전제에 동의하면서, 육경 등의 경전에 대한 독서와 학습을 통해 내면의 기를 함양해야 좋은 문장을 쓸 수 있다는 생각을 피력하고 있다.

권근은 "오로지 암송에만 힘쓰는" 당시 과거제도의 폐단을 지적하며 오경을 총괄하는 문제 하나만 냄으로써 사람들이 시간에 쫓겨 입으로만 글자를 외고 마음으로 경전의 의리를 깊이 음미하지 못하는 폐단을 제거함으로써, "문장의 기세가 갈수록 나아지고 문장의 재주도 떨쳐 일어날 것"을 기대하고 있다. 성현은 성인의 언행을 담은 육경의 중요성을 한껏 강조하면서 "문장은 마음[心]이고 기일 뿐이니" "칠정에 얽매이지 말고 육경에 근본을 두어"야 올바른 방향으로 문장이 나아갈 수 있다고 주장한다. 이이는 "기가 내면에 축적되어 밖으로 드러난 뒤에야 소리가 되는 것"이라고 하면서 '바른 것에 합당하면' '좋은 소리' 곧 좋은 글이 된다고 한 후, 인용된 글의 말미에 기를 좌우하는 것이 '마음'임을 지적하고 있다. 그렇다면 마음을 다스리는 것이 또한 좋은 글쓰기의 관건일 텐데, 이이는 〈문무책(文武策)〉이라는 또 다른 글에서 성현의 교훈이 육경에 실려 있다고 하면서 육경의 도가 관철된 글쓰기를 지향하고 있다.[42]

김창협은 유람이 기의 함양과 글쓰기에 도움이 된다는 사실을 이미 소철과 마존이 다 말해 놓았다고 하면서 이에 대해 더이상 언급하지 않는다. 다

••••

41 南公轍, 〈與金國器-載璉-論文書〉, 《金陵集》 卷10: 文章以氣爲主, 法次之. 何謂氣? 氣在六經, 必先讀六經, 以窺其理道之淵藪, 涵泳渟蓄, 充實光輝, 以養吾氣, 以達吾氣, 然後發之於文, 文不期氣而自氣, 六經正氣也. 老莊, 韓非, 田駢, 鄒衍, 列禦寇諸子, 雖有氣而皆邪氣也.

42 李珥, 〈文武策〉, 《栗谷先生全書》 拾遺 卷4: 聖賢之訓, 載在六經, 六經者, 入道之門也. 豈期以此爲干祿之具耶? 道之顯者, 謂之文, 文者, 貫道之器也, 豈期以此爲雕蟲篆刻之巧耶?

만, 뒤에 이어지는 말을 통해 볼 때 "평소에 글을 읽고 학문을 하여 마음속에 쌓인 것이 풍부"해야 "보고 듣는 것이 내면을 감동"시킬 수 있다고 한 것을 보면, 유람 이전에 독서를 통한 내면적 기의 함양이 전제되어야 좋은 글을 쓸 수 있음을 강조한 것임을 알 수 있다. 김창협이 같은 글에서 인자(仁者)와 지자(智者)의 즐거움을 말하면서 평소 이치를 궁구하고 마음을 보존(窮理存心)하는 삶을 거론[43]하는 것을 보면, 그가 강조하는 독서가 사서삼경 등의 이치를 밝히는 경전에 대한 독서를 가리킴은 두말할 필요가 없다. 끝으로 남공철 역시 기가 육경에 담겨 있다고 하면서 "반드시 먼저 육경을 읽고" "그 속에 푹 빠져 젖어 들어" "나의 기를 기르고 나의 기에 통달한 후에야" 저절로 기세가 있는 훌륭한 문장을 쓸 수 있다고 하면서 바른 기(正氣)인 육경을 읽어야 함을 강조하고 있다.

이처럼 기를 함양하는 하나의 방법으로 육경 등의 경전에 대한 독서를 강조하는 발언은 조선 시대 내내 맥락과 표현을 조금씩 달리하며 지속되었고, 또한 유람을 통한 기의 함양을 강조하는 경향과 동시대에 공존하고 있었다. 물론 모든 사람들이 육경을 통한 기의 함양만을 주장한 것도 아니고, 독서 체험을 육경에만 국한한 것도 아니었다. 예를 들면, 조경(趙絅, 1586-1669)은 〈경정선생집서(敬亭先生集序)〉에서는 유람을 통한 기의 함양을 말하고,[44] 〈현곡집서(玄谷集序)〉에서는 독서를 통해 기세와 필력이 달라졌음[45]를 말하고 있으

••••

43 金昌協, 〈答黃奎河-癸未〉, 《農巖集》 卷18: 仁智之樂, 亦是如此, 若無平日窮理存心之功, 而驟觀於山水流峙動靜之狀, 求以發仁智之趣, 豈不遠哉?

44 趙絅, 〈敬亭先生集序〉, 《敬亭先生集》: 太史公以天授之才, 加以誦古文, 自弱歲加以遊遍天下名山大川, 加以講業齊, 魯, 如承夫子之謦欬, 然後發而爲文者, 雄肆宏壯, 精嚴磊落, 詳婉古雅, 無不肖其壯遊, 後之操觚之士, 聞其風而悅之, 咸祖述焉. (…) 敬亭公之有得於壯遊, 良有不可少者, 試較其長短淺深於後世之聞子長之風而悅之者, 未知孰立其下風而請焉?

45 趙絅, 〈玄谷集序〉, 《龍洲遺稿》 卷11: 昌黎氏論文章曰: "水氣也, 言浮物也. 水大而物之浮者, 大小畢浮." 蘇長公亦曰: "昌詩不如昌其氣." 不佞於是, 迺知文章以氣爲主之說, 古今不可易也. 吾宗人玄谷翁生當隆萬盛際, 稟氣固厚. 才結髮, 喜文章, 文非先秦, 兩漢不讀也, 詩非開, 天大

니 유람과 독서 두 방식이 모두 기를 함양하는 데 도움이 된다고 판단한 것이다. 또한 〈현곡집서〉에서 그는《사기》와《전국책》의 독서를 통해 현곡(玄谷) 조위한(趙緯韓, 1567-1649)의 필력이 달라졌다고 말하고 있으니, 양기를 위한 독서 범위를 육경으로만 한정짓지 않았다. 물론 독서를 통한 기의 함양을 주장하는 대부분의 사람들은 애초 그러한 논의가 인의와 짝하는 호연지기를 강조한 맹자의 양기론에 기반한 것이었기에 육경사서 등 유가 경전의 독서를 강조하는 것이 대체적인 경향이었다.

한편, 성현은 앞서 살펴본 〈여무공서〉를 쓸 1471년 당시에는 육경의 독서 함양을 통한 양기론을 주장하고 있었지만, 1496년에 쓴 〈뇌계시집서(㵢溪詩集序)〉에서는 "시를 말하는 자가 기는 논하면서도 이(理)를 논하지 않는 것은 잘못이다"고 하면서 이 중심의 이기론(理氣論)에 입각하여 자신의 문학관을 새롭게 정립하고 있기도 하다. 이는 육경의 독서를 강조하는 이이의 〈문무책〉이 사실상 기를 중심으로 논의되기보다는 도(道)를 핵심개념으로 하는 관도지기의 문학관(文者, 貫道之器)의 맥락에서 논의되는 것과도 일맥상통한다. 그러니까 육경 등 유가 경전의 독서를 통한 내면적 기의 함양을 주장한 문인학자들 중 다수는 주자의 이기론과 재도지기의 문학관을 접하게 되면서 자연스럽게 '기 위주의 문학관'에서 벗어나 '도학 우위의 유가성리학적 문학관'으로 자신의 문학관을 재정립하고 있음을 알 수 있다. 따라서, 이 경우 어떤 한 사람의 문학관 속에는 '기 위주의 문학관'과 '유가 성리학적 문학관'이 동시에 혹은 시차를 보이며 복수로 존재할 수도 있다.

또한 조경이 육경 이외의《사기》와《전국책》의 독서를 통한 기세의 변화를 인정하며 독서 범위를 확장하고 있는 반면, 남공철은 육경을 바른 기(正氣)로, 노장·한비자·전병·추연·열어구 등은 기세가 있지만 나쁜 기(邪氣)로 규정

• • • •

家不眼之也. 其所嚌胾最深於太史氏及戰國弘辯之說, 以助其氣, 以資其筆勢, 由是名噪一國, 人不敢顔行抗其氣.

함으로써 독서 범위를 육경으로 제한하고 있음을 알 수 있다. 독서 범위의 변화는 기 위주 문학관의 폐쇄성과 개방성을 가늠하는 잣대로, 한 작가의 문학과 세계에 대한 태도, 더 나아가 기 위주 문학관의 운명과 외국 문명에 대한 개방성을 결정짓는 것이기도 하다. 이에 대해서는 다음에서 상론하기로 한다.

3) 독서 범위의 확대와 배제의 두 경향

> 언어와 문장은 모두 기가 발현된 것이니 기품이 고르지 않는 것은 그 기에 걸맞기 때문입니다. (…) 이 때문에 맹자는 "나는 말을 잘 알고(知言), 나는 나의 호연지기를 잘 기른다"고 하였습니다. (…) 노장의 이단적인 말들은 말할 것도 없거니와 사마천과 반고 이후의 여러 공들은 도(道)를 보위하는 말을 후세에 남긴다고 자임한 사람들이지만, 또한 모두 자주 스승의 견해에 반하거나 이학(異學)에 빠져들었으니, (…) 좋지 못한 것은 구별해서 물리치고, 좋은 것은 택해 취함으로써 성인의 전적(典籍)을 따르고 우리 도의 우익(羽翼)으로 삼아야 하니, 이것이 바로 맹자의 말을 안다(知言)는 학문입니다.[46]

> 후세의 문장을 배우는 사람은 반드시 하늘의 문장과 땅의 문장과 인물의 문장에서 살아 움직이고 변화하는 기를 보고, 가슴속에 살아 움직이고 변화하는 문(文)을 길러야 합니다. 기가 발현해서 말이 나오면, 문장[辭]에 모두 영험한 기운이 드러나 꿈틀거리는 문체를 이루고 온갖 조화를 빚어내니, 그 글을 보는 사람이나 읽는 사람의 정신과 기운을 움직여 쉽게 공감을 얻게 됩

46 李獻慶, 〈答李台甫-承延-論文書〉, 《艮翁先生文集》 卷13: 言語文辭, 皆氣之發也, 其品之不齊, 稱其氣也. (…) 是以孟子曰: "我知言, 我善養吾浩然之氣." (…) 老莊異端之說且勿說, 班馬以下諸公之以立言衛道自任者, 亦皆往往叛其師說, 淫於異學. (…) 辨其不善者而闢之, 擇其善者而取之, 以附於聖人之籍, 以爲斯道之羽翼, 此孟子知言之學也.

> 니다. 이렇게 하면 문장을 쓰려고 애쓰지 않아도 저절로 훌륭한 문장이 됩니다. 문장이 나아가지 않음을 걱정하지 말고 다만 기화를 기르지 못함을 걱정해야 합니다. 문장이 어찌 억지로 애써서 되겠으며 모방한다고 이룰 수 있겠습니까?[47]

첫 번째 글은 이헌경(李獻慶, 1719-1791)이 이승연(李承延, 1720-1806)에게 쓴 문학을 논한 편지이고, 두 번째는 최한기(崔漢綺, 1803-1879)가 쓴 〈문장(文章)〉이라는 글이다. 두 글은 공히 기가 발현하여 언어와 문장을 이룬다는 점에서는 동일한 관점을 취하고 있다. 하지만, 기 위주의 문학관을 공유하고 있는 두 사람이 추구하는 문학의 방향은 거의 정반대라고 할 수 있다. 이헌경은 맹자가 말한 지언(知言)과 호연지기(浩然之氣)의 의미를 이단 배척과 관련하여 해석함으로써, "좋지 못한 것은 구별해서 물리치고, 좋은 것은 택해 취함으로써" 유가적 '성인의 전적'을 따르는 순정한 문학을 추구하고, 이단적 학문과 문장을 배격해야 함을 표명한다. 반면, 최한기는 하늘과 땅과 인간의 문장, 곧 자연과 인간이 그리는 무늬, 세상의 모든 움직이는 것들의 궤적과 자취 속에서 "살아 움직이고 변화하는 기를 보고, 가슴속에 살아 움직이고 변화하는 문을 길러야 한다"고 주장한다. 이는 결국 세상의 모든 변화에 민감하게 반응하여 그것을 생동감 있게 그려낼 수 있는 문장을 추구해야 함을 강조하고 있는 것이다. 자신들의 문학관에 따라 문학과 사상의 순정함을 추구했던 이헌경은 유가 성리학의 경전과 그러한 가치관을 준수하는 문장을 반복적으로 습득·체화하는 경향을 띠었던 반면, 세상의 변화에 민감한 최한기는 어떤 한 이념에 기반한 문장을 고수하기보다는 현실의 변화를 반영하고 그에

• • • •

47 崔漢綺, 〈文章〉, 《人政》 卷8: 後之學文者, 必於天之文章, 地之文章, 人物之文章, 見得活動運化之氣, 養得胸中活動運化之文. 氣發言吐, 辭皆有靈氣之呈露, 蜿蜒成體, 陶鎔萬化, 見之者讀之者, 掀動神氣, 易於感通, 是乃不期乎文章, 而自臻乎文章. 不患文章之不進, 惟患氣化之未養. 文章豈可强力爲也, 摹倣成之?

걸맞게 변화하면서 새롭게 제기되는 문제에 대답하는 글쓰기를 실천했다.

윗글에서 이헌경은 노장뿐 아니라 그가 판단하기에 종횡가에 빠져든 소식 삼부자 및 신법으로 물의를 일으킨 왕안석의 문장까지 편벽되다고 부정적으로 평가하고 있으며[48] 자신이 생존할 당시 새로운 사상으로 급속히 전파되었던 천주교와 서학에 반대하여 천주교를 배척하는《천학문답(天學問答)》이라는 글을 남기기도 했다. 그런데 이 글은 마테오 리치의 행적이나 천주학의 발생에 대해서 잘못된 이해를 지니고 있었으며, 천주학을 비판한 신후담이나 안정복조차도 긍정한 서양의 천문 역법이나 상수학마저 대수롭지 않은 것으로 치부하고 있다. 그런 까닭에 이익 문하에서 실제로 천주교와 서학서를 공부했던 신후담·안정복 두 사람의 천주학 비판과 달리, 구체성이 현격히 떨어져서 서학서를 보지 않았거나 설령 보았다 하더라도 깊이 있는 이해를 결여한 것으로 평가받고 있다.[49]

반면 최한기는 북경 서점가의 신간들이 서울에 들어오면 읽지 않은 것이 없을 정도로 새로운 학문을 습득하는 데 누구보다 적극적이었다.[50] 그는 이러한 독서를 바탕으로 동아시아 기 철학에 서양 근대 과학의 성과를 수용한《기학(氣學)》을 저술했을 뿐만 아니라, 자신이 수립한 기학의 바탕 위에 당대 서양의 천문학과 세계지리학의 최신 성과를 담은《지구도설(地球圖說)》·《해국도지(海國圖志)》·《영환지략(瀛環志略)》 등을 종합하여《지구전요(地球典要)》라는 책을 저술하였다. 그런 까닭에 그는 동양과 서양이 접촉하며 급변하는 시대에 동아시아 기 철학을 쇄신하여 세계 각국의 풍토와 물산, 제도와 윤리 등을 종합하여 새로운 대동사회를 기획한 인물로 평가받고 있다.[51]

• • • •

48 李獻慶,〈答李台甫-承延-論文書〉,《艮翁先生文集》卷13: 老莊異端之說且勿說, 班馬以下諸公之以立言衛道自任者, 亦皆往往叛其師說, 淫於異學, 至三蘇之縱橫, 荊公之僻拗, 極矣.

49 조지형,〈18세기 서학 비판의 맥락과 간옹 이헌경의〈천학문답(天學問答)〉〉,《교회사연구》 50(2017) 참조.

50 이건창,〈혜강최공전〉,《명미당산고》 권10 참조.

5. 기 위주 문학관의 단절과 계승

지금까지 중국 내 '기'와 '문학'의 관련 양상 변화 및 고려와 조선 문인들의 문기론과 양기론의 전개에 직·간접적 영향을 미쳤던 조비·한유·소철·학경·송렴 등 중국 문인들의 논의를 살펴보았고, 이어 고려와 조선에서의 기와 문학의 관련 양상을 살펴보았다. 대략 고려 중기 임춘에서부터 조선 전기 서거정까지의 시기에는 선천적인 기를 중시하는 문기론과 유람과 독서을 통한 양기론이 각축했고, 이러한 각축은 서거정 단계에서 양기론을 긍정하는 것으로 귀결된 것으로 보인다. 이후 조선에서는 선천적인 기를 중시하는 문기론은 논의의 중심에서 사라지고, 유람을 통한 양기론을 주장하는 경향과 함께 권근 이후 성현, 이이, 김창협을 거치며 경전의 독서를 통한 의기함양의 담론이 점차 강화되어 갔던 것으로 보인다. 다른 한편, 임진왜란과 병자·정묘 호란 등 두 차례의 전란을 거치면서 17세기 말 이후에는 성리학 중심의 지배 질서에 균열이 일어나고 그로부터 이탈하는 사상 및 문예 조류가 유입되면서 독서를 통한 기의 함양에 동의하면서도 조경과 최한기처럼 유교-성리학 경전에 국한되지 않는 다양한 독서를 지향하는 개방적 경향과 이헌경과 남공철처럼 유가성리학 이외의 서적에 대한 독서를 이단으로 취급하며 배제하는 경향이 공존했던 것으로 보인다.

조선 시대가 끝나가는 시점에서 최한기는 동아시아의 기 철학과 서구 근대 학문의 성과를 종합하여 기학을 제창하고, 기 위주의 문학관도 변화하는 시대에 걸맞게 세상의 변화에 민감하게 반응하며 그 변화를 생동감 있게 그려낼 수 있는 문장으로 쇄신해야 함을 역설했지만, 그의 학문과 문학은 서구와 일본의 제국주의적 침략에 조선이 스스로의 힘으로 새로운 시대를 열

51 권오영, 〈최한기의 서구제도 대한 인식〉, 《한국학보》 17(1991); 노혜정, 〈최한기의 지리사상 연구—〈지구전요(地球典要)〉를 중심으로〉(박사학위논문, 서울대학교, 2003) 참조.

어 갈 지위를 박탈당함으로써 더 이상 확산되거나 개화되지 못했다.

따라서 기 위주의 문학관은 근대 이전에는 문학을 이해하는 가장 중요한 문학관의 하나로 인식되었었지만, 근현대 문학에서는 문학을 기와 관련시키는 논의가 더이상 계승되지 못했다. 그 이유는 서양의 학문과 제도 중심으로 근대 학문과 문학이 재편됨으로써 동아시아에서 자연과 인간을 설명하는 철학 범주로 존재했던 기란 용어와 개념이 더 이상 우주와 인간을 이해하는 틀로 받아들여지지 못했기 때문일 것이다. 또한, 선천적으로 부여된 기에 따라 문학의 성취가 결정된다는 조비의 문기론은 후대의 문인들에게도 비판되었듯이 자신의 운명과 재능을 스스로 개척하고 계발하는 것이 보편적 상식이 되어 버린 현대사회에는 걸맞지 않기 때문에 더 이상의 유효성을 상실했다고 볼 수 있다. 그리고, 양기론 역시 후대로 갈수록 유가적 텍스트에 국한된 독서와 내면 수양을 강조하는 방향으로 협애화됨으로써 더 이상 변화된 시대를 담아낼 문학관으로서의 생명력을 상실해 갔던 것으로 보인다.

그럼에도 불구하고, 기질과 기상을 드러내는 기 위주의 문학관이 강조했던 '부단한 독서'와 '내면적 성찰', '여행을 통한 견문의 확대'는 문학 창작과 수련의 가장 중요한 방법으로 여전히 인식되고 있음을 상기한다면, 비록 현대사회에서 기라는 용어의 쓰임새와 유효성은 미미해졌지만 기 중심의 문학 담론으로 제출되었던 여러 의견들은 여전히 문학 창작과 비평에 유효하다고 할 수 있을 것이다.

끝으로 기 위주 문학관에 대한 통시적 탐색을 통해서도 조선의 문기론과 양기론이 기를 위주로 전개되었던 중국의 문학 담론과 긴밀한 관계를 지니며 조선 문인들 개개인의 고민과 시대적 요청 속에서 새롭게 호명되고, 서로 경쟁하며 변화하고 있음을 확인할 수 있었다. 또한 고려·조선 시대 기 위주 문학관에 국한해서 보더라도 '기'가 함의하는 다기한 내용 및 '문기론'과 '양기론'의 분화 및 다양한 함의와 변화 과정을 확인할 수 있었다. 따라서,

문학이란 무엇이고, 한국 문학이란 무엇인가에 대한 대답을 구함에 있어서 어떤 불변하는 단일한 규정을 상정하는 것은 가능하지도 현실적이지도 않음을 재차 확인할 수 있었다. 필자는 현실의 복수성과 관계성, 가변성을 반영한 새로운 한국 문학의 정체성, 문학의 정체성, 정체성 그 자체에 대한 탐색을 지속하고자 한다.

참고 문헌

《書經》.
《春秋左傳》.
《國語》.
《論語》.
《孟子》.
《史記》.

蕭統.《文選》. 岳麓書社, 2002.
劉勰.《文心雕龍》.《四部備要》第一百冊. 北京: 中華書局, 1989.
韓愈.《韓昌黎文集校注》. 上海古籍出版社, 1998(1987).
王充.《論衡》. 上海古籍出版社, 1990.
馬存.〈子長遊贈蓋邦式〉.《詳說古文眞寶大全》. 保景文化社, 1983.
蘇轍.《欒城集》. 全三册. 上海古籍出版社, 2009.
周敦頤.《周敦頤集》. 中華書局, 2009.
程顥·程頤.《二程集》. 上. 中華書局, 2004
朱熹.《朱熹集》. 四川教育出版社, 1996.
朱熹.《朱子語類》. 8冊. 王星賢 點校. 中華書局, 1994.
樓昉 編.《崇古文訣》. 文津閣四庫全書本, 452. 北京: 商務印書館, 2005.
郝經.《陵川集》. 山西古籍出版社, 2006.
宋濂.《宋濂全集》. 浙江古籍出版社, 1999.

崔致遠.《孤雲集》. 韓國文集叢刊本.
林椿.《西河先生集》. 韓國文集叢刊本.

李奎報.《東國李相國全集》. 韓國文集叢刊本.
崔滋.《補閑集》.《高麗名賢集》. 1-5. 대동문화연구원, 1986.
鄭夢周.《圃隱集》. 韓國文集叢刊本.
鄭道傳.《三峯集》. 韓國文集叢刊本.
權近.《陽村先生文集》. 韓國文集叢刊本.
徐居正.《四佳文集》. 韓國文集叢刊本.
成俔.《虛白堂文集》. 韓國文集叢刊本.
金宗直.《佔畢齋文集》. 韓國文集叢刊本.
金淨.《冲菴先生集》. 韓國文集叢刊本.
金安國.《慕齋集》. 韓國文集叢刊本.
李珥.《栗谷先生全書》. 韓國文集叢刊本.
李民宬.《敬亭集》. 韓國文集叢刊本.
趙絅.《龍洲遺稿》. 韓國文集叢刊本.
金昌協.《農巖集》. 韓國文集叢刊本.
徐宗泰.《晩靜堂集》. 韓國文集叢刊本.
南公轍.《金陵集》. 韓國文集叢刊本.
李獻慶.《艮翁先生文集》. 韓國文集叢刊本.
李建昌.《李建昌全集》. 전 2책. 대동문화연구원, 2018
崔漢綺.《增補 明南樓叢書》. 전 5권. 대동문화연구원, 2002

權五榮. 〈崔漢綺의 西歐制度 대한 認識〉.《韓國學報》17(1991).
권진옥. 〈한문 산문에서의 문예적 양기〉.《한성어문학》39(2018).
노혜정. 〈최한기의 지리사상 연구—『地球典要』를 중심으로〉. 박사학위논문, 서울대학교, 2003.
문승용. 〈曹丕 文氣論 演變考〉.《중국학연구》25(2003).
沈浩澤. 〈漢文學論에서의 氣의 概念〉.《한국학논집》8(1981).
정요일. 〈文學 本質論類 用語로서의 '意'와 '氣'의 概念〉.《인하어문연구》6(2003).
조지형. 〈18세기 西學 비판의 맥락과 艮翁 李獻慶의〈天學問答〉〉.《教會史研究》50(2017).
최신호. 〈문학이론에 나타난 氣에 대하여〉.《진단학보》38(1974).
최신호. 〈韓國 漢文學論의 發達過程 研究〉. 박사학위논문, 단국대학교, 1977.
홍우의. 〈韓國 文氣論 研究〉. 박사학위논문, 서강대학교, 2005.

王振复 主编.《中国美学范畴史》. 全3卷. 山西教育出版社, 2009.
王辉. 〈古代文论"养气"说之流变〉.《山东师范大学学报(人文社会科学版)》, 2002年 02期.
李凯. 〈苏辙文论的价值及地位—兼论古代"文气"说〉.《社会科学研究》, 1997年 01期.
李春青. 〈从人学价值到诗学价值—论苏辙"养气说"的深层含蕴〉.《社会科学辑刊》, 1998年 03期.
장립문 주편.《기의 철학》, 김교빈 외 역. 예문서원, 2004(1992)

오노자와 세이치·후쿠나가 미쓰지·야마이 마사오 공편.《기의 사상》. 전경진 역. 원광대학교 출판국, 1987.
마에바야시 기요카즈·사토 고에쓰·고바야시 히로시.《氣의 비교문화》. 박문현·세키네 히데유키 역. 한울, 2006.
카프라, 프리초프.《현대 물리학과 동양사상》, 김용정·이성범 옮김. 범양사, 2006. (초판 1979)

가족종교로 보는 한국 종교문화

박종천

1. 한국 종교의 문화정체성, 어떻게 접근할 것인가?

한국 종교의 문화정체성(cultural identity)은 무엇인가? 이 물음에 대한 답변은 주로 특정 종교전통들이 한국 문화의 정체성과 어떻게 연계되며 어떻게 기여했는가라는 탐색으로 전개되어 왔다. 이러한 논의는 대체로 종교가 문화정체성을 형성하는 중요한 요인이라는 점을 강조했으나, 최근에는 종교가 공동체의 문화적 갈등을 해소하고 문화정체성을 강화하여 공동체를 통합할 뿐만 아니라 그러한 갈등을 증폭시키거나 공동체를 해체하는 기능까지 수행한다는 점도 새롭게 주목받고 있다.[1] 종교가 문화정체성의 형성과 강화는 물론, 변혁과 해체에도 중요한 요인이라는 것이다.

문화정체성을 다른 문화와 차별화되는 한국 문화의 개성으로 강조하는 관점은 고유하거나 독특한 한국의 종교적 개성을 '한국적 종교'(Korean religion)로 설정했으나,[2] 한국인들이 수용하고 한국에서 활동하는 다양한 종교전통들의 구체적인 역사적 전개 양상을 포괄하여 '한국의 종교'(religions in Korea)로 설명하는 관점에서 보면 한국적 종교론은 대체로 구체적인 역사적 현실에서 전개되는 문화적 양상의 다양성과 복합성을 방기하거나 한국적 종교성의 선험적 고유성을 가정함으로써 자문화중심주의의 한계를 노출하게 된다. 이러한 문제점을 극복하기 위해서는 다양한 문화적 요인들이 만나서 이루어지는 역동적 긴장관계와 상호문화적 영향을 충분히 고려하여 복합적이고 중층적인 한국 종교문화를 역동적으로 이해할 필요가 있다.[3]

이러한 이해를 구체화하기 위해서는 타 문화와 만남에서 불거지는 비교의 시선에 포착되는 문화적 개성, 특히 타자의 눈에 비친 한국 종교문화의 정체성 탐색의 단서를 발견하는 우회로를 거쳐서, 한국 종교문화를 구성하는 다양한 종교전통들 간의 연속성을 형성하는 공통의 관심사를 발견하고, 그러한 관심사들이 개별 종교전통별로, 시대별로 다양하게 변주되는 양상을 확인하는 것이 필요하다. 나아가 그러한 양상들이 종교의 범주를 넘어서서 다른 문화적 현상에서도 일정한 기능을 수행한다면 그것은 종교문화에 국한된 특성을 넘어서서 한국 문화의 정체성 일반을 논의하기 위한 디딤돌 역할을 할 수 있을 것이다.

이 글에서는 이러한 관심사와 양상을 '종교가족(family of religions)'과 '가족종교(family religion)'라는 시각을 통해 규명하고자 한다. '종교가족'이 다양한 종교

• • • •

1 조현범 외, 《문화 정체성과 종교》(한국학중앙연구원 출판부, 2016) 참조.

2 한국적 종교 개념과 종교 연구에 대한 논의로는 Chongsuh Kim, "The Concept of 'Korean Religion' and Religious Studies in Korea", *Journal of Korean Religions*, vol. 1(2010), pp. 23-41 참조.

3 한국 종교문화 연구의 역사와 경향에 대한 비판적 검토로는 박종천, 〈한국종교문화의 역동적 이해〉, 《종교문화연구》(한신대 종교와문화연구소) 제22호(2014) 참조.

들이 동거하며 하나의 문화권 내에서 상호문화적 변용을 이루는 양상을 서술하는 개념이라면, '가족종교'는 가족을 종교적 이념이나 실천 및 공동체의 중요한 구성원리로 삼는 종교문화로서, 타 문화권과 구별되는 한국 종교문화의 개성적 양상이다. 따라서 '종교가족'과 '가족종교'에 대한 온전한 이해를 위해서는 종교들이 가족적 관계를 형성하는 측면과 더불어 가족이 종교의 역할을 하고 종교가 가족의 역할을 하는 측면을 동시에 살필 필요가 있다.

2. 혼성적 종교가족, 타자의 눈에 비친 한국 종교문화

먼저 한국 종교문화의 탐색을 위한 단서를 발견하기 위해서 우선 전통과 근대, 동양과 서양이 만나서 일어나는 이해 또는 오해를 통해 수용 혹은 충돌의 과정을 거치면서 구성되는 한국 종교문화에 대한 논의로 시작해 볼 것이다. 타자의 눈에 비친 한국 종교문화의 특성을 디딤돌로 삼는 것이 비교의 시각을 통해 효과적으로 한국 종교문화의 특성을 일정하게 보여 주는 장점이 있기 때문이다.

19세기 말부터 20세기 초까지 한국에 입국했던 서양의 개신교 선교사들은 시간적으로 전통시대를 전근대로 규정하면서 등장했던 근대적 시각(modernism)과 더불어 공간적으로 동양을 문명의 반대인 야만이나 미개의 영역으로 폄하했던 오리엔탈리즘(orientalism) 혹은 문화제국주의(cultural imperialism)의 시각을 갖고 한국 종교문화를 바라보았다. 그들은 한국의 전통적 종교문화를 기독교에 의해 성취되거나 완성되어야 할 부족한 것으로 바라보는 '성취론(fulfillment theory)'의 관점으로 평가했다. 한말-일제하의 기독교 신학자 최병헌(崔炳憲, 1858-1927)의 《성산명경(聖山明鏡)》(1909)에도 인용될 만큼 근대 동아시아에서 가장 영향력이 컸던 중국의 개신교 선교사 윌리엄 마틴(W. A. P. Martin,

1827-1916)의 《천도소원(天道溯源)》(1854)[4]에서는 기독교가 유교의 오륜(五倫) 위에 신인(神人) 관계를 둔다고 하여 양자가 상호 배치되지 않는다고 설명했다.[5] 유교적 인륜의 도덕에서 부족했던 신관(神觀)이 기독교적 신앙에 의해 완성된다는 것이다. 이러한 성취론은 마테오 리치(M. Ricci, 1552-1610)의 《천주실의(天主實義)》(1603)에서 제기된 보유론(補儒論)이 개신교 버전으로 확장된 것이다.

이렇듯 성취론적 관점을 지닌 초기 서양 개신교 선교사들 사이에서는 조선의 종교문화를 두고 종교가 없다고 보는 견해와 혼성적 종교문화가 존재한다는 평가가 병존했으며, 유교가 종교가 아니라 도덕이라는 인식 아래 '종교부재론'과 '혼성적 종교문화론'이라는 양극단으로 견해가 엇갈렸다.

먼저 19세기 말 서울에서 종교적 건축물을 발견하지 못한 서양인들은, 불교의 사원(寺院)이나 도교의 도관(道觀) 등 다양한 종교적 건축물을 쉽게 찾아볼 수 있는 중국이나 일본과는 달리, 조선에는 종교가 없다고 서술했다.[6] 특히 게일(James S. Gale, 1863-1937)과 알렌(Horace N. Allen, 1858-1932) 같은 개신교 선교사들은 각각 조선에는 '특별한 종교가 없으며' 유교는 '하나님 없는 도덕체계'일 뿐이라고 설명하면서, 그 근거로 종교적 건축물, 성직자, 신자, 공동체, 의식, 성물 등의 부재를 지목했다.[7] 이러한 시각은 조선의 유교가 수직적 신인관계의 종교가 아니라 수평적 인간관계의 도덕이라는 관점의 전제 위에서 기독교라는 종교가 유교라는 도덕의 성취 혹은 완성이라는 평가로 연결된 것이다. 서양 선교사들은 비슷한 동아시아 종교문화 중에서도 도교(道教)

••••

4 윌리엄 마틴의 유교 인식에 대해서는 노재식, 〈淸末 윌리엄 알렉산더 파선스 마틴(W. A. P. Martin)의 儒教思想에 대한 認識—《天道溯源》과 The Lore of Cathay의 內容을 中心으로〉, 《중국사연구》(중국사학회) 제104집(2016), 79-101쪽 참조.

5 丁韙良, 〈釋疑端以明眞道〉, 《天道溯源》 中卷 참조.

6 이하 논의는 기본적으로 방원일, 〈초기 개신교 선교사의 한국 종교 이해〉(박사학위논문, 서울대학교, 2011)를 참조하였다.

7 김홍수, 〈19세기 말-20세기 초 서양 선교사들의 한국종교 이해〉, 《한국기독교와 역사》(한국기독교역사연구소) 제19호(2003), 11-12쪽 참조.

중심의 중국과 신도(神道) 중심의 일본과는 달리 유교(儒敎) 중심의 조선이 보여 주는 차별화 양상에서 이러한 평가의 문화적 실제 양상을 확인했던 것이다.

실제로 조선에서는 유교가 남성, 엘리트 문화, 공공적 영역을 장악하면서 불교나 무속 등 다른 종교들이 여성, 백성, 민간적 영역으로 밀려났고, 그에 따라 무당과 사찰이 사대문 밖으로 축출된 서울의 유교화가 이루어졌다.[8] 선교사들은 이렇듯 유교적으로 차별화된 서울을 보았던 것이다. 이는 일종의 '유교적 세속화'로 진행되어, 현대의 인구조사에서도 전체 인구 중 '종교없음' 인구가 극소수인 대부분의 문화권과는 달리 한국의 '종교없음' 인구가 50%를 넘는 상황이 지속적으로 유지되는 중요한 이유가 되었다.[9] 유교를 종교로 보지 않는 인식에 따라 유교 인구가 대체로 종교없음 인구로 전환했기 때문이다.

이에 비해 1901년 미국 선교사 존스(G. H. Jones, 1867-1919)는 "한국인들이 유교, 불교, 샤머니즘 등의 종교를 갖고 있을 뿐만 아니라, 초월적 존재에 대한 믿음과 그것에 근거하여 현실의 고통을 극복하려고 노력한다"는 점을 주목했다.[10] 이러한 견해는 한국에 종교가 있을 뿐만 아니라 여러 종교들이 병존하거나 혼합된 문화적 양상으로 존재한다는 점을 주목하였다.

동아시아에서 혼성적 종교문화는 유불도(儒佛道) 혹은 유불무(儒佛巫) 삼교(三敎)가 병존(竝存) 혹은 습합(習合)하는 문화였다. 동아시아 삼국 모두 삼교가 병존하는 양상이 나타나는 가운데, 중국에서는 도교를 중심으로 불교, 유교

••••

8 이능화(李能和)의 《조선무속고(朝鮮巫俗考)》와 《조선불교통사(朝鮮佛敎通史)》에서 이러한 양상의 실례를 확인할 수 있다.

9 전 국민을 대상으로 한 전수조사인 통계청의 인구주택총조사에 따르면, '종교없음' 인구는 2005년 47.1%에서 2015년 56.1%로 증가하여 '종교있음' 인구보다 많아졌다. 한국 종교문화의 한 특징인 '유교적 세속화'에 대한 논의는 추후 별도의 논의를 통해 보완할 예정이다.

10 김홍수, 앞의 글, 13쪽 참조.

등의 종교가 병존하거나 습합했고, 일본에서는 신도를 중심으로 불교, 유교 등이 병립하거나 습합했으며, 조선에서는 무속, 불교, 유교가 병행했다. 개신교 선교사 그리피스(W. E. Griffis, 1843-1928)는 단일한 서구의 기독교 문화와 차별화된 일본 종교문화의 특성을 '신도, 유교, 불교의 혼성(amalgam)'이라고 규정했는데, 이러한 규정은 "일본인은 신도에서 신학과 애국심의 열망, 유교에서 사회생활과 윤리적 교훈, 불교에서 구원의 희망을 얻는다"는 표현을 통해 구체화되었다.[11] 이러한 인식은 조선에 들어온 개신교 선교사 존스와 헐버트(H. B. Hulbert, 1863-1949) 등을 통해서 유사한 방식으로 다음과 같이 표현되었다.[12]

> 유교와 불교 그리고 샤머니즘이 한국인들에게 상호 겹쳐 있고 연관되어 있어 한국인들은 유교의 교육을 받고, 부인을 절에 보내 자식을 기도하게 하며, 병고에 처하면 무당이나 판수를 찾아간다는 것이다.[13]

> 일반적으로 말해서 한국인들은 사회적으로는 유교도이며 철학적으로는 불교도이며 고난을 당할 때에는 영혼 숭배자이다. 따라서 어느 한국인의 종교가 무엇인가를 알려면 그가 고난에 빠졌을 때에 어느 쪽으로 기우는가를 살펴야 한다. 만약 그가 고난에 처하여 어떤 신앙에 경배한다면 그때에야말로 그의 진지한 신앙심이 나타날 것이다. 한국인의 밑바닥에 깔려 있는 신앙은 원시적인 영혼 숭배사상이며 그 밖의 모든 문화는 그러한 신앙 위에 기초를 둔 상부구조에 불과하다고 내가 결론을 내리는 것은 바로 그와 같은 이유 때문이다. 여기에서 원시적인 영혼숭배라 함은 정령설, 샤머니즘, 배물교적

11 방원일, 앞의 글, 180쪽 참조.

12 같은 글, 178-186쪽. 특히 179-183쪽 참조.

13 George Heber Jones, "The Spirit Worship of the Koreans," *Transactions of the Korea Branch of the Royal Asiatic Society*, vol. 2(1901), p. 39.

(拜物敎的) 미신 및 자연숭배사상을 일반적으로 포함하는 것이다.[14]

1906년에 헐버트는 '혼합주의'(syncretism)의 관점에서 한국 종교의 중층다원성을 '종교 복합체(religious composite)'로 제시했다.[15] 이러한 복합적 중층다원성은 다양한 종교들이 하나의 문화권에서 어울려서 산다는 점에서 일종의 '종교가족'(family of religions)을 이룬다고 말할 수 있다. 서양 개신교 선교사들의 시각에서 포착된 근대 조선의 종교문화는 다양한 종교전통들이 대립하거나 갈등하지 않고 다양한 삶의 필요에 부응하여 조화롭게 동거하는 '혼성적 종교가족'이었다. 유교, 불교, 무속 등의 개별 종교전통들이 각각 교육, 기도, 치병 혹은 사회, 철학, 고난 해결 등의 다양한 문화의 영역 혹은 기능으로 분화하여 병존한다는 것이다.

그런데 이러한 양상은 동아시아 종교문화의 일반적 특성이기도 하다. 예컨대 신도(神道)를 근간으로 여러 종교문화를 수용한 현대 일본에서는 "태어나면 신사에 참배하는 것으로 시작하고, 결혼식은 교회에서, 장례식은 절에서"라고 하는 문화적 양상이 나타나고, 일본인 가정에는 신사에서 조상신을 모시는 신단(神壇)과 불교에서 조상신을 모시는 불단(佛壇)이 함께 있는 경우가 많으며, 이에 따라 일본에 종교가 없다는 편향된 인식이 나타나는 양상도 한국 종교와 비슷하다.[16] 이런 사정은 유불도 삼교합일의 문화가 강한 중국에서도 유사하다. 따라서 이러한 혼성적 종교문화 양상은 서구의 기독교와 중동의 이슬람의 독존적이고 지배적인 종교문화와 차별화되는 동아시아 종교문화의 특성이라고 설명하는 것이 타당할 것이다.

다종교 상황에서 종교문화의 공시적 양상은 특정 종교전통이 한 사회에

••••

14 H. B. 헐버트, 《대한제국멸망사》, 신복룡 역(집문당, 1999), 388-389쪽.

15 방원일, 앞의 글, 183쪽 참조.

16 岩井 洋, 〈日本 宗教文化의 理解〉, 《한국종교》(원광대 종교문제연구소) 제28집(2004) 참조.

서 압도적으로 독점적 지위를 차지하는 독존형(monopoly), 독점적인 종교전통이 없이 다양한 종교들이 공존하는 공존형(coexistence), 여러 종교들이 서로 다른 일정한 구획을 차지한 채 상호 병존하는 병행형(parallel), 다양한 종교들이 사회의 중심-정점과 주변-저변으로 구분되는 위계질서 내에서 일정한 위치로 차별화되는 위계형(hierarchy) 등의 유형으로 분류할 수 있다.[17] 동아시아의 혼성적 종교문화는 공존형이나 위계형 종교문화에 더하여 혼성형(amalgam) 종교문화라고 할 수 있다. 이는 서로 다른 종교전통들이 구역적으로 병행하는 병행형과는 달리 다양한 삶의 필요에 따라 영역별로 기능적으로 분화하여 공존하는 양상이다.

그러나 동아시아 삼국의 미묘한 차이도 유념할 필요가 있다. 중국과 일본에서는 각각 도교와 신도가 중심이 되어 다른 종교문화를 흡수하여 습합하는 핵심적 역할을 하지만, 조선에서는 유교, 불교, 무속(巫俗)이 영역적으로, 기능적으로 분화하여 병존했다. 실제로 동아시아의 다른 나라들과는 달리 조선에서는 사회적 헤게모니를 장악했던 유교가 불교나 무속을 흡수하거나 크게 변용시키지 않은 채 영역적으로, 기능적으로 분화한 채 혼성적으로 동거했다. 이는 중국의 도교가 유교와 불교 및 무속을 흡수하여 발전하거나 일본의 신도가 유교와 불교 등을 흡수하여 의미있게 변용하는 양상과 차이가 난다. 따라서 여러 종교들이 상호 습합하여 상호 상당한 변화를 일으키는 혼합주의적 양상이 강했던 중국이나 일본과는 달리, 한국에서는 혼합주

• • • •

17 박종천, 〈종교경관의 전통과 현대—안동과 성남을 중심으로〉, 《종교문화연구》(한신대 종교와 문화연구소) 제18호(2012), 35-37쪽. "특정 종교전통이 압도적이고 일방적인 지배를 선보이는 중동 이슬람권의 독존형(monopoly)이 있는가 하면, 유교-불교의 차이나타운, 힌두교의 리틀 인디아, 페라나칸의 카통 빌리지, 이슬람의 아랍 스트리트, 유럽 기독교 문화의 홀랜드 빌리지 등 종교전통이 지역별로 구획화된 싱가포르의 병행형(parrallel)도 있고, 우월적 지위를 지닌 지배적 종교전통이 없이 다양한 종교가 공존하는 공존형(coexistence)도 있으며, 주도적 중심-정점 종교와 주변-저변화된 종교전통이 상하 위계질서를 구성하는 위계형(hierarchy) 문화도 있다."

의적 양상보다는 혼성적 병존의 양상이 상대적으로 더 두드러졌다. 이러한 양상의 토대가 바로 '풍류(風流)'의 문화적 에토스였다.[18]

조선의 종교문화는 기본적으로 유교가 사회적 중심 혹은 문화적 정점의 영역을 차지하고 불교나 무속 등은 사회적 저변 혹은 문화적 주변으로 밀려난 위계형 종교문화인데, 공적 영역과 구별되는 사적 영역에서는 불교와 무속 등이 기능적 역할을 충분히 담당하는 혼성형 종교문화의 양상이 함께 나타났다. 혼성형 종교문화는 서울보다 지방으로 갈수록, 지식인보다 민중계층일수록 더 강했으며, 이러한 양상은 개신교 선교사들로부터도 특별한 주목을 받을 정도였다.[19]

혼성형 종교문화의 양상은 현대에 와서 그 지역적 분화가 더욱 두드러지고 있다. 서양에서 유입된 기독교가 주도적 종교로 자리잡은 현대 한국에서는 기독교와 불교가 종교적 위계질서의 정점-중심의 과점적 지위를 차지하는 가운데, 다양한 종교전통이 누적적으로 병존하는 전통누적형 종교경관과 기존 종교전통이 상당히 약화된 채 새로운 종교로 변화하는 양상이 강한 현대변동형 종교경관으로 분화되는 양상이 강화되고 있다. 실제로 현대 한국의 종교지형은 안동을 비롯한 한반도 동남부의 전통누적형 종교경관과 서울을 중심으로 한 한반도 서남부의 현대변동형 종교경관으로 재편되는 가운데,[20] 전통누적형 종교경관이 주도적인 곳에서 혼성적 종교문화가 상대적으로 강세인 양상이 뚜렷하게 도드라지고 있다.

• • • •

18 풍류의 문화적 에토스에 대해서는 본서의 〈풍류(風流)로 보는 한국 종교의 에토스〉를 참조하라.

19 김홍수, 앞의 글, 15쪽 참조.

20 박종천, 〈종교경관의 전통과 현대—안동과 성남을 중심으로〉 참조.

3. 가족종교의 관점과 종교문화의 역동적 이해

문화 정체성은 고정불변의 실체가 아니다. 시간, 공간, 인간의 다양한 관계 양상과 흐름에 따라서 끊임없이 변화하며, 다른 문화와 만나면서 새롭게 재구성된다. 그러나 기존의 문화가 완전히 없어지는 것은 아니며, 일종의 고고학적 지층처럼 정점과 저변, 중심과 주변의 구성을 지닌 위계질서로 새롭게 재편된다.

이러한 문화의 역동성과 복합성을 한국 종교문화에 적용하려고 할 때 '종교가족'이라는 개념은 상당히 유용한 관점이다. 한국 종교문화를 일종의 '종교가족'이라고 할 때, 우리는 그 관계 양상과 변화를 논할 수 있다. 한국 종교문화는 기존의 가족 구성원이 결혼을 통해서 다른 가족 출신의 사람과 만나 새로운 가족을 구성하거나 새로운 가족 구성원을 낳기도 하고 다른 사람이 새로운 가족 구성원으로 입양되거나 기존의 가족들이 이혼을 통해서 서로 헤어지기도 하는 등 다양한 문화 교류와 수용, 접변과 창출 등이 일어나는 일종의 과정이며, 그러한 과정을 통해 가족 구성원들이 동화되거나 충돌하기도 하고 가족이 해체되기도 한다. 이는 비트겐슈타인(L. J. J. Wittgenstein, 1889-1951)이 《철학적 탐구(Philosophische Untersuchungen)》에서 제시했던 '가족 유사성'(family resemblance)을 상기시킨다. 모든 가족들이 공유하는 공통적 본질은 없으나 가족들 간에는 상호 유사한 성질이 있는 것처럼, 한국의 종교들은 모두에게 동일한 공통 특질은 없으나 한 종교전통과 다른 종교전통이 오랫동안 병존하면서 일부 종교들 간에 자연스럽게 생겨서 서로 공유하는 유사한 성질이 있다. 이것이 종교가족의 관점에서 한국 종교문화를 보려 하는 까닭이다.

실제로 한국 문화에는 무속, 선도, 불교, 도교, 기독교, 힌두교, 이슬람, 신종교 등의 다양한 종교들이 유입되었으며, 이러한 새로운 문화의 유입은 새로운 문화접변을 초래하기도 했고, 충돌과 수용 사이에서 기존 종교문화를 변용하거나 새로운 신종교를 파생시키기도 했다. 이것을 서술하면 한국 종교의 총체적이고 역동적인 설명이 일정 부분 가능하다. 특히 한국 종교문화가 일종의 종교가족을 형성하는 중요한 계기로는 삼국시대에 불교와 유교가 들어오고 조선 후기 이후에 천주교와 개신교가 유입된 사건을 주목할 필요가 있다.[21] 이러한 계기를 통해 다양하고 복합적인 문화접변이 일어났으며, 새로운 종교적 재전유와 재구성이 나타났다. 그리하여 이 두 가지 계기를 기점으로 고유종교 혹은 무속의 고대 종교문화, 불교와 유교를 중심으로 하는 중세 종교문화, 천주교와 개신교 및 신종교들이 경쟁하면서 병존하는 근대 종교문화가 다양한 종교문화 간 상호문화적 변용을 통해 전개되었으며, 기성 종교문화를 중심으로 새로운 외래 종교문화를 만나면서 기존 종교문화의 변화, 외래 종교문화의 수용과 변용, 새로운 종교문화의 출현 등이 상호 복합적이고 중층적으로 일어났다.[22]

실제로 고대에 불교문화가 수용되면서 기존에 고유종교 혹은 무속 전통을 배경으로 존재하던 칠성(七星)신앙과 산신(山神)신앙은 문화적 중심에서 밀려나서 주변화되었으며, 그 결과 칠성각(七星閣)과 산신각(山神閣) 등은 대웅전(大雄殿)에 중심 역할을 넘긴 채 불교 사찰의 주변 건물로 전락했다. 신화에서도 주변화 현상이 나타났다. 고대 동북아시아 국가 기원 신화를 살펴보면, 하늘, 산, 바다는 고대 국가의 공간적 요소로 병행하는 중요한 영역이었으며, 당시의 자연환경과 사회구조에 따라 각 영역마다 천신(天神), 산신(山神), 수신(水神) 등의 신격들을 숭배했다.[23] 이 신들은 각각 하늘과 연관된 유목민족, 산과 연계된 토착민족, 바다와 연결된 해양세력 등이 통합된 고대 국가에서

• • • •

21 윤이흠, 〈신념유형으로 본 한국종교사〉, 《한국종교연구》 권1(집문당, 1986), 33-41쪽.

22 이하 설명은 앞의 박종천, 〈한국종교문화의 역동적 이해〉, 8-14쪽을 기반으로 삼아 일부 내용을 수정하고 보완한 것이다.

23 박종천, 〈한국의 뇌신(雷神) 신앙과 술법의 역사적 양상과 민족종교적 의미〉, 《대순사상논총》(대순사상학술원) 제31집(2018), 55-59쪽 참조.

중요한 신격들이었으나, 불교의 영향으로 인해 국왕의 초월성을 보장하던 천신은 제석천(帝釋天)으로 변용되었고, 농업신적 특성을 지닌 수신은 호법룡(護法龍)이나 호국룡(護國龍)으로 변모했으며, 산신은 불교 사찰에서 주변화된 하위 신격으로 전락하였다.[24] 이렇듯 외부로부터 들어온 불교의 수용으로 인해 칠성, 산신, 천신, 수신 등의 위상이 격하되는 현상은 새로운 종교문화의 등장에 따른 기존 종교문화의 주변화 양상을 잘 보여 준다. 이는 마치 시집온 며느리가 가족의 새로운 주인공으로 활약하면서 그 위상이 높아지고 기존 가족들의 역할이 줄어드는 것과 마찬가지 현상이다.

한편, 엘리트 중심의 종교문화와 대중적 종교문화의 병행과 상호작용은 '종교가족'의 차별화된 특성을 잘 드러낸다. 한국종교사적 맥락에서 무속은 교리와 의례 양면에서 모두 불교의 영향을 크게 받았지만, 불교가 무속의 영향을 받은 것은 미미하다.[25] 이는 종교문화의 공동체를 구성하는 교리나 실천 면에서 엘리트가 대중문화에 미치는 영향력이 대중의 영향력보다 크다는 점을 분명하게 보여 주는 현상이다.

새로운 종교문화의 유입은 종교문화의 위계질서도 변화시킨다. 새로운 종교문화가 공식종교(official religion)의 위상을 취득하면 기존의 종교문화는 민간종교(popular religion)로 주변화되거나 저변화된다. 종교가족의 새로운 유입은 종교간 위상 교체에 따른 질서 변화를 만들지만, 체계적 교리를 근간으로 삼는 엘리트 문화와 일상적 의례 실천을 중심으로 하는 대중문화의 병행 양상도 함께 나타난다. 그리하여 한국 종교문화는 순수정통주의(orthodoxy)적 성향의 엘리트적 종교문화와 더불어 다양한 상호문화적 변용이 일어나는 혼

• • • •

24 김덕원, 〈佛敎經典의 사상이 한국 傳統信仰에 끼친 영향—天神(太陽)·山神·水神(龍)思想을 중심으로〉, 《韓國古代史探究》(한국고대사탐구학회) 제12집(2012), 235-273쪽 참조.

25 Robert E. Buswell Jr., "Imagining Korean Buddhism", *Nationalism and the Construction of Korean Identity*, ed. by Hyung Il Pai and Timothy R. Tangherlini(Berkeley, California: Institute of East Asian Studies, University of California, 1998), pp. 80-81.

합주의(syncretism)적 경향의 대중적 종교문화가 병행한다.[26]

실제로 조선 시대의 기우제(祈雨祭)는 국가의 공적 영역에서는 유교적 경건주의에 입각한 엘리트의 유교적 의례가 주도적이었으나, 민간종교의 사적 영역에서는 무속이나 민속의 열광주의적 의례 실천의 양태가 압도적이었다.[27] 또한 유교 지식인들은 성리학의 이기론(理氣論)적 구도에 따라 비실체적 귀신관을 통해 기복적 욕망을 절제하고 제사와 귀신에 대해 합리주의적으로 설명하고자 했으나, 민간의 백성들은 무속이나 불교를 통해 전승된 윤회하는 실체적 귀신관을 지지하면서 그러한 귀신에 대한 다양한 의례를 거행하였다.[28] 엘리트층의 비실체적 귀신론과 민간의 실체적 귀신담이 병존하는 양상은 의례에도 일정하게 반영되어, 유교적 신혼(神魂)을 강조하는 성리학적 귀신관이 반영된 사당과 함께 체백(體魄)을 중시하는 전통적 귀신관이 반영된 무덤이 병행되는 양상으로 나타났다.[29]

그러나 공식종교와 민간종교의 위상은 특정 종교전통으로 고착화되지 않고 시대에 따라 바뀐다. 삼국 시대에 칠성각과 산신각이 대중적 민간종교로 저변화 혹은 주변화된 채로 공식종교로 부상한 엘리트적 공식종교인 불교문화와 일정한 위계질서를 구성하면서 병행했듯이, 조선 시대의 유교 지식인들은 공적 영역은 물론 민간의 사적 영역에서 행하는 다양한 제사의례에서 화려한 이미지로 구현되는 무속의 신상(神像)이나 불교의 불상(佛像)이 선보이는 성상옹호주의적인 의례를 지양하고 이미지의 표현을 절제하는 추상적 신주(神主)로 교체하는 성상파괴주의적 양상을 견지했으며, 기존의 불교 사찰을 유교 서원으로 변모시키는 등의 방식을 통해서 공식종교의 지위에서

26 윤이흠, 《한국인의 종교관—한국정신의 맥락과 내용》(서울대학교 출판부, 2001) 참조.

27 같은 책; 최종성, 《조선조 무속 國行儀禮 연구》(일지사, 2002) 참조.

28 박종천, 〈신앙 원리와 문화 역량의 변주곡—한국유교의 종교문화적 양태〉, 《國學硏究》(韓國國學振興院) 제14집(2009), 183-218쪽; 〈조선시대 유교적 귀신론의 전개〉, 《귀신·요괴·이물의 비교문화론》(소명출판, 2014) 참조.

29 박종천, 〈조선시대 유교적 귀신론의 전개〉 참조.

민간종교로 전락한 불교문화를 주변화하거나 저변화하는 압력을 행사했다.

한편, 이러한 흐름과는 달리 민간의 실천 차원에서는 활발한 상호 영향과 변용이 일어나기도 했다. 예컨대, 전통 선도(仙道)의 새벽 수련에서 영향을 받은 한국 개신교의 새벽기도회, 유교적 제사를 수용하여 재구성하거나 대체하는 새로운 개신교 의례로서 주목할 만한 추모예배와 추모미사 등은 민간 차원의 상호 영향 사례라고 할 수 있다.[30]

이러한 상호 영향은 기존 종교적 상징의 재전유를 통해 새로운 종교적 개성을 창출하기도 했다. 예컨대, 근대의 동학(東學)은 천주교의 천주(天主)의 문화적 자극을 받으면서 무속의 신들림, 도교의 부적과 주문 등과 더불어 상제(上帝)를 섬기고 두려워하는 유교적 수양과 습합함으로써 '시천주'(侍天主)의 새로운 종교를 만들었고, 증산교에서는 기독교의 영향을 재전유하여 초월적 신의 화신(化身)인 인간 상제가 등장하기도 했다.

이렇듯 문화접변에 따른 종교전통들 간의 다양한 상호 변용, 문화적 위계질서의 변화 및 병행 양상은 다양한 종교들의 유입과 상호 영향에서 비롯되는 종교들의 동거 양상이라는 점에서 '종교가족'의 면모를 잘 보여 준다고 할 수 있다.

4. 한국적 가족과 가족종교의 특성

나아가 한국 종교문화는 '효'(孝)의 영성(spirituality)을 중심으로 가족이 일종의 종교공동체로서 작동하는 '가족종교'의 양상을 드러내고 있다. 효의 영성은 조상숭배에서 시작되었으나 가족의 범주를 넘어서는 신앙과 실천으로 확장되었으며, 가족 자체가 하나의 종교적 역할을 하는 공동체로서 작동하게 하

30 박종천, 〈喪·祭禮의 한국적 전개와 유교의례의 문화적 영향〉, 《國學硏究》(韓國國學振興院) 제17집(2010), 363-397쪽.

는 '가족종교'의 중요한 기제가 되었다.[31]

실제로 유교적 전통사회인 조선에서는 무속이나 불교의 기복(祈福)적 행태를 비판하면서 가족과 도성에서 축출하는 한편, 조상으로부터 후손에 이르는 가족적 유대의식을 시간적 영속성의 축으로 삼고 가족과 친족을 하나의 제사공동체로 묶는다는 점에서 유교적 가족종교를 정립하였다. 특히 조선 후기에는 유교화의 진전으로 인해 성리학(性理學)의 신념 체계와《주자가례(朱子家禮)》의 의례적 실천이 종법(宗法) 질서의 구현인 문중(門中)의 공동체에서 충분히 발현되었는데, 생명의 지속적 전승과 계승은 '효'라는 이념을 통해 가치를 부여받으면서 조상에 대한 감사의 의례인 제사를 통해 사회적으로 정당화되었다.

나아가 가족종교를 통해 그 구성원들은 육체적 생명의 한계를 넘어서서 제사에서 주기적으로 기억되는 '문화적 영생'과 더불어 후손을 통해 이어지는 '혈연적 생명의 연속성 유지'라는 점에서 종교문화적 불후(不朽)를 성취하였다. 조상으로부터 후손으로 계승되는 '혈연적 생명의 연속성 유지'는 족보(族譜)를 통해 잘 구현되었으며, 제사의 주기적 기억을 통한 '문화적 영생'은 가묘(家廟)를 통해 지속되었다. 그리하여 효의 관념은 가족종교의 이념이 되었다.

그런데 가족종교는 유교적 효 이념에만 국한되지 않았다. 그것은 유교문화 유입 이전부터 내려오는 조상숭배나 무속적 영혼관 등과도 밀접하게 연관된다. 실제로 상고대 무속 전통에서 비롯된 상례(喪禮)는 죽은 자의 영혼이 하늘로 비상하는 의례였으며, 시체를 중시하는 관념으로 인해 시체가 묻히는 무덤도 의례의 공간이 되었다.[32] 자연스럽게 하늘로 여행하는 죽은 자의

• • • •

31 유교를 가족종교의 차원에서 접근한 연구로는 조셉 M. 키타가와,《동양의 종교》, 이진구·신광철·이욱 역(사상사, 1994), 2장; Laurence G. Thompson, *Chinese Religion: An Introduction*, 5th ed., (Belmont, CA: Wadsworth, 1996), 3장; 가지 노부유키,《유교란 무엇인가》, 김태준 역(지영사, 1996), 28-33쪽; 가지 노부유키,《침묵의 종교 유교》, 이근우 역(경당, 2002), 72-84쪽 등 참조.

영혼인 귀신은 실체화되어 각종 의례의 대상이 되었고, 불교의 전래 이후에는 윤회 전생하는 존재로 더욱 실체화되었으며, 유교 전래 이후에도 무덤에서 드리는 의례인 시묘살이와 묘제(墓祭)가 동아시아와 다른 문화권에 비해 훨씬 강조되었다.

한편, 한국의 가족은 혈연적 유대관계가 동아시아의 다른 나라보다 강하게 작동하였다.[33] 조상으로부터 자손으로 이어지는 가계의 전승을 중시하는 것은 동아시아가 공유하는 전통이지만, 일본이 족내혼(族內婚)인 반면, 중국과 한국은 족외혼(族外婚)이며, 한국의 경우에는 사촌 간 결혼 엄금이 이루어진다. 아울러 조선에서는 혈연관계에 있는 자만이 가족 구성원이 되는 데 비해, 일본에서는 혈연관계가 없는 자도 가족 구성원이 되거나 가계를 계승할 수 있다. 실제로 조선에서는 먼 친척이라도 혈연적 관계에 있는 자만이 가계를 계승하는 후사가 될 수 있었으며, 혈연적 관계가 없는 사람은 후사가 될 수 없었는데, 이는 조선 시대에 혈연적 유대관계에 입각하여 후사를 세우는 유교적 입후(立後)의 기본 원칙으로 자리잡았으며, 서양처럼 비혈연적 관계의 아이를 복지의 차원에서 입양(入養)하는 문화는 발전하지 않았다.[34]

한국의 가족문화는 배타적인 혈연적 유대관계 외에도 부모 양계(兩系)의 결합원리와 더불어 적장자 중심의 가부장적 차등주의가 사회적으로 균형을 이루며 전개되었다.[35] 종법 질서에 따라 부계(父系) 중심주의를 강조하는 중국과 달리, 조선에서는 부계와 모계(母系)의 양계(兩系)를 모두 존중했다. 따라서 조선 중기까지는 양측적 가족제도에 따라 재산상속과 제사참여가 부계

••••

32 박종천, 〈喪·祭禮의 한국적 전개와 유교의례의 문화적 영향〉, 366-369쪽 참조.

33 이하 동아시아 가족 질서의 비교와 한국의 가족 질서의 특성에 대한 설명은 권용혁, 《한국 가족, 철학으로 바라보다》(이학사, 2012); 최재석, 《한국 가족 연구》(일지사, 1994), 521-527쪽 참조.

34 박종천, 〈의례적 계승인가, 사회적 구휼인가?—조선 후기 입후立後와 입양入養에 대한 다산의 논의〉, 《다산학》(다산학술문화재단) 제16호(2010), 59-101쪽 참조.

35 주 33 참조.

와 모계에서 모두 참여하여 이루어진 반면, 조선 후기에는 유교화가 심화되면서 비로소 적장자 중심의 제사승계와 재산 차등 상속이 구현되었다. 또한 일본은 1인 단독상속이고 중국은 균분상속인 반면, 조선은 차등상속의 문화였다.[36] 이에 따라 일본은 가장권이 절대적이지만, 조선과 중국에서는 부권(父權)을 중심으로 효도의 제도화가 이루어졌다. 다만 모든 아들이 균등한 상속을 하는 중국과 달리, 조선에서는 장남에게 더 많은 요구와 권리를 준다는 점에서 큰집과 작은집의 분화도 일어났다.

이러한 가족적 특성은 가족종교의 문화에도 반영되었다. 조선 후기 이후 정형화된 가부장적 가족질서는 혈연적 배타성과 더불어 장남의 차별적 권리와 가부장의 초월적 권위를 강조했는데, 이는 종교적으로 순수 이상만을 견지하는 근본주의(fundamentalism)와 연계된 성직자 중심의 차별적 권력 집중과 계승으로 구현될 여지가 많았다. 근본주의적 경향은 정통과 이단의 논쟁 격화로 나타났으며, 가부장적 권위와 연계된 사회적 위계질서는 강력한 종교적 위계질서로 드러났다.

가족 내부의 차별적 차등상속과 부부 양계제의 가족 구성은 각각 차별과 공존의 종교문화와 유기적으로 연관된다. 가족의 차별적 차등상속은 종교적 권위의 강화와 사회정치적 권력의 집중과 연결되고, 부부 양계제는 두 가지 서로 다른 가족들의 동등한 결합으로 인해 이질적 문화 병존의 양상을 초래한다. 조선 시대 유교문화에서 다른 가족 구성원들과 달리 현재 조상의 권위를 상징하는 적장자의 의례적 권리를 철저하게 존중하면서도, 신혼(神魂)과 가묘를 중시하는 유교적 상제례인 반혼(返魂)과 시제(時祭)와는 달리 체백(體魄)과 무덤을 중시하는 전통적 상제례인 시묘살이와 묘제(墓祭)가 병행되었던 것도 위계적 차별과 상호 공존의 종교문화와 조응한 것으로 해석할 수 있다. 그러나 조선 후기에 유교적 이념에 따라 양계제가 일정하게 존속하는

36 최재석, 앞의 책, 528쪽.

양상에서 벗어나서 차츰 부계 적장자 중심의 차별적 가족적 위계질서가 강화되면서 전통적 혼례와 유교적 친영(親迎)이 절충된 반친영(半親迎)의 혼성적 혼례 풍습이 새롭게 등장하는 가운데 장가가기에서 시집가기로 이행하는 변화가 나타났다.

이러한 문화적 변동은 한국종교사에서 일정한 영향을 미쳐서 조선 중기 이후 혼성적 병행의 종교문화가 지속되는 가운데 점차 정통과 이단을 구분하는 차별적 위계질서가 강화되었다. 적통(嫡統) 계승의 정통론(正統論)은 예송(禮訟)과 같은 정치사회적 논쟁을 초래했을 뿐만 아니라 성리학적 관념과 가족 질서를 넘어서서 불교와 기독교 등 다른 한국 종교전통들에도 근본주의적 정통론의 강화와 종교의 가족화라는 면에서 영향을 끼쳤다. 예컨대, 조선 후기 대표적 유학자 송시열(宋時烈, 1607-1689)이 주자학 근본주의에 입각하여 윤휴(尹鑴, 1617-1680)를 '사문난적'(斯文亂賊)으로 단죄한 것은 유교적 신념을 정통성 논쟁과 연계하여 당쟁(黨爭)의 정치적 갈등을 격화시켰다.

이러한 행태는 적장자 중심의 계승을 강조하는 정통성의 차원에서 성리학적 가족 질서의 전통이 배타적 정통성 논의와 맞물리면서 표현된 근본주의적 종교관으로서, 현대 기독교와 불교에도 일정한 영향을 미쳤다. 예컨대, 현대 한국 불교를 대표하는 조계종의 종정 성철(性徹, 1912-1993) 스님이 보조국사 지눌(知訥, 1158-1210)을 이단으로 규정하면서 조계종의 적통 논쟁을 불러일으켰으며, 현대 한국 개신교의 대표적 신학자로서 감리교신학대학 학장을 지낸 변선환(邊鮮煥, 1927-1995) 교수는 정통적 교리를 위반하는 종교다원주의 신학이라는 사유로 인해 자신이 속한 감리교단에서 출교(黜敎) 선고를 받았다. 나아가 스승과 상좌의 관계를 부모와 자식의 가족 관계로 설정하면서 '절집' 혹은 '문중'으로 표현하는 한국 불교의 독특한 특징도 유교적 가족 질서가 초래한 한국 종교의 가족화 양상으로 볼 수 있다.[37]

37 김호성, 〈孝, 出家, 그리고 在家의 딜레마—'묘젠(明全)의 입송(入宋) 이야기'를 중심으로〉, 《불교학연구》(불교학연구회), 제30권(2011) 참조.

5. 조상숭배의 가족종교와 가부장적 종교문화의 변용

다음으로 종교의 가족화 측면을 검토해 보자. 앞서 살펴본 바와 같이, 한국 종교문화는 끈끈한 가족적 유대의식과 효의 영성을 갖추고 있다. 상고대의 조상숭배와 연계된 혈연적 유대의식은 유교적 이념을 통해 정형화된 효의 영성으로 체계화되었으며, 불교와 기독교는 물론 민족종교와 신종교에 이르기까지 다양한 방식으로 전개되었다.

고인돌과 무덤의 고고학적 증거를 통해 잘 알 수 있듯이, 선사시대와 고대부터 조상숭배는 한국 종교문화의 기저로서 분명하게 나타났으며, 선사시대 한반도에서 태양이 떠오르는 동쪽을 향하는 무덤이 등장한 것은 태양숭배 신앙 혹은 천신(天神)숭배 신앙과 상통한다. 단군신화, 해모수신화, 동명신화 등 다양한 고대 동아시아의 국가 기원 신화에서 하늘이나 태양은 아버지 천신 혹은 뇌신(雷神)의 초월적 신격으로 등장하여 숭배의 대상이자 공동체를 이루는 상징적 권력으로 부각되었다.[38] 중국에서도 한족(漢族) 계통의 유교문화가 제천의례를 비롯한 다양한 의례와 천명(天命)을 강조하면서 하늘을 초월적 이법천(理法天)으로 부각시킨 데 비해, 비한족 계통의 북방 왕조에서는 주로 천신과 임금을 혈연적 부자관계로 설정하고 하늘을 혈연적 조상신으로 섬기는 의례가 공식화되었으며, 이에 따라 의례의 대상, 시기, 장소, 방식 등이 모두 서로 다른 원리와 양상으로 조율되었다.[39]

한국의 종교문화는 유교문화를 제외하면 대체로 후자 쪽에 가까운 친연성을 보인다. 조선 시대 유교적 세속화의 진행에 따라 공식적 영역에서 천신과 인간의 혈연적 관계 설정이 상당히 지워졌지만, 가뭄, 전쟁, 전염병 등의 위기 시에는 만물의 아버지인 천신이 위기 극복을 위해 의례적으로 소환

• • • •

38 박종천, 〈한국의 뇌신(雷神) 신앙과 술법의 역사적 양상과 민족종교적 의미〉, 55-59쪽.

39 박미라, 〈中國 祭天儀禮 硏究—郊祀儀禮에 나타난 上帝와 天의 이중적 天神觀을 중심으로〉 (박사학위논문, 서울대학교, 1997) 참조.

되곤 하였으며, 민간 종교 영역에서는 제천의례의 전승이 축소된 채로 면면히 이어졌을 뿐만 아니라 근대 민족종교에서는 최고신인 하늘님 혹은 상제(上帝)의 위상을 완전히 되찾게 되었다.[40] 실제로 환인, 환웅, 단군, 해모수, 태일(太一), 원시부려천존, 구천응원뇌성보화천존, 옥황상제 등 다양한 신격들에 대한 종교적 상상력의 근간에는 아버지 천신이 자리잡고 있었으며, 고려에서 조선에 이르는 도교적 재초(齋醮)와 농경사회의 기우제를 해결하는 의례적 차원에서 주목받았던 뇌성보화천존, 민간의 천제(天祭), 《옥추경(玉樞經)》 구송, 판수나 법사이 독경(讀經)하는 앉은굿 등을 통해 민간에서 지속적으로 전개되었던 천신 신앙과 의례들은 근대 들어 '후천개벽(後天開闢)'과 '해원상생(解冤相生)'의 관점에서 동학의 한울님이나 증산교의 상제에 대한 신앙으로 재전유되어 강화되었다.[41]

이러한 부계(父系) 천신의 초월적 권력은 가족문화의 가부장권과 조응하여 지속적으로 다른 구성원과 차별화된 초월적 신, 왕, 가부장, 성직자 등의 가부장적 권력을 신성화하는 양상으로 전개되었다. 특히 근대화 과정을 통해 한국에 자리잡은 개신교의 경우에는 전통적 가족의 가치와 가부장적 권위를 해체하는 다양한 근대적 도전들을 배타적으로 거부하고 철저하게 비판하는 근본주의(fundamentalism)를 강력하게 구축하였다. 근본주의는 가장에 대한 무조건적 복종을 요구하는 방식처럼 담임목사에 대한 절대적 복종을 유도하는 양상으로 전개되었는데, 가부장적 가족질서는 역사적 산물이 아니라 신성한 창조질서의 핵심으로서 근본주의 신학의 핵심 범주가 되었으며, 이를 '가족신학'이라고 부르기도 한다.[42] 이러한 가족신학은 세속화된 세상

••••

40 조선의 민간종교와 근대 민족종교에서 천신의 사상과 의례에 대해서는 최종성, 《조선조 무속 國行儀禮 연구》; 《동학의 테오프락시—초기동학 및 후기동학의 사상과 의례》(민속원, 2009) 참조.

41 박종천, 〈한국의 뇌신(雷神) 신앙과 술법의 역사적 양상과 민족종교적 의미〉 참조.

42 임희숙, 《기독교 근본주의와 교육》(동연, 2010), 25-42쪽 참조.

과 거룩한 가족-교회를 분명하게 구분하는 이분법적 대립을 기반으로 다종교 상황에서 다른 종교에 대한 혐오를 강화하는 배타적인 신학으로 구현되었을 뿐만 아니라 권력 자체에 대한 충성을 신앙의 이름으로 절대화하고 시간적으로 영속화하기 위해서 교회세습의 문제를 초래했다. 이러한 근본주의는 현대 한국에서 공산주의, 이슬람, 동성애 등 다양한 타자를 증오하는 이데올로기로 작동할 뿐만 아니라 교리 해석이나 실천 및 공동체 구성에서 다수를 차지한다는 점에서 세계 교회사적으로도 독특하다.

이러한 양상은 다양한 기독교계 소종파(小宗派: Cult) 운동에서 수많은 천부(天父) 하나님의 등장을 가시화시켰다. 개신교의 강렬한 신령운동은 문선명(1920-2012)의 통일교와 박태선(1917-1990)의 전도관 등을 비롯한 많은 기독교계 소종파에서 교주를 하나님 아버지의 카리스마적 권력으로 공식화했을 뿐만 아니라, 소종파 집단을 세계를 재구성하는 새로운 종교적 가족으로 설명한다는 점에서 주목할 만하다. 그리하여 유사한 형태의 수많은 종교가족들이 나타나게 되었다.

의례의 측면에서도 조상숭배와 연관된 가족문화의 양상이 다양하게 변주되었다.[43] 예컨대, 선사시대부터 고대까지 한반도 일대에서는 무덤에 사후 생활을 위한 부장품을 함께 묻거나 살아 있는 후손들이 죽은 조상의 시체와 함께 오랫동안 함께 집에 거하는 양상이 고구려를 비롯한 일부 지역에서 실제 실행되었는데, 이를 통해 영혼불멸 관념과 조상숭배의 흔적을 일정하게 확인할 수 있다. 무속 전통에서 비롯된 조상숭배의식은 중국 유교의 효(孝)사상과 결합하여 유교식 상제례로 접합되면서 유교적 의례의 형식은 무속과 불교에 상당한 영향을 미쳤을 뿐만 아니라 근대 한국 기독교의 추모예배와 추모미사에도 일정하게 영향을 끼쳤다. 이는 혈연적인 가족적 유대의식이 조상숭배를 거쳐 효의 한국적 영성으로 강화된 종교문화적 양상이다. 실제

43 이하 서술은 박종천, 〈喪·祭禮의 한국적 전개와 유교의례의 문화적 영향〉, 363-397쪽 참조.

로 유교적 상제례 문화는 조선 시대 이후 주도적 영향력을 발휘하여, 고려 시대까지 지배적이었던 불교식 49재와 화장(火葬), 기신재(忌晨齋) 등의 의례적 방식이 조선 시대 이후 유교식 상례와 매장(埋葬), 제사 등으로 새롭게 변모하였지만, 현대에 와서는 기독교를 수용하면서 추모예배와 추모미사라는 새로운 의례방식으로 재구성되었을 뿐만 아니라 기존의 불교적 화장과 유교적 매장이 병행되는 방식으로 재조정되기도 했다.[44] 요컨대, 혈연적 가족의식은 영혼불멸과 조상숭배라는 무속 전통으로부터 시작하여 유교적 효의식을 통해 강화되었으며, 불교와 기독교의 새로운 종교전통을 통해서도 다양하게 재전유되면서 면면하게 지속되고 있다.

한편, 최근에는 다양한 종교전통들로부터 비롯된 의례들을 복합적으로 병행하는 혼성적 종교문화가 새롭게 부각되고 있다. 국화와 향이 함께 장례식장에 놓여 있을 뿐만 아니라, 다양한 종교를 가진 가족들이 각자 자신이 가진 다양한 방식으로 병존하며 상례를 함께 치른다. 실제로 박정희 대통령 국장 때 나타난 것처럼, 국상(國喪)이나 국가장(國家葬)을 치를 때 기독교, 천주교, 불교, 원불교 등 다양한 종교적 의례가 함께 병행되는 현상은 가족종교가 사회적으로 확대된 종교가족의 현실을 승인한 것이다. 크리스마스와 석가탄신일을 함께 국가가 인정하는 공휴일로 삼거나, 군대에서 다른 종교들과는 달리 개신교, 천주교, 불교, 원불교 등의 종교의식을 공식적으로 군활동에서 허용하고 있는 것도 혼성적 종교문화가 법이나 제도에 따라 공인된 사례라고 할 수 있다. 따라서 법이나 제도적으로 국교(國敎)를 인정하지는 않지만 중요한 종교전통들의 사회문화적 현실을 공인하는 한국의 공인종교제도는 가족종교와 종교가족이 사회적으로 공인된 것으로 이해할 수 있다.[45]

• • • •

44 구미래, 〈불교 전래에 따른 화장의 수용양상과 변화요인〉, 《실천민속학연구》(실천민속학회) 제4호(2002); 구미래, 〈불교 일생의례와 한국적 전개〉, 《종교와 일생의례》(민속원, 2006) 참조.

45 공인종교제도와 양상에 대해서는 강돈구, 〈한국의 종교정책과 종교교육〉, 《종교연구》(한국종교학회) 제48집(2007), 144-148쪽 참조.

한국의 가족종교는 특정한 종교적 형태를 넘어서서 사회적으로 다양한 종교가족이 병존할 수 있는 문화의 근원적 모태로서 작동하고 있는 것이다. 그러므로 한국의 시민종교(civil religion)는 다양한 종교가족이 다원적으로 혹은 위계적으로 병존하는 가족종교로 설명할 수도 있다.

이런 맥락에서 종교사적으로 흥미로운 대목은 천주교 신앙과 유교적 신념의 충돌과 더불어 개신교의 토착화에서도 효(孝)의 가치를 중심으로 비판과 방어 및 토착화가 이루어지고 있다는 점이다. 예컨대, 조선 후기 천주교 박해 시 조정에서 발표한 〈척사윤음(斥邪綸音)〉은 유교적 신념에 따라 충효(忠孝)를 저버리는 '무부무군'(無父無君)의 패륜(悖倫)이라고 천주교 신앙을 비판했으나, 이에 대항하여 천주교 신앙을 방어하는 정하상(丁夏祥, 1795-1839)의 〈상재상서(上宰相書)〉도 가족의 근원인 조상에 대한 효(孝)와 국가의 중심인 임금에 대한 충(忠)에 유비하여 '만물의 아버지이자 큰 임금'으로 천주(天主)와 종교의 영역을 설정하는 양상을 선보였다.[46] 종교 간 교리 갈등 혹은 국가 대 종교의 갈등에서 공격과 방어의 논리가 모두 충효의 유비에 의해 이루어졌다는 점은 한국의 전통문화를 구성하는 무속, 불교, 유교뿐만 아니라 근대 종교문화를 여는 기독교에서도 효가 중요한 관심사였음을 웅변적으로 보여준다.

이러한 양상은 개신교의 토착화 신학에서 더욱 적극적으로 전개되었다. 한국적 토착화 신학을 대표하는 감리교의 해천(海天) 윤성범(尹聖範, 1916-1980)은 성(誠)과 효(孝)를 중심으로 유교적 기독교 신학을 전개했다. 그는 부자유친(父子有親)의 친밀함과 공동체성을 하나님에 대한 신앙과 사랑으로 연결하였으며, 효를 통해 기독교와 유교를 접목하면서 구체적인 윤리성과 공동체적 실천성을 확보했다. 윤성범은 하나님에 대한 온전한 순종과 믿음을 선보인 예수 그리스도가 부자유친의 효를 실현한 효자라는 '효자 기독론'을 역설했

46 박종천, 〈척사윤음 연구〉, 《종교학연구》(서울대학교 종교학연구회) 제18집(1999) 참조.

다. 이는 전통적인 종교문화와 근대 기독교 문화의 연속성을 교리적 차원에서 확보하는 동시에 한국적 기독교의 가능성을 새롭게 연 것이다. 나아가 그는 효자 예수의 겸비(謙卑)함을 강조하면서 가부장적인 유교적 위계질서의 문제점을 극복할 가능성을 선보였는데, 이는 종교성과 윤리성을 아우르는 한국적 효신학으로 평가할 만하다.[47]

6. 가족종교의 현대적 변용과 영적 어머니의 위상 강화

전통종교를 구성하는 무속, 불교, 유교뿐만 아니라 기독교에 이르기까지 결혼이나 입양을 통해 새롭게 한국 종교문화의 가족 구성원이 된 종교전통들도 모두 효의 영성과 의례 및 문화를 구현한다는 면에서 한국의 혼성적 종교가족은 모두 가족종교의 면모를 보여 준다. 실제로 효를 부정하거나 비판하는 종교전통은 한국에서 찾아보기 힘들다.

근대에 새롭게 등장한 한국의 자생 신종교들도 기존의 종교들을 부모종교로 삼아 한국 종교가족의 자식종교로서 부모종교의 유산들을 새로운 종교적 관심에 따라 재전유하면서도 대체로 여전히 가족과 효를 강조하고 있다. 이는 조선 시대 유교문화의 계승과 변용으로 볼 수도 있지만, 이미 고대부터 존재하던 조상숭배와 유교적 효를 각기 다른 교리적 요인과 사회적 배경에 따라 새롭게 재전유한 것으로 볼 수 있다. 실제로 동학을 비롯한 자생 신종교들은 한울님의 은혜를 부모의 은혜로 이해하고 부모에 대한 효의 실천을 한울님에 대한 신앙으로 연결하면서 종교적 차원에서 유교적 효를 초월적 신에 대한 믿음으로 확대하였다. 초월적 신앙과 사회적 실천이 가족

• • • •

47 선병삼, 〈유학의 입장에서 본 해천 윤성범의 효자예수론〉, 현장아카데미 편, 《海天 윤성범 선생 탄생 100주년 기념 21세기 보편 영성으로서의 誠과 孝》(동연, 2016), 245-276쪽.

종교의 틀 안에서 합류한 것이다. 예컨대, 원불교가 가족윤리에 상생원리를 적용하여 부모와 자식의 상생을 은(恩) 사상을 중심으로 하는 감사생활로 구체화하는 동시에 그것을 사회적 상생과 우주만물의 상생으로 확대하는 경향을 보이는 데 비해,[48] 단군교 혹은 대종교 등은 가족 내의 효를 환인, 환웅, 단군 등 국조(國祖) 삼성(三聖)에 대한 효로 확장해서 확대된 가족종교로서 재구성했다. 이러한 경향은 현재까지도 다양한 자생 신종교의 중요한 모티프로 작동하고 있다.

더 나아가 한국의 자생 신종교에서는 기존의 차별적 남녀관계에서 벗어나서 후천개벽에 따른 남녀 양성평등의 새로운 근대화를 추구하였다. 원불교의 경우에는 여성의 성직 진출에서 다른 종교전통에 비해 상당히 선진적인 양상을 보이고 있으며, 다른 신종교들은 남녀의 위상을 가족 내 부부이자 음양(陰陽)의 우주적 대대(待對)관계로서 대등한 위치로 격상시키는 양상을 드러냈다. 예컨대, '대도덕성사(大道德聖師) 건곤부모(乾坤父母)'를 신앙의 대상으로 삼는 금강대도는 창도주인 제1대 도주 토암(土庵) 이승여(1874-1934)와 자암(慈庵) 서의복(1884-1927)을 '대성사 건곤부모'(大聖師 乾坤父母)로, 그 아들인 제2대 도주 청학(青鶴) 이성직(1913-1957)과 보단(寶丹) 민영인(1913-1959)을 '도성사 건곤부모'(道聖師 乾坤父母)로, 제3대 도주 월란(月鸞) 이일규(1934-2004)와 향련(香蓮) 김동윤(1937-)을 '덕성사 건곤부모'(德聖師 乾坤父母)로 삼았으며, 3대인 덕성사 부모는 1대를 금강삼종대성사부(金剛三宗大聖師父)와 연화삼종대성사모(蓮華三宗大聖師母), 2대를 금강삼종도성사부(金剛三宗道聖師父)와 연화삼종도성사모(蓮華三宗道聖師母)로 불러서 위격을 정했다.[49] 사부-사모와 부-모라는 호칭과 위격은 종교적 수

• • • •

48 조정현, 〈원불교 효사상에 관한 연구〉(박사학위논문, 원광대학교, 2010); 조정현, 〈원불교 효사상의 현대적 이해〉, 《효학연구》(한국효학회) 제22호(2015); 이난수, 〈'은(恩)'으로 본 민족종교의 근대적 효(孝) 개념—원불교를 중심으로〉, 《인문학연구》(조선대 인문학연구원) 제54집(2017) 참조.

49 금강대도 교단 홈페이지, http://www.kumkangdaedo.com/(2019.04.20 검색); 이재헌, 《건곤부모님과 금강대도의 진리》(미래문화사, 2003) 참조.

행과 가족의 구성을 일치시킨다는 점에서 가족종교의 양상을 확연하게 보여 준다. 이는 마치 종가(宗家)의 종손(宗孫)과 종부(宗婦)처럼 교주 부부가 종통(宗統)을 이어 가면서 동등하게 종교적 권위를 계승하는 전통을 확립하여 3대를 넘어 지속한다는 점에서 유교적 가족의 종통 계승을 본뜬 가족종교의 새로운 재전유 양상이다. 이러한 양상은 한국 개신교 교회의 부자 세습과 유사하다는 점에서도 주목할 만하다.

한편, 증산교에서는 교조인 증산(甑山) 강일순(姜一淳, 1871-1909)이 그 부인 고판례(高判禮, 1880-1935)에게 수부(首婦)라는 종교적 위상을 부여하고 천지공사(天地公事)에서 여성의 위상을 높이는 의례적 퍼포먼스를 펼침으로써 남성 가부장적 사회에서 종교적 실천의 주체가 아니라 대상으로 규정되었던 여성의 원한을 풀고 새로운 의례적 실천 주체로서 여성의 종교적 위상을 적극 부각시켰다.[50] 고판례는 본래 미륵불의 화신(化身)인 증산의 부인인 수부(首婦)로 임명되어 해원상생(解冤相生)의 상징적 역할을 수행했으나, 교조의 종통을 부인이 직접 계승하는 양상을 선보이기도 했다. 실제로 증산교 계열의 초기 분파 중 하나인 선도교(仙道敎)에서는 고판례를 '자씨보살(慈氏菩薩)' 혹은 '삼십삼천(三十三天) 내원궁(內院宮) 용화교주(龍華敎主) 자씨부인(慈氏夫人)' 등으로 부르면서 유교적 남성 가부장제를 넘어서서 적극적으로 여성 교주의 위상을 강화하는 양상을 드러내기도 했다.[51]

이렇듯 여성의 원한을 풀고 여성의 주체적 위상을 강화하는 방식은 세계사적으로 보기 드문 가족종교의 재구성이다. 그러나 이러한 양상은 여성의 종교적 권리 신장을 본격화하는 것으로 이해하기보다는 대지모신(大地母神)의

• • • •

50 이상호, 《대순전경》, 12판(말과글, 2001), 293쪽. "남자의 완롱(玩弄)거리와 사역(使役)거리에 지나지 못하던 여자의 원을 풀어 정음정양(正陰正陽)으로 건곤(乾坤)을 짓게 하려니와 이 뒤로는 예법을 다시 꾸며 여자의 말을 듣지 않고는 함부로 남자의 권리를 행하지 못하리라."

51 장재진, 〈근대기 한·일 신종교에 나타난 여성교주의 불교관 비교—고판례(高判禮)의 선도교(仙道敎)와 나카야마 미키(中山美伎)의 천리교(天理敎)의 정토신앙을 중심으로〉, 《일본문화연구》(동아시아일본학회) 제45집(2013) 참조.

상징인 여신의 회귀 혹은 모성(母性)의 권리 부각이라는 측면에서 접근하는 것이 훨씬 더 합리적이다. 왜냐하면 남성에게 억눌린 여성의 현대적 권리 획득을 강조하는 측면이 아직 충분히 성숙하지 않았고, 남성 교조와 음양대대(陰陽待對)를 이루는 부인으로서 의미가 두드러지면서 여성으로서 독존적 위상을 충분히 드러내지는 못하기 때문이다.

그런데 현대에 와서는 여성 지도자가 혼인에 의한 부부관계를 근거로 삼아 교리를 수정하고 교주의 위격을 조정하는 단계까지 나아가는 경우도 있다. 통일교를 비롯한 기독교 계통에서 분화된 한국의 자생 신종교들은 교주와 부인의 관계를 성혼(聖婚)으로 의례화했을 뿐만 아니라 소종파 공동체의 신도들을 교주의 자녀로 재설정하는 '혼인잔치'의 가족종교로 재구성하였다. 실제로 1960년 통일교의 문선명은 한학자(1943-)를 부인으로 선택하면서 '절대신앙, 절대사랑, 절대복종'의 조건을 강조하며 남편에게 순종하는 부인인 참어머니로서 위상을 정립했고, 혼인잔치의 비유를 현실에 적용하여 종교공동체를 혼인에 의한 참가정운동으로 확대했다.[52] 하나님의교회 세계복음선교협회에서도 교조 안상홍(1918-1985)을 계승한 장길자(1943-)가 1981년 교조인 안상홍의 꿈에서 길들여진 야생마, 순종하는 '새 예루살렘 하늘 어머니', '하나님의 신부' 등으로 지목되었고, 이들의 영적 결합은 '천국혼인잔치'로 비유되었다.

이런 과정에서 부수적이고 종속적인 위치에 있었던 여성이 남성 교조에 대하여 병립적이거나 주도적인 위상으로 승격하는 카리스마의 교체가 일어나기도 했다. 한국의 신종교들에서는 여성이 교조를 예비하거나 도와주는 역할을 하거나 교조의 부인으로서 신성한 카리스마를 인정받았을 뿐만 아니라 한 단계 더 나아가 직접 후계자가 되기도 했다. 따라서 일본의 천리교

••••

52 문선명선생말씀편찬위원회 편, 《문선명선생말씀선집》 456권(세계기독교통일신령협회, 2000), 465쪽.

(天理教)처럼 직접 창시하는 경우는 드물지만, 종교적 아버지에서 종교적 어머니로 권위와 권력이 이양되는 양상이 나타나는 것이다.

여성의 종교적 위상, 그 가운데서도 남성 교조 부인의 카리스마적 지위는 대체로 남성 교조에 대한 절대적 순종의 미덕을 통해 얻은 것이지만, 영생교처럼 여성 후계자가 카리스마적 교조의 권위를 대리하는 경우도 있고 세계평화통일가정연합(한학자통일교)처럼 여성 후계자가 남성 교조가 지녔던 종교적 권위를 아예 대체하는 새로운 카리스마로 등장하는 경우도 있다.[53] 실제로 영생교 하나님의성회 승리제단에서는 교주 조희성(1931-2004)이 사망 전날 자신의 부인 이영자를 '해와주님'으로 지명하자 교인들이 이를 적극적으로 인정하고 수용하였으나,[54] 세계평화통일가정연합(한학자통일교)은 이보다 더 나아가 문선명의 부인 한학자를 문선명을 대체하는 새로운 종교적 카리스마로 재정립하였다. 이러한 현상은 여성 종교 지도자가 카리스마의 배우자라는 지위에서 대지모신 혹은 근원적 모성의 위상으로 승격하는 흐름을 보여준다. 이러한 흐름은 마고할미나 바리공주 같은 모성형 무속신화의 계승이자 종교적 재구성이라고 평가할 만하다.

한편, 통일교의 한학자는 2009년 문선명이 불순종으로 하나님 부인에서 제외할 수도 있다는 뉘앙스의 발언을 할 정도로 가부장에 복속되는 존재였으나, 문선명 사후에는 참부모님을 넘어서서 참어머니로 독존적 위상을 구축해 나가기 시작했다. 그리하여 절대복종의 존재에서 벗어나서 참어머님이자 6천 년 만에 탄생한 독생녀로서 승격하여 인간에서 하나님으로 그 위치가 변화되었다. 이러한 변화는 새로운 경전적 정당화를 거치고 있으며, 이에 대한 종교적 반발로 아들 계승자인 문형진(1979-)이 어머니를 악마시하며 대립하는 경향이 나타나서, 결국 통일교가 분화되었다.[55]

• • • •

53 이정은, 〈남성 교조를 계승한 여성 후계자의 카리스마 구축 양상 연구—한국 기독교계 신종교 단체를 중심으로〉, 《종교연구》(한국종교학회) 제78집 2호(2018), 261-285쪽.

54 김종석, 《한국 메시야 운동사 연구 3—한국의 육신영생신앙》(청년사, 2010), 272, 314쪽.

통일교는 한국 민족종교가 강조했던 후천개벽의 이념을 가족종교의 관점에서 새롭게 재구성하여, 자신이 참부모로서 모든 종교의 통합과 인종의 통합을 이루는 합동결혼식의 퍼포먼스를 실천하기도 했다. 이런 맥락에서 1997년 통일교의 창교자인 문선명은 교명을 '세계기독교통일신령협회'에서 '세계평화통일가정연합'으로 개명했는데, 이는 매우 중요한 개칭이다. '기독교'와 '신령'이 빠지고 대신 '평화'와 '가정'이라는 용어가 대체한 것이다. 종교를 가정 혹은 가족이 대체하면서 '종교가족'이 '가족종교'로 재구성된 것이다. 이는 교조가 하나님이자 아버지가 되고 세계 인류가 모든 인종과 종교를 넘어서서 신도이자 자녀가 되는 종교적 신념의 구조화라는 점에서 가족과 종교가 일치된 새로운 유형의 '가족종교'라고 할 수 있다. 그리고 이러한 논리는 '참부모의 뿌리에 접목을 통한 혈통 회복'이라는 논리로 제시되었으며,[56] 조부모, 부모, 자녀 3대가 어울리는 가족은 잃어버린 본연의 가정으로 돌아가서 '하나님의 한을 푸는 새로운 가정'으로 재구성되었다.[57] 2001년 12월 25일에는 이러한 논리가 더욱 확장되어 모든 종교전통을 한 가족으로 묶는 이념이 유교, 불교, 기독교, 이슬람, 힌두교를 포함하여 영계 5대 종단대표결의문으로 제시되었다.[58] 여기서 통일교가 모든 종교를 하나의 가족으로 묶는 방식과 논리가 혈통적으로 구성된다는 점은 한국적 가족

••••

55 이정은, 앞의 글, 275-276쪽 참조. 이정은의 연구에 의하면, 한학자의 위상 강화현상은《개정 천성경》,《평화경》,《참부모경》,《참어머님 말씀선집》 등에 반영되었으며, 이에 대해 아들 문형진은 사탄 중의 사탄, 바벨론의 음녀로 묘사하며 강렬하게 비판했다.

56 세계평화통일가정연합,《원리강론》, 115-122쪽.

57 같은 책, 272-273쪽;《평화훈경》, 39-44, 46-47쪽.

58 "1. 하나님은 인류의 부모이심을 결의하고 선포합니다. 2. 문선명 선생은 인류의 구세주, 메시아, 재림주님, 참부모이심을 결의하고 선포합니다. 3. 통일원리는 인류 구원을 위한 평화의 메시지요, 성약시대의 복음서임을 결의하고 선포합니다. 4. 천주평화통일은 참사랑을 중심하고 초종교, 초국가, 초인종의 '위하여 사는 생활'을 통하여 완성할 것을 결의하고 선포합니다. 5. 5대 종단 대표는 참부모를 모시고 하나님 나라와 세계평화를 위하여 화합, 통일, 정진할 것을 결의하고 선포합니다."

종교의 논리적 전개로서 특히 주목할 만하다. 문선명 사후에도 한학자는 인류를 하나의 가족 혹은 그것의 확대인 국가에 비유하여 충효를 종교적 이념으로 재구성하여 활용하기도 했다.[59]

이렇듯 부부관계나 가족관계가 종교적 비유를 넘어서서 종교공동체의 구성을 위한 교리와 의례로 현실화되는 것은 분명히 가족과 종교가 일치되는 가족종교형 현상이다. 다만 권위의 변화는 남성 대 여성의 구도가 아니라, 아버지에서 어머니로 카리스마의 대체가 일어나는 것으로 보는 것이 타당하다. 따라서 통일교의 참부모론과 금강대도의 건곤부모론 등은 남성성과 여성성을 포괄하고 있으며 음양의 균형을 지향하면서 양성평등의 가능성을 함유하고 있으나, 이것이 곧바로 양성평등의 해방논리를 충족시키는 것이 아니라 자녀에 대한 부모의 수직적 권위를 차별화한다는 점을 충분히 고려할 필요가 있다. 아직까지는 남녀의 동등한 평등을 지향하는 것보다 부모의 의미에 더 방점이 있는데, 향후 이것이 남녀의 평등한 축으로 더 진전될 수 있는지는 지켜볼 만한 일이다.[60] 이를 통해 새로운 가족종교의 가능성이 생길 수 있기 때문이다.

7. 종교가족과 가족종교의 역사와 전망

지금까지 한국 종교문화의 문화정체성을 탐색하기 위해 개신교 선교사들이라는 타자의 눈에 비친 혼성적 한국 종교문화의 특징을 한국의 종교가 구성

• • • •

59 세계평화통일가정연합 홈페이지, http://www.ffwp.org(2019.04.20 검색) 참조. "하늘부모님과 참부모님이 품고 싶은 효자, 효녀, 충신으로 세상에 빛이며 등불이 되기를 부탁합니다. 천일국 7년 천력 1월 9일(양 2019. 2. 13)"

60 김항제, 〈한국 신종교 창교자의 위격—통일교의 참부모론과 금강대도의 건곤부모론을 중심으로〉, 《신종교연구》(한국신종교학회) 제13집(2005) 참조.

해 온 '종교가족'의 상호문화적 작용으로서 살펴본 토대 위에서 한국의 종교가족들이 맺는 관계에서 역사적으로 형성된 공통적 관심사, 곧 한국적 종교의 개성적 특징으로서 '가족종교'의 다양한 문화적 면모와 전개 양상을 검토해 보았다. 특히 다양한 개별적 종교전통들이 특정한 역사적 계기와 문화적 맥락에서 복합적이고 중층적으로 구성해 온 가족종교의 양상은 의례문화와 공동체문화뿐만 아니라 개별 종교의 교리 전개에도 일정하게 영향을 끼쳤으며, 각 종교의 차별화된 맥락에서 효와 가족의 가치들을 재전유하는 양상을 선보였다.

본론에서는 한국의 혼성적 종교문화가 가진 특성을 동아시아 종교문화와 비교하여 설명하는 한편, 한국 종교문화가 조상숭배와 효의 영성을 중심으로 가족적 가치를 종교적으로 구현하고 사회적으로 실현하는 가족종교의 특성을 집중적으로 살펴보았다. 특히 혈연적 유대관계를 토대로 삼아 구성되는 가족질서가 부계와 모계의 양계적 공존과 적장자 중심의 가부장적 위계질서의 차별을 통해 어떻게 전개되고 있는지를 검토하는 한편, 조상숭배의 가족종교와 그것에 기반을 둔 가부장적 종교문화가 역사적으로, 종교전통별로 어떻게 변용과 재전유를 이루어 왔는지를 살펴보았다. 마지막으로 현대 한국 종교가 공인종교제도를 통해 종교가족적 양상을 드러내는 모습과 더불어, 근대 한국의 자생적 신종교들이 교리와 의례적 실천 및 공동체 구성에서 전통적인 가족종교를 새롭게 재전유하고 변용시킨 현대적 양상을 탐색하였다.

향후 미래의 한국 종교문화는 이러한 가족종교의 재구성이 어떤 방향으로 이루어질 것인가에 따라 새로운 가능성을 드러낼 수도 있다. 타 문화에 비해 혈연적 배타성을 강조하고 부계 적장자의 차등상속을 특징으로 하는 남성 중심의 가부장적 가족문화는 현대까지도 영향을 미쳐서 재벌과 종교의 부자세습과 더불어 피가 섞이지 않은 아이를 입양하는 문화가 발달하지 않아서 해외입양 1위의 불명예스런 문화적 현상을 드러내고 있다. 그러나

21세기에는 이러한 가족문화가 해체되고 다양한 가족의 양상이 현실화하고 있는 가운데 여성과 개인의 가치가 새롭게 평가되고 있다. 이에 따라 새로운 종교문화의 가능성이 현실화될 수도 있다. 이러한 가능성의 조짐은 종교문화의 상징과 의례, 교리와 문화의 다양한 측면에서 이미 나타나고 있다. 아버지 중심의 가족종교에서 어머니 중심의 가족종교로, 일원적 중심에서 이원적/다원적 중심으로, 수직적 측면에서 수평적 측면으로 이행할 조짐이 보이고 있는 것이다. 그러한 조짐이 충분히 현실화한다면 가족종교의 참신한 재전유가 가능하며, 가족종교의 재편은 종교가족의 재구성을 통해 종교문화의 역동적인 지속과 참신한 변용을 초래할 것이다.

참고 문헌

강돈구. 〈한국의 종교정책과 종교교육〉. 《종교연구》(한국종교학회) 제48집(2007).

구미래. 〈불교 전래에 따른 화장의 수용양상과 변화요인〉. 《실천민속학연구》(실천민속학회) 제4호(2002).

______. 〈불교 일생의례와 한국적 전개〉. 《종교와 일생의례》. 민속원, 2006.

권용혁. 《한국 가족, 철학으로 바라보다》. 이학사, 2012.

김덕원. 〈佛敎經典의 사상이 한국 傳統信仰에 끼친 영향—天神(太陽)·山神·水神(龍)思想을 중심으로〉. 《韓國古代史探究》(한국고대사탐구학회) 제12집(2012).

김종서. 〈동서 종교간 충돌과 현대 한국의 역동적 신앙〉. 《종교와 문화》(서울대 종교문제연구소) 제16호(2009).

김종석. 《한국 메시야 운동사 연구 3—한국의 육신영생신앙》. 청년사, 2010.

김항제. 〈한국 신종교 창교자의 위격—통일교의 참부모론과 금강대도의 건곤부모론을 중심으로〉. 《신종교연구》(한국신종교학회) 제13집(2005).

김호성. 〈孝, 出家, 그리고 在家의 딜레마—'묘젠(明全)의 입송(入宋) 이야기'를 중심으로〉. 《불교학연구》(불교학연구회) 제30권(2011).

김홍수. 〈19세기 말-20세기 초 서양 선교사들의 한국종교 이해〉. 《한국기독교와 역사》(한국기독교역사연구소) 제19호(2003).

노재식. 〈清末 윌리엄 알렉산더 파선스 마틴(W. A. P. Martin)의 儒敎思想에 대한 認識—《天道溯源》과 The Lore of Cathay의 內容을 中心으로〉. 《중국사연구》(중국사학회) 제104집(2016).

류동식.《풍류도와 한국의 종교사상》. 연세대학교 출판부, 1997.
문선명선생말씀편찬위원회 편.《문선명선생말씀선집》. 456권. 세계기독교통일신령협회, 2000.
박미라.〈中國 祭天儀禮 硏究—郊祀儀禮에 나타난 上帝와 天의 이중적 天神觀을 중심으로〉. 박사학위논문, 서울대학교, 1997.
박종천.〈〈斥邪綸音〉 硏究〉.《종교학연구》(서울대 종교학연구회) 제18집(1999).
_____.〈신앙 원리와 문화 역량의 변주곡—한국유교의 종교문화적 양태〉,《國學硏究》(韓國國學振興院) 제14집(2009).
_____.〈喪·祭禮의 한국적 전개와 유교의례의 문화적 영향〉.《國學硏究》(韓國國學振興院) 제17집(2010).
_____.〈의례적 계승인가, 사회적 구휼인가?—조선 후기 입후立後와 입양入養에 대한 다산의 논의〉.《다산학》(다산학술문화재단) 제16호(2010).
_____.〈종교경관의 전통과 현대—안동과 성남을 중심으로〉.《종교문화연구》(한신대 종교와문화연구소) 제18호(2012).
_____.〈한국종교문화의 역동적 이해〉.《종교문화연구》(한신대 종교와문화연구소) 제22호(2014).
_____.〈조선시대 유교적 귀신론의 전개〉.《귀신·요괴·이물의 비교문화론》. 소명출판, 2014.
_____.〈한국의 뇌신(雷神) 신앙과 술법의 역사적 양상과 민족종교적 의미〉.《대순사상논총》(대순사상학술원) 제31집(2018).
방원일.〈초기 개신교 선교사의 한국 종교 이해〉. 박사학위논문, 서울대학교, 2011.
선병삼.〈유학의 입장에서 본 해천 윤성범의 효자예수론〉. 현장아카데미 편.《海天 윤성범 선생 탄생 100주년 기념 21세기 보편 영성으로서의 誠과 孝》. 동연, 2016.
윤이흠.《한국종교연구》. 권1. 집문당, 1986.
_____.《한국인의 종교관—한국정신의 맥락과 내용》. 서울대학교출판부, 2001.
이난수.〈'은(恩)'으로 본 민족종교의 근대적 효(孝) 개념—원불교를 중심으로〉.《인문학연구》(조선대 인문학연구원) 제54집(2017).
이재헌.《건곤부모님과 금강대도의 진리》. 미래문화사, 2003.
이정은.〈남성 교조를 계승한 여성 후계자의 카리스마 구축 양상 연구—한국 기독교계 신종교 단체를 중심으로〉.《종교연구》(한국종교학회) 제78집 2호(2018).
임희숙.《기독교 근본주의와 교육》. 동연, 2010.
장재진.〈근대기 한·일 신종교에 나타난 여성교주의 불교관 비교—고판례(高判禮)의 선도교(仙道敎)와 나카야마 미키(中山美伎)의 천리교(天理敎)의 정토신앙을 중심으로〉.《일본문화연구》(동아시아일본학회) 제45집(2013).
조정현.〈원불교 효사상에 관한 연구〉. 박사학위논문, 원광대학교, 2010.
_____.〈원불교 효사상의 현대적 이해〉.《효학연구》(한국효학회) 제22호(2015).
조현범 외.《문화 정체성과 종교》. 한국학중앙연구원출판부, 2016.
최재석.《한국 가족 연구》. 일지사, 1994.
최종성.《조선조 무속 國行儀禮 연구》. 일지사, 2002.

최종성.《동학의 테오프락시—초기동학 및 후기동학의 사상과 의례》. 민속원, 2009.
가지 노부유키.《유교란 무엇인가》. 김태준 역. 지영사, 1996.
______.《침묵의 종교 유교》. 이근우 역. 경당, 2002.
岩井 洋.〈日本 宗教文化의 理解〉.《한국종교》(원광대학교 종교문제연구소) 제28집(2004).
헐버트, H. B.《대한제국멸망사》. 신복룡 역. 집문당, 1999.
키타가와, 조셉 M.《동양의 종교》. 이진구·신광철·이욱 역. 사상사, 1994.

Buswell Jr., Robert E. "Imagining Korean Buddhism." *Nationalism and the Construction of Korean Identity*. Ed. by Hyung Il Pai and Timothy R. Tangherlini. Berkeley, California: Institute of East Asian Studies, University of California, 1998.
Jones, George Heber. "The Spirit Worship of the Koreans." *Transactions of the Korea Branch of the Royal Asiatic Society*. Vol. 2(1901).
Grayson, James Huntley. *Korea: A Religious History*. London: Routledge Curzon, 2002.
Kim, Chongsuh. "The Concept of 'Korean Religion' and Religious Studies in Korea." *Journal of Korean Religions*. Vol. 1(2010).
Thompson, Laurence G. *Chinese Religion: An Introduction*. 5th ed. Belmont, CA: Wadsworth, 1996.
금강대도, http://www.kumkangdaedo.com/(2019.04.01 검색)
세계평화통일가정연합, http://www.ffwp.org/(2019.04.01 검색)

2부

20세기 한국 문화의 재구성

자연과 문화의 관계에서 본 ‘한국 미술’

정혜린

1. 머리말

‘한국 미술’이라는 용어와 개념은 조선 시대 이후 만들어진 것이다. 그러나 실제 이 용어의 적용 범위는 용어가 성립하기 이전에 ‘한국의 것’이라고 의식되지 않던 현상들 그리고 ‘미술’의 범주로 분류되지 않던 특정 현상들에 이른다. 그래서 용어의 탄생 이전과 이후에 동일한 의미를 적용할 때 한국 미술이라는 용어는 때때로 시대착오적 오류를 범하곤 한다. 그리고 종종 한국적인 것을 고유의 것이라는 의미로 한정하여 타 국가의 미술에 대한 배타적인 성격이 강하다는 문제점도 드러내곤 한다. 당연히 한 국가로서 한국에는 국제적 문화 교류를 통해 다양한 국가의 문화들이 혼종되어 있지만, ‘한국 미술'을 언급하는 경우에는 다른 국가의 미술에 대한 배타적 정체성을 묻거나 전제로 하는 경우가 적지 않은 것이다. 그것도 다양한 미술 문화를 혼종시키는 '방법의 특수성'을 묻는 것이 아니라 외부의 것이 섞이지 않은 '질료(소재)상의 순수성, 단일함'을 전제하는 경우가 많다. 그런데 한국 미술의 (배타적) 정체성 혹은 주체성을 탐색하는 질문은 역설적이게도 문화혼성적인 성격이 뚜렷하다. 그 질문이 근대 유럽에서 시작되어 일본을 거쳐 우리나라에 도달하면서 세 문화권의 시각이 겹쳐지게 된 것이다.

'단색화'라는 1970년대 이래 한국 화단을 대표하는 흐름은 전통 미술로부터 순수한 한국성을 탐색하여 계승하려는 의지를 표출한다는 점에서 위에서 설명한 한국 미술의 정체성 질문에 대한 한국 화단의 대표적인 답변이라고 할 수 있다. 본 글은 한국 미술의 정체성을 탐색하는 질문과 답변을 분석하고 현재에 유효한 한국 미술의 의미를 도모한다는 목표 아래 한국 미술의 복원 지점으로 설정된 조선 시대 회화 그리고 단색화로 대표되는 현대 회화, 양측이 공유하는 창작 이념인 자연(自然)을 중심으로 '한국 미술'을 재검토한다.

2. '한국 미술'의 성립, 그리고 문화와 자연의 관계 굴절

한 국가의 문화가 다른 여러 나라의 문화가 만나 혼합되는 것은 자연스러운 일이고 문화 교류가 얼마나 원활하게 이루어지는가 하는 것은 그 문화의 건강성, 탄력성의 한 척도이기도 하다. 그럼에도 불구하고 많은 사람들은 한국 미술을 언급할 때 소재(질료)상으로 외국 문화와 섞이지 않은 순수한 한국성을 상정해 왔다. 이러한 태도는 국가가 주권을 상실하고 민족이 국민의 정체성을 대신했던 경험, 민족과 그 문화를 강제적으로 제거하려는 외부의 폭력에 저항해 자국 문화를 수호하고 또 기억해 내야 했던 오랜 극한투쟁이 몸에 남긴 트라우마에 기인할 것이다. 일본의 식민통치가 끝나고서도 한국전쟁을 거쳐 1980년대까지 정부와 일부 지식인들은 조국의 근대화를 내세워 국민 단결을 호소하면서 민족과 민족문화의 단일성을 허구적으로 조성해 왔다. 이에 힘을 얻어 순수한 한국성을 탐색하는 작업이 한국 문화계의 여기저기에서 추진되었다.

미술계 역시 근대화 과정에서 굴절을 피할 수 없었다. 우선 '미술'이라는 단어를 살펴보자. '미술'(美術, art)이라는 용어와 개념은 유럽에서 탄생하여 우리나라에는 20세기 초에 등장했다. 르네상스 이래 유럽인들은 회화, 조각, 건축의 동질성을 모색하면서 이들을 'art'로 묶어 냈고 18세기에 예술(fine arts)이 유포된 이후에는 그 하위 분야로 분류되었다. 'art'는 이후 1873년 빈 만국박람회에 일본이 참가할 때 처음 '미술(美術)'로 번역되었고[1] 이후 오카쿠라 덴신(岡倉天心, 1862-1913)은 이 용어를 일본의 미술문화에 처음 적용하여 회화, 조각, 건축, 공예를 하나로 묶어 《고본일본제국미술약사(稿本日本帝國美術略史)》(1901)라는 최초의 일본 미술사를 저술하고 프랑스어로 출판했다. 이렇게 19세기까지 동북아시아에서 서로 이질적인 것으로 존재했던 회화, 조각, 건축, 공예가 '미술'이라는 이름 아래 묶이고 '서'(書)와 '화'(畵)가 결별하게 된 것은 애초 일본이 자국의 미술문화를 서구의 미술문화에 맞춰 재단하고 선전하면서 시작되었다.[2] 그리고 회화·조각·건축을 포괄한다는 미술의 외연,

••••

1 오오타케 마유미, 〈일본 전통미의 재조명과 근대적 미의 형성〉, 《미학》(한국미학회) 제79집(2014), 46-47쪽. '미술'이라는 단어는 일본 정부가 빈 만국박람회에 출품할 물품을 분류하는 규정문 제22구에서 독일어 'Kunstgewerbe'의 번역어로서 처음 등장했다. 그런데 사또[사토] 도신에 의하면 이때 미술의 의미는 "西洋에서 音樂, 畫學, 像을 만드는 術, 詩學 등"을 포괄하니 현재의 예술 개념에 유사했고, 이렇게 현재의 예술에 해당하는 의미를 미술이라는 용어에 담는 현상은 일본에서 1880년대 중반까지 지속되었다. 사또 도신, 《'일본 미술'의 탄생》(민속원, 2018), 51-53쪽.

2 帝國博物館 編, 《稿本日本帝國美術略史》(東京: 農商務省, 1901)[明治34]. 일본 국립국회도서관(國立國會圖書館) 디지털 컬렉션에서 찾아보면 이 책은 현재 주 편집자가 오카쿠라 덴신이 아니

미술이 예술(fine arts)의 하위에 속한다는 학문 분류법은 한국 미술에도 거칠게 적용되었다. 조선의 서와 화는 유럽의 미술 체제에 따라 서로 다른 둘로 나뉘고, 그중 화(畵)는 이제까지 서로 창작의 목적, 창작/감상 계층이 다른 것으로 간주되던 조각·건축, 공예와 함께 미술에 편입되고 다시 '동양화'(東洋畵)라는 하위분류에 배속되었다.[3]

다음 '한국적인 것'이라는 개념을 살펴보자. 문화적 정체성에 대한 미술계의 질문과 답변은 1900년을 전후로 하여 한국 외에 중국·일본에서도 등장했고 모두 심각하고 진지하게 계속되었다. 미국이나 유럽 열강에서 진지하게 등장하지 않았던 이 질문이 동아시아 삼국에서 문화적 주도권을 지니게 된 것은 20세기 초에 타율적으로 진행된 외래 문화의 유입에 상해를 입는 상황에서 주체적으로 자국 문화를 서술하려 하거나 서구 열강을 향해 자국의 위상을 제고하고자 '미술' 문화를 새로 구성하고 선전해야 했던 상황들에 기인할 것이다. 중국과 일본에서 1960년대에 각각 '국화'(國畵), '일본화'(日本畵)라는 명칭이 생겨나고 뒤이어 1970년대 우리나라에서 '한국화'(韓國畵)란 명칭이 생겨난 것도 20세기 초 이래의 문제의식이 지속된다는 점을 지시할 것이다. 한국 사회에서 통용되는 동양화·한국화는 바로 강압적인 근대화와 주권의 상실과 회복을 경험한 시기에 수립된 개념들로서 이 언어들에는 시대적 특수성, 즉 (민족 혹은 국가의) 문화적 정체성에 대한 문제의식이 가로질러 있다.

그런데 그 질문과 답변은 주체적으로 이루어지지 못했고 이에 따른 역사

••••

라 당시 제국박물관 총장이던 구키 류이치(九鬼隆一) 남작으로 되어 있다. 원래 오카쿠라 덴신이 일본어 번역본 출간을 주도하다가 중간에 사임하고 구키 류이치가 뒤를 이어 저술을 완성한 것이다. 〈序〉, 위의 책 참조. 그리고 이 저술에서 공예는 '美術的工藝'로 표기되어 있다.

3 홍선표, 〈'한국화'의 현대화 담론과 이응노〉, 《미술사논단》(한국미술연구소) 제44호(2017), 60쪽.

적 상흔을 지니고 있다. '한국적인 것'이 유럽과 미국, 일본에 의해 의도적/비의도적으로 축소·비하된 부분이 그것인데, 주지하다시피 이 개념은 이른바 오리엔탈리즘(Orientalism)과 일본이 유럽의 오리엔탈리즘을 답습·번안해 만들어 낸 '동양주의'(東洋主義)를 토대로 그 내용이 형성되었다. 해방 이후 한국 미술은 그 타율적 속성을 몰아내고자 노력했지만, 세 발화의 주체, 서구·일본·한국의 시각은 계속 퇴적되었고 또한 서로 상충하는 의미들도 정리되지 못했다. 그리고 그렇게 탄생한 한국 미술의 정체성은 부분적으로 현재에도 통용되고 있다. 그 안에 내재한 문제점들을 검토해 본다.

일본에 의해 제공된 한국 미술의 정체성은 알려진 대로 도쿄제국대학 교수로서 조선총독부의 위촉에 따라 한반도의 고적들을 조사했던 세키노 다다시(關野貞, 1867-1935)와 그의 한국 미술론을 계승한 야나기 무네요시(柳宗悅, 1889-1961)에 의해 구성되고 널리 유포되었다. 야나기 무네요시는 1919년《요미우리신문》에 〈조선인을 생각한다〉라는 연재문을 실으면서 조선 예술의 특징을 가늘고 길게 이어지는 '선의 아름다움', 그 안에 담긴 조선 백성들의 적막함, 한, 눈물, 원망이라고 규정했다.[4] 왜 야나기 무네요시가 굳이 비애를 예술정신으로 주목했는가에 대해 홍선표는 일본 헤이안 중기 이래 형성된 미의식으로서 '아와레'(あわれ) 전통의 영향력, 야나기 무네요시가 선을 중시한 판화가이자 현실의 물질성을 초월한 정신적 세계를 추구한 윌리엄 블레이크(William Blake, 1757-1827)에 경도되었던 이력과 같은 상당히 설득력 있는 논의를 제시했다.[5]

한국 미술의 특징으로서 슬픔, 선의 아름다움, 흰색의 편파성은 국내 연구자들에 의해 이미 오래전부터 반박되었다. 이에 비해 아직도 별다른 의심

• • • •

4 홍선표, 〈한국 미술 정체성 담론의 발생과 허상〉, 《미술사논단》(한국미술연구소) 제43호(2016), 292쪽.

5 위의 글, 293쪽.

없이 한국의 문화계에서 통용되는 위험한 논의가 민예(民藝), 그 자연미에 관련된 논의이다. 1930년대 이후 야나기 무네요시는 '민예'(民藝, fork art)라는 용어를 만들어 조선 민예품의 자연미, 무작위성을 칭송했고 이 한국적 아름다움은 현재까지 예술계에서 통용되고 있다. 그런데 여기서 몇 가지 주의해야 할 것이 있다.

첫째 조선 고유의 아름다움으로 부각된 자연미, 무작위성이 유럽의 미와 미술 개념에 대비되는 사항들만을 선택적으로 부각시킨 '동양적'(oriental) 예술에서 벗어나지 못했다는 점이다. 유럽인들이 자신을 제외한 근동과 아시아 지역의 문화에 투영한 인식, 이른바 오리엔탈리즘은 동양 문화에 대해 양면적인 태도를 지니고 있다. 그들은 동양인에 대해 비합리적, 비과학적, 비위생적, 정감적이라는 열등한 특징을 부여하고 자신들에 의해 계몽되어야 한다고 주장하는가 하면, 자신들이 규정한 비합리적 정감적 예술미에 열광하는 이국주의(exoticism)적 태도도 보였다.

이국주의의 대표적인 사례가 우키요에(浮世繪)에 대한 유럽의 태도라고 할 수 있다. 덧없는 현실세계(浮世)를 다색판화로 제작한 우키요에는 일본과 무역을 하던 네덜란드로부터 시작해 영국, 프랑스, 오스트리아, 러시아, 미국으로 퍼졌는데, 특히 프랑스는 1867년 파리만국박람회를 계기로 우키요에를 접했다.[6] 뒤레(Théodore Duret, 1838-1927)의 《일본미술(L'Art japonalis)》(1882)에서 잘 드러나듯이, 일본 우키요에는 당시 프랑스의 고전주의 회화 화면과 대비되는 가벼운 주제, 즉흥성, 평면성과 밝은 색상, 명료하고 단순한 윤곽선, 대담한 구도로써 프랑스인들을 매료시켰고 특히 인상파 화가들을 자극했다. 이후 일본 미술에 대한 유럽인들의 호평은 일본에 역수입되어 결과적으로 일본인들의 동양주의를 부추겼다.

••••

6 김승연·신지연, 〈일본의 우키요에가 19세기 후반 서양미술사에 끼친 영향〉, 《기초조형학연구》(한국기초조형학회) 제13호(2012).

오카쿠라 덴신의 《고본일본제국미술약사》가 시발점이 된 동양주의 전략은 다음 두 가지로 정리할 수 있다. 첫째 시대상으로는 우키요에로부터 고대 성무천황(聖武天皇)의 시대까지 그리고 장르상으로는 회화, 조각, 건축, 공예 작품을 미술사에 편입시키는 한편, 서구가 우키요에에 부여한 미적 특징들을 여운과 함축, 절도와 조화, 섬세함, 선(禪)적인 간결함으로 전환시켰다.[7] 둘째 일본을 중국과 인도의 고대 미술을 종합하여 미술문화를 꽃피운 나라, 동양 미술의 정수를 집대성한 나라로 변모시키고, 자국을 중심으로 한 '동양주의' 미술을 확산시키는 것이다. 야나기 무네요시가 그 주요 멤버인 시라카바하(白樺派)의 구성원들도 이에 호응하여 오카쿠라 덴신의 일본 미술론을 계승하는 한편, 서구의 낭만주의 예술과 신비주의적 종교관을 흡수하여 드디어는 일본 미술이 서구 근대의 이성주의, 합리주의의 한계 너머 인류 보편의 미 이념을 구현함으로써 인류를 구원하는 역할을 할 것을 염원했다.[8] 눈여겨볼 부분은 동양주의와 오리엔탈리즘이 하나의 개념축을 공유한다는 부분이다. 동양주의 미술은 세계 보편미술을 지향하고 있지만 기실 그 미술의 특징은 서구와 대비되는 특징들만으로 선정되고 부각되었다. 서구 미술이 동양 미술에 대한 논의에서 보이지 않는 중심이 되고 이에 일본(미술)은 서구(미술)의 타자로서 즉 비서구적 특성들로써 서술된 것이다. 한국 미술, 민예의 아름다움인 자연미 역시 동양주의 미술의 핵심인 비이성, 비합리의 또 다른 표현이라는 점에서 서구 미술에 대한 타자성을 지닐 것이다.

한국의 자연미 논의에서 주의해야 할 두 번째 사항은 그 토속성·특수성과 관련되어 있다. 야나기 무네요시는 민예가 "외래의 수법에 빠지지 않고 타국의 모방에 그치지 않으며, 모든 아름다움을 조국의 자연과 피에서 품어내

••••

7 帝國博物館, 앞의 책; 이나가 시게미, 〈'日本美術像'의 變遷—印象主義 日本觀에서 '東洋美學' 논쟁까지(1880-1940)〉, 《미술사논단》(한국미술연구소) 제18호(2004), 180-186쪽 참조.

8 이병진, 〈시라카바(白樺派)의 예술지상주의적 세계관〉, 《비교문학》(한국비교문학회) 제49집(2009).

어 세계에서 독자적인 민족의 존재를 가장 뚜렷하게 나타낸 것"이라고, 즉 외부 문화와 교류 없이 오롯이 자국적 특성으로만 이루어진 순수함을 지향했다고 칭송했다. 그는 일본제국 내 오키나와 원주민 문화가 일본 문화의 독창적 원형으로서 일본 고유의 순수한 미의 본류, 중심이라고 강조했고, 조선과 대만의 토산품도 서양 미술보다 우월한 일본 제국의 식민국의 미술문화라고 낭만적으로 이상화시키고 숭배했다. 야나기 무네요시는 유럽의 오리엔탈리즘이 낮추어 본 동양 문화의 특징을 외래문화가 섞이지 않은 토속적 순수함으로 고양시키고 그 국가를 대표하는 미의식으로 내세운 것이다. 이러한 태도는 국제 문화 교류를 경험할 수 없었던 계층의 정련되지 않은 소박한 미의식으로 한 국가의 조형적 미의식을 축소시켰고, 동시에 외래 문화와 접촉하여 자신의 문화를 변형, 재생산한 지배계층의 문화혼종적이고 정련된 미술을 제외하는 결과를 낳았다. 이렇게 민예론을 통해 구성된 조선 미술론은 과거 조선 미술을 비문화적 비합리적 자연주의로 축소·변형되었다.

요컨대 공예품의 자연미는 유럽인들이 만들어 낸 오리엔탈리즘, 이를 일본과 조선의 관계에 응용한 두 단계의 왜곡이 만들어 낸 것으로서 서구 미술을 중심으로 이에 대비되는 특징으로 축소·왜곡된, 그래서 타율적으로 형성된 한국 미술의 정체성인 것이다. 그러나 그 정체성 내지 그 정체성 논의의 여파는 일제 식민통치가 끝나고도 쉽게 사라지지 않았고, 1970년대 이래 민족주의, 민족문화의 부흥 열기에 편승한 이래 현재까지도 과거의 정체성에 대한 담론, 그리고 이를 어떤 방식으로든 계승하려는 창작 모두에서 지속된다. 이하에서는 20세기에 등장한 주장, 한국 미술이 '자연'(自然)을 추구하고 무작위(無作爲)의 특징을 갖는다는 명제가 그 발언 이전으로 소급될 수 없다는 점을 조선 시대 몇몇 회화 문화의 생장과정과 자연관으로부터 논의해 본다.

3. 전통 한국 미술과 문화

소중화(小中華), 동도서기(東道西器), 단색화, K-POP. 이 어휘들은 역사상 긴 시간의 간격을 두고 등장했지만 동일한 상황을 지시한다. 외래문화의 수용과 자기화가 그것이다. 문화가 국내 혹은 국외로 이동하면서 변화·성장하는 과정을 크게 원본(혹은 원류)과 이에 대한 재가공(혹은 성숙·심화)으로 나누자면 위의 현상들은 후자 쪽에 해당하는 것들이다. 혹 원래의 것, 순수주의, 일차적 창조에 지나치게 가치를 둘 경우 후자의 역할을 담당했던 것에 대해 문화사대주의라는 관념을 떠올리면서 자괴감을 느낄 수도 있고, 정반대로 우리 문화의 독창성 혹은 자주성만을 탐색하여 우리 문화의 독자적 힘, 내적 발전의 원동력을 강조하게 한다. 후자의 선택은 얼핏 감성적으로는 자괴감을 느끼는 사대주의 비판론과 정반대의 것으로 보이지만 사실상 동일한 가치관에서 도출된 결과이다. 2000년 즈음 이러한 태도들의 문제점을 지적하면서 그 논의의 기저에 존재하는 민족주의, 유럽식 근대주의를 지목하는 주목할 만한 비판들이 등장했다.[9] 이들 비판을 염두에 두면서 문화사대주의와 내재적 발전론 양자 모두가 잊고 있는 사항을 다음과 같이 정리해 본다.

조선 시대에 중국의 문화는 동북아시아의 '보편문화'였으며 중국의 문화

• • • •

9 고미숙, 〈18세기에서 20세기 초 민족담론의 변이양상〉, 《현대 문학의 연구》(한국문학연구학회) 제13호(1999); 강명관, 〈한국 한문학 연구의 반성과 새 방향〉, 《한국학논집》(계명대 한국학연구원) 제29집(2002); 임형택, 〈19세기말 20세기초 동아시아, 세계관적 전환과 지식인의 동아시아 인식〉, 《대동문화연구》(성균관대 대동문화연구원) 제50집(2005); 高橋博巳, 《東アジアの文芸共和国》(東京: 新典社, 2009); 강상순, 〈한국 고전문학 연구에 수용된 탈근대·탈민족 담론에 대한 비판적 고찰〉, 《민족문화연구》(고려대 민족문화연구원) 제53호(2010); 정민, 〈18, 19세기 조선 지식인의 병세의식(幷世意識)〉, 《한국문화》(서울대 규장각한국학연구원) 제54집(2011); 정민, 《18세기 한중 지식인의 문예공화국》(문학동네, 2014); 진재교, 〈방법으로서의 동아시아와 신고증학(新考證學)〉, 《인문논총》(서울대 인문학연구원) 제72권 2호(2015); 강명관, 〈국문학과 '근대'에 관한 몇 가지 생각〉, 《泮矯語文硏究》(반교어문학회) 제39집(2015) 등이 대표적이다.

를 수입한다는 것은 현재 우리가 외국의 새로운 기술 혹은 가치 있는 학문 성과를 수입하는 것만큼이나 당연한 문화적 생존전략이었다는 점이다. 한국이 중국과 동등한 주권이 있다는 관념, 나아가 모든 국가에게 동등한 주권이 있다는 관념은 1897년 대한제국의 성립과 윌슨(Woodrow Wilson, 1856-1924)이 발표한 민족자결주의 원칙으로부터 자극을 받아 한국에서 각성되었다. 그 이전 조선에서 중국이라는 외국의 문화에 대한 자국 문화의 가치는 20세기 이후와 같은 관점에서 사유되지 않았다. 조선은 중국을 섬긴다는(事大) 대외적인 외교 정책을 펼쳤고 중국 문화를 수용하여 동북아시아 문화권 내 생존을 위한 고급의 문화 인프라를 도모한 것이다. 물론 청이 건국되고 18세기 중반 즈음에 이르면 이제까지의 중국과 다른 조선 문화에 대한 인식, 즉 지리·언어·풍습상의 차이 인식을 넘어 홍대용(洪大容, 1731-1783), 박지원(朴趾源, 1737-1805) 등이 이기론에 근거해 개체(중국·조선)들의 동등한(均, 一) 가치를 자각하기에 이른다.[10] 그러나 그 각성이 중국이라는 경제·정치적 문화적 강대국의 문화 수용 자체를 거부한다는 것은 아니었다.

조선 화가들에게서 역시 중국이라는 외부 미술 문화를 수입한다는 것에 대한 자괴감은 기대하기 힘들다. 적어도 조선에서 19세기 중반 김정희의 활동 이전까지 회화를 체계적으로 학문적으로 접근한 흔적은 찾기 쉽지 않다.

• • • •

10 洪大容, 〈毉山問答〉, 《湛軒書》 內集 卷四. "實翁仰首而笑曰, 爾誠人也. 五倫五事, 人之禮義也, 羣行呴哺, 禽獸之禮義也, 叢苞條暢, 草木之禮義也. 以人視物, 人貴而物賤, 以物視人, 物貴而人賤, 自天而視之, 人與物均也. (…) 實翁曰, 天之所生, 地之所養, 凡有血氣, 均是人也. 出類拔華, 制治一方, 均是君王也. 重門深濠, 謹守封疆, 均是邦國也. 章甫委貌, 文身雕題, 均是習俗也. 自天視之, 豈有內外之分哉. 是以各親其人, 各尊其君, 各守其國, 各安其俗, 華夷一也."; 朴珪壽, 〈與溫卿〉, 《瓛齋集》 권8. "輒稱禮義之邦, 此說吾本陋之, 天下萬古, 安有爲國而無禮義者哉, 是不過中國人嘉其夷狄中乃有此而嘉賞之曰禮義之邦也, 此本可羞可恥之語也, 不足自豪於天下也."; 朴趾源, 〈嬰處稿序〉, 《燕巖集》 卷7 別集. "今懋官朝鮮人也, 山川風氣地異中華, 言語謠俗世非漢唐. 若乃效法於中華, 襲體於漢唐, 則吾徒見其法益高而意實卑, 體益似而言益僞耳. 左海雖僻國, 亦千乘,羅麗雖儉, 民多美俗, 則字其方言, 韻其民謠, 自然成章, 眞機發現, 不事沿襲, 無相假貸, 從容現在, 卽事森羅,惟此詩爲然."

그럼에도 조선의 화가들은 중국과 다른 문화 토양 위에서 원본과 다른 미술 문화를 생성했다. 이하에서는 그 원본 변화의 기제(機制)를 조선 시대를 풍미했던 두 회화 유파, 절파(浙派) 회화와 남종문인화(南宗文人畵)의 사례를 통해 살펴본다.

1) 조선 중기 절파의 중국 회화 수용 태도

조선 중기 문인들은 중국 명대 초기에 발흥한 직업화가의 화풍인 절파(浙派) 화풍을 수입하여 창작 규범으로 삼았다. 도대체 조선 초 강희안(姜希顔, 1419-1464)을 비롯해 조선 중기 김시(金禔, 1524-1593), 이경윤(李慶胤, 1545-?) 등은 왜 스스로 문인이면서 중국 직업화가인 절파 화풍을 받아들였을까. 문헌상으로 그 이유를 찾아내기는 매우 어렵다. 강희안의 경우 강하고 거친 필력과 묵법을 보이는 중국의 회화 작품을 선호했다는 기록은 있지만[11] 그 작품들이 어떤 유파, 어떤 화가의 것인지에 대한 기록은 보이지 않는다. 강희안이나 강희안의 심미안을 기록한 자 모두 중국 회화에 대한 정보를 기록할 필요를 못 느꼈을까. 회화문화의 원류 탐구에 대한 그들의 의지는 보이지 않는다. 조선 중기의 대표적인 화론서인 김안로(金安老, 1481-1537)의 《용천담적기(龍泉談寂記)》를 살펴보자. 김안로는 절파 문인화가인 김시의 아버지이며 서화수장가로 명성이 높았다. 《용천담적기》는 그의 명성에 걸맞게 중국 회화에 대한 상당한 정보와 위진 이래 북송대까지의 화가들에 대한 기록을 중국의 화론서들로부터 발췌했다. 그런데 현대 연구자들을 갸우뚱하게 만드는 부분은, 문헌 어디에도 특정 중국화론서를 신뢰하는 이유나 화가들에 대한 서술 기준을 명시하지 않았을뿐더러 동시대 최신의 명대 회화 작품이나 이론서를

• • • •

11 成俔, 〈題如晦淸甀潑墨畫帖〉, 《虛白堂文集》 卷九. "右畫山水屋宇竹樹花鳥人物十七帖. 不知何代誰氏之筆. 其始, 子野公購得於中朝, 以示仁齋. 仁齋愛其筆法遒健, 模寫十二而歸之. 因留其本, 常手之而不能釋."

입수한 흔적이 보이지 않는다는 점이다.

애초 조선의 문인들은 절파화풍 작품들을 문화선진국의 회화로서 수입하고 보편문화로서만 인식했을 가능성이 크다. 그들이 '최신'이나 '유파', '정통' 내지 미적 기준, 평가 기준을 의식한 흔적은 전혀 보이지 않는다. 예컨대 조선의 문인이라면 관심있을 법한 오파(吳派) 문인화가 절파보다 뒤늦게 조선의 문헌에 등장했을뿐더러 17세기까지는 절파 회화와 문인화가 보이는 품격이나 조형상의 차이를 비교한 흔적이 없다. 그들이 '유파'를 인지하지 못했던 것은 아닐까.[12] 그들은 아직 회화 작품을 비평하지 않고 감상했으며 또한 회화 작품을 감상한 결과를 대부분 산문이 아닌 시(詩)로 남겼는데, 이는 소식(蘇軾) 등 북송대 사대부들의 회화에 대한 태도를[13] 그대로 유지한 결과라고 보인다. 차이점이 있다면 그들은 소식의 북송대 송시풍이 아니라 명 중엽 이후 풍미한 전후칠자(前後七子)의 당시풍(唐詩風)을 통해 감상했다는 점이다. 이 17세기 조선 시단을 지배한 당시풍을 바탕으로 그들은 회화 화면에서 서정성, 명확한 근경과 아득한 원경, 문인의 기풍을 확인하고 감상했지만, 거친 필묵법이나 명암의 대조, 변각(邊角) 구도와 같은 절파 회화 고유의 특징은 여전히 그들의 감상 범위에 들어오지 못했다.[14] 아울러 중국 절파 화가들이 양명학(陽明學)이 풍미하고 개성·거칠고 강함·욕망이 긍정되던 명대 중기에 세속적인 소재를 다루던 것과 달리, 조선의 절파 화가들은 16세기 중반 이래 조선 사상계를 주도한 주자학(朱子學)적 기풍 아래 도덕적으로 절제된 자신들의 내면세계를 회화 화면에 기탁하였다. 중국에서는 풍미한 시대가 서로 달랐던 특정 회화 감상방식, 시풍, 사상이 조선에서는 한 시

••••

12 정혜린, 〈조선 중기 회화관 연구—浙派 山水畵와 詩畵合一의 관계를 중심으로〉, 《인문논총》(서울대 인문학연구원) 제62집(2009).

13 정혜린, 〈북송대 문인화-사대부 문화의 시각화—소식(蘇軾)의 논의를 중심으로〉, 《인문과학》(연세대 인문학연구원) 제112집(2018) 참조.

14 정혜린, 〈조선 중기 회화관 연구—浙派 山水畵와 詩畵合一의 관계를 중심으로〉.

기에 공존함으로써 절파라는 회화 양식은 자연스럽게 중국과 조선 양국에서 상이한 화면으로 드러났고, 이들에 대한 감상 기준 역시 양국에서 매우 달랐다. 조선 중기 절파 회화가 드러낸 바 조선 화단이 중국 회화를 체계 없이 수입하는 문제점은 19세기 중반 추사 김정희에 의해 지적되었다.

2) 김정희의 중국 회화 수용 태도

19세기 전반기에 활동한 추사(秋史) 김정희(金正喜, 1786-1850)는 조선의 이전 문인들과 달리 중국 회화에 체계적인 학습을 역설하고 동시대 최신의 회화 정보를 얻어 냈다. 김정희의 학문 세계는 20세기 이전 한국에서 외국과의 교류를 통해 학문의 선진화·정련화를 추진한 가장 탁월한 사례에 속한다고 할 만하다. 그의 《완당전집(阮堂全集)》에 등장하는 중국 화가에 대한 정보는 동시대적이고 방대하다. 명말 동기창(董其昌)에 의해 제시된 남종문인화가(왕유·거연·조맹부·황공망·예찬·왕몽·오진·심주·문징명), 이후 동기창의 이론을 계승한 청초의 사왕오운(四王吳惲) 계열(왕휘·왕원기·왕시민·왕감·운수평), 명말 청초의 이른바 일민(逸民) 화가(석도·진원소·팔대산인·백정)와 역시 명말 청초에 활동했으나 일민화가군으로는 분류되지 않는 진홍수, 홍인을 계승한 신안파(新安派)의 소운종(蕭雲從), 청 중엽 양주팔괴(揚州八怪)라고 불리는 개성파 화가들(팔대산인·김농·정섭·나빙), 정소남과 조맹견 이래 청대 묵난화의 대가들(정섭·전택석·나빙), 청대 지두(指頭) 화가들(고기패·주윤한·몽선), 그 외 청 중반기에 특정 화파에 속하지 않는 문인화가들(주학년·오숭량·동옥·장도악)이 등장한다. 그중 김정희가 중국 회화를 수용하는 태도를 잘 드러내 주는 그룹으로는 청초 사왕오운까지의 남종문인화가 그룹, 묵난화가와 양주팔괴 그룹, 지두화 그룹을 꼽을 수 있다.[15]

김정희는 남종문인화(南宗文人畵)건 묵난화(墨蘭畵)이건 조선의 화단이 이를

----

15 두 번째 그룹의 두 부류의 화가들은 부류 간 구성원들이 겹치고 아울러 첫 번째 그룹이 온건하게 전통에 기반하는 것을 중시하는 데 비해 창신의 경향성이 두드러져 하나로 묶었다.

제대로 받아들인 적이 없다고 본다. 그가 판단하기에 남종 문인화의 이념과 기법은 비체계적으로 조각조각 조선에 흘러들어와 불완전하게 실천되고 있었다. 김정희의 조선 후기 남종문인화풍에 대한 시각은 허련(許鍊, 1809-1892)에 대해 남긴 몇몇 평가들 속에서 단적으로 드러난다. 그는 허련이 자신의 문하에 들어오기 전에 폐기해야 할 누습인 윤두서(尹斗緖)의 화풍을 따랐으나 자신의 지도 이후 원말사대가(元末四大家)의 기풍을 배워 비로소 조선의 한계를 벗어났다고 평가했다.[16] 더군다나 중국에서도 대가를 찾기 어려운 묵난의 경우, 이하응(李昰應, 1820-1898) 이전에 활동한 조선 화가 중 그의 칭찬을 받은 이는 정소남(鄭所南)의 필의를 갖추었다고 한 선조(宣祖) 정도이다.[17] 묵죽에서는 이정(李霆)과 이징(李澄), 그리고 포치(布置)가 판에 박은 듯한 흠이 있으나 힘과 고졸함을 갖춘 유덕장(柳德章) 정도를 꼽을 수 있을 뿐이고, 이들 이후 조선 후기에서는 볼 만한 묵죽화가가 없다고 한다.[18] 김정희는 조선의 선진(先進) 화단의 빈약함을 극복하고 동시대 화단 발전의 토대를 마련하고자 방대한 정보를 바탕으로 한 체계적인 학습을 누누이 강조했다.

그는 문인들의 회화 창작·감상에 대해 학문적 체계적 이해를 바탕으로 하지 않는다는 점을 비판했다.

> 대체로 이 일[회화 창작]은 단지 하나의 작은 기예이지만 그 전심하여 공부하는 것은 성문(聖門)의 격물치지(格物致知)의 학문과 다를 것이 없습니다. 그래서 군

• • • •

16 金正喜, 〈與申威堂觀浩〉, 《阮堂全集》 권2; 〈與草衣〉 13, 《阮堂全集》 권5; 〈與草衣〉 18, 《阮堂全集》 권5.

17 金正喜, 〈題石坡蘭帖後〉, 《阮堂全集》 권6. "惟我宣廟御畵墨蘭, 有所南筆意, 非人人所可規仿 (…) 石坡蘭法, 夬脫臼窠, 書以貽之."

18 金正喜, 〈김정희의 제발이 있는 묵죽도(墨竹圖)〉, 《秋史 김정희 學藝일치의 경지》(국립중앙박물관, 2016), 296-297쪽. "岫雲竹勁蒼古拙, 腕下具金剛杵, 當於灘隱遜一籌, 至於近日淺徒皆懸絶, 不可批擬.但其布置窘於八幅, 稍欠板刻."; "嘗見虛舟畵竹勁健古雅, 與石陽似爲甲乙. 岫雲竹法, 是虛舟石陽一派相傳者."

자의 일거수일투족 어느 하나도 도가 아닌 것이 없다고 하는 것입니다. 이와 같이 한다면 완물상지(玩物喪志)의 경계를 어찌 논하겠습니까 (…) 흉중 오천 권과 팔뚝 아래 금강저와 같은 것은 모두 이로써 들어가는 것입니다.[19]

문인의 창작이라면 학문에서 그런 것처럼 격물치지(格物致知)와 같이 도를 향한 치밀한 규범의 실천으로 나아가야 한다. 그럴 때 회화와 관련된 오랜 금칙인 완물상지, 즉 회화에 대한 단순한 유희에 머물러 자신의 올바른 의지를 상실하게 되는 위험에서 벗어날 수 있다. 그는 격물치지적인 화학(畵學)의 단계에 관해, 보다 구체적으로 남종문인산수화와 묵난의 계보, 학문과 인격이라는 작가의 전제조건, 사의(寫意)와 필묵법, 법과 그 너머의 영역을 구비한 창작이념, 이 조항들에 대한 학습과 학습을 통한 깨달음 등 문인화의 주요 개념을 조목조목 주시했다.

그러나 김정희의 언급 중에는 동기창 이래 태창화파와 정섭의 이론 체계로부터 누락된 것과 강조된 것들이 있다. 김정희와 중국의 화가들, 양측은 시공상으로 서로 다른 문화 지형 위에 있으므로 자신들이 속한 화단에 대한 문제의식과 문제에 대한 해법에서 입장이 다를 수밖에 없다. 묵난화에 대한 김정희의 발언을 살펴보자. 그가 언급한 묵난화가의 계보와 서화용필동론의 무게는 거의 판교(板橋) 정섭(鄭燮, 1693-1765)으로부터 온 것으로 보인다. 절친인 권돈인(權敦仁, 1783-1859)에게 청대 백정(白丁, 1626-?)의 묵난을 보여 주면서 그 필의를 따르게 한 기록을 보면, 김정희는 정섭이 언급한 중국 묵난의 계보를 주변에 전파하여 이에 대한 체계적인 학습을 유도한 행적이 보인다.[20] 그

• • • •

19 金正喜, 〈與石坡興宣大院君〉2, 《阮堂全集》 권2. "大抵此事直一小技曲藝, 其專心下工, 無異聖門格致之學, 所以君子一擧手一擧足, 無往非道. 若如是, 又何論於玩物之戒. (…) 至如胸中五千卷, 腕下金剛, 皆從此入耳."

20 權敦仁, 〈墨蘭題詩〉, 《阮髯合壁帖》, "如此石室, 冬日仿白丁筆意. (…) 昔在樊上, 秋史携來白丁師蘭畵小幀, 相與歎賞."; 국립중앙박물관, 앞의 책, 66-68쪽에서 재인용.

러면서도 김정희는 정섭의 창작론을 거의 언급한 적이 없다. 김정희의 묵난첩인 《난맹첩(蘭盟帖)》의 경우 정섭의 시 여섯 수를 제시로 인용했지만 이 시들에는 묵난의 이념이나 기법에 대한 내용이 없다. 모두 난을 대상으로 한 단순한 감상투의 영물시(詠物詩)이다. 왜 김정희는 정섭을 묵난의 대가로 꼽으면서 정섭의 창작 원칙들을 언급하지 않았을까.

정섭 앞에는 탄탄한 묵난의 전통이 존재했다. 그에게 주어진 과제는 정소남으로부터 석도(石濤)·백정에 이르기까지 축적된 성과를 기반으로 새로움을 발견하는 것이었다. 그는 명말 이래의 상업과 속문화(俗文化)의 성장, 신운파(神韻派)나 성령파(性靈派)와 같이 개인을 내세우는 예술계의 분위기 속에서 활동했고, 그 문화가 부각시킨 '개인'에 대한 강렬한 자의식을 토대로 전통의 계승보다 그 훌륭한 전통으로부터 어떻게 창신의 길을 마련하는가를 고심했다. 반면 김정희가 볼 때 조선에서 묵난의 전통은 너무 미미했고 따라서 아직 학습에 주력할 단계이지 창신을 논할 단계가 아니었다. 김정희는 자신의 아들에게 사난(寫蘭)의 기초에 대해 언급하는가 하면 당대 사난의 최고였던 이하응에게도 인공미를 넘어 깨달음의 경지에 도달하는 마지막 단계는 허락하지 않았다. 〈불이선난도(不二禪蘭圖)〉의 제시(題詩) 역시 서화용필동론의 적용과 창작의 우연성을 적었을 뿐 창신에 대한 언급이 없다는 점에 주목할 필요가 있다. 자신을 포함해 학습이 탄탄한 서예가들에게 기(奇), 개성을 역설(力說)했던 상황을 염두에 두자면, 그가 학습이 탄탄하지 않은 조선의 화가들에게 아직 창신을 언급할 단계가 아니라고 판단했을 것이라는 점은 더욱 분명해 보인다.

둘째, 정섭이 제화시에서 초사(楚辭)·사기(史記) 전통의 울분을 대입하는 데 대해 김정희가 반응하지 않았다는 점도 무심히 지나칠 수 없다. 《난맹첩》에서 인용된 시들은 유가 전통의 정서적 중용을 벗어나지 않는 것들로 선정되어 있다. 정서의 중용에 대한 김정희의 입장은 '궁이공론'(窮而工論)에 대한 논의에서도 확인할 수 있다. 시인은 곤궁을 겪어야만 비로소 뛰어난 시를 지을 수 있다는 이 명제에 대해, 김정희는 곤궁에 대한 울분의 표출이 '시언지'(詩言志)의 지(志)가 의미하는 윤리적 올바름, 즉 중용을 유지하는 데 약점을 지닌다고 보고 시인의 시적인 재능(性靈)을 형식적 윤리적 체제(格調)로써 절제해야 한다고 주장한다. 요컨대 김정희는 전통적 유가자(儒家者) 문인의 인품을 확신했고 그래서 정섭이 주목한 굴강(屈强)이나 울분의 정서에 별다른 지지를 보이지 않았던 것이라고 짐작된다. 양자에게서 서화용필동론이라는 동일한 사의(寫意)의 수단은 실제 서로 다른 자아를 표현하는 수단이었던 것이다. 이는 회화창작의 윤리적인 측면에서 김정희가 정섭의 관점보다는 오히려 동기창에서 태창화파로 이어지는 계통에 더 신뢰를 두었을 수도 있다는 점을 지시할 것이다. 물론 김정희는 이 정통 계보 수용에 그치지 않고 정섭을 비롯한 여러 개성파 화가, 최신의 회화 기법에 적극 호응했다.[21]

김정희는 중국의 특정 인물이나 이론에 전적으로 의지한 흔적을 보이지 않았다. 그는 기존의 명·청대 회화 현상과 다른 제3의 길을 모색했다고 보인다. 김정희는 중국의 여러 회화 이론을 검토한 후 중국과 다른 조선의 현실에 유효한 담론으로 재구성한 것이다. 사실 그는 회화 이론에서뿐 아니라 동시대 중국의 경학, 문학과 서예, 기타 문화 정보를 조선의 그 누구보다 잘 알고 최신의 그리고 최다의 고급 정보를 갖추었으며, 무엇보다 중국 자료의 섭렵과 충분한 이해를 거듭 강조하고 청의 '방대한 학술 성과를 일정한 기준 아래 절충하는 방법론'(必有所以定針而折中者)을 자신의 학문적 지표로 내걸었다. 그는 20세기 이전 동아시아 문화 유통 상황에서 문화의 재생산, 심화와 응용, 전통의 변형에 힘쓰는 것을 중화문화권의 문화지형도상에서의 자신의 소임으로 규정하고 이에 충실했으며, 또 서예론에서는 부분적으로 그 실현에 성공했다.[22] 그리고 그의 회화론에서 민족 혹은 국가의 문화적 회화적

••••

21 정혜린, 〈19세기 중반 조선에 등장한 남종문인화론의 새 단계—추사 김정희에 의한 관념적 예술미의 강화와 저변 확대〉, 《인문학연구》(경희대 인문학연구원) 제40호(2019) 참조.

정체성에 대한 담론은 등장하지 않는다. 그에게 중국의 회화는 보편문화이자 선진적인 것으로서 흡수해야 할 대상이었고 동시에 체계적 학습을 바탕으로 변형해야 할 대상이었다고 할 것이다.

김시에서건 정선 혹은 김정희에서건 우수한 선대(先代)의 유산을 학습하고 동시대의 문화적 요청에 따라 이를 변모시키는 선진(先進)적 지식인의 책무는 동일했고 또 실천되었다. 그들 모두에게 미술 문화란 국가 간 주고받음을 통해 번영해 가는 것이었고 외부 문화를 받아들이지 않은 순수함이란 고립과 비문화, 무지를 의미했다. 물론 독창성은 두 나라에서 모두 중요한 예술 창작의 덕목이었고 이에 전통과 개인 간 긴장 관계에서 혹은 중국과 한국 간 문화 풍토의 차이 위에서 진행되었지만 타 문화에 배타적인 국내적 자기 발전은 고려의 대상이 아니었다.

4. 현대 한국 미술과 자연

20세기 이후 창작 진영에서 널리 퍼져 있는 '한국 미술'의 개념은 조선 시대 회화 이념 중 무엇을 계승했을까, 현대 작가들은 그들이 의도한 대로 서구인들이 자신들과의 차이점, 열등함만으로 구성한 동양적 특징, 그리고 일본인들에 의해 한 차례 더 비하된 조선적 특징으로부터 벗어났을까.

일본의 식민통치 시기에 한국 고유의 것은 일본 통치 전략에 따라 토속적인 것, 도회가 아닌 농촌의 풍경, 자연으로 강제되었고[23] 해방이 되고서도 한국 화단에서는 무속신앙, 자연, 질박함, 문명의 때가 묻지 않은 순수함이

22 정혜린, 〈추사(秋史) 김정희(金正喜)의 청대(清代) 서파(書派) 수용과 절충〉, 《미학》(한국미학회) 제73집(2013) 참조.

23 홍선표, 《한국근대미술사》(시공사, 2009), 138-144쪽.

한국적인 것의 주력 브랜드로 지속되었다.[24] 이들 특징은 모두 정화(精華)라고 불릴 만한 것, 합리적인 것, 고도의 정련, 세련됨, 발전적 변화를 도모했던 의지와 노력들을 삭제한 것으로 구성되었다. 광복 이후 한국 화단은 일본 미술의 잔재를 제거하고자 노력하면서 한국적인 것이 무엇인가라는 질문에 대한 답변을 모색해 왔지만, 아직도 서구와 일본이 설정한 문화와 자연의 대립항이라는 기준으로부터 완전히 벗어나지 못한 것은 아닌가. 1970년대 한국 화단을 선도하고 지금도 한국 화단을 대표하는 단색화 역시 이 경향에서 벗어났다고 하기는 힘들다.

한국의 앵포르멜과 단색화는 서구의 앵포르멜, 추상 표현주의, 액션 페인팅, 미니멀리즘 등을 수용한 의미 있는 회화사적 사건들이다. 조선 시대에 그랬듯이 한국은 서구를 중심으로 한 세계 문화지도에서 변방에 있었고, 미술문화의 측면에서 동시대성을 확보하기 위해 서구의 미술문화를 수용하고자 힘쓰는 것은 문화생존의 전략적 측면에서 너무나 당연했다. 자본주의와 자유주의 이념을 내세운 미국 등 선진 국가의 미술 조류는 막 한국전쟁을 끝낸 한국인들에게 역시 수용해야 하는 선진 문화를 의미했다. 그중 단색화는 앵포르멜과 달리 한국의 회화 전통도 강하게 의식했는데 그들은 한국의 미술을 어떻게 이해하여 그 새로운 미적 취향을 제안하게 되었을까.

김환기(1913-1974), 이우환(1936-), 박서보(1931-), 윤형근(1928-2007), 정상화(1932-), 정창섭(1927-2011), 하종현(1935-), 이동엽(1946-), 박장년(1938-2009), 김창렬(1929-), 이건용(1942-) 등 단색화 계열로 분류되는 작가들에게서 공통적으로 보이는 조형적 특징들로 흑백이나 단색 혹은 저채도·저명도의 단순한 색채 계열, 비구상적인 화면 내 형태들, 반복적인 형상의 사용 등을 꼽을 수 있다.

• • • •

24 유영국이 일찍이 1930년대부터 프랑스와 미국의 추상미술의 조류를 일본과 한국에서 실험·구현한 것은 당시 한국 화단의 상황에 비추어 매우 예외적이다. 이인범, 〈유영국의 후기 추상 연구—국민국가정체의 형성과 미적 모더니티〉, 《미학예술학연구》(한국미학예술학회) 제53집(2018) 참조.

1960년대 이들은 스스로 미니멀리즘(minimalism)의 영향을 받았지만 미니멀리즘과는 다른 회화라고 밝혔다. 부언하자면 미니멀리즘 작가들과는 추상의 방식뿐 아니라 목표도 다르다고 할 수 있다. 미국의 미니멀리즘은 1963년 로버트 모리스(Robert Morris)와 도널드 저드(Donald Judd)가 '미술은 무엇인가', '회화란 무엇인가'와 관련해 전통에 대해 공격적인 질문들 던진 전시회를 열면서 시작되었다. 미니멀리즘은 이른바 순수 미술의 구축을 거부하면서 건축자재와 같은 예술적이지 않은 재료를 사용하여 일상 사물과 미술품의 구분을 없앴고, 작품 제작에 아이디어만 제시하여 작품이 작가의 창작물임을 부정하는 기획을 마련했다. 월하임(Richard Wollheim)은 이들이 '작품 전체를 제작'한다는 관념을 거부하고 '아이디어를 결정'했으며, '예술작품임을 보증하는 예술적 장치를 구성'하는 것을 공격하면서 '예술작품이 아닌 일상 사물이 되고자 예술적 장치를 제거'하기를 선택했다고 정리했다.[25]

그러나 미니멀리즘과 달리 한국의 단색화 작가들은 작품이 작가의 창작물임을 부정하거나 미술품과 실재 사물의 구분을 지우는 것을 목표로 삼지 않았다. 우선 단색화 작가들은 작품을 통해 일정한 의미를 제시하고자 했고 제작품이 예술작품이라는 점을 부정하지 않았다. 그들은 미니멀리즘과 달리 자연(의 한 속성이나 한 부분)을 표현대상으로 삼고 미술작품들이 관행적으로 사용하는 프레임이나 캔버스, 받침대를 남겨 두어 일상 사물이 아닌 예술작품이라는 점을 명시했다. 물론 이제까지 미술작품의 재료로 잘 쓰이지 않던 마대나 흙(고령토) 등을 사용하여 얼핏 보면 일상 사물과 가깝지만, 작품의 내용에 대한 작가의 의도, 화면 구성의 의도는 엄연히 존재하며 작품은 처음부터 끝까지 작가에 의해 직접 제작되었다.

보다 구체적으로 박계리가 대표적인 단색화 작가로 꼽은 이들의 창작 목표와 방법을 살펴보자. 박계리는 박서보, 권영우, 정상화 등의 작품을 '무아

• • • •

25 조주연, 《현대미술 강의》(글항아리, 2017), 238-235쪽.

(無我)적 단색화'로 분류하고 윤명로, 하종현, 정창섭 등의 작품을 '무위(無爲)적 단색화'로 분류했다.[26] 전자의 경우 이들 작가들은 연필이나 펜, 해먹, 손가락 등을 사용하여 서로 유사해 보이는 선을 무수하게 긋거나 규칙적으로 화면을 긁어 내는 단순하고 반복적인 행위의 흔적을 화면에 남긴다. 단순하고 반복적인 행위들은 거의 기술에 가까워 보이는데 예술적 구성을 의도하지 않았다는 것을 보여 주도록 구상된 것이다. 이러한 행위에 대해 박서보를 비롯한 몇몇 작가들은 조선 시대 막그릇을 만들던 도공들이 그랬듯이 반복적 행위를 통해 무심(無心)함을 실천했고, 이는 곧 정신 수양이라고 했다.[27] 그런데 이들 스스로 밝힌 창작 이념에는 두 가지 무심함이 겹쳐져 있다. 하나는 정신 수양과 무관하게 민예품 질그릇을 만드는 도공의 '일상적인 무심한 마음'이며 다른 하나는《장자》에 등장하는 바 '도에 깨달은 경지에 도달한 마음'이 그것이다.[28] 요컨대 이들 계열의 작가들은 두 종류의 무심함을 결합시켜 의도함 없이 무심하게 반복적인 작가의 행위로부터 자연의 한 속성-비의도성을 지시하려는 전략을 가지고 있었다고 정리할 수 있다.

후자의 계열은 우연적으로 드러나는 사물의 속성, 상황을 통해 자연의 한

• • • •

26 박계리, 〈1970년대 한국 모노크롬의 기원과 전통성〉,《미술사논단》(한국미술연구소) 제15호(2002).

27 몇몇 단색화 작가들이 정신 수양과 작품 제작을 동일시한다. 박서보 외에도 정창섭은 "나의 작업은 (…) 종이의 재질 속에 나의 숨결, 그리고 혼과 체취가 녹아들어 마침내 하나가 되게 하는 과정인 것이다", "도의 길을 걷는 사람들이 선의 세계를 맛보는 것처럼 동양적 정신과 물질의 조화를 나는 적막한 내 작업을 통해 이루려 하는 것"이라고 하였다. 〈화가와 풍경—'비움의 미학' 완성한 박서보 화백: 그림은 나를 비우는 마당〉,《ktx매거진》, 2013년 9월; 〈혼과 체취로 종이에 기억의 잔상을 표현, 1세대 화가 정창섭의 '명상'〉,《아트인포》, 2018.1.7., http://www.artinfo.kr/news/articleView.html?idxno=577(2019.09.30 검색).

28 박계리는 이들이 반복적 작업을 통해 무아의 경지에 도달하고 이를 통해 작품 재료의 순수한 물성(物性)을 드러내니, 작가의 무아적 행위와 물성이 합일된 경지로 나아가는 것이라고 평가했다. 무아적 행위에 대한 이 규정에는 작가가 경험하는 일상적 무심함의 측면이 포함되지 않았다.

현상을 지시하고자 한다.[29] 종이 가장자리를 손으로 거칠게 찢어 종이의 물리적 속성을 보여 주거나 안료를 떨어뜨려 흐른 자국을 화면에 제시하여, 사람의 의도와 행위가 미치지 않은 상태의 자연의 한 속성/상황에 감상자들이 집중하도록 하는 것이다.[30] 전자 계열의 작가들이 인간의 무의도성으로써 자연의 무의도성을 은유했다면 후자 계열의 작가들은 자연의 한 부분을 통해 자연 전체를 환유적으로 제시했다고 할 수 있다.

단색화 작가들은 미니멀리즘에서 등장한 일상적인 사물의 비서사, 비예술성, 단순한 형태와 색을 자연의 속성이나 한 부분의 단순함을 표현하는 데 전용(轉用)했다. 그러나 그들이 가진 예술과 자연의 관계에 대한 관념은 19세까지 많은 조선의 화가들이 가졌던 그것, 자연을 직간접적으로 지시하는 예술이라는 관념과 매우 유사해 보인다. 그래서 일반적으로 단색화 화가들은 자연이 미술작품의 표현 대상이자 창작의 근본 원칙이라는 오랜 전통의 미술 창작이념을 추구하면서 동시대의 새로운 시각적 조형을 응용했다고 평가된다. 이 글이 다시 묻고자 하는 것은 그들이 이해한 자연이 과연 19세기까지 한국의 화가들이 생각했던 자연과 동일한가 하는 점이다. 그들은 자연의 무의지성, 우연성을 주로 강조했다. 이러한 선택으로 말미암아 선택된 속성과 대비되는 현실의 구체성, 다양성, 규범, 이성, 정제(精製) 등은 자연스럽게 제외되었다. 단색화 화가들과 조선의 화가들은 다음의 두 가지 측면

• • • •

29 박계리는 후자 계열의 작가들이 주체 의식의 망각보다는 행위의 인위성, 작위성을 부정하여 자연으로 환원되고자 한다고 해석했다. 박계리, 앞의 글, 302-306쪽.

30 물론 모든 단색화 작품들을 행위를 강조하는 계열과 물성을 강조하는 계열로 나눌 수 있는 것은 아니다. 예컨대 하종현의 〈접합〉 시리즈에서는 물성을 드러냄이 동일한 행위의 반복과 동시에 드러나고 있으며, 작가 스스로도 "반복된 수행"을 강조한 바 있다. "가식없는 본질을 단조로운 색, 그러나 반복된 수행을 통해 드러낼 뿐이다"라고 하였다. 〈[단색화가 하종현, 이우환, 정상화] 하나의 색이 아니라오〉,《월간쿠나》, 2015. 2, https://m.blog.naver.com/PostView.nhn?blogId=kyounakim&logNo=22 0669283800&proxyReferer=https%3A%2F%2Fwww.google.co.kr%2F(2019.09.30 검색).

에서 자연에 대한 이해와 표현의 초점이 다르다.

첫째 제작활동의 측면에서 조선 시대 한국 미술은 근현대 한국인들이 단편적으로 떠올리는 것처럼 외래 미술문화에 대한 순수함을 추구하거나 자연의 단순함만을 표현하고자 하지 않았다는 점이다. 조선의 문인들은 선진문화인 중국 문화를 끊임없이 적극적으로 수용했다. 고려(高麗) 문인들의 도서구입열에 대해 송의 문인들이 '소중화'(小中華)라고 높이 평가했다거나 조선 문인들이 청의 수도 북경의 유리창 거리에서 수많은 도서를 구입해 왔다는 것은 한국 지식인 계층이 끊임없이 선진 문화를 흡수하여 자국 문화의 수준 상승을 도모했다는 것을 알려 준다.

현대인의 눈에는 수묵, 붓과 먹, 선지라는 재료가 늘 동일하게 보일 수 있지만, 이는 중화문화권이라는 어쩔 수 없는 시대적 환경적 제약을 의미할 뿐 그 안에서 화가들은 새로운 중국의 미술양식, 나아가 서양화 기법을 수용할 정도로 능동적이고 개방적이었다. 정선(鄭敾, 1676-1759)은 명대 남종문인화(南宗文人畵)나 인쇄물의 삽화, 서양화까지 학습하고 그 변형을 추구했고, 그래서 그의 필묵법은 그때까지 존재하던 기법의 명칭으로 부르기에 적합하지 않았다.[31] 외래문화를 배제한 우리 문화의 고유성 혹은 인위와 대립적인 자연의 질박함은 적어도 뛰어난 조선 화가들이 의도해 본 적이 없는 창작이념이다.

둘째 제작 이념의 측면에서 무기교의 기교, 무작위 등의 개념들은 19세기까지 동북아시아의 자연에 대한 이해와 상당한 편차를 지닌다. 유가에서건 도가에서건 자연은 무위이위(無爲而爲, 인위적이지 않게 작동함)의 원칙만을 가리키는 것이 아니라 현실의 존재자들(有爲)을 포괄한다. 《도덕경》 1장에서부터 분명

31 강관식, 〈謙齋 鄭敾의 天文學 兼敎授 出仕와 〈金剛全圖〉의 天文易學的 解釋〉, 《美術史學報》(미술사학연구회) 제27집(2006); 박은순, 〈謙齋 鄭敾의 寫意山水畵 연구〉, 《美術史學》(한국미술사교육연구회) 제34호(2017) 등.

히 제시하기를, 자연은 명명할 수 있는 구체적인 존재자가 아니기도 하지만(無名) 만물(有名)의 생장소멸의 근원이기도 하다.[32] 자연이라는 개념은 '구체적인 존재자들에 대해' 의미를 지니기 때문에 인간-세계를 이해할 때 중시되고 언급되는 것이다. 주희(朱熹) 역시 "만물의 개별적 차원에서 말하자면 만물의 각 개체 안에 유일하고 궁극적이며 보편적인 태극이 실재한다(萬物言則萬物中各有太極)",[33] "궁극의 원리이자 구체적인 존재자들 각각의 개별적인 이와 존재자를 생성·소멸시키는 질료로서의 기는 서로 떨어질 수 없다(理氣不相離)"는 점을 누누이 강조했다. 19세기까지 전통 사회에서 문화·인위와 대립적이거나 이들을 배제한 무·무위·무의도성은 화가들에게도 기대할 수 없다. 그들의 제작원칙은 자연과 인위의 조화 구현에 있었다.

아울러 자연은 조선뿐 아니라 중국에서부터 선진(先秦) 시기 이래 늘 재해석되면서 그 시대의 세계관, 자연관, 가치관을 반영해 왔다. 주자학은 세계가 변화할 때 이(理)는 변화하지 않는다고 이의 현실에 대한 초월성이 강조했고, 청대 고증학(考證學)은 주자학이 강변한 이치의 궁극으로서 태극(太極)이 본래 선진(先秦) 시기에는 북극성(北極星)을 의미했을 뿐 현실에 대한 초월성을 지니지 않았다고 주자학을 비판했다.[34] 동북아시아에서 자연은 이해하고 따라야 할 대상이기도 했지만 시대마다 다른 지적 요구와 관심사에 따라 재해석되어야 할 대상이기도 했다.

단색화 작가들은 과거 한국 미술의 제 특징 중 자연을 선택했고 그것도 이성, 현실, 세련됨 등을 배제한 채 무(無), 단순함, 무의도 등을 통해서만 표현하고자 했다. 조선의 화가들의 자연관이 중국 문화·성리학·고증학 등을 배경으로 형성되었다면 단색화 작가들의 자연관은 이에 더해 오리엔탈리

••••

32 《도덕경》 1장, "無名, 天地之始, 有名, 萬物之母."

33 《朱子語類》 卷1.

34 阮元, 〈太極乾坤說〉, 《揅經室集》 卷2.

즘, 그리고 식민통치 기간 일본이 제시한 동양주의와 동일한 논리인 문화와 자연의 대비축, 그리고 민족주의를 배경으로 형성되었다. 서구인들이 동양을 규정하는 데 적용했던 자연과 문화의 개념축, 단순함과 복잡함, 무의도와 의도, 야만과 문명의 대비라는 보이지 않는 논리의 축이 다시 일본의 한국 문화 규정에 응용되고 이에 일제 식민통치 기간 태어나고 교육받은 세대들에게 전달되었다. 그리고 이 논리의 축은 민족주의가 강력한 힘을 발휘하던 시대를 거치면서 강화된 채 현재까지도 한국 미술의 정체성 논의에서 부분적으로 작동하는 것으로 판단된다.

조선의 화가들이 자신들의 세계관을 전제로 자연을 끊임없이 해석하여 구체적인 존재자들을 표현했던 것처럼, 단색화 작가들은 전통을 계승한다고 했지만 사실상 조선의 화가들과 다른 근현대라는 시간적 환경, 대한민국이라는 공간적 환경 속에서 조선 시대의 그것과는 다른 자연관, 그리고 민족문화, 민족 미술이라는 이전에 없던 새로운 문화 이념을 구현했다. 현재의 작가들은 다시 이전 세대인 단색화 작가들이 딛고 있는 오리엔탈리즘과 동양주의, 민족주의의 사회—자연의 관계를 지양하고 이들과는 다른 사회—자연의 관계 위에서 또 다른 미술작품을 모색해야 할 것이다.

5. 맺음말

한국은 근대화 시기 주권의 상실과 회복을 거치면서 미술을 포함한 문화 역시 외부의 문화에 의해 침범당하거나 비하되는 시간들을 체험했다. 외부로부터 내부의 미술 문화를 지켜 내는 과정에서 주체성을 지켜야 하는지 외부에 대해 배타적인 단일함을 지켜야 하는지 혼동하기도 했다.

그리고 그 단일함은 서구로부터 일본을 거친 동양주의의 담론 속에서 '자연', '무작위', '소박함' 등으로 구체화되었다. 비애의 미나 곡선의 아름다움에 비해 자연 계열의 관념들은 외부로부터 강제적으로 주어진 정체성을 검열하려 민족문화를 강화하는 중에도 지속되어 한국 미술의 정체성으로 침착되었다. 자연은 서구와 일본이 한국 문화 일반에 대해 보내는 비하와 열광의 양면성을 지녔고 서구와 일본이 도외시한 정련되고 세련된 미술문화, 외부 문화가 끊임없이 성대하게 교류하고 변모하던 장소로서의 한국과 순수한 한국성, 질박한 자연미를 추구하는 한국은 종종 서로 조정되지 않은 채 논의되었다. 결과적으로 서구·일본을 논의의 축으로 삼고 이들과 다른 특징들만으로 우리의 한국 미술을 구성하여 축소·왜곡시키는 경향은 별다른 자기반성 없이 지금도 한국 미술계의 한 켠에서 지속되고 있다. 자연과 더불어 이와 상대하는 또 다른 축, 다양함의 혼종성과 정련, 성숙 등을 한국 미술의 정체성 속에서 함께 고려함으로써 근대 서구에서 발원한 자연관을 벗어나는 것, 아직 일소되지 않은 동양주의적 자연관의 잔재를 벗어나는 것이 아직 해결하지 못한 우리 시대의 과제일 것이다. 나아가 현재는 한국의 국가와 민족이 결합해야 했던 시기에 채 의식하지 못했던 포스트모던, 디아스포라, 다문화 등의 이념을 수용하고 내면화하는 중이다. 한국 미술의 정체성에 대한 질문 역시 20세기 전반에 제기되었던 질문들과는 다른 조건과 가설 위에서 그리고 다른 각도에서 제기되어야 할 것이다.

참고 문헌

《道德經》.

《朱子語類》. 北京: 中華書局, 1999.

金正喜.《阮堂全集》天·地·人. 과천문화원, 2005.

朴珪壽.《瓛齋集》. 한국문집총간 312.

朴趾源.《燕巖集》. 한국문집총간 252.

成俔.《虛白堂文集》. 한국문집총간 14.

阮元.《揅經室集》. 中國基本古籍庫.

洪大容.《湛軒書》. 한국문집총간 248.

강관식. 〈謙齋 鄭敾의 天文學 兼敎授 出仕와 〈金剛全圖〉의 天文易學的 解釋〉.《美術史學報》(미술사학연구회) 제27집(2006).
강명관. 〈한국 한문학 연구의 반성과 새 방향〉.《한국학논집》(계명대 한국학연구원) 제29집(2002).
______. 〈국문학과 '근대'에 관한 몇 가지 생각〉.《泮矯語文硏究》(반교어문학회) 제39집(2015).
강상순. 〈한국 고전문학 연구에 수용된 탈근대·탈민족 담론에 대한 비판적 고찰〉.《민족문화연구》(고려대 민족문화연구원) 제53호(2010).
고미숙. 〈18세기에서 20세기 초 민족담론의 변이양상〉.《현대문학의 연구》(한국문학연구학회) 제13호(1999).
국립중앙박물관 편.《秋史 김정희 學藝일치의 경지》. 국립중앙박물관, 2006.
김승연·신지연. 〈일본의 우키요에가 19세기 후반 서양미술사에 끼친 영향〉.《기초조형학연구》(한국기초조형학회) 제13호(2012).
박계리. 〈1970년대 한국 모노크롬의 기원과 전통성〉.《미술사논단》(한국미술연구소) 제15호(2002).
박은순. 〈謙齋 鄭敾의 寫意山水畵 연구〉.《美術史學》(한국미술사교육연구회) 제34호(2017).
사또 도신.《'일본 미술'의 탄생》. 최석영 옮김. 민속원, 2018.
오오타케 마유미. 〈일본 전통미의 재조명과 근대적 미의 형성〉.《미학》(한국미학회) 제79집(2014).
이나가 시게미. 〈'日本美術像'의 變遷—印象主義 日本觀에서 '東洋美學' 논쟁까지(1880-1940)〉.《미술사논단》(한국미술연구소) 제18호(2004).
이병진. 〈시라카바(白樺)派의 예술지상주의적 세계관〉.《비교문학》(한국비교문학회) 제49집(2009).
이인범. 〈유영국의 후기추상 연구—국민국가 정체의 형성과 미적 모더니티〉.《미학예술학연구》(한국미학예술학회) 제53집(2018).
임형택. 〈19세기말 20세기초 동아시아, 세계관적 전환과 지식인의 동아시아 인식〉.《대동문화연구》(성균관대 대동문화연구원) 제50집(2005).
정민. 〈18, 19세기 조선 지식인의 병세의식(幷世意識)〉.《한국문화》(서울대 규장각한국학연구원) 제54집(2011).
______.《18세기 한중 지식인의 문예공화국》. 문학동네, 2014.
정혜린. 〈조선 중기 회화관 연구—浙派 山水畵와 詩畵合一의 관계를 중심으로〉.《인문논총》(서울대 인문학연구원) 제62집(2009).
______. 〈추사(秋史) 김정희(金正喜)의 청대(淸代) 서파(書派) 수용과 절충〉.《미학》(한국미학회) 제73집(2013).
______. 〈북송대 문인화-사대부 문화의 시각화—소식(蘇軾)의 논의를 중심으로〉,《인문과학》(연세대 인문학연구원) 제112집(2018).
______. 〈19세기 중반 조선에 등장한 남종문인화론의 새 단계—추사 김정희에 의한 관념적 예술미의 강화와 저변 확대〉.《인문학연구》(경희대 인문학연구원) 제40호(2019).
조주연.《현대미술 강의》. 글항아리, 2017.

진재교. 〈방법으로서의 동아시아와 신고증학(新考證學)〉. 《인문논총》(서울대 인문학연구원) 72권 2호(2015).
홍선표. 《한국근대미술사》. 시공사, 2009.
______. 〈한국 미술 정체성 담론의 발생과 허상〉. 《미술사논단》(한국미술연구소) 제43호(2016).
______. 〈'한국화'의 현대화 담론과 이응노〉. 《미술사논단》(한국미술연구소) 제44호(2017).

高橋博已. 《東アジアの文芸共和国》. 東京: 新典社, 2009.
帝國博物館 編. 《稿本日本帝國美術略史》. 東京: 農商務省, 1901(明治34).

国立国会図書館デジタルコレクション, http://dl.ndl.go.jp/.
〈〈단색화가 하종현, 이우환, 정상화〉 하나의 색이 아니라오〉. 《월간 쿠나》, 2015.02.
https://m.blog.naver.com/PostView.nhn?blogId=kyounakim&logNo=220669283800&proxyReferer=https%3A%2F%2Fwww.google.co.kr%2F(2019.09.30 검색).

밀도전략(密度戰略)

변화하는 시대,
한국 건축의 정체성

황두진

1. 서론

이 연구는 시대 변화에 따른 한국 건축의 정체성을 읽어 내고 미래를 위한 새로운 제안을 하는 것을 그 목적으로 한다. 한국 건축의 정체성 논의는 그간 주로 전통건축의 재해석과 현대적 계승이라는 틀에서 진행되어 왔다. 김수근의 부여박물관(1967, 현 부여군 문화재사업소)에 의해 본격적으로 촉발된 논의는 이후 강봉진의 국립박물관(1973, 현 국립민속박물관), 김석철의 예술의 전당(1988) 등을 거치며 반복적으로 재점화되어 왔다. 그러나 건축과 사회의 역동적 관계보다 조형, 의장, 양식 등에 집중한 당시의 내재적 관점은 변화하는 시대의 정체성 논의의 틀로서는 한계가 있었다. 또한 대상 건물들은 소위 국책사업의 결과물로서, 당시 여건상 정권의 정통성 확보와 국위 선양이라는 정치적 목적에 종속될 수밖에 없었던 사례들이라는 한계를 갖는다. 1990년대 이후 관련 논의는 일종의 답보상태에 들어간 것으로 보인다.

이 과정에서 몇몇 해외 건축가들은 특별한 관심의 대상이었다. 특히 미국의 프랭크 로이드 라이트(F. L. Wright), 핀란드의 알바 알토(Alvar Aalto) 등이 자국의 정체성이 담긴 건축을 구현했다는 점에서 본받을 만한 인물로 종종 거론되었다. 그러나 그것은 풍토나 자연 조건, 새로운 재료와 공간 개념 등에 주목한 결과였으며, 이들이 자국의 전통건축을 심도 있게 연구하고 이를 의식적으로 계승하려 한 것은 아니다. 스위스/프랑스의 르 코르뷔지에는 황금비에 기초한 서구 전통건축의 비례체계에 주목하고 이를 현대인의 체격조건과 결합한 이론인 '모뒬로르'(Modulor)를 만들었으나 이것이 과연 보편적 실천 전략으로 진화했는지는 의문이다. 오히려 저서 《새로운 건축을 향하여》에서 제시한 기계시대의 새로운 건축에 대한 주장과 그 실천이야말로 그가 가장 핵심적으로 기여한 부분이었다.

서구 근대건축은 이처럼 기존의 정체성을 부정하고 새로운 가능성을 향한 치열한 움직임으로 시작된 것이었다. 이후 탈근대 시대의 논의를 거치면서 초기 근대건축의 이념적 도그마는 변형, 보완되었으나 이전 시대로부터의 역사적 연속성보다 과학과 기술에 의한 혁신을 추구하는 기본 정신은 여전히 유효하다. 특히 맹목적 민족주의의 결과로 치열한 세계대전을 겪은 이후, 민족 단위로 전개되는 지역별 정체성 논의는 종종 부정적 평가의 대상이 되기도 한다. '비판적 지역주의'(Critical Regionalism)라는 이름으로 이러한 현상을 설명하려는 시도가 있었으나[1] 이에 대한 반론 또한 만만치 않다. 이런 관점에서 봤을 때 한국 건축의 정체성에 대한 기존의 논의는 이러한 세계

••••

1 Kenneth Frampton, 〈Toward a Critical Regionalism: Six points for an Architecture of Resistance〉(독립 에세이, 1983).

사적 흐름과 상당한 거리가 있는, 일종의 고립된 현상이었다는 느낌을 갖게 한다. 건축가나 이론가 별로 개별적 입장이 있을 뿐, 아직 공론에 의해 도출된 서사란 존재하지 않는 것으로 보인다. 결과적으로 이 문제는 그간의 다양한 논의에도 불구하고 미완의 관제로 남아 있으며, 기존의 관점을 유지하는 한 앞으로도 그럴 것이다. 즉 관점 자체가 시대의 요구와 맞지 않았다고 본다.

이 연구는 새로운 논의의 생산을 위한 틀로서 '밀도'라는 관점을 제안하고자 한다. 밀도는 사회 변화가 건축에 미치는 큰 변수다. 특히 근대에 들어 도시화가 진행되면서 그 논의의 필요성이 비약적으로 상승했다. 밀도에는 여러 가지 하위 개념이 있는데, 이 연구에서는 통상적으로 거론되는 인구밀도가 아닌, 그 선행 조건인 건축 밀도에 집중할 것이다. 나아가 기본적으로 양적 개념으로 간주되는 밀도에 질적 측면이 있다는 것을 논증하고, 그것이 갖는 도시적, 건축적 의미에 대해서도 이야기할 것이다. 궁극적으로는 이러한 접근 방식을 바탕으로 '무지개떡 건축'이라는 필자의 기존 개념을 학술적으로 정립하고, 나아가 그 다음 단계로서 '카멜레온 건축'이라는 새로운 개념에 대해서도 개괄적인 언급을 시도하고자 한다.

이 논의의 중심에는 '어떻게 모여 살 것인가'라는 질문이 전제되어 있다. 건축은 특수 집단의 잉여적 쾌락보다 많은 사람의 일상적 삶의 질을 향상시키기 위한 노력을 요구한다. 인류 역사상 가장 빠르고 가장 높은 수준의 도시화가 진행되어 온 한반도 남부 지역의 역사적 특성상, 이것은 그 어떤 질문보다도 우리의 변화하는 현실과 직결되는 문제다. 한편으로 남북 평화시대를 추구하는 현재의 또 다른 상황과 맞물려, 한반도의 미래를 위한 중요한 논의이기도 하다.

2. 양적 개념으로서의 밀도

건축 밀도와 관련된 개념으로 건폐율과 용적률의 두 가지가 있다. 건폐율은 전체 대지면적에 대한 건축면적의 비율이며 영어로는 'BCR(building coverage ratio)라 한다.[2] 용적률은 전체 대지면적에 대한 지상층 연면적의 비율이며 영어로는 'FAR(floor area ratio)[3]이라 한다. 이 두 가지 용어는 건조환경(built environment)의 밀도를 다루는 데 있어서 핵심적인 개념이다.

건폐율은 수평적 밀도전략에 해당한다. 건폐율이 높을수록 건물 주변의 외부 공간은 줄어든다. 외부 공간에 주차, 조경 등이 설치되는 것을 감안하면 건폐율이 높을수록 건조환경이 답답해지는 것을 알 수 있다. 다만 같은 건폐율이라고 해도 건물의 형태나 배치에 따라 외부 공간의 주성에는 큰 차이가 있을 수 있다. 예를 들어 중정형 건물의 경우 외부 공간을 가운데 두고 건물이 둘러싸는 형태이므로 겉보기 건폐율은 실제 건폐율에 비해 훨씬 높게 느껴질 수 있다.

용적률은 수직적 밀도전략이다. 일반적으로 용적률이 높으면 그만큼 고밀도의 환경이 만들어진다. 다만 고밀도가 꼭 고층화를 의미하는 것은 아니

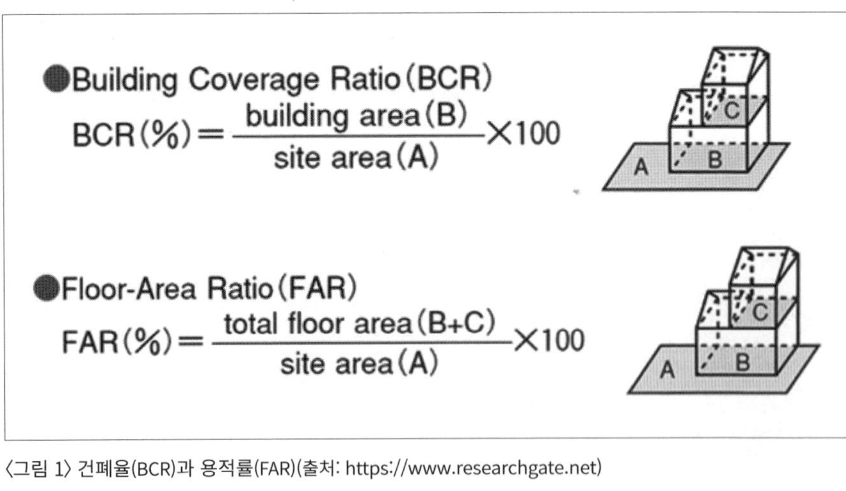

〈그림 1〉 건폐율(BCR)과 용적률(FAR)(출처: https://www.researchgate.net)

다. 같은 용적률이라고 해도 건폐율을 어떻게 다루느냐에 따라 저층이 되기도 하고 고층이 되기도 한다. 예를 들어 프랑스 파리는 고층 건물이 거의 없지만 높은 건폐율로 인해 평균 용적률이 250%에 이르는 상당한 고밀도 도시다. 이러한 '저층, 혹은 중층 고밀도'는 유럽의 전통적인 도시계획에서 선호되는 방식이다.

3. 질적 개념으로서의 밀도

밀도는 기본적으로 양적 개념이지만 건축의 경우 프로그램, 즉 기능이라는 문제와 관련, 밀도의 질적 측면을 고려할 필요가 있다. 같은 용적률, 즉 건축 밀도를 갖는 도시라고 해도 다양한 기능이 지역, 혹은 건물별로 분리, 혹은 혼합되어 있는 정도에 따라 그 안에서 전개되는 삶의 질적인 측면에 있어 매우 다른 양상을 보인다. 기능별 구분이 지역별로 뚜렷하고 개별 건물들도 주로 단일 용도로 구성되어 있는 도시와, 지역이나 건물별로 다양한 기능이 혼합되어 있는 도시는 서로 작동하는 방식이 달라진다. 즉 이것은 '복합'의 문제다.

전자의 경우 지역별, 건물별로 차이가 선명하게 드러나고 각각의 영역 안에서의 경험 또한 단일하지만 도시 구성원의 전체적인 이동거리는 길어질 수밖에 없다. 반대로 후자의 경우 지역별, 건물별 성격의 차이는 완화되며 다종다양한 경험이 한 장소에서 일어나기 쉽다. 그 결과 이동거리가 짧아지는 것을 장점으로 볼 수 있다. 대체적으로 서울을 비롯하여 미국 도시계획의 영향을 많이 받은 도시들이 전자에 해당한다면, 프랑스의 파리 등 전형

• • • •

2 건축면적이란 건축물의 수평투영면적이다. 다만 처마와 차양 등 돌출 부분에 대한 예외 조항이 있다.

3 2015년 제15회 베니스 비엔날레 한국관의 주제는 '용적률 게임'(FAR Game)이었다.

적 유럽 도시들은 후자의 경우에 해당하는 것으로 볼 수 있다. 복합은 밀도 전략의 질적 측면에 있어서 핵심적인 개념이다.

질적 개념으로서의 밀도의 또 다른 측면은 밀도의 압박을 보완하는 방식에 대한 것이다. 건폐율 60%, 용적률 250%를 적용하면 대략 4, 5층 내외의 건물이 만들어진다. 결코 고층으로 볼 수 없는 규모지만 사실상 이 정도만 되어도 보행자가 느끼는 심리적 압박은 상당하다. 따라서 다양한 방식으로 스케일을 분절하고 밀도의 압박을 완화하는 디자인적 접근이 필요하다. 옥상 테라스, 외부 계단, 발코니, 필로티 등이 그러한 목적에 활용될 수 있는 요소들이다. 건폐율과 용적률의 조합을 처음부터 잘 계획하면 최상층을 포함하여 건물의 각 부분에 이러한 요소들을 적용할 수 있으며, 이것은 오늘날의 도시건축 설계에 있어서 필수적 능력의 하나다.[4]

4. 한반도 건축의 역사적 밀도전략

1) 신라의 황룡사 9층탑

신라 선덕여왕 재위 기간 중인 645년에 건립, 약 600년 후 고려 말인 1238년에 몽고란으로 소실되었다. 고대의 대표적인 수직적 밀도전략 건축이면서 한반도 전체의 전통건축을 통틀어 현재까지도 그 기록을 유지하고 있다.[5] 심지어 근현대 건축과 비교해도 이에 필적할 만한 수직적 밀도전략을 구사한 건물은 20세기 중반이 되어야 등장한다.[6] 물론 황룡사 9층탑은

• • • •

4 필자는 이러한 접근 방식을 '다공성'이라는 개념으로 설명해 오고 있다. 황두진, 《무지개떡 건축》(메디치미디어, 2015), 81-101쪽.

5 유사 사례로 고구려의 청암리사 추정 7층 팔각 대목탑, 역시 고구려 사찰인 정릉사 팔각 대목탑 등이 있으나, 각 층의 바닥이 존재했던 것으로 알려진 황룡사 9층탑과 같은 형식인지는 확실치 않다.

종교 건축이자 국가적 상징물로서 밀도 개념을 적용하기 어려운 측면이 있다. 즉 특수한 기념비적 건축(monument)이었을 뿐, 도시 건축의 보편적 유형으로 자리잡는 것과는 거리가 있었다.

2) 고려 개경의 누각 건축

고려의 개경은 국제적 상업도시이며 다수의 다층 건축이 전재했다는 것이 일반적인 견해다. 송나라의 사신으로 1123년에 고려를 방문한 서긍의 《고려도경》 중 '누관(樓觀)'이라는 항목에 다음과 같은 구절이 등장한다.

> 왕성(王城)은 과거에는 누관(樓觀)이 없다가 사신을 통한 이래로, 상국(上國)을 관광(觀光)하고 그 규모를 배워 차차 건축하게 되었다. 당초에는 오직 왕성의 왕궁이나 절에만 있었는데, 지금은 관도(官道 나라에서 개설한 도로) 양쪽과 국상(國相 일국의 재상), 부자들까지도 두게 되어 점점 사치해졌다. 그래서 선의문(宣義門)을 들어가면 수십 가호마다 누각(樓閣) 하나씩이 세워져 있다.
>
> 홍국사(興國寺) 근처에 두 누각이 마주 보고 있는데, 왼쪽 것은 '박제(博濟)'라 하고 오른쪽 것은 '익평(益平)'이라 한다. 왕부(王府)의 동쪽에도 누각 둘이 거리에 임해 있어, 현판은 보이지 않으나 발과 장막이 화려하게 꾸며져 있었다. 들으니, 모두 왕족들이 놀이하는 곳이라고 했다.
>
> 사신이 지나가게 되면, 부녀자들이 그 속에서 내다보는데 의복 꾸밈새가 서민들과 다르지 않았다. 어떤 사람이 말하기를 '왕이 놀러 올 때면 왕족들이 비로소 비단옷으로 바꾸어 입는다'고 했다.

구체적으로 층수를 언급하고 있지는 않으나 분명히 다수의 다층 건축이 존재했던 것은 확인할 수 있다. 그러나 위 문장에서도 드러나듯이 상층부는

••••

6 층수로만 보면 1938년에 건축된 지하 1층, 지상 8층의 반도호텔이 비교할 만한 대상이다.

일상적인 기능보다는 주로 여흥을 위해 사용했던 것으로 보인다. 자료 부족으로 단언하기는 어려우나 수직적 밀도전략이 어느 정도 보편화되고 있었다는 정도로 이해할 수 있다.

3) 조선의 저밀도 환경

조선은 고려와 달리 개국 초부터 상업을 천시하고 농업을 국가의 근본으로 삼았다. 일부 예외가 있으나 도시와 농촌 모두 단층의 저밀도 유형 건축이 기본적이었다. 경복궁 근정전이나 법주사 팔상전처럼 육안상 다층으로 보이는 건물도 내부는 소위 '통공간'으로 단층의 구성을 한 경우가 일반적이었다. 이처럼 수직적 밀도전략이 거의 부재한 상황에서 수평적 밀도전략으로 어느 정도의 도시적 밀도를 만들어 내고 있었다. 도시의 좁은 골목을 의미하는 '여항(閭巷)'은 언뜻 낭만적으로 느껴지지만 사실상 수평적 밀도전략의 일환으로 공공 영역인 도로가 비정상적으로 위축된 결과로 볼 수 있다. 농업을 근간으로 하는 저밀도 사회의 특성상 인간과 자연 간의 밸런스는 어느 정도 유지될 수 있었을 것이며 이처럼 아름다운 자연을 배경으로 전통 가옥이 저밀도로 배치된 전원적 풍경은 영국의 '픽처레스크(Picturesque)'에 비견할 만한 조선 시대 경관의 지배적 이미지를 구성한다.

저밀도의 건조환경에서 두드러지게 부각되는 현상으로 '전이공간'이 있다. 불교 사찰의 접근 과정에서 나타나는 공간적 전개가 큰 스케일의 전이공간이라면, 처마 밑 공간, 툇마루 등은 개별 건축 내에서 발달한 작은 스케일의 전이공간이다. 그러나 밀도가 높아지면 이러한 개념을 구사하는 데 상당한 제약이 따른다. 기본적으로 도시적 경험의 상당 부분은 전이공간이 생략되거나 극도로 압축된 상태에서의 순간적 변화, 즉 하이퍼텍스트적인 것이다. 이를 고려할 때 전통 건축의 저밀도 공간적 특성에 기초한 개념을 현대 도시 환경에서 적용하려는 것은 하는 것은 그리 효과적이지 않다. 그러나 이러한 전원적, 토지밀착형 건축관은 아직도 대한민국 건축계 담론의 한 부분이다. '터무니'(승효상), '땅의 공간-땅의 형국을 추상화하는 작업'(민현식) 등이 그러한 사례들이다. 이러한 담론에서는 밀도의 의미에 대한 기본적 인식이나 전략을 찾아보기 어려우며, 과연 어떤 상황을 텍스트로 삼고 있는가에 대한 의문을 갖게 한다.

최근 화제가 되고 있는 정조 연간의 〈성시전도시(城市全圖詩)〉를 통해 당시의 도시 환경을 어느 정도 가늠할 수 있다. 그중 하나인 이덕무의 글을 열람해 보았을 때, 활기 있는 거리 풍경에 대한 묘사는 있지만 다층 건축의 존재를 암시하는 구절은 찾아보기 어렵다.

> 육조와 백사는 여러 관원을 거느리고
> 팔문과 사교는 멀고 가까운 곳을 통하네
> 팔만여 민가는 오부가 통할하고
> 사십구방은 세 저자를 끼고 있네
> 빙 둘러 돌로 쌓은 성 금구와 같으니
> 이것이 왕경의 대략이로다

조선의 이러한 저밀도 건조환경은 심지어 같은 아시아권에서조차 매우 특이한 경우로 볼 수 있다. 중국에 누각 건축이 발달했음은 주지의 사실이며, 북송의 수도였던 카이펑(开封)에는 송대 양식의 전통루로 구성된 거리가 있다. 일찌감치 서구의 영향권에 들어간 동남아시아의 여러 도시에 이미 19세기부터 다층의 상가주택, 즉 '숍하우스(shophouse)'가 들어서기 시작한 것과도 대비된다. 심지어 가로변 필지의 형상도 조선은 달랐다. 상업이 발달된 도시에서 쉽게 발견할 수 있는 좁고 긴 필지는 조선에서는 찾아보기 어려웠다.[7] 오히려 가로를 따라 길게 형성된 필지가 보편적이었고 그 흔적은

7 일본에서는 이러한 필지에 지어진 좁고 긴 집을 '나가야(長屋)'라 부른다.

〈그림 2〉
옥인동의 2층 한옥(사진: 황두진)

오늘날에도 쉽게 찾아볼 수 있다.[8] 즉 수직적 밀도전략은 물론, '프론티지(frontage)'라는 상업가로의 대표적 수평적 밀도전략도 존재하지 않았다. 전근대의 조선은 이렇게 도시적 밀도에 대한 총체적 전략이 부재한 상황에서 개항과 더불어 충격적인 근대화를 경험하게 된다.

4) 근대화 1—개항에서 일제강점기

1876년 강화도조약 이후 한반도에 일본 상업 자본이 본격적으로 침투하기 시작했다. 일본의 개항은 '미일수호통상조약'을 기준으로 보면 1858년으로, 조선에 비해 약 20년 정도 앞서 있었다. 1904년 러일전쟁에서의 승리를 계기로 조선에 대한 일본의 영향력은 더욱 커졌다. 그간 축적된 서구식 근

• • • •

8 김성홍, 《도시건축의 새로운 상상력》(현암사, 2009), 240-241쪽.

대화 덕분에 일본의 상업자본은 단층 건물 일색의 조선의 도시에 2층 이상의 '양옥집'을 공급할 수 있는 능력을 갖추고 있었고 일부 조선 상인들도 그러한 방식을 따랐다. 1907년 일제가 지어 이준용에게 제공한 운현궁 양관, 1910년의 석조전 등과 같이 당시의 지배층 또한 서구식 다층 건축을 본격적으로 조우하기 시작했다.

1900년대 중반 높아가는 상업적 밀도에 대응하는 방식의 하나로 '이층 한옥상가'가 출현했다.[9] 고려 시대 이후 거의 맥이 끊겼던 수직적 밀도전략이 전통구법의 형식 내에서 다시 부활한 것이다.[10] 그러나 당시 기술의 한계와 온돌문화의 영향으로 이층 한옥 상가의 2층에는 주거가 들어갈 수 없었고 대신 사무실이나 창고 등으로 사용되었다. 동남아시아의 숍하우스가 수직적 밀도전략뿐 아니라 수직적 복합화를 꾀한 것과는 다른 양상이었다. 그 결과 가로변에는 이층 한옥 상가가, 그 안쪽에는 전형적인 1층 살림집 한옥이 들어서는 유형이 만들어졌고 지금도 서울 옥인동 등에 이런 사례가 남아 있다(그림 2).[11] 그러나 2층 한옥 상가는 금방 현실적 한계에 부딪히게 된다. 고밀도에 대한 요구에 부응하는 데 한계가 있었기 때문이다. 전통건축의 구법으로 2층 이상을 짓는 것에는 현실적인 어려움이 있었다. 게다가 2층에 주거가 들어갈 수 없었기 때문에 수직적 복합건축을 시도할 수 없었다. 이후 고층화에 대한 시대의 대세로 자리 잡은 것은 1912년 지상 3층의 한국은행 건물을 필두로 본격적으로 도입된 철근 콘크리트 방식이었다. 1926년 지상 4층의 조선총독부, 1937년 지상 6층의 화신백화점 등이 뒤를 이었다. 이층 한옥 상가는 이처럼 부분적인 성과만을 남긴 채 역사의 뒷면으로 사라졌다. 이후 기술의 발달로 목조건축의 2층에 온돌을 설치할 수 있게 되면서 전통

• • • •

9 문정기, 〈이층한옥상가의 유형연구〉(석사학위논문, 서울시립대학교, 2003).

10 1910년대에 지어진 남대문로의 이층 한옥 상가처럼 벽돌조로 된 것도 있었다.

11 이것은 수평적 복합건축의 사례로 볼 수 있다.

구법을 이용한 이층건축은 2000년대에 이르러 은평한옥마을 등에서 주거 건축의 유형으로 다시 등장하게 된다.

1920-30년대에 이르러 전통건축은 또 다른 변신을 시도했다. 당시 이촌향도(離村向都) 현상이 나타나고 도시의 인구가 증가하자 건양사의 정세권을 필두로 마종유(마공무소), 김동수(공영사), 오영섭(오공무소) 등이 소위 도시형 한옥을 공급하기 시작한 것이다. 이들은 단층건축의 유형을 벗어나지는 못했지만, 그 대신 수평적 밀도전략을 구사하여 상대적 고밀도의 중정형 한옥을 대량으로 공급했다.[12] 한옥 연립주택 등 다양한 유형적 변화를 꾀한 것도 주목할 만 하다.[13]

그러나 당시의 실험적 시도는 역시 전통건축의 구법이라는 근본적 제약을 갖고 있었다. 수직적 밀도전략이 부재한 상태에서 수평적 밀도전략만 추구하다 보니 주거 환경은 열악할 수밖에 없었다. 15평 정도의 주택에 3세대가 거주하는 경우도 있었다. 이러한 공간적 제약은 사람들로 하여금 기발한 방식의 해결책을 찾도록 했다. 그것은 다름 아닌 하나의 공간에 여러 프로그램, 즉 기능을 넣는 것이었다. 가구 및 생활 집기를 경량화하여 필요 시 쉽게 이동이 가능하게 함으로써 그 목적을 어느 정도 달성할 수 있었다.[14]

5) 근대화 2—대한민국

도시형 한옥은 그 역사적 의미에도 불구하고 수직적 밀도전략의 부재라는 치명적인 제약을 갖고 있었다. 해방과 한국전쟁을 겪고 본격적인 경제발전이 시작되면서 이러한 제약은 도시형 한옥이라는 유형 전체를 위협하는 요인으로 등장한다. 즉 갈수록 높아져 가는 밀도에 대한 요구에 대해 평균 건폐율 60%, 평균 용적률 역시 60%라는—단층이므로—저밀도 유형이

12 건폐율은 50-60%에 달했는데 전원형 한옥에 비하면 상당히 높은 비율이었다.

13 김소연, 《경성의 건축가들》(루아크, 2017), 229-241쪽.

14 필자에게 '카멜레온 건축'의 영감을 제공했다.

대응하는 데는 근본적인 제약이 있었다. 수평적 밀도전략으로는 도저히 극복할 수 없는 문제였다. 2000년대에 들어 서울시 등을 필두로 다양한 보존 정책과 지원금 제도가 정착하기 전까지 이들 도시형 한옥은 개발의 압력 앞에 속수무책으로 사라져갔다. 1980년대 초반까지만 해도 거의 그대로 유지되고 있었던 안암동 일대의 도시형 한옥이 20년 만에 거의 사라진 것은 그 대표적인 예다. 도시형 한옥, 혹은 기타의 한옥 모두 이러한 제도적 지원 없이는 존재할 수 없는 특수 유형의 건축이 된 것은 부인할 수 없는 현실이다. 밀도의 요구란 이처럼 집요하고 무서운 것이다.

이미 일제강점기에 건축구법의 대세로 자리 잡은 철근 콘크리트, 그리고 그 뒤를 이은 철골조의 건축은 거의 완전히 전통 목구조, 혹은 조적조 방식을 밀어냈다. 그 결과 고층과 초고층 건축이 도시의 경관을 지배하게 되었다. 그러나 한국 사회가 고밀도의 개념을 전적으로 받아들였다고 보기는 어렵다. 건축가를 포함한 많은 사람들은 아직도 저밀도 시대에 대한 향수와 동경을 갖고 있는 것으로 보인다. 도시 행정의 상당 부분은 밀도를 억제하는 것에 집중해 왔다, 그 결과 서울의 경우 도시 전체 건물의 평균 층수는 아직 2.5층이며 평균 용적률은 160% 내외에 불과하다.[15] 고층 건물이 거의 없는 파리의 평균 층수가 6층, 평균 용적률이 250%인 것에 비하면 상당히 낮은 숫자다. 아파트 단지의 경우도 겉보기와 달리 건물들 간의 인동간격, 그리고 낮은 건폐율에 대한 선호 등이 복합적으로 작용하여 용적률이 그리 높지 않다. 재건축의 사업적 가능성에 대한 판단 기준으로 종종 용적률 200%가 거론되는 것을 보면 알 수 있다. 이렇게 한국 사회는 저밀도에 대한 문화적 집착에서 아직 벗어나지 못하고 있다. 반면 인구밀도는 세계적

••••

15 면적은 고려하지 않은, 순수한 층수만 계산한 결과다. 그만큼 저층건물의 비중이 아직도 압도적이라는 증거다. 필자가 대학졸업전을 준비하던 1985년 당시는 1.9층이었다. 30년 동안 겨우 0.6층이 증가했다.

〈그림 3〉 개발시대의 고밀도 복합건축, 세운상가(사진: 황두진)

으로도 높은 편이어서 결과적으로 작은 그릇에 많은 양을 담아야 하는 상황이 되었다. 그 결과 일상적인 삶에서 체감하는 공간적 밀도는 실로 심각한 수준이다.

복합은 또 다른 과제다. 적절한 밀도에 다양한 기능을 복합적으로 수용하는 것이 세계적인 추세임에도 불구하고, 한국 사회는 이러한 개념을 받아들이는 데 역시 매우 소극적이었다. 이것은 주거 건축의 변화 과정을 보면 쉽게 확인할 수 있다. 간단히 말해서 끊임없이 고밀도와 복합의 개념을 거부해 온 역사라고 해도 과언이 아니다. 일제강점기에 등장한 최초의 아파트인 충정아파트(1930)의 경우, 적어도 현재 시점에서 상가아파트로 활용되고 있다. 이것은 한국의 근현대 주거 건축에서 복합의 역사가 의외로 오래되었다는 것을 보여 주는 사례다. 전후 복구 기간인 1950년대 후반 국무회의에서 이승만 대통령이 '백림[베를린] 같은 도시를 짓자'라는 지시를 내린 후, 서울 시내 간선도로변에 다수의 유럽형 상가주택이 들어선 것 역시 특기할 만한 사건이었다. 이어 1960년대에서 1970년대 초반까지의 몇 년간은 그야말로 우후죽순처럼 복합 기능의 상가아파트가 지어지던 시절이었다. 세운상가(1967), 낙원상가(1968) 등은 그 대표적인 예다. 그러나1970년대 중반 대규모 단지형 아파트가 보편화되면서 이들은 백악기 말의 공룡처럼 갑자기 멸종하고 말았다. 21세기를 전후하여 '주상복합'이라는 새로운 유형이 등장하지

만 그 대부분은 복합의 비율이 매우 낮아 그 이름이 무색할 정도였다. 즉 인동간격이 필요 없는 상업지역에 고층 아파트를 공급하기 위한 부동산 전략에 불과했다. 수직적 밀도전략으로서는 획기적이었지만 밀도의 질적 측면, 즉 복합이라는 주제는 그 이름과는 달리 매우 소극적으로 다뤄진 것이다(그림 3).[16]

이 과정에서 전통건축 담론에 기반을 둔 정체성 논의는 시대적 문제의 해결에 거의 기여한 것이 없다. 효과적인 밀도전략이 없었고 복합의 개념 또한 거부되었으며, 단일 용도의 저밀도 환경에 대한 문화적 동경이 계속되면서 한국 도시들은 수평적 점유영역 확대의 길을 걸어 왔다. 광활한 국토의 혜택을 받는 미국의 영향으로 기능주의적 용도별 지역지구제가 도입된 이후 도시는 기능별로 분화되었고 교외는 확장되었다.[17] 이동 거리와 이동 시간은 계속 늘어났으며 반대로 구도심은 계속 낙후되어 갔다. 결과적으로 대한민국은 OECD 국가 중 평균 출퇴근 시간이 가장 긴 불명예스러운 기록의 주인공이 되었다. 현재는 가용 토지의 부족으로 대규모 단지형 아파트라는 개념 또한 임계점에 도달한 상태이며 '빗장 공동체(gated commuity)'의 증가로

16 황두진, 《가장 도시적인 삶》(반비, 2017).

17 주요 정책 결정권자 중에 미국에서 공부하거나 그 영향을 받은 사람이 많아서였을 것이다.

도시 전체가 중세화되는 것 또한 우려할 만한 현상이다. 경제 성장이 둔화되고 인구 감소가 예측되는 현재의 상황으로 볼 때, 그간의 비효율적 토지 이용의 결과는 앞으로 두고두고 다음 세대를 괴롭히는 요인이 될 것으로 전망된다. 이에 대한 특단의 조치가 필요한 상황이라고 할 것이다. 이러한 상황에서 직주근접, 생산-주거 복합 단지 개념인 '마이크로 디스트릭트(micro-district)' 등 주로 사회주의 도시계획에서 제시되어 온 개념들이 새롭게 주목받고 있다는 것은 매우 흥미로운 현상이 아닐 수 없다. 한국 건축의 새로운 정체성은 바로 이러한 고민을 통해 만들어질 것이라고 생각한다.

6) 무지개떡 건축

무지개떡 건축은 필자가 지난 십몇 년간 발전시켜 온 도시건축의 기본 유형에 대한 생각이다. 그중에서도 주거는 우리 사회에 어떻게 존재하는가에 대한 질문에 방점을 찍고 있다. 기본적으로는 도시화의 경험이 가장 앞선 유럽의 영향을 받은 개념이지만 유럽이라는 지역적 특성보다는 도시화라는 보편적 현상으로부터 영감을 얻었다고 보는 것이 좀 더 정확할 것이다.[18] 한편 내외부 공간의 긴밀한 관계, 길과 건축의 관계, 기후에 대한 대응 방식, 다공성, 중첩된 기하학 등 전통건축의 개념적 요소를 결합하여 '새로운 한반도적 삶'을 구현하려는 시도라는 점에서, 그간 이루어진 한국 건축의 정체성 논의의 성과를 일부 채택하고 있기도 하다. 무지개떡 건축은 기본적으로 다음과 같은 5가지 디자인 가이드라인을 기본으로 한다.

첫째, 5층 이상, 용적률 250% 이상

이것은 전술한 수직적 밀도전략을 간략히 정리한 것이다. 보편적 도시건축의 밀도전략과 관련한 최소한의 양적 기준이다. 즉 보존 대상인 역사적

• • • •

18 마치 영어가 특정 국가의 언어가 아닌 현대사회의 보편적 언어의 하나인 것과도 같다.

건축물 등을 제외하고 도시 지역에서 5층 미만, 용적률 250% 미만의 건축물은 보편적 도시건축으로서 필요한 조건을 충족시키지 못하는 것으로 본다. 용적률 250% 이상은 상업지역을 제외하고는 상당한 고밀도인데, 이것을 5층으로 달성할 수 있다는 것이 핵심적인 내용이다.

둘째, 층별로 다른 프로그램, 특히 주거는 필수

무지개떡 건축이라는 이름 자체는 서로 색이 다른 여러 층으로 구성된 전통적 무지개떡에서 나왔다. 바람직하게는 길과 면한 저층에 불특정 다수가 수시로 출입하는 시설이, 중층에는 예약이나 사전 등록 등을 통해 한 단계 걸러진 사람들이 방문하는 시설이, 그리고 상층부에는 주거가 들어가는 것을 기본으로 한다.[19] 즉 이 두 번째 조건은 밀도의 질적 측면에 대한 것이다. 이것은 기능의 수직적 배분이면서 동시에 입면 구성의 조형원리이기도 하다. 즉 수직적으로 3단계의 구성이 필요하다고 보는 것이다.

셋째, 외부 계단 등의 적극적인 사용

이것은 일단 충분한 밀도를 확보한 후 다공성 개념을 통해서 밀도의 압박을 완화하는 방안에 대한 것이다. 동시에 건물 전면의 길과의 관계를 더욱 밀접하게 하고 길의 분위기를 활성화하기 위한 방식이기도 하다.

넷째, 기본 필지 사이즈는 500m² 이상

주차장 설치에 대한 현실적 상황을 고려한다면 길에 면한 1층의 상당 부분이 주차장이 되는 것을 막기 위해서는 지하 주차장 설치가 필수적이다. 기계식은 유지관리나 이용에 대단한 불편이 초래되므로 자주식 램프를 통한 지하 주차장 접근이 보다 바람직한데, 이를 위해서 필요한 최소한의 대

19 예를 들어 저층부에는 식당이나 상점이, 중층부에는 의원이나 학원 등이 들어갈 수 있다.

지면적을 제시한 것이다. 동시에 이 정도의 규모가 되면 엘리베이터의 설치도 충분히 합리적인 투자의 범위에 들어오며 이는 거동이 불편한 노인 인구가 늘어나는 것에 대한 대책이기도 하다. 즉 지나치게 협소한 대지에 건축하는 것을 반대하려는 입장이다.

다섯째, 옥상 마당의 적극적 도입

한국인은 전통적으로 내외부 공간이 서로 소통하는 상황을 선호해 왔다. 한옥의 마당은 실내공간과 연접한 외부 공간으로서 내외부 간의 유기적 연관관계 속에 의미를 획득하는 것이다. 종전에는 이러한 상황이 땅과 면한 지상 1층에서 이루어졌다면, 고밀도를 필요로 하는 오늘날은 건물의 상층부에 동일한 상황을 만들 수 있다는 것이 이 항목의 골자다. 건물의 규모가 어느 정도 커지면 이러한 옥상 마당의 일부는 공공적 기능을 담을 수도 있을 것이다.

이러한 다섯 가지 디자인 개념을 적용하면 태양광 패널과 같은 기계나 장비의 도입 없이도 건축물의 자체 구성만으로 도시 구조의 효율을 높일 수 있고, 이를 통해 직주근접이 가능한 친환경 도시의 근간을 조성할 수 있다는 것이 무지개떡 건축의 기본 취지다.

7) 카멜레온 건축

무지개떡 건축 이후 필자가 발전시켜 가고 있는 또 다른 이론이다. 무지개떡 건축론은 하나의 물리적 공간은 하나의 건축적 프로그램을 담는 것을 가정하고 있으나, 카멜레온 건축론은 이와 달리 하나의 물리적인 공간이 시계열적으로 서로 다른 건축적 프로그램을 담는 상황에 대한 것이다. 이것은 고도의 경량화, 소형화, 유연화된 가구 및 집기를 통해 모빌리티를 구현함으로써 가능하다. 전술했다시피 그 단서는 한옥 공간의 다양한 범용성에서

영감을 얻은 것이다.[20]

대표적 근대건축가의 한 사람인 미스 반 데어 로에(Mies van der Rohe)는 '유니버설 스페이스(universal space)'라는 개념을 발표했다. 이 역시 하나의 공간이 범용성을 갖는다는 점에서 카멜레온 건축과 유사한 점이 있다. 그러다 당시의 기술문명은 현대와 비교해 현저하게 낮은 수준이었고, 미스 자신 또한 이 개념을 넓은 개방형 공간이라는 건축 공간적 개념으로 접근했지 가구나 집기 등에 주목하지는 않았다. 오늘날 첨단 기술은 극도로 경량화되었고 심지어 눈에 보이지도 않는다. 이러한 비물질적 특성은 기존의 어떤 건축적 상황과도 쉽게 결합할 수 있다. 이는 궁극적으로 시계열적 프로그램의 변화까지 가능하게 하는 것이다. 예를 들어 한 공간을 강의실로 만드는 것은 공간 자체가 아니라 책상과 의자, 빔 프로젝터 등의 가구와 집기다. 가구에 바퀴를 달면 쉽게 이동이 가능하며 서로 겹쳐서 수납할 수 있는 스태커블(stackable)의 개념을 적용하면 수납공간도 아낄 수 있다.

카멜레온 건축은 공간의 범용성을 통해 물리적 공간의 낭비를 줄이는 가능성을 추구한다. 건물을 적게 짓고 풍부하게 활용할 수 있다면 그만큼 물자와 에너지를 절약할 수 있고 이동에 걸리는 거리와 시간도 단축된다. 즉 개념의 세부적 내용은 다르지만 궁극적인 목표는 무지개떡 건축과 유사하다.

이런 논의가 가능한 것은 전적으로 기술의 발전에 힘입은 바 크다. 미스 반 데어 로에나 르 코르뷔지에 등 근대 건축의 선구자들에게 기술이란 새로운 시대의 건축을 낳는 핵심적 요소였고 그들은 이에 근거해서 오늘날 우리가 이해하는 기능주의의 이론을 만들었다. 기능, 즉 프로그램이 건축의 형태 및 구성에 결정적인 영향을 미친다는 생각이었다. 그러나 기술이 발전하

• • • •

20 또 다른 영감의 원천은, 한때 강남 일대에서 유행했던 시계열적으로 이원화된 사업장이다. 즉 낮에는 자동차 정비센터로 활용하고 밤에는 야외 포장마차촌이라는 극단적 변신을 하는 경우다. 물론 기존 건축법이나 세법의 입장에서 보면 불법 요소가 많지만 건축적 현상으로서는 매우 앞서 나간 것이었다.

면서 건축의 형태는 오히려 프로그램으로부터 자유로운 경향을 보인다. 경량화, 소형화, 비물질화된 기술력의 결과인 무선 통신, 홈 오토메이션 시스템 등으로 인해 고전적인 한옥 공간에서도 얼마든지 21세기 현대인의 라이프스타일을 즐길 수 있게 된 것이 이를 반증한다. 즉 카멜레온 건축 이론은 고전적인 기능주의 이론을 해체하고자 하는 시도인 것이다. 동시에 이것은 한옥 공간의 범용성과 근대건축의 유니버설 스페이스 개념이 조우할 수 있는 역사적인 상황이 도래했음을 의미하는 것이기도 하다. 이제 건축은 기능으로부터 해방되어 그 나름의 고유한 과제, 즉 '장소'를 만들고 공간과 구조를 통해 인간에게 영감을 주는 역할에 보다 충실해질 수 있을 것이다.

5. 결론

건축의 역사를 기술의 발전에 따라 '기계 이전 시대', '기계 시대', '기계 이후 시대'로 나눈다면 지금은 기계 시대를 벗어나 본격적인 '기계 이후 시대'의 서막이 열리고 있는 상황이다. 즉 기술이 발전함으로써 건축이 역설적으로 기술로부터 해방되는 역사적 시점인 것이며, 이러한 시대를 이해하고 이를 통해 새로운 건축 이론을 모색하고자 하는 노력이 절대적으로 필요하다.

한반도에서는 그간 효과적인 밀도전략의 부재로 인해 도시 개발에 있어서 수직적, 입체적 방식이 아니라 수평적 확장과 잠식을 계속해 왔다. 자연은 과도하게 훼손되었고 사회구성원들의 공간적 이동에 필요한 시간과 에너지 또한 용납할 수 없는 수준에 이르렀다. 무지개떡 건축과 카멜레온 건축은 이러한 역사적 관점과 문제의식에서 새로운 시대의 건축 이론을 만들고자 하는 노력의 일환이다. 보편적 현상에 기초하고 있으면서도 그 핵심에 전통건축의 공간적 활용에 대한 개념이 재해석되어 있다는 점에서 변화하는 시대, 한국건축의 새로운 정체성을 논하는 데 있어서 적절한 주제이며,

동시에 한반도적 상황에서 촉발된 보편적 건축이론이기도 하다.

참고 문헌

김성홍. 《도시건축의 새로운 상상력》. 현암사, 2009.
김소연. 《경성의 건축가들》. 루아크, 2017.
문정기. 〈이층한옥상가의 유형연구〉. 석사학위논문, 서울시립대학교, 2003.
황두진. 《무지개떡 건축》. 메디치미디어, 2015.
______. 《가장 도시적인 삶》. 반비, 2017.

구수한 큰 맛

번역된 자연미

정혜린

1. 문제제기

왜 다시 고유섭인가. 고유섭(高裕燮, 1905-1944)은 우리나라 최초의 한국 미술 사학자이자 미학 연구자였다. 그는 한국이 서구 문화를 만날 즈음 과거 서화, 건축, 조각, 공예품들을 대상으로 미술(arts) 개념을 풀이해야 했고 시(詩)·서(書)·화(畵)·악(樂)·전각(篆刻)을 예술(fine arts)의 체제 위에서 다시 서술해야 했다. 그리고 모종의 기준을 마련하여 한국 미술사의 시기를 구분해야 했고 시기마다 대표 작품들도 선정해야 했다. 동시에 동시대 한국의 지식인들이 그랬듯이 그도 국가가 상실된 극한 상황에서 민족을 통해 조선의 정체성을 유지해야 했고 제대로 근대화를 수행하지 못한 한국에서 일본을 통해 수입된 근대화의 초극(超克)도 고민해야 했다. 한국 미술의 가장 큰 특징이자 전통으로 등장한 '구수한 큰 맛', '무기교의 기교'는 바로 그가 동시대를 가로지르는 여러 지적 요청들에 대응한 답변이다. 요컨대 위 어구들은 그 질박한 뉘앙스와 달리 서양 미학과 미술사, 일본·중국의 미술과 긴밀한 비교 속에 조성되고 아울러 한국 미술의 여러 특징을 선별하고 다시 묶어 낸 함축성을 지닌다. 요컨대 이 개념들은 고유섭이 삼국시대 이래 한국 미술작품의 제작자·감상자들이 추구했던 미적 이념으로 '구성'해 낸 것이다.

그가 활동한 지 거의 100년이 가까워 오는 지금까지 그가 수립한 한국미술사의 공과 과가 그 후학들에 의해 계승되고 가다듬어지고 있는 데 비해, 의외로 위의 개념들은 별다른 비판 없이 오랜 기간 한국 문화계를 종횡무진했으며 현재도 문화계 일각에서 유통되고 있다. 물론 일종의 자연미 계열이라도 할 수 있는 이 개념들은 19세기까지 통용되던 개념임에는 틀림이 없다. 그러나 고유섭의 활동했던 시대에도 동일한 의미로 쓰였다고 할 수 있을까. 어떤 개념이 유통되는데 유통되는 시대의 재해석이 없을 수 없다. 그렇다면 '구수한 큰 맛', '무기교의 기교'을 비롯해 향토성, 무작위성과 같은 자연미 계열의 개념이 20세기를 전후로 과거의 자연미 개념을 어떻게 변화시켰으며 현재 우리는 어떤 의미로 사용하고 있는지 질문해 볼 만하다. 본 논고는 위의 자연미 계열의 개념들의 시대적 특징, 즉 '고전'과 고유섭에 의해 '해석된 고전'의 차이를 구분하여 고전에 새롭게 재진입하는 계기를 조성하고 아울러 이 개념들이 현재까지도 종종 검증 없이 통용되는 상황을 반성할 계기를 마련하고자 한다.

이하에서는 고유섭이 말년에 위의 한국 미술의 특징들을 서술한 두 편의 글, 〈조선미술문화의 몇 낱 성격〉(《조선일보》, 1940)과 〈조선고대미술의 특색과 그 전승문제〉(《춘추》, 1941)를 분석해 보고자 한다. 이 두 편의 기고문들은 구수함·고수함·맵자·단색·적조미·우아·단아 등 고유섭의 미술·예술·미에 대한 관점을 드러내는 개념어들이 나열된 일차적인 자료들이다. 그런데 막상 원문을 들여다보면 이 특징들은 각각의 의미가 모호할뿐더러 서로의 관계 역시 상당히 혼란스러운 부분이 있어 글의 기본 얼개조차 논란이 되기도 한다. 위 개념들의 현대 한국 문화사에서의 위상을 고려한다면 이제까지 원문의 내용에 대한 면밀한 분석이 시도된 적이 없다는 점이 매우 아쉽다. 본고 2절과 3절에서 두 글의 주요 개념들의 의미, 개념 간 논리적 관계를 분석하고 4절에서는 그 개념 구조의 기원을 밝히고 이를 토대로 고유섭의 연구 관점과 방법론을 재검토할 것이다. 이를 통해 그가 말년에 제시한 '구수한 큰 맛', '무기교의 기교'는 동·서, 한·일 간 학문이 만날 즈음 유럽의 문화를 '인류의 유일한 보편 규범'으로 채택하여 한국미술문화를 이해하는 척도로 작동케 한 결과임을 살펴볼 것이다.

2. 한국 미술문화의 몇 가지 성격들

〈조선미술문화의 몇 낱 성격〉의 내용은 다음과 같이 정리해 볼 수 있다. 이 글 서두에서 고유섭은 한국의[1] 미술문화를 서술하는 자신의 학문적 입장을 '문화'와 '문화과학'에 대한 설명을 통해 제시했다. 고유섭의 설명에 의하면 문화는 하나의 물리적 존재처럼 감각적으로 명료하게 규정할 수 없으며 아울러 항구 불변하는 정체성을 지닌 관념적 존재로 서술해서도 안 된다. 전자의 설명 방식이 감각적 존재론자의 입장이라면 후자의 입장은 관념적 존재론자적 입장이며 둘 다 자연적 인과율적 기계론적으로 문화를 이해

••••

1 고유섭은 저술에서 자신의 국가를 '조선'이라고 칭했다. 대한제국이 1910년에 국권을 상실한 이후 일본인과 한국인들은 모두 대한제국을 조선이라고 칭했다. 다만 본고에서는 고유섭의 어법을 따를 경우 그가 말하는 조선과 1897년까지 지속되었던 조선이 혼동될 우려가 있어 고유섭이 조선이라고 칭한 부분은 직접 인용이 아닐 경우 모두 한국으로 바꾸어 서술할 것이다.

하려는 오류를 범한다는 것이다. 올바른 문화과학의 입장에서 문화 가치의 비정률적 비인과적 비고정적인 측면을 연구대상으로 삼아야 한다. 특히 주의해야 할 사항이 있다. 숙명처럼 주어져 변화하지 않는 자연환경이나 혈연은 진화하지도 퇴보하지도 않으므로 문화 비평(評騰)의 대상이 아니라는 점이다.[2]

이어 고유섭은 문화란 문화과학의 대상으로서 자연물과 달리 인간이 '현실에서 획득한 것'이고 그래서 '가치'를 지닌 것이라고 했다. 동시에 문화란 영원불변한 관념이 아니므로 늘 새롭게 변화하는 것, 즉 '영원한 지금에서는 새롭게 파악되는 것'이며, 보편성과 특수성의 구도 속에서 '변이불변(變而不變)'의 양상을 보인다고 강조했다.

정리하자면 고유섭은 한국의 미술문화가 감각적 물리적 존재와 다르며 동시에 항구불변한 절대보편의 관념도 아니며, 끊임없이 변화하는 현실에서 인간이 만들어 낸 것이므로 일정한 '가치'를 지닌다고 보았다. 그리고 그는 문화의 이러한 속성을 탐색하는 자신의 학문적 입장을 문화과학이라고 칭했다. 이 기고문에서 고유섭의 문화에 대한 정의와 연구 방법론에 대한 서술이 예사롭지 않다. 왜 하필 문화과학인가. 불쑥 꺼내 든 것처럼 느껴지는 문화과학의 연구 대상과 방법론을 고유섭이 1940년 즈음 발언했다는 것은 무엇을 의미하는 것일까. 이는 4절에서 다시 살펴보기로 한다.

위 문단을 이어 고유섭은 이제 한국 미술문화의 특징을 보편성과 특수성으로 구분해 서술한다. 문화에는 불변적 고정적 일면이 있고 동시에 영원한 지금에서 늘 새롭게 파악되는 것들이 있으며, 양자는 변이불변의 관계에 있다고 했다. 그리고 그는 한국 미술문화의 몇 가지 특징을 열거했는데, 그의 서술에서 논리와 개념을 보다 명료하게 정리하면 다음과 같다.

2 고유섭, 〈조선미술문화의 몇 낱 성격〉, 《조선일보》, 1940.10.23-27; 《朝鮮美術史 上一又玄高裕燮 全集 1》(열화당, 2007a), 106-108쪽.

— 풍부한 상상력 덕에 탄생한 '비례에 제한되지 않는 다양한 변형'들이다. 이 특징은 일본과 중국에 비교했을 때 두드러지니, 대표적인 사례가 건물의 비대칭, 창살의 다양성, 불국사의 건축 평면과 돌다리 등이다. 이러한 종류의 변형들은 '한국의 모든 공예 작품과 건축'에서 허다하게 보이는 바 규칙성을 벗어나는 '멋'이라고 표현할 수 있다. 멋은 본래 인간의 자태나 행동의 다양성이 예술적으로 승화된 것에 대한 평가어이다. 뒤에 나올 맵시 역시 마찬가지이다. 멋은 다양성, 다채성만으로는 성립되지 않고, 부허(浮虛)·무중심성으로 흐르지 않는 진실함을 갖추어야만 성립한다. 멋이 진실함을 상실하면 예술로 승화되지 못하고 군짓이 된다.

— 순후한 큰 맛이 안팎으로 온축되어 있으면 '구수함'을 느낄 수 있다. 구수함은 형태상의 순박함, 느린 속도, 깊음이 예술적으로 승화된 것에 대한 미적 비평어이다. '신라의 모든 미술품'들에서 구현되었고 '한국 미술 전반'에서 느껴지는 깊고 유장한 맛이다. 만약 형태상의 순박함, 느린 속도, 깊음이 예술적 차원을 획득하지 못하면 무디고 텁텁해진다.

— 구수함과 대칭되는 '고수함'이 있다. 구수함에 비해 더 작고 응결되었다는 의미를 지닌다. 대표적인 예가 조선 백자의 색택(色澤)이다. 내외로 혼연한 풍미를 풍기는 구수함과 달리 안으로 응집된 것이다. 따라서 구수함은 밖으로도 퍼지므로 감상자가 작품을 접할 때 느낄 수 있지만, 고수함은 안에 있으므로 감상자가 씹어야 나온다. 안으로의 응집이 예술적으로 발휘되지 못하면 고비(固鄙), 빡빡함으로 느껴진다.

— 고수함에 대응하는 멋의 유형은 '맵자'라고 했다. 맵시에서 파생된 맵자는 멋에 비해 작고 짜임새가 있으며 얌전한 것으로서 '고려자기의 일부'가 그 사례가 된다. 구수함이 큰 맛이고 멋이 발산적이라면 고수함은 작은 맛이고 맵자는 공간적 실위가 좁다. 맵자가 예술적 발양을 얻지 못하면 '헐거운' 것이 된다. 한국 예술에서 허다하게 보이는 바 뒷손질이 충분치 않은 경우를 지칭한다.

— '단아'와 '온아'라는 작은 형태와 큰 형태가 각각 풍기는 풍도(風度)가 있다.[3] 따라서 단아는 맵자의 계열이고 온아는 구수함의 계열이다. 이들도 예술적 발양에 실패하면 조대(粗大)·난잡(亂雜)으로 떨어지기도 한다. 온아와 단아는 일종의 풍도(風度)의 맛이며 색채상의 조건은 단색이다. 질박, 담소(淡素), '무기교의 기교'라는 기준에 맞아야 하는 것이다. 이들은 '일반적으로 우수한 한국 공예'에서 볼 수 있다. 단색이면서도 명랑한 것은 담소(淡素)한 것이며 단색은 적요(寂寥)에 치우치기 쉬운데 적요가 예술화된 것이 적조미이다.
— 적조미는 감각적이면서 정서적인 것으로서 '불교문화권 내에서 보편적'이면서 '한국 미술의 커다란' 성격이다. 다만 한국에서는 특히 사상적으로 탐구해 얻은 외부적인 것이 아니라 생활에서 직접 얻었다는 특징이 있다.[4]

이상에서 열거한 7가지 한국 미술문화의 특징은 한국인으로서는 최초인 한국미술사 전문가가 한국 미술문화 전반을 통찰하여 그 미적 특징의 큰 그림을 그렸다는 대단히 중요한 의미를 갖는다. 그런데 이 글의 서두에서 고유섭이 밝힌 바 글의 서술 방향과 관련해 몇 가지 탐색해야 할 사항들이 있다. 이 일곱 특징들은 고유섭이 문화과학의 입장에서 밝히겠다고 한 가치들인가 아니면 가치를 추구하는 미술문화(의 현상)들일까. 관련하여 이 일곱 특징은 한국 미술문화의 불변(不變)의 측면인가 아니면 변(變)의 측면인가. 고유섭은 밝히지 않았다.

우선 후자의 문제부터 살펴본다. 고유섭이 이 글에서 고정된 전통을 부정하는 반면 다음 해에 쓴 글에서 변형되지 않는 전통을 언급하는 데 대해 두 글의 전통에 대한 서술이 서로 모순이라고 보는 의견도 있었지만[5] 대부분의

3 풍도(風度)란 《한어대사전(漢語大詞典)》에 의하면 사람의 행동하는 자태 혹은 그 자태에서 풍기는 아름다움을 지시한다.

4 고유섭, 〈조선미술문화의 몇 낱 성격〉, 《조선일보》, 1940.10.23-27; 《朝鮮美術史 上—又玄 高裕燮 全集 1》, 108-112쪽.

5 김영나, 〈한국미술사의 태두 고유섭—그의 역할과 위치〉, 《미술사연구》(미술사연구회) 제16호(2002), 513쪽.

선행 연구는 일곱 특징의 보편성/특수성 문제에 대해 별다른 언급하지 않았다. 이 일곱 특징이 보편성인지 특수성인지 여부는 고유섭의 미술사관, 미학적 관점을 이해하는 기본 얼개에 해당하는 만큼 우선적으로 살펴볼 필요가 있다. 그리고 보편성/특수성의 여부를 가를 단서는 그가 전통의 속성으로 언급한 변이불변의 개념에서 찾을 수 있다.

고유섭은 문화의 보편성과 특수성을 설명할 때 변이불변, 불변이변이라는 용어를 사용했다. 〈조선미술문화의 몇 낱 성격〉에서는 이 용어에 대한 설명이 없지만 〈미의 시대성과 신시대 예술가의 임무〉(1935)에[6] 단서가 될 만한 대목이 있다. 이 글에 의하면, 문화에는 '불변'과 '변화'의 측면이 있으니 양자의 관계는 불교의 '법신(法身)'과 '응신(應身)'에 비유될 수 있다. 그리고 미 역시 불변과 변화의 측면이 있다. 두 측면은 '보편타당성을 요청하는 가치표준'과 '시대와 지역에 따라 달라지는 양상'으로서 법신과 응신의 관계에 있다고 했다. 고유섭이 설명하지는 않았지만 법신과 응신은 본체와 작용의 관계에 있다. 법신과 응신은 본래 불교 경전에서 쓰이는 용어들인데, 이들 용어를 본격적으로 제시하기 시작한 《금광명경》(金光明經)에 따르면 석가모니 부처의 지혜와 그 작용을 말한다. 법신은 감각적으로 파악할 수 없고 지적으로 이해할 수 없으며(無所得, 空) 유(有)와 무(無), 허(虛)와 실(實) 등의 대립 개념들의 관계에 대해 중도(中道)의 성격을 갖는다. 그리고 응신은 법신이 감각적으로 지적으로 파악할 수 있게 드러나는 작용으로서, 법신과 응신은 체(體)와 용(用)의 관계에 있다.[7] 법신과 응신의 관계는 문화의 모든 역사 구간에서 '보

••••

6 고유섭, 〈미의 시대성과 신시대 예술가의 임무〉, 《동아일보》, 1935.6.8-11; 《美學과 美術評論―又玄 高裕燮 全集 8》(열화당, 2007b), 165쪽.

7 〈分別三身品第三〉, 《金光明最勝王經》 第2卷. "善男子. 一切如來有三種身. 云何爲三? 一者, 化身, 二者, 應身, 三者, 法身 (…) 為除諸煩惱等障, 為具諸善法故, 唯有如如, 如如智, 是名法身. 前二種身, 是假名有, 此第三身, 是真實有, 為前二身而作根本 (…) 應身者, 從無始來, 相續不斷, 一切諸佛不共之法能攝持故, 眾生無盡, 用亦無盡, 是故說常; 非是本故, 以具足用不顯現故, 說為無常. 法身者, 非是行法, 無有異相, 是根本故, 猶如虛空, 是故說常."

편타당한 가치 표준'이 "시대와 지역에 따라 양상이 다르게 나타나고", 변이불변의 양상으로 드러난다는 그의 생각에 부합한다고 할 수 있다.

고유섭이 문화의 불변하는 양상, 보편타당성을 긍정했다는 이상의 논의를 토대로 그가 언급한 일곱 가지 미적 특징들, 멋, 구수함, 고수함, 맵자함, 온아와 단아, 적조미 등이 한국 미술문화의 보편타당성인지 특수성인지 살펴본다. 〈조선미술문화의 몇 낱 성격〉에는 이를 판단할 몇몇 단서들이 있다. 고유섭은 7가지 성격 중 고수함과 맵시를 제외한 나머지 5가지 특징에 대해 '모든 신라미술' 혹은 '모든 한국 공예와 건축' 혹은 '한국 미술 전반에 커다란' 성격으로 드러나거나 '우수한 한국 공예에 일반적으로' 드러난다고 했다. 비교적 범위가 넓은 장르, 시대에서, 혹은 한국 미술 전체에서 보편적으로 드러나는 이들 5가지 특징은 개별 작품들로부터 경험적으로 귀납된 '보편타당한 가치 표준'이라고 추론할 수 있다. 한편 그 특징들이 "서로 다른 시대에 등장할 수도 있다"거나 작품에 따라 예술적 성패가 달라질 수 있다고 서술하는 부분은 이 7가지 성격들이 시대에 따라 개별자에 따라 다른 양상, 특수성으로 드러날 수 있다는 점을 논하는 것으로 보아야 할 것이다. 예컨대 '모든 한국 공예와 건축'에서 드러나는 멋은 창살, 불국사의 건축 도면, 돌계단, 고려 만월대의 궁전 평면 등에서 특수성으로 드러난다. 또한 멋은 이들처럼 예술적으로 성공한 특수성의 사례로 드러나기도 하지만 진실함을 갖추는 데 실패하여 부화(浮華)하고 군짓스러운 특수성의 사례들로 드러나기도 한다. 고유섭이 명료하게 서술하지 않았지만 이 7 가치 표준들은 고유섭이 문화과학의 견지에서 선별해 낸 한국 미술문화의 보편적 문화 가치들이자 시간적 공간적으로 다양한 문화 현상들 속에서 특수하게 드러나는 것으로 정리할 수 있을 것이다.

다만 고유섭이 문화의 고정성을 피하고 아울러 문화 전체의 다양한 면모를 포괄하는 데 치중해서일까, 보편성을 7가지 요소로 분산시키는 와중에 이 7 성격들의 관계는 상당히 모호하다. 더 근본적으로는 하필 이 7가지를 한국 미술문화의 가치 표준으로 선정했는가 하는 점도 의문스럽다. 나아가 적조미를 제외한 6 특징이 세 쌍의 짝 개념이라는 점은 분명해 보이는데, 세 쌍의 관계에서 분명한 것은 각 쌍에 대·소의 관계가 적용되었다는 것일 뿐 도대체 (구수함, 고수함을 규정하는) 심도와 속도, (멋, 맵자를 규정하는) 형태, (단아, 온아를 규정하는) 분위기를 어떤 근거에서 한국 미술문화의 미적 특징을 선별하는 기준으로 선정했는지 선뜻 이해하기 힘들다. 더 세심하게 짚어 보자면 온아와 단아가 어떤 계기로 적조미로 전환한다는 것인지도 설명이 없다. 옛 문헌을 통해 문화 유물들을 제작하고 감상한 사람들의 판단에 근거한 것도 아니고 동시대 미학이나 예술론으로부터 기준 선정의 정당화를 꾀하지도 않았다. 다음해 쓰여진 〈조선고대미술의 특색과 그 전승문제〉에서는 이러한 가치 표준 설정의 자의성을 극복하려는 그의 노력이 엿보인다.

3. '구수한 큰 맛'으로의 수렴

〈조선고대미술의 특색과 그 전승문제〉(1941)는 서구 근대의 미론과 미술 체제를 기준으로 한국 미술을 서술하고 그 특징을 "정제되지 않은 자연미에 대한 무관심한 추구"라고 정리했다. 글의 내용을 정리해 보면 다음과 같다.

우선 고유섭은 미술의 정의와 관련해 세 단계의 논리를 제시했다.

① 진(眞)·선(善)·미(美)는 인류 문화의 유일한 가치 분별 범주이고, 세 가치를 파악하는 인간의 능력이 심의식이며 심의식의 유일한 능력분별 범주가 지(知)·정(情)·의(意)이다. 미술은 그중 미적 가치, 이념, 심의식을 기술을 통해 형식·양식에 객관화한 것이다. ② 한국의 미술은 한국의 미의식의 구현체, 한국의 미적 가치이념의 상징체이다. ③ 한국 미술 연구는 미술품을 통해 문화사적 견지에서 문화 의식, 문화 이념, 문화 가치 등을 살펴본다는 의의를 지닌다.[8]

고유섭은 이상과 같이 한국 미술문화 연구의 전제, 연구 관점과 대상, 방법론을 서술했다. ①에서 그는 한국 미술을 연구·서술하는 관점을 밝혀, 미술을 인식 주체의 심의식과 인식 대상의 가치라는 두 방향에서 접근하겠다고 했다. 그 가치는 인류 문화의 유일한 가치 범주인 진·선·미이며 이 가치들을 파악하는 능력은 역시 인류에게 유일한 심의식의 범주인 지·정·의라고 전제했다. ①의 연구 관점을 한국 미술에 적용하자면 인류 문화의 한 부분인 한국 미술문화는 한국의 미의식의 구현체이자 한국의 미적 가치 이념의 상징체가 된다(②). 〈조선 미술문화의 몇 낱 성격〉에서 문화과학의 연구 방법론과 대상, 연구의 방향이라는 학문적 체제에 맞춰 한국 미술문화 특유의 여러 가치를 언급했다면, 이 글에서는 문화과학이 다루는 가치, 특히 인류 문화의 유일한 가치를 직접 제시하여 한국 미술문화 서술에 인류 문화의 보편성을 담지하겠다는 의지가 드러난다. 이는 〈조선 미술문화의 몇 낱 성격〉에서 드러낸 한국 문화의 제 특징들이 가진 자의성을 극복하게 되는 계기로 주목할 만하다. 그리고 연구 방법과 관련하여 고유섭은 이들 가치와 인식능력을 기준으로 한국 미술이 구현하는 의식·이념·가치를 문화사적인 관점에서 연구하겠다고 명시하여(③) 여전히 문화과학의 방법론을 견지한다는 것을 드러내었다.

다음 한국 고미술의 특징은 오랜 역사를 통해 변화하는 모습을 보이지만 그 변화들을 관통하는 노에마(noema)적 특징이 있으니, 이는 '무기교의 기교', '무계획의 계획'이라고 했다.[9] 그리고 그는 이 특징이 감상을 목표로 하는 미술작품의 특징이 아니라 '공예(工藝)'의 특징이라고 분명히 적시했다. 근대적 의미의 미술이 일상생활로부터 분리되고 작가가 계획한 산물, 작가가 자각한 기교에 의한 것이라면, 한국의 공예는 생활로부터 분화되기 이전 생

••••

8 고유섭, 〈조선고대미술의 특색과 그 전승문제〉, 《춘추(春秋)》 제2권 6호(1941a); 《朝鮮美術史 上—又玄 高裕燮 全集 1》, 84쪽.

9 위의 글; 위의 책, 85-86쪽.

활 그 자체를 양식화한 것이고 '무기교의 기교', '무계획의 계획'의 산물이라는 것이다. 단언컨대 한국에는 근대적 의미의 미술이 없고 삼국시대부터 조선까지 미술이 모두 '민예(民藝)'적이며, 그 이유는 한국 미술이 신앙, 생활과 분리되어 있지 않기 때문이다. 조선 시대 문인화 역시 중국에서처럼 뚜렷한 개성, 천재가 등장한 적이 없어 민예의 범주에서 벗어날 수 없다고 했다. 그리고 한국의 미술이 민예를 벗어날 수 없었던 큰 원인 중 하나는 한국에서 정인(町人) 사회, 시민사회가 되지 못한 데 있다고 추정했다.[10]

다음으로 고유섭은 무기교의 기교와 관련해 위에서 제시한 한국 미술의 조형적 특징과 이로부터 발현된 미를 이하에서처럼 정제성의 부족과 무관심성, 두 계열로 나누어 수정·정리하였다.

우리 미술은 정제성(整齊性)이 부족하다는 특징을 지닌다. 정제성의 부족은 파형(跛形)과[11] 비균제성을 낳았다. 우선 파형을 보자. 석굴암을 비롯한 건축, 조각 등에서 잘 드러나는데 형태상의 자기 완결성(圓形), 정제성 없이 왜곡된 파형이 많다. 도자의 경우 형태가 완결되지(完形) 않은 채 음악적 율동성을 가진 선으로 드러나며, 다시 음악적 율동성은 생동감 있는 섬약미(纖弱味)를 발생시키고, 이에 섬약미는 단색과 결합하여 다음의 두 가지 아름다움, 적조미와 유머를 동시에 만들어 낸다.

우선 적조미(寂照美)에 대해 고유섭은 그 의미를 설명하지 않고 불교문화권의 예술에 보편적으로 드러난다고만 언급했다. 이 적조미는 고려청자·조선백자의 경우처럼 졸여진 굳건한 맛이 곁들여지면서 구수함이 된다. 물론 구수함은 창호지의 졸여진 맵자함이 고비(固鄙)함의 일면을 가지고 있듯이 소황잡대(疎荒雜大)한 측면과 한 작품 안에 공존한다. 구수함·맵자함이 예술적 측면이라면 소황잡대함·고비함은 비예술적 측면이다.

• • • •

10 위의 글; 위의 책, 86-87쪽.

11 '파형(跛形)'은 균형이 없거나 둔중한 모양을 지칭한다. 전통적으로 사용되던 한자어는 아니다. 《한어대사전》에 의하면 파(跛)의 뜻은 절뚝거리다, 둔하다는 의미를 지닌다.

두 번째 유머, 명랑함은 섬약미가 단색조와 결합하여 깊음을 추구하되 계속 사상적 깊음을 추구하는 방향으로 나아가지 않고 깊음에서 허무·운명을 체관하는 것으로 전회하면서 나타난다고 했다. 물론 그 유머란 인생을 체관하는 데서 나온 공허함·허무함의 유머이다. 적조미와 명랑함이라는 얼핏 상반되는 것으로 보이는 두 성격은 한 작품 안에 동시에 구현되며 이 상태를 '어른 같은 아이'에 빗댈 수도 있다. 한국의 불상 조각이 두 상반된 성격을 동시에 가진 대표적인 예이다.

비정제성은 파형 외에 비균제성도 낳았다. 상하와 좌우가 서로 같지 않다는 것이다. 예컨대 불국사 동쪽과 서쪽에 축성된 다보탑과 석가탑, 일반적인 절의 가람 배치나 민가는 중국의 그것들과 다르게 균제적이지 않다. 이는 자유로운 공상의 발휘이고 음악적 특성과도 통한다.[12]

한국 미술에는 '무관심성'의 특징이 있다. 정제함에 대한 무관심성으로서 예컨대 그리스 신전 건축의 잘 다듬어진 원형 석주와 달리 건축 자료인 목재의 자연적 굴곡을 그대로 드러내는 '양식 감정'을 말한다. 이 무관심성은 자연에 순응하는 심리로 나아가 소대황잡(疎大荒雜)한[13] 결점이 있는 동시에 생동감 있는 구수한 큰 맛을 낳는다. 소황잡대가 비예술적 측면이고 생동감 있는 구수한 큰 맛은 예술적 측면이다. 분장회청사기(粉粧灰靑沙器)가 그 대표적 사례이다.

그는 구수한 큰 맛이 생산되는 기제에 대해 좀 더 자세히 설명하기를, 무관심·체념의 생활 태도가 큰 맛을 내고 동시에 재료인 흙은 구수함을 낳는다고 했다. 무관심한 생활 태도와 흙이라는 재료가 만나 큰 맛과 구수함을

••••

12 고유섭, 〈조선고대미술의 특색과 그 전승문제〉; 《朝鮮美術史 上—又玄 高裕燮 全集 1》, 87-89쪽.

13 소대(疎大) 역시 파형과 마찬가지로 중국이나 조선에서 통용되던 한자어는 아니며 일본어 사전인 《일본국어대사전(日本国語大辞典)》에 의하면 조대(粗大)와 의미가 유사하니 거칠다는 뜻이다. 황잡은 역시 다듬어지지 않아 둘쭉날쭉하고 고르지 않다는 의미를 지닌다.

낳는다는 것이다. 이 구수한 큰 맛은 한국 미술에만 있다. 중국은 한국의 미술에 비해 웅장하고 건실하면서도 이 구수한 큰 맛이 없으며, 일본 미술의 경우 니코묘(日光廟), 아사쿠사(淺草)의 간논도(觀音堂) 등을[14] 보면 세부까지 치밀하여 청미균정(淸美均整)이 있으나 큰 맛이 적다.

구수한 큰 맛은 나아가 단아함과 같은 작은 맛과 공존한다. 전자는 생활태도에서 유래하고 후자는 좁은 지리 환경에서 유래했다. 구수한 큰 맛과 단아함이 동시에 구현된 좋은 예가 경주 봉덕사종과 많은 조선 청화자기들이다.[15]

다만 이상의 조선미술의 특색들과 함께 서술하기 어려운 기술적 특색이 있는데 이는 '착감(錯嵌) 내지 상감기술'로서 이를 애호하는 특색은 그 심리를 설명할 수 없다고 열외적으로 서술하였다.[16]

이상에서 언급한 한국 미술의 특색이란 한국 미술의 주된 성격, 전통을 지시하는데, 시대를 경과하면서 여러 모습으로 구체화되지만 그 자체가 변하는 것은 아니라고 했다. 또한 한국 미술은 감상을 위한 근대적 의미의 미술이 아니지만 그렇다고 저급하다는 의미도 아니라는 것이다. 오히려 미술을 한갓된 감상의 대상으로 여기는 것은 18·19세기 과거의 습속일 뿐이며, 예술은 모름지기 예술을 낳은 사회의 모든 실천적 정신적 요소가 양식의 형태를 빌려 상징화한 것인만큼 한국예술은 한국 사회·문화를 이해하고 한국의 전통을 계승하는 중요한 수단이라고 그 의의를 평가했다.

• • • •

14 니코묘는 닛코토쇼구(日光東照宮)이다. 닛코토쇼구는 일본 도후쿠 지방 도기(栃木)현 닛코(日光)시에 있는 신사로서 도쿠가와 이에야스(德川家康)를 신격화한 도쇼다이곤겐(東照大權現)을 주제신으로 모신다. 1617년에 건립되었다. 아사쿠사의 간논도는 일본 도쿄시 소재 센쇼지(淺草寺) 내에 관음보살을 본존으로 모신 본당(本堂)을 말한다. 628년에 세워진 도쿄의 가장 오래된 사원이다.

15 고유섭, 〈조선고대미술의 특색과 그 전승문제〉; 《朝鮮美術史 上—又玄 高裕燮 全集 1》, 90-91쪽.

16 위의 글; 위의 책, 91-92쪽.

〈조선고대미술의 특색과 그 전승문제〉는 〈조선미술문화의 몇 낱 성격〉에서 제시한 7가지 성격들을 비정제성과 무관심성이라는 두 근원적 성격으로부터 전개된 두 계열로 나누어 논리적으로 발생론적으로 정리하고 수정한 것으로 보인다. 고유섭이 언급하지는 않았지만 비정제성과 무관심성은 각각 이 기고문의 서두에서 언급한 바 한국 미술을 만든 (대상이 지닌) 가치와 (주체가 지닌) 심의식이다. 먼저 한국 미술문화의 가치인 비정제성을 살펴본다. 비정제성은 세 논리적 마디를 거쳐 구수함을 낳는다. 우선 비정제성은 형태상의 완결성(完形·圓形)에 관련된 규제·통일성 등을 중시하지 않는 성향을 말하는데 건축과 조각에서 좌우 불균형 등으로 드러나며 도예에서는 유려한 곡선을 추구하는 방향으로 나아간다. 이 곡선이 생동감·우아를 동반할 때 섬약미(纖弱味)가 발산된다. 다음 단계에서 형태로부터 전환된 선은 단색과 결합하여 다시 적조미와 유머라는 상반된 특성을 낳는다. 마지막으로 적조미는 그 단색이 졸여진 것일 때 구수함을 낳는다.

이 기고문에서 먼저 눈에 띄는 점은 이전 해의 기고문에서 열거되지 않았던 율동감 있는 선이 등장했다는 것이다. 이 곡선은 고유섭 스스로 지적한 바와 같이 야나기 무네요시가 먼저 제시한 것이지만, 고유섭은 야나기와 달리 그 곡선을 비애에 찬 곡선미로 해석하지 않고 섬약미(纖弱味)를 발생시키지만 이 섬약미가 단색이 결합하여 불교에서 유래한 적조미 그리고 유머를 발생시킨다고 해석했다. 여기서 적조는 '고요함과 비춤'이라고 번역할 수 있는 불교 용어이다. 불교 경전에서는 인간의 깨달음을 얻을 수 있는 지적 능력인 지(智)를 설명할 때 본체와 작용으로 나누어 설명한다. 지(智)의 본체는 텅 비고 고요하며(空寂) 그 작용인 조(照)는 대상을 비추는 작용을 말한다(觀照). 적과 조는 각각 불법을 깨달을 수 있는 인식능력(智)의 체(體)와 용(用)의 특징을 가리키는 형용어인 것이다.[17] 적조는 불교 용어에서 출발해 문학작품

••••

17 《大乘無生方便門》. "寂而常用, 用而常寂, 即用即寂, 離相名寂, 寂照照寂. 寂照者, 因性起相,

과 기타 예술 비평에서 종종 쓰이는 어휘이기도 하다. 요컨대 고유섭이 말하는 적조미는 자신을 포함한 세계를 고요하게 사색하는 인간의 정신적 상태가 투사된 '작품에 내재하는 미'라고 해석해 볼 만하다. 적조미는 청자나 백자에 내재할 경우 졸여진 굳건함을 만나면 구수함을 생산한다. 그리고 유머 역시 적조미와 마찬가지로 인간의 정신적 상태가 투사된 작품에 내재하는 미인데 얼핏 그 의미가 적조미와 상반된 것으로 보이지만 사실 삶에 대한 체관, 즉 삶의 공허와 허무를 깨닫고 얻어진 유머이다.

이전 해에 서술한 한국 미술의 성격들과 비교해 볼 때 눈에 띄는 두 번째 차이점은 멋이라는 개념이 비정제성의 파생물로서 비균제성으로 대치되고, 이전 해에 일곱 특징 중 가장 먼저 언급된 데 비해 서술의 순서에서 보나 양에서 보나 비중이 줄었다는 점이다. 이는 비정제성이 비균제성을 거쳐 생산한 최종적인 미적 특징이 구수함인데, 멋이 구수함과 상충되어 축소시킨 것으로 짐작된다. 고유섭이 뚜렷이 연결하지 않았으나 이상의 서술이 이 기고문의 서두에서 언급한 미적 이념으로서 비정제성이 적조미와 명랑함을 거쳐 현실에서 구수함을 낳는 과정을 논리적 단계를 두어 설명했다면, 이하에서는 심의식으로서 무관심성이 구수함을 낳는 과정을 설명한다.

이 무관심성은 선행 연구에서도 지적된 바 있지만[18] 서구 근대 미학에서 언급되는 무관심성(disinterestedness)을 연상시키지만 서로 개념이 매우 다르다. 후자의 개념은 작품으로부터 어떠한 이익을 취하려는 의도가 없는, 즉 미적 경험의 주관이 대상이 존재한다는 것 내지 대상의 존재 자체로부터 일정한 거리를 두고 대상의 감각적인 특질과 형상을 수용하는 태도를 지시한다.[19]

• • • •

照寂者, 攝相歸性."; 《楞嚴經》 6. "正陳論曰, 真如照而常寂爲法性, 寂而常照是法身, 義雖有二名, 寂照亦非二."

18 오병남, 〈高裕燮의 미학사상에 대한 접근을 위한 하나의 자세〉, 《미학》(한국미학회) 제42집(2005), 214-215쪽.

19 하선규, 〈'합목적적 형식'에서 '살아있는 형태'로〉, 《美學》(한국미학회) 제80집(2014), 365쪽.

반면 전자는 대상의 감각적 특질·형상에 관한 모든 기교와 계획에 관심이 없는 제작자의 정신 태도를 말한다. 서구의 무관심성이 결국 감각적 특질, 형상으로부터 순수한 예술미를 감상하는 태도에 대한 것임에 반해 고유섭의 그것은 자연을 향해 있다는 점에서 상반된다. 고유섭의 무관심성은 비예술적 결점도 동시에 지닌 채 인공미를 거부하고 자연미를 추구하여 구수한 '큰' 맛이라는 예술적 특징으로 나아간다. 구수한 큰 맛이 제작자의 태도에서 온 것이라면 단아함이라는 작음의 미적 범주에 속하는 특징은 한국의 지리적 환경에 기인한다고 했다. 그리고 구수한 큰 맛을 더 분석하여 작가의 무관심한 태도가 큰 맛을 불러일으킨다면 재료인 흙은 구수함을 낳는다고 설명했다.

〈조선고대미술의 특색과 그 전승문제〉는 이렇게 가치의 측면에서는 대상의 비정제성 특히 음악적 율동성을 가진 선, 단색과 같은 조형적 특징으로부터 적조미를 거쳐 구수함을 낳았고 심의식의 측면에서는 정련에 무관심한 제작자의 무관심한 태도가 흙이나 좁은 영토와 같은 환경을 배경으로 단아함이 곁들여진 구수한 큰 맛이라는 한국 미술의 특징을 낳았다고 양 방향에서 구수한 큰 맛의 문화적 생산 기제를 설명했다. 덧붙이자면 〈조선미술문화의 몇 낱 성격〉에서 한국 미술에서 보편적으로 드러나는 특징에 속하지 않았던 고수함과 맵자를 제거하여 논리적으로 단순하게 가다듬는 한편, 적조미를 유머와 짝을 짓고 구수한 큰 맛을 단아함과 짝짓는 등 한국 예술의 특징을 주된 성격으로 언급하면서도, 한편으로는 한 가지로 설명하여 지나치게 단순화하는 것을 피하려 한 노력과 고민도 엿보인다.

고유섭이 한국 미술에 대한 넓은 경험과 지식을 바탕으로 당시 최신의 선진적 학문을 기준으로 학문의 방법론과 연구대상을 설정하고 한국 미술사를 한국인의 손으로 서술하겠다는 고유섭의 학술 목표과 그 성과에 경의를 표하지 않을 수 없다. 그러나 그만큼 그의 연구 결과에서 시서화 일치를 추구하는 회화가 한국 미술사에서 제외되고 공예만 남았다는 점에 대해 의아함, 아쉬움이 마음속에서 무겁기만 하다. 그가 결론으로 제시한 구수한 큰 맛이 한국 미술 제 현상에 대해 갖는 보편타당성을 인정하기도 어렵게 되기 때문이다. 한국 미술사에 존재하는 화려하거나 세련·정제된 작품들이 모두 중국의 모방이거나 고유의 것이 아니라고 할 수 있을까라는 근현대 미술 연구자들이 반복해 온 질문을 다시 던질 수밖에 없다. 어쩌면 시기상으로 볼 때 고유섭이야말로 이러한 논란을 학계로 끌어들인 근원일 수도 있겠다. 두 기고문에서 밝힌 바 그의 한국미술사에 대한 연구 목표와 대상 규정, 연구 방법론의 설정을 다시 되돌아보아 어디서부터가 문제인지 검토해 볼 필요가 있다.

4. '구수한 큰 맛', 번역된 자연미

고유섭에 대한 선행 연구들을 살펴보면 일본의 식민주의적 조선 연구가 그에게 끼친 부정적 영향력은 계속 지적된 데 비해 의외로 서구의 미학과 미술사가 한국미의 정체성 논의를 휘어 버리게 만든 근원이라는 점은 거의 주목된 적이 없다.[20] 그러나 고유섭이 공예의 미로서 구수한 큰 맛에 도달한 맥락을 살펴보자면, 우선 그가 근대 서구의 예술·미·미술 개념을 전격적으로 수용했다는 점에서 출발해야 할 것이다. 진·선·미뿐 아니라 지·정·의, 그리고 문화과학 모두 서구 근현대 학문의 기초 개념들에 해당하기 때문이다. 서구 근현대 학문은 사실상 고유섭의 학문이 형성되던 대학 시절부터 그가 세상을 떠난 해까지 지속되는 그의 학문 세계의 큰 틀이었다고 추정된다.

20 이인범은 김임수·김영나·오병남 등의 선행 연구 사례를 들면서 고유섭이 서구 근대 학문을 보편적 척도, 의심할 바 없는 준거로 삼은 데 대해 문제점을 지적하지 않았다는 점을 간략하게 거론한 바 있다. 이인범, 〈고유섭 해석의 제 문제〉, 《미학·예술학 연구》(한국미학예술학회) 제22집(2005), 238쪽.

고유섭은 위 기고문을 쓰기 훨씬 이전 1934년《동아일보》에 발표한〈우리 미술과 공예〉에서 먼저 지·정·의와 진·선·미를 언급했다. 이(理)가 지(知)를 판단하는 준칙이고 법도인 것처럼 미(美)는 정(情)의 판단 준칙인 보편적 가치라는 것이다.[21] 지·정·의의 세 가지 의식 분류는 이미 독일을 중심으로 한 유럽, 일본에서 이미 널리 논의되고 있었다.[22] 아울러 이광수(李光洙, 1892-1950), 안확(安廓, 1884-1946) 등의 사례에서 보듯이[23] 고유섭보다 한 세대 전에 일본 유학을 통해 유럽의 사상과 문화를 접했던 이들이 이미 1920년대 이래 종종 이 분류법을 언급했다는 점 역시 고유섭이 별다른 의심 없이 받아들이도록 유도했을 것이다. 그러나 고유섭이 이들 개념을 확신하게끔 한 직접적인 계기는 무엇보다 경성제국대학이었다고 짐작된다.

〈한국미술문화의 몇 낱 특징〉과〈한국고대미술의 특색과 그 전승문제〉에서 한국 미술문화의 연구 방법론과 관련해 지속적으로 언급하는 문화과학, 문화와 자연의 대별, 문화 가치, 지·정·의와 진·선·미의 개념 그룹들, 대

••••

21 고유섭,〈우리의 미술과 공예〉,《동아일보》, 1934.10.9-20;《朝鮮美術史 上—又玄 高裕燮全集 1》, 114-115쪽. 이 원문에는 원문 발표 이후에 작성한 각주가 달려있다. 고유섭이 언제 각주를 달았는지 명확하지는 않은데 그는 원문의 견해를 수정하여 이(理)에도 지·정·의가 관계하고 선과 미에도 각각 지·정·의가 관계한다고 각주 작성 당시의 견해를 밝혔다. 주석대로 지·정·의가 진·선·미에 모두 관여한다면 진·선·미 각각의 독립성에도 변화가 생길 듯하지만 고유섭은 위의 주석 외에 어떤 글에서도 새로운 견해를 개진하지 않았고 따라서 이 수정된 견해가 이 글의 논지와 별다른 영향 관계가 없다고 보아 본문에서 언급하지 않았다. 위의 책, 370쪽 참조.

22 이재봉,〈근대의 지식체계와 문학의 위치〉,《한국문학논총》(한국문학회) 제52집(2009), 164-168쪽. 고유섭이 경성제국대학 조수 시절에 쓴〈미학의 사적 개관〉(1930)은 그리스 이래 서양의 미학사를 정리한 글로서 와타나베 기치지(渡辺吉治)의《현대미학사조》를 요약했다고 스스로 밝히면서 그 외 여러 일본의 저역서도 소개했다.

23 이광수가 1916년 11월 10일부터 23일까지《매일신보》에 연재한 사설을 모은〈文學이란何오〉가 대표적이다. 이광수,《이광수전집 1》(삼중당, 1962). 당시 한국 문단에서 지·정·의의 논의 상황에 대해서는 정병호,〈한일근대문예론에서〈정〉(情)의 위치—지(知)·정(情)·의(意)의 논의를 중심으로〉,《아시아문화연구》(가천대 아시아문화연구소) 제8집(2003) 참조.

상과 주체로부터의 미의 성립 조건 분석의 방법은 모두 경성제국대학을 통해 수입된 서구 근현대 철학과 밀접한 관련이 있다. 우선 먼저 문화과학과 관련해서는 신칸트학파, 그중에서도 서남학파의 리케르트(Heinrich Rickert, 1863-1936)를 떠올리게 한다. 서남학파는 헤겔의 절대관념론을 비판하면서 19세기 후반에 등장했고 1920년대 일본 철학계에 수입되어 다시 경성제국대학 철학과 교수들을 통해 한국에 전달되었다. 고유섭은 1925년 경성제대 예과에 입학하고 1927년에 경성제국대학 법문학부 철학과에 들어가 미학·철학을 공부했다. 당시 경성제국대학 철학 담당 교수는 아베 요시시게(安倍能成, 1883-1966)였다. 아베는 1926년부터 1941년까지 경성제국대학에서 철학을 강의했으며 그가 철학 교재로 삼은 것은 서남학파의 빈델반트(W. Windelband, 1848-1915)의 《철학개론(Einleitung in die Philosophie)》(1914)을 거의 그대로 번역한 《근세철학사》였다. 고유섭이 졸업하던 1930년에 발표한 〈미학의 사적 개론〉은 스스로 밝힌 바에 의하면 아베의 《근세철학사》를 참고하여 작성되었고[24] 와타나베 기치지(渡邊吉治, 1894-1930)의 《현대미학사조》에 따라 현대 미학의 유파를 분류했다고 하는데 와타나베 역시 리케르트를 위시한 신칸트학파의 영향받은 일본의 미학자이기도 하다. 고유섭은 〈미학의 사적 개론〉에서 여러 미학 이론을 소개할 때 신칸트학파의 미학 소개에 전체 글의 2/3 이상의 상당한 지면을 할애했다. 고대에서 칸트까지의 미학 이론의 2배가 넘는 분량이다. 고유섭이 리케르트가 제창한 문화과학이라는 학문명칭, 그 연구 대상과 방법론을 채택하여 한국의 미술문화를 연구대상으로 삼아 그 가치를 탐구하겠다고 선언한 것은 고유섭의 지적 환경 속에서 자연스러워 보인다.

이제 리케르트와 고유섭의 문화과학에 대한 논의를 비교해 보자. 1870년대에 신칸트학파는 헤겔의 절대 정신의 전개로서의 문화, 철학을 비판하고

••••

24 고유섭, 〈미학의 사적 개론〉, 《신흥》 제3호(1930.7); 《美學과 美術評論―又玄 高裕燮 全集 8》, 74-99쪽.

인간이 경험하는 실재 세계를 학문이 대상으로 삼았으며, 미학, 미술사, 역사 등 여러 학문의 새로운 토대를 제공했다. 신칸트학파는 마르부르크 학파와 서남(바덴)학파로 나눌 수 있는데 그중 서남학파는 빈델반트·리케르트 이래 감각적 자연으로부터 보편 원칙을 추구하는 자연과학의 연구방법론을 모델로 삼는 실증주의를 비판하면서 인간사회의 문화의 특수성, 그 문화 가치를 탐구할 것을 주장했다.[25] 이 글에서 주목하는 리케르트의 문화과학은 실재에서 인간이 특정 '가치'(wert)에 따라 구현한 일종의 재화(Güter)들을 대상으로 그 '특수한 의미(sinn)'를 '이해하는 것(verstehen)', 재화들을 '해석하는 것(deuten)'을 목표로 삼음으로써, 자연과학이 실재(real)의 영역에서 자연물에 대해 주로 '보편적인 법칙'을 탐색하여 '설명(erklären)'하는 것과 대비된다.[26] 여기서 가치는 문화와 자연을 구분하는 기준으로서 사회 내 구성원들이 보편적으로 인정하는 학문적(theoretical) 이념, 그리고 학문적이지 않은 도덕적 미적 종교적 이념들을 말한다.[27] 의미는 가치를 지닐 때 발생하며 이 의미의 영역이 문화과학의 연구 영역에 해당한다. 문화과학은 실재에서 가치를 지닌 의미있는 문화 현상, 그 개성적 특성을 선별하여 서술하는 학문이다.[28]

고유섭의 문화과학에 대한 언명은 내용상으로도 리케르트의 문화과학에 대한 정의를 상당히 반영했다고 보인다. 문화를 절대적 영원한 관념으로서의 정신이 아니라 현실에서 정신이 객관화된 현상으로 규정하고 자연과 달리 가치를 지닌 것으로 정의하는 것은 고유섭이 〈조선 미술문화의 몇 낱 성격〉 서두에서 이야기한 문화의 속성과 일치한다. 또 자연과학과 문화과학을 대별하고 한국 미술문화에서 자연환경이나 민족과 같이 가치를 지니지 않은 현상들로부터 가치를 지닌 현상들을 선별하여 탐색하겠다는 서술 목적

• • • •

25 박찬국, 〈목적론적 자연관에 대한 재검토〉, 《인문논총》(한국철학사상연구회) 제50집(2003).

26 신호재, 〈후설의 현상학과 정신과학의 정초〉(박사학위논문, 서울대학교, 2017), 47-53쪽 참조.

27 하인리히 리케르트, 《문화과학과 자연과학》, 이상엽 옮김(책세상, 2007), 172쪽.

28 위의 책, 51-52쪽.

역시 리케르트가 자연과학과 문화과학을 가치 유무를 기준으로 구분하는 것에 부합한다. 고유섭은 당시 최신의 학문 성과였던 독일 신칸트학파의 학문의 대상과 방법론에 대한 정의를 한국 미술사에 적용하여 그 문화적 가치를 탐색한 것이다.

이제 고유섭이 말하는 미적 이념, 가치를 신칸트학파의 입장과 관련해 다시 살펴보자. 〈조선고대미술의 특색과 그 전승문제〉에서 언급하는 진·선·미 그리고 가치론적 측면에서 언급하는 가장 큰 특색으로서 균제성을 살펴보자. 알려진 대로 진·선·미는 칸트가 정립한 세 가지 상호 독립적인 가치들이며 지(wissen)·정(gefühl)·의(wille)는 인간의 활동 주체로서 의식을 진·미·선의 구분에 따라 세 가지 작용방식으로 구분한 것이다.[29]

고유섭이 1941년 기고문에서 조선미술의 미적 특색을 서술하는 주요 개념으로 사용힌 균제성, 무관심성 역시 근대 유럽 미학의 기본 체제에 부합한다. 고유섭은 균제성이 '시머트리(Symmetry)'의 번역어로서 상하좌우의 규격을 말한다고 설명했다.[30] '비례'로도 번역되는 Symmetry는 고대 피타고라스학파가 질서(taxis), 조화(harmonia)와 함께 논했던 미 개념 중 하나로서 근대까지 지속되어 객관적인 미의 속성으로 꼽혔다. 볼프(C. Wolff)는 미의 객관적 기준으로 종래의 비례, 조화, 규칙성, 통일성을 꼽았다. 그러나 영국 경험주의 전통에서 미의 객관성에 대한 회의가 일어났고, 이러한 의심을 수용한 칸트는 균제, 비례 등을 미로 인식하는 인식 주체의 중요한 판단 조건으로 외부에 존재하는 대상의 성질과 무관한 무관심성을 제시했다.[31] 고유섭이 한국 미술문화의 가치론과 심의식의 차원 각각의 근원으로 제시한 (비정제

• • • •

29 백종현 외, 《고전 강연 4—근대정신과 비판》(민음사, 2018), 22쪽 참조.

30 고유섭, 〈조선고대미술의 특색과 그 전승문제〉; 《朝鮮美術史 上—又玄 高裕燮 全集 1》, 88쪽.

31 염재철·김동훈·김율, 〈미의 존재론〉, 《미학대계》 제2권, 미학대계간행회 엮음(서울대 출판부, 2007), 116-119쪽.

성 및 비정제성이 만들어 낸) 비균제성과 무관심성은 근대 유럽의 미론의 체제를 반영한다.

결국 근대의 미 이념과 이러한 미이념과 미술문화의 관계를 규정한 신칸트학파 리케르트의 학문 표준에 따라 한국 미술사를 재단하고 판단할 때, 한국 미술이 근대 서구를 기준으로 한 순수미술에서 가장 먼 가장자리인 공예에 배치되는 것은 논리적인 수순이고 자명한 결과일 것이다. 고유섭은 자신의 개인적 학문 이력과 조선의 지적 풍토를 바탕으로 진·선·미와 지·정·의의 분류법을 그의 표현 그대로 '인류 문화의 유일한 가치 범주'로서 보편성을 갖추었다고 채택했고 이 확신은 타계 즈음인 1941년까지도 지속되었다. 그는 동양문화가 미를 선(善)과 분리하여 독자적으로 추구하지 않아 선·악을 떠난 순수미의 존재를 몰랐다고 했다.[32] 진·선과 독립적인 순수한 미를 기준으로 동양 미술문화를 논한 것이다.

동양에 순수미가 존재하지 않았다면 외래의 순수미를 동양 미술문화를 서술하는 기준으로 삼으면 안 되는 것이 아닐까. 설령 그 기준을 적용하더라도 모종의 조건이나 단서가 필요하다고 보인다. 그러나 고유섭은 서양 미술 개념을 기준으로 한국 미술은 순수미를 추구하지 않아 비미술적이라는 논의를 별다른 의심없이 확신했다. 순수미를 추구하는 서양의 미술 개념을 그대로 한국에 적용했다. 이러한 한국 미술의 내용적 측면, 즉 가치의 문제 외에도 형식적인 측면인 범주의 문제를 보아도 그는 한국 미술에 대해 건축·조각·회화·공예의 범주를 적용하는 데 대해 고민이 없다.[33] 왜 전통적인 서(書)와 화(畵)의 결합을 포기하게 되었는지 그의 유작 전집 어디서도 설명이 없다. 그는 이미 일본뿐 아니라 이미 한국에서도 한 세대 가까이 지속해 온

••••

32 고유섭, 〈조선미술과 불교〉, 《조광(朝光)》 제62호(1941b); 《朝鮮美術史 上—又玄 高裕燮 全集 1》, 221-222쪽.

33 고유섭, 〈의사금강유기(擬似金剛遊記)〉, 《新興》 제5호, 1931; 《隨想 紀行 日記 詩—又玄 高裕燮 全集 9》(열화당, 2007c), 148쪽.

유럽의 문화와 사상을 선진 학문으로서 의심하지 않았던 것으로 보인다.

그리고 근대 유럽의 학문 체제와 가치로 한국 미술문화를 재단하고 번역했으므로 고유섭이 목표했던 한국 미술문화 전체를 관통하는 주된 성격은 도출하기 어려울 것이다. 구수한 큰 맛은 한국 미술문화에서 화려하거나 화려하지 않은 측면, 균제성과 비균제성, 소박과 세련·정련의 측면을 다 포괄한 결과가 아니다. 일단 가장 정련되었다고 할 시서화를 추구하는 회화를 제외했고 그 스스로 밝히는 대로 상감기술은 다른 미술의 특색들처럼 그 미의식을 밝히기 어렵다고 토로하면서 한국 미술의 주된 특징에서 제외하였다. 서양에서는 일찍부터 회화나 조각이 순미술품으로 독립적으로 발전하여 공예를 무시해도 미술사가 성립하지만, 동양 삼국 미술은 합목적적 요구를 벗어나 본 적이 없으므로 가장 합목적적인 공예품을 무시한다면 미술사가 적막해진다고 단호하게 서구 근대미술 분류에서 공예라는 하위 범주에 한국의 미술을 배치했다.[34] 그리고 리케르트의 자연과 문화 개념은 19세기까지 한국에 존재하지 않으므로 그 문화 가치를 따르지 않는 한국 문화는 최대한 리케르트의 자연에 가까운 '문화의 변경'에 위치하게 되었다.

한국의 미술문화를 제작하고 감상한 이들의 가치를 살펴보려면 이들이 남긴 발언, 옛 문헌들에 근거해야 했지만 그들의 발언은 두 기고문에서 전혀 인용되지 않았다. 고유섭은 도덕지상주의에 빠진 조선의 사대부의 글을 의도적으로 거부했다. 그가 대신 선택한 것은 유럽과 한국의 미술이 각각 인공과 자연을 추구한다는 전형적인 근대 동서양 구분법이었다. 이로써 그 구분법의 발언자는 유럽인·일본인으로부터 한국인으로 확대되었다. 그는 동양과 서양의 미술을 비교하면서 자연과 인간이라는 이분법적 비교 기준을 가지고 동양화는 온화한 자연 혜택 속 문명의 소산이며 서양화는 자연의 혜택보다는 인간이 노력한 결과라고 명시했다. 이에 전자가 자연의 은총을

• • • •

34 고유섭,《朝鮮美術史 上—又玄 高裕燮 全集 1》, 47-49쪽.

찬미하고 자연의 속성인 무위이화(無爲而化), 운동성의 경향을 강하게 드러내려는 예술의욕의 소산이라면, 후자는 자연과의 항쟁을 통해 운동보다 완성태를 추구하는 예술의욕의 소산이라고 했다.[35] 고유섭이 제시한 한국 미술의 특징들, 정확히 말해 공예의 미인 무기교의 기교, 구수한 큰 맛은 근대 자연-문화 개념을 근대 이전의 미술에 적용해 낳은 근대적인 가치라는 제 위치로 복귀해야 할 것이다.

5. 맺음말

구수한 큰 맛은 1940년 즈음 일제 식민치하라는 역사적 공간에서 일본 학계를 통해 서양의 학술·문화를 수용한 한국의 학자가 구성해 낸 것이라는 시대적 공간적 특수성을 지닌다. 그 공과 과는 분명하다. 고유섭은 서양 미술사와 소통할 만한 한국 미술사를 처음으로 구성했다. 미술사의 시대를 구분하고 대표 작품을 선정했고 시대와 작품들의 조형적 특징과 예술성 우수성을 서술했을 뿐 아니라 한국 특유의 아름다움에 대한 질문도 던졌다. 그가 던진 질문은 현재 한국의 미술사 연구에서 회피되고 있지만 미술 연구자라면 포기할 수 없는 질문으로서 가슴에 새길 만하다.

아울러 불교와 유교, 서구 근대 철학, 사회주의, 정신사와 양식사로서의 미술사, 식민사관과 국학운동 등 여러 학술 분야의 방법론과 가치관이 동시에 교차하는 와중에 그는 이들을 회피하지 않고 수용하여 한국 미술사의 넓은 학문적 지반을 마련했다.

고유섭이 자신의 미술사학은 문화과학으로서 문화가치를 다루는데 이 가

35 고유섭, 〈동양화와 서양화의 구분〉, 《사해공론》 제2권 2호(1936); 《美學과 美術評論—又玄 高裕燮 全集 8》, 175-180쪽.

치는 불변의 관념도 아니고 감각적 존재도 아니며 늘 변화하는 양상을 지닌다고 선언했다. 그 선언의 내용은 19세기 후반에 등장한 신칸트학파가 헤겔의 절대 관념론을 비판하면서 경험세계를 토대로 인간 사회를 연구대상으로 삼고 아울러 감각적이고 필연적 보편적 규칙을 탐구하는 자연과학과의 차별성을 확보하는 문화과학을 수립했던 것과 연관성이 있다. 신칸트학파는 철학, 역사, 미술사 등으로 영향력을 확대해 나갔으며 고유섭이 주목한 예술학자 피들러, 미술사학자인 리글과 뵐플린, 그 외 슈펭글러까지 모두 그 학문적 후예들이다. 신칸트학파가 일본을 거쳐 1940년 전후 한국에서 전개되기까지 각 국가의 서로 다른 정치적 학문적 풍토 속에서 어떤 양상으로 전개되고 그 의미가 달라지는가라는 문화이동사적 접근은 앞으로도 고유섭의 학문 세계의 새로운 면모를 드러내 줄 것이다.

그러나 이상과 같은 야심 찬 행보의 와중에 고유섭은 서구의 미술과 철학, 미학이 '유일하게 보편적인' 학문적 기준으로서 한국 문화에 그대로 적용될 수 있는가라는 질문을 간과했고 일본 제국의 지식인들이 조선 문화를 의도적 비의도적으로 왜곡·비하할 수 있다는 점에 대해 긴장하지 않았다. 설상가상 고유섭은 자신이 제시한 한국 미술의 아름다움이 '거칠게(草疏) 순간적으로 떠오른 생각'이라고 그 가설적인 성격을 분명히 했지만, 그의 사후 가설은 확론이 되어 현재까지 한국의 문화계의 한 켠을 배회하고 있다. 구수한 큰 맛의 시대성을 밝혀 이 개념이 지시하는 과거, 이 개념에서 전개된 현재가 보다 고유섭의 시대로부터 자유로워질 새로운 계기를 마련해야 할 것이다.

참고 문헌

高裕燮.《朝鮮美術文化史論叢》. 通文館, 1965.
______.《朝鮮畫論集成》. 景仁文化社, 1976.

高裕燮.《朝鮮美術史 上—又玄 高裕燮 全集 1》. 열화당, 2007a.
______.《美學과 美術評論—又玄 高裕燮 全集 8》. 열화당, 2007b.
______.《隨想 紀行 日記 詩—又玄 高裕燮 全集 9》. 열화당, 2007c.

關野貞.《조선미술사》. 동문선, 2003. (초판 朝鮮史學會, 1932).
김영나. 〈한국미술사의 태두 고유섭—그의 역할과 위치〉.《미술사연구》(미술사연구회) 제16호 (2002).
리케르트, 하인리히.《문화과학과 자연과학》. 이상엽 옮김. 책세상, 2007.
목수현. 〈한국 고미술 연구에 나타난 고유섭의 예술관 고찰〉. 석사학위논문, 서울대학교, 1991.
문명대. 〈1930年代의 美術學 振興運動〉.《民族文化硏究》(고려대 민족문화연구소) 제12호(1977).
미학대계간행회.《미학대계》. 제2권. 서울대학교출판부, 2007.
박찬국. 〈목적론적 자연관에 대한 재검토〉.《인문논총》(한국철학사상연구회) 제50집(2003).
박현수. 〈일제강점기 현대시 관련 근대성 담론의 층위와 특성〉.《어문학》(한국어문학회) 제111호 (2011).
백종현 외.《고전 강연 4—근대정신과 비판》. 민음사, 2018.
신호재. 〈후설의 현상학과 정신과학의 정초〉. 박사학위논문, 서울대학교, 2017.
야나기 무네요시.《공예문화》. 민병산 옮김. 신구출판사, 2014a.
______.《조선과 그 예술》. 이길진 옮김. 신구출판사, 2014b.
오병남. 〈高裕燮의 미학사상에 대한 접근을 위한 하나의 자세〉.《미학》(한국미학회) 제42집(2005).
이미순. 〈박영희의 플레하노프 미학 수용과 문예학의 완성〉.《比較文學》(한국비교문학회) 제20집 (1995).
이인범. 〈고유섭 해석의 제 문제〉.《미학·예술학 연구》(한국미학예술학회) 제22집(2005).
이재봉. 〈근대의 지식체계와 문학의 위치〉.《한국문학논총》(한국문학회) 제52집(2009).
정병준. 〈식민지 관제 역사학과 근대 학문으로서의 한국역사학의 태동—진단학회를 중심으로〉.《사회와 역사》(한국사회사학회) 제110집(2016).
정병호, 〈한일근대문예론에서 〈정〉(情)의 위치—지(知)·정(情)·의(意)의 논의를 중심으로〉.《아시아문화연구》(가천대 아시아문화연구소) 제8집(2003).
정일균. 〈일제의 식민통치와 식민주의적 근대지식의 형성—'다카하시 도루[高橋亨]의 조선학'의 사례를 중심으로〉.《사회와 역사》(한국사회사학회) 제91집(2011).
정혜린. 〈자연과 문화의 관계에서 본 '한국 미술'〉.《민족문화연구》(고려대 민족문화연구원) 제85호 (2019).
하선규. 〈'합목적적 형식'에서 '살아있는 형태'로〉.《美學》(한국미학회) 제80집(2014).
하정일. 〈프리체의 리얼리즘관과 30년대 후반의 리얼리즘론〉.《현대문학의 연구》(한국문학연구학회) 제4호(1993).
홍지석. 〈해방공간 예술사회학의 이론과 실천—1940-1960년대 한상진(漢相鎭)의 미술사론을 중심으로〉.《미학·예술학연구》(한국미학예술학회) 제36집(2012).

1950년대 '신라'의 재전유와 네이션의 서사 만들기*

김동리의 신라 연작을 중심으로

고지혜

1. 재건의 시대와 신라론의 대두

1960년 11월 〈광장〉을 발표하자마자 침체된 문학계에 커다란 파문(波紋)을 일으켰다고 평가받은[1] 최인훈은 장편 〈회색의 의자〉를 1963년 6월부터《세대》에 연재하기 시작한다. 1958년 가을부터 1959년 여름까지, 4·19혁명 직전의 남한 사회를 다루고 있는 이 소설은 국문학도인 독고준과 정치학도인

* 이 글은 〈1950년대 '신라'의 재전유와 네이션의 서사 만들기〉[《현대소설연구》(한국현대소설학회) 82(2021)]의 일부 내용을 수정 및 보완한 것이다.

1 백철, 〈하나의 돌이 던져지다—최인훈 작《광장》의 파문(波紋)〉,《서울신문》, 1960.11.27.

김학의 혁명에 관한 논쟁으로 시작되는데, 전체에서 절반에 이르는 중반부까지 두 인물의 서사는 거의 동등한 비중으로 진행된다. W시 출신의 월남한 고학생 독고준과는 여러모로 분명하게 대비되는 김학은 소설 초반부터 '아버지의 호출'로 고향인 경주에 간다. "고적에 매달려서 삶을 이어가는 가난한 사람들의 살림보다도 속되어가는 고향의 운치"를[2] 더 안타깝게 여기는 이 청년은 토착 사상가인 황 선생을 만나 '역사와 전통과 민족'에 대해 토론하고 소설 말미에 이르러서는 민족문화의 영속성에 대해 확신을 얻는다. 특히 이 소설에서 '경주'는 북한의 W시 혹은 독고준의 '고향(아비/계보) 없음'에 정확히 대칭되면서 '신라문화', '불교', '화랑' 등의 표상을 통해 '남한의 민족적 전통과 문화'를 상징하는 곳으로 거듭 등장한다. 흥미로운 것은, 이 소설의 배경인 1958-1959년 무렵 실제로 남한에서는 '신라'를 둘러싼 논전이 벌어지고 있었다는 점이다.

해방과 한국전쟁을 거치면서 새롭게 구성되기 시작한 남한의 문학장에서 '우리'라는 경계를 재설정하는 문제는 개인의 정체성은 물론 공동체의 방향성에 관한 가장 첨예한 질문이 아닐 수 없었다. 이에 따라 1950년대에는 네이션(민족/국민)의 정체성을 어떻게 만들어 갈 것인가와 관련하여 '재건'의 구호와 담론이 남한 사회를 관통했고, 새로운 전통을 창조하여 한국문학을 발전시켜야 한다는 논의가 한동안 계속되던 가운데,[3] 1958년 무렵 이러한 전

• • • •

2 최인훈, 《회색인》(문학과지성사, 1991), 88쪽.

3 전쟁이라는 미증유의 체험은 문학이 인간존재의 근본적인 문제에까지 도달할 것을 요구했기에 1950년대 비평은 문학이론을 뛰어넘어 철학적 지표의 역할을 담당할 수 있는 지도이념을 필요로 했을 뿐 아니라 '남한의 문학장'이라는 달라진 현실을 체계화할 수 있는 새로운 문학이념 또한 확립해야 했다. 이 같은 맥락에서 1950년대 중반부터 약 10년간 계속된 '전통에 관한 논의'는 전통의 부재, 단절, 계승, 극복을 둘러싸고 다분히 논쟁적인 양상을 띠었다. 이러한 1950년대 전통론은 당시 서구 사조의 수입과 관련하여 한국의 문학적 현실에 대한 반성을 내포하면서도 새로운 전통을 창조하여 한국문학을 발전시켜야 한다는 당위적 주장을 되풀이하다가 민족문학론으로 논의의 쟁점을 옮겨 가면서 일단락되었다.

통론의 파장에서 '신라정신'이 호출되었다.[4] 1958년 1월《현대문학》에 실린 서정주의 〈신라연구①—신라인의 지성(상)〉과 박종화의 〈신라인의 사유〉는 현대인이 되찾아야 할 전통으로 '신라인의 세계관과 기질'을 거론한다. 서정주는 이 글에서《삼국유사》에 나오는 선덕여왕의 예언자적 자질을 예로 들며, 이 같은 '신라인의 지성'이란 이성과 감성을 이분법적으로 나누지 않는 전인적(全人的)인 것이며 '당장살이'가 아니라 '영원살이'를 지향하는 신라인의 태도야말로 현대인에게 필요한 "살아내는 슬기"라고 말한다.[5] 박종화

••••

1950년대전통론의 발생 맥락과 그 전개 양상에 대해서는 박헌호, 〈1950년대 비평의 성격과 민족문학론으로의 도정〉,《식민지 근대성과 소설의 양식》(소명출판, 2004); 서영채, 〈민족, 주체, 전통—1950-60년대 전통논의의 의미〉,《민족문학사연구》(민족문학사학회) 34(2007) 참조.

4 물론 이러한 '신라의 발명' 내지는 '신라의 활용'이 해방 이후에 처음 생겨난 것은 아니었다. 화랑도의 숭무(崇武)와 유교의 문약을 대비시키는 도식하에, 신라를 한반도 역사상 최초로 통일을 달성하고 민족문화의 연원을 이룬 국가로 인정하는 신라 담론은 1920년대 이광수와 최남선이 공유하고 있던 고대사에 대한 관점으로, 이는 또한 1890년대 이후 만들어진 일본의 동양사학 담론과 연관이 깊다. 당시 조선과 일본의 고대사를 조명하기 위해 일본의 사학자들은 신라에 주목했고, 이들은 고대 일본과 신라의 관계를 통해 일본의 민족사를 한반도로 확대하고자 했다. 총독부의 지원을 받은 일본인들은 경주에 대한 학문적 답사와 고고학적 발굴을 통해 신라를 '조선문화의 기원'으로 조명하였고, 식민지 조선의 지식인들은 일본의 신라 담론과 때론 길항하고 때론 교호하면서 원형의 표상으로서 신라를 전유했다. 식민지 조선의 신라 담론 및 이 시기 문학 작품에 나타난 신라의 재현 양상에 대해서는 황종연, 〈신라의 발견〉,《신라의 발견》, 황종연 엮음(동국대학교출판부, 2008); 허병식, 〈식민지 조선과 '신라'의 심상지리〉, 위의 책 참조. 아울러 일제를 통한 '신라의 발견'을 두고 2010년대 들어 황종연과 김흥규는 논쟁을 벌인 바 있는데, 본고의 주된 관심사는 신라 담론의 연원이나 통시성을 고찰하는 데 있지 않으므로 이에 대한 검토는 생략하도록 하겠다. 이와 더불어 해방기 좌우파를 망라한 진영에서 광범위하게 전유되었던 '통일신라론'의 발명과 확립의 과정에 대해서는 윤선태, 〈'통일신라'의 발명과 근대역사학의 성립〉, 위의 책 참조. 특히 해방 후 대한민국의 건국에 관여했던 엘리트들과 이데올로그들은 화랑을 민족의 영웅으로 그리며 화랑도를 통해 대한민국 건국의 이데올로기를 정초하는 작업을 의식적으로 수행한 바 있는데, 화랑을 통해 이상적인 국민상을 만들고자 했던 대한민국 건국기의 화랑 담론에 대해서는 정종현, 〈국민국가와 '화랑도'〉, 위의 책 참조.

5 서정주, 〈신라연구①—신라인의 지성(상)〉,《현대문학》(현대문학사) 37(1958.01).

역시 처용과 백결 선생을 예로 들며 현대인도 신라인이 지녔던 "대자연 같이 크고 우주 같이 넓"은 "큰 사상"을 가져야만 "큰 사람 노릇도 하고 남북통일도 할 수 있고" "현대의 모든 불안과 광포"도 극복할 수 있다고 주장한다.[6] 이러한 논의는 이듬해 천상병에 의해 좀 더 보강되는데, 천상병은 "통일적 한국 문화의 전형이 될 수 있는" 신라정신과 불교문화를 바탕으로 서구 중심의 외래 사조에 저항하는 한국문학의 주체를 정립해야 한다고 피력한다.[7]

물론 당시 담론장에서 신라정신 자체를 부정하는 입장도 있었다. 신라정신에 관한 비판적인 논의들은 무엇보다 그러한 신라정신의 '내용'이 명확하게 인식되거나 논리적으로 분석될 수 없음을 문제 삼았다. 특히 이철범은 아시아적 후진성 때문에 우리의 생활은 서구와 같은 현대사회를 형성하는 데 이르지 못했고, 이로 인해 우리의 문화도 '사이비 성격'을 띠고 있다며 당대의 신라 담론이란 후발근대화 국가가 처한 특수성과 곤혹에서 비롯된 일종의 신앙 같은 것이라 일축했다.[8] 이처럼 신라정신을 수용하지 않는 입장에서는 신라정신에 '사상' '이성' '현실감각'이 없음을 비판했고, 새롭게 구성되어야 할 네이션(민족/국민)의 기원으로 신라를 상정하는 쪽에서는 '신라'와 '정신' '혼' '문화'를 연결하여 그것의 함의를 나타내려 했지만, 그랬기 때문에 신라정신으로 지칭되는 전통과 민족성은 텅 빈 기표가 되어 논의

• • • •

6 박종화, 〈신라인의 사유〉, 《현대문학》(현대문학사) 37(1958.01).

7 천상병, 〈불교사조와 한국문학—고전은 언제나 싸운다〉, 《자유공론》(자유공론사) 3(1959.03). 1950년대 천상병의 비평 활동은 '새로운 한국문학의 정립'을 위한 한국문학의 정신적 기반을 발견하는 작업에 치중되어 있다. 이 과정에서 그는 서정주의 신라정신을 '한국 문화의 고전'으로 인정하는 동시에 신라정신에 몰두하고 있는 서정주의 당시 시작(詩作) 활동을 상찬한다. 1950년대 천상병의 비평에 관해서는 강경화, 〈천상병 비평에 대한 고찰—1950년대 비평의 지향점을 중심으로〉, 《우리문학연구》(우리문학회) 62(2019) 참조.

8 이철범, 〈신라정신과 한국전통론비판〉, 《자유문학》(자유문학사) 29(1959.08). 이철범과 동일한 기조에서 신라정신을 비판한 글은 다음과 같다. 이어령, 〈현대의 신라인들〉, 《동아일보》, 1958.4.22.-4.23; 문덕수, 〈신라정신에 있어서의 영원성과 현재성〉, 《현대문학》(현대문학사) 100(1963.04); 김동욱, 〈신라문화의 본질과 비판〉, 《세대》(세대사) 2(1963.07).

의 장에서 공회전을 거듭했다.

이러한 가운데 같은 시기 김동리는 《삼국사기》와 《삼국유사》에 나오는 역사적 기록과 설화를 바탕으로 창작한 신라에 관한 단편소설들을 《야담》과 《체신문화》에 잇달아 발표했는데, 최초 발표 시에는 관련 출전을 밝히지 않았고 발표한 작품의 내용 또한 《삼국사기》나 《삼국유사》의 해당 부분과는 상당한 차이를 보인다. 신라 연작이 발표되기 시작했을 무렵, '우리 문학의 후진성 극복과 전통의 확립'이란 주제로 열린 한 좌담에서 김동리는, 우리 문학의 후진성이란 서구의 그것과 비교하여 철학 혹은 사상의 빈곤에서 비롯되는데 이를 극복할 구체적인 방법으로 동양의 고유한 사상을 형상화할 수 있는 "플롯의 설계"를 들었다. 특히 이 좌담회는 서정주가 '신라에 대한 연구'를 시작했다고 처음 여러 사람에게 언급한 자리로, 여기서 김동리는 "민족적 자아"를 갖는 것이 전통이기에 《춘향전》이나 정철의 작품을 다시 읽는 행위보다는 우리의 언어와 피에 흐르고 있는 전통을 "현대문학의 그릇" 속에 담아내는 작업이 더 필요하다는 주장을 펼쳤다.[9] 즉, 김동리는 당시 담론장을 지배하고 있던 전통론과 관련하여, 전통의 확립이란 담론이 아닌 '작품을 통해' 추진되어야 하는 일임을 분명히 한 것이다.

이에 본고는 신라 담론이 대두되던 시기에 집중적으로 발표된 김동리의 신라 연작이 김동리가 생각하던 전통과 민족성이 구체화된 결과물이라 보고, 신라 연작을 대상으로 1950년대 중반부터 추상화된 형태로 전유되던 '신라'가 어떻게 문학적 육체를 획득하면서 네이션(민족/국민)의 서사를 구축하는지 논구해 보고자 한다.[10] 그동안 김동리의 신라 연작에 관해서는 그의 고향인 경주와 1954년에 나온 김범부의 《화랑외사》가 창작 배경에 일정 정도

• • • •

9 백철·이무영·계용묵·곽종원·서정주·김동리·신석초·박영준, 〈(현역중진좌담회)우리 문학의 당면과제〉, 《현대문학》(현대문학사) 34(1957.10), 19-21쪽. 이 좌담회에서 "현대문학 본사측"을 대표하여 조연현·오영수·박재삼이 참석했고, 전체 사회는 조연현이 보았다.

10 1957-1959년에 집중적으로 발표된 김동리의 신라 연작은 1977년 《김동리 역사소설—신

영향을 끼쳤으리라는 추정 아래 각론 차원에서만 개별 작품에 대한 독해가 진행되었을 뿐 당대의 담론 지형 안에서 신라 연작 전반을 살펴보는 작업은 아직 충분히 이뤄지지 않았다.[11] 따라서 이 글은 김동리의 신라 연작에 나타나는 신라 재현 양상을 분석함으로써 김동리가 이러한 '역사의 예술화' 작업을 통해 무엇을 기획하고 시도했는지 규명해 볼 것이다.[12]

••••

라편》(지소림)이라는 표제로 출간된 적이 있으나 그 이후로도 꽤 오랫동안 몇몇 작품에만 한정하여 파편적으로 논의되어 왔다. 그러나 지소림판의 작품들을 《소설 신라열전》으로 다시 펴내는 과정에서 등장인물과 주요 모티프를 중심으로 신라 연작의 구도를 정리한 문흥술의 해제와 신라 연작의 최초 판본 및 이본의 서지 사항을 정리한 김병길의 최근 연구는 신라 연작의 전모를 파악하는 데 기여한 바가 크다. 문흥술, 〈신, 인간, 자연의 합일을 지향하는 설화소설〉, 《소설 신라열전》, 문흥술·박덕규 엮음(도서출판 청동거울, 2001), 296-312쪽; 김병길, 《정전의 질투—김동리 소설문학외사》(소명출판, 2016), 151-174쪽 참조. 신라 연작의 판본과 관련하여 김병길의 연구가 최초 판본을 밝히지 못한 〈학정기〉의 경우, 본고가 일차 자료를 정리하는 과정에서 이 작품의 최초 발표 지면이 1958년 2월호 《야담》이라는 것을 확인했음을 부기해둔다.

11 신라 연작의 개별 작품에 관한 기존 연구는 그 자체로 매우 적을 뿐 아니라 당대의 전통론이나 신라 담론을 바탕으로 이에 관한 분석을 수행한 연구는 없지만, 〈호원사기〉에 나타나는 봉건적 유교윤리를 지적한 허련화의 연구와 〈수로부인〉에 대한 분석을 통해 화랑의 제의적 성격을 논한 방민화의 연구는 본고의 논의와 관련하여 해당 작품을 이해하는 데 유의미한 참조점이 되어 준다. 허련화, 〈김동리 불교소설 연구〉, 《한국현대문학연구》(한국현대문학회) 25(2008); 방민화, 〈〈수로부인〉 설화의 소설적 변용 연구—김동리의 〈수로부인〉을 중심으로〉, 《한중인문학연구》(한중인문학회) 27(2009). 아울러 김동리의 다른 역사소설에 관한 연구 중 김동리의 문학관이나 '신라'를 의미화하는 방식에 관해서는 진정석, 〈역사적 기록의 변형과 텍스트의 저항〉, 《살림 작가연구—김동리》, 유기룡 편(살림, 1996); 허련화, 〈김동리의 장편역사소설 〈삼국기〉와 〈대왕암〉 연구〉, 《한국현대문학연구》(한국현대문학회) 31(2010); 신정숙, 〈합일(合一)에의 열망과 경주(신라)의 신화적 형상화—김동리 장편 역사소설 〈삼국기〉(상편), 〈대왕암〉(하편)을 중심으로〉, 《한국문학이론과 비평》(한국문학이론과 비평학회) 56(2012) 참조.

12 예컨대 김동리가 창출한 '신라 서사'는 식민지 시기부터 전유해 오던 통일신라 관련 서사와는 다른 결을 보인다. 1935년생으로 해방기에 10대 시절을 보낸 유종호의 다음 회고는 해방공간에서 '신라'가 선진의 문화와 제도를 겸비했던 '풍요롭고도 낭만적인 시대'를 상징했음을 짐작할 수 있게 해 준다. "해방 직후의 감격 시대에 학교에서 배운 영광스러운 우리의 과거 중에서 가장 휘황하게 떠오른 것은 찬란한 신라의 문화였다. 만장일치제

2. '충(忠)'을 구현하는 인간상 창조

1957년 7월부터 1959년 2월까지 1년 반 정도의 시간 동안 김동리는 '신라'를 중심으로 하는 단편소설을 연달아 발표했다. 신라 연작을 이루는 16편의 작품들이 공유하고 있는 특성을 쉽게 조감해 보기 위해 신라 연작의 중심 사건 및 주제를 발표순으로 정리해 보면 뒤의 〈표〉와 같다.

이 시기 발표된 김동리의 신라 연작 16편 중 가야의 망국기를 그린 〈아시량기〉를 제외한 15편의 작품이 직접적으로 '신라인의 이야기'를 다루고 있다. 신라 연작에 등장하는 중심인물은 왕족·승려·학자·무관·화랑/원화·평민 등 다양한 신분을 가졌으며, 대개 남성 인물은 학식이나 무예 등의 뛰어난 능력을, 여성 인물은 아름다운 외모를 지닌 것으로 그려진다. 무엇보다 흥미로운 것은 중심인물을 표제에 내세우고 있는 12편의 경우 플롯을 형성하는 주요 사건이 왕위 계승 문제나 전쟁 등 신라의 국가사(國家史)와 직접적으로 연관된다는 점이다. 특히 이들 중 〈석탈해〉 〈원화〉 〈악사우륵〉 〈수로부인〉 〈미륵랑〉 〈정의관〉 〈청해진대사〉 〈양화랑애화〉 〈회소곡〉 등 9편은 남녀의 애정 문제에서 서사가 시작되지만, 작품의 전반부를 이끄는 애정 서사는 마치 당의정과 같은 기능을 하며 결국 '충의(忠義)의 서사'로 전환되는 양상을 보인다.

••••

로서 한 사람의 반대가 있어도 성사가 안 되는 민주적인 화백 제도, 전국의 명산대천을 찾아다니며 심신을 단련하고 다섯 가지 계율을 목숨보다 존중했던 화랑과 화랑도, 보는 이를 황홀하게 하는 석굴암 대불의 천년 미소, 섬세하기 그지없는 불국사의 여성적인 다보탑, 그리고 천년의 봄바람과 가을비를 이겨내며 서 있는 석가탑, 둘러앉아 술잔을 띄워 보내며 그 잔이 돌아오기 전에 시구를 읊어야 했던 서라벌 귀족의 풍류 등은 수없이 배우고 들은 터였다." 유종호, 《나의 해방 전후 1940-1949》(민음사, 2004), 18쪽. 유종호의 회고에서 언급되는 '화백 제도', '화랑', '석굴암', '불국사', '풍류' 등은 이후 수십 년 동안 수많은 논자에 의해 '신라의 선진성'을 상찬할 때면 언제나 함께 거론되는 예시인데, 김동리는 화백 제도나 석굴암과 불국사로 대표되는 신라의 불교예술에 대해서는 다루지 않는다.

[표] 신라 연작(1957-1959)의 중심 사건 및 주제

순서	최초 발표 시기	작품명	중심 사건	주제
1	1957. 7.	여수(旅愁) —원제 〈쌍녀분후지(雙女墳後志)〉	최치원과 수랑의 사랑, 수랑 자매의 갈등과 죽음	애정
2	1957. 9.	석탈해(昔脫解)	새뚝과 아효공주의 사랑, 새뚝(석탈)의 왕위 계승	애정/충의
3	1957. 9.	진흥대왕 —서장, 제1화 원화(源花)	원화인 남모와 준정의 갈등, 화랑 제도가 생겨난 이유	애정/충의
4	1957. 10.	진흥대왕(중) —제2화 악사우륵(樂師于勒)	우륵과 염정의 사랑과 이별, 신라로 투신한 우륵	애정/충의
5	1957. 10.	원왕생가(願往生歌)	광덕과 연하의 혼인, 광덕과 엄장의 불도 수행	불교에 귀의
6	1957. 11.	수로부인(水路夫人)	수로랑과 응신랑의 사랑과 이별, 기우제를 통한 국난 극복	애정/충의
7	1957. 11.	진흥대왕(하) —제3화 미륵랑(미리랑)	박구지와 새달의 사랑과 이별, 미륵선화를 통한 화랑도의 앙양	애정/충의
8	1957. 12.	정의관(情義關) —일명 기파랑애화(耆婆郎哀話)	기파랑과 민정의 사랑과 이별, 왕권 안정을 위한 기파랑의 희생	애정/충의
9	1958. 1.	아시량기(阿尸良記) —일명 아시량국흥망기	가야 망국기	충의
10	1958. 2.	학정기(鶴亭記)	강수 선생과 달심의 사랑, 강수 선생의 고고한 성품	애정/충의
11	1958. 3.	국사왕거인(國士王巨人) —왕거인과 대구화상	왕거인과 위홍의 갈등, 왕거인의 고고한 성품	충의
12	1958. 5.	청해진대사(淸海鎭大使) —장보고와 정년	장보고와 최옥의 사랑, 신라인을 수호하는 장보고	애정/충의
13	1958. 6.	의사김양(義士金陽)	김우징(신무왕)의 왕위 계승, 김우징을 보필하는 김양	충의
14	1958. 7.	양화랑애화(良禾娘哀話) —장보고와 염장	김경응과 양화랑의 사랑과 이별, 김경응(문성왕)의 왕위 계승	애정/충의
15	1959. 2.	볼모의 원한(怨恨) —실성과 눌지	눌지 왕자의 왕위 계승	충의
16	1959. 2.	회소곡(會蘇曲)	나미와 회소의 혼인, 전쟁에 나간 회소의 사망	애정/충의

이와 관련하여 각각 다른 시기를 배경으로, 다른 신분의 인물이 주인공으로 등장하는 〈수로부인〉, 〈청해진대사〉, 〈회소곡〉을 먼저 살펴보도록 하겠

다. 신라 제33대 성덕왕 시대를 배경으로 하는 〈수로부인〉의 주인공 수로랑은 진골 출신으로 추정되는데, 어렸을 때부터 뛰어난 미모와 가무로 이름을 날렸고 열세 살이 되던 해 나을신궁의 신관이 되었다가 잠결에 들리는 피리 소리에 이끌려 만난 화랑 응신랑과 사랑에 빠진다. 그러나 두 사람이 혼인해야 할 시기가 다가왔을 때 응신랑은 “우리가 서로 지것들(부부)이 된다면 나의 피리나 낭자의 가무는 다 함께 꽃피우기 어려우”니[13] 차라리 멀리서 그리워하는 것이 더 낫다며 이별을 고하고 수로랑 역시 이를 받아들인다. 이후 응신랑은 출가하여 월명 거사가 되고 수로랑은 여러 해를 앓다가 강릉 태수 순정공과 혼인하게 되는데, 순정공이 강릉 태수로 부임한 이듬해 신라 전역에 무서운 가뭄이 들고 수로 부인과 월명 거사는 ‘국왕의 특명’으로 함께 기우제를 지내기 위해 재회한다. 기우제 과정에서 월명 거사의 피리 소리와 수로 부인의 춤이 한데 어우러지자 신명은 응감하여 큰비를 내리고 신라는 가뭄의 위기에서 벗어난다.[14]

이처럼 남녀 주인공의 사랑과 이별이 결국 국가의 어려움을 해결하는 것으로 귀결되는 양상은 〈청해진대사〉와 〈회소곡〉에서도 동일하게 나타난다. 신라 제42대 흥덕왕 시대를 배경으로 하는 〈청해진대사〉의 주인공인 장보고는 신라의 평민 출신으로 당나라 무과에 급제하여 당나라에서 무관으로

• • • •

13 김동리, 〈수로부인〉, 《야담》 11월호(희망사, 1957.11), 56쪽. 이후 서사 작품의 원문을 직접 인용할 경우 띄어쓰기와 ‘-읍니다’ 표현만 현대어 표기법에 맞게 고치고 한자어는 괄호 안에 병기하여 옮겨 적기로 한다.

14 기우제를 주관한 이효 거사는 제사가 끝난 후 “월명과 수로가 처음 만난 것도 신명의 인연이요. 둘이 헤어진 것도 또한 신명의 인연이요. 그때 만약 둘이 헤어지지 않고 한몸을 이루었던들 오늘의 이 비를 보기는 어려웠을 것이요. 이 비는 이제 우리나라 모든 사람들의 생명수가 되었소. 두 분의 공덕이 얼마나 큰 것인가를 깨달으시오. 한 사람과 한 사람의 만남과 헤어짐이 또는 가물도 되고 또는 비도 되는 것이요. 나는 오늘 두 분의 신명의 인연을 빌어 이 비를 얻게 하였거니와 내가 설령 그것을 오늘에 쓰지 않더라도 그 인연은 그대로 남아 선한 풍토를 이룩함에 이바지 될 것이요”(김동리, 〈수로부인〉, 위의 책, 61쪽)라고 말하는데, 이는 월명 거사와 수로 부인의 만남과 헤어짐이 개인적 차원의 문제가 아님을 잘 보여 준다.

발탁되어 살아가던 중 신라 여인인 최옥을 만나 사랑에 빠지게 된다. 그러나 해적의 출몰로 인해 최옥은 갑작스러운 죽음을 맞게 되고, 고국을 그리워하는 마음이 더욱 간절해진 장보고는 신라로 돌아와 왕에게 청을 올려 청해진 대사가 된 후 신라 근해의 해적을 막아내는 역할을 도맡는다. 즉, 이 작품에서 최옥의 등장과 죽음은 장보고가 신라의 사람들을 지키는 일이야말로 '장부로서 해볼 만한 뜻깊은 일'임을 깨닫는 데 결정적 계기가 된다.

이러한 양상은 기층 민중의 한 사람을 주인공으로 내세우고 있는 〈회소곡〉에서도 유사한 방식으로 나타난다. 신라 제2대 유리 이사금 시대를 배경으로 하는 〈회소곡〉의 주인공 회소는 어렸을 적 아버지를 잃고 홀어머니 밑에서 자라다가 어머니마저 잃은 뒤 양친의 정을 그리워하는 평민이다. 회소는 이느 날 이웃인 나미의 집에 밭을 맬 젊은 남사가 없어 나미의 늙은 부모가 고생하는 것을 보고는 대신 밭을 매 주다가 나미와 혼인을 하게 된다. 그러나 회소와 나미가 혼인한 지 한 달이 조금 지났을 무렵 동해 해변에 출몰하는 왜적을 막기 위해 성을 쌓는 일에 나미의 아버지가 동원된다. 이는 사무적인 착오로 벌어진 일임에도 불구하고 회소는 이의를 제기하지 않고 장인을 대신하여 부역을 나갔다가 왜적의 기습을 받고 용감하게 싸우다가 죽는다.

특히 이러한 서사의 진행 과정에서 주목해야 할 점은, 국가사로 인해 어쩔 수 없이 연인과 이별하게 된 중심인물이 결국 가족을 잃거나 죽음을 맞는 등 비극적 결말을 맞게 되더라도 그러한 사건의 전개와 직접적 관련이 있는 왕이나 국가 권력은 결코 부정적으로 그려지지 않는다는 것이다. 화랑 기파랑의 집안이 몰락하게 되는 사건을 다루고 있는 〈정의관—일명 기파랑 애화〉에서 기파랑의 아버지 김영종이 군사를 일으키려 한 것은 효성왕에게 맞서기 위한 것이 아니라 자신의 딸 정화에게 누명을 씌운 김순원과 김신충의 무리에게 대항하기 위해서였다. 일찍이 효성왕은 기파랑의 누나인 정화의 아름다운 용모에 반해 그녀를 궁에 들여놓고는 왕비 책봉을 미루다 신하들의 권유에 따라 김순원의 딸 혜명을 왕비로 책봉했을 뿐 아니라 혜명의 모함으로 정화가 옥에 갇히는 사건이 발생했음에도 불구하고 일의 시시비비를 제대로 따지지 않는다.

> "저는 본래두 부형님의 뒤를 따라 나라님께 충성을 다하고 부모님께 효도를 다하여, 나라를 빛내고 집을 일으키는 일에 목숨을 바치려 했습니다. 이제 아버님께서나 두 분 형님들께서 누님의 억울한 누명을 씻어 주려다 도리어 악당들의 모해(謀害)를 받게 되었음은 더없이 원통한 일인 줄 압니다. 그러나 한편 돌이켜 생각하면, 암약(暗弱)한 군왕이요, 황포한 재상(宰相)이라 할지라도, 김순원의 무리가 이미 군왕의 위의(威儀)를 빌렸은즉 신자(臣子)의 몸으로 군왕의 위의를 칠 수는 없는 줄 압니다. 이는 부형이 아무리 완매(頑昧)하드라도 자제의 몸으로 부형을 칠 수 없음과 같은 줄 믿습니다."
>
> 기파랑은 두 팔을 세워 방바닥을 짚고 머리를 숙으린 채 울음 섞인 목소리로 이렇게 아뢰었다. 방바닥 위에는 쉴 사이 없이 눈물이 떨어지고 있었다.[15]

인용한 부분은 김순원과 김신충이 기파랑의 집을 공격하기 위해 병사를 모으고 있다는 소식을 접한 기파랑의 아버지가 아들들을 모아 놓고 대응책을 강구하는 장면에 나오는 기파랑의 말이다. 기파랑의 두 형은 가만히 앉아서 죽을 수는 없으므로 군사를 모아 김순원의 무리를 처단하고 나라를 바로잡아야 한다는 의견을 내지만, 기파랑은 '군왕의 위세'를 빌리고 있는 이들을 치는 것은 군왕을 치는 것과 같다며 형들의 의견에 반대한다. 이후 기파랑의 아버지는 김순원의 무리가 오늘 밤까지는 왕명을 받든 것이 아니라는 이유를 들어 한 번 더 기파랑을 설득하려 한다. 그러나 기파랑은 이것

15 김동리, 〈정의관—일명 기파랑애화〉, 《야담》 12월호(희망사, 1957.12), 43쪽. 밑줄은 인용자, 이하 동일.

이 "원통함과 분함에서 취하는 일이지 대의가 분명한 일은 아니"기에 자신의 목숨과 이름을 쓸 수는 없다며 거사에 동참하지 않는다.[16] 어리석은 왕은 물론이고 그러한 왕을 등에 업은 악한 재상일지라도 그들의 뜻을 거슬러서는 안 된다는 기파랑의 생각은 어떠한 가치보다도 '충(忠)'을 최우선에 두는, '충'에 대한 맹목적인 헌신의 태도를 보여 준다. 이는 작품 초반에 기파랑이 일찍부터 서로 사랑하는 사이였던 민정과의 약속을 어기고, 민정이 자신의 목숨을 걸고 알려준 정화의 누명에 관한 비밀을 일말의 망설임도 없이 아버지에게 가서 고하는 장면과도 연결된다. 즉, 기파랑이 지향하는 가치는 '충(忠)>효(孝)>애(愛)' 순으로 그 위계가 설정되어 있다고 할 수 있다.

결국 기파랑의 아버지는 수하의 배신으로 생포되었다가 처형당하고 거사의 실패를 확인한 기파랑의 두 형은 사살한다. 이에 효성왕은 살아남은 기파랑과 그의 누이동생 정하를 불러들여 이들을 부형의 죄에 연좌시키지 말고 보호해 두기를 명한 후 사흘이나 친히 심문하고는 "온화한 웃음"을 띠며 "내 너희들을 더 아끼고 싶으나 나라의 이목이 있으니 하는 수 없다"며 "특별한 은사"를 베풀어 이들을 살려 준다.[17] 따라서 이 작품의 표제인 '정의관(情義關)'이 가리키는 '정과 의리의 관계'는 기파랑과 민정이나 기파랑과 그의 부형이 아닌 기파랑과 왕의 사이를 의미한다고 할 수 있다. 이는 〈양화랑애화〉에도 나타나는 특징인데, 이 작품에서 문성왕(김경응)은 장보고의 도움을 받으며 청해진에서 어려운 시절을 무사히 지났고 그 과정에서 장보고의 딸인 양화와 사랑을 나눈다. 그러나 신라의 서울로 돌아간 문성왕은 양화를 왕비로 맞이하겠다는 언약을 지키지 못했고 얼마 후 장보고는 부하였던 염장에게 살해당한다. 장보고와 양화의 비극적 결말은 사실상 문성왕의 우유부단함에서 비롯된 것임에도 불구하고 이 작품에서 문성왕은 반동 인물로

16 김동리, 〈정의관—일명 기파랑애화〉, 위의 책, 44쪽.
17 김동리, 〈정의관—일명 기파랑애화〉, 위의 책, 48쪽.

그려지지 않는다. 오히려 이 작품은 장보고의 최후를 다루는 과정에서 염장의 배신이 문성왕과는 상관없는, 염장의 개인적인 선택과 계획에 의한 것임을 분명히 한다.

요컨대 김동리의 신라 연작에 등장하는 인물들은 모두 《삼국사기》나 《삼국유사》에 등장하는 이들로, 제3대 유리이사금 시대의 회소부터 제51대 진성여왕 시대의 왕거인까지, 이러한 인물들은 850여 년의 시간 안에 넓게 포진되어 있음에도 불구하고 마치 동시대를 사는 인물들같이 동일한 상(像)을 공유한다. 즉, 이들은 특정한 신분이나 출신으로 한정되지 않음에도 불구하고 외모와 성격이 비슷하고, 남녀 인물이 처음 만나 사랑에 빠지게 되는 때의 나이나 그 과정 또한 매우 유사하다. 무엇보다 갈등 상황의 형성과 이에 따른 인물의 선택을 통해 플롯을 만들고 결말 구조를 같은 방식으로 처리하는 과정에서 신라 연작의 중심인물 중 누구도 대의로 설정된 가치 자체에 의문을 품거나 이를 거부하지 않는다. 따라서 신라 연작의 대부분은 인물과 세계의 대결이 아닌, 인물과 인물 즉 개인 대 개인의 대립 구도 안에서 서사를 추동하고, 인물의 유형은 이분법적으로 분명하게 나뉘며 반동 인물조차도 왕권 수호의 입장을 견지한다. 이렇듯 16편 신라 연작 중 〈아시량기〉를 제외한 15편의 작품이 철저하게 인물을 중심으로 구성되고,[18] 그러한 15편 중 10편이 넘는 작품이 유사한 캐릭터의 인물과 특정한 패턴의 플롯을 공유한다는 것, 이것이야말로 김동리의 신라 연작이 무엇보다 '신라인의 전형'을 만드는 데 공들이고 있었음을 방증한다고 할 수 있다.

••••

18 이들 중 〈여수〉 〈원왕생가〉 〈학정기〉를 제외한 12편의 작품이 모두 표제에서 해당 서사의 중심인물이 누구인지 드러내고 있다. 김동리는 1977년 《김동리 역사소설》을 펴내는 과정에서 "학정기"를 "강수 선생"으로, "여수"는 "최치원"으로 작품명을 바꾸는데, 이는 '신라의 인물'을 중심으로 하는 신라 연작의 창작 의도를 부각하기 위한 선택이었을 것이다.

3. 통합과 순응을 강조하는 사회상 주조

신라 연작의 또 다른 특이점 중 하나는 작품에서 중요하게 다뤄지는 국가사와 관련된 사건들이 신라의 대외 확장 문제와는 관련성이 적다는 것이다. 이를테면 김동리의 신라 연작에서 신라와 백제 혹은 신라와 고구려의 전쟁을 다루는 서사는 찾아볼 수 없다.[19] 눌지 왕자의 왕위 계승 문제를 서사화한 〈불모의 원한〉에 등장하는 고구려는 눌지 왕자와 실성왕의 대립 과정에서 기능적 요소로만 활용되고 있을 뿐, '적군'으로 묘사되지 않는다. 즉, 중심인물의 애정 서사가 신라의 국가사와 직조되면서 플롯을 이루는 신라 연작에서 중심인물의 선택과 행동은 신라 사회의 내부 결속을 다지는 방향으로 귀결된다.

이 중에서 특히 주목을 요하는 작품은 '이방인의 신라인 되기'를 다루고 있는 〈악사우륵〉과 〈석탈해〉이다. 《삼국사기》에서는 가야국의 가실왕이 십이현금(가야금)을 만들었으며 가야 사람인 우륵은 모국인 가야가 쇠란해짐에 따라 가야금을 들고 신라로 들어온 것으로 기록하고 있다. 그러나 김동리의 〈악사우륵〉은 우륵에 관한 《삼국사기》의 내용이 불충분하다며, 사실 가야

19 이는 김동리가 1970년대 들어 〈삼국기〉와 〈대왕암〉을 연속으로 연재하면서 신라의 삼국통일을 서사화하는 것과 대별되는 작업으로, 1950년대 말에 나온 신라 연작의 구심점이 '남한 내부의 결속'에 있음을 다시 한번 확인하게 해 주는 대목이다. 김동리의 〈삼국기〉와 〈대왕암〉이 '신라'를 서사화하는 방식을 통해 허련화는 1970년대의 '국가주의 이데올로기'를, 신정숙은 김동리의 문학세계를 관통하는 '반(反)근대성'을 각각 읽어 낸다. 허련화, 〈김동리의 장편역사소설 〈삼국기〉와 〈대왕암〉 연구〉, 《한국현대문학연구》(한국현대문학회) 31(2010); 신정숙, 〈합일(合一)에의 열망과 경주(신라)의 신화적 형상화—김동리 장편 역사소설 〈삼국기〉(상편), 〈대왕암〉(하편)을 중심으로〉, 《한국문학이론과 비평》(한국문학이론과 비평학회) 56(2012) 참조. 국가주의 이데올로기와 반(反)근대성의 접합은 김동리와 서정주를 위시한 '문협정통파'의 사상구조로써, '신라'라는 의미망을 통해 이들을 다시 검토해 볼 필요가 있을 것이다. 그러나 이는 지면을 달리하여 풀어갈 문제이므로 여기에서는 그러한 논의의 필요성을 제기하는 것에 그치고자 한다.

금을 만든 이도 가실왕이 아닌 우륵이라며 아래와 같은 이야기로 소설의 서두를 시작한다.

> 여기(《삼국사기》) '가야국왕'이라고 한 이가 바로 저 '대가야국'의 '이노왕'이옵고, 이찬 비조보란 이가 바로 저 비지보와 같은 사람이요 〈여지승람〉에서는 비지보의 딸로 나와 있는 것이 〈사기〉에서는 그 '누이동생'으로 기록되어 있을 뿐입죠. 그런데 저의 스님의 〈우륵전〉에는 딸이 옳다 했읍지요. 그리고 이 우륵을 낳은 이가 바로 그분입니다. 이찬 비지보의 따님으로 이노왕의 후비가 된 이슬부인 말씀입니다. 이슬부인은 이노왕의 후비로 들어가서 처음 태자를 낳고 두 번째 아들을 낳은 것이 이 우륵이었습니다. 그러자니까 우륵의 혈통 속에는 처음부터 신라의 피가 흐르고 있었던 셈이지요. 그러고 보면 그가 나중 신라로 투신한 것도 무리가 아닙죠. 모국(母國)으로 귀화한 것 뿐이깐요.
>
> 그러나 더 자세히 알고 보면 우륵이 신라로 들어온 것도 기실은 가야금을 만든 뒤가 아닙지요. 그보다 훨씬 일찍이 그의 나이 열두 살 때 이미 신라에 와서 자랐읍지요. 그의 외가인 이찬 비지보의 집에 와서 자랐습니다. 명목은 신라 서울에 유학(游學)을 한다고 했지만 그 부왕 되는 이노왕의 속심은 무엇이었든지 짐작하기 어려운 것이 있습니다. 아무튼 우륵이 소년시절을 신라에서 보냈다는 것만은 확실한 이야기올시다.[20]

가야 왕인 아버지와 신라 귀족인 어머니 사이에서 태어난 우륵은 이미 열두 살 때부터 신라에서 자랐는데, 이 작품에서 가장 중요하게 다뤄지는 사건은 열세 살이 된 우륵이 외사촌 누나인 염정을 사랑하게 되는 일이다. 이후 우륵과 염정은 서로의 사랑을 확인한 후 혼인하기를 원하지만 염정의 어

20 김동리, 〈진흥대왕(중)—제2화 악사우륵〉, 《체신문화》 제39호(1957.10), 110쪽.

머니는 "신라의 진골과 가야나라 왕자가 혼인을 하려면 그것은 나라님의 특별한 분부가 있어야 한다"며[21] 강경한 태도로 이에 반대한다. 이에 우륵과 염정은 자신들이 혼인할 수 없는 처지임을 받아들이고 헤어진다. 이때 주목해야 할 점은 이들의 결합에 방해 요인으로 작동하는 것은 외사촌지간이라는 관계가 아니라 신분의 차이라는 점이다. 염정의 어머니는 신라 귀족인 염정이 가야 왕자인 우륵보다 우월한 위치에 있음을, 따라서 신라인과 가야인의 결합을 승인할 수 있는 이는 신라의 왕임을 전제하고 있으며 우륵 역시 이를 하나의 사실이자 기율로서 순순히 받아들인다.

염정이 다른 사람과 혼인하게 되자 가야로 돌아온 우륵은 염정을 잊지 못한 채 자신의 어머니에게 다시 신라로 돌아가고 싶다고 토로하기도 하고, 그리움에 못 이겨 3년 동안이나 매일 밤 꿈에서 염정을 만나기도 한다. 이후 스물세 살이 된 우륵은 십이현금을 마침내 완성하고, 그 무렵 염정의 남편이 고구려 군사와 싸우다가 죽었다는 소식을 듣게 되자 기어이 염정을 찾기 위해 십이현금 하나만 가지고 가야를 떠난다. 결국 신라에서 염정과 함께 살기로 한 우륵은 이후 15년 동안 신라의 서울에 머물며 신라 전역에 노래와 춤이 충분히 전해지도록 힘쓰고 진흥왕으로부터 그 공적을 인정받는다. 이처럼 이 작품에서 우륵과 염정의 애정 서사는 우륵이 공식적으로 신라인이 되는 데 결정적인 역할을 한다.[22] 특히 여기서 눈여겨봐야 할 지점은 가야 왕자로 태어난 우륵이 자신을 가야인으로 인식하거나 가야를 모국으로 생각하는 장면이 작품 어디에도 나타나지 않으며 우륵이 가야를 떠나 신라로 다시 올 때의 과정 역시 "그 복잡하고 감개 깊은 이야기"[23]라고 간단히

21 김동리, 〈진흥대왕(중)—제2화 악사우륵〉, 위의 책, 112쪽.

22 이 작품에서는 우륵의 어머니 또한 가야 왕에게 시집오기 전 신라 사람을 사랑하여 가야에 살면서도 내내 신라를 그리워하는 것으로 그려지며, 우륵의 어머니는 신라로 돌아가고 싶다는 우륵의 말에 깊이 공감한다.

23 김동리, 〈진흥대왕(중)—제2화 악사우륵〉, 위의 책, 118쪽.

언급될 뿐 그의 내적 갈등이 서사화되지 않는다는 점이다. 따라서 〈악사우륵〉의 서사는 신라로의 투신을 감행한 우륵의 역사적 행적에 충분한 근거를 부여할 뿐 아니라 우륵의 뛰어난 능력과 업적을 자연스럽게 '신라의 것'으로 귀속시킨다.

신라 제4대 왕인 석탈해의 왕위 계승 과정을 그리고 있는 〈석탈해〉 또한 '가야인의 신라인 되기'가 서사의 주축을 이룬다. 《삼국사기》에서 새뚝(석탈해)은 왜국에서 동북쪽 방향으로 천 리 정도 떨어져 있는 '다파나국(多婆那國)' 출신으로 기록되어 있지만 김동리의 〈석탈해〉에서는 가야 사람으로 나온다. 가야 김수로왕의 누이동생인 월아 부인의 사생아로 태어나 낙동강 하구에 버려진 새뚝은 의선 부인의 도움으로 신라에서 자라게 된다. 의선 부인은 새뚝이 열다섯 살이 될 무렵 출생에 관한 새뚝의 비밀을 그에게 털어놓는다. 이는 그 무렵 의선 부인을 찾아온 가야 사람의 부탁 때문이었다. 당시 가야는 신라를 칠 계획을 세우고 있었고, 새뚝이 함께 신라를 쳐서 가야를 위한 공을 세우면 가야에서도 새뚝을 맞겠다는 것이 가야 사람의 전언이었다. 그러나 여기서 흥미로운 것은, 이러한 가야 사람의 말을 전달하는 의선 부인의 태도이다. 그는 가야가 새뚝에게 좋지 않았다며 새뚝이 가야로 돌아가려면 "가야왕을 물리칠 만한 힘"이 있어야 하니 우선은 신라에서 힘을 기르는 게 좋겠다고 말하고, 이 말은 새뚝에게 "무언지 끝없이 깊은 의미를 풍겨주는 듯"하여 새뚝은 가야 왕이든 신라 왕이든 "다만 왕을 물리칠 만한 힘"을 기르자고 다짐한다.[24]

2년 뒤 신라의 서울에 들어와 살기 시작한 새뚝은 기지를 발휘하여 집을 얻은 후 자신을 따르는 무리도 거느리게 되었고 몇 년 지나지 않아 신라를 침략한 낙랑군을 물리쳐서 서라벌의 영웅이 된다. 이로 인해 시조묘 창건 공사의 도감으로 임명된 새뚝은 궁중을 드나들던 중 남해왕의 맏딸인 아효

••••

24 김동리, 〈석탈해〉, 《야담》 9월호(희망사, 1957.9), 32쪽.

공주를 만나 사랑에 빠지면서 큰 힘을 길러 신라든 가야든 쳐 보겠다고 했던 결심이 흔들리기 시작한다. 아효 공주로 인해 야심에 커다란 변화가 생긴 새뚝은 아효 공주를 아내로 삼을 수 있다면 신라를 위해 충성을 다하고 싶다고 말하며 아효 공주와의 결합을 간절히 바란다. 이에 남해왕 3년 시조묘의 준공 축제에서 남해왕은 새뚝의 공로를 크게 치하하고 새뚝을 사위로 삼겠다는 것을 공표한다.

> 이때의 새뚝의 가슴 속에 일어난 감격의 파동은 일생을 두고도 잊혀지지 않았다.
>
> 그는 이날을 계기로 하여 딴 사람이 되어진 듯하였다. 그의 어두운 과거가 빚어낸 끝없는 의혹과 야심도 이제는 개인 하늘처럼 깨끗이 가셔진 듯하였다. 이와 동시 그의 가슴 속에는 신의에 살고 신의에 죽겠다는 새로운 결심이 쇠뭉치와 같이 굳어짐을 깨달았다.[25]

이렇듯 가야인이었던 새뚝은 신라의 공주와 결합한 후 신라의 왕위를 계승하게 되는데, 이 과정에서 새뚝은 아효공주의 사랑을 의심하는 내적인 번민만을 경험할 뿐 새뚝과 신라인들 사이에는 어떠한 갈등이나 대립도 벌어지지 않는다. 이 작품에서 새뚝은 정쟁이나 전쟁이 아닌, 수훈과 사랑을 통해 신라인으로 받아들여지기 때문이다. 김동리의 신라 연작에 나타나는 이러한 '순치의 서사'는 비슷한 시기에 나온 정한숙의 '신라 서사'와 비교해 보면 그 특징이 좀 더 선명하게 드러난다. 1960년에 출간된 정한숙의 〈처용랑〉은 이역에서 온 처용을 주인공으로 하여 이방인의 자기 정체성 인식 및 신라 사회로의 편입 과정을 서사화하고 있기 때문이다.

정한숙의 〈처용랑〉은 얼굴이 검고 입술은 붉으며 유난히 치아만 하얀 이

• • • •

25 김동리, 〈석탈해〉, 위의 책, 39쪽.

방인들의 모습을 묘사하는 것에서 시작된다. 남방에 있는 섬 일대에 널리 알려진 거상(巨商)인 아버지와 함께 무역선을 탄 소년 쩌옹은 우연한 기회에 신라의 해변에 도착하게 되는데 때마침 용신에게 제사를 지내고 있던 헌강왕 일행과 마주치면서 홀로 신라에 남게 된다. 그날부터 쩌옹은 '처용'으로 불리며 신라의 서울로 가서 왕의 총애를 받는 동시에 진성 공주의 친구인 주미와 사랑을 나누며 신라인이 '되어 간다'. 그러나 진성 공주를 사랑하던 화랑 영경랑은 진성 공주가 처용에게 관심을 가지는 것에 질투심을 느껴 처용이 역모를 꾀하고 있다며 그를 모함하고 이는 많은 신라의 신하들에게 받아들여진다. 뛰어난 능력을 지녔음에도 불구하고 "서라벌의 정기를 이어받은 몸"이[26] 아니라는 이유로 처용은 언제든 반역을 일으킬 수 있는 인물로 인식되고 있었기 때문이다.

> "서라벌도 나의 고향이 아닙니다. 서라벌에는 저를 기다려야 할 사람은 이미 없어졌으니까요. 저도 이제는 제 고향으로 아주 가야지요. 미움도 서러움도 없는 남쪽나라 내 고향……. 우거진 숲과 푸른 물결이 넘실거리는 초원의 나라 나의 고향으로 가렵니다. 고향에는 버림도 시기도 없을 것입니다. 다만 복된 것과 사랑만이 깃들어 있는 나의 고향 말입니다……."[27]

인용한 부분은 억울하게 뒤집어쓴 누명을 순순히 받아들이고 '역적의 낙인'이 찍힌 채로 신라의 서울 땅을 밟게 된 처용의 말이다. 사랑하는 주미를 만나기 위해 탈옥을 감행하는 처용은 결국 주미가 변심했다는 오해마저 풀지 못한 채, "여러분 서라벌의 낭도들이여! 오늘밤 남쪽 이역 땅의 청년이 죄없는 누명을 쓰고 여기 억울히 죽으면서도 아무런 불평과 불만이 없이 죽

• • • •

26 정한숙, 〈처용랑〉, 《한국역사소설전집 12》(을유문화사, 1960), 326쪽.

27 정한숙, 〈처용랑〉, 위의 책, 378쪽.

어갔다는 소식을 남방의 배가 오거던 꼭 전하여 주오!"[28]라는 마지막 외침 후에 날아오는 비수에 맞아 처참한 최후를 맞는다. 즉, 정한숙의 신라 서사는 패배하는 영웅인 처용을 통해 신라 사회의 편협함과 부조리함을 고발하고 이방인의 '신라인 되기'가 김동리의 신라 연작에서처럼 그다지 쉽고 간편한 것이 아님을 보여 준다.

이와 관련해서는 황순원의 유일한 신라 서사라 할 수 있는 〈차라리 내 목을〉을 함께 살펴볼 필요가 있다. 이 작품은 '천관녀 설화'를 바탕으로 자신의 주인인 김유신으로부터 죽음을 당하는 말의 시점에서 가야인 김유신이 신라 사회로 편입되는 과정을 그리고 있는 단편소설이다. 〈차라리 내 목을〉은 1967년에 발표되었기 때문에 정한숙의 〈처용랑〉과는 발표 시기상 약간 차이가 있긴 하지만, '월남 작가의 신라 서사'라는[29] 의미망으로 이 둘을 겹쳐 놓고 본다면 이들의 신라 서사가 김동리의 그것과 확연하게 다르다는 것을 쉽게 알 수 있다. 요컨대 정한숙은 처용을 통해 신라인 되기에 실패하는 패배하는 영웅을, 황순원은 김유신을 통해 신라인 되기에 성공하는 순치되는 영웅을 그리고 있다. 황순원의 신라 서사도 크게 보면 김동리의 그것과 마찬가지로 '순치의 서사'를 다루는 것 같지만 황순원의 가야인은 신라인이 되기 위해 심한 내적 갈등을 겪고 그 과정에서 자신이 가장 아끼던 말을 희생시킨다. 그러나 김동리의 순치 서사에는 이러한 가야인의 내적 갈등이나 가야인을 배척하는 신라인의 모습이 나타나지 않는다. 즉, 김동리의 신라 연작이 당대의 신라 담론을 그대로 흡수하여 네이션(민족/국민)의 원형을 창조하는 것으로 '남한의 국민 되기' 문제를 다루고 있다면, 정한숙과 황순원의 소설은 같은 문제를 월남 작가라는 자신들의 정체성을 바탕으로 풀어내고 있다고 볼 수 있다.[30]

28 정한숙, 〈처용랑〉, 위의 책, 395쪽.

29 1915년생인 황순원은 평남 대동 출신이며 1922년생인 정한숙은 평북 영변 출신으로, 두 사람 다 '월남 작가'라 할 수 있다.

거듭 강조하자면, 김동리의 신라 연작에서는 신라인이든 가야인이든 이러한 통합과 순치의 과정에서 철저하게 순응적 태도를 보인다. 〈석탈해〉에서 새뚝과 아효 공주가 그러하듯 이러한 서사에서 중심인물의 선택과 행동의 기저에는 '검님'이 존재한다는 것은 주목을 요하는 부분이다. 〈석탈해〉에서 검님을 모시는 여신관인 아효 공주는 새뚝과의 첫 만남에서 새뚝을 먼저 알아봤을 뿐만 아니라 아효 공주가 새뚝을 사랑하고 믿는 것은 '검님의 뜻'에 따르는 일로 묘사된다. 다시 말해 이 작품에서 남해왕과 아효 공주는 검님의 보살핌을 받는 신의가 두터운 인물로 그려지며, 새뚝은 이들에게 감화받아 신라를 위해 자신을 바치겠다고 다짐하게 되는 것이다. 앞서 살펴본 〈수로부인〉의 수로랑이 응신랑과 이별할 때나 강태수와 혼인할 때 이는 모두 '검님'의 뜻에 따르는 일로 묘사되는데, 수로랑과 아효 공주뿐만 아니라 사실상 신라 연작에 나오는 모든 인물은 검님의 뜻을 따르며, 왕위 계승의 문제 또한 검님의 뜻에서 비롯된 것으로 암시된다. 이는 검님을 거역할 수 없는 '자연의 이치'와 같은 것으로 상정하는 동시에 그러한 검님이 신라를 보우하고 있기에 신라는 '선민(選民)의 역사'를 만들어 나갈 수 있게 되는 것이다.[31]

••••

30 김범부의 《화랑외사》 및 당시의 문화사적 맥락을 참조하여 황순원의 〈차라리 내 목을〉에 나타나는 '신라/가야'의 유비를 '국민국가권력-주체형성의 알레고리'로 읽어 내는 논의는 임진영, 〈월남 작가의 자의식과 권력의 알레고리—황순원의 〈차라리 내목을〉과 '신라 담론'의 문화사적 맥락〉, 《현대문학의 연구》(한국문학연구학회) 58(2016) 참조.

31 '검님의 뜻'과 관련하여 신라 연작 중에서 반드시 살펴봐야 할 작품은 〈원화〉와 〈미륵랑〉이다. 이 두 작품은 화랑 제도가 어떻게 생겨나고 번창했는가에 초점이 맞춰져 있어, 〈원화〉의 앞부분에 나오는 남모랑과 준정랑의 질투와 갈등도, 〈미륵랑〉의 앞부분에 나오는 박구지(장자스님)과 새달의 사랑과 이별도 화랑 제도의 탄생이나 화랑도의 앙양이 어떻게 이루어졌는지를 설명하기 위한 기능적 서사로 작동한다. 여기서 중요한 것은 〈원화〉에서는 원화 제도의 폐지가 화랑 제도의 시작으로, 〈미륵랑〉에서는 박구지의 출가가 화랑도의 앙양으로 각각 이어지는 동시에 이러한 서사의 진행을 추동하는 가장 크고 중요한 힘으로 '검님의 뜻'이 전제된다는 점이다. 그런데 흥미로운 점은 이러한 〈원화〉와 〈미륵랑〉이 1950

4. 탈역사화를 통한 역사화의 욕망

전형적 인물이란 이데올로기의 전달자로서 사회의 한 시기나 특정한 삶의 철학을 집약하여 보여 준다. 이들은 몇 개의 성질을 모아 질서 정연한 허구를 만들어 내며, 하나의 시대적 가치와 하나의 갈등 상황과 이에 대한 하나의 선택과 행동을 자신 속에 응축하며 서사를 끌고 나간다. 김동리의 신라 연작에 등장하는 인물들 또한 고정된 면만을 보여 주며 아무런 회의도 갈등도 없이 특정한 가치를 좇는다. 이렇게 신라 연작의 인물들은 신라인의 전형적인 성격을 형성하고, 이들이 몸담은 사회 또한 하나의 전형적 상황으로 제시된다.[32] 이는 복잡다단하고 다층적인 삶을 극단적으로 단순화시키는,

••••

년대 초에 발표된 김범부의 〈국민윤리특강〉의 내용을 서사화하고 있다는 점이다. 김동리가 평소 흠모하며 따랐던 형 김범부는 '국민윤리'라는 말을 처음 만든 사람으로 한국전쟁 중이던 1950-1951년 무렵 교육자들을 대상으로 국민윤리에 관한 특강을 진행한 바 있다. 속기록의 형태로 남아 있는 〈국민윤리특강〉에서 김범부는 국가 없는 민족이 있던 때도 있었지만 이제는 민족이 국가라는 체제를 가지게 되면서 민족은 국민의 성격을 띠게 되었고, '국민'에게 있어 중요한 것은 '국민적 자각'이며 국민윤리는 '안출(案出)'하는 것이 아니라 '천명(天命)'하는 것임을 거듭 강조한다. 이뿐만 아니라 같은 글에서 김범부는 '한국적 국민윤리의 전통'으로 '화랑정신'을 내세우며, 정신이 내재된 제도이자 종교와 예술이 결합된 화랑에 대해 설파한다. 국민윤리나 화랑에 대한 기본적 견해뿐 아니라 신라의 예술 중 미술보다 음악을 더 높게 평가하는 관점까지, 김동리의 신라 연작은 김범부의 〈국민윤리특강〉을 그대로 흡수 및 반영하고 있다고 해도 과언이 아닐 것이다. 〈국민윤리특강〉이 김범부가 평소 생각해 오던 네이션(민족/국민)의 개념과 신라정신(풍류도)의 성격을 이론화하고 있음에 주목한다면 김동리의 신라 연작과 김범부의 〈국민윤리특강〉의 상관관계에 대해서는 좀 더 강조될 필요가 있다. 김범부에 관한 김동리의 경애심은 김동리, 〈백씨 범부 선생 이야기〉, 《김동리 전집⑧—나를 찾아서》(민음사, 1997), 420-423쪽 참조. 김범부의 핵심 사상을 담고 있는 글이라 할 수 있는 〈국민윤리특강〉의 내용 및 활자화에 관해서는 김범부, 〈국민윤리특강〉, 《화랑외사》(이문출판사, 1981); 김범부, 《풍류정신의 사람, 김범부의 생각을 찾아서》, 김정근 풀어씀(도서출판 한울, 2013), 40-41쪽 참조.

32 인물의 전형화에 따른 전형적 상황 설정에 대한 설명은 박혜숙, 《소설의 등장인물》(연세대학교 출판부, 2004), 48-55쪽 참조.

현실을 추상화하는 작업이라 할 수 있으며 종종 이러한 방식은 특정한 이데올로기를 전파하는 데 용이한 방법론이 되곤 한다. 그리고 이때 이데올로기는 선택 가능한 것이 아닌, '검님의 뜻'과 같이 저항할 수 없는 힘으로 작동한다. 이는 일종의 원형의 시간관을 바탕으로 하는 닫힌 회로의 설계라 할 수 있다. 그렇기에 신라 연작의 인물들은 서사가 진행되는 과정에서 어떠한 성격적 변화도 겪지 않으며 모두가 자신이 타고난 기질 혹은 믿고 있는 가치를 재확인하는 데 머무른다.

게다가 김동리는 신라를 재현하는 과정에서 객관적 사료가 될 수 있는 신라의 고적이나 유물을 활용하지 않는다. 특히 경주 출신인 김동리는 해당 지역에 관한 사항들을 자세히 알고 있음에도 불구하고 신라 연작에서는 구체적인 지명이나 지리적 언급은 피한다. 신라 연작에서 서사의 공간적 배경이 되는 곳은 종종 그 구체적 장소성을 드러내지 않은 채 "서라벌(신라)의 서울"이라고만 언급되며 이 작품들에 등장하는 신라인 중 누구도 경상도 사투리를 사용하거나 지역색이 드러나는 대화를 나누지 않는다. 즉 신라 연작이 신라를 중심으로 인물의 전형성과 전형적 상황을 반복해서 만들어 낼 때 고대 국가인 신라는 '하나의 기원이자 원형'으로 단순명료하게 다가올 뿐만 아니라 그러한 신라가 지리상으로 현재 남한의 동남쪽에 치우친 주변부에 자리했다는 사실 또한 (무)의식적으로 삭제된다.[33]

1963년 10월《현대문학》에 발표된 김윤식의 〈예술의 역사화〉는 서정주의 신라정신을 일종의 미학적 기획으로 바라본 최초의 논의이자 문협정통

• • • •

33 진정석은 김동리의 신라 연작이 다루는 시공간이 현재와 멀리 떨어져 있는 고대를 배경으로 취하고 있을 뿐만 아니라 이미 기술된 역사적 텍스트에 근거하고 있다는 점에서 김동리의 역사란 "두 겹으로 간접화된 역사"라고 본다. 즉 진정석의 견해처럼 김동리의 역사소설은 '실제 역사가 아닌 텍스트로서의 역사'와 관계를 맺는 데서 출발하기에 김동리는 자신의 의도에 따라 좀 더 쉽고도 자유롭게 역사를 편집할 수 있었다. 김동리의 역사소설에 나타나는 '역사의 주관화 경향'에 대해서는 진정석, 〈역사적 기록의 변형과 텍스트의 저항〉, 《살림 작가연구—김동리》, 유기룡 편(살림, 1996), 475-479쪽 참조.

파의 세계관을 당대로서는 가장 정확하게 포착하고 있는 글로 김동리의 신라 연작을 이해하는 데에도 매우 유용한 참조점이 될 수 있다. 이 글에 따르면, 어떤 사실이나 사건은 아무리 중대한 것이라도 나방처럼 알을 낳고 밤 사이에 죽어 버리는 속성을 지닌다. 중요한 사건을 우리의 기억 속에 잡아 두려면, 우리는 이 사건을 사가(史家)의 손에서 구출하여 특정한 인상이나 정서 혹은 개개의 인간상으로 형상화해야 한다. 즉, 우리의 뇌리에 오래도록 새겨 두어야 하는 역사적 사실이나 사건 혹은 모멘트에 생명을 부여하는 길은 "감성적 표현을 빌려 역사를 예술화"시키는 방법밖에 없다는 것이며 이를 김동리의 신라 연작에 비추어 생각해 본다면, 당대의 신라정신이 어떤 방식으로 김동리의 글쓰기를 추동하고 있는지 짐작해 볼 수 있다. 신라 연작을 통해《삼국사기》의 역사적 기록을 수정하고《삼국유사》의 설화를 보충했던 김동리의 작업은 '역사의 예술화'를 통한 새로운 역사 만들기였다고 할 수 있으며, 이는 김윤식이 서정주의《신라초》에 대해 언급한 바와 같이 "유산으로서의 고전으로 유산으로서의 역사를 극복한" 문학사의 예가 될 것이다.[34]

여기서 한 가지 더 기억해야 할 것은 이러한 김동리의 신라 연작이 1977년 단행본으로 출간될 때 개작의 과정을 거친다는 점이다. 1957-1959년에 집중적으로 발표되었던 신라 연작은 20년이 지난 시점인 1977년 지소림에서《김동리 역사소설—신라편》으로 묶어서 출간되었다.[35] 이 과정에서 김동

• • • •

34 김윤식, 〈역사의 예술화〉,《현대문학》(현대문학사) 106(1963.10). 김윤식은 이 글에서 전통 또는 한국적인 것에 대한 논의가 하필 이 무렵에 와서 벌어졌다며, 동양적인 것이나 한국적인 것이라면 무조건 혈안이 되는 당시의 풍조를 비판한다. 김윤식에 따르면, 전통이란 현재의 우리가 의욕적으로 명제화하려는 노력에 의해 획득되고 추구되는 것이기에 전통옹호론자의 말대로 수세기 전의 어떤 감성이나 지성이 현재까지 면면히 이어져 오고 있다면 그것은 전통이 아니라 인습에 불과한 것이 된다. 즉 순수하고도 고유한 신라정신이란 존재할 수 없다는 뜻이다. 그럼에도 불구하고 김윤식은 이철범이나 문덕수와 같이 신라정신을 허황되거나 무용한 것이라 보지 않는다.

리는 각각의 작품들이 기반하고 있는 《삼국사기》나 《삼국유사》의 해당 부분을 제사(題詞)처럼 인용하고 여러 편의 작품을 액자 형식으로 바꾸는 식으로 개작한다. 그리고 아래와 같은 '작가의 말'을 책의 첫머리에 제시한다.

> 이 책에 묶인 열여섯 편의 단편 소설, 모두가 신라에서 취재한 역사 소설들이다. 이 열여섯 편에 등장하는 이야기의 주인공들은 한 사람도 빠짐 없이 모두가 신라 사람들이요, 주인공 아닌 다른 등장인물들도 〈최치원〉 〈장보고〉 두 편을 예외로 한다면 모두가 신라인들뿐이다. 이야기의 무대와 사건의 내용도, 위의 두 편을 제외하고는 전적으로 신라 땅과 신라 역사에 근거를 두고 있다. (…)
>
> 이와 같이 이 책에 수록된 열여섯 편은, 전체적으로, 신라 사람들의 생활과 감정과 의지와 지혜와 이상과, 그리고 그 사랑, 그 죽음의, 현장을 찾아보려는 나의 종래의 계획에 따라 만들어진 완전히 동일한 기조의 작품들이다. 그것을 굳이 한마디로 표현하라면 〈신라혼의 탐구〉랄까, 〈신라혼의 재현〉이랄까, 그런 성질일 것이다.
>
> 여기서 다시 몇 마디 첨부할 말이 있다면 그것은 다음의 두어 가지다.
>
> 첫째, 여기 나오는 열여섯 편의 작품은 막연히 신라시대의 이야기를 쓴 것이 아니고 어느 거나 다 확실한 역사적 근거를 가졌다는 점이다.
>
> 둘째, 위의 열여섯 편의 이야기 내용은 전적으로 상상의 산물이라는 점이다.[36]

• • • •

35 이 작품집에 수록된 작품 목록과 1950년대 발표된 신라 연작의 목록을 비교하면 16편 중 15편이 일치하며, 불일치 하는 작품은 〈아시량기〉와 〈호원사기(虎願寺記)〉이다. 〈아시량기〉가 가야의 망국기를 다루고 있는 만큼, 〈아시량기〉 대신 1960년대 중반에 발표된 것으로 알려진 〈호원사기〉가 단행본에 수록된 것은 '신라편'이라는 부제에서도 알 수 있듯이 이 책이 '신라'에 관한 것임을 강조하기 위한 선택이었다고 볼 수 있다. 〈호원사기〉의 최초 발표 지면은 아직 정확하게 밝혀지지 않았다.

36 김동리, 〈자서〉, 《김동리 역사소설—신라편》(지소림, 1977), 3-4쪽.

김동리가 말한 "확실한 역사적 근거를 가진 이야기"인 동시에 "전적으로 상상의 산물인 이야기"를 어떻게 이해해야 좋을까. 액자 형식이라는 것 자체가 서사의 사실성 내지는 신빙성을 높이기 위한 서사적 기법이듯이 1950년대 말 신라 연작의 창작을 통해 이루어진 '예술화를 통한 신라의 탈역사화'는 1977년 단행본을 출간하는 과정에서 (재)역사화를 시도하고 있다고 볼 수 있다. 네이션의 기원이 되는 서사를 창출하는 작업은 일관된 서사적 질서를 통해 네이션의 기원을 실재한 것으로 믿을 수 있도록 하는 기억을 만드는 작업이다. 따라서 이는 그 자체로 역사로부터의 해방이나 역사를 부정하기 위한 탈역사화가 아닌 새로운 역사화를 위해 시도되는 탈역사화인 것이다.

김동리 소설세계의 말년에 해당한다고 할 수 있는 1970년대에 김동리는 '신라'를 중심으로 하는 서사화 작업을 마치 결산이라도 하듯 신라의 삼국통일 과정을 그리는 장편 역사소설 〈삼국기〉(1972-1973)와 〈대왕암〉(1974-1975)을 연재하고 《김동리 역사소설—신라편》(1977)을 출간한다. 일찍이 신라 연작에서 김유신과 김춘추를 비롯해 신라의 삼국통일을 직접적으로 다루지 않았던 만큼 1970년대 발표된 김동리의 장편 역사소설을 《김동리 역사소설—신라편》과 더불어 '신라의 역사화'라는 의미망으로 함께 검토할 필요가 있을 것이다. 아울러 1970년대는 박정희 정권의 경주 개발이 본격적으로 시작되는 시기로[37] 서사화를 통한 신라의 역사화 작업이 당대의 지배 이데올로기와 어떻게 교호하는지 또한 함께 논의될 필요가 있을 것이다. 이에 관한 논의는 후속 연구를 기약하도록 하겠다.

37 1970년대 경주 개발에 관한 것은 김원, 〈발굴의 시대, 왜 하필 경주였나?〉, 권보드래 외, 《1970, 박정희 모더니즘》(천년의상상, 2015) 참조.

참고 문헌

《야담》(희망사).

《세대》.

《자유공론》.

《자유문학》.

《체신문화》.

《현대문학》.

김동리.《김동리 역사소설—신라편》. 지소림, 1977.

강경화.〈천상병 비평에 대한 고찰—1950년대 비평의 지향점을 중심으로〉.《우리문학연구》(우리문학회) 62(2019).

김동리.《김동리 전집⑧—나를 찾아서》. 민음사, 1997.

김범부.《풍류정신의 사람, 김범부의 생각을 찾아서》. 김정근 풀어씀. 도서출판 한울, 2013.

김범부.《화랑외사》. 이문출판사, 1981.

김병길.《정전의 질투—김동리 소설문학외사》. 소명출판, 2016.

김원.〈발굴의 시대, 왜 하필 경주였나?〉. 권보드래 외.《1970, 박정희 모더니즘》. 천년의상상, 2015.

문흥술·박덕규 엮음.《소설 신라열전》. 도서출판 청동거울, 2001.

박헌호.《식민지 근대성과 소설의 양식》. 소명출판, 2004.

박혜숙.《소설의 등장인물》. 연세대학교 출판부, 2004.

방민화.〈〈수로부인〉 설화의 소설적 변용 연구—김동리의 〈수로부인〉을 중심으로〉.《한중인문학연구》(한중인문학회) 27(2009).

백철.〈하나의 돌이 던져지다—최인훈 작《광장》의 파문(波紋)〉.《서울신문》, 1960.11.27.

서영채.〈민족, 주체, 전통—1950~60년대 전통논의의 의미〉.《민족문학사연구》(민족문학사학회) 34(2007).

신정숙.〈합일(合一)에의 열망과 경주(신라)의 신화적 형상화—김동리 장편 역사소설 〈삼국기〉(상편), 〈대왕암〉(하편)을 중심으로〉.《한국문학이론과 비평》(한국문학이론과 비평학회) 56(2012).

유종호.《나의 해방 전후 1940-1949》. 민음사, 2004.

임진영.〈월남 작가의 자의식과 권력의 알레고리—황순원의 〈차라리 내목을〉과 '신라 담론'의 문화사적 맥락〉.《현대문학의 연구》(한국문학연구학회) 58(2016).

정한숙.《한국역사소설전집 12—처용랑·황진이》. 을유문화사, 1960.

진정석.〈역사적 기록의 변형과 텍스트의 저항〉. 유기룡 편.《살림 작가연구—김동리》. 살림, 1996.

최인훈.《회색인》. 문학과지성사, 1991.

허련화.〈김동리 불교소설 연구〉.《한국현대문학연구》(한국현대문학회) 25(2008).

허련화. 〈김동리의 장편역사소설 〈삼국기〉와 〈대왕암〉 연구〉. 《한국현대문학연구》(한국현대문학회) 31(2010).
황종연 엮음. 《신라의 발견》. 동국대학교출판부, 2008.

동적 기능주의, 한옥의 영감*

황두진

1. 서론

필자는 2015년 《무지개떡 건축—회색도시의 미래》를 출간했다. 기존 한국 도시의 대부분을 차지하고 있는 단일 용도의 건축('시루떡')에 대비되는 복합 용도 건축의 필요성을 제시하고, 이를 층마다 색이 다른 '무지개떡'에 비유한 것이다. 이를 통해 시민 개인의 입장에서는 직주근접 및 일상적 이동 거

* 본 연구는 2019년 5월 11일 고려대학교 민족문화연구원 주최로 열린 '한국 문화의 정체성 연구' 학술대회에서 필자가 발표한 〈밀도전략〉 중 '카멜레온 건축' 부분을 확대 심화한 것임을 밝힌다.

리의 단축이, 사회적으로는 보행자 중심의 거리문화 및 친환경 도시환경의 조성이 가능하다고 보았다. 이것은 한국 건축의 정체성을 지나간 역사가 아닌 변화하는 시대의 요구 속에서 새롭게 찾고자 하는 노력이었다.

이 과정에서 한국 전통 건축에 대해서는 부정과 긍정이 공존하는 입장을 취했다. 단층 위주의 저밀도 유형이라는 점, 그리고 복합용도의 사례가 제한적이라는 점 등은 현대 도시의 다양한 요구에 도저히 부응할 수 없는 태생적인 한계라고 보았다. 반면, 건축 내외부에 존재하는 다양한 공극이 상호 연계하여 만들어 내는 풍성한 공간적 조직의 속성인 '다공성(porosity)', 그리고 한 건축 내에서 다양한 물성과 질서의 기하학이 수직적으로 공존하는 '중첩된 기하학(layered geometry)'과 같은 개념들은 한옥에서 얻을 수 있는 건축적 영감이라고 보았다. 또한 이 두 개념은 다층 복합건축, 즉 '무지개떡 건축'에 매우 효과적으로 적용할 수 있는 것임을 밝혔다. 즉 건축 유형으로 한옥이 갖는 한계는 분명히 지적하되, 다층 복합건축의 성격을 강화하는 조형적 원리는 한옥에 이미 내재되어 있다고 본 것이다.

본 연구는 '무지개떡 건축'을 넘어 한옥에서 받은 또 다른 영감에 주목하고 이를 개념화, 이론화하고자 하는 시도다. 그것은 바로 하나의 공간을 시계열적으로 다른 용도로 사용하는, 이른바 한옥 공간의 범용성과 이를 뒷받침하는 건축의 가변성에 대한 것이다. 흔히 이야기하는 "밥상을 깔면 식당이, 이부자리를 깔면 침실이, 책상을 깔면 서재가 된다"고 하는 바로 그 특성이다. 본 연구는 이 개념을 통합하여 '동적 기능주의(dynamic functionalism)'라는 명칭으로 부르고자 한다.

본 연구에서는 이러한 범용성이 일차적으로 건축 그 자체가 아닌, 고도로 경량화된 가구와 집기의 사용으로 인해 가능한 것이라는 것을 밝히면서도, 한편으로 건축의 공간과 구조, 그리고 디테일의 가변성이 어떻게 그런 성격을 지원하고 강화하는지 살펴볼 것이다. 나아가 이 개념을 세계건축계의 보편적 맥락 속에서 바라보는 관점 또한 제시하고자 한다.

2. 한옥 공간의 범용성

(그림 1)

그런데 한옥의 방은 위치에 따른 이름이 있을 뿐 목적이 없으니 방 안에 가구가 있지 않다. 그저 밥을 먹고 싶으면 밥상을 가져와 식당으로 쓰면 되고, 탁자를 놓으면 공부방이 되며, 요를 깔면 침실이요, 담요를 깔면 화투방으로 변한다. 방이 거주자가 원하는 대로 그 목적을 달리하도록 평상시에는 비어 있는 것이다.[1]

그러나 한옥은 시간을 나누어 쓰는 데에 관심이 많았다. 이를테면 전통한옥에서는 방에 이불을 깔면 침실이 되고, 이불을 치우고 밥상이 들어오면 식당이 되고, 밥상이 나가고 책을 펴면 공부방이 되는 식이다. 그때그때 공간을 어떻게 이용하는가에 방점을 찍는 문화를 전이문화라고 하는데, 빨리빨리

〈그림 1〉 다양한 용도로 사용되는 한옥의 공간(사진: 박영채)

1 승효상, 《보이지 않는 건축, 움직이는 도시》(돌베개, 2016), 131쪽.

문화는 여기에서 시작한다.[2]

같은 방에 이부자리를 깔면 침실이, 밥상을 갖다 놓으면 식당이, 탁자를 갖다 놓으면 서재가 된다. 서구 방식보다는 훨씬 효율적인 인테리어 방법인 셈.[3]

위에 인용한 사례는 각각 건축가, 한옥 연구가 그리고 신문기자의 글로서 시기적으로는 2016년, 2018년, 그리고 2000년에 등장했다. 필자의 대학 시절에서도 비슷한 말을 들었던 것으로 기억한다. 한옥 공간의 범용성에 대한 시각이 건축계 안팎에서 상당한 기간 동안 반복적으로 인구에 회자되어 왔음을 알 수 있다.

그러나 이것을 과연 한옥 그 자체의 속성에 기인하는 특성으로 볼 수 있을지는 의문이다. 이와 유사한 같은 삶의 풍경이 한옥이 아닌, 예를 들어 철근 콘크리트나 철골 구조의 현대 건축에서도 일어날 수 있기 때문이다. 따라서 이러한 범용성을 가능하게 하는 것은 정확히 어떤 요소일까라는 질문을 던질 필요가 있다.

필자는 그것이 1차적으로는 경량화(lightweight)된 가구와 집기, 그리고 그것이 가져다주는 고도의 이동성(mobility) 덕분이라고 생각한다. 즉 한옥 그 자체가 아니라, 그 안에서 사용했던 밥상, 탁자, 요, 담요 등 가구와 집기 등이 한 공간이 다양한 기능을 수행하는 데 결정적인 역할을 한다는 것이다. 근대 이전에도 반닫이나 뒤주, 장롱처럼 육중하고 부피가 나가는 가구가 없던 것은 아니었지만, 이처럼 일련의 경량화된 가구를 사용하는 문화가 공존했기 때문에 공간을 범용적으로 사용할 수 있었다. 예를 들어 당시의 보편적

2 이상현, 《그래서 한국인》(채륜서, 2018), 83쪽.

3 조소엘, 〈전통가구 하나만 들여놔도 한옥 분위기 물씬〉, 《매일경제》, 2000.06.15.

식사 문화는 부엌에서 각 방으로 개인별 소반을 '가내 배달'하는 것이었다.[4] 이처럼 경량화된 생활용품을 구비하고 있다면 한옥이 아닌, 가령 현대의 아파트 같은 건축에서도 어느 정도 유사한 방식의 삶이 가능할 것이다.

3. 건축의 가변성

그럼에도 불구하고 역시 건축의 역할에 주목하지 않을 수 없다. 그것은 바로 가변성이다. 4계절이 뚜렷한 한반도의 기후 조건상, 하나의 고정적인 세팅으로 한 해를 난다는 것은 매우 비효율적이다. 여름에는 상대적으로 개방될 필요가 있고 겨울에는 상대적으로 폐쇄될 필요가 있다. 한옥은 이러한 문제에 대해 매우 적극적인 태도를 갖고 있는 건축이다. 우선 잘 알려진 대로 남방계 건축의 영향인 마루와 북방계 건축의 영향이 온돌이 결합되어 있다는 점을 들 수 있다. 이 두 가지 대조적인 공간이 외부 공간과 결합하면서 한옥 특유의 풍성한 공간적 경험을 제공한다. 이를 가능하게 하는 대표적인 요소는 바로 '들어 올리는 문'이다. 보통 사분합문으로 구성되는 이 문은 날씨에 따라 실내 공간을 외부와 연결시키기도 하고 차단하기도 한다.[5]

한옥 가변성의 또 다른 사례는 실내 공간의 구성과 관련한 것이다. 들어 올리는 문은 외벽뿐 아니라 실내에 설치하기도 한다. 이 경우 개별 공간을 서로 이웃하는 공간과 연계하여 다양한 공간의 조합을 만들어 낼 수 있다. 통상적인 사분합문 말고도, 충남 예천 명재 고택의 '안고지기문'과 같은 사례도 있다. 이것은 문틀을 정교하게 가공하여 미서기와 여닫이를 겸하는 매우 흥미로운 사례다. 전주 학인당의 경우, 판소리 공연을 위해 심지어 대청

• • • •

4 주영하, 《한국인 왜 이렇게 먹을까?》(휴머니스트, 2018), 39, 89쪽.

5 《무지개떡 건축》에서는 이러한 문을 한옥의 다공성과 연계하여 '다공성 조절장치', 즉 '다공성 밸브'라고 부른 바 있다. 황두진, 《무지개떡 건축》(메디치미디어, 2015), 91쪽.

주변의 창호를 문틀까지 완전히 제거할 수 있도록 하고 있다. 건축의 가변성이라는 주제가 한국 전통건축에서 널리 실천되었다는 것을 보여 주는 사례들이다.

이처럼 공간의 가변성이 중요했던 것에는 기후나 풍토 말고도 사회문화적인 이유가 있다. 전통적인 한국인의 삶에는 잔치, 제사 등 일시에 수많은 사람들이 모이는 행사가 많다. 상업 공간이 발달하지 않는 사회적 특성상, 이런 행사는 대부분 집 안에서 치르게 마련인데 이를 위한 넓은 공간을 상시 확보해 놓기 어렵기 때문에 가변성을 통해 현명하게 해결한 것이라고 할 수 있다.

이러한 건축의 가변성이 경량화된 가구 및 집기의 이동성과 결합했을 때, 주어진 공간 자원을 최대한 활용하는 한옥 공간 특유의 범용성이 확보되는 것으로 설명할 수 있다. 이것은 결과적으로 작은 집에서 상대적으로 많은 사람이 모여 사는 것을 가능하게 해 주는 요소이기도 하다.[6]

4. 정적 기능주의, 동적 기능주의

Static functionalism, dynamic functionalism

기능주의란 근대건축의 형성 과정에서 등장했던 핵심적 개념의 하나로 기능의 충족을 우선하는 태도를 말한다. 미국의 건축가인 루이스 설리반이 이야기한 것으로 전해지는 '형태는 기능을 따른다(Form follows function)'는 기능주의를 가장 간명하게 표현한 문구로 꼽힌다. 합리주의로 무장한 근대 건축가들은 기능주의 이론을 통해 이전의 역사주의 건축이 갖고 있던, 기능과 무

• • • •

6 필자의 사무실에서 설계하여 리모델링한 가회동 쌍희재의 경우 연면적이 15평에 불과한 소형 한옥인데 현재는 1인 주거로 활용하고 있으나 이전에는 무려 세 세대가 살고 있었다.

관한 장식이나 조형을 효과적으로 배제하는 데 성공했다. 1920년대에 이르러 기능주의 건축은 국제적인 통합을 이루게 되었고 이를 '국제주의 양식'이라고 불렀다.[7] 대표적인 기능주의 건축가인 르 코르뷔지에는 역사적 건물이 아닌 기계로부터 새로운 건축을 위한 영감을 얻어야 한다고 주장하면서 '집은 살기 위한 기계'라는 극단적인 표현을 만들었다.[8]

그러나 현재에 비해 당시는 기계문명의 초기 단계였고 여러 가지 현실적인 제약이 많았다. 이들이 말하는 기능주의 또한 기본적으로 한 공간에 하나의 기능을 고정적으로 부여하는 것이었다. 건축의 가변성이나 공간의 범용성에 대한 관심이 없던 것은 아니지만, 그 비중은 제한적이었다. 본 연구에서는 이것을 기능이 고정되어 변하지 않는다는 측면에서 '정적 기능주의(static functionalism)'라 부르는 것이 적절하다고 생각한다.

현대사회로 넘어오면서 기계문명이 고도로 발달하여 이제 극단적인 소형화, 경량화가 가능해졌다. 심지어 상당한 비물질화의 경향도 보이고 있다. 예를 들어 오늘날의 첨단 기술 중 상당수는 사람의 감각기관으로 포착되지 않는다. 와이파이, 블루투스, 에어 플레이 등 무선 통신 기술이 대표적으로 그런 사례에 해당한다. 이러한 첨단 기술은 건축 형태에 큰 영향을 주지 않으면서도 다양한 기능을 가능하게 한다. 예를 들어 2000년대에 들어 한옥에 대한 관심이 폭발적으로 증가한 데에는 표면적으로는 각 지자체의 한옥 지원금과 같은 제도적 변화가 큰 역할을 한 것으로 보이지만, 근본적으로는 한옥이라는 건축 자체의 변화가 있었다. 즉 첨단 기술의 발달로 인해 한옥의 전통적 구조나 공간을 그대로 유지하면서도 그 안에서 얼마든지 현대적인 삶을 누릴 수 있게 해 주는 문명적 조건이 일반 소비자들의 구매력 범위 내에서 가능하게 된 것이 바로 이 무렵이었다.

• • • •

7 이상의 사전적 설명의 출처는 인터넷 두산백과와 위키피디아.

8 그의 이러한 시각이 가장 잘 드러난 책이 1923년에 출간된 《새로운 건축을 향하여(Vers une Architecture)》다.

와이파이를 설치하면 집 안 어디에서나 노트북을 들고 다니며 인터넷을 할 수 있게 되었고, 보일러나 에어컨 등과 같은 열역학 장비들도 소형화되어 한옥의 구석구석에 편리하게 설치할 수 있다. 이것은 건축의 형태와 기능 사이의 관계가 이전처럼 긴밀하지 않아도 된다는 것을 의미한다. 따라서 기존의 기능주의가 해체되어 가는 과정으로 볼 수도 있을 것이다. 필자는 이러한 현상이 앞으로 더욱 심화될 것이라 예견하고 있으며, 궁극적으로는 하나의 건축 공간이 시계열적으로 다양한 기능을 수용하는 현상이 점점 더 확대될 것이라고 생각한다. 그리고 이러한 현상을 '동적 기능주의(dynamic functionalism)'라 부르고자 한다.

5. 악톰

Actom(그림 2)

동적 기능주의를 조금 더 정밀하게 이해하기 위해서는 건축에 있어서 기능이란 무엇인가를 이야기할 필요가 있다. 기능은 용도, 혹은 프로그램이라고도 하며 일반적으로 건축에서는 주거, 업무, 상업 등과 같이 구분된다. 그러나 이렇게 상이한 명칭에도 불구하고 각 기능 구분 간에는 상당히 높은 공통분모가 존재한다. 예를 들어 주거와 업무는 완전히 다른 기능 같지만 사람들은 집에서 일을 하는 경우도 많으며, 요즘의 업무 공간에는 주방이 들어가는 일도 흔하다.

특히 현대에 들어 이런 경향은 더욱 가속화되고 있다. 카페에서 일하는 풍경은 이미 익숙한 것이 되었고 'shop in shop'이라 하여 이질적인 공간이 서로 공존하는 경우도 흔하다. 더욱 극단적인 것은 하나의 장소가 서로 다른 시간대에 서로 다른 기능을 수행하는 경우다. 예를 들자면 한때 서울의 강남에서는 낮에는 자동차 정비 공장이었다가 밤에는 야외 포장마차가 되

〈그림 2〉 기본 단위 행위, ‘악톰’

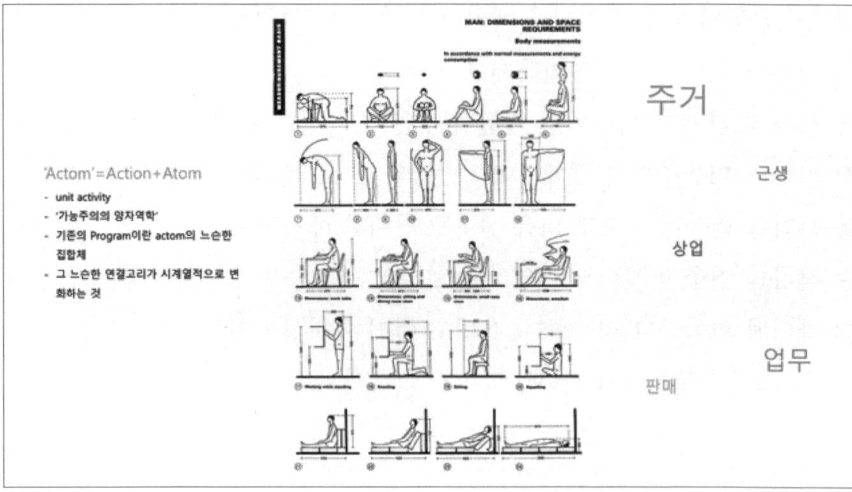

그래픽 출처: Ernst Neufert, *Architects' Data*(Blackwell Science, 1980), p. 12.

는, 극도로 유연한 상업 공간이 유행했던 적이 있었다. 아마도 엄청난 지대(rent)를 해결하기 위한 사업적 고육책이었을 것이지만, 동적 기능주의의 입장에서는 시사점이 많은 현상이었다.

한편, 여러 가지 인간의 행위는 걷다, 서다, 앉다, 눕다 등과 같이 기본적 단위 행위들의 조합이기도 하다. 필자는 이렇게 더 이상 쪼갤 수 없는 단위 행위를 가리켜 ‘악톰(actom)’이라 부르고 있는데, 이것은 원자라는 의미의 ‘atom’과 행위라는 의미의 ‘action’을 결합한 신조어다. 이런 관점에서 보면 서로 다른 기능이란 결국 명칭의 차이에도 불구하고 상당수의 공통적 악톰과 일부 개별적 악톰의 느슨한 집합체인 것이 된다. 그리고 이 논문에서 이야기하는 동적 기능주의란 이 악톰들이 시계열적으로 변화하는 상황을 의미하는 것이다. 중요한 것은 기능의 변화라고 하는 것이 모든 악톰의 변화를 의미하지 않는다는 것이다. 사실상 대부분의 악톰은 그대로 유지되면서 일부 악톰이 변화하는 것만으로도 기능의 변화가 이루어지는 경우가 많다. 이것은 동적 기능주의를 구현하기 위해서 건축의 수많은 요소를 모두 변화해야 할 필요는 없다는 것을 시사한다. 창호 등 일부 건축 요소의 가변성과 경량화된 가구와 집기 등이 결합하여 한옥에서 동적 기능주의를 구현하는 것이 그 대표적 사례다.

여기서 주목해야 하는 것은 가구와 집기의 역할이다. 악톰은 인간 신체의 다양한 자세와 움직임이 가구와 집기와 결합하는 것을 전제로 한다. 그래서 건축의 기능을 결정하는 것은 공간이나 구조 못지않게, 혹은 그 이상으로 가구와 집기라고 할 수 있다. 예를 들어 교실이라는 기능을 결정하는 것은 일정한 규모, 환기와 채광을 위한 창 등 건축적 요소뿐 아니라 책상과 의자, 조명, 컴퓨터 등과 같은 가구와 집기다.

6. 미스 반 데어 로에의 유니버설 스페이스

대표적인 근대 건축가의 하나인 미스 반 데어 로에는 '유니버설 스페이스', 즉 '보편적 공간'이라는 이름으로 하나의 공간 안에 다양한 기능을 수용하는 개념을 제시한 바 있다. 그가 설계한 시카고 일리노이 공대(IIT)의 크라운 홀(Crown Hall)은 이러한 개념을 적용한 대표적인 사례이며 주거의 경우로는 판스워스 주택(Farnsworth House)을 들 수 있다.

미스 반 데어 로에는 기능은 시간에 따라 변할 수 있기 때문에 영속하는 것은 결국 융통성과 가변이라고 생각했다. 가장 대표적인 근대 건축가의 한 사람인 그가 일견 근대 건축의 기능주의를 부정하는 것 같은 사고를 갖고 있었다는 것은 흥미롭다. 그러나 그가 추구한 것은 기능주의의 부정이라기보다는 정적 기능주의의 극복이었다고 보는 것이 정확할 것이다.

그러나 그가 이런 개념을 바탕으로 물리적으로 구현해 놓은 공간이 과연 그 이름처럼 보편적 공간의 성격을 충실히 작동하였는지는 논란의 대상이다. 크라운 홀의 경우, 120×220피트의 대공간[9] 안에 칸막이벽으로만 구별된 설계 스튜디오와 강의실 등이 공존하여 소음 등의 문제가 심각했던 것으로 전해지고 있다. 그가 특별히 가변적인 구조를 채택하거나 가구와 집기에 주목했다는 증거도 없다. 즉 미스 반 데어 로에의 유니버설 스페이스는 그 개념적 혁신성에도 불구하고 충분한 기계문명의 지원을 받지 못했을 뿐 아니라 건축 구조의 가변성과 가구 및 집기와의 관계에 있어서도 개념적 전개가 부족했던 것으로 보인다. 오늘날이라면 다양한 구동장치와 하드웨어 등으로는 건축의 가변성을 획득하고, 경량화, 소형화된 가구 및 집기 등을 통해서는 공간의 범용성을 획득하는 것이 미스 반 데어 로에의 시대와는 비교할 수 없을 정도로 가능성을 갖고 있다.[10] 그래서 동적 기능주의와 구별하려는 의미에서, 미스 반 데어 로에의 유니버설 스페이스를 하나의 역사적 사실로서 인정은 하되, 그 용어를 계속 사용하지 않으려는 것이 본 연구의 입장이기도 하다.

7. 현대적 시사점

미스 반 데어 로에도 간파했듯이 기능은 시간에 따라 변하며, 특히 현대에 들어 이러한 현상은 더욱 가속되고 있다. 사회적 조건의 변화를 물리적 구조물이 시시각각으로 따라가기란 어려우며 따라서 아무리 기능에 충실하게 설계된 건축이라고 해도 필연적으로 어느 순간 기능과 건축 사이에 괴리가 발생하게 된다. 이전에는 그런 상황에 처한 건축이 맞이하는 운명은 결국

••••

9 약 36×66미터로 내부에는 기둥이 없었다. Franz Schulze, *Mies van der Rohe: A Critical Biography*(The University of Chicago Press, 1985), pp. 261-264

10 예를 들어 인접하는 교실 간의 소음은 경량화된 헤드셋 마이크와 개인별 '수신기+이어폰'의 조합으로 해결할 수 있을 것이다. 이미 박물관의 도슨트 안내 등에서 사용되고 있는 방식이다.

철거밖에는 없었다. 그러나 오늘날처럼 기술 문명이 고도로 발달된 사회에서는 이전에 비해 그 괴리의 간극을 좁히는 것이 현저하게 가능해졌다. 동적 기능주의는 이런 점에서 현대 건축이 직면하고 있는 문제를 인식하고 이를 해결하기 위한 유용한 개념적 도구다.

이러한 개념은 건축의 사회적 수명을 늘리는 데도 기여할 수 있다. 즉 세월이 흘러 당초의 기능과 상당한 괴리가 발생한 건축이라 하더라도 물리적 구조 자체에 큰 문제가 없는 한 적절한 가구와 집기의 적용으로 얼마든지 새로운 삶을 이어갈 수 있기 때문이다. 교회가 도서관, 심지어 인기 있는 나이트클럽이 되거나 고택의 대청마루가 근사한 멀티미디어 강연장이 될 수 있는 가능성이 바로 여기에서 나온다.

8. 건축사의 3단계

인류 건축의 역사를 기술하는 방법은 여러 가지가 있을 수 있지만, 동적 기능주의의 입장에서 봤을 때 가장 중요한 것은 역시 기술의 발달과 건축이 맺는 관계라고 할 수 있다. 그 결합의 유무와 정도에 따라 크게 세 가지의 시대구분이 가능하다.

건축에서 기계와 장비, 즉 설비의 역할을 상징적으로 표현하는 단어로서 '배관'을 선택한다면,[11] 그 첫 번째 단계는 '전-배관(pre-plumbing) 시대'다. 즉 건축이 설비와 거의 결합되지 않았던 시대의 건축을 가리킨다. 순전히 시간의 길이로만 보면 이 시대는 인류 건축사의 대부분을 차지한다고 해도 과언이 아니다. 사실상 19세기 말, 심지어 20세기 초까지도 해당되며, 문명권 밖에서는 아직도 현재형이기도 하다. 오늘날 우리가 알고 있는 열역학적 장

••••

11 거의 모든 설비는 필연적으로 배관을 필요로 한다는 의미에서.

비, 즉 냉난방 중에서 냉방은 아예 생각할 수 없었고, 벽난로나 화로 정도의 난방 및 조리 설비가 전부였던 시대였다. 기계에 의한 환기나 전기 장치 같은 것은 아예 개념조차 존재하지 않았다. 소위 양식사적 의미에서 건축은 계속 변화했으나 그럼에도 불구하고 건축과 설비의 관계는 지극히 미약한 수준에 머물러 있었다. 결국 기계문명 자체가 발전하기를 기다리는 수밖에 없었다.

언뜻 들으면 매우 원시적인 건축처럼 느껴질 수 있으나 사실상 이 시대는 고대 그리스 로마는 물론이고 비잔틴, 로마네스크, 고딕, 르네상스, 바로크, 그리고 그 이후에 이르는 엄청나게 방대하고 귀중한 시간을 아우른다. 역설적이지만 기계문명이 발달하지 않은 상태에서 자연 환기, 채광 등을 해결하기 위해 기울인 노력이 오늘날 친환경 건축을 구현하는 데 있어서 새로운 영감을 주는 측면이 있는 것도 사실이다.

그 다음은 '친-배관(pro-plumbing)시대'다. 사실상 오늘날 우리가 살고 있는 이 시대의 대부분이 여기에 해당한다. 역사적으로는 19세기 말이나 20세기 초반 이후에 해당한다고 할 것이다. 건축과 설비의 결합은 상상할 수 있는 최고 수준까지 올라갔다. 오늘날 건축 공사현장에서는 구조와 공간, 각종 마감재에 못지않게 정신을 아득하게 할 정도로 복잡한 기계 및 전기 배관, 그리고 장비들이 등장하는 것을 쉽게 볼 수 있다. 건축 내부에서도 그렇지만 건물과 도시가 맺고 있는 관계도 그러하다. 오늘날 아무리 단순한 건축이라 하더라도 도시와 수많은 배관으로 연결되어 있다. 상하수도에서 시작하여 전기, 통신, 인터넷, 도시가스 등 건축이 그 기능을 위해 필요로 하는 탯줄의 리스트는 매우 길다.

이 과정에서 건축적 요소로서 설비의 중요성이 매우 높아졌다. 심지어 어떤 건축가들은 설비의 중요성을 인식하는 데서 나아가 설비를 구조나 공간 못지않은 건축적 표현의 소재로 삼기도 한다.[12] 소위 하이테크 건축의 시대를 알린 선도적 건축으로서 외관에 설비를 모두 노출시킨 파리의 퐁피두센터는 그 대표적인 예다. 그러나 대부분의 건축가들은 아직도 설비를 부차적인 것으로 보고 있으며 배관이나 설비는 벽이나 천장 속에 적당히 숨기는 것으로 만족하곤 한다.

마지막으로는 '탈-배관(post-plumbing) 시대'다. 이것은 바로 전의 '친-배관 시대'와 현실적으로 상당 부분 공존한다. 즉 지금 이 시대는 '친-배관 시대'이면서 동시에 '탈-배관 시대'의 여명기이기도 하다. 특히 통신 분야에서 무선 기술의 비약적인 발달이 이를 견인하고 있다고 해도 과언이 아니다. 아직까지는 제한된 기술이기는 하지만 핸드폰 등에서 사용하는 저전압의 경우 무선으로 충전하는 기술이 점점 보편화되어 가고 있다. 흥미로운 것은 지열, 풍력, 태양광 패널 등을 이용하여 건축 스스로가 에너지를 생산하는 가능성이 열리면서 궁극적으로는 건축과 도시가 맺고 있는 다양한 배관의 네트워크 또한 약화될 징후를 보이고 있다는 것이다.

건축이 에너지 독립을 이룰 수 있다면 이것은 사회경제적으로 심지어 정치적으로 엄청나게 의미심장한 사건이 될 수 있다. 왜냐하면 에너지의 공급이야말로 현재의 시스템을 유지해 온 매우 핵심적 요소의 하나이기 때문이다. 그러나 이러한 탈-배관적 현상은 주로 전기설비 쪽에 집중되어 있을 뿐, 여전히 상하수도 등 기계설비 쪽은 이렇다 할 변화가 없는 상황이라고 할 것이다.

이런 관점으로 한옥을 분석한다면, 일차적으로 한옥은 전형적인 '전-배관 시대'의 건축이었으나 20세기를 거치면서 본격적으로 설비와의 결합이 시작되면서 '친-배관 시대'의 건축에 뒤늦게 편입되었고 21세기 초반 무선통신 분야의 비약적인 발전으로 부분적으로 '탈-배관 시대'의 건축적 양상까지 포함하게 되었다. 이 과정에서 한옥의 가변성과 범용성은 다시 새로운

••••

12 건축에서 설비의 역할에 주목하고 이를 강조한 대표적인 이론가는 영국의 레이너 밴험(Reyner Banham)이다. *Architecture of Well-tempered Environment*는 이 분야의 고전이 되었다.

〈그림 3〉 현대의 설비와 결합한 한옥의 변화(사진: 박영채)

차원으로 진화하고 있으며, 전통건축이 주는 대체불가의 개성과 아름다움이 일반 현대건축 못지않은 생활의 편리함과 결합하면서 본격적인 한옥의 부활이 이루어졌다는 것이 필자의 견해다. 다른 방식으로 표현하면 정적 기능주의 시대를 거치면서 상당히 위축되었던 한옥이 21세기를 맞아 다시 한 번 내재되어 있는 동적 기능주의의 유전자를 본격적으로 가동시키고 있는 상황이라고도 할 것이다. 기술의 발달로 인해 역설적으로 건축이 기술의 제약으로부터 자유로워지는 과정을 오늘날의 한옥만큼 잘 보여 주고 있는 사례도 없다(그림 3).

9. 최소의 건축, 최대의 삶

동적 기능주의는 최소의 건축으로 최대의 삶을 누릴 수 있게 하는 것을 목표로 한다. 이를 위해 1차적으로는 현대의 과학기술에 의해 제공되는 경량화, 소형화된 가구와 집기를 최대한 적용하고, 2차적으로는 건축의 가변성을 높여 한반도의 다양한 기후 조건 및 사회적 상황에 적응할 수 있도록 한다. 이를 통해 궁극적으로 공간의 범용성을 높이자는 것이 동적 기능주의의 핵심적 내용이다.

친환경 건축을 위해 기존의 건물을 철거하고 새로 짓는 것은, 바이오 연료의 생산을 위한 바이오매스의 확보를 이유로 아마존의 열대우림을 밀어버리는 것만큼의 치명적 오류다. 그런 점에서 한번 지어 놓은 건축의 물리적, 사회적 수명을 최대치까지 끌어올리는 것은 친환경 건축의 목표를 달성하는 또 다른 방식이라고 할 수 있다. 이러한 개념은 새로 짓는 건축에도 동일하게 적용될 수 있다. 이처럼 동적 기능주의는 오래된 건물에 새로운 삶을 부여할 뿐 아니라, 주어진 공간적 자원을 최대한 효율적으로 활용하게 함으로써 최소한의 건축으로 최대한의 삶을 누릴 수 있게 해 준다는 점에서 자원과 에너지의 낭비를 막고 환경을 보호하고자 하는 오늘날의 시대적 요구에 부합하는 개념이다.

10. 결론

동적 기능주의는 태생적으로 한반도의 여러 제반 조건의 영향 속에서 형성된 개념이다. 그중에서 한옥은 기후와 풍토, 생활양식을 오랜 시간에 걸쳐 흡수해 온 복합적 결과물로서 본 연구에 있어서 가장 중요한 영감의 원천이다. 한편 근대 이후 주로 서구에서 발생한 다양한 건축 이론이 역시 동적 기능주의의 형성에 영향을 주었음을 부인할 수 없다. 이러한 측면은 동적 기능주의의 태생적 특수성이라고 할 수 있다.

이와 동시에 동적 기능주의는 현대건축이 직면한 다양한 과제들, 즉 에너지 및 자원의 효율적 활용, 풍성하고 쾌적한 생활문화, 오래된 건물의 활용

등과도 연계되어 있다. 즉 한반도를 넘어서도 여전히 유효하며 적용의 가능성이 높은 개념이다. 이것인 동적 기능주의의 보편성이다. 이처럼 동적 기능주의는 특수에서 착안하여 보편을 지향하는 과정을 통해 형성되었다.

이전부터 필자가 연구해 온 이론인 무지개떡 건축은 한 건축 내에 다양한 기능이 수용된다는 복합 유형이라는 점에서 단일 용도의 건축 유형과 차별되는 것이지만, 여전히 하나의 공간에 하나의 기능이 수용되는 것을 전제로 한다는 점에서는 정적 기능주의의 한계를 벗어나지 못하는 것이었다. 따라서 동적 기능주의는 무지개떡 건축이론의 연장선상에 있으면서도 동시에 이를 극복하려는 노력의 결과이기도 하다.

그 너머에는 무엇이 있을까. 아마도 미래의 건축은 기능의 해결이라는 현실적 과제의 상당 부분을 가구와 집기에 넘겨주고 구조와 공간을 통해 하나의 '장소'를 만드는, 본연의 역할에 더욱 충실해질 수 있는 상황을 갖게 될 것이라고 조심스럽게 예견한다. 이것은 기술문명이 발달하면서 바로 그 기술문명의 소산인 근대 건축의 정적 기능주의가 해체되고 건축이 기능으로부터 훨씬 더 자유로워진다는 점에는 분명히 역설이지만, 동시에 그만큼 기술문명이 이루어 낸 놀라운 성취이기도 하다.

기능은 분명히 건축이 해결해야 할 중요한 과제이지만 그것이 건축의 최종 목표는 아니다. 건물은 물리적으로 실재하는 견고한 구조물로서 변화하는 시대의 다양한 기능적 요구에 일일이 부응하기 어렵기 때문이다. 따라서 그 역할의 상당 부분을 일부 가구와 집기에 넘겨주고 건축 자신은 그에 대한 배려로서 적절한 가변성을 제공한다면, 궁극적으로 시대를 초월하는 본연의 역할, 즉 인간에게 자연과 구별되는 인공의 '장소'를 제공해 주는 것에 좀 더 집중할 수 있을 것이다.[13] 시대가 변해도 자신의 역할을 오랫동안 수

• • • •

13 이렇게 건축이 갖는 '장소'와의 관계에 주목하는 개념으로 라틴어인 'Genius loci'(장소의 수호신)이 종종 사용된다.

행하는 건축이 늘어날 수 있는 이론적 가능성을 제시하는 것, 그것이 동적 기능주의의 최종 목표라고 할 것이다.

참고 문헌

승효상. 《보이지 않는 건축, 움직이는 도시》. 돌베개, 2016.

이상현. 《그래서 한국인》. 채륜서, 2018.

조소엘. 〈전통가구 하나만 들여놔도 한옥 분위기 물씬〉. 《매일경제》, 2000.06.15.

주영하. 《한국인 왜 이렇게 먹을까?》. 휴머니스트, 2018.

황두진. 《무지개떡 건축》. 메디치미디어, 2015.

Franz Schulze. *Mies van der Rohe: A Critical Biography*. The University of Chicago Press, 1985.

1960-1970년대 이상론(李箱論)의 향방*

고지혜

1. '이상론(李箱論)'이라는 프리즘

1967년 《동아일보》는 "《무정》 이후 소설문학 50년"이라는 주제로 '한국문학 50년 기념 시리즈'를 총 7회에 걸쳐 연재한다.[1] 한국 현대소설의 반세기를 결산해 보기 위한 이 기획에서 동아일보사는 "문학사적 의의와 문학적

* 이 글은 〈1960~1970년대 이상론(李箱論)의 향방〉[《구보학보》(구보학회) 22(2019)]의 일부 내용을 수정 및 보완한 것이다.

1 〈한국문학50년기념시리즈〉, 《동아일보》, 1967.7.29.-1967.8.12. 이 기사를 처음 접한 것은 이혜령의 논문에서이다. 이혜령은 이 기사의 설문이 애초에 피랍자를 제외한 월북작가의 작품은 대상으로 삼지 않았음에 주목하여 4·19 이후 등장한 젊은 비평가들에 의해 염상

가치가 있는 문제작"에 관한 설문조사를 실시했는데, 현역 작가·평론가·시인 41명[2]이 뽑은 문제작 1위는 이상(李箱)의 〈날개〉였다.[3] 당시 《동아일보》 기자였던 김병익이 작성한 기사에 따르면, 이상(李箱)의 "독특한 심리주의적 초현실적 작품세계는 현대소설의 가장 예리한 성격"을 "가장 성공적으로 이룩한 것"으로 평가된다.[4] 그러나 이러한 설명만으로는 이상의 〈날개〉가 어

• • • •

섭의 《삼대》가 발견되는 과정과 그 맥락을 고찰한 바 있다. 이러한 이혜령의 논의는 1960년대 '염상섭론'이 어떠한 지식장의 사정과 정치적 맥락에서 형성된 것인지 규명하고 있을 뿐만 아니라 1960-1970년대 본격화되기 시작하는 식민지기 작가에 대한 평가 작업들을 어떻게 논구해야 할 것인지에 대한 중요한 시사점을 제공한다. 이혜령, 〈소시민, 레드콤플렉스의 양각—1960~70년대 염상섭과 한국 리얼리즘론의 사정〉, 《대동문화연구》(성균관대학교 대동문화연구원) 82(2013), 39-41쪽.

2 대상자 50명 중 응답한 사람은 모두 41명으로, 회답 도착순으로 제시한 이들의 명단은 다음과 같다. 염무웅, 백낙청, 임중빈, 임종국, 최인훈, 최인욱, 천이두, 김상일, 이호철, 유종호, 구중서, 이문희, 김승옥, 백철, 전광용, 최일수, 박목월, 김주연, 김현, 이광훈, 김종출, 유주현, 신동엽, 이철범, 윤병로, 조연현, 장용학, 조동일, 선우휘, 김우종, 박연희, 서정주, 김치수, 한남철, 이홍우, 강신재, 홍성원, 신동한, 김성한, 남정현, 이청준. 얼핏 보아도 문학적 진영이나 세대의 구분 없이 다양한 이들이 두루 포함되어 있음을 알 수 있다.

3 이 특집은 또한 20대 젊은 평론가들로 하여금 "우리현대문학사"를 정리, "새로운 세대의 문학 발전을 위한 문학의식을 제기"하게 할 계획이라며, 둘째 날부터는 다음의 글들을 연재했다. ① 〈한국문학의 기조〉(김현), ② 〈문학적 세대의 전개과정〉(염무웅), ③ 〈'이즘'의 혼란과 그 변성〉(김치수), ④ 〈작가의식과 저항정신〉(임중빈), ⑤ 〈한국문학과 세계문학〉(조동일), ⑥ 〈한국소설과 리얼리즘 전망〉(백낙청). 김병익이 기획한 것으로 보이는 이 시리즈에서 각각의 표제가 지칭하는 문학적 이슈들, 즉 세대론·외래사조·참여론·세계문학·리얼리즘 등은 1960년대 말-1970년대 초 한국문학 장의 담론 지형을 여실히 드러내주는 핵심어들이기도 하다.

4 김병익, 〈《무정》 이후 소설문학 50년〉, 《동아일보》, 1967.7.29. 이와 같은 이상(李箱) 문학에 대한 김병익의 평은 1973년에 출간된 《한국 문단사》에서 좀 더 구체화된다. 이 책에서 김병익은 이상(李箱)의 작품이 "구체적인 사건을 통해 당대 지식인의 암울한 불안을 완벽하게 드러내면서 인간의 근원적인 신비를 우주적인 내면으로 확산, 60년 한국 문학사상 가장 많은 문제성을 던지고 있다"며 최재서·이어령·김현·김주연의 이상(李箱)론을 간단히 언급하고는 "적어도 한 세대 이상을 앞서가는" "왕성한 실험 정신과 그것이 야기하는 형태 없이 충격적으로 내습하는 공포감"을 〈오감도〉를 통해 설명한다. 김병익, 《한국 문단사》(일지사, 1973), 205-209쪽.

떻게 문학사적 의의가 있는 문제작 1위로 뽑히게 된 것인지 선뜻 납득되지 않는다. 1967년 당시 한국문학 장에서 활발하게 활동하며 작품과 담론을 생산하던 "문학전문가"[5]들은 왜 《무정》도 아니고 《삼대》도 아닌, 《광장》이나 〈서울, 1964년 겨울〉도 아닌 〈날개〉에 주목했던 것일까.[6]

작가 이상(李箱)과 이상(李箱)의 문학이 학문적 관심의 대상이 되기 시작한 것은 1950년대 중반 무렵이었다. 1955-1957년 이어령, 임종국, 고석규가 이상(李箱)론을 발표하고,[7] 임종국에 의해 《이상 전집》이 출간되면서 이상(李箱)에 관한 연구는 하나의 '현상'이라 불릴 정도로 두드러지게 증가하기 시작한다. 작가론에 관한 유의미한 통계들을 제출한 바 있는 이선영에 따르면 1930년대부터 1970년대까지 가장 많이 연구된 작가 순위에서 이상(李箱)은 이광수 다음으로 2위를 차지하는데, 이를 해방 후부터 1970년대까지로 한정하여 셈해 본다면 이상(李箱)에 관한 작가론은 170편으로 가장 많은 수를 기록한다(이광수는 148편, 김소월은 144편). 물론 해방 이후부터 남한에서는 국문학 연구가 본격적으로 진행되었고 작가론 및 작품론 또한 전반적으로 증가하는 추세였으므로 이상(李箱) 문학의 수용과 관련하여 작가론의 양적 증가가 그 자체로 의미화되기는 어려울 것이다.[8] 그러나 해방 후부터 1970년대까지

• • • •

5 이는 위에서 인용한 《동아일보》 기사의 표현이다.

6 문제작을 묻는 해당 설문의 1-5위까지의 결과는 다음과 같다. ① 날개(단편, 李箱) 28표, ② 무녀도(단편, 김동리) 25표, ③ 無情(장편, 이광수) 24표, ④ 메밀 꽃 필 무렵(단편, 이효석) 21표, ⑤ 감자(단편, 김동인) 20표. 이 설문은 같은 방식으로 문학사의 문제적 작가에 대해서도 질문했는데, 이상(李箱)은 염상섭과 함께 공동 4위에 올랐다. 작가에 관한 설문 결과는 다음과 같다. ① 이광수 40표, ② 김동인 36표, ③ 김동리 33표, ④ 염상섭 29표, 이상(李箱) 29표. 위의 기사, 《동아일보》, 1967.7.29.

7 이어령, 〈이상론—'순수 의식'의 완성과 그 파벽(破僻)〉, 《문리대학보》(서울대학교 문리과대학 학예부) 6(1955.9); 임종국, 〈이상론1—근대적 자아의 절망과 항거〉, 《고대문화》(고려대학교 고대문학회) 1(1955.12); 고석규, 〈시인의 역설—반어에 대하여〉, 《문학예술》(문학예술사) 4(1)-4(7)(1957.4-7).

8 이선영은 문학 관련 논문들을 토대로 잡지 및 신문, 학위논문, 단행본 등에 실려 있는 작가

국어국문학과의 편제가 고전문학 위주로 편성되어 있었을 뿐만 아니라 당시 현대문학 분과가 원활하게 제 기능을 발휘하지 못하던 상황임을 감안한다면, 이상(李箱)론의 급증은 주목을 요한다.[9]

특히 이상(李箱)을 제도적 차원에서 발견/발굴하는 이러한 '이상(李箱)론'은 아직 구조화되지 않은 (남한 중심의) 한국 현대문학사에 이상(李箱)의 위치를 정하고 이상(李箱)의 문학을 의미화하는 작업과 직결되었다. 한국 현대문학사에서 1950-1960년대란 해방과 분단을 겪으며 문학의 개념 및 문학적 실천에 관한 이해가 역사적·사회문화적 맥락에 따라 새롭게 구성되던 시기였기 때문이다. 한국전쟁을 겪으며 식민지기 한국 근대문학을 책임지던 주요 문인들이 월북하거나 사망한 가운데, 1950년대 이후 한국문학 장(場)이 당면한 첫 번째 과제는 '(남한 중심의) 한국문학사를 어떻게 쓸 것인가'였다. 또한 1950년대는 인쇄업의 발달과 번역 장의 형성으로 인해 이후 전집의 시대를 여는

••••

론의 대상자들에 대한 통계를 산출한 바 있다. 이선영에 따르면 1930년대에는 2편, 1940년대에는 5편 정도에 머물렀던 이상(李箱) 연구는 1950년대에 이르게 되면 22편으로 급증하여, 이상(李箱)은 작가론의 대상으로 비상한 관심을 받게 된다. 이후 이상(李箱) 관련 연구는 더욱더 증가하여 1960년대에는 38편, 1970년대에는 110편에 육박한다. 1990년대 말 김윤식은《이상문학전집》을 엮으며 이상(李箱)에 관한 글이 추도문을 포함하여 1930년대에는 13편, 1940년대에는 3편, 1950년대에는 24편, 1960년대에는 55편, 1970년대에는 103편이 발표되었다고 밝힌 바 있고, 가장 최근에 '이상(李箱) 연구 논저 목록'을 정리한 권영민의 경우에도 김윤식의 통계와 대동소이하다. 물론 작가론의 범위와 성격을 어떻게 규정하느냐에 따라 이러한 통계의 결과 또한 달라질 수밖에 없을 것이다. 그러나 본 논문이 주목하는 점은, 그러한 수치의 정확성이나 목록의 세목이 아니라 1950년대 중반부터 1970년대 말까지 이상(李箱) 관련 2차 텍스트들이 급증하였다가 1980년대에는 급감한다는 것이다. 이선영,《한국문학의 사회학》(태학사, 1993), 24-34쪽; 김윤식,〈《이상논문집》을 엮으며〉,《이상(李箱)문학전집 4》(문학사상사, 1995), 5-6쪽; 권영민,《이상 문학의 비밀 13》(민음사, 2012), 628-664쪽. 아울러 최근까지도 '이상 전집'이나 '이상 평전', 혹은 이상(李箱)에 관한 저작이 출간될 경우 그간의 '이상 연구 논저 목록'이 보론(補論)처럼 붙곤 한다는 것을 부기해 둔다.

9 이종호,〈죽은 자를 기억하기—이상(李箱) 회고담에 나타난 재현 방식을 중심으로〉,《한국문학연구》(동국대학교 한국문학연구소) 38(2010), 297쪽.

토대가 만들어지던 시기였으며, 학제개편에 따른 교육과정기의 본격적인 시행으로 현재와 유사한 형태의 분과학문 체계가 만들어지던 때이기도 했다.[10] 즉, 당시 국어국문학과의 현대문학 분과에서 어떤 작가와 작품을 어떻게 다룰 것인가는 그 자체로 문학사를 쓰는 행위와 다르지 않았으며, 이는 곧 해당 작가와 작품이 빠르게 정전화될 것임을 예고하는 일이기도 했다.

해방 후부터 1970년대까지 발표된 이상(李箱)론은 특정 세대나 문단의 진영 논리에 한정되지 않는다. 조연현(1920-1981), 송욱(1925-1980), 정명환(1929-), 임종국(1929-1989), 고석규(1932-1958), 이어령(1934-), 김윤식(1936-2018), 김우창(1937-), 백낙청(1938-), 김주연(1941-), 김현(1942-1990) 등은 이 시기 이상(李箱)론을 발표하거나 자신의 문학적 입장을 밝히는 글에서 이상(李箱)을 '활용'했다. 1930-1940년대에 발표된 이상(李箱)론이 대체로 '인간 김해경'에 초점이 맞추어져 감정적이고 인상적인 비평에 그쳤다면, 1950년대 이후에 발표되는 이상(李箱)론은 논자들이 결박되어 있던 당대성 혹은 당시의 문학적 담론과 보다 긴밀하게 연관되었다. 예컨대 이어령, 임종국, 고석규로 대표되는 1세대 평론가들의 이상(李箱)론은 '전후 현실'이라는 당대성 문제로 일찍부터 주목을 받았다. 그러나 이들의 이상(李箱)론은 발아지점으로서의 의의와 한계를 동시에 지니고 있어, 이에 관한 후대 연구들도 '전후세대 특유의 절망의식'이라는 다소 모호하고 추상적인 결론으로 재빠르게 낙착되었다.[11]

••••

10 이러한 1950년대의 상황에 대해서는 다음 연구를 참조. 이봉범, 〈1950년대 문화 재편과 검열〉, 《한국문학연구》(동국대학교 한국문학연구소) 34(2008); 이봉범, 〈1950년대 번역 장의 형성과 문학 번역—국가권력, 자본, 문학의 구조적 상관성을 중심으로〉, 《대동문화연구》(성균관대학교 대동문화연구원) 79(2012).

11 1950년대에 발표된 이상(李箱)론에 관한 주요 연구들로는 다음을 들 수 있다. 김주현, 〈세대론적 감각과 이상 문학 연구〉, 《이상 리뷰》(이상문학회) 2(2003); 임명섭, 〈모더니즘의 실천과 실패—고석규의 이상론〉, 《이상 리뷰》(이상문학회) 2(2003); 조영복, 〈이어령의 이상 읽기—세대론적 감각과 서구본질주의〉, 《이상 리뷰》(이상문학회) 2(2003); 조해옥, 〈임종국의 《이상전집》과 《이상 연구》에 대한 비판적 고찰〉, 《이상 리뷰》(이상문학회) 2(2003); 조해옥, 〈전후 세대 이

무엇보다 1960년대 이후 발표된 이상(李箱)론에 관해서는 각각의 글에 대한 산발적인 언급 내지는 참조만 있을 뿐, 이 시기 이상(李箱)론의 궤적이나 그 방향성에 대해서는 아직 제대로 논의된 적이 없다. 1960-1970년대에 이상(李箱)론이 점점 확대되고 심화되었다는 점을 감안한다면, 이러한 논의의 흐름을 추적해 보는 작업은 문학사의 (불)연속 지점을 탐사하는 일이 될 것이다. 예컨대 분단과 한국전쟁, 4·19혁명과 5·16군사쿠데타를 거치며 발전주의 혹은 근대화론이 지배이데올로기로 작동하던 남한의 문학 장에서 이상(李箱)은, 반봉건과 반공산주의의 교집합에 들어갈 수 있는 몇 안 되는 작가였다. 뿐만 아니라 그의 문학은 '근대의 상징' 혹은 '반근대의 출구'로도 해석이 가능했기에 논자들은 이상(李箱)을 통해 문학적 입장과 문학적 진보의 방향성을 논하기에 용이했으리라 짐작해 볼 수 있다.

따라서 이 글은 1960-1970년대에 발표된 이상(李箱)론을 면밀히 검토하고 그러한 논의들의 전개 방향과 이론적 자원들을 탐문해 보고자 한다.[12] 언제나 문학사는 현재의 위치에서 과거 문학의 역사성을 다룰 수밖에 없다. 문학사의 '문제작'은 지금-여기의 우리에게 '문제적'인 것이며, 이러한 작가와 작품이 말하는 것은 우리가 위치한 역사적·사회문화적 맥락에서 그 작가와 작품에게 던지는 질문들일 것이다. 그러므로 '작가 이상(李箱)' 혹은 '이상

• • • •

상론 고찰〉, 《비평문학》(한국비평문학회) 40(2011); 방민호, 〈전후 이상 비평의 의미〉, 《이상 문학의 방법론적 독해》(예옥, 2015). 이들은 모두 1세대 평론가들의 이상(李箱)론을 면밀하게 검토하고 글 자체의 특징을 비교적 분명하게 짚어 내고 있다. 그러나 '전후세대의 현실인식' 혹은 '전후 현실이라는 당대성'을 전제하고 분석에 들어간다거나 이를 논의의 결론으로 일반화하기도 한다. 그들 각자가 처한, 혹은 인식한 전후 현실이란 것이 어떠한 것이었는지 좀 더 정치하게 파고들지 않는다면 이러한 논의들은 '모든 문학은 현실을 반영한다' 식의 지극히 소박한 명제를 확인하는 것에 그칠 수밖에 없을 것이다. 물론 그러한 전후 현실 자체가 압도적인 것일 뿐만 아니라 이상(李箱)문학을 통해 자신(비평가 개인)을 드러내고자 했던 1세대 평론가들의 욕망 또한 감안해야 할 점이다.

12 이 글에서 '이상론(李箱論)'이란, 이상(李箱)에 관한 작가론을 포함하여 맥락상 이상(李箱)을 주요하게 언급하고 있거나 참조하고 있는 논의 모두를 포괄한다.

(李箱)의 문학'이 일종의 해답으로 도출되던 '질문'을 따라가 볼 필요가 있다. 여기에는 분석하고 해석하는 자의 상황적 맥락이나 문학적 욕망뿐 아니라 당대의 시대정신이 담기게 마련이며, 이는 문학 장의 경계나 문학사의 유의미한 굴곡이 가시화되는 지점이기도 하다. 적극적으로 이상(李箱) 문학을 호출했던 이들이 '이상(李箱)'이라는 답을 제시하기 위해 했던 질문들을 재구성해 보는 것, 이를 통해 1960-1970년대 한국문학 장의 담론 지형이 어떻게 (재)구축되었는지 추적해 보는 것, 이것이 이 글이 목표하는 바이다.[13]

• • • •

13 이상(李箱, 1910-1937)은 해방 후 한국 현대문학사에서 가장 먼저 '신화화'된 작가라고 할 수 있는데, 이는 논자들이 이상(李箱)의 생애를 신비화했던 것과도 관련이 있다. 1910년에 태어나 소년 시절 3·1운동을 겪고 동경에서 '불령선인'으로 체포되어 동경제대 부속병원에서 28세를 일기로 생을 마감할 때까지, 이상(李箱)의 삶은 극적인 요소들로 다분했다[권영민, 〈이상 연구의 회고와 전망—이상 문학, 근대적인 것으로부터의 탈출〉, 《이상 문학 연구 60년》(문학사상사, 1998), 27-28쪽]. 이상(李箱)에 대한 사적 기억의 과잉은 1950년대부터 시작된 현상이며, 이상(李箱)에 관한 수많은 회고들은 그의 작품과 결합하여 '이상(李箱) 신화'를 확대 및 재생산해 왔다. 예컨대 이상(李箱)의 사망일(4월 17일)을 기점으로 해서 한동안 주요 문예지에서는 이상(李箱)에 관한 여러 사람의 회고를 다루었으며, 김연수의 《꾿빠이, 이상》(문학동네, 2001)에서처럼 이상(李箱)의 죽음은 그 자체로 하나의 텍스트가 되기도 했다. 그러나 이상(李箱)에 관한 회고담이나 '문학적 아이콘'으로서의 이상(李箱)은 이 글의 직접적 연구 대상이 아님을 밝혀둔다. 물론, '이상(李箱) 신화'는 어떤 식으로든 '이상(李箱) 연구의 붐'과 연결될 수밖에 없을 것이다. 그러나 본 논문은 1960-1970년대 논자들이 이상(李箱)을 '문학사에 기입하는 방식', 즉 어떠한 비평틀로써 이상(李箱)을 독해했는가를 통해 당시의 담론 지형을 살펴보는 데 그 목적이 있으므로, 이상(李箱) 신화의 (재)생산 메커니즘에 관해서는 다루지 않기로 한다. 이상(李箱)에 관한 회고담에 내재되어 있는, 이상(李箱) 문학에 대한 지속적 소비를 가능하게 하는 '자기 완결적 시스템'에 관해서는 이종호의 연구에서 상세히 논의된 바 있으며, 1950년대 신세대 비평가 및 문학청년들이 이상(李箱) 문학을 통해 자기 정체성을 형성해 갔던 양상에 관해서는 김자은의 연구를 참조할 수 있다. 이종호, 앞의 논문; 김자은, 〈1950년대 이상 문학의 수용과 정전화 연구〉(석사학위논문, 연세대학교, 2011).

2. 현대문학·세계문학·보편문학에 대한 열망과 그 전거

1962년 6월 김현·김승옥 등이 '새 언어의 창조'를 모토로 내걸고 창간한 동인지 《산문시대》의 표지 뒷면에는 "슬프게 살다간 李箱에게 이 책을 드림"이라는 헌사가 있다.[14] 당시 한국문단을 '태초의 어둠'으로 선언한, 이 패기만만한 새로운 문학세대가 자신들의 문학적 모델이자 문학사의 선배로 유일하게 인정한 이가 이상(李箱)이었던 것이다.[15] 같은 해 10월, 김현은 이상(李箱) 문학에 관한 본격적인 분석과 정리를 시도한다.[16]

로빈슨 크루소, 뫼르소, 그레고리 잠자 등을 호출하며 시작되는 김현의 〈이상(李箱)에 나타난 만남의 문제〉는 '신 없는 세계'에서 타인과의 만남마저 단절된, 고립·고독·소외의 상황을 '현대 작가'의 출발점으로 인식한다. 그리고 우리의 풍토에서 이러한 단절과 만남의 문제를 처음으로 처절하게 느끼

••••

14 산문시대 동인, 《산문시대》(가림출판사) 1(962.6).

15 "시정신(詩精神)에 의한 산문을 써보려고" 만들었다는 이 동인지의 동인명을 처음에는 '질주(疾走)'로 하려다 문학소년의 향취가 강하다는 이유로 '산문시대'로 결정했다는 김승옥의 회고에도 다음과 같이 이상(李箱)이 언급된다. "또 우리는 제1호를 이상에게 바치기로 하였다. 언어실험실로서의 《산문시대》 창간호는 한국어를 보석처럼 갈아낸 이상에게 마땅히 바쳐야 했다." 처음에 동인명으로 거론되었다는 '질주' 또한 다분히 이상의 〈오감도〉를 연상시키는 말이다. 김승옥, 〈산문시대 이야기〉, 《뜬 세상에 살기에》(지식산업사, 1977), 237쪽.

16 김현, 〈이상(李箱)에 나타난 만남의 문제—소설을 주로 하여〉, 《자유문학》(자유문학사) 63(1962.10). 이 글은 김현이 1962년 3월 《자유문학》 신인상을 받으며 등단한 이후 《산문시대》를 제외하고 처음으로 문예지에 발표한 평문이다. 이후 김현은 이 글을 개고(改稿)하여 자신의 첫 평론집 《존재와 언어》(1964)에도 싣는다. 《존재와 언어》에 실려 있는 글에는 전에 없던 헤르만 헤세의 글이 제사(題詞)로 추가되었고 결론 부분에 해당되는 V절의 내용 또한 전면 수정되어 있다. 헤르만 헤세의 글이나 V절의 내용 모두 '꿈'이나 '창조' 등 초현실주의 관련 내용으로 바뀌었는데, 이는 평론집 전체의 통일성을 고려한 결과로 짐작해 볼 수 있다. 김현 전집에는 《존재와 언어》본이 실려 있지만, 이 글에서는 최초 발표 지면인 《자유문학》에 실린 글을 분석 대상으로 삼았다. 참고로 홍정선에 따르면 이 무렵 김현은 마틴 부버에게서 비롯된 '만남'의 문제에 사로잡혀 있었다고 한다. 홍정선, 〈연보—'뜨거운 상징'의 생애〉, 《김현 문학전집 16》(문학과지성사, 1993), 440쪽 참조.

고 글로 써야만 했던 '현대 작가'가 이상(李箱)이었음을 피력한다.[17] 이 글은 당시로서는 이상(李箱)의 첫 소설로 알려져 있던 〈지도의 암실〉에 대한 최초의 상세하고도 유의미한 분석을 시도하고 있을 뿐만 아니라 간략하게나마 이상(李箱) 소설의 연보를 작성하면서, 이상(李箱)의 소설 창작 과정을 타인과의 만남을 희구하고 시도하는 편력의 길로 설명한다.

그러나 이 글에서 수차례 강조되고 있는 '만남'의 조건이나 상태가 어떠한 것인지 혹은 어떠해야 하는 것인지는 쉽게 짐작되지 않는다. "시대적인 수난을 몸소 아무 소리 없이 겪은" 이상(李箱)의 작품에서 마주해야 할 "우리의 문제", "우리의 얼굴", "우리의 세계"는 이 글에서 피상적인 수사(修辭)로밖에 기능하지 못하기 때문이다.[18] 그럼에도 불구하고 김현의 글은 뒤이어 나오는 정명환·이보영·김주연 등 '60년대 이상(李箱)론'이 공유하는 문제의식의 핵심을 거의 담고 있다. 이상(李箱)론의 전개 과정에서 본다면 김현의 글은 이어령·임종국·고석규의 1950년대 이상(李箱)론과는 연속/불연속의 지점을 동시에 내포한다고 할 수 있다. 이와 관련하여 문제의식이나 방법론적으로 김현의 글과 동일한 선상에 있으면서 이러한 논의를 확대·심화하고 있는 정명환의 글을 함께 살펴보도록 하겠다.

1964년에 발표된 정명환의 〈부정과 생성—한국문학이 제기하는 문제와 이상(李箱)의 경우를 중심으로〉는 1960년대 발표된 이상(李箱)론 가운데서도 독보적인 위치를 차지한다. 이상(李箱) 문학을 전면적으로 다루고 있는 이 글은 1950년대 이상(李箱)론이나 앞서 나온 김현의 논의를 보다 정련된 문장과 구성으로 천착해 들어가고 있을 뿐만 아니라 이후 1970년대부터 본격적으로 변모할 이상(李箱)론에 중요한 시사점을 던져 주고 있기 때문이다.

정명환은 글의 서두에서 카뮈의 문학적 성향에 이상(李箱)의 그것을 견주

····

17 김현, 〈이상(李箱)에 나타난 만남의 문제—소설을 주로 하여〉, 245-246쪽.

18 위의 글, 259쪽.

어 보고는, "대상을 자기 속으로 흡수하는" "폐쇄적 자아"의 '자의식 과잉'을 이상(李箱) 문학의 핵심으로 간주한다. 이는 로빈슨 크루소와 같이 결코 사회를 벗어난 것이 아닌 "자아와 사회 사이에 이루어진 어떤 특정한 관계"를 전제한 것이다. 로빈슨 크루소를 인용하는 방식도 그러하지만 이상(李箱) 문학에 나타나는 자아의 절망을 사회적 상황과의 관계 아래에서 해명하려는 시도는 앞서 살펴본 김현의 글과 동일한 맥락을 공유한다. 특히 이 글은 이상(李箱) 문학의 핵심을 "절망의 표현"으로 규정하고, 이상(李箱) 문학에 내재된 절망이 무엇에서 비롯되어 어떤 방향으로 나아갔는지 규명하고자 한다. 여기서 눈여겨보아야 할 부분은, "절망을 지니는 태도가 지적(知的)이었다는 점에서 한국문학사에 있어서의 상(箱)의 독자적이며 선구적인 중요성이 있"다는 정명환의 평가이다.[19]

이상(李箱) 문학의 '절망'을 '지성'의 문제로 풀어내려는 정명환의 시도는 50년대 이상(李箱)론과는 전혀 다른 방식으로 이상(李箱)의 절망에 접근하는 것이며, 이는 곧 60년대 이상(李箱)론의 특질을 형성한다. 특히 이 글 안에서 '지성'은 일종의 방법론으로 작용한다. 이는 김현의 글에서도 마찬가지인데, 김현과 정명환이 이상(李箱)의 텍스트로부터 거리를 두고 있음은 주목을 요한다. 회고담에 가까운 '30년대 이상(李箱)론'이 인간 김해경과 작가 이상(李箱) 및 그의 문학을 등치시키고 있다면, '50년대 이상(李箱)론'은 비평가 개인 혹은 스스로가 속한 세대를 이상(李箱)의 문학에 포개어 놓는다. 이에 반해 김현과 정명환은 이상(李箱)의 텍스트를 인간 김해경은 물론이고 평자인 자신들에게서도 떨어뜨려 놓고 있다. 이는 이상(李箱)의 문학이 본격적으로 '분석의 대상'에 위치하게 되었음을 의미한다.

물론 이상(李箱) 문학에 대한 이러한 분석 비평이 김현이나 정명환에 의해

••••

19 정명환, 〈부정과 생성—한국문학이 제기하는 문제와 이상(李箱)의 경우를 중심으로〉, 《한국인과 문학사상》(일조각, 1964), 327-328쪽.

처음 시작된 것은 아니다. 예컨대 이어령과 고석규가 이상(李箱) 시의 언어에 주목하여 분석 비평을 시도한 바 있고, 이는 때마침 수입된 뉴크리티시즘의 세례를 받은 것이었다.[20] 해방 후 한국문학 장에 뉴크리티시즘을 본격적으로 들여온 백철에 따르면 뉴크리티시즘이란 "전적으로 문학 작품의 테크닉을 분석하는 것, 즉 그 작품의 문장, 용어적 스타일, 조직, 운각, 암유 등에 대한 전문적인 분석 연구에 치중"하는 것이다.[21] 이는 문학을 '과학적 지(知)'의 대상으로 보는 관점이다. 분단과 한국전쟁을 거치면서 이념 비평이 불가능했던 1950년대 평론가들에게 뉴크리티시즘의 개념과 방법은 비평 활동의 지평을 확대해 줄 획기적인 방법론으로 인식되었다. 그러나 1950년대에 뉴크리티시즘은 개괄적 소개에만 그쳤고, 이것이 실제 작품 분석을 바탕으로 한 비평 활동의 구체적 성과로 이어진 것은 1960년대에 이르러서였다.[22] 이상(李箱)론의 전개에 있어서도 뉴크리티시즘이 보다 광범위하게, 보다 심도 있게 활용되기 시작한 것은 1960년대부터였다. 김현과 정명환을 필두로 '60년대 이상(李箱)론'은 뉴크리티시즘을 바탕으로 이상(李箱)의 시는 물론이고 소설과 수필 등 분석 대상의 범위를 점차 넓혀 가기 시작한다. 그러나 텍스트 내에서 객관적 분석이 충분히 가능하다는 이러한 입장 혹은 믿음은 이상(李箱) 문학의 비정치성을 전제하고 역사성을 소거하는 것이기에 문제적이다. 반공이데올로기가 강화되던 1960년대 문학 장에서 뉴크리티시즘은, 내외부의 검열관이 합법적으로 묵인할 수 있었던 매우 편리하면서도 유용한 문학적 방법론이 아닐 수 없었기 때문이다.

••••

20 1950년대 뉴크리티시즘의 수용 양상과 그 사회적 맥락에 관해서는 최호빈, 〈해방 후 한국 현대시론의 형성 과정 연구〉(박사학위논문, 고려대학교, 2017), 130-133쪽 참조.

21 백철, 〈뉴·크리티시즘에 대하여〉, 《문학예술》(문학예술사) 3(11)(1956.11).

22 1950-1960년대 뉴크리티시즘의 수용 및 전개 양상에 관해서는 이진영, 〈전후 모더니즘 문학론에서 서구사조의 수용〉, 《한국문학이론과 비평》(한국문학이론과비평학회) 13(2001), 197-199쪽 참조.

정명환이 언급한 '지성의 문제'는 1950년대 담론 지형을 이루었던 주요 논쟁 중 하나인 전통론과도 연결된다. 이는 또한 60년대 이상(李箱)론이 어떠한 지향점에 근거하고 있었는지 추측할 수 있게 해 준다. "한국의 1950년대라는 시대 자체가 지니고 있는 총체적 빈곤"[23]은 전후세대의 글에서 '폐허'와 '절망'이란 말로 반복되었고, 이는 전후세대가 전통단절론을 지지했던 이유이기도 했다. 이러한 "전통단절의 인식"이 "한국문학의 후진성에 대한 인식"과 상통하는 것[24]은 물론이다. 즉, "19세기"라는 말로 대표되던 조선적 후진성을 끊임없이 의식하며 이에 대한 탈피를 꿈꾸던 이상(李箱)의 문학은[25] '토속성'이나 '자연'으로 대표되던 김동리 서정주 청록파의 문학과는 가장 거리가 먼 것이었다. 한국전쟁을 거치며 현대성 혹은 보편주의에 몰두하던 전후세대에게 이상(李箱)의 문학은 자신들의 세대의식이 기거할 수 있는 유일한 거점이자 문학적 지향의 구체적 증거였다.[26] 백철은 전후세대의 반항 의식과 서구적인 것의 지향이 1950년대 이상(李箱) 문학에 대한 관심을 불러일으켰던 배경임을 지적한 바 있는데,[27] 이는 전후세대인 정명환은 물론 4·19세대인 김현에게도 적용 가능한 설명이다. 김현과 정명환이 이상(李箱)을 규정하는 데 있어 반복적으로 '현대 작가'라는 수식어를 붙였던 것도 같은 맥락에서 이해할 수 있다.

• • • •

23 이에 관해서는 서영채, 〈민족, 주체, 전통—1950~60년대 전통논의의 의미〉, 《민족문학사연구》(민족문학사학회) 34(2007), 15-21쪽 참조.

24 박헌호, 〈1950년대 비평의 성격과 민족문학론으로의 도정〉, 《식민지 근대성과 소설의 양식》(소명출판, 2004), 420쪽.

25 이를 잘 보여 주는 대표적인 예로는 "왜 미쳤다고들 그러는지 대체 우리는 남보다 수십 년씩 떨어져도 마음 놓고 지낼 작정이냐"던 이상(李箱)의 말을 들 수 있다. 이상(李箱)은 이태준의 도움으로 《조선중앙일보》에 〈오감도〉의 연재를 시작했다가 독자들의 항의로 '연재 중지'를 당한 후 이 글을 썼다고 알려져 있다. 이상, 〈오감도 작자의 말〉, 임종국 편, 《이상 전집》(문성사, 1966), 210쪽.

26 방민호, 앞의 책, 417-418쪽.

27 백철, 《백철문학전집 2》(신구문화사, 1968), 498-500쪽.

흥미로운 것은 김현이나 정명환이 이상(李箱) 문학의 특질을 설명하기 위해 발자크, 카뮈, 카프카, 앙드레 지드, 도스토옙스키 등을 거론한다는 것이다. 이는 1960년대 말에 발표된 이보영이나 김주연의 이상(李箱)론에서도 동일하게 발견되는 특징이다. 가령 김현은 "현대인의 거의 본질적인 고민을 이해하고 19세기적인 것에서 벗어나려는, 자기는 밖에 있다는 것을 믿지 않으려는 지드의 성실성이 상(箱)에게도 나타"난다고 지적한다.[28] 이와 유사하게 정명환은 〈날개〉의 마지막 장면을 분석하는 과정에서 '날자'라는 말을 통해 이상(李箱)과 발자크를 연결한 후 "발자크뿐만 아니라 플라톤으로부터 카프카에 이르기까지 서구의 문학정신의 가장 중요한 표현을 이루어온 이러한 욕구가 상(箱)에게 있어서도 '날은다'는 말에 깃들어 있는 것일까?"라고 자문하기도 한다.[29] 이는 외국문학 전공자인 정명환과 김현이 생각했던 '현대 작가'의 '현대문학'에 걸맞은 작품이 서구 유럽의 근대문학이었음을 방증한다.[30] 임지연은 1960년대 후반 한국문학 장에서 후진/탈후진, 국문학 전공자/외국문학 전공자, 한국적 현대/세계적 현대, 한국문학/세계문학의 대립적 이항구도에서 후자가 부상하는 과정을 '세계문학론의 코드화 과정'으로 설명한 바 있는데,[31] 이상(李箱)론에 한정해서 말한다면 이러한 코드화는 이미 1960년대 초부터 이상(李箱)론의 자기준거적 틀로 작용하고 있었다고 보아야 할 것이다.

• • • •

28 김현, 앞의 글, 248쪽.

29 정명환, 앞의 글, 345쪽.

30 이러한 정명환이나 김현의 특징이 단순한 개인적 이력에 머물 수 없는 것은 전통의 문제를 둘러싸고 조연현과 정명환이 벌인 논쟁이 있기 때문이다. 김건우는 이 논쟁이 우리 비평사에 있어 비평 주체의 교체, 즉 원어(原語) 능력을 내장한 외국문학 전공자의 등장으로 인해 아카데미즘 비평의 시대가 열리고 있음을 의미한다고 지적한 바 있다. 김건우, 〈"조연현-정명환 논쟁" 재론—1960년대 한국 현대비평에서 원어(原語) 능력이 갖는 의미〉, 《대동문화연구》(성균관대학교 대동문화연구원) 83(2013).

31 임지연, 〈60년대 세계문학론의 코드화 과정〉, 《우리문학연구》(우리문학회) 49(2016), 342-347쪽 참조.

> 만일 이상(李箱)을 시어의 개혁자라고만 본다면, 그가 한국문학에서 차지할 역할은 제한될 것이다. 그는 기껏해야 현대시를 한국에 도입한 하나의 교량에 지나지 않으리라. 그러나 상(箱)은 부정과 더불어 시작된 현대문학과 현대인을 성찰함에 있어서 '동시대적' 관심의 대상이 될 수 있는 작가이다. 이것은 그의 작품이 문학사적 의의를 넘어서는 것임을 말해 준다. 환언하면 우리는 그를 통해서 1960년의 한국문학을 논할 수 있는 것이다. 허나 상(箱)이 우리에게 보여주는 것은 좌절의 궤적이었다. 부정을 창작의 기초로 삼은 이 희유의 한국작가는 현대적이면서도 서구의 제작가가 보여주는 생산적 부정과는 거리가 먼 센티멘탈리즘을 노정하고 있다. 한데 이런 사실은 우리에게 어떤 근본적인 반성을 강요한다.[32]

위에서 정명환이 언급한 '현대'와 '동시성'은 '서구적 현대성' 또는 '선진화된 서구'를 일컫는 것이며, 60년대 이상(李箱)론이 서구의 작가와 작품을 심상하게 인용하며 참조하는 것은 한국문학과 세계문학의 거리를 설정하지 않고 이 둘을 포개어 놓는 것이라 할 수 있다. 이는 이상(李箱)의 문학이 당시 한국문학 장이 욕망하던 '탈후진'과 '세계적 현대'의 한국적 전거(典據)로 활용되고 있었음을 의미한다. 뿐만 아니라 여기에는 한국문학과 세계문학 간의 "현실적 위계화를 평등한 것으로 상상함으로써 그 결핍을 보충하고자"[33] 하는 욕망이 내재되어 있음은 물론이다.

다시 말해 60년대 이상(李箱)론에서 '현대성'은 선취되어야 할, 일종의 이데올로기로 작동하고 있었다고 해도 과언이 아닐 것이다. 이는 앞서 확인한 바 있듯이 김현의 이상(李箱)론이 다소 추상적이고 모호한 논의에 그칠 수밖에 없었던 이유이기도 하다. 이러한 점은 1968-1969년에 나오는 이보영[34]

• • • •

32 정명환, 앞의 글, 365쪽. 밑줄은 인용자, 이하 동일.

33 임지연, 앞의 글, 368쪽.

34 이보영, 〈질서에의 의욕—이상 재론〉, 《창작과 비평》(일조각) 12(1968 겨울).

과 김주연[35]의 이상(李箱)론에서도 동일하게 나타난다. 이들에게 무엇보다 중요했던 것은 '현대'문학의 상징이자 증거로서의 이상(李箱)이었다. 이들이 이상(李箱) 문학의 시어와 이미지와 인물에 관한 정치한 분석을 시도하면서도 글의 후반부에 이르러 작가 의식을 해명해야 할 땐 '현대시인으로서의 이상', '현대작가로서의 이상'으로 쉽게 갈음해 버린다는 것은 눈여겨볼 필요가 있다. 정명환도 이보영도 김주연도 이상(李箱)의 〈실화(失花)〉의 한 구절인, "20세기를 생활하는 데 19세기밖에는 없는 영원한 절름발이"에서 '19세기'를 한국적인 기존 질서, 즉 가족제도로 대표되는 전근대적이며 봉건적인 제도로만 읽어 낸다.[36] 이보영과 김주연이 이상(李箱)의 문학에는 시간이 흐르지 않는다고[37] 예리하게 포착하면서도 이를 식민지 조선의 현실이나 역사성의 문제로는 연결시키지 못했던 것은 이 시기 '현대열(熱)'에 들떠 있던 대부분의 논자들이 지닌 한계, 즉 근대화의 욕망으로 사회 전체가 들썩이던 '60년대적 그늘'로 이해되어야 할 것이다.

3. 민족문학으로서의 (불)가능성 타진

1973년에 나온 김윤식과 김현의 《한국문학사》는 전통과 이식문화의 문제, 식민지 치하 문학의 가치 문제, 해방 후의 분단 문제 등을 문학적으로 이해

• • • •

35 김주연, 〈해방전 시에서 본 현대성—이상의 경우〉, 《상황과 인간》(박우사, 1969).

36 정명환, 앞의 글, 329쪽; 이보영, 앞의 글, 748쪽; 김주연, 앞의 글, 105쪽 참조.

37 이보영은 "공간질서를 중요시하는 상(箱)은 꿈같은 낭만이나 신비를 싫어하고 무엇이든지 촉지(觸知)할 수 있는 가시적인 공간에 한정시키려 한다. 그에게는 바람이 안 분다. 시간이 흐르지 않는다."(이보영, 앞의 글, 735쪽)고 지적했고, 이와 비슷한 관점에서 김주연은 "그(이상-인용자)에게 있어 시간은 이미 의미를 잃어버린 것처럼 보인다"며 이상의 시에 자주 등장하는 "아해가 내보이는 것은 우선 의식과 형성 이전의 생물적인 존재로서의 인간", 즉 "공간에 자리잡고 있는 점으로서의 인간"이라고 포착한 바 있다. 김주연, 앞의 글, 103쪽.

하는 데 집중하여 한국 근대문학의 기원을 조선 후기 문학에서부터 찾고 있다. 이들은 "참되고 아름다운 문학"이란 "작가 자신이 그와 그가 속한 사회와의 관계를 이해하려는 노력 속에서 생겨난다는 것을 밝히는 것"이 자신들의 목적임을 분명히 한다.[38] 이 책에서 이상(李箱)은 '제4장 개인과 민족의 발견' 중 '제8절 식민지시대의 재인식과 그 표현'에서 채만식, 박태원, 김유정과 함께 다뤄진다. 이 책의 〈서언〉에 따르면 이 절은 김현이 서술한 것인데, 흥미로운 점은 이 절의 내용이 1962년 발표된 김현의 이상(李箱)론을 충실하게 따라가는 듯하다가 이상(李箱)의 문학사적 위치를 서술하는 마지막 부분에 가서 갑자기 변곡점을 그린다는 것이다. 즉, 이상(李箱)의 극단적 '자기 폐쇄'는 역설적으로 한 개인을 그렇게 만들어 버린 사회의 비건강성을 두드러지게 부각시키므로, '한국문학사'에서 이상(李箱)은 "사회의 모순과 갈등을 그 자신의 그것으로 환치시켜 묘사한 최초의 작가"[39]로 자리매김한다.

이러한 김현의 평가는 1960년대 말에서 1970년대 초에 나온 백낙청과 김윤식의 이상(李箱)론에 영향을 받은 것이라 짐작할 수 있다. 이는 비록 이상(李箱)의 작품에서 식민지 상황에 대한 직접적인 비판을 찾아볼 수는 없지만, 이상(李箱)이 일그러진 개인 혹은 자아를 그려 냄으로써 식민지 상황의 문제를 전면화하는 동시에 이를 구조화하여 보여 주었다는 것으로 요약될 수 있다. 이러한 관점에 따르면, 이상(李箱)의 시나 소설에 반복적으로 나타나는 자아 분열은 서구의 근대가 절대적인 것으로 여기던 자아의 의미를 부정하는 것, 즉 가장 '근대적인 것'의 부정이라고 할 수 있다. 또한 이상의 소설 〈날개〉나 〈지주회시〉에 그려진 '나'와 아내의 관계, 돈을 둘러싼 인물들의 행위나 생각 등을 보면 이상(李箱)의 문학은 근대가 만들어 낸 자본주의적 착취구조를 자조적으로 그려 냄으로써 자유로운 개인들 간의 유대 혹은 연대의식

• • • •

38 김윤식·김현, 《한국문학사》(민음사, 1973), 2쪽.

39 위의 책, 193쪽.

의 파괴를 비판하고 있다는 것이다. 즉, 이상(李箱)의 문학이 식민지 현실에 대한 일종의 대항담론으로 읽는 독법이 새롭게 제시된 것이다.

이러한 독법의 전조가 발견되는 곳은 백낙청의 글에서다. 1960년대 발표된 백낙청의 평문 중 가장 중요한 두 편의 글에서 다른 방식과 비중으로 이상(李箱)이 호명된다. 그 첫 번째 글은 1966년《창작과 비평》의 창간호에 창간사 대신 실린 〈새로운 창작과 비평의 자세〉라는 권두 논문이다. 이 논문은 당시 담론 지형에서 제기된 여러 문제를 종합적으로 다루고 있는데, 여기서 백낙청은 "재래식 장르 개념과 수법은 물론, 창작과 비평 활동의 경계, 문학과 문학 아닌 것의 구분, 훌륭한 것과 훌륭하지 않은 것의 차이까지도 깡그리 새로 찾아내는 수밖에 없다"며 한국문학 장의 "질 높은 문학 자체를 위해서뿐 아니라 제대로 문학할 여건을 위해서 싸"워야 한다고 힘주어 말한다. 또한 이 글에서 백낙청은 1960년대에 살아 있는 한국문학의 전통이 '없음'을 역설하며, 한국사회와 한국문학의 '독자적 근대화'가 이루어지지 않았음을 비판한다. 당시 한국문학이 처한 심각한 빈곤의 상황이 이 글에서는 "문학부재"라는 말로 요약되는데, 백낙청에 따르면 "자신의 과거 문학의 후신도 아니요 현재 세계문학의 일부도 아니며 그렇다고 20세기 한국이라는 소우주가 따로 있어 그 속에서 자기나름의 완벽한 기능을 가진 것도 아닌 문학"이 바로 60년대 한국문학이다.[40] 흥미로운 것은 1960년대 한국문학이 처한 현실과 그러한 상황 속에서 문학을 한다는 것의 곤란함을 토로하는 자리에 불현듯 이상(李箱)의 '현실인식'이 인용된다는 점이다.

> 한국의 문학인에게 요구되는 실험은 문학의 가능성마저 위협하는 듯하며 여기에 정치적 제약과 생활고까지 곁들 때 한국에서 글 쓴다는 일이 정녕 문학의 언저리를—그나마 사회의 이방인 노릇을 겸하며—얼쩡거리다 마는

40 백낙청, 〈새로운 창작과 비평의 자세〉, 《창작과 비평》(문우출판사) 1(1966 겨울), 14-22쪽.

느낌이 들 것이다.

"그러나 이 향토(鄕土)는 이 향토이기 때문인 이유만으로해서 초근목피(草根木皮)로 목숨을 잇는 너무도 끔직끔직한 이 많은 성가신 식구를 가졌다. 또 그 응접실에 걸어놓고 싶은 한장 그림을 사되 한꿩 맛있는 꼴뚝이를 흠뻑 외누리 끝에야 사듯이 그렇게 점잖을 수 있는 몇 되지도 않는 일가(一家)도 가졌다. 이어 중간에서 그중에도 제일 허름한 공첨(空籤)을 하나 뽑아 들고 어름어름하는 축이 이 향토에 태어난 작가다."

과연 이상(李箱)의 말대로 한국서 문학한다는 인간은 애초부터 잘못 태어난 사람들인가?[41]

"한국의 문학인은 무엇을 할까?"라는 제목의 이 절에서 인용된 이상(李箱)의 글은 당시로서는 이상(李箱)의 유일한 평론으로 알려진, 〈社會여 文壇에도 一顧를 보내라—우리에겐生活이업다!—作家들은드듸어 前朝鮮에 呼訴함〉(1936)이라는 긴 제목의 연재 글이다. 백낙청은 초근목피로 목숨을 이어야 하는 이 향토에서 제일 허름한 공첨을 뽑아 든 것이 한국의 작가일지라도 그들에게는 "자기가 써야 하는 글, 자기만이 쓸 수 있는 글"이 있음을 강조하며, 단테와 셰익스피어, 스탕달과 헨리 제임스로 구성된 '문화공화국'만을 동경하는 것은 어리석은 일이라 피력한다. 즉, 백낙청의 질문은 후진국에서 문학을 한다는 것은 어떠한 자세를 필요로 하는 것인지에 초점이 맞춰져 있고, 이에 대해 선진국의 역사에서 따온 통념을 따라가는 것만으로는 새로운 창조적 과제를 수행할 수 없으리란 의견이 제시된 것이다. 이는 60년대 이상(李箱)론이 몰두하고 있던 현대성과 보편주의에 의문을 제기하는 것이기도 하다.

••••

41 위의 글, 24쪽.

이상(李箱) 문학에 대한 백낙청의 본격적인 평가는 1960년대 가장 중요한 평문 중 하나인 〈시민문학론〉(1969)에서 이루어진다. 〈시민문학론〉은 1970년대 《창작과 비평》이 전개한 민족문학론과 민중문학론을 예비하는 글인 동시에 4·19세대 문학의 분화를 가져온 시민-소시민 논쟁을 야기한 글이기도 하다. 이 글에서 백낙청은 이상(李箱)을 한용운과 김수영을 잇는 계보 속에 위치시키면서 고평한다. "3·1운동과 4·19, 한용운과 김수영을 교직하는 독해"[42]에 왜 이상(李箱)이 들어간 것일까.

> 《삼대》는 분명히 3.1운동의 문화적 성과의 하나이면서 3.1운동 실패 후 한국지식층의 소시민화 과정—'님의 침묵'을 '님의 침묵'으로 겪는 것이 아니라 '님'을 망각해가는 과정—을 반영하기도 하는 것이다. 《삼대》 이후의 염상섭 자신의 작품이 이 과정의 진전을 보여주거니와 염상섭 다음 세대의 문인들에게서 그것은 더욱 뚜렷한 것이다. 카프의 흥분이나 친일문인들의 비행은 물론, 이태준 정지용 같은 재능있고 사려있는 문인들도 시대의 가장 중대한 사실인 '님의 침묵'을 정말 마음에 두고 있었다고 하겠는가? 오히려 '쓸데없는 눈물'을 너무 많이 흘렸고 '기다림'의 의무를 태만히 한 것은 아닌가? 오직 이상(李箱, 1910~1937)만이 '님'이 완전히 가버리고 가버렸다는 것조차 잊어버리도록 멀어진 황량한 시대를 정녕 참을 수 없는 시대로, 그런데도 가위에 눌린 것처럼 깨어나려고 해도 깨어날 수 없이 엄연히 우리가 살아야 하는 시대로 파악했다. 〈오감도(烏瞰圖)〉를 비롯한 그의 시에는 제 곡조를 못 이기는 '사랑의 노래'도 없지만 쓸데없는 눈물도 없다. 찬란한 기억이 없듯이 헛된 믿음도 없다. 그 대신 '님'이 침묵하고 잊혀졌는데도 현실로서 있고 또 있을 수밖에 없는 사건과 사물들이 그려져 있다. (…) 여기서 우리는 만해

42 이혜령, 〈소시민의식을 비판하며 민족문학론을 준비하다〉, 창비 50년사 편안위원회 엮음, 《한결같되 날로 새롭게—창비 50년사》(창비, 2016), 493쪽.

의 노래처럼 풍요하고 유려하지는 못하나 만해의 시대와는 또 다른 시대를 알 데까지 다 알고난 뒤의 시심(詩心)이, 그나름으로 한껏 성실한 사랑과 기다림이 옴트고 있음을 발견한다. 이상이 더 오래 살았더라면 그는 좀 더 튼튼하고 좀 더 시민의식다운 사랑에 이르렀을지도 모른다. 특히 그의 수필 등에 엿보이는 건전한 양식인(良識人)으로서의 면모가 그러한 아쉬움을 더해 준다. 어떻든 그는 3.1운동조차 과거지사가 된 시대에 시민의식이 성립하기 위해 지녀야 할 최소한의 양심과 현실감각을 보여 주었다. 그리하여 그를 읽은 독자는 그 최소한의 조건을 갖추지 않은 작가의 가치를 의심해볼 수 있는 권리와 의무를 부여 받는다."[43]

여기서 백낙청은 '님이 침묵한 시대'에 관한 철저한 시대의식을 보여 주는 작가의 계보로 '한용운-이상-김수영'을 들고 있다. 〈시민문학론〉이 최인훈 김승옥으로 대표되는 '60년대 문학의 성취'를 전면적으로 부정하지 않으면서도 이들에 대해 우려했던 것은 4·19세대의 작품에 나타나기 시작한 '환멸'이었다. 아무리 부정적 현실을 정직하게 그려 낸다고 해도 그것이 냉소나 환멸로 귀착될 경우 이는 부정적 현실의 수락이나 허무주의의 설파로 이어질 수 있기 때문이다. 이 시기 백낙청에게 중요했던 것은 현실을 바꾸려는 의지였고, 그러한 변혁을 위해서는 사랑과 기다림이 필요한데 이것이 바로 한용운과 김수영의 교집합에 들어가는 요소였다. 그렇다면 이상(李箱)의 문학에는 그러한 사랑과 기다림이 존재하는가. 이상(李箱)의 수필에서 엿볼 수 있다는 '건전한 양식인으로서의 면모'나 '시민의식이 성립하기 위해 지녀야 할 최소한의 양심과 현실감각'은 이상(李箱)의 문학 어디에서 찾을 수 있는 것일까.

이에 대한 답변을 시도한 사람은 김윤식이었다. 김윤식은 1962년 《현대

43 백낙청, 〈시민문학론〉, 《창작과 비평》(일조각) 14(1969 여름), 493-494쪽.

문학》으로 등단한 이후 1975년까지 세 번에 걸쳐 이상(李箱)에 관한 글을 발표한다. 각각 1971년, 1974년, 1975년에 발표된 김윤식의 이상(李箱)론은 특유의 '겹쳐 쓰기' 방식에 따라 하나의 문제의식이 마치 덧대어 이어지듯 심화시키는 방식으로 전개된다. 여기서 김윤식의 문제의식이란 백낙청에게서 촉발되어 실증적 자료를 통해 탐구되는 '식민지 조선의 지식인-작가'로서 이상(李箱)이 지니고 있었던 현실인식 혹은 역사의식이다.

첫 번째 발표된 김윤식의 이상(李箱)론은 〈문학과 정치〉라는 이상(李箱)의 평론을 발굴·소개하는 글이다.[44] 전체 다섯 절로 이루어진 이 글은 "이상 자신의 문학과 현실에 대한 문단적 발언은 그가 쓴 두 개의 평론에서 찾을 수 있다"는 문장으로 시작한다. 여기서 김윤식이 말하는 '현실'이란 정치나 역사보다는 '생활'에 가까운 것인데, 그럼에도 불구하고 김윤식은 이러한 이상(李箱)의 발언에서 "불행했던 식민지 작가였던 한 선배 이상(李箱)"이 "'초근목피를 먹는 향토'를 의식하고 그 아픔으로 조롱함으로써, 그것을 무화시키려 했"다고 평가하며, 이제까지 발표된 허다한 이상(李箱)론이 당시의 문단적 상황과 풍토를 비롯한 시대적 상황을 거의 외면하고 있음을 비판한다.[45]

이러한 김윤식의 문제의식이 좀 더 노골화되는 것은 두 번째로 발표된 김윤식의 이상(李箱)론이다.[46] 이 글은 서두에서부터 "한국문학사 속에 [이상을—인용자] 끌어넣어 자리매김을 해두기" 위한 목적을 가지고 있음을 밝힌다. '어둠에의 인식'이라는 표제에서 알 수 있듯이 이상(李箱)을 문학사적 좌표에 위치시키기 위해서는 '식민지 지식인-작가로서의 이상(李箱)'을 문제 삼지 않을 수 없다. 이는 사실상 백낙청이 〈시민문학론〉에서 시도했던 '한용

• • • •

44 김윤식, 〈이상의 현실에 대한 태도〉, 《현대문학》(현대문학사) 194(1971.2).

45 위의 글, 367쪽. 그러나 1990년대에 이르러 김윤식은 이상(李箱)의 이 글을 두고 "이상다운 면모가 드러난 것이라 하기 어려운 상식성의 노출"이라 혹평한다. 김윤식 편, 《이상(李箱) 문학전집 3》(문학사상사, 1993), 260쪽.

46 김윤식, 〈어둠에의 인식—이상의 문학사적 위치〉, 《문학사상》(문학사상사) 19(1974.4).

운-이상-김수영'으로 이어지는 문학사적 계보를 만드는 방식과 동일한 것이라 할 수 있다. 따라서 김윤식은 세 편의 글에서 거듭 이상(李箱)의 문학이 '시→소설→수필'로 진화해 왔음을 입증하고자 노력한다. 특히 김윤식은 두 번째 이상(李箱)론에서 이상(李箱)의 수필 〈권태〉를 공들여 분석한다. 김윤식에 따르면 이상(李箱)의 '권태'는 "식민지 한 지식인"이 "추상의 20세기에 봉착한 절망, 그것을 19세기식으로 가장한" 것이기에 이를 비판하는 것은 "식민지 지식인의 선택 가능성의 한계에 대한 우리의 애정"이기도 하다는 것이다.[47] 그리고 이 글에서 윤동주가 호명된다. 〈권태〉의 마지막 부분에 나타나는 '어둠'은 윤동주의 의식을 앗아 간 바로 그 '어둠'과 동일한 것이기에 비로소 이상은 한국문학사의 의미망 속에 포착될 수 있다는 것이다. 이는 '현대'와 '보편'을 열망했던 이전의 이상(李箱)론은 감지하지 못했던, 이상(李箱)을 '민족문학'으로서 한국문학사에 기입하기 위한 욕망에서 비롯된 해석이라 할 수 있다.[48]

그러나 11개월 뒤 발표되는 세 번째 이상(李箱)론[49]에서 김윤식은 돌연 이상(李箱)의 자의식을 문제 삼는다. 전체 5절로 이루어진 이 글에서 김윤식은 1-3절에 걸쳐 이제까지 발표된 이상(李箱)론들을 상세히 검토한다. 1930년대 발표된 김기림과 최재서의 이상(李箱)론은 물론이고 해방기에 발표된 조연현과 김춘수의 이상(李箱)론을 거쳐 전후세대의 이상(李箱)론 또한 전후세대의 아비투스와 함께 상세히 살펴본다. 3절의 마지막은 정명환의 이상(李箱)론을 바탕으로 "서구 지성이 제국주의의 수탈 위에서 이룩되었다면 그 모더니티가 건전할 수 있을까"라는 질문과 함께 마무리된다. 그런데 이 글의 4-5절은

• • • •

47 위의 글, 322-323쪽.

48 위의 글, 324쪽: "그 누가 천하없는 서구의 모든 합리적 분석도구로 이상을 깡그리 논리화한다 해도 이 잉여부분이 남을 것이고, 그것만이 한국문학과의 관련부분 중의 핵심일 것이다."

49 김윤식, 〈이상론의 행방〉, 《심상》(심상사) 18(1975.3).

갑자기 결을 달리한다. 4절에서 김윤식은 불현듯 이상(李箱)의 〈거울〉에 대한 직접적 분석을 시도하기 때문이다. 이는 글 전체의 주제나 흐름과도 맞지 않는 것인데, 김윤식은 여기에 릴케와 말라르메까지 동원한다. 결국 이 글이 도착한 지점에는 윤동주의 '청동거울'이 있다. 이상(李箱)의 '거울'이 자의식의 거울이라면 윤동주의 '거울'은 "수은칠하지 않은" "역사의식의 거울"[50]인 것이다. 즉, 세 번에 걸쳐 식민지 지식인-작가로서 이상(李箱)이 지녔던 역사의식을 '발견'하고자 했던 김윤식의 시도는 결국 '발견할 수 없음'으로 귀결되고 만 것이다. 이는 백낙청이 〈시민문학론〉 이후 더 이상 이상(李箱)을 거론하지 않았던 것과 동일한 결론에 이른 것이라 할 수 있다.

4. 결론을 대신하여

1960년대 말에서 1970년대 중반까지 백낙청과 김윤식의 논의로 대표되는 이 시기 이상(李箱)론은 추상적인 현대성의 추구에서 벗어나 이상(李箱)을 1930년대 상황 속에 위치시키고 '식민지 지식인-작가'로서의 이상(李箱)이 지니고 있던 현실인식 내지는 역사의식을 심문하기 시작했다. 이는 1960년대 후반 식민지 시기의 작가와 작품에 대한 평가가 본격적으로 시작됨과 동시에 1970년대 초 김현과 김윤식의 《한국문학사》나 김병익의 《한국 문단사》의 출간과 같이 새로운 문학세대의 문학사 서술 작업이 본격화되는 것과 궤를 같이 한다. 또한 이는 1970년대 민족문학론과 민중문학론이 지배 담론으로 자리하는 가운데 이상(李箱)을 한국사의 특수한 역사성의 자장 안에서 이해하고 해석하며 이를 토대로 민족문학으로서의 이상(李箱)을 한국문학사 속에 기입하고자 하는 고투이기도 했다.

••••

50 위의 글, 67쪽.

이러한 가운데 1970년대 후반에 나온 이상(李箱)론 중 특기할 만한 것은 김우창의 논의이다. 김우창은 이상(李箱)과 그의 문학을 '식민지 사회의 삶'이라는 의미망 안에서 보다 적극적인 해석을 시도한다.[51] 김우창 특유의 문학관인 '구체적 보편성'의 단초를 엿볼 수 있는 〈일제하의 작가의 상황〉은 "현대 한국문학의 발생과 전개를 이야기할 때, 삶의 가장 큰 테두리가 되는 것은 식민지라는 상황"이라며 "우리는 이 테두리를, 일제하에 쓰인 문학을 평가하는 데 있어서 늘 기억해야 한다"고 강조한다. 이 글에서 김우창은 이광수-염상섭-이상-윤동주-이기영-한용운을 다루는데, 염상섭과 윤동주 사이, 혹은 염상섭과 한용운 사이에 이상(李箱)이 놓이는 방식은 그다지 낯설지 않다.

그러나 김우창은 이상(李箱)의 자의식과 현실인식, 이상(李箱) 문학의 예술성과 시대인식을 이분법적으로 분리하지 않는다. 김우창에 따르면, 식민지의 상황처럼 사회와 정치에 단절이 일어나는 때에는 개인의식이 고조되게 마련이며, 이러한 개인의식은 구질서로부터의 개인의 해방이라는 형태를 취하지만 이 또한 식민 지배라는 전체 상황의 테두리 발생하는 것으로 보아야 한다.[52] 따라서 이상(李箱) 문학의 자의식과 소외 문제는 식민주의가 개인을 그가 속한 공동체로부터 떼어 내는 과정에서 발생하는 생존 형태로 볼 수 있으며, 얼핏 보기에 퇴폐와 절망만을 이야기하는 것 같은 이상(李箱)의 문학이 실은 돈과 쾌락의 올가미 속에 죄어져 있던 식민지인의 삶에서 절실하게 요청되었던 인간관계의 기초로서의 사랑과 자유를 그리고 있다는 것이다.[53] 이러한 김우창의 이상(李箱)론은 민족문학론의 토대 중 하나인 내재적 발전론과 일정한 거리를 두면서 '리얼리즘 대 모더니즘'이라는 문학사적 구도에도 갇히지 않은 채 '식민지인의 삶'을 살았던 이상(李箱)의 시대인식을 구명

• • • •

51 김우창, 〈일제하의 작가 상황〉, 《궁핍한 시대의 시인》(민음사, 1977).

52 위의 책, 15쪽.

53 위의 책, 23-24쪽.

하려 한다.[54]

그러나 이상(李箱)의 자의식과 현실인식을 이분법적으로 나누어 평가하는 경향은 1970년대 말 김윤식에 의해 '모더니즘 대 리얼리즘'의 구도가 확고해지면서 좀 더 경화된다. 동경행을 통해 이상(李箱)의 현실인식 변화를 해명하고자 했던 김윤식의 작업은 결국 이상(李箱)을 모더니즘 안에 안착시키는 결과를 가져온다. 이를 단적으로 보여 주는 것이 김윤식의 네 번째 이상(李箱)론인 〈근대와 반근대〉이다. 이 글은 1978년에 출간된 《한국근대문학사상비판》에 실려 있는 것으로, 이 책에서 김윤식은 이상(李箱)을 "모더니즘의 정신사적 기반"의 첫 번째 절로 다룬다.[55]

> 그가 쓴 〈선에 관한 각서〉, 〈이상한 가역반응〉, 〈오감도〉 따위는 물론 그의 난해한 창작들은 실상 따지고 보면 권태에서 벗어나려는 행위의 일종인 점에서 성천(成川) 시골의 어린이의 똥누기놀이와 본질적 차이가 없다. 완구 없는 어린이, 이는 30년대 식민지 지식인의 모습 그대로이다. 19세기식에서 발목이 매여 있으면서도 머리로만 20세기를 약간 알아버린 문제적 개인은 스스로 얼마든지 변명할 여지가 있으리라. 인간은 무슨 짓이나 해야 한다는 명제가 그것이다. 성천(成川) 어린이가 완구가 없으면 없는 대로 저마다의 창작 유희를 연출해야 하듯 식민지 지식인 역시 그 나름대로의 놀이를 하지 않으면 안 된다. 물론 일이 아니고 순수놀이의 측면을 여기서는 문제삼는다. 호모 루덴스의 측면이, 순수놀이가 예(藝)의 첫단계이기 때문이다. 아무것도

••••

54 박연희는 식민지기 한국문학을 바라보는 이러한 김우창의 이례적 관점이 당대에 널리 유행한 '제3세계 담론'을 독자적으로 수용하고 인식한 결과로 보고 있다. 내재적 발전론에 대한 김우창의 비판적 입장에 관해서는 박연희, 〈1970년대 제3세계적 시각과 세계문학론〉, 《동악어문학》(동악어문학회) 65(2015), 292-299쪽 참조.

55 김윤식은, 이 책의 표제에서 말하는 "문학사상"이란 "'문학에 나타난 사상'의 뜻도 아니며 또한 '문학에 관한 사상'의 뜻도 아니고, '작가의 정신구조로서의 발상법'을 지칭한다"고 서문에서 밝히고 있다. 김윤식, 《한국근대문학사상비판》(일지사, 1978), 3쪽.

하지 않는 상태란 있을 수 없다. 죽음이기 때문이다. 이 죽음의 상태 직전에 권태가 놓여 있다.[56]

여기서 김윤식은 식민지 조선을 성천 시골에, 근대를 완구에, 식민지 문학을 똥누기 놀이에 비유하고 있다. 즉 성천 시골의 어린이가 벌이는 똥누기 놀이는 근대가 없는 식민지 조선의 작가 이상(李箱)이 했던 문학 활동을 의미한다. 비유의 적확성 여부를 떠나 이러한 비유는 그 자체로 김윤식의 앞선 이상(李箱)론과는 다른 지점에 놓인다. 이는 대상이나 세계에 대한 주체의 '관(觀)'도 부재하며, 문학적 장르에 대한 의식도 결여된 이상(李箱) 문학의 본질이 오로지 "언어만으로 자기를 드러내는 행위에 있음"을 인정하는 것이다.[57] 문화나 철학의 힘이 부재하는 "진공 속에서 근대에 도전할 때, 유일한 방식은 자신을 소재로써 불태워 보이는 것"[58]이기에 이상(李箱) 문학의 본질은 '언어=놀이=창조'에 있다. 따라서 이제 김윤식은 식민지 지식인-작가로서 이상(李箱)의 현실인식이나 역사의식을 더 이상 문제 삼을 필요가 없게 된다. 결국 1970년대 말 이상(李箱)의 문학은 '모더니즘' 안에서 박제되고 1977년 이상문학상이 제정되었음에도 불구하고 1980년대에 이상(李箱)론은 급감한다.[59] 이는 이상(李箱)의 문학이 70-80년대적 주체인 '민중' 혹은 당시 지배담론인 민중문학론과는 태생적으로 불화할 수밖에 없음에 기인한 것이다.

그럼에도 불구하고 이상(李箱)의 '식민지 지식인-작가'됨의 문제는 오래도록 김윤식을 붙잡고 흔들었다. '리얼리즘과 모더니즘'의 구도를 구축하

••••

56 위의 책, 82쪽.

57 위의 책, 73-74쪽.

58 위의 책, 86-87쪽.

59 1980년대에는 상대적으로 김수영과 정지용에 관한 작가론이 증가하는 경향을 보이는데, 이선영은 이에 대해 80년대 당시의 정치적 탄압과 사회적 격변으로 인해 촉발된 문학 연구자들의 사회의식과 상관관계가 깊다고 본다. 이는 이상(李箱)론의 급감에도 적용할 수 있는 설명일 것이다. 이선영, 앞의 책, 31-32쪽.

고 스스로 이상(李箱)을 모더니즘 안에 기거하게 했음에도 불구하고 마지막까지 김윤식을 잡아챈 것은 이상의 도일(渡日), 즉 동경에서의 죽음이었다. 이는 근대성과 관련된 것으로 김윤식에게도 시간이 필요한 문제였다. 김윤식은 2차 도일(渡日) 후《이광수와 그의 시대》를 완성했고, 1980년대 후반에는 '이광수들'에 대한 본격적인 작가론 작업에 몰두한다. 이광수-염상섭-김동인-안수길 등을 거쳐 다시 한번 이상(李箱)에 이른 김윤식은 1987년《이상 연구》를 필두로 1997년《이상문학전집》 작업을 거쳐 1998년《이상문학 텍스트연구》에 이른다. 이상 탄생 100주년인 2010년 김윤식이 고백했던 것처럼, 김윤식으로 하여금 마지막까지 이상을 놓지 못하게 했던 것은 "식민지 경성 하층민 출신의 천재"가 처음부터 맞서서 탐구하고자 했던 것이 "근대라는 괴물, 이른바 자본주의라는 그 무한대의 괴물"이라고 파악했기 때문이다.[60] 그러나 1980년 광주와 지속되는 군부독재의 폭압적인 상황 앞에서 이상(李箱) 문학은, 1990년대 이후 근대성 담론과 함께 학술 장에서 다시 부활할 때까지 잠시 물러나 때를 기다려야 했다.

참고 문헌

고대문학회 편.《이상 전집》. 태성사, 1956.

고석규.〈시인의 역설—반어에 대하여〉.《문학예술》(문학예술사) 4(1)-4(7)(1957.2-8).

김상태.〈부정의 미학—이상의 문체론〉.《문학사상》(문학사상사) 19(1974.4).

김용직 편.《이상》. 문학과지성사, 1977.

김우창.〈일제하 작가의 상황〉.《궁핍한 시대의 시인》. 민음사, 1977.

김윤식.〈이상의 현실에 대한 태도〉.《현대문학》(현대문학사) 194(1971.2).

______.〈어둠에의 인식—이상의 문학사적 위치〉.《문학사상》(문학사상사) 19(1974.4).

______.〈이상론의 행방〉.《심상》(심상사) 18(1975.3).

• • • •

60 김윤식,〈내가 살아온 이상 문학—《이상 연구》에서《이상 문학 텍스트 연구》까지〉,《한국현대문학회 학술발표회자료집》(한국현대문학회, 2010.10), 27쪽.

김윤식. 〈근대와 반근대〉,《한국근대문학사상비판》. 일지사, 1978.
______. 〈내가 살아온 이상 문학—《이상 연구》에서 《이상 문학 텍스트 연구》까지〉. 《한국현대문학회 학술발표회자료집》. 한국현대문학회, 2010.10.
김윤식 편저. 《이상문학전집 4》. 문학사상사, 1995.
김윤식·김현. 《한국문학사》. 민음사, 1973.
김종길. 〈무의미의 의미—이상 시의 특질〉. 《문학사상》(문학사상사) 19(1974.4).
김주연. 〈해방전 시에서 본 현대성—이상의 경우〉. 《상황과 인간》. 박우사, 1969.
김준오. 〈자아와 시간의식에 관한 시고—김소월과 이상의 대비〉. 《어문학》(한국어문학회) 33(1975.10).
김현. 〈이상에 나타난 만남의 문제—소설을 주로 하여〉. 《자유문학》(자유문학사) 63(1962.10).
______. 《존재와 언어》. 가림출판사, 1964.
백낙청. 〈새로운 창작과 비평의 자세〉. 《창작과 비평》(문우출판사) 1(1966 겨울).
______. 〈시민문학론〉, 《창작과 비평》(일조각) 14(1969 여름).
송욱. 《문학평전》. 일조각, 1969.
오생근. 〈자아의 진실과 허위—이상의 소설을 중심으로〉. 《문학사상》(문학사상사) 19(1974.4).
유종호. 〈모더니즘의 공과〉. 《20세기 강좌 3》. 박우사, 1966.
윤재근. 〈이상의 시사적 위치〉, 《심상》(심상사) 18(1975.3).
윤태영·송민호. 《절망은 기교를 낳고》. 교학사, 1968.
이보영. 〈질서에의 의욕—이상 재론〉. 《창작과 비평》(일조각) 12(1968 겨울).
이어령. 〈이상론—'순수의식'의 뇌성과 그 파벽〉. 《문리대학보》(서울대학교 문리과대학 학예부) 6(1955.9).
임종국. 〈이상론—근대적 자아의 절망과 항거〉. 《고대문화》(고려대학교 고대문학회) 1(1955.12).
임종국 편. 《이상 전집》. 문성사, 1966.
정명환. 〈부정과 생성〉. 《한국인과 문학사상》. 일조각, 1964.

권영민 편저. 《이상 문학 연구 60년》. 문학사상사, 1998.
권영민. 《이상 문학의 비밀 13》. 민음사, 2012.
김병익. 《한국 문단사》. 일지사, 1973.
김건우. 〈"조연현-정명환 논쟁" 재론—1960년대 한국 현대비평에서 원어(原語) 능력이 갖는 의미〉. 《대동문화연구》(성균관대학교 대동문화연구원) 83(2013).
김승옥. 《뜬 세상에 살기에》. 지식산업사, 1977.
김자은. 〈1950년대 이상 문학의 수용과 정전화 연구〉. 석사학위논문, 연세대학교, 2011.
김주현. 〈세대론적 감각과 이상 문학 연구〉. 《이상 리뷰》(이상문학회) 2(2003).
박연희. 〈1970년대 제3세계적 시각과 세계문학론〉. 《동악어문학》(동악어문학회) 65(2015).
박헌호. 《식민지 근대성과 소설의 양식》. 소명출판, 2004.
방민호. 《이상 문학의 방법론적 독해》. 예옥, 2015.

백철.《백철문학전집 2》. 신구문화사, 1968.
서영채.〈민족, 주체, 전통—1950~60년대 전통논의의 의미〉.《민족문학사연구》(민족문학사학회) 34(2007).
이봉범.〈1950년대 문화 재편과 검열〉.《한국문학연구》(동국대학교 한국문학연구소) 34(2008).
______.〈1950년대 번역 장의 형성과 문학 번역—국가권력, 자본, 문학의 구조적 상관성을 중심으로〉.《대동문화연구》(성균관대학교 대동문화연구원) 79(2012).
이선영.《한국문학의 사회학》. 태학사, 1993.
이종호.〈죽은 자를 기억하기—이상(李箱) 회고담에 나타난 재현 방식을 중심으로〉.《한국문학연구》(동국대학교 한국문학연구소) 38(2010).
이진영.〈전후 모더니즘 문학론에서 서구사조의 수용〉.《한국문학이론과 비평》(한국문학이론과비평학회) 13(2001).
이혜령.〈소시민, 레드콤플렉스의 양각—1960~70년대 염상섭과 한국 리얼리즘론의 사정〉.《대동문화연구》(성균관대학교 대동문화연구원) 82(2013).
______.〈소시민의식을 비판하며 민족문학론을 준비하다〉. 창비 50년사 편안위원회 엮음.《한결같되 날로 새롭게—창비 50년사》. 창비, 2016.
이혜원.〈한국 모더니즘 시의 전통 인식 양상—이상과 김수영의 시를 중심으로〉.《한국학연구》(고려대학교세종캠퍼스 한국학연구소) 50(2014).
임명섭.〈모더니즘의 실천과 실패—고석규의 이상론〉.《이상리뷰》(이상문학회) 2(2003).
임지연.〈60년대 세계문학론의 코드화 과정〉.《우리문학연구》(우리문학회) 49(2016).
정영진.〈1950년대 시의 '지성'의 기원〉.《겨레어문학》(겨레어문학회) 46(2011).
조영복.〈이어령의 이상 읽기—세대론적 감각과 서구본질주의〉.《이상리뷰》(이상문학회) 2(2003).
조해옥.〈임종국의《이상전집》과《이상 연구》에 대한 비판적 고찰〉.《이상리뷰》(이상문학회) 2(2003).
______.〈전후 세대 이상론 고찰〉.《비평문학》(한국비평문학회) 40(2011).
최호빈.〈해방 후 한국 현대시론의 형성 과정 연구〉. 박사학위논문, 고려대학교, 2017.

한국 근대와 학력주의

정병욱

1. 정체성의 조건

본 공동연구 '한국 문화의 정체성 연구'는 '미래사회를 위한 한국의 정체성 모색'이라는 부제나 연구진에서 알 수 있듯이 전통시대부터 오늘날에 이르는 한국 문화의 다양한 특성을 연구하고 이를 통해 미래사회에 기여할 수 있는 정체성을 모색해 보려는 시도이다. 공동연구의 '문화'나 '정체성'에 대한 시각은 '가변성'으로 요약할 수 있다. 문화나 정체성은 본질적인, 불변의 어떤 것이 아니라 역사적으로 형성되고 변화되며 미래에도 그럴 것이라는 생각이다. 그런데 정체성이 스스로 변하는 것은 아니다. 형성되고 변화되기 위해서는 일정한 조건이 마련되어야 한다. 이러한 가변의 조건에 유의하며

'정체성' 논의를 시작해 보자.

필자가 전공하는 '일제강점기', 좀 더 길고 포괄적인 의미에서 '근대' 시기 한국(인)의 문화에 나타난 것 중 '정체성'이라 할 수 있는 것으로 무엇이 있을까? 보통 국내외에서 근대 한국(인) 문화의 정체성 또는 그와 관련된 것으로 가족주의, 국가주의, 민족주의, 통칭하여 집단주의를 지적하는 경우가 적지 않다. 바꿔 말하면 개인주의가 없거나 부족하다는 소리다. 이는 보통 개인주의가 강하거나 돋보이는 서구의 나라와 비교를 통해서 설명되고, 이때 개인주의는 추구해야 될 선진 문화, 가치나 양식으로 전제된다. 그런데 우선 '개인주의'가 역사적 산물이며 근대에 들어서야 대중 차원에서도 가능한 삶의 양식이 되었다는 점에 유의하자. 찰스 테일러는 주로 서구의 근대를 논하면서 "가난, 불안정, 그리고 사람들을 위협했던 기근이 끊임없이 판치던 세상에서, 가족과 공동체의 규칙들은 생존을 위한 유일한 보장책으로 간주되었다. 근대의 개인주의적 양식들은 사치이자 위험한 방종으로 보였던 것"이라 했다.[1] 또 미국적 정체성을 상징하는 개인주의와 자유가 그렇지 못한 집단을 만들어 냄으로써 가능했다는 토니 모리슨의 지적도 곱씹어 보자. 그가 보기에 미국 백인의 "개인주의와 자유에 대한 달콤한 추억이라는 열매가 열리는 나무"는 "자유의 정반대 역할을 하도록 강요된 흑인 집단"이었다.[2] 이러한 개인주의의 역사성과 기생성에 유념한다면, 같은 유럽에서 스페인이나 이탈리아보다 근대 제국주의, 식민지 지배의 경험이 있는 영국, 프랑스, 독일 등에서 개인주의가 강한 이유가 쉽게 이해될 수 있을 것이다. 거꾸로 이탈리아, 특히 남부 지역에 가족주의가 강한 이유도 비슷하다. 한마디로 서구 몇몇 나라가 자랑하는 개인주의는 강한 근대국가가 뒷받침했기에 가능했던 것이다. 거꾸로 개인주의가 발전하지 못하고 다른 삶의 단위

••••

1 찰스 테일러, 《근대의 사회적 상상—경제·공론장·인민 주권》, 이상길 옮김(이음, 2010), 33쪽.

2 토니 모리슨, 《보이지 않는 잉크》, 이다희 옮김(바다출판사, 2021), 171-172, 181-182쪽.

가 부각되었다면 그 나름의 이유가 있는 것이다.[3] 그러면 한국인에게 집단주의가 강하게 나타나는 이유는 무엇일까?

또 한국인의 특성이나 문화 정체성과 관련해서 국내외에서 많이 언급되는 것이 '교육열'이다. 한국의 경제성장 요인을 꼽을 때 항상 '풍부한 양질의 노동력'이 언급되며, 높은 '교육열'은 그에 대한 설명으로 항상 따라다닌다. 이미 1978년 미국 하원이 작성한 '프레이저 보고서'에 경제성장의 주요한 요인으로 "교육받은 근면하고 훈련된 한국 사람들 자신"을 꼽았다. 한국 사람들이 "한국의 가장 중요한 천연자원"이었다.[4] 이런 말에서 먼저 유념할 것은 '풍부'나 '양질'이란 미사여구 뒤에는 또 하나의 수식어 '값싼'이 숨어 있다는 점이다. 한국인은 시쳇말로 '가성비'가 높은 노동력이었다. 더구나 '교육'비 대부분이 국가나 기업가 부담하는 것이 아니라 '수익자'라는 명분으로 학생과 그 가족에 전가되었다는 점도 감안해야 한다. 또 '교육'이나 '근면', '양질의 노동력'도 역사적으로 형성된 것임에 주의해야 한다. 이사벨라 버드 비숍은 1898년 출판한《조선과 그 이웃 나라들》에서 한국인을 세계에서 제일 열등한 민족으로 의심했다. 농부 등 민중에게서 풀 죽은 모습, 노예근성, 낙담한 빈둥거림 등을 보았다. 그러나 러시아로 이주한 한국인에서 '근면, 훌륭한 행실, 우수한 성품'을 발견하고 판단을 바꾸었다. 그는 "조선에 남아 있는 민중이 정직한 정부 밑에서 그들의 생계를 보호받을 수만 있다면 천천히 진정한 의미의 '시민'으로 발전할 수 있을 것이라는 믿음"을 가졌다.[5] 그러나 아시다시피 이후 민중은 '정직한 정부'가 아니라 '일본

• • • •

3 인간을 둘러싼 삶의 단위는 서양이나 동양이나 어디나 비슷하다. 개인, 가정, 지역공동체, 국가, 세계/지구 등등. 특정 시기 어떤 지역에 어떤 단위가 두드러져 보인다면 그 조건에 대해 탐구해야지 '○○주의'를 붙여 사람 잡을 필요는 없다. 오히려 단위 자체보다는 단위 간 관계나 단위 안 구성원리의 변화에 더 주목할 필요가 있다. 정병욱, 〈식민지 경험의 재구성과 삶의 단위〉,《역사비평》80(2007.8), 445-447쪽.

4 미하원국제관계위원회 국제기구소위원회 편,《프레이저 보고서—유신정권과 미국의 역할》, 서울대학교 한-미관계연구회 번역(실천문학사, 1986).

의 식민지배'를 맞이해야 했으며 시민이 아니라 이등 신민(臣民)이 되어야 했다. 식민지배가 기회였던 사람도 있었지만, 전체적으로 볼 때 식민지배하에서는 엘리트도 빈둥거릴 수밖에 없었다. 뒤에서 살펴볼 조선식산은행원의 경우 최고로 올라갈 수 있는 자리는 지방 지점장이었다. 빈둥거리며 술독에 빠진 선배를 송인상은 한심하게 바라봤지만, 그 모습은 조만간 그에게도 다가올 미래였다. 그가 이후 승승장구하며 은행 중역, 장관까지 오를 수 있었던 것은 '해방'으로 일본인이 물러갔기 때문이다.[6] 교육을 중시하는 유교 문화의 전통이 있었지만, 근대에 한국인이 교육에 열심이었던 것을 어떻게 해석해야 할까.

필자의 가설은 이렇다. 개항 이후 한국인은 위든 아래든 주체적으로 집단적 대안을 만드는 데 실패했다. 이후 역사에서 알 수 있듯이 한국인으로서 근대를 산다는 것은 '식민지'와 '분단'을 살아내는 것이고 이는 국가가 없거나 약한 근대국가[7] 아래에서 살아가는 것을 의미한다. 이 속에서 생존하거나 발전하기 위한 유효한 전략 중 하나가 가족을 단위로 학력(學歷)을 획득하는 것이었다. 이하 학력주의가 작동되는 역사를 일제강점기와 해방 이후로 나누어 살펴보고 결론으로 현재 상황에 관한 단상을 적어 보겠다.

2. 일제강점기 학력주의(學歷主義)의 제도화[8]

현재 우리가 보는 학력주의는 언제 제도로서 정착되었는가? 학력주의는 학

••••

5 이사벨라 버드 비숍, 《한국과 그 이웃 나라들》, 이인화 옮김(살림, 1994). 276-277쪽.

6 정병욱, 〈한국인의 식민지경험과 근대주체 형성—조선식산은행원을 중심으로〉, 《역사문제연구》 11(2003); 정병욱, 〈조선식산은행원, 식민지를 살다〉, 《역사비평》 78(2007.2).

7 대외적으로 약한 국가는 분단 상황에서 대내적으로 더욱 배타적인 동의를 요구하는 강한 국가였다.

력이 진학과 취직을 위한 자격증 역할을 할 때 본격적으로 작동된다. 따라서 학교 제도와 기업의 인사제도가 긴밀히 결합된다.[9] 필자가 보기에 1919년 삼일운동과 1922년 제2차 '조선교육령' 실시로 학력주의가 제도화되었다. 물론 교육열의 연원은 오래되었고, 1894년 동학농민전쟁 때도 과거시험은 치러지고 운동의 진원지인 고부에서도 합격자가 여럿 나왔다.[10] 다음 인용에서 보듯이 삼일운동 시기에도 진학에 대한 열망은 식지 않았다.

> 선린상업학교 입학시험은 본월(3월) 28, 9 양일간 집행됐던바, 조선인 지원자는 380명이며 수험자는 190명, 합격자는 55명이라 한다. 그런데 〈학교에 오기까지〉라는 작문과제에 대하여 수험자의 약 반수가 수험하지 말라는 협박을 받았다는 뜻으로 답하였으며, 게다가 합격자를 각각 별실에서 조사한바 그중 8명은 종로 거리에서 '시험을 보면 죽인다' 또는 '시험을 치지 말라'는 협박을 받았다고 대답했다 한다.
>
> ―京畿道警察部, 〈査察彙報 第34回(京高秘제3866號)〉, 1919. 3. 30.

1919년 삼일운동 당시 서울의 학생들은 졸업시험, 입학시험, 등교 등을 거부하였고 연말까지 대일투쟁을 계속하였다고 한다.[11] 위의 인용문은 경찰이 운동의 와중에 치러진 선린상업학교 입학시험의 상황을 보고한 것으

• • • •

8 이 절은 주로 다음 두 글을 정리한 것이다. 정병욱, 〈3.1운동과 학력주의의 제도화〉, 박헌호·류준필 편, 《1919년 3월 1일에 묻다》(성균관대학교 동아시아학술원, 2009); 정병욱, 〈1922년 '제2차 조선교육령'과 현행 한국사 교과서〉, 《역사비평》 109(2014.11).

9 조선시대 과거제는 관리가 되기 위한 것이었으며 학교제도와 연결도 느슨했다. 학력(學力)을 중시했지만 그것이 학력(學歷)과 동일시되지는 않았다. 李成茂, 《(改正增補)韓國의 科擧制度》(집문당, 2000), 266-267쪽; 金敬容, 《科擧制度와 韓國 近代教育의 再認識》(교육과학사, 2003), 276-288쪽.

10 宋俊浩, 〈朝鮮後期의 科擧制度〉, 《國史館論叢》 제63집(1995), 46-47쪽.

11 鄭世鉉, 《抗日學生民族運動史》(一志社, 1975), 125-131쪽.

로 당시 한국인 사회의 복잡한 단면을 보여 준다. 우선 7 : 1의 높은 지원율이 눈에 띈다. 선린상업학교는 '특별임용령'에 의해 졸업생에게 판임관 임용자격이 주어졌으며, 졸업생은 회사·은행 등 실업계로도 많이 진출하여 인기 있는 학교였다.[12] 다음으로 한국인 사회의 동요와 갈등상을 보여 준다. 지원자는 같은 수의 응시자와 포기자로 나뉘고, 그들 주변에는 '협박'하는 자가 있었다. 삼일운동을 통해 민족의식이 고취된 상황에서 개인 또는 가족과 민족의 진로가 충돌하고 상당수가 양자 사이에서 동요했다. 선린상업학교에 지원하는 자는 어떤 층이었을까. 학교 설립 초기인 1910년 이전에는 학비가 면제되고 장학금이 지급되어 "서민"의 지원이 많았다지만 1910년경부터는 그런 혜택이 사라졌으며 1920년대 중후반에는 타교에 비해 학비가 많아 입학생의 절반 이상이 중퇴했다는 기록도 있다.[13] 또한 선린상업학교에 지원하기 위해서는 보통학교 졸업에 상당하는 학력이 필요한데 1910년대 보통학교 취학률은 5% 미만이었으며, 1920년대에도 10%대였다.[14] 학비를 부담할 경제적 능력이 있고 근대 교육에 대한 적응도 빠른 층이라 할 수 있다.[15]

일제강점기 각급 교육기관의 한국인 학생 수 추이를 살펴보면 1920년 전후를 기점으로 빠르게 증가하였다. 절대 수에서 초등교육기관의 학생 수가 압도적으로 많지만 증가 속도는 초등교육기관에 비해 여타 교육기관 및 유학생 수가 빨랐다. 초등교육기관 학생 수에서 주목할 점은 그 구성의 변

12 박이택, 〈조선총독부의 인사관리제도〉, 《정신문화연구》 29-2호(2006), 294쪽; 善隣八十年史編纂委員會, 《善隣八十年史》(善隣同門會, 1978), 159-160쪽.

13 선린백년사편찬위원회, 《善隣百年史》(선린중 고등학교 총동문회, 2000), 96, 204쪽.

14 古川宣子, 〈日帝時代 普通學校體制의 形成〉(박사학위논문, 서울대학교, 1996), 143-144쪽.

15 제2회(1909) 졸업생인 윤호병의 경우를 보자. 대한제국 하급 관리의 자제로 논산의 소지주 집안 출신인 그는 한성영어학교를 졸업하고 선린상업학교에 입학하였다. 졸업 후 진학하고 싶었으나 가정 형평상 취직하였다가 관비유학생으로 동경고등상업학교에 진학하였다. 신학문을 배우고 싶은 열정과 고등학교에 진학시킬 정도는 아니더라도 서울에 머물며 중등교육을 받을 정도의 경제력이 있었다. 한국일보사, 《財界回顧 9》(한국일보사출판국, 1981), 149-151쪽.

[표] 일제강점기 각급 교육기관 한국인 학생 수의 추이(단위: 명)

	1915	1920	1925	1930	1935	1940
초등교육기관	34,205	443,347	641,276	649,429	978,937	1,701,916
중등교육기관	13,030	15,424	29,136	34,598	48,656	79,718
고등교육기관	141	454	1,114	1,957	3,044	3,865
유학생	578	1,230	2,694	3,793	4,954	13,273

* 朝鮮總督府, 《朝鮮總督府統計年報》 1930년판, 1935년판, 1940년판, 1941년판; 佐藤由美·渡部宗助, 〈戰前の臺灣·朝鮮留學生に關する統計資料について〉, 《植民地教育史研究年報》 7, 2005, 91쪽. 초등교육기관은 보통학교, 간이학교, 각종학교, 서당, 중등교육기관은 고등보통학교, 실업(보습)학교, 사범학교, 교원양성소, 각종학교, 고등교육기관은 전문학교, 경성제국대학을 말한다. 사립 각종학교의 경우 1935년과 1940년의 예에 따라 이전 연도의 수치 중 85%는 초등, 15%는 중등으로 계산했다.

화다. 즉 서당과 보통학교의 학생 수는 1920년 각각 29만 2,625명과 10만 2,546명이었으나 1925년에는 각각 20만 8,310명과 36만 8,585명으로 보통학교 쪽의 학생 수가 많아졌고 이후 격차는 더 벌어졌다. 점점 초등교육의 표준은 서당이나 사립학교가 아니라 공립 보통학교가 되었다. 또 증가 속도에서는 고등교육기관생과 유학생의 폭발적인 증가가 눈에 띈다. 유학이 대부분 일본의 중·고등교육기관 입학이었다는 점을 감안하면 조선의 일부 계층은 조선 내 중·고등교육기관의 부족을 유학으로 타개했다고 할 수 있다.[16]

삼일운동 이후 한국인의 '교육열'은 당대부터 지금까지 많은 관심을 끌었다. 조선총독부는 교육 기회 확대를 추진한 '문화통치'의 성과로 선전했고, 민족주의 세력은 실력양성운동의 확산으로 파악했다.[17] 최근 연구는 삼일운동을 기점으로 식민지 교육기관에 대한 한국인의 대응이 '기피'에서 '수용'으로 전환되었다고 보는 추세다. 후루카와 노리코(古川宣子)는 삼일운동 이후

• • • •

16 〈표〉의 유학생 수는 조선총독부 및 유학생 감독기관 계통의 통계이며, 內務省警保局과 같은 단속기관의 통계는 1930년 5,285명, 1935년 7,292명, 1941년 20,824명으로 더 많다. 佐藤由美·渡部宗助, 〈戰前の臺灣·朝鮮留學生に關する統計資料について〉, 《植民地教育史研究年報》 7(2005), 91쪽.

17 佐野通夫, 《日本の植民地教育の展開と朝鮮民衆の対応》(社会評論社, 2006).

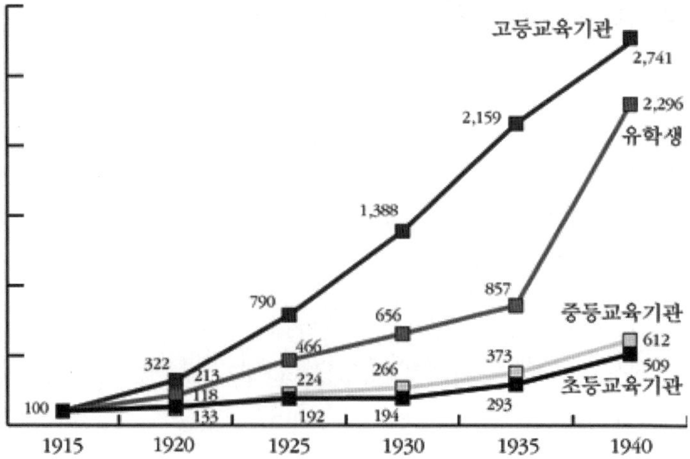

일제강점기 각급 교육기관 한국인 학생 수 증가 추이(지수: 1915=100)

한국 민중은 보통학교를 민족적·개인적인 실력양성을 위해 적극적으로 이용하려 했다고 한다. 한국인은 식민지교육의 반민족성에 저항하면서도 그 근대성을 받아들여 발전과 상승을 도모했다고 본다. 한우희는 교육열의 요인으로 실력양성론의 확대 전파, 학교의 선발배치 기능과 지위획득 요구, 학교교육을 통해 관리가 되려는 전통적 교육관을 꼽았고,[18] 오성철은 한우희의 앞 두 가지 요인 외에 교육을 통해 사회적 차별을 탈피하고자 하는 '전통적' 동기를 추가했으며, 특히 1930년대 교육열을 식민지 경제체제 하에서 취한 '생존전략'으로 파악했다. 그는 보통학교를 지배 동의를 창출하기 위해 부분적으로 '용인'하는 조선총독부의 정책과 상술한 동기들을 바탕으로 지배자로부터 교육을 쟁취하는 한국인의 행위가 만나는 '동상이몽'의 장으로 파악했다.[19]

한국인의 교육열과 관련하여 제2차 조선교육령(勅令 제19호, 1922.2 공포)에서 다

• • • •

18 古川宣子, 〈日帝時代 普通學校體制의 形成〉(박사학위논문, 서울대학교, 1996); 한우희, 〈식민지 전기의 보통학교〉, 우용제·류방란·한우희·오성철, 《근대한국초등교육연구》(교육과학사, 1998).

음 세 가지를 주목할 필요가 있다.[20] 첫째 삼일운동 이후 교육에 관한 한국인의 요구는 이념(민족교육)과 기능(제도 및 시설) 두 가지 층위로 나뉘며, 조선총독부의 대응 정책 역시 이념(동화주의)과 기능(제도의 평등, 준거주의)으로 나뉜다. 이념 차원에서 물과 기름이었지만 기능 차원에서는 서로 수용될 여지가 커졌고, 이런 공통분모를 바탕으로 제2차 조선교육령이 제정되었다. 둘째, 제2차 조선교육령의 핵심은 각급 학교의 수업연한, 교과목, 상급학교 입학자격을 일본의 학제와 동일하게 함으로써[21] 진학과 유학의 길을 넓힌 것이다. 제한적이나마 근대 학력주의가 제도화되었다고 할 수 있다.[22] 한국인에게 '공학(共學)'은 핵심 사안이 아니었다. 동등한 자격만 주어진다면 공학이든 별학(別學)이든 상관이 없었다. 셋째, 교육의 제도 및 시설개선을 요구하였던 주체와 학력주의로 가장 많은 혜택을 받은 층은 교육비를 감당할 수 있는 유산층이었다.

제2차 조선교육령과 1920년대 '문화통치'의 의미를 파악하기 위해서는

• • • •

19 오성철,《식민지 초등교육의 형성》(교육과학사, 2000), 175-220쪽. 오성철의 연구에 대해 젠더 시각에서 비판하고 보완한 연구로 김부자,《학교 밖의 조선 여성들—젠더사로 고쳐 쓴 식민지 교육》, 조경희·김우자 옮김(일조각, 2009)가 있다.

20 조선총독부의 교육 정책을 비판하면서도 '교육열'의 배경으로 '문화정치' 및 교육령 개정을 인정한 것은 오천석이 거의 유일하다. 吳天錫, 〈삼일운동 이후 민족교육〉, 《吳天錫教育思想文集 7 教育論文選集》(光明出版社, 1975), 304쪽(원문은 東亞日報社, 《三·一運動 50周年紀念論集》, 1969에 수록).

21 정무총감 미즈노 렌타로(水野錬太郎)의 관련 담화에서 두 번 반복해 나온다.《조선총독부관보》 제2844호(1922.2.7), 80쪽.

22 고마고메 다케시(駒込武)는 능력주의와 학력주의라는 근대적 준거로 볼 때 통감부 시기와 1910년대 제1차 '조선교육령' 시기는 갑오개혁 이래의 근대 교육제도 보급을 저지하는 쪽이었다고 한다. 고마고메 다케시,《식민지제국 일본의 문화통합—조선·대만·만주·중국 점령지에서의 식민지 교육》, 오성철·이명실·권경희 옮김(역사비평사, 2008), 140쪽(駒込武, 《植民地帝國日本の文化統合》, 岩波書店, 1996). 당시 한국인이 다니는 보통학교가 일본과 달리 종결 교육기관이라서 계층상승의 사다리로 기능하지 못했기 때문이다. 그러나 제2차 조선교육령으로 보통학교는 진학 준비기관으로서 자격을 갖추었다.

당시 조선총독부 정책이 '내지(內地)연장주의'(제도적 평등을 통한 동화주의 추구)로 전환되었음을 이해할 필요가 있다.[23] 다만 이때 '내지연장주의'는 현지 상황에 따라 점진적으로 시행한다는 '점진적 내지연장주의'이며, 한국인에게 '점진'은 차별을 의미할 때가 많았다는 점에 유의해야 한다. 아울러 지배 정책의 전환과 한국인의 대응이라는 일방향의 틀을 넘어 지배 정책의 전환을 강제한 한국인의 동향이라는 차원에서도 접근할 필요가 있다. 교육에 관해서 말하자면, 1894년 동학농민전쟁 때도 삼일운동 시기에도 진학에 대한 열망은 식지 않았다. 1935년 오천석(吳天錫)은 예전 한국인의 교육 목적이 내셔널리즘에 바탕한 정치적인 것이었지만 1920년대부터 "우리 사회를 위하야"가 아니라 "취직하기 위하야"로 그 목적이 바뀌고 강렬해졌다고 한다.[24] 취직, 이를 위한 진학이 우선시되는 상황에서 민족교육은 후대 우리의 상상대로 진행되지 않았다. 일제강점기 개성 송도보통학교에서 교사생활을 하였던 이만규는 제2차 조선교육령을 비판하면서 이렇게 전한다. "조선어는 교과서부터 비학문적·비문장적·비문법적이었고 내용이 건조하여 맛이 없을 뿐 아니라 교원 역시 적임자가 별로 없었고 상급학교 입학시험 과목이 아니므로 학생의 관심이 없었다"(밑줄—인용자).[25] 한국 근현대사 전체를 학력주의로 조망해 보면 한국인이 삼일운동을 통해 조선총독부에 학력주의의 제도화를 강제했다고도 볼 수 있다.[26]

필자의 주장에 이렇게 반론할 수 있다. 1920년대 이후 한국인의 교육열이 있었다 하더라도 조선총독부의 정책은 이를 수용하기에 부족했고, 결국 일부층에 국한되어 큰 변화라 할 수 없다. 맞다. 한국인의 초등학교 취

····

23 이에 관한 연구 소개는 염복규, 〈'문화통치'와 민정시찰관〉, 이타가키 류타·정병욱 편, 《식민지라는 물음》(소명출판, 2014), 110-111쪽 참조.

24 吳天錫, 〈己未以後 十五年間 朝鮮教育界의 變遷(完)〉, 《東亞日報》, 1935. 4. 11.

25 이만규, 《(다시 읽는)조선교육사》(살림터, 2010[1949]), 570쪽.

26 정병욱, 〈3.1운동과 학력주의의 제도화〉, 404-405쪽.

학률은 1920년대에 20%를 넘지 못했고 1930년대 중후반에는 20~30%대, 1940년대 초반에는 40%대에 그쳤다.[27] 반면 재조 일본인의 아동 취학률은 '한일병합' 직후 이미 95%를 넘었고 1924년경이면 99.6%에 도달했다.[28] 중등과 고등 교육기관의 경우 1935년 한국인은 각각 인구 1만 명당 29명과 1명에 불과했다. 반면 같은 해 재조 일본인은 각각 399명과 42명이었다.[29]

그런데 애초 조선총독부의 문화통치, 제2차 조선교육령은 모든 한국인을 포섭하려는 것도 아니었고 조선총독부는 그럴 역량도 없었다. 한국인도 문화통치를 통해 비로소 분열된 것이 아니라 이미 내부의 계급 계층별 차이는 컸다. 이런 상황에서 제2차 조선교육령은 교육의 계급적 편중으로 귀결되었다. 1922년 말 전라남도 농가 자녀의 보통학교 취학률을 살펴보면 총 농가의 1.5%에 불과한 '지주계급'은 취학률이 70.0%인 데 비해, 18.7%인 '자작계급'의 취학률은 9.0%, 79.8%인 자소작계급과 소작계급의 취학률은 3.3%에 불과했다.[30] 설사 그 수용자가 적더라도 한국인들 사이에서 효과는 컸다. 두 가지 예를 들어 보자. 첫째, 1970년판《현대한국인명사전》에 나오는 인물을 분석한 연구에 따르면 전체 3,336명 중 51%인 1,708명이 해외 유학 경험자인데 그중 52%가 해방 전 일본 유학층이다.[31] 1970년 시점에도 식민지 시기 일본 유학 경험자가 지도자층의 1/4 정도를 차지하고 있었다. 둘째, 식민지 교육을 젠더의 시각으로 분석한 김부자의 연구에 따르면 해방 이후 '불취학(不就學)'으로 인해 여성들이 치러야 하는 대가는 너무 컸다고 한다.[32] 앞 〈그림〉의 오른편 끝에 보이는 각급 학교별 차이가 해방 이후 그대

• • • •

27 오성철, 앞의 책, 133쪽.

28 김부자, 앞의 책, 98쪽.

29 오성철, 앞의 책, 125쪽.

30 김부자, 앞의 책, 113-114쪽(원자료는 전라남도내무부 편,《대정12년12월편 소작관행조사서》, 1923. 12).

31 馬越 徹,〈'解放'後 韓國における海外留學〉,《韓》 5-12(1976.12), 80쪽.

32 김부자, 앞의 책, 353쪽.

로 정치적·경제적·사회적 차이로 귀결되었다면 어떨까? 그 밑바닥에는 초등교육에서 배제되어 아예 도표화되지 않은 절반 정도의 아동이 있다는 점을 감안하자. 근대 학교교육이 생존, 사회이동, 사람답게 살기의 기본 조건이 된 사회에서 일제 시기 교육 받은 층의 혜택은 컸다.

이렇게 학력주의가 제도적으로 정착되는 가운데 같은 학교에 왕족, 재벌 그리고 부농의 자식이 다 모였다. 1937년 경성제일고등보통학교(1938년 경기공립중학교로 개칭)에 4.8 : 1의 경쟁을 뚫고 입학한 강상규의 주변에는 유난히 당대에 일본에 협력하여 후대에 '친일파'로 불리는 자들이 많았다. 그가 과외 지도한 최강의 부친은 최창홍(1903년생)으로 경성제국대학을 졸업하고 고등문관시험에 합격한 후 총독부 관료의 길을 걸었다. 최강의 외조부는 미국 대학 졸업 후 돌아와 1920년대 도지사까지 지내고 당시 중추원 참의였던 김윤정(金潤晶, 1869년생)이다. 최강의 모친이 강상규에게 최강과 함께 있으라고 주선했던 하숙집의 주인 김옥규(金玉奎)는 남궁영(南宮營, 1887년생)의 첩이었다. 남궁영은 동경제국대학 법문학부를 나오고 1930년대 도지사를 지낸 자로 1939년 2월경 사망하자, 그의 첩은 소일거리로 하숙업을 했던 것 같다. 김윤정, 남궁영, 최창홍의 공통점은 학력을 바탕으로 입신출세의 길을 걸었다는 점이다. 김윤정-최창홍-최강으로 대물림되는 입신출세 전략은 이제 학력이 부와 사회적 지위를 재생산하기 위한 주요 통로가 되었음을 말해 준다. 비단 총독부 관료 집안만이 아니었다. 왕족도 기업가도 이 길을 따랐다. 강상규가 불온한 설문조사를 건넨 동급생 이철주는 일제 귀족인 후작 이달용의 적손이다. 그가 학비를 조달하기 위해 입주하여 가르친 적이 있던 하급생 백남일의 부친은 기업가 백낙승으로 당시 그 집 막내 백남준이 캐딜락 자가용을 타고 유치원에 갈 정도로 부자였다.[33]

• • • •

33 이상 정병욱, 《식민지 불온열전》(역사비평사, 2013) 중 1부 〈경성 유학생 강상규, 독립을 열망하다〉 참조.

3. 해방 후 '새로운' 사회와 학력주의의 심화

조선식산은행, 한국산업은행의 예

서중석은 현대사를 개설하면서 1945부터 1959년을 '새로운 사회의 출현'이라 명명한 뒤 그 사회상을 설명했다.[34] 새로운 것 중 하나는 사회의 평준화였다. 식민지배, 해방 그리고 무엇보다 전쟁의 영향으로 모두 같은 출발선 위에 서게 되었고 치열한 경쟁에 돌입하였으며 주된 수단은 교육이었다. 1945~1960년 '국민학교'(초등학교) 학생수 136만 명에서 362만 명으로 2.7배 증가(취학률 1958년 95%)하여 대규모 한글세대가 탄생했다. 문맹률은 1930년 77%에서 1960년 28%로 낮아졌다. 1946~1961년 중고등학생 수는 3.6배, 대학생 수 13.4배 증가했다. 이는 이후 경제발전의 원동력이 되었다. 이러한 뜨거운 교육열 속에 문제점도 드러났다. 교육에 '수익자 부담 원칙'이 자리잡아 국가가 부담을 학교, 결국 학부모에게 전가했다. 1953년 중등교육 재정 중 사친회비(師親會費)가 53%를 차지했다. '우골탑(牛骨塔)'은 통계로도 증명이 된다. 1960년경 대학운영비는 학생·학부모가 93%, 재단이 7%를 부담했다. 또 지금도 여전한 입시 과열, 과외(사교육) 성행은 그 당시에도 있어 주요 시험 때면 신문을 장식했다. 사실 이러한 입시 과열은 일제강점기 신문에도 적지 않게 나온다.

조선식산은행, 한국산업은행을 사례로 진학과 취학이 긴밀히 결합되는, 학교제도와 기업의 인사제도가 긴밀히 연결되는 학력주의의 심화 과정과 그 의미를 살펴보자.[35] 1918년 10월 6개 농공은행을 합병하여 설립된 조선식산은행은 1920년을 전후로 인사제도가 정착하게 된다. 그 직원은 행원,

34 서중석, 《사진과 그림으로 보는 한국 현대사》, 개정증보판(웅진지식하우스, 2013)의 3장 참조.

35 이하 은행 사례는 정병욱, 〈조선식산은행과 한국산업은행의 직원 채용—연속과 차이〉, 《한국사학보》 51(2013.05); 정병욱, 〈조선식산은행원, 식민지를 살다〉를 정리한 것이다.

고원, 용원으로 나뉘었고, 각 신분의 출입구는 학력별로 엄격하게 구분되었으며 그에 따라 초봉도 달랐다. 중등학교 이상의 행원 안에서도 학력에 따라 채용 절차와 초봉이 달랐다. 은행은 그간 실적관계가 있는 학교별로 인원을 배정하여 학교에 추천을 의뢰하고, 추천 학생들을 대상으로 전형을 실시하여 행원을 채용하였다. 물론 학생이나 학교 측이 은행간부를 통하거나 직접 응시하는 경우도 있었으나 주된 방식은 학교별로 인원을 배정하는 지정학교제(추천의뢰제)였다. 따라서 은행의 직원 채용은 학교를 통한 간접채용이며 공개채용이 아니었다. 이런 지정학교제는 학력주의에 의해 뒷받침되었다. 기업은 학교에 일부 선발 기능을 위임하였고, 학교는 성적과 생활 평가를 통해 내부 선별기능을 강화했으며, 자연히 입학 시 선별도 한층 엄격해졌다.

조선식산은행 일본인 간부들이 패전 이후 말하는 "무차별" "내선일율(內鮮一律)" 대우는 그 입구, 즉 채용에서부터 사실과 다르다. 채용 인원을 계획할 때 한국인 : 일본인 비율을 2 : 8로 하여 민족별 차등을 두었으며, 실제 채용 결과는 한국인 비중이 좀 더 높아졌다 하더라도 일본인의 은행 내 지배력을 위협할 정도는 아니었다. 특히 간부 후보자인 고학력자의 경우 일본인을 더 많이 채용하였다. 게다가 채용 시 가장 중요한 조건인 학력 자체가 이미 민족 차별을 담고 있는 것이었다. 학교의 경우 한국인 지원자가 압도적으로 많음에도 입학생 수는 일정하게 민족별로 배정되었다. 선린상업학교는 100명 중 50명 내외, 경성고등상업학교는 80명 중 20명 내외의 한국인을 받아들였다. 취업도 조선식산은행에서 보듯이 민족별로 인원이 차등 배정되었다. 따라서 한국인 학생들은 입학이나 취직을 위해 살인적인 경쟁을 겪어야 했으며, 자연히 같은 학력이라도 한국인이 일본인에 비해 성적이 우수했다. 송인상이 졸업했던 1935년 신문보도를 보면, 경성고등상업학교 졸업생 84명 중 한국인이 16명이었는데 이중 8, 9명이 성적 10위 안에 들었다고 했다. 최우수 학생 이필석(李珌奭)은 조선식산은행에 지원했다가 떨어지면서 피통치민족의 비애를 맛보았다고 한다. 은행의 학력에 따른 인사정책은 공정한 듯 보이지만, 그 학력은 민족차별이 켜켜이 쌓인 결과물이었다.[36]

해방 이후 1960년까지 조선식산은행·한국산업은행의 직원 채용을 살펴보면 초기에는 식민지시기 학력주의에 기반한 지정학교제(추천의뢰제)가 그대로 유지되었다. 그러나 1960년경에는 지정학교제가 힘을 잃었다. 기업은 학교에 채용 예정인원을 초과하는 많은 학생의 추천을 요구했고, 학교가 추천해도 채용되는 비율은 낮아졌다. 전형의 관건은 면접에서 시험으로 연고에서 성적으로 이동하였으며, 자연히 학교력도 중요하지만 학생 개인의 최종시험 성적이 결정적 요인이 되었다. 특히 대학졸업생 채용의 경우가 그렇다. 이는 당시 대학교와 졸업생의 증가, 그로 인한 취직경쟁의 격화가 반영된 것이다. 물론 이러한 변화로 인해 채용에서 기업과 학교의 결합, 그를 뒷받침하는 학력주의가 사라진 것은 아니다. 학교의 추천이 확실한 입장권이 될 수 없을 정도로 지원자가 많아진 상황에서 기업은 후보 학생들에게 한 번 더 시험 경쟁을 요구한 것으로 학력주의에 내재된 경쟁과 업적(성적)주의는 오히려 더 강화되었다.[37] 해방 이후 직원 채용에서 일제 시기의 민족과 비슷한 스크린 기능을 한 것은 반공이었다. 그러나 어느 정도의 역할은 한 것인지 좀 더 규명해 봐야 한다. 이상 해방 이후 1960년경까지 은행 직원채용에 나타난 변화상을 다음 네 가지로 요약할 수 있다.

1) 지정학교제(추천의뢰제)의 약화, 폐지

2) 전형의 중점, 면접에서 시험으로, 연고에서 성적으로 이동

• • • •

36 정병욱, 〈조선식산은행원, 식민지를 살다〉, 341-342쪽. 김병관은 철도국소속 직원에 대한 분석을 통해 식민지 시기 학력주의를 위장된 민족차별로 파악했다. 金秉觀, 〈日帝下 朝鮮人技術者의 形成過程과 存在樣態〉(박사학위논문, 충남대학교, 1996), 151-155쪽.

37 은행 대학졸업생 채용 경쟁률은 1949년 1.7 : 1 → 1955년 5.3 : 1 → 1960년 15.5 : 1로 증가했다. 1960년 경쟁률은 1939년 도쿄 지역 한국인 대학생 경쟁률 8 : 1의 2배였다.

3) 학력 인플레[38]

4) 반공과 노동 강화의 결합[39]

조선식산은행·한국산업은행의 직원 채용은 고학력층 소수의 사례에 불과하다. 그러나 노동시장의 상층부를 점하며 그 시장의 추세를 이끄는 측면도 있다. 또한 분석한 해방 이전과 이후의 자료가 밀도나 대표성에서 갖는 한계도 있다. 자료 보완 및 추가 분석이 필요하다. 이러한 문제점을 감안하면서 한국 자본주의 형성의 주체적 조건과 관련하여 조선식산은행·한국산업은행 사례의 시사점과 과제를 짚어 보겠다.

첫째, 조선식산은행에서 보듯이 기업과 학교가 채용관계로 강하게 연결된 학력주의는 이미 식민지 시기에 노동시장 상층부에 형성되었다. 좀 더 많은 사례를 통해 노동시장과 학력주의의 관계를 역사적으로 추적할 필요가 있다. 이때 식민지 자본주의와 남한 자본주의의 차이점에 주목할 필요가 있다. 기업이 경쟁과 업적주의를 내면화한 양질의 노동력을 공급받을 수 있다는 측면에서 학력주의는 식민지 자본주의나 그 틀을 유지한 남한 자본주의에게 축복이었다. 그러나 그 정도는 차이가 있었을 것이다. 무엇보다 노동자의 만족 정도가 달랐다. 조선식산은행의 일본인 경영자들은 이른 시기에 일본의 경영가족주의를 도입하였으나, 식민지란 상황에서 한계를 가졌다. 일본인과 달리 한국인 은행원은 사회적 만족도 부분적이었고, 무엇보다 내셔널리즘과 결합된 정서적 만족을 누릴 수 없었다.[40] 조선식산은행원은 대부분 성취욕이 강하고 엘리트 의식을 지닌 자들이나 식민지 시기에는 개

38 은행채용 인원 중 대학졸업생 비중은 1939년 31%, 1949년 35%, 1960년 56%로 증가했다. 또 직원별 배치를 보면 해방 전은 행원—중등학교 이상 졸업자, 고원(雇員)—을종상업학교 졸업자(주로 여학교)였으나 해방 후는 행원—대졸자, 고원—상고 졸업자로 변했다.

39 1949년 이후 전형 기준에 '사상온건' 추가되었고, 한국전쟁 이후 신원조사가 강화되었다. 1955년 이후 전형 신체조건에 "극무(劇務, 매우 바쁘고 힘든 사무)에도 지장이 없는"이 명기되었다.

인적 성취(취직)와 사회적 민족적 평판(부일협력)의 불일치로 곤혹스러워했다. 해방은 은행원들에게 식민지의 곤경에서 벗어날 기회를 제공하였으며, 그들은 '국가건설의 대업'에 열심일 수 있었다.[41]

둘째, 학력주의는 기업에게 이익을 주었지만, 실현 주체인 노동자에게도 기회를 주었다. 전근대 신분제에 비하면 20세기 학력주의·학력제는 상대적으로 더 개방적인 것 같다. 기존의 질서가 깨진 개항, 식민지화, 그리고 한국전쟁은 사회구성원에게는 위기이자 기회였다. 상승이나 재생산의 통로는 학력이었다. 왕족이나 자본가에서 노동자·농민에 이르기까지 전 계층이 학력 쌓기 게임에 참여하였다. 이 과정에서 미래의 노동자는 경쟁과 업적주의를 내면화하여 이후 높은 노동 강도를 견뎌 내며 한국 자본주의의 성장을 이끌었다. 아래로부터 한국의 경제성장에 접근할 필요가 있다.

4. 가족과 학력주의의 향방

한국인 또는 한국 문화의 정체성과 관련해서 '가족'이나 '교육(열)'이 언급된

• • • •

40 하자마 히로시(間宏)는 일본 자본주의에서 열악한 노동조건과 높은 노동의욕이 어떻게 결합 가능했는지에 주목하며 경영가족주의를 일본 자본주의 발전의 기초로 파악한다. 경영가족주의는 (1) 경영사회질서에서 신분제 혹은 연공제 (2) 고용관계에서 종신고용제 (3) 임금제도에서 연공형 임금 (4) 생활보장으로서 기업 내 복리후생제도 (5) 노사관계에서 가족주의이데올로기, '노사일체론'을 특징으로 한다. 그에 의하면 노동의욕의 원천으로서 경영가족주의가 종업원에게 부여한 심리적 효과는 다음 네 가지이다. (1) 종신고용, 노후보장 등에 의한 생활안정의 욕구만족, (2) 승급과 지위 상승에 따른 위신, 명예 등 사회적 욕구의 만족 (3) 일상의 충근(忠勤)행위에 대한 반대급부로 경제적 욕구 충족 (4) 내셔널리즘과 결합하여 애국심과 같은 정서적 욕구 만족. 間宏, 《日本勞務管理史硏究—經營家族主義の形成と展開》(ダイヤモンド社, 1964), 19-23, 39-41쪽.

41 조선식산은행의 경영가족주의와 해방 전후 은행원의 활동에 대해서는 정병욱, 〈조선식산은행원, 식민지를 살다〉 참조.

다면 그것은 무엇보다 20세기 역사적 경험의 산물이다. 개항 이후 위든 아래든 주체적으로 집단적 대안을 만드는 데 실패한 가운데 한국인이 맞이한 20세기는 식민지배, 분단과 전쟁이었다. 이러한 과정에서 지배 집단의 격렬한 교체가 일어났다. 식민지배와 전쟁의 역설이라 할까. 누구에겐 위기였지만 누구에겐 기회였다. 현재 지배 엘리트의 상당수는 20세기에 새로 진입한 층이다. 지배 집단으로 상승하고 그 지위를 유지할 수 있는 주요한 통로가 학력이었다. 이는 특정 층에서만 나타나는 현상이 아니었으며, 사회 전체가 그 방향으로 움직였다. 누구나 자식을 학교에 보내고, 부모와 자식은 꿈을 꾸었다. 이런 활력이 20세기 후반 대한민국의 변화를 이끌었다고 할 수 있다. 20세기 한국인이 생존하거나 발전하기 위해 택한 유효한 전략 중 하나가 가족을 단위로 한 학력 획득이었다. 물론 국민 모두 각자도생이 바람직한 것만은 아니었다. 독소가 많은 활력이었다.

21세기 한국은 20세기 격렬했던 사회 변동이 줄어들면서 계층이 고정화되는 추세이며, 점차 학력이 신분이 되고 있다. 학력 경쟁은 형식적으로 모두에게 개방되었으나 실제는 경제력을 갖춘 소수 층이 독점하는 현상이 나타난다. 20세기 후반이 '하면 된다'의 시대였다면 이제 '해도 안 된다'의 시대에 진입한 것 같다. 이런 상황에서 한국인은 어떠한 전략을 취할까? 여전히 가족을 단위로 한 학력 획득이 유효할까? 어쩌면 미래에 '가족주의'와 '교육열'은 한국인 일부 집단만의 특성, 정체성이 될 가능성이 크다. 우선 가족이란 단위가 변했다. 구성원 사이의 평등이 제고되었고, 희생을 강요할 수 있는 사이가 아니다. 또 학력 획득은 점차 큰 비용이 들고, 들인 노력에 비해 예전처럼 만족스러운 결과를 예견하기 어렵다. 무엇보다 식민지배나 한국전쟁과 같은 사회 '초기화'가 없는 상황에서 국민 전부가 학력 전쟁에 뛰어드는 일은 발생하지 않을 것이다. 점점 학력은 경제적 조건에 좌우되는 성취가 될 가능성이 크다. 이 시점에서 과연 학력이나 교육이 소득 격차를 얼마만큼 정당화할 수 있는지, 현재 전문직과 비전문직의 소득 격차는 합당한지 따져 봐야 한다. 나아가 학력(學歷)이 수단화되면서 나타나는 학력(學力)의 퇴보, 엘리트의 덕목과 공공재로서 학력에 대한 진지한 점검이 필요하다. 전반적으로 21세기 미래가 잘 보이지 않을수록 20세기 경험을 역사화하여 그 명암을 거울로 삼을 필요가 있다.

참고 문헌

京畿道警察部.〈查察彙報 第34回(京高秘제3866號)〉, 1919.3.30.

吳天錫.〈己未以後 十五年間 朝鮮教育界의 變遷(完)〉.《東亞日報》, 1935.4.11.

朝鮮總督府.《朝鮮總督府官報》제2844호(1922.2.7).

朝鮮總督府.《朝鮮總督府統計年報》. 1930년판; 1935년판; 1940년판; 1941년판.

金敬容.《科擧制度와 韓國 近代教育의 再認識》. 교육과학사, 2003.

金秉觀.〈日帝下 朝鮮人技術者의 形成過程과 存在樣態〉. 박사학위논문, 충남대학교, 1996.

박이택.〈조선총독부의 인사관리제도〉.《정신문화연구》29-2호(2006).

서중석.《사진과 그림으로 보는 한국 현대사》. 개정증보판. 웅진지식하우스, 2013.

善隣八十年史編纂委員會.《善隣八十年史》. 善隣同門會, 1978.

선린백년사편찬위원회.《善隣百年史》. 선린중·고등학교 총동문회, 2000.

宋俊浩.〈朝鮮後期의 科擧制度〉.《國史館論叢》제63집(1995).

염복규.〈'문화통치'와 민정시찰관〉. 이타가키 류타·정병욱 편.《식민지라는 물음》. 소명출판, 2014.

오성철.《식민지 초등교육의 형성》. 교육과학사, 2000.

吳天錫.〈삼일운동 이후 민족교육〉.《吳天錫教育思想文集 7 教育論文選集》. 光明出版社, 1975.

이만규.《(다시 읽는)조선교육사》. 살림터, 2010[1949].

李成茂.《韓國의 科擧制度》. 집문당, 2000.

정병욱.〈한국인의 식민지경험과 근대주체 형성—조선식산은행원을 중심으로〉.《역사문제연구》11(2003).

______.〈조선식산은행원, 식민지를 살다〉.《역사비평》78(2007.2).

______.〈식민지 경험의 재구성과 삶의 단위〉.《역사비평》80(2007.8).

______.〈3.1운동과 학력주의의 제도화〉. 박헌호 류준필 편.《1919년 3월 1일에 묻다》. 성균관대학교 동아시아학술원, 2009.

______.〈조선식산은행과 한국산업은행의 직원 채용—연속과 차이〉.《한국사학보》51(2013.05)

정병욱.《식민지 불온열전》. 역사비평사, 2013.
______.〈1922년 '제2차 조선교육령'과 현행 한국사 교과서〉.《역사비평》 109(2014.11).
鄭世鉉.《抗日學生民族運動史》. 一志社, 1975.
한국일보사.《財界回顧 9》. 한국일보사출판국, 1981.
한우희.〈식민지 전기의 보통학교〉. 우용제·류방란·한우희·오성철.《근대한국초등교육연구》. 교육과학사, 1998.
古川宣子.〈日帝時代 普通學校體制의 形成〉. 박사학위논문, 서울대학교, 1996.

고마고메 다케시.《식민지제국 일본의 문화통합—조선·대만·만주·중국 점령지에서의 식민지 교육》. 오성철·이명실·권경희 옮김. 역사비평사, 2008.
김부자.《학교 밖의 조선 여성들—젠더사로 고쳐 쓴 식민지 교육》. 조경희·김우자 옮김. 일조각, 2009.
모리슨, 토니.《보이지 않는 잉크》. 이다희 옮김. 바다출판사, 2021.
미하원국제관계위원회 국제기구소위원회 편.《프레이저 보고서—유신정권과 미국의 역할》. 서울대학교 한-미관계연구회 옮김. 실천문학사, 1986.
비숍, 이사벨라 버드.《한국과 그 이웃 나라들》, 이인화 옮김, 살림, 1994(1898).
테일러, 찰스.《근대의 사회적 상상—경제·공론장·인민 주권》. 이상길 옮김. 이음, 2010.

佐野通夫.《日本の植民地教育の展開と朝鮮民衆の対応》. 社会評論社, 2006.
佐藤由美·渡部宗助.〈戰前の臺灣·朝鮮留學生に關する統計資料について〉.《植民地教育史研究年報》 7(2005).
馬越 徹.〈'解放'後 韓國における海外留學〉.《韓》 5-12(1976.12).
間宏.《日本労務管理史研究 -經營家族主義の形成と展開》, ダイヤモンド社, 1964.

한국의 시민종교와 국가정체성*

김은기·대니얼 코널리

1. 시민종교의 의미 및 함의

시민종교는 "세속적 목적을 가진 종교"(religion which serves secular ends)로서 "어느 한 종파에 치우치지 않는 종교적 신념을 정치적 목적을 위해 의도적으로 활용하는 것"을 의미한다(Balizter, 1974: 41-42; 박은진, 2006: 117-118 재인용). 사전적 정의에 따르면 시민종교는 "한 사회체제를 정당화하며, 사회적 결속을 창조하고 그 공동체가 공통의 정치적 목표를 성취하도록 동원되는 믿음, 상징, 의식 및

* 이 글은 *Religions* 12(2021)에 "Building the Nation: The Success and Crisis of Korean Civil Religion"이란 제목으로 게재된 바 있다.

제도"이다(Abercrombie, Hill & Turner, 1988: 33; 박은진, 2006: 117-118 재인용). 좀 더 정밀한 시민종교의 정의는 "한 국민의 사회적 정체성 그리고 그와 연관된 시민적·정치적 질서를 확립하고 표현하기 위해 활용되는, 해당 국민의 신화·역사·운명과 관련된, 경건하고 찬양하는 성격을 띠는 상징, 신념, 의례들의 체계"이다(Cristi & Dawson, 2007: 269; 강인철, 2016: 122 재인용).

시민종교는 "한 사회를 통합하고, 도덕적으로 결속시키며, 그 구성원들에게 안정적이고 긍정적인 정체성을 제공하는, 그러면서 어느 정도 성스럽게 여겨지거나 최소한 존중의 대상이 되는, 폭넓게 공유되고 합의된 가치 및 신념 체계 그리고 그와 연관된 상징, 신화, 의례, 실천, 장소들의 체계"이다(강인철, 2014: 85). 윤선자(2008)가 지적했듯이 국민·국가 만들기는 "기본적으로 문화적이고 종교적인 사업이 아닐 수 없다"(304). 시민종교 개념의 근본적인 주장은 국가의 운명(destiny)에 대한 믿음과 국가 상징에 대한 정서적 애착이 사회 응집력을 창출하고 강화시키는 데 종교와 동일한 기능을 한다는 것이다. 인구의 대다수가 단일한 전통 종교를 믿는 사회에서는 국가의 조화와 단결이 그 종교에 의해 강화된다. 그러나 종교적으로 다양한 사회에서는 어느 종교도 이 기능을 수행할 수 없다. 전통적인 종교 이외의 다른 의미 체계가 집단적 정체성뿐만 아니라 사회적 합의와 통합을 위한 토대가 되어야 한다. 이러한 맥락에서 종교의 한 형태로 작용하는 새로운 의미 체계가 시민종교이다.

> 지속가능한 정치통합의 관건은 '국가에 대한 사랑', 즉 애국심, 국가애, 조국애를 대다수 국민들로부터 이끌어내고 유지할 수 있느냐는 것이다. 고도로 추상적인 실체이자, '만들어진 상상의 공동체'에 불과한 어떤 것을 사랑의 대상으로, 심지어 그것의 명령에 따라 목숨까지 바칠 대상으로 만들고 유지하는 게 결단코 쉬운 일은 아니다. 국가에 대한 사랑愛과 충성忠의 자세는 강압이나 금전적 보상만으로 결코 만들어질 수 없다. 이 지난한 과업의 상당

부분이 효율적으로 작동하는 국가적 성聖의 체계에 의해 달성된다. (…) [시민종교는] '약해진 시민의 국가에 대한 사랑을 회복하기 위해 국가를 재종교화'하는 것[이며] 결국 '국가에 대한 시민의 사랑'을 가능케 하는 묘약妙藥이 바로 시민종교로 압축되는 국가적 성체계인 셈이다(강인철, 2019a: 16).[1]

시민종교라는 개념은 1762년에 발간된 루소(Rousseau)의《사회계약론(Social Contract)》에서 처음 소개되었다. 루소에 따르면 시민종교는 "사회질서를 위해 국가에 의해 의도적으로 창조되어 시민들에게 부과된 일련의 신념들"이며(Aldridge, 2007: 144; 강인철, 2017: 133 재인용) "사회의 가치를 신성하게 만들고 국가를 궁극적인 의미 체계의 맥락에 두는 신념, 의례 및 상징"을 의미한다(Roberts, 2004: 356; Parsons, 2002; Cristi, 2001; Shanks, 1995; Marty, 1992 참조). 루소가 시민종교라는 용어를 처음 사용했지만 이 개념의 바탕에는 종교가 사회의 규범, 가치관, 사회적 관계를 재확인하고, 사회적 조화와 단결의 원천을 제공한다고 주장한 에밀 뒤르켐(1965)의 생각이 배어 있다. 뒤르켐은 어떤 종교에서든 진정한 숭배의 진정한 대상은 사회 그 자체라고 믿었다. 숭배되는 것이 "신" 또는 초자연적인 존재로 인식될 수도 있지만 실제로는 사회라는 것이다.

시민종교 연구와 관련에서 가장 널리 알려진 학자는 로버트 벨라(Robert Bellah, 1967; 1970; 1975)인데 그가 시민종교라는 개념을 통해 연구하고자 했던 것은 아래와 같다.

••••

1 시민종교가 민족주의와 어떻게 다른지에 대한 질문은 대답하기가 매우 어려운 것이 사실이다. 그리고 시민종교에 관한 연구를 하는 학자들도 둘을 구별하는 것이 어렵다는 것을 인정함과 동시에 시민종교를 그 자체로 학문적으로 의미 있는 개념으로 인식하고 연구하는 것이 중요하다고 지적한다. 시민종교가 밝히는 특정 국가 사람들의 민족정체성, 국가에 대한 소속감 및 국가적 목적을 위한 연합감이 종교와 같은 현상이기 때문이며 당사자들한테는 종교와 비슷한 경험이기 때문이다.

비록 개인적인 종교적 신념, 신앙 및 개인의 종교적 회합 등등의 일들은 분명히 사사로운 개인적 문제로 치부되고 있지만, 동시에 거기에는 미국인들 대다수가 공유하고 있는 종교적 지향 가운데 그 어떤 공통의 요소들이 존재하고 있다는 것이다. 이들 공통의 요소들은 미국의 제도들의 발전에 결정적인 역할을 수행해 왔고, 지금까지도 정치적인 영역을 포함하는 미국인 생활의 전체적인 구조에 요구되는 종교적인 차원을 제공하고 있다. 이러한 공적인 영역에서 종교적 차원들은 일련의 신념, 상징 및 의례들을 통해서 표현되고 있다. 나는 이것을 미국의 시민종교라고 부르고 있다(Bellah, 1970: 171; 차성환, 2000: 205-206 재인용).

벨라는 미국 시민종교를 식별하는 데 있어서 국가적 상징, 의례, 대통령 취임 연설 내용 등을 연구했다. 대부분 미국 역사의 인물, 가치관 및 전통에서 파생된 미국 시민종교에는 미국이 하나님이 선택한 나라라는 믿음이 포함되고, 성취와 개인주의에 중점을 두고, 높은 도덕성이 민법의 기초라는 인식, 공유 가치("미국식 생활 방식")의 미화 그리고 국기와 국가와 같은 세속적 상징에 신성한 의미부여 등을 포함한다(Richey and Jones, 1974; Bellah and Hammond, 1980; Gehrig, 1981). 대통령 취임식, 현충일 및 독립기념일(7월 4일)과 같은 공휴일은 모두 국가 가치와 국가 통합을 촉진시키는 역할을 함으로써 미국 시민종교의 중요한 부분을 차지한다. 미국인들이 "순례"를 하는 전쟁기념물, 워싱턴 DC에 있는 전쟁기념비, 유명한 대통령의 출생지 등 "성지"도 미국 시민종교의 중요한 요소이다. 또한 미국 시민종교에는 더글러스 맥아더와 시어도어 루즈벨트와 같은 군사적 영웅과 링컨, 워싱턴, 제퍼슨, 프랭클린 D. 루즈벨트, 케네디와 같은 저명한 대통령들을 포함한 "성인"들이 있다.[2] 미국 시

• • • •

2 다른 국가들의 시민종교에 대한 분석은 Kim(1993), Braswell(1979), Markoff and Regan(1981), Liebman and Don-Yehiya(1983), Moraska(1986), Seneviratne(1984), Turner(1986) 등 참조.

민종교가 암시하는 것은 민족적, 문화적 다양성이 사회 응집력에 걸림돌이 될 수 있는 현대 미국에서 국가적 통일성과 목적에 대한 강력한 "종교적인" 감정을 불러일으킨다는 것이다.

미국 종교사회학자인 매러디스 맥과이어(Meredith McGuire)는 시민종교를 설명하는 데 있어 "국가 형성"(state-building) 및 "민족 형성"(nation-building)이란 개념을 구분하며 후자에서의 시민종교의 역할에 초점을 둔다. 맥과이어는 국가 형성을 정부, 인프라, 교육체계, 군대 구축 등 "한 나라의 내적·외적 업무를 적절하게 수행하기 위한 권위 있고 실용적인 조직을 개발하는 일"로 그리고 민족 형성을 "한 나라의 구성원으로서의 연대감과 정체감을 발전시키는 일"로 정의했다(McGuire, 2002: 205). '민족 형성'의 의미에서 시민종교는 국가 비전과 목표를 형성할 수 있으며 실제로 국가 목표 달성을 위한 지원을 동원하는 데 사용될 수 있다. 시민종교는 또한 국가의 이상과 운명을 신성시하면서 국가 정체성과 연대에 종교적 특성을 부여할 수 있다(Kim, A., 2005: 119).

그러나 이러한 국가적 정체성과 연대감의 기원에 관한 논쟁이 계속되고 있다. 자연적으로 일어나는 일인가, 아니면 뭔가가 만들어지는 것일까? 크리스티와 도슨이 주장하듯이 시민종교 연구에는 크게 두 가지 관점이 있다: "시민종교를 아래로부터의 현상 즉 '자연발생적이고 비강제적이고 통합적인 사회현상'으로 간주하는 '문화'로서의 시민종교 접근(뒤르켐적 접근)과, 시민종교를 위로부터의 현상 즉 '정치엘리트들에 의해 만들어지고 시민들에게 강제로 부과되는 정치적 자원'으로 간주하는 '이데올로기'로서의 시민종교 접근(루소적 접근)이라는 두 흐름이 공존해 왔다"(Cristi & Dawson, 2007: 276-279; 강인철, 2017: 133 재인용).

> '문화'로서의 시민 종교는 비 강압적인 '신앙'이다. 그것은 국가 또는 집단의 단결을 위한 의미있는 의식과 상징에 기반을 두고 있다. (…) 충성은 자발적이고 충성심의 표현 역시 자발적이다. 뒤르켐적 표현으로 시민종교의 핵심

은 집단성을 찬양하는 것이다. 반면에 시민종교에 대한 루소적 견해는 풀뿌리 합의와는 거의 관계가 없다. 오히려 그것은 다양한 수준의 강압으로 부과된 국가 주도의 이념을 포함한다. 시민 종교가 이데올로기로 드러날 때 국가는 신념과 국가 통합을 강요할 권한이 있다. 가장 극단적인 형태에서는 개인의 표현의 자유가 거의 없고, 참여는 의무적이며, 충성심의 표현도 정기적으로 행해야 한다(Cristi and Dawson, 2007: 276-277).

시민종교는 모든 국가에 존재한다고 말할 수 있다. 그리고 같은 사회 내에서도 역사를 통틀어 다른 시기에 서로 다른 종류의 시민 종교가 존재할 수 있다(Cristi and Dawson, 2007: 277). 또한 모든 시민종교에는 '문화적' 요소와 '이데올로기적' 요소가 모두 존재할 가능성이 높다.

질문은, 한국에 시민종교가 있는가? 그렇다면 그 특성은 무엇인가? 지금까지 한국의 시민종교의 본질과 역할에 대한 학문적 관심은 제한적이었다. 이에 본 논문은 한국 시민종교가 '민족 형성' 과정에서 얼마나 중요한 역할을 했는지 그리고 한국 시민종교가 어떻게 경제발전을 빈곤을 극복하고 주권을 강화하기 위한 국가적 신념체계(목표)로 규정했는지를 탐색해 본다. 그리고 한국 시민종교가 한국인의 유교적 가치관과 민족적, 문화적 동질성에 대한 국가적 자부심을 심어 한국인에게 어떻게 강력한 국가 정체성을 제공했는지, 국기와 국가 같은 국가 상징에 어떻게 신성한 의미를 부여했는지, 그리고 국가의례와 영웅 및 성지(聖地) 만들기 등을 통해 형성되었는지 분석한다. 또한 이 논문은 한국 시민종교가 이데올로기적 성격이 훨씬 강하다고 주장한다. 즉, 군사쿠데타를 통해 정권을 잡은 박정희의 권위주의 체제는 정권을 정당화하기 위해 강력한 시민종교가 필요했으며 이를 위해 행정적 및 재정적 지원을 아끼지 않았다. 문민정부가 들어선 1990년대 후반부터 현재까지도 한국 시민종교는 여전히 정부가 기획하고, 지원하고, 후원하며 촉진하고 있는 것이 사실이다. 왜냐면 시대가 변하고 민주주의의 공고화가 이루어져도 정부는 시민종교를 동원해서 국민들의 나라에 대한 사랑 및 애국심을 이끌어 내려고 하기 때문이다.

이런 분석을 통해 본 논문은 종교 다원화 시대 및 다문화 현실에서 국가 정체성과 민족 정체성이 충돌할 수 있는 상황에서 시민종교는 국가존속과 발전을 위해 필요한 요소인 것을 보여 준다. 또한 이 논문은 개인이 국가에 대한 소속감을 가지고 국가의 구성원으로서 연대감을 갖게 하며 국민적 단합, 결속력 및 충성심을 강화시키는 역할을 하는 국가 정체성을 종교적 맥락으로 새롭게 봐야 한다고 주장한다. 정부는 국민적 단합을 형성하기 위해 국가의 비전은 물론이고 국가 상징들, 영웅들 및 국가적 의례들에 종교적 의미를 부여하였다. 그런 면에서 한국 시민종교를 두 가지 시각에서 이해할 수 있다. 첫째, 시민종교는 근대적인 현상이며 국민들이 가지고 있는 국가에 대한 사랑, 애착심 및 애국심을 종교적인 현상으로 보고 분석할 필요가 있다는 것이다. 둘째, 시민종교가 다문화/종교다원화 시대에 국민들을 결합시킬 수 있는 종교적인 기능을 하게 되었다는 것이다. 본 논문은 한국 시민종교와 미국 시민종교의 차이에 대해서도 언급한다. 예를 들어, 미국 전체 인구의 종교적 배경을 보면 거의 74%가 기독교인이다(개신교: 약 49%; 천주교: 23%; 모르몬교: 1.8%), 그런 이유로 미국 시민종교는 청교도 사상에 바탕을 두고 있다. 한국은 전체 인구의 약 56%가 '무종교'이지만 한국의 시민종교는 유교적 세계관에 기반을 두고 있다. 미국 시민종교에는 링컨, 워싱턴, 루즈벨트 등 많은 대통령들이 국가 발전에 크게 기여한 영웅으로 칭송받으며 국민적 결속력을 형성하는 데 큰 힘이 되고 있는 반면에 한국의 역대 대통령들은 현재까지 논란의 중심에 있는 경우가 많고 진보·보수 진영논리에 따라 호불호가 갈린다.

2. 한국 시민종교의 신념

발전주의(산업화)

한국 시민종교의 형성은 한국의 현대 정치사와 밀접한 관련이 있다. 20세기 전반에 걸쳐 일본 식민 지배를 받았던 한국은 1945년에 다시 독립 국가가 되었다. 한국은 긴 역사를 자랑하지만 식민지화라는 경험을 하며 뼈아픈 "단절된 역사" 및 "공백"을 겪었다. 따라서 한국은 해방 후에 국가 형성 및 민족 형성이 새롭게 또 시급하게 추진해야 할 역사적 과업이 되었다. 다시 말해, 해방 후 분단과 내전 등 심각한 갈등을 경험한 한국사회가 해결했어야 했던 문제는 "강력하고도 지속 가능한 사회통합을 위한 문화적·도덕적 토대"를 형성하는 것이었으며 "사회적 결속을 위한 문화적·도덕적 토대 구축 문제는 폭넓은 가치합의와 감정적 유대에 기초한, 나아가 국가·민족의 매래에 대한 원대한 비전을 공유하는 공동체를 형성하는 과업이기도 했다"(강인철, 2019a: 15; 강인철, 2014, 2016 참조). 주지하듯이, 강인철(2017: 134)은 한국의 시민종교가 해방 이후에 본격적으로 형성되기 시작했다고 보며 "시민종교의 성전(聖典)이랄 수 있는 제헌헌법을 축으로," "민족주의, 발전주의, 반공주의, 자유민주주의, 친미주의라는 '다섯 기본교리들'(five basic doctrines)로 구성되어 있다"고 주장한다. 특히, 한국의 시민종교가 식민지 해방을 계기로 분단되고 한국전쟁을 겪으면서 강한 반공주의 및 강한 친미주의의 성격을 띠었다고 주장한다. 해방 후부터 1990년대까지 남한의 "식민지엘리트"들은 그들의 생존을 위한 돌파구이자 탈출구로 이런 시민종교를 구축하는 데 많은 노력을 기울였다는 것이다.

본 논문은 한국 시민종교의 신념체계가 강인철이 주장하는 '다섯 기본교리들'로 구성되어 있다고 할 수 있지만 그중 발전주의(산업화)가 가장 중요하다. 거의 유일하게 국가적 목적과 국가의 목표를 제시하는 신념이기 때문이다. 산업화가 국가적 목표로 등장한 근대 정치사회사적 전환점은 1961년

군사쿠데타였다. 쿠데타를 일으킨 박정희는 정치적 안정을 가져오고, 개혁을 수행하고, 국가를 재건하고 한국인의 삶을 개선하기 위해서는 경제 발전이 필요하다고 믿었다. 특히 군사쿠데타의 정당성을 확보해야 한다는 요구에 압박을 받은 박정희 정권은 자급자족 국가경제 구축을 가장 시급한 목표로 인식했고, 이에 따라 정부의 감독과 개입을 통해 주도되는 경제계획을 시작했다. 기본적인 근거는 한국이 굶주림, 빈곤, 취약한 사회 기반 시설, 약한 국력 등 모든 사회적 병폐를 극복하기 위해 현대화하고 산업화해야 한다는 것이었고, 이러한 목표를 실현하기 위해서는 산업 노동자로서 국민의 적극적인 참여가 필요하다는 것이었다(Kim, A., 2005: 121-122). 박정희 정권은 국가건설의 중심이었던 근대화와 산업화 추진 외에도 국민을 재건 과정에 적극적으로 참여하게 하기 위해서는 국민의 정체성과 한국인으로서의 자부심을 재확인하고, 강력한 일체감을 장려해야 한다는 것을 깨달았다. 즉, 한국의 시민종교가 형성되기 시작한 것이다. 일제강점기에 따른 패배감과 굴욕감을 없애고 민족정체성을 되찾기 위해서는 강한 시민종교가 필요했다. 이는 실제로 수십 년 동안 한국의 정체성과 문화를 말살시키려 했던 일제강점기에 대한 '생생한 기억'으로 더욱 설득력을 갖게 되었다. 또한 한국은 산업화라는 공통 목표를 위해 한국인들을 하나로 모을 수 있는 방향과 목적의식을 제공하는 시민종교가 필요했다.

정부가 촉진하는 한국 시민종교는 자연스럽게 국가건설 및 나라건설 과정에서 필수적인 부분이 되었다. 국가의 비전과 목적을 분명히 제시하고, 빈곤 해소와 주권 강화를 포함한 다양한 국가목표 달성의 열쇠로 지속적인 경제발전을 지목했다. 다양한 사회적 병폐를 극복하고 경제 발전을 통해 국가를 강화한다는 목표는 한국인들의 큰 호응을 불러일으켰는데, 특히 과거의 국가적 약점과 패배에 대한 '집단 기억' 때문에 더욱 그러했다. 따라서 1960년대 한국정부는 한국인이 직면한 역사적, 국가적 과제로서 근대화라는 주제를 슬로건으로 채택하였다. 정부가 촉진했던 구호들은 모두 국가경제발전의 집단적 측면을 강조했다. 예를 들어, 근면성의 필요성을 강조함과 동시에 일과 경제적 목표를 함의한 많은 캐치프레이즈가 동원되었다. "국위 선양", "수출증대", "민족중흥", 수출을 통한 "국력강화" 등 이 좋은 예들이다(Kim, U., 1986: 43). "하면 된다", "소신", "강력한 추진", "결단" 등도 초기 산업화 시기에 노동자들의 주의를 끌기 위한 문구로 활용되었다(Kim, U., 1986: 43). 또한 "우리는 무엇이든 할 수 있다"라는 긍정적인 태도와 "잘살아 보자"라는 표현은 산업화의 긍정적인 의미를 전파하려는 정부 구호였다(Kim, A., 2005: 122).

한국인들이 그러한 국가적 목표에 공감하고 국가를 위해 열심히 노력할 수 있도록 정부는 국가를 큰 가족, 공동체로 바라보도록 여론 조성하는 것을 주저하지 않았다(Kim, A. and Park, 2003 참조). 정부는 국민들에게 국가를 위해 뭔가를 하려는 의지가 유교적 시민의식과 일치한다는 것을 계속 상기시켜 주며, 한국인들에게 국가를 위해 열심히 일하라고 요구했다. 노동자들은 언젠가 한국도 세계 선진국의 대열에 합류할 수 있다는 믿음에 따라 경제 발전이라는 국가적 목표를 위해 개인적 희생을 감수하도록 영감/압력을 받았다. 이런 식으로, 노동은 사회적 의무, 애국적 의무, 도덕적 의무로 간주되었고, 각 개인이 더 열심히 일할수록 모든 사람이 더 잘 살게 되는 것과 동시에 사회적 병폐를 해결할 수 있는 유일한 방법이며 회사와 국가의 번영에도 기여할 것이라는 생각이 널리 퍼졌다.

우리나라의 급속한 산업화 시기(1960-1980년대)의 경제발전이라는 시민종교적 목표는 대중들 사이에 존재하는 강한 반일 정서를 인위적으로 자극했다. 문화적으로 유사하지만 한국적 관점에서 열등하다고 여겨져 온 일본이 한국을 식민지화했다는 사실은 한국인들에게 경제적으로 성공함으로써 과거의 실수를 바로잡겠다는 강한 확신과 결의를 주었다. 기업들은 이런 감정을 인지하고 노동자들이 열심히 일하도록 동기를 부여하기 위해 일본을 분명한 "적"으로 부각시켰다. '일본을 따라잡자', '일본을 넘어 서자', '일본을 이기자' 등 기업 슬로건은 정부와 업계가 효과적으로 활용하였다(Kim, A., 2005: 123).

1980년대 후반까지 북한은 경제발전에 대한 국민의 열망을 자극하는 또 다른 "적"으로 묘사되었다(Kim, A., 2005: 123). 실제든 상상이든 북한의 끊임없는 침략 위협에 직면한 한국인들은 북군에 대항하기 위해 최첨단 무기를 구입하기 위해서라도 강력한 경제를 건설하기 위해 노력해야 한다는 생각을 내면화했다. 또한 한국인들은 냉전시대가 한창이던 한국의 산업화 시기에 한국이 북한보다 경제적으로 더 발전했다는 것을 세계에 증명하기 위해서라도 열심히 일해야 한다는 생각도 하게 되었다.

결과적으로 한국의 시민종교는 국가 목표와 운명으로 급속한 산업화를 목표로 정부에 의해 형성되었다. 또한 정부는 일제 강점기, 한국 전쟁, 빈곤 등 수세기에 걸친 국가적 고난을 포함한 과거에 대한 선별적 묘사를 한국인의 존엄성이 회복될 수 있는 미래와 대조함으로써 한국인들에게 목적의식과 자부심을 심어 주려고 했다(Kim, A., 2005: 123). 이는 급속한 경제 발전이 국가의 주권을 강화하고, 특히 기아와 빈곤과 같은 다양한 사회 경제적 문제를 극복할 것이라고 설득함으로써 한국 국민들에게 경제 발전에 대한 강렬한 갈망을 심어 주었다. 정부가 추진한 강하고 안전하며 부유한 국가에 대한 비전에는 미래 경제 발전의 혜택을 공정하게 공유 할 것이라는 약속도 담겨 있었다.

이러한 국력에 대한 찬양, 일본과 북한에 대한 반감, 미래의 경제 번영에 대한 약속은 한국 시민종교의 일부일 뿐이라는 점도 유념해야 한다. 박정희 정권은 국가 목표(즉, 산업화)에 대한 국민의 지지와 자발적 참여를 촉진하는 최선의 방법은 한국인으로서의 정체성과 자부심을 재확인하고 강한 단결을 재확인하는 것이라는 것을 인지했다. 다음 절에서 살펴보겠지만, 경제 번영과 국력에 대한 미래 전망의 약속은 한국 민족과 역사에 대한 다층적인 민족주의적 서사를 통해 능숙하게 뒷받침되었다.

3. 한국 시민종교의 요소들

유교적 가치관, 민족과 언어의 동질성, 국가 상징과 성인들

앞서 살펴본 바와 같이 우리나라의 시민종교는 산업화를 민족적 운명으로 강조하였다. 분명한 국가 비전을 확고히 가지고 국민의 공감과 적극적 참여를 유도하여 한국인으로서의 정체성과 민족 공동체에 대한 소속감을 강화하는 것이 그 다음이었다. 이에 따라 한국 시민종교는 한국의 긴 역사, 유교적 유산, 민족적 및 언어적 동질성, 지리학적 연속성을 인위적으로 부각시키고 국가상징 및 국가적 영웅을 "만들며" 미화했다.

1)유교적 가치관

한국의 시민종교는 유교적 가치의 영향을 많이 받았다. 유교적 가치관이 한국인의 의식, 윤리, 관습, 정체성, 가치관 등에 큰 영향을 주고 있기 때문이다. 유교는 조상숭배 및 제사 등 종교적 신앙으로서뿐만 아니라 사회 규범과 도덕의 기초로도 자리잡고 있다. 사실 우리나라는 일본은 물론이고 유교가 유래한 중국보다 더 "유교화"된 문화라는 주장이 있다. 이런 주장에 따르면 한국인들이 유교의 핵심적 가치관들인 효와 충성에 대해 동의 또는 지지하는 정도가 다른 유교문화권 사람들인 일본인과 중국인들 보다 비교적 높고 유교적 장례식을 치르는 비율과 제사를 지내는 비율도 이 두 나라보다 현저히 높은 것으로 나타났다(Koh, 1996). 실제로 다양한 설문조사 자료들을 보면 많은 한국인들이 유교적 관습인 제사나 조상숭배 등을 여전히 실행하고 있고(한국갤럽, 1984, 1998, 2005, 2015; Koh, 1996), 유교적 가치를 전반적으로 받아들이고 있는 것으로 나타난다.

차성환(2000: 207)에 따르면 "한국의 시민종교는 조선사회를 국가의 종교로서 500년 동안이나 지배해왔던 신유교로부터 발전되어 왔다"고 주장한다. 차성환(2000: 206)은 한국사회가 "공적인 영역에서 종교적 차원을 표시하는 신

념, 상징 및 의례에 있어서 기독교적인 전통을 가지고 있는 미국과는 현저하게 다르다"고 지적하며 "한국은 이 모든 것에서 기독교와는 전혀 다른 신유교적 전통을 가지고 있다"고 주장한다. 역사학자 존 던컨(John Duncan, 1997: 53)도 한국은 "정치적 목적을 위해 유교적 가치관을 활용한 오랜 전통을 가지고 있다"고 지적한다. 고려 시대 및 조선 시대에서 왕들은 충성과 효의 미덕을 강조함으로써 신하들 및 국민들의 충성심을 키우려고 했다. 특히 조선왕조에서 이러한 미덕을 대중의 마음에 성공적으로 주입했다. 이 전통은 해방 후 한국 정부에 의해 어느 정도 모방되어 왔다. 박정희 정권을 시작으로 한국 정부는 유교 사회윤리를 장려하여 국민의 공동체 의식을 고취시키고 국가에 대한 강한 충성심을 북돋고자 했다. 예를 들어, 1970년대와 1980년대에는 충성심과 효의 미덕을 고양하는 많은 책과 기사가 출판되었는데, 그중 많은 책들이 정부 지원 연구 센터에 의해 직접 또는 간접적으로 후원되었다(한기언, 1977; 김유혁, 1977; 허창덕, 1977 참조). 교육체계도 중요한 역할을 했다. 1970년대 초 한국 교육은 '국가 정체성을 가진 교육'이라는 슬로건 아래 개편되었고, 이는 효도, 국가에 대한 충성심, 근면, 협동 등 유교 사회윤리가 좋은 시민의 이상으로서 체계적으로 발전한 때이다. 오늘날에도 '도덕' 또는 '국민윤리'는 초등교육과 중등교육의 핵심 과목 중 하나로 구성되어 있는데, 학생들은 어렸을 때부터 유교적 가치인 충성과 효의 중요성에 대해 배운다. 또한 1971년 박정희 정권이 농촌경제 발전과 농촌 생활수준 향상을 위해 출범한 새마을운동은 효와 충성심 등 유교적 가치를 찬양하고 근면, 자조, 협동 정신을 강조하는 '새정신운동'의 이념으로 보완되었다.

충성과 효 개념은 한국 시민종교의 중심에 있는데, 이는 개인에게 필수적인 덕목일 뿐만 아니라 인간관계와 사회제도의 기본 원칙이기도하기 때문이다(김익수, 1977). 충성과 효의 사상은 개인이 가족, 공동체, 회사 또는 국가와 같은 집단의 이익과 목적에 종속되어야 한다는 것을 의미한다. 특히 효는 한국인들이 문화적 정체성을 이끌어 낸 믿음과 실천이다. 즉 그들의 영혼이 한국인이라는 것을 상기시켜 주는 역할을 한다. 효와 가족애에 대한 정서는 문화적으로 가장 중요한 한국 풍습인 조상숭배 제사를 통해 강화된다. 한국인이 조상숭배 의식을 수행하는 정도는 설날과 추석과 같은 문화적으로 중요한 명절 때 분명하게 들어난다. 전체 인구의 절반 이상이 제사를 수행하기 위해 고향으로 "순례"를 하여 실제로 전국의 모든 고속도로에 교통 체증을 유발한다.

> 이런 순례에 참여함으로써 사람들은 조상의 상상의 세계로 들어가 자신의 과거를 창조하고 신성한 의식의 과정을 통해 조상과 동일시된다. 또한 순례는 시간과 공간의 한계를 넘어 자신의 세계에 대한 개념적 지도를 구축하는 경험을 제공한다. 이러한 성지를 방문함으로써 사람들은 역사적 의식을 새롭게 하고 지역 경계를 넘어 역사 공동체를 확장한다. 이러한 활동을 통해 그들은 인간 관계연결망을 재구성하거나 공고화한다(Kim, K., 1996: 215-216).

따라서 조상 숭배는 "사람들이 그들의 역사와 문화적 특색에 대해 배울 수 있는 문화적 메커니즘"으로 볼 수 있다(Kim, T., 1996: 213). 한국인의 정기적인 조상숭배의 수행은 조상과 친족과의 유대를 강화하고, 나아가 그들의 직계 공동체와 더 큰 사회, 국가의 구성원으로서의 정체성을 강화시킨다. 제사를 수행한다는 것은 유교 전통에 의해 형성된 국가 문화에 참여하는 것을 의미한다. 유교적 가치에 깊이 뿌리내린 문화적 전통과 함께 유교적 방식으로 행해지는 제사는 모두 한국 문화유산의 중요한 측면으로 간주된다. 또한, 효를 행하고 제사를 지내는 과정에서 한국인들은 공통된 유산에 대한 애착심을 표현하고, 공유된 전통에 대한 헌신을 재확인함으로써 국가의 구성원으로서의 정체성을 새롭게 하고 있다. 이러한 핵심가치를 유지하면서 한국인들은 자신의 정체성을 상기시키고 공통된 문화유산에 대한 충성을 강화한다. 그래서 이러한 가치관을 지키지 못하는 것은 한국 문화유산과 정체성

에 대한 반항으로 간주된다.[3]

2) 민족 정체성과 언어의 동질성

한국 시민종교는 한국인의 정체성과 소속감을 강화하기 위해 유교적 가치관 외에 한국의 민족적 및 언어적 동질성도 인위적으로 부각시켰다. 한국 시민종교에 현존하는 강력한 역사적 집단성에 대한 인식은 민족적, 문화적 동질성을 강조하였다. 한국 시민종교의 중요한 부분을 차지하는 '민족성'(peoplehood)의 중심은 민족 동질성이라는 신화다. "민족 건설" 과정에서 한국 정부는 한국인들이 태고적, 민족적으로 동질적이라는 사상을 홍보해왔다. 한국 정부는 한국인들에게 그들이 공통 조상의 후손이라는 이데올로

••••

3 전통 한국 문화의 보고로서, 특히 민속 종교, 음악 및 춤과 관련된 것으로 토종 종교인 무교도 한국 정체성의 상징적인 초점이 될 수 있다고 할 수 있다. 한국 정부는 1960년대 초의 근대화 추진 과정에서 무교와 다른 유형의 민속 종교를 보존해야 할 국가 문화유산의 중요한 부분으로 간주했다. 이에 따라 정부는 무형문화재로 무당 등 민속풍속 및 공연예술 분야의 저명한 전문가를 지정하고 재정지원을 했다. 또한 무속은 한국 예술의 발전에 중요한 역할을 해 왔다. 예를 들어, 무속의 신을 그린 그림은 한국 최초의 종교회화였고, 무속의례의상은 한국의 의복양식의 본질과 변천에 대한 중요한 정보를 제공하며, 농악과 그 악기는 무속의례에 사용된 악기와 밀접하게 연관되어 있으며, 한국 전통무용은 무속의례에 뿌리를 두고 있고, 무속의 노래와 서사시는 민속학과 판소리의 발전에 큰 기여를 했다(Kim, T. 1992:42). 급속한 산업화와 근대화와 서구화의 증가로 국민 정체성의 문제에 관심을 갖게 된 지식인들이 시작한 1980년대의 문화 민족주의도 문화 뿌리에 대한 국민의 관심을 불러일으키는 역할을 했다. 정부는 한국인의 문화적 정체성에 대한 인식을 더욱 높이기 위해 지역 민속 축제 및 연례 민속 예술 경연 대회를 후원하거나 조직함으로써 이러한 분위기를 고조시켰다. 대중매체도 이러한 움직임에 동참하여 무속, 농민음악 및 춤 등 민속 문화를 대중들에게 알리며 활성화시켰다. 따라서 무속의례는 현재 공공 공연으로 일반적으로 개최되고 있으며, 농민 음악과 같은 다른 형태의 민속 문화는 한국 예술계의 중요한 부분이 되었다. 또한 무속의례의 춤은 예술로 거듭나서 대학에서 전통무용의 한 형태로 자리 잡았고, TV와 예술센터에서 정기적으로 공연된다. 정부의 강력한 후원 아래 2002년 한일월드컵 개최를 축하하는 무속 의식의 공연은 민속 종교에 부여된 문화적 정당성의 좋은 예다. 따라서 무속에 대한 긍정적인 수용은 한국인의 문화적 정체성을 재확인하고 민족 공동체 의식을 강화하려는 시도로 이해될 수 있다.

기적 신념을 심어 주어 동족 공동체를 형성했다. 이런 식으로 한국 민족성을 상징하는 것은 단 하나, 즉 같은 "혈통"과 같은 조상을 가진 사람들로 구성된 한국이다. 이러한 민족적 동질성의 상징적 구성의 중심에는 국가의 건국 신화 또는 하나의 조상 신화, 즉 단군 신화가 있다(설중환, 2009; 윤명철, 2008; 임재해, 2007). 단군 신화는 단군이 어떻게 한국 최초의 왕국의 전설적인 창시자가 되었는지 설명하고, 한국 정부는 이 신화를 사용하여 한국인이 그의 후손이라는 이데올로기를 발전시켜 왔다(금익수, 2011; 송호정, 2004; 정영훈, 2009; Grayson, 1997 참조). 이렇게 단군 신화는 한국 민족성의 본질을 표현하고 한국 민족의 정신적, 영적 뿌리라고 여겨져 왔다. 한경구(Han, 2007: 12)가 주장했듯이 단군신화는 한국의 "문화적 독특함과 우월성에 대한 심오한 감각"을 심어 주는 데에도 사용되었다. 사실, 단군신화는 '국가'(國家)라는 용어를 가족주의적인 방식으로 사용하는 것과 일치한다. 즉 '국'(國)은 나라를 의미하고 '가'(家)는 집, 가족을 의미한다. 이런 식으로 국가는 대가족으로 인식되었던 것이다. 같은 이미지를 떠올리는 용어로는 '민족', '민족국가', '민족공동체', '겨레' 또는 '동일민족' 그리고 '동포'('한 어머니로부터의 자손') 등이 있는데, 이 용어들은 모두 한국인의 민족성을 같은 혈족으로 구성된 것으로 이해한다(Rho, 1992).[4]

단군신화는 19세기 후반에 애국주의적 언론인과 지식인들에 의해 대중화되었지만(Schmid, 2002: 171-198), 한국관광공사 웹 사이트는 여전히 방문객들에게 자랑스럽게 다음과 같은 정보를 제공한다,

> 한국인들은 단군 전설을 신화적인 이야기 이상으로 받아들이고 해석한다. 유골이 발견될 때까지 트로이의 몰락(Fall of Troy) 이야기가 모호한 신화적 이

••••

4 현재 한국은 급속하게 다문화사회가 되어가는 상황에서 단일민족에 대한 생각의 변화가 필요할 수도 있다고 본다. 2018년 기준으로 외국인 수는 236만을 넘어서 전체 인구의 4.6%를 차지했고 2028년에 534만이 넘을 것으로 예측되고 있다(전체 인구의 10.1%).

야기로 전 세계에 받아들여졌던 것처럼, 한국인들은 단군 전설이 한반도 최초의 고대 왕국의 토대 이야기의 흔적이 될 수 있다고 믿는다. 단군 전설을 바탕으로 한국 역사학자들은 한국 역사의 기원을 약 5만 년 전으로 거슬러 올라간다(한국관광공사, 2020).

단군신화와 그에 수반된 이념이 한국 시민종교의 불가분의 일부가 된 이유 중 하나는 단군신화를 학교에서 역사적 사실처럼 가르친다는 것이다. 실제로 1988년 이래 초중등교육의 역사교과서는 단군신화가 역사적 사실을 반영하고 있는 것처럼 묘사하고 있고 단군왕검은 한국에서 통치자의 칭호라고 주장해 왔다(Seth, 2002: 192-223 참조). 또한 한국정부는 단군신화를 1948년 제1공화국이 수립된 이래 가장 중요한 교육 내용 중 하나로 활용하고 있다. 단군신화에는 단군의 아버지 환웅이 인류에게 이익을 가져다주기 위해 땅으로 내려왔으며 인류의 복지에 대한 헌신 사상이 담겨 있는 '홍익인간' 이상을 포함한다. 비록 인류 복지에 대한 헌신의 이상이 한국에 초점을 맞추어 좁혀졌지만, 그 원칙은 한국인들에게 국가의 발전을 위해 더 잘 헌신할 수 있는 능력을 강화할 것을 요구해 왔다. 홍익인간의 교육이념화는 해방 후 바로 시작되었다. 예를 들어, 1945년 12월에 열린 조선교육심의회의 전체회의에서 교육의 근본이념을 "홍익인간의 건국이상建國理想에 터하여 인격이 완전하고 애국정신이 투철한 민주국가의 공민을 양성함"에 두었고 1949년 12월 말에 시행된 '교육법'도 "교육은 홍익인간의 이념 아래 모든 국민으로 하여금 인격을 완성하고 자주적 생활능력과 공민으로의 자질을 구유하게 하여 민주국가 발전에 봉사하며 인류공영의 이상 실현에 기여하게 함을 목적으로 한다"고 명시했다(정영훈, 2008: 181-182; 강인철, 2019b: 41 재인용). 홍익인간 사상은 오늘날 한국의 중요한 교육이념으로 남아 있다.

이렇듯, 민족 형성 과정에서 전후 한국정부는 한국인들이 공통 조상의 후손으로 이루어진 동족 공동체로 인식하도록 고무시킨 사상을 제시했다. 그러므로 한국 근대사에는 한국인의 민족성을 나타내는 상징은 같은 조상을 가진 민족으로 구성되어 있다는 민족 동질성이다. 따라서 한국 민족 정체성을 구성하는 것에 대한 양면성이나 애매함은 없다. 그 정체성이 무엇을 의미하는지에 대한 명확한 비전이 있으며, 공통된 정의에 대한 합의가 있다. 한국 사람들은 또한 자국의 역사 내내 많은 침략과 외국 점령에 시달렸음에도 불구하고 자국의 문화적 독창성과 연속성을 유지할 수 있었다는 사실에 자부심을 느낀다. 역사적으로 다민족, 다문화 사회에 익숙한 다수의 국가들과 비교해도 한국의 독특한 사항은 잘 나타난다.[5]

한국 교과서에서 고양되고 한국인의 '민족성'의 또 다른 중요한 요소를 구성하는 것은 문화적 연속성에 대한 깊은 자부심이다. 한국인들은 역사상 빈번한 침략과 수많은 외국 지배에도 불구하고 문화적 독창성과 연속성을 유지할 수 있었다는 사실에 큰 자부심을 갖도록 교육받는다.[6] 이러한 자부심의 중심에는 언어적 동질성이 있다. 특히, 한국어 문자 체계인 한글은 세계에서 가장 단순하면서도 가장 정교한 문자 체계 중 하나로, 단 24자만으로 완성되었다. 한국인들은 한글이 쓰기를 배우기 가장 쉬운 문자 체계 중 하나이며, 논리적이고 가장 "과학적" 문자 체계이며, 거의 모든 언어의 소리를 표현하는 데 가장 적합한 문자 체계라는 것에 큰 자부심을 갖는다. 이러한 한글에 대한 자부심은 한국인들이 한글날(10월 9일)을 국경일로 기념하는 것에서 더욱 잘 드러난다. 이처럼 한국어, 특히 문자 체계인 한글은 민족적 통일성과 통합 정신을 고취하는 데 중요한 역할을 해 왔다. 예를 들어, 국립국어원(2020)의 웹사이트(영어 버전)는 다음과 같이 주장한다.

• • • •

5 그러나 이러한 민족적 동질성은 역사적 사실보다는 "상상적" 또는 "문화적으로 구축된" 것이다. 더욱이 혈통의 순수성에 대한 이러한 강조는 일제강점기의 이념적 유산으로 남북한 모두의 핵심 신념이 되었다(Myers, 2011 참조).

6 물론, 이것은 한국 역사의 매우 선택적인 묘사로서, 자국의 공격 행위를 간과하면서 국가의 희생을 과장하는 것임을 인정할 필요가 있다.

모든 한국인은 세종대왕의 뜻과 한글의 과학적 우수성을 기념하기 위해 기념일이 필요하다. 미국의 한 언어학자조차 세계 최고의 문자체계를 기념하는 이 날을 기념하기 위해 매년 파티를 연다고 한다. 한글날뿐만 아니라 때때로 우리는 더 편안한 삶을 살 수 있게 해준 한글에게 감사해야 한다.

주지하듯이 한국인들은 어려서부터 한국어, 특히 한글을 세계 최고의 언어 체계 중 하나로 생각하도록 배운다. 한국인들은 모두 같은 언어를 사용하며 그들의 언어를 매우 자랑스럽게 생각한다. 언어는 사회의 가치를 구체화하고 집단들 간의 차이를 상징하는 동시에 화자 집단 내의 연대를 상징한다. 따라서 한국어는 국가적, 민족적 통일성과 동질성의 정신을 증진시키고 유지하는 데 큰 역할을 해 왔다. 전 세계에 7,000개 넘는 언어가 존재하고 거의 모든 국가에서 다언어가 쓰여지고 있는 현실(예, 인구가 800만 명이 채 안 되는 파푸아뉴기니에 쓰여지고 있는 언어가 800개가 넘는다)에서 하나만의 언어를 쓰는 나라로서 한국이 거의 유일하다.

한국인의 민족성 의식에 중요한 또 다른 요소는 한국의 지리적 현실이다. 한국 시민종교는 한국인의 민족적, 언어적 동질성이 옛날부터 한반도에 살았던 집단으로서 지리적으로 단결되고 중국과 일본을 제외하고 다른 나라와 상대적으로 거리가 있다는 사실에 의해 강화된다는 개념이 강하다. 이 사상에 따르면, 대부분의 국가가 역사 전반에 걸쳐, 특히 19세기 이후 국가 경계의 변화를 경험했지만, 한국인들은 고대부터 한반도에 거주해 왔으며 이러한 공유된 영토와 오랜 역사의식은 한국인들의 고유성을 강화하고 한반도에 대한 애착을 강화시켰다.[7] 한국의 민족 정체성에 대한 강력한 감정

• • • •

7 한국인의 지리적 정체성에는 만주가 포함될 수 있다는 점에 유의해야 한다. 또한 지리적 정체성에 관한 한, 한국의 정체성과 북한을 포함한 범한 정체성 사이에 어떤 긴장이 있을 수 있다. 1940년대 후반부터 1980년대 후반까지 권위주의 정권 계승에 의한 강력한 반공 이데

을 불러일으킨 또 다른 지리적 상징은 산악 풍경(남한 반도의 거의 70퍼센트가 산으로 덮여 있다)이며, 이는 민속, 현대 문학, 전통 및 현대 소설, 회화 및 기타 예술 작품에서 두드러지게 나타난다.

3) 역사와 국가상징

세계의 많은 지역에서 역사는 사회 갈등의 핵심에 있는 경우가 많다. 예를 들어, 미국은 노예역사 및 백인과 흑인의 갈등으로 얼룩진 역사에 대한 엇갈린 해석 때문에 미국 시민종교의 확립에 있어서 역사의 역할은 한국과 비교해서 미약하다고 할 수 있다. 역사에 대한 갈등과 다른 해석은 한 국가의 역사가 시민종교 형성과 확립에 기여하는 것을 약화시킬 수 있다. 그러나 한국에서는 그렇지 않다. 긴 역사와 국가적 영웅에 대한 동일한 해석이 결합되면서 한국의 강한 시민종교가 형성되었다.

한국 정부가 지지한 시민종교는 역사적으로 기반을 둔 정치적, 사회적, 문화적 성과라는 감각을 통해 강화되었다. 실제로 한국인들은 그들의 오랜 역사에서 민족 정체성을 상당 부분 이끌어 낸다고 해도 과언이 아니다. 그들은 5,000년 이상 된 것으로 알려져 있고 수천 년 동안의 침략과 외부 압력에서 살아남은 그들의 문명(역사)을 매우 자랑스러워한다. 따라서 역사는 민족적 응집력을 증진시키고 사람들이 공통의 역사적 경험, 유산 및 정체성을 공유하는 공통의 운명에 대한 합의를 달성하는 중요한 수단이 되어 왔다. 공통의 역사적 경험을 공유한다는 것은 그들이 동일한 국가적 영웅을 공유하고 역사적 사건을 거의 같은 방식으로 해석한다는 것을 의미한다. 따라서 한국의 중요한 역사적 사건과 인물에 신성한 자질을 부여하는 데 있어 갈등이나 의견 차이가 별로 없었다. 한국 역사의 많은 사건들, 특히 한국이 얼마

••••

올로기에 의해 촉발된 반북 정서가 현재 눈에 띄게 줄어들었지만, 북한 정권의 동기와 행동에 대한 의심과 불신은 여전히 남아 있다.

나 오랫동안 통일되어 있었는지를 보여 주는 고려 왕조(918-1392)와 조선 왕조(1392-1910)의 두 왕조가 그렇다. 한국인들은 또한 몽골 고려 침공(1231-1273), 임진왜란(1592-1598), 병자호란(1627-1936), 일제강점기(1910-1945) 등 파괴적인 침략과 외국 점령을 어떻게 견디고 극복하며 그들의 문화와 민족적 정체성을 보존할 수 있었는지에 주목한다. 또한 한국인은 일본의 식민통치에 항거하며 한국의 독립 의사를 세계에 알린 1919년 3·1 독립운동을 기념하고 일제통치에서 해방된 것을 기념하여 국가 독립의 중요성을 상기시키며 해방일인 8월 15일을 기념한다. 과거 업적을 기념하는 데 있어서, 세계에서 가장 먼저 만들어진 것으로 알려진 한국의 발명품들도 미화된다. 예를 들어, 양면 인쇄가 가능한 두껍고 단단한 종이(1145–1188), 책을 인쇄하는 세계 최초로 금속활자(1234년경), 1590년대 거북선 등이 미화되었다.

학자들 사이에 비판적인 논의와 다른 해석이 있지만, 정부가 지지하는 국가의 고대 역사에 대한 해석은 거의 보편적으로 일반 대중에 의해 받아들여지고 있다. 따라서 한국의 고대 전통은 학교 교과서와 박물관 등에서 흔히 볼 수 있는 5,000년의 역사를 바탕으로 강력한 시민 종교의 토대를 형성했다. 흥미롭게도, 한국의 고대 역사를 둘러싼 주요 갈등은 국내가 아니라 이웃 국가들, 특히 중국, 북한, 일본과 각각의 역사를 어떻게 구분할 것인가에 대해 일어났다. 논쟁의 핵심은 현대 중국-한반도 국경 양쪽에 존재했던 고대 왕국을 국유화하려는 시도에서 비롯된다(Wang, 2020; Song, 2004 참조). 이러한 국제적 분쟁에 대한 분석은 본 논문의 범위를 벗어나지만, 외국과의 이 논쟁은 의심할 여지없이 한국 정부가 과거에 대한 "올바른" 해석을 밝히는 데 큰 역점을 두게 된 것에 기여했다. 더욱이 이러한 민족적 역사 해석은 권위주의 정부에 의해 대중화되었지만 여전히 한국 정부가 국가를 어떻게 묘사하는지에 필수적인 부분이다. 예를 들어 문재인 대통령(2019)은 스웨덴에서 짧은 연설을 하면서 "오래된 5000년 역사를 거치면서 한국은 다른 나라를 침략한 적이 없다"는 주장을 포함해 한국의 5000년 역사를 두 차례 언급했다.

한국 시민종교의 형성 과정에서 한국 역사에 대한 민족적 해석보다 더 먼저 부각된 것이 국기, 국가, 국화를 포함한 국가의 상징들이었다(강인철, 2019b: 113). 국가상징은 "한 나라의 공식적인 표상表像으로서 국가의 정체성正體性 확립과 국민통합에 구심점 역할"을 담당하며 "국기·국가·국화 외에도, 나라문장紋章, 국새國璽, 국호, 연호, 정부기政府旗, 대통령인印·국무총리인印 등"이 포함된다(편찬위원회, 1999: 1-50 참조; 강인철, 2019b: 113 재인용). 국가상징들은 근대 국가가 성립되면서 확정되는데 이는 근대적 국가를 형성하는 과정에서 국가와 국민이 나아가고 지향해야 할 방향을 공식화함을 의미했다(조동걸, 2003: 194-195; 강인철, 2019b: 113 재인용). 한국의 대표적인 국가상징들인 태극기, 무궁화 및 애국가의 역사는 더 길지만 해방과 함께 '민족의 상징'으로 다시 회복되었다.

가장 중요한 국가상징인 국기는 한 나라의 독립된 주권과 국민적 결속 및 통합 그리고 국가이념과 민족정신을 상징했고, 더 나아가 "정치적 지배관계를 유지하는 데 필요한 하나의 기술"이기도 했다(최창동, 1990, 4, 20; 강인철, 2019b: 113 재인용). 태극기는 특히 해방 후에 한국인들을 단결시키는 중요한 상징이었다.[8]

1946년 1월 14일에는 미군정청으로 사용되던 중앙청 국기게양대에도 '조선독립 만세' 함성과 함께 태극기가 처음 게양되었다. 해방 이후 "민족의 첫 경사"로 치러진 3·1절 기념행사는 "자유의 태극기 아래"서 거행되었고, 민족적 의미를 기리는 여러 행사들은 '태극기의 게양'으로 시작되곤 했다. 미군정이 1946년에 발행한 교과서들에도 첫 장에 태극기 작도법作圖法이 이미 들어갔고, 교과과정에도 태극기에 대한 질문들이 포함되었다(이연숙, 2013: 132, 146; 김혜수, 1997: 102-104; 강인철, 2019b: 114 재인용).

8 특정 국가의 국기가 모든 국민들을 단결시키는 역할을 하는 것은 아니다. 미국의 경우 성조기와 "경쟁하는" 남부연방기(Confederate Flag)가 있는데 다수의 남부 사람들은 남부연방기를 아직도 선호한다고 알려져 있다.

한국인들은 태극기의 흰색 배경이 한국인의 순결(순수성)과 평화를 사랑하는 본성의 상징이라고 믿는다(한국인들은 오랜 역사동안 다른 나라를 침략한 적이 없다는 사실에 자부심을 느낀다). 국기의 중심에 있는 음양의 상징은 유교적 상징으로, 한국의 시민종교에서 유교적 사회·윤리 철학의 중요성을 상기시켜 주는 중요한 상징이다(유승국, 1988). 또한 네 모서리의 4괘는 자연의 순환을 형상화한 것이다. 따라서 태극기는 자연과 조화를 이루며 발전하는 한국의 이상을 상징하는 것으로 여겨진다.

안익태 작곡의 애국가는 나라 사랑 정신과 민족의식을 고취시키는 국가에 대한 염원이 포함되어있으며 신(하느님)이 한국을 보호하고 있다는 내용이 담겨 있다. 애국가는 각급 학교의 교과서에 수록되고 정부의 각종 공식행사에서 사용됨으로써 국가로서 확실한 자리매김을 하였다. 또한 스포츠 게임 및 다양한 대중 행사에 참가자들이 국기에 경례하고 애국가를 부르는 것과 같은 시민종교 의례로 시작된다. 국기와 애국가는 특히 개천절, 삼일절, 현충일, 광복절 등 정부 주관 기념식에서 화합과 통일감 불러일으키는 데 중심적인 역할을 한다.[9]

무궁화는 한국을 상징하는 국화이다. 태극기와 같이 무궁화도 법률적으로 국화(國花)로 지정되지는 않았지만 사실상의 국화로 인정받고 있다. 무궁화라는 이름은 지속성 및 영원성을 의미하고 또 그 꽃의 특징도 아침에 활짝 피었다가 저녁에 시들거나 떨어져도 다음 날이면 새로운 꽃이 피기 때문에 수많은 탄압을 받았지만 무너지지 않고 끝가지 버티고 이겨 낸 한국인의 저력을 상징한다. 주위에 국가상징으로 쓰이고 있는 무궁화를 잘 볼 수 없다고 생각하기 쉽지만 사실 다양하게 쓰이고 있다. 무궁화는 미군정 시기인 1946에 경찰 간부 계급장을 무궁화의 개수로 표시하면서 사실상의 국화

9 캐나다의 경우 국가가 두 개라고 해도 과언이 아니다. 캐나다 국가인 〈오 캐나다〉(O Canada)는 영어와 불어 버전이 있는데 음은 같지만 가사 내용이 다르다. 선호하는 언어에 따라 "다른" 국가를 부르는 것이다.

로 인정받고 있었다(강인철, 2019b: 116). 이 전통은 지금까지 이어지고 있는데 경위는 무궁화 1개, 경감 2개, 경정 3개 등 무궁화의 개수로 경찰 계급을 구분한다. 사실, 한국경찰의 유니폼과 배지에 있는 로고와 경찰청 심벌마크에도 참수리(경찰을 상징화) 밑에 무궁화(국가와 국민을 상징화)가 있다. 군인의 경우에도 부사관급 계급부터 장군까지 무궁화가 기초로 되어 있다. 또한 무궁화는 애국가에서도 언급되고 청와대 대통령 집무실 데스크 뒤 벽을 장식하고 있고, 대통령 명의가 들어가는 모든 서류에 무궁화가 있다. 또한 무궁화는 대통령 표창, 국무총리 표창 등 각종의 표창장, 표지 도안 등에 사용되며 국회 본회의장 중앙에 있는 국회 상징도 중앙에 '국회'라고 쓰인 무궁화이며 국회의원 배지도 무궁화 모양이다. 정부를 상징하는 문양에도 무궁화가 있었다. 2015년 박근혜 정권 때 광복 70주년을 기념하며 정부를 대표하는 새로운 통합 상징으로 '태극문양'을 활용한 새로운 상징을 사용하게 되기 전까지 한국의 3부(행정부, 입법부 및 사법부) 상징은 1949년 당시 문교부의 의해 무궁화를 바탕 상징으로 하는 '정부' 로고가 제정되며 2015년까지 쓰여졌다. 무궁화는 화폐(최초의 1000원권 지폐, 1975-1983)에도 독립의 상징으로 활용되었으며 한국의 최고 훈장인 '무궁화대훈장'은 무궁화 모양을 본 따서 만들었다.

무궁화와 태극기는 해방 초기에 우표와 엽서에도 활용되어 존재감이 두드러졌다. 미군정 시기인 1946년에 무궁화를 주제로 한 보통우표가 발행된 후 같은 해 5월에는 해방 후 최초로 '해방 기념우표'가 발행되었는데 태극기를 주제로 만들어졌다(강인철, 2019b: 114). 해방 후 최초로 발행된 기념엽서였던 '해방 1주년 기념엽서'도 뒷면에 태극기를 들고 행진하는 군중의 모습을 담고 있으며 1948년 대한민국 정부 수립이후 처음 발행된 보통우표에도 무궁화 주제의 우표가 포함되었다(강인철, 2019b: 114).[10]

••••

10 북한에서도 최소한 1948년 건국 전까지는 태극기와 무궁화라는 민족 상징에 대한 공감대가 존재했다(강인철, 2019b: 115). 해방 후 북한에서 발행한 여러 보통우표 및 기념우표들은 무궁화 및 태극기를 주제로 또는 배경으로 활용했고 평양에서 개최된 미소공동위원회

국호도 국가의 상징이라고 할 수 있다. 우리는 '대한민국'이라는 국호를 당연시 여기지만 해방 당시에는 여러 국호가 경쟁을 했다. 국호는 '국명'(國名)과 '국체'(國體) 및 '정체'(政體)를 나타내는 부분으로 구성되는데 해방 후 국명과 관련해서는 '대한', '조선', '고려' 등이 경합했고 정체와 관련해서는 '민국', '공화국', '인민공화국' 등이 경합했다(강인철, 2019b: 14). 국호에 대한 선호는 정치적 성향에 따라 차이가 났는데 '대한민국', '조선인민공화국', 및 '고려공화국'이 대표적으로 경합을 벌였다. 이 밖에도 '새한'과 '대진'(大辰)이라는 국호를 지지하는 이들도 있었다(김혜수, 1997: 96; 강인철, 2019b: 118 재인용). 1948년 대한민국 정부 수립이 되는 그 순간까지 국호는 논쟁에 휩싸였었지만 결국 임시정부수립대책위원회가 제시한 '대한민국'이 최종 승자가 되었다.

4) 국가영웅

한국 시민종교는 국민의 경외심과 존경심을 불러일으키는 국민 영웅들을 국가적 "성인(聖人)"으로서 묘사하며 그들의 삶을 미화시켰다. 국가는 민족의 영웅들을 만들어 내거나 재창조하기 위해 다양한 방법으로 그들의 업적을 찬양하고 숭배하려고 시도한다. 국가·민족 영웅들은 국가가 주관하고 발행하는 교과서에 실리면서 '국유화'되며 영웅의 국유화는 국가가 주관하는 다양한 기념사업을 통해 성취된다(강인철, 2019b: 197). 영웅의 개별 신전들은 주로 영웅의 탄생지인 생가 주변에 조성되며 특정 영웅의 경우 영웅이 활약했던 장소에서 현양·기념의 주기적인 의례 또는 공연이 국가 주도로 행해진다(강인철, 2019b: 198). 또한 영웅들은 그들의 삶과 함께 그들의 죽음에 의해 위대해지며 민족을 위해 생명을 바친 숭고한 희생자이자 "순교자"들로 묘사되며 "민족의 '신전(神殿)'"에 봉안된다(강인철, 2019b: 197). 이 신성화(sacralization)는 심지어

• • • •

회의(1946년 7월)와 남북정치협상회의(1948년 5월)에서도 북한 지도자들은 태극기와 애국가를 '독립과 통일의 상징'으로 사용했다(김혜수, 1997: 96; 강인철, 2019b: 115 재인용).

영웅들과 그들의 업적을 기념하는 신사와 기념관의 창설까지 확장된다. 실제로 한국 정부는 죽은 조선 통치자들을 위한 추모 의식을 계속 관찰하면서 현대 국가와 고대 영웅을 연결하는 것에 대한 큰 자부심을 가지고 있다: "유교 문화권에서 한국은 왕의 조상 사당이 완벽하게 보존되고 숭배 의식이 진정성 있게 계속되는 유일한 국가이다"(문화재청, 2015: 43; 해외문화홍보원, 2013: 66 참조).

한국 최고의 "민족 영웅" 지위를 차지한 역사 인물은 단연 세종대왕과 이순신 장군이다. 두 인물 모두 영웅의 경지를 초월하여 성인(聖人)으로 추앙받고 세종대왕은 "'대왕大王'이자 성군聖君으로", 이순신 장군은 "성웅聖雄"으로 인정받는다(강인철, 2019b: 199). 서울 중심지에는 '세종로'와 '충무로'라는 지명이 있고 광화문에는 두 사람의 동상들이 100미터 거리를 두고 앞뒤로 세워져 있다. 세종대왕과 이순신 장군의 영웅화에는 각종 기념의례는 물론이고 동상, 기념비, 교과서 수록, 전기 편찬, 영화 제작 등 다양한 방법들이 동원되었다.

세종은 "한글로 집약되는 '언어 민족주의'를 대표하는 인물이다"(강인철, 2019b: 208). 세종대왕은 한국인들의 통합된 언어 공동체를 가능케 한 사람으로 인식된다. 세종대왕의 업적에 대한 경의를 표하며 행해지는 가장 성대한 기념행사가 한글반포일, 즉 한글날(10월 9일)이다. 잘 알려지지 않았지만 한글날은 1946년부터 미군정 당국에 의해 공휴일로 지정되었다. 국가 영웅의 우상화에는 여러 가지 "문화적 표현"들이 포함된다. 우표와 화폐가 좋은 예들이다. 세종의 초상은 여러 번 우표에 등장했고 현재 쓰이고 있는 1만 원권에도 등장한다.[11] 지폐에 역사적 위인을 넣는 이유는 화폐의 권위와 신뢰감을 함양하고 특정 국가의 정체성을 보여 줄 수 있기 때문이다. 문화체육관광부의 지원으로 전 세계에 본부를 두고 있는 한국어한국문화 교육기관의

••••

11 1948년 대한민국 정부 수립 이후 한국은행이 1950년 출범하며 발행한 화폐에 가장 먼저 등장한 인물은 이승만 전 대통령이었다. 이승만은 1950년 8월에 발행한 1000원권 지폐에 처음 등장한 이후 1950년대 말까지 거의 모든 지폐에 독점하다시피 등장했다. 한국

이름도 '세종학당'이다. 2017년 현재 세종학당의 현황은 다음과 같다: 아시아(23개국 89학당), 아메리카(10개국 18학당), 유럽(17개국 28학당), 아프리카(5개국 5학당), 그리고 오세아니아(2개국 4학당). 세종 영웅화는 한글에만 그치지 않았다. 세종은 한국 전통음악인 국악을 크게 부흥시킨 인물로 기념되었고 천문학 등 과학기술 분야에도 기여한 인물로 기념된다(강인철, 2019b: 208-209).

해방 직후부터 세종대왕 못지않게 부각된 '민족 영웅'이 이순신 장군이다(이상록, 2005 참조). 사실 이순신 장군의 영웅화는 조선 시대에도 국민 영웅으로 존경받았기 때문에 훨씬 더 긴 역사를 가지고 있다. 일제강점기를 거치면서 급속히 발전한 한국인들의 민족주의 의식은 '반일민족주의'를 지향했다. 임진왜란과 정유재란의 맹활약을 떨쳤던 영웅들, 특히 이순신은 반일 민족주의를 나타내기에 최고로 적절한 인물이었다. 특히 이순신은 1950년대의 교과서에도 단골로 묘사되었다.

> 당시 교과서에서는 민족의 수난사가 많이 다뤄졌다. 이때 민족 수난 극복의 영웅으로 여러 인물이 등장했는데, 가장 대표적인 인물이 이순신이었다. 이순신을 신격화하고 충효사상과 같은 국가주의적 전통을 대대적으로 창안하는 작업은 대중을 국가에 종속된 국민으로 만드는 데 효과적이었다(오제연, 2016: 121; 강인철, 2019b: 205 재인용).

이순신 장군의 영웅화는 대중문화에서도 쉽게 찾을 수 있다. 특히 이순신 장군의 일대기를 다룬 2014년 영화 〈명량〉은 1,700만 관객들이 본 국내 역대 최고 흥행작으로 꼽힌다.

••••
화폐에 역사적 위인이 처음 등장한 것은 1960년부터였는데 당시 500환권, 1000환권에 세종대왕의 초상이 포함되었다. 1970년대에는 이순신(100원짜리 주화와 500원권), 율곡 이이(5000원권), 퇴계 이황(1000원권) 등이 화폐에 등장한 위인 모델이 되었다.

이순신 관련 유적지 및 문화재는 전국 곳곳에 있다. 그중 가장 주목할 만한 곳은 1706년 충청남도 아산에서 이순신의 업적을 기념하여 건립된 현충사다. 현충사 안에는 이순신이 어린 시절과 유소년을 보낸 옛집이 보존되어 있으며, 이순신이 임진왜란 때 진중에서 쓴 친필일기인《난중일기》와 전쟁보고서인《임진장초》등 많은 국보급 유물이 전시되어 있다. 이순신 관련 유적지 중 또 다른 주목할 만한 '성스러운 장소'는 경상남도 통영에 있는 충렬사이다. 1606년 이순신 장군의 업적을 기리기 위해 세워졌으며, 이순신 장군의 위패를 모시고 있다. 이충무공의 기념비 외에도 역대수군 지휘관의 29개 묘비가 있다. 전라남도 여수에 있는 두 개의 유적지들도 언급할 만하다. 2001년 국보 문화재로 지정된 진남관은 이순신이 임진왜란 때 본부로 사용했다. 여수 선소 유적지는 세계적으로 유명한 거북선을 만든 곳이다. 이순신에게 헌정된 다른 유적지들은 전형적으로 전투에서의 승리를 기념하는 유적지들이다.

이순신과 세종 외에도 다수의 민족 위인들이 새로 창출되거나 재조명되기도 했다. 1946년에 서울의 도로 이름으로 새롭게 조명된 을지문덕 장군(을지로)과 퇴계 이황(퇴계로), 남해에서 왜군을 격퇴한 고려 시대 명장 최영, 임진왜란 때 승병(僧兵)을 일으켜서 크게 전공을 세운 서산대사 휴정과 사명대사 유정, 임진왜란 당시 대표적인 명장이었던 권율과 곽재우도 민족 영웅의 대열에 합류했다. 독립운동가들도 독립 영웅으로서 중요한 영웅화 대상으로 부상했다. 해방 당시 살아 있던 독립운동가들은 '애국지사'로, 그 전에 사망한 독립운동가들은 '순국선열'로 불린다. 독립운동 영웅 중 대표적인 인사들은 안중근, 윤봉길, 유관순, 김구 등이다. 지금도 한국은 매년 11월 17일에 '순국선열의 날' 기념식이 국가보훈처 주관으로 행해진다. 특히 안중근 의사를 주목할 만한데, 그는 1909년에 전 식민지 총독인 이토 히로부미를 암살하고 일본 당국에 의해 일반 범죄자로 처형되었다. 서울에는 그를 기리는 기념관이 있고 2013년 박근혜 전 대통령은 중국 정부가 하얼빈에 그를 위한 기념관을 열도록 요청했다. 중국 기념관 개관 당시 한국 정부는 보도자료를 통해 "이제 안중근 애국자의 애국 행위 현장을 사람들이 볼 수 있다"고 축하하며 "그를 한국 국민이 가장 존경하는 사람 중 한 명"이라고 말했다(외교부, 2014).

이러한 유명한 민족 영웅들 외에도 독립운동, 한국전쟁 및 베트남전쟁에서 사망한 참전 용사들을 위한 국립서울현충원 등 애국 순교자의 희생을 기념하기 위해 지어진 성지들이 있다. 또한 전국 여러 지역에는 전쟁 순교자들을 위한 소규모 국립묘지와 그들을 기리기 위해 세워진 충혼탑과 현충탑들이 있다. 그리고 서울에는 전쟁기념관이 있고 부산에는 세계 유일의 유엔군 묘지인 유엔기념공원이 있다. 유엔기념공원에는 한국전쟁에서 싸우다 전사한 36명의 한국군 36명을 포함해 11개국의 2,311구의 유해가 안치되어 있다.

5) 국가기념일 및 국가의례

국가기념일의 사전적인 정의는 정부가 제정 및 주관하는 기념일로 "온 국민이 경축하거나 기릴만한 일이 있거나 해마다 그 일이 있었던 날을 기억하기위해 지정한 날"이다.[12] 기념식과 그에 부수되는 행사가 포함되며 일부는 공휴일이다. 한국의 대표적인 국가기념일인 개천절, 한글날, 3·1절 및 광복절은 민족 정체성과 직결되는 기념일들이다. 이들 국가기념일 행사에서는 국기에 대한 경례와 애국가 합창으로 구성되는 '국민의례'가 포함된다.

국가의례는 국가가 주관하는 다양한 의례들을 포함하는데, "국경일이나 국가기념일 행사, 대통령 취임 행사, 국장·국민장 등 장의의식, 대통령의 외국 방문 및 국빈 영접 행사, 각급 정부의 시무식과 신년인사회, 포상식, 기관

••••

12 다음 국어사전. "국가 기념일." https://dic.daum.net/word/view.do?wordid=kkw000395235&supid=kku010119281.

장 이·취임식 등이 모두 국가의례의 범주에 속한다"(강인철, 2019b: 73). "국가의례에는 해방이나 정부 수립 10주년, 20주년, 50주년 기념제와 같은 '국민적 축제들'도 포함된다"(강인철, 2019b: 73). 국가 통합을 촉진하는 국가의례의 좋은 예시가 광복절 기념행사이다. 광복절 기념행사에서는 "해방 당시의 거족적인 커뮤니타스 기억·감정의 재생을 도모"하며 다른 국민적 축제들은 대중의 "집합적 열정 혹은 커뮤니타스 체험을 유지하거나 재생시키는 데 중요한 장치로 작동하는 경우가 많다"(강인철, 2019b: 73).

4. 분석

이념으로서의 한국 시민종교

본 연구는 시민종교에 대한 기존 문헌에 중요한 비서구적 사례 연구를 제공할 뿐만 아니라, 한국 시민종교의 기원에 대해서 문화적 해석보다는 이념적 해석을 강력하게 뒷받침한다. 해방 후 대한민국 건국 이래 한국 정부는 국가를 조화롭고 성공한 것으로 묘사하는 시민종교를 건설해 왔다. 위에서 강요된 것이었지만 한국의 시민종교는 대립과 갈등 그리고 불신으로 얼룩진 국가를 통합하고 산업화의 가속화를 통해 강력한 국력을 구축하는 데 성공했다.

한국의 시민종교는 국가와 엘리트 단체가 국가적 단결을 촉진하고 세계에서 가장 가난한 나라의 산업화를 촉진하기 위해 의도적으로 설계되었다. 위에서 살펴본 바와 같이 국가상징 등 특정 한국 시민종교의 핵심 요소들은 1940년대 미군정 때 시작되었지만 한국 시민종교 구축에 가장 큰 역할을 한 인물은 박정희 대통령이었다. 그는 의식적으로 국가 통합을 촉진하고 그의 정책의제를 지원하기 위해 고안된 시민종교를 만들었다. 실제로 그는 자신의 권력이 절정에 달했을 때 외국 청중을 위해 쓰여 진 책인 《To Build a

Nation》(국가 건설을 위해)에서 국가에 대한 자신의 비전에 대해서 썼다.

> 저는 우리 혁명이 국민의 마음과 가슴에 뿌리 내린 혁명이어야만 성공할 수 있다는 것을 깨달았습니다. (…) 저는 이 시기의 국가 지도자로서 국민의 자신감과 용기를 북돋아 단결의 정신으로 이러한 국가적 목표를 달성하는 것을 저의 주요 과제로 삼았습니다. 이 임무를 수행하면서 저는 우리나라의 역사, 우리 문화와 전통의 특성, 그리고 우리 민족의 능력에 대해 깊이 생각해 볼 필요가 있다는 것을 알았습니다. 저는 저의 이런 생각에서 발견한 내용을 이 책에서 여러분과 공유합니다. 제가 느끼는 것은 우리의 과거, 현재, 미래를 연결하는 공통의 운명과 독특한 민족정신입니다(Park, 1971: 14-16).

즉, 박정희와 그의 정부가 창조한 시민종교는 한국 국가의 하향식 재해석에 해당하는 문화적, 민족적, 역사적 요소들의 상상력 있는 "뜯어 맞추기"(브리콜라주, bricolage)였다고 할 수 있다.

그러나 박정희가 이러한 일을 백지에서 시작한 것은 아니었다. 쳉툰젠(Cheng, 1990)이 지적한 바와 같이, 정부-기업 동맹(정경유착)의 형성은 정권을 강화시키며 경제 발전을 정권 정당성의 핵심 요소로 만들었다. 따라서 등장한 시민종교는 권위주의 정부의 권력 강화와 기업의 이익이 융합된 것이었다. 이는 반공주의, 사회적 단결, 위계질서에 대한 존중(국가, 기업, 가족 포함), 경제 발전을 위한 자기희생에 초점이 맞추어져 강조되었다. 그러나 이 시민종교가 모든 구성원들에게 똑같이 적용된 것은 아니었다. 엘리트 구조로서 자기희생은 보편적인 것이 아니었기 때문이다. 특히 한국의 노동자 계층은 열악한 근로 조건에 복종하도록 강요받았고 자기희생은 서민들에게 더 부과되었다. 예를 들어, 김형아(Kim, H., 2004: 100-101)가 논의한 바와 같이 박정희는 1968년 한국 GDP의 2.8%에 달하는 미국의 지불금을 대가로 30만 명 이상의 한국군을 베트남에 파견했는데 한국군 대다수가 서민과 취약계층 출신으로 알려져 있다. 1970년까지 이러한 지불액은 거의 10억 달러에 달했다. 이런 예시가 보여 주는 것은 인간희생이 더 이상 종교적 규범이 아니지만 시민종교에는 잠재할 수도 있는 것 같다(Marvin and Ingle, 1999 참조). 하향식 또는 이데올로기적 시민종교는 상향식 문화 기반의 시민종교보다 자기희생의 개념을 의식과 상징에 더 많이 포함하는 것은 아닐까?

한국 시민종교는 또한 시대를 초월한 겉치장 아래에서 더 강화되었다. 1948년 대한민국 정부가 수립된 지는 73년에 불과하지만, 근대 이전 왕조에 맞춰 오랜 역사를 국가 정체성의 중요한 측면으로 부각시키고 있다. 앞서 언급한 한국관광공사의 사례에서 보듯이, 심지어 과거 5만 년에 이르는 한국 문명에 대한 거창한 주장까지 제기하고 있다. 시간의 무한함과 영속성은 한국의 문화, 언어, 가치를 묘사하는 데에도 유사하게 사용된다. 이 모든 것은 위에서 부과된 이데올로기적인 시민종교가 민족문화와 역사에서 필요한 부분을 선택적으로 차용함으로써 자연스러운 상향식 문화에 기반을 둔 시민종교로 표현하기 위해 최선을 다한다. 또한 이데올로기적인 시민종교는 시민종교의 형성과 관련된 이익과 권력을 숨기는 경우 가장 잘 작동하는 것을 보여 준다. 한국 시민종교의 형태나 내용은 자연스럽거나 불가피한 것이 없다. 한국의 시민종교는 문화적, 역사적, 언어적 요소를 사용하여 만들어졌지만 그것들에 의해 결정되지는 않았다. 오히려 엘리트 집단이 주요 창안자였다.

위에서 설명한 이 과정은 1945년 한반도 분단 이후 북한이 취한 조치에 의해 추가로 예시된다. 북한의 지배 엘리트들은 남한에서와 같이 민족적 단결과 자기희생을 창출하고자 하였지만 다른 이념적 관점에서 추구하며 민족을 정의하기 위해 그들만의 문화적, 민족적, 역사적 요소들을 결합시켰다. 유교, 단군, 고대 한국사에 나오는 역사적 인물 등 동일한 기본 요소들이 등장하지만 북한의 지배 엘리트들은 그것들을 독특한 방식으로 결합하여 국가의 매우 다른 비전을 지지하여 궁극적으로 세계에서 가장 강력한 인격 숭배 중 하나를 만들어 냈다(Lim, 2015). 북한과 남한 모두 자국을 한국 문화유산의 진정한 옹호자로 여기고, 심지어 자국을 강력한 권력 침략의 희생자로 묘사하며(Pai, 2000: 10-11 참조) 서로를 잘못된 길로 가고 있다고 비난한다. 그 결과 양국 간의 "치열한 인식 게임"이 발생했다(Cho, 2017: 596). 사실 양국 모두 한국의 과거와 문화의 요소들을 자국의 목적에 맞게 창의적으로 구성 또는 재구성했다. 양국의 시민 종교에 대한 비교는 본 논문의 범위를 벗어나지만, 한국의 상징, 역사적 인물 또는 역사적 사건들이 어떻게 다른 맥락에 내재되어 있고 두 시민 종교 시스템에서 다른 의미를 부여받고 있는지를 분석하는 것은 중요한 미래 연구 주제가 될 수 있다. 이러한 연구는 권터(Guenter, 2010: 1)의 관찰한 것처럼 상징의 조합이 "단독으로 작동하는 상징보다 훨씬 광범위하거나 더 중요한 효과를 얻을 수 있다"는 것을 보여 줄 수 있다. 본질적으로 남북한은 동일한 상징을 많이 가지고 있지만 의도적으로 서로 다른 의미 체계로 배열되어 있다.

마지막으로, 한국의 시민 종교의 강점은 민주화 이후의 지속으로 입증된다. 전후 권위주의 정부가 한국을 경제발전의 운명을 가진 역사가 길고 민족적으로 순수한 문화로 묘사한 것은 여전히 민주정부에 의해 대부분 계획되고, 지원되며 촉진되고 있다. 실제로 한국 정부는 계속해서 외국인들도 한국의 문화와 상징에 동감하고 "참여"하도록 설득하기 위해 "선교의 열정"으로 관련 정책을 추구해 왔다. 이는 정부 주도의 광범위한 언어 및 문화 진흥 활동과 한류 관련 문화 수출 지원으로 나타난다(Oh and Lee, 2014: 83-5). 또 다른 예로는 "한글의 세계화"를 추구하고 문맹 퇴치 사업을 전개하며 고유한 말은 있지만 문자가 없는 소수민족들에게 한글을 채택하도록 장려하는 한국지식인협회인 훈민정음학회가 있다. 2009년에는 인도네시아의 찌아찌아(Cia-Cia)족 사람들이 훈민정음학회의 건의를 받아들여 그들의 언어를 한글로 표기하는 방안을 채택했다(Yamaguchi, 2014). 일부 논평자들은 이 한국어의 "수출"이 마치 문명화 사명인 것처럼 묘사했으며, 이 지역에 파견된 최초의 한국어 교사는 이 사실에 감동받아 다음과 같이 말했다: “제가 가르친 아이들이 며칠 동안 연습을 마치고 돌아와서 한글을 읽고 말할 수 있을 때 가장 만족스럽습니다. 아기가 첫 걸음을 내딛는 모습을 보는 것과 같습니다”(Kim, J., 2019 재인용).

5. 맺는말

본 논문에서 분석한 한국 시민종교는 현대의 모든 국가에 시민종교가 존재한다는 주장과 일치한다. 종교적으로 다원적인 사회에서 그리고 점점 세속화되고 있는 사회에서 시민종교는 사회의 가치를 규정하고 사회적 응집력을 제공하는 데 있어 종교와 기능적으로 동등한 역할을 한다. 시민종교는 민족의 결집력을 표현함으로써 민족 정체성에 종교적 의미를 부여한다. 시민종교는 전형적인 종교와 같이 상징, 신화, 성인(영웅) 등이 있고 이런 요소들을 통해 민족의 통합을 추구하고 표현한다.

분단된 국가이자 공화국으로서는 짧은 역사를 가진 나라로서 한국은 민족 형성 과정에서 강한 시민종교가 필요했다. 강한 시민종교가 확립되는 과정에서, 모든 사회 문제를 극복하기 위해서는 지속적인 경제 성장을 달성해야 할 운명을 가졌다는 생각이 집결지가 되었다. 이러한 국가적 목적은 정부가 촉진한 시민종교의 후원으로 국가 정체성이 강해진 한국인들에 의해 열렬히 지지되었다. 이러한 점에서 한국 시민종교의 가장 중요한 요소 중 하나는 민족적, 언어적 동질성에 대한 강한 자부심이다. 단군신화와 함께 인식된 민족적 동질성은 한국인들이 강한 민족 정체성과 국가 공동체에 대한 강한 소속감을 갖게 되는 데 도움이 되었다. 이러한 감정은 한국인들이 강력한 이웃 국가들의 수많은 침략에도 불구하고 어떻게 독특한 문화와 정체성을 유지해 왔는지에 대한 미화로 뒷받침되어 왔다. 또한 민족 동질성은 한국인들이 동일한 역사적 경험을 공유하고, 유사한 세계관을 보유하며, 비슷한 삶의 방식과 사회 문화적 관행을 경험한다는 것을 의미했다.

1997년 말 외환위기가 발생한 직후 한국 시민종교의 강점이 뚜렷하게 드러났다. 한국인들은 경제 주권을 잃을까 봐 또는 흔들리는 경제를 살리려는 열망에서 다양한 전국적인 캠페인을 시작했다. 국제적인 관심을 끌었던 것은 '금 모으기 운동'이었다. KBS와 주택은행이 시작한 이 캠페인은 1998년 1월부터 3월까지 국가의 막대한 외채를 갚기 위한 노력의 일환으로 진행되었다. 이 캠페인을 통해 225톤의 귀금속을 조달했는데, 이 중 196.3톤이 수출되어 절실히 필요한 외환이 모여졌다. 금 수출액은 6억 9,800만 달러로 1998년 1월 두 번째로 큰 수출 품목이었다! 이 캠페인에는 1,500만 가구의 거의 4분의 1을 차지하는 350만 명 이상의 사람들이 반지, 목걸이 또는 기타 금 품목을 팔거나 기증하면서 참여했다. 금 모으기 운동만큼 한국인들 사이에서 연대를 많이 보여 준 것은 혈장 수입 비용 경감을 위해 많은 한국인들이 헌혈 캠페인에 참여했다는 것이다. 이 모든 것이 보여 주는 것은 한국 시민종교가 국가 정체성 의식을 제공하고 국가 연대를 촉진함으로써 중요한 통합적 기능을 수행했다는 것이다.

참고 문헌

강인철. 〈'대한민국'의 종교학—시민종교 연구를 위한 시론〉. 《종교문화연구》 22(2014).

______. 〈과거사청산 정치와 한국 시민종교—분단국가, 48년 체제, 동아시아 민족주의〉. 《사회와 역사》 111(2016).

______. 〈두 개의 대한민국? 시민종교 접근으로 본 전환기의 한국사회〉. 《민주사회와 정책연구》 31(2017).

______. 《시민종교의 탄생—식민성과 전쟁의 상흔》. 성균관대학교출판부, 2019a.

______. 《경합하는 시민종교들—대한민국의 종교학》. 성균관대학교출판부, 2019b.

국립국어원. 〈Want to Know about Hangeul?〉. 2020. https://www.korean.go.kr/eng_hangeul/origin/001.html.

금익수. 〈단군(檀君)의 우리 사상으로 굳히기와 효교육문화의 전개〉. 《한국사상과 문화》 56(2011).

김두진. 《한국고대의 건국신화와 제의》. 일조각, 1999.

김성건. 〈글로벌 시대에 한국 민족이 직면한 시대적 과제와 씨름하는 종교사회학〉. 《한국사회학》 35권, 제4호(2011).

김유혁. 〈효의 본질〉. 새마을연구소 편. 《충효사상—현대적 이념의 정립》. 단국대학교출판부, 1977.

김익수. 《한국의 효사상》. 우리문화사, 1977.

김재만. 〈효의 현대 교육적 이해〉. 한국교육학회 편. 《한국 유학사상과 교육》. 삼일각, 1976.

김혜수. 〈해방 후 통일국가수립운동과 국가상징의 제정과정〉. 《국사관논총》 75(1997).

노길명. 《한국 신흥종교 연구》. 경세원, 1996.

노태돈. 〈한국민족의 형성 시기에 대한 검토〉. 《역사비평》 19(1992).

문재인. 〈Remarks by President Moon Jae-in at Riksdag of Sweden 'Trust for Denuclearization and Peace on the Korean Peninsula'〉, Ministry of Foreign Affairs, Republic of Korea, 2019. http://www.mofa.go.kr/eng/brd/m_5674/view.do?seq=319888&srchFr=&amp%3BsrchTo=&amp%3BsrchWord=&amp%3BsrchTp=&amp%3Bmulti_itm_seq=0&amp%3Bitm_seq_1=0&amp%3Bitm_seq_2=0&amp%3Bcompany_cd=&amp%3Bcompany_nm=. (Accessed December 13, 2020)

문화재청(Cultural Heritage Administration of Korea). 〈World Heritage in Korea 1995-2015〉. 문화재청, 2015.

박은진. 〈독립혁명기 미국 기독교의 시민종교화〉. 《미국사연구》 24(2006).

설중환. 《(다시 읽는)단군 신화—신화 속에 숨겨진 겨레의 얼과 역사를 찾아서》. 정신세계사, 2009.

송호정. 《단군, 만들어진 신화》. 산처럼, 2004.

오제연. 〈팽창하는 학교와 학생〉. 홍석률 외. 《한국현대생활문화사, 1950년대—삐라 줍고 댄스홀 가고》. 창비, 2014.

외교부(Ministry of Foreign Affairs). "An Chunggŭn Memorial Hall Opens at Harbin Railway Station View." Ministry of Foreign Affairs, Republic of Korea, 2014. http://www.mofa.go.kr/eng/brd/m_5676/view.do?seq=313281to=&amp%3BsrchWord=Foreign&amp%3BsrchTp=0&amp%3Bmulti_itm_seq%3Bitm =0&amp%3bitm_seq_1=0&ampseq_2=0&amp%3Bcompany_cd=&amp%3Bcompany_nm=

유승국. 〈태극기의 원리와 민족의 이상〉. 유승국 편. 《한국사상과 현대》. 동방학술연구원, 1988.

윤선자. 《축제의 정치사》. 한길사, 2008.

윤명철. 《단군신화, 또 다른 해석》. 백산자료원, 2008.

이상록. 〈이순신—'민족의 수호신' 만들기와 박정희 체제의 대중 규율화〉. 권형진·이종훈 편. 《대중독재의 영웅 만들기》. 휴머니스트, 2005.

이연숙. 〈해방 직후 신국가 건설과 국기 제정〉. 《한국근현대사연구》 64(2013).
이원필·황의일. 〈새마을운동의 정신적 배경에 관한 연구〉. 《새마을운동연구논총》 7권, 제4호(1982).
이은봉. 《단군신화연구》. 온누리, 1986.
이종국. 《건국신화》. 휴머니스트, 2004.
임재해. 〈단군신화에 갈무리된 문화적 원형과 민족문화의 정체성〉. 《단군학연구》 16(2007).
정영훈. 〈단기 연호, 개천절 국경일, 홍익인간 교육이념—현대 한국에서의 단군민족주의의 제도화에 관한 연구〉. 《정신문화연구》 31권, 제4호(2008).
______. 〈단군신화의 정치사상〉. 《한국동양정치사상사연구》 8권, 제2호(2009).
조동걸. 〈국호·국기·국가·국화는 언제, 어떻게 만드는가〉. 《한국근현대사연구》 27(2003).
차성환. 《글로벌시대 한국의 시민종교》. 삼영사, 2000.
최창동. 〈국가의 상징에 관한 연구—대한민국의 국기를 중심으로〉. 박사학위논문, 동국대학교, 1990.
편찬위원회. 《정부의 전편람》. 행정자치부, 1999.
하상복. 《죽은 자의 정치학—프랑스, 미국, 한국 국립묘지의 탄생과 진화》. 모티브북, 2014.
한국갤럽. 《한국인의 종교와 종교의식》. 한국갤럽조사연구소, 1984.
______. 《2004년 한국인의 종교와 종교의식》. 한국갤럽조사연구소, 1985.
______. 《2004년 한국인의 종교와 종교의식》. 한국갤럽조사연구소, 2005.
______. 《한국인의 종교 1984-2014》. 한국갤럽조사연구소, 2015.
한국관광공사. 〈Religions〉, VisitKorea, 2020.
한기언. 〈충효사상의 현대적 구현 방법〉. 새마을연구소 편. 《충효사상—현대적 이념의 정립》. 단국대학교출판부, 1977.
허창덕. 《국사 교육에 있어서 충효사상 지도를 통한 국가의식의 함양》. 충청북도교육연구원, 1977.
해외문화홍보원(Korea Culture and Information Service). 《Facts About Korea》, 해외문화홍보원, 2013.

Abercrombie, Nicholas, Stephen Hill and Bryan S. Turner. 1988. *The Penguin Dictionary of Sociology*. Harmondsworth: Penguin Books.
Aldridge, Alan. 2007. *Religion in the Contemporary World: A Sociological Introduction*. 2nd edition. Cambridge: Polity Press.
Balitzer, Alfred. 1974. "Some Thoughts about Civil Religion." *Journal of Church and State* 16(1): 31-50.
Bellah, Robert N. 1967. "Civil Religion in America." *Daedalus* 96:1–21.
______. 1970. *Beyond Belief*. New York: Harper & Row.
______. 1975. *The Broken Covenant*. New York: The Seabury Press.
Bellah, Robert N. and Phillip E. Hammond, eds. 1980. *Varieties of Civil Religion*. San Francisco: Harper & Row.

Braswell, George W. Jr. 1979. "Civil Religion in Contemporary Iran." *Journal of Church and State* 21:223–46.

Cheng, Tun-jen. 1990. "Political Regimes and Development Strategies: South Korea and Taiwan." In *Manufacturing Miracles: Paths of Industrialization in Latin America and East Asia*, edited by Gary Gereffi and Donald L. Wyman. Princeton, NJ: Princeton Univ. Press.

Cho, E. J. R. 2017. "Nation Branding for Survival in North Korea: The Arirang Festival and Nuclear Weapons Tests." *Geopolitics* 22(3): 594–622.

Coleman, John. 1970. "Civil Religion." *Sociological Analysis* 31:67–77.

Cristi, Marcela. 2001. *From Civil to Political Religion: The Intersection of Culture, Religion and Politics*. Waterloo: Wilfrid Laurier University Press.

______ and Lorne L. Dawson., 2007. "Civil Religion in America and in Global Context." In James A. Beckford and N. J. Demerath III (eds.), *The SAGE Handbook of the Sociology of Religion*. Los Angeles: SAGE Publications.

Cultural Heritage Administration of Korea. 2015. *World Heritage in Korea 1995-2015*. Daejeon: Cultural Heritage Administration of Korea.

Despland, Michel. 1977. "Religion and the Quest for a National Identity: Problems and Perspectives." In *Religion and Culture in Canada*, edited by Peter Slater, 525–552. Toronto: Canadian Corporation for Studies in Religion.

Duncan, John. 1997. "Confucian Social Values in Contemporary South Korea." In *Religion and Society in Contemporary Korea*, edited by Lewis Lancaster and Richard Payne, 49–73. Berkeley: Institute of East Asian Studies, University of California.

Durkheim, Emile. 1965. *The Elementary Forms of the Religious Life*. Translated by Joseph Ward Swain. New York: Free Press.

Eckert, Carter, Ki-baik Lee, Young Ick Lew, Michael Robinson, and Edward Wagner. 1991. *Korea Old and New: A History*. Cambridge: Harvard University Press.

Fenn, Richard. 1976. "Bellah and the New Orthodoxy." *Sociological Analysis* 37:160–166.

Fraser, Blair. 1967. *The Search for Identity*. Garden City, N.Y.: Doubleday.

Gehrig, Gail. 1981. *American Civil Religion: An Assessment*. Storrs, Conn.: Society for the Scientific Study of Religion.

Grayson, James H. 1997. "The Myth of Tangun: A Dramatic Structural Analysis of Korean Foundation Myth." *Korea Journal* 37(1):35–52.

Guenter, Scot. 2010. "Juxtaposing Symbols in Civil Religion: The Lady and the Flag." *Raven: A Journal of Vexillology* 17:1–21.

Han, Kyung-Koo. 2007. "The Archaeology of the Ethnically Homogeneous Nation-State and Multiculturalism in Korea." *Korea Journal* 47(4): 8–32.

Johnson, Harry. 1985. "Civil Religion." In *The Social Science Encyclopedia*, edited by Adam Kuper and

Jessica Kuper, 109. New York: Routledge.

Kim, Andrew E. 1993. "The Absence of Pan-Canadian Civil Religion: Plurality, Duality and Conflict in Symbols of Canadian Culture." *Sociology of Religion* 54(3): 257-275.

______. 2005. "Nation-Building and Korean Civil Religion: The Making of National Community, Culture, and Identity." *Acta Koreana* 8(2): 117-137.

______ and Gil-Sung Park. 2003 "Nationalism, Confucianism, Work Ethic and Industrialization in South Korea." *Journal of Contemporary Asia* 33(1):37-49.

Kim, Hyung-A. 2004. *Korea's Development under Park Chung Hee*. New York: Routledge.

Kim, Jae-hee. 2019. "10 Years Passed since Indonesia's Cia-Cia Tribe Adopted Han'gŭl." Arirang. http://www.arirang.com/

Kim, Kwang-ok. 1996. "The Reproduction of Confucian Culture in Contemporary Korea." In *Confucian Traditions in East Asian Modernity*, edited by Tu Wei-Ming, 202–227, 374–375. Cambridge, Mass: Harvard University Press.

Kim, Tae-Gon. 1992. "Korean Shamanism and Its Influences on Traditional Society and the Arts." *Koreana* 6(2):36–43.

Kim Uchang. 1986. "The Ideology of Modernization and Pursuit of Happiness." *Korea Journal* 26(9): 41-48.

Koh, Byong-ik. 1996. "Confucianism in Contemporary Korea." In *Confucian Traditions in East Asian Modernity*, edited by Tu Wei-Ming. Cambridge, Mass.: Harvard University Press.

Lee, Ki-baik. 1988. *A New History of Korea*. Cambridge: Harvard University Press.

______. 1990. *Tan'gun sinhwaron (A theory of the Tan'gun Myth)*. Seoul: Saemunsa.

Liebman, Charles S. and Eliezer Don-Yehiya. 1983. *Civil Religion in Israel*. Berkeley: University of California Press.

McGuire, Meredith. 2002. *Religion: The Social Context*. 4th ed. Belmont: Wadsworth.

Markoff, John and Daniel Regan. 1981. "The Rise and Fall of Civil Religion: Comparative Perspectives." *Sociological Analysis* 42:333–352.

Marty, Martin E., ed. 1992. *Civil Religion, Church and State*. New York: K. G. Saur.

Marvin, Carolyn, and David W. Ingle. 1999. *Blood Sacrifice and the Nation: Totem Rituals and the American Flag*. Cambridge: Cambridge University Press.

Mathisen, James A. 1989. "Twenty Years after Bellah: Whatever Happened to American Civil Religion." *Sociological Analysis* 50:129–146.

Moraska, Ewa. 1986. "Civil Religion and State Power in Poland." In *Church-State Relations: Tensions and Transitions*, edited by Thomas Robbins and Roland Robertson, 221–232. New Brunswick, NJ: Transaction.

Myers, B. R. 2011. *The Cleanest Race*. Brooklyn, N.Y: Melville House Pub.

Oh, Ingyu, and Hyo-Jung Lee. 2014. "K-Pop in Korea: How the Pop Music Industry Is Changing a Post-

Developmental Society." *Cross-Currents: East Asian History and Culture Review* 3(1): 72–93.

Pai, Hyung Il. 2000. *Constructing "Korean" Origins: A Critical Review of Archaeology, Historiography, and Racial Myth in Korean State-Formation Theories*. Cambridge, MA: Harvard University Asia Center.

Park, Chung-hee. 1971. *To Build a Nation*. Washington: Acropolis Books.

Parsons, Gerald. 2002. *Perspectives on Civil Religion*. Aldershot: Ashgate.

Purdy, Susan S. 1982. "The Civil Religion Thesis as it Applies to a Pluralistic Society: Pancasila Democracy in Indonesia (1945-1965)." *Journal of International Affairs* 36:307-316.

Richey, R. E. and D. G. Jones, eds. 1974. *American Civil Religion*. New York: Harper & Row.

Ro, Kil-myung. 2002. "New Religions and Social Change in Modern Korean History." *The Review of Korean Studies* 5(1):31–62.

Roberts, Keith. 2004. *Religion in Sociological Perspective*. 4th ed. Belmont: Wadworth.

Schmid, Andre. 2002. *Korea Between Empires, 1895-1919*. New York: Columbia University Press.

Seneviratne, H. L. 1984. "Continuity of Civil Religion in Sri Lanka." *Religion* 14:1-14.

Seth, Michael. 2002. *Education Fever: Society, Politics, and the Pursuit of Schooling in South Korea*. Honolulu: University of Hawaii Press.

Shanks, Andrew. 1995. *Civil Society, Civil Religion*. Oxford: Blackwell Pub.

Song, Ki Ho. 2004. "China's Attempt at 'Stealing' Parts of Ancient Korean History." *The Review of Korean Studies* 7(4): 93-122.

Turner, Bryan S. 1986. "Religion, State, and Civil Society: Nation Building in Australia." In *Church-State Relations: Tensions and Transitions*, edited by Thomas Robbins and Roland Robertson, 233-252. New Brunswick, NJ: Transaction.

Wang, Anran. 2020. "From Ideological Alliance to Identity Clash: The Historical Origin of the Sino-Korean Goguryeo Controversies." In *Heritage as Aid and Diplomacy in Asia*, edited by Philippe Peycam, Shu-Li Wang, Hui Yew-Foong, and Hsin-Huang Michael Hsiao. Singapore: ISEAS-Yusof Ishak Institute.

Yamaguchi, Hiroko. 2014. "The Socio-Historical Background of the Adoption of Han'gŭl in Vernacular Education in Indonesia." *Japanese Review of Cultural Anthropology* 15(1): 33–45.

한국인은 무엇을 기념하는가*

근현대 역사박물관의 현황 분석

정병욱

1. 글의 목적과 분석 대상

세계 전역에서 역사박물관·기념관 붐이 일고 있다. 기존의 고고학 박물관이나 민속학 박물관이 아니라 역사를 주제로 한 박물관·기념관이 성세이다. 이는 1990년대부터 시작된 새로운 사회적 현상으로 21세기에 들어서면서 역사박물관·기념관은 인류의 새로운 집단적 기억문화로 자리 잡아가고 있다. 이제 역사박물관·기념관은 정치공동체 구성원들의 중요한 문화공간, 사

* 이 글은 2020년 대한민국역사박물관의 연구용역 '근현대 역사박물관·기념관 건립에 관한 조사'(연구책임자: 정병욱)의 일부 내용을 수정 보완한 것이다.

회적 소통공간으로 진화하고 있다.[1]

대한민국도 예외는 아니다. 규모가 큰 것만 꼽아 봐도 2008년 제주 4.3평화기념관, 인천 한국이민사박물관, 2012년 서울 전쟁과여성인권박물관, 대한민국역사박물관, 2015년 부산 국립일제강제동원역사관, 2018년 서울 식민지역사박물관이 연이어 개관했다. 또 2019년 삼일운동 100주년을 기념하여 각 지역에서 작은 역사박물관이 재단장되거나 개장됐다. 특히 전통 시대보다 근현대 시대와 관련된 역사박물관이 많이 건립되고 있다. 앞으로도 대한국임시정부기념관, 민주인권기념관, 국립여성사전시관, 화살머리고지역사관 등 근현대 역사를 주제로 한 박물관 건립이 이어질 예정이다.

이글의 목적은 일차적으로 이러한 근현대 역사박물관 건립 붐의 현황과 요인을 분석하여 그 특성을 파악하는 데 있다. 나아가 근현대 역사박물관의 주요 주제를 파악함으로써, 한국인이 무엇을 기념하고 자신의 정체성을 구축하고자 하는지, 그러한 추세 속에 나타나는 변화를 살펴보고자 한다. 이를 통해 현재 격동하는 한국인의 정체성'들'을 확인하고 미래의 정체성 모색에 조금이나마 도움이 되고자 한다.

먼저 분석 대상인 근현대 역사박물관은 무엇인가 알아보자. 국제적으로 정해진 박물관 분류법은 없지만, 어디나 '역사박물관'이 주요 박물관의 하나로 분류되고 박물관에서 차지하는 비중은 높다. 대체로 역사박물관은 지역, 특정 시기, 사건, 역사적 인물 등을 주제로 설립된다. 따라서 근현대 역사박물관은 역사박물관 중 근현대 시기의 지역, 사건, 역사적 인물 등을 주

• • • •

1 이동기, 《현대사 몽타주—발견과 전복의 역사》(돌베개, 2018), 368-383쪽. 기념관은 '어떤 뜻 깊은 사적이나 인물 그리고 사건 등을 기념하기 위해 지은 것'이다. 특정한 역사적 인물이나 사건 등을 그 대상으로 하며 교육 기능에 중점을 둔다는 점에서 박물관 일반과 다소 차이가 있다. 그러나 근래 박물관이 교육 기능을 확대하고 있고, 기념관이 자료의 수집 정리 전시 기능도 하고 있어, 양자의 구분이 모호해지고 있다. 이를 반영하여 '기념박물관'이란 용어가 사용되기도 한다(정호기, 《한국의 역사기념시설》, 민주화운동기념사업회, 2007, 205-206쪽). 이 글에서는 기념관을 역사박물관의 일종으로 간주하겠다.

제로 한 박물관이라 할 수 있다. 이 글에서 한국의 '근현대' 시기는 1876년부터 현재까지 기간으로 보겠다. 1876년은 조선이 개항한 해로서 이후 한국인은 세계와 접촉하면서 근대 민족국가를 형성하여 지금에 이르렀다고 할 수 있다.

역사를 주제로 하고 근현대 시기를 포함하고 있더라도 역사 일반 또는 통사(通史) 박물관은 조사 대상에서 제외하였다. 대표적인 예가 국립중앙박물관이다. 반대로 지역박물관 중에서도 근현대 역사에 중점을 둔 박물관은 근현대 역사박물관에 포함하였다. 즉, 지역박물관을 지역 자체에 초점을 둔 것과 역사를 테마로 한 것으로 나누고, 후자 중 근현대 시기에 집중한 것을 근현대 역사박물관으로 간주하였다. 인천을 예로 들면 인천광역시시립박물관은 지역 자체에 중점을 둔 지역박물관으로 간주하였다. 인천광역시역사자료관은 역사박물관이나 역사 전반을 다룬다기보다 근현대에 초점을 맞추었고 건물 자체가 근대의 중요한 유적이므로[2] 근현대 역사박물관에 포함하였다. 또 인천의 역사박물관 중에서 인천도시역사관, 인천개항박물관, 인천개항장근대건축전시관은 주로 근현대 시기를 다룬 것이므로 근현대 역사박물관에 포함하였다. 최근 설립되기 시작한 마을박물관도 지역박물관이지만 그 대부분이 주로 마을의 당대사, 즉 근현대사를 다루고 있어 근현대 역사박물관으로 간주하였다. 또 생활(사) 박물관 중에 근현대 역사를 중심으로 하는 박물관도 근현대 역사박물관에 포함하였다. 관련 분과 학문의 장벽 때문에 생활사 박물관은 주로 인류학 또는 민속학 박물관으로 분류되기도 하나 실제 내용은 근현대 역사를 다룬 것이 많다. 이런 경우 근현대 역사박물관에 포함하였다. 전문박물관 중에서 현재의 우리 생활에 큰 영향을 끼친 근현대 시기 물품, 문물을 다룬 것도 근현대 역사박물관에 포함하였다. 다만

2 1900년경 일본인 사업가의 저택으로 건립되었고, 해방 후 레스토랑, 사교 클럽으로 이용되었으며, 1965년부터 2001년까지 인천시장의 공관으로 사용되었다.

컴퓨터와 폰, 무선 전화기를 주제로 한 박물관 중에서 특정 상품에 초점을 맞춘 것은 제외하였다. 현재 우리 생활에 큰 영향을 끼치고 있지만, 그 기간이 짧다고 판단되는 물품—피규어, 캐릭터, 커피 등—을 다룬 전문박물관도 제외하였다.

요컨대 이 글에서 분석 대상인 근현대 역사박물관은 역사박물관 중에서 근현대 시기에 초점을 맞춘 것을 기본으로 하면서, 지역박물관, 생활(사)박물관, 전문박물관 중에서 근현대 시기와 밀접한 관련이 있는 지역, 인물, 사건, 물품을 다룬 박물관도 포함하는 포괄적인 개념으로 사용하겠다.

분석 대상의 모집단은 크게 두 가지이다. 하나는 문화체육관광부 문화기반과에서 조사 정리한《2019 전국 문화기반시설 총람》(이하《총람》으로 줄임)의 박물관 881개이다. 이는 주로 2018년 말 또는 2019년 1월 1일 기준 '박물관 및 미술관 진흥법'상의 박물관으로 등록된 것이다. 이 중 이 글에서 규정하는 근현대 역사박물관에 해당하는 것 160개 관을 추출했다. 다른 하나는 2020년 4월부터 7월까지 온라인 조사를 통해《총람》에 기재되지 않았으나 근현대 역사박물관에 해당하는 것으로 185개 관을 추출했다. 총 345개 근현대 역사박물관의 목록은 〈부표 1〉에 제시한다.

《총람》을 다룰 때 주의할 점은 이 자료의 박물관 수는 '스톡(Stock)' 개념의 수치라는 점이다. 즉 특정 시점에 존재하는 박물관 수를 의미하는 것이지 특정 기간 건립되었던 모든 박물관 수를 말하지 않는다. 앞선 시기에 건립된 박물관이어도 그사이 폐관되거나 박물관으로 등록되지 않아 뒤 시기에 파악되지 않는 예도 있다. 반대로 앞선 시기에는 문화체육관광부에 등록되지 않았던 박물관이 상황과 조건이 변화하여 등록된 뒤《총람》에 수록된 예도 있다. 2010년 건립(개관) 박물관을 예로 들어보자. 2012년판《총람》에는 2010년 개관 박물관이 31개 관인데, 2019년판《총람》에는 35개 관으로 나온다.[3] 31개 박물관 중 25개 박물관이 2019년 판에도 수록되고 나머지 6개 관은 사라졌다.《총람》에 수록되지 않은 박물관이 폐관 때문인지 미등록 때

문인지 알려면 더 조사가 필요하다. 새로 10개 박물관이 2010년에 개관된 것으로 나온다. 이는 2012년부터 2018년 사이에 등록된 것으로 볼 수 있다. 이러한 점을 감안하여 세밀한 시기별 분석보다는 전체적인 추세를 파악하는 데 주력하겠다. 온라인 조사를 통해 추출한 박물관(이하 '온라인 조사 박물관'이라 함) 수도 '스톡(Stock)' 개념의 수치이며, 더욱이 《총람》에 비해 박물관 기준이 명확하지 않다는 한계가 뚜렷하다. 코로나바이러스 사태로 현장 확인도 어려웠다. 또 《총람》이 실질적으로 2018년 말 현재 수치인 반면, 온라인 조사의 수치는 2019년과 2020년 상반기에 설립된 박물관 수치가 포함되었다. 이런 한계와 문제점에도 불구하고 온라인으로 파악된 박물관은 《총람》에 등록된 박물관의 후보군으로서, 또는 독자적인 박물관으로서 전체 박물관 건립의 동향을 파악하는 데 간과할 수 없는 영역이다. 《총람》과 '온라인 조사'의 한계와 차이에 유의하면서 근현대 역사박물관의 추이를 살펴보자.

2. 근현대 역사박물관의 현황

1) 건립 추이

조사 대상 근현대 역사박물관 345개 관의 건립(이하 '개관'과 동일한 의미로 사용함) 시기를 살펴보면 21세기에 들어서 많이 건립되었음을 알 수 있다. 우선 《총람》에 등록된 160개 관의 개관 시기를 도시해 보면 〈그림 1〉과 같다.

2019년 1월 1일 현존 근현대 역사박물관 중 가장 일찍 개관된 것은 1967년 서울에 건립된 한국천주교순교자박물관이다. 이후 1970, 80년대 건립

••••

3 문화체육관광부, 《전국 문화기반시설 총람 2012》(2012), 185-385쪽; 문화체육관광부 문화기반과, 《2019 전국 문화기반시설 총람》(2019.12), 238-591쪽. 2012년판 보고서에 한무숙 문학관이 2010년 개관한 것으로 나오나, 1993년 개관했고 2010년 문화체육관광부에 등록되었다. 2019년판 《총람》에는 수정되었다.

〈그림 1〉 근현대 역사박물관 건립추이(총람 160관)

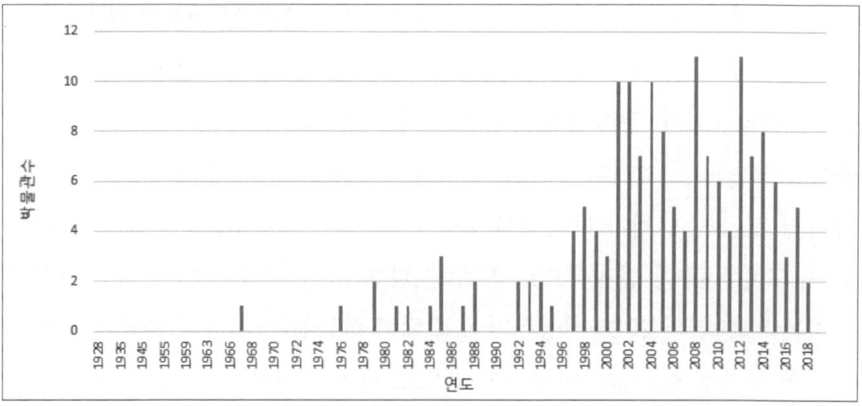

자료: 〈부표 1〉.

된 것도 있지만 그 비중은 미미하다. 현존 근현대 역사박물관 중 1980년대(1990년)까지 건립된 것의 비중은 13관 8%에 불과하다. 1990년대(1991-2000년)에 건립된 것의 비중도 15%에 그쳤다. 나머지 78%는 21세기에 들어서 건립된 것이다. 특히 2000년대(2001-2010년)가 78개 관 49%였다. 2010년대(2011~2018년)는 2000년대보다 적지만 46관 29%를 차지한다. 현존 근현대 역사박물관 중 2008년과 2011년에 개관된 박물관이 각 11개 관으로 개관연도 기준 최다 현존 박물관 수를 기록한다.

《총람》 이외 온라인으로 파악된 185개 관 중 개관 시기가 파악되지 않는 8관과 2020년 설립된 1관을 제외한 176관의 개관 시기를 도시하면 〈그림 2〉와 같다. 현존 박물관 중 개관일이 가장 이른 박물관은 1964년 충북에 건립된 한독의약박물관이다. 이를 시작으로 1980년대(1990년)까지 건립된 박물관이 현존 근현대 역사박물관 중에서 차지하는 비중이 16개 관 9%이고 1990년대(1991-2000년)에 건립된 것의 비중은 13개 관 7%였다. 나머지 84%는 21세기에 들어서 건립된 것이다. 위 《총람》의 등록 박물관의 추이와 다른 점은 2000년대(2001-2010년)보다 2010년대(2011-219)의 비중이 더 높다. 각각 49

〈그림 2〉 근현대 역사박물관 건립추이(온라인 조사 176관)

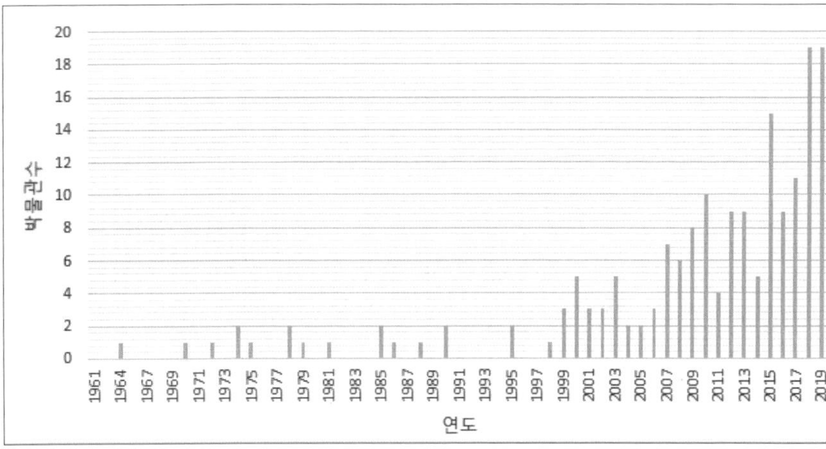

자료: 〈부표 1〉.

개 관 28%, 100개 관 56%이다. 보통 건립된 박물관이 일정한 규모를 유지하고 안정되면 등록 박물관이 되는 현실이 반영된 것이라 할 수 있다.

근현대 역사박물관이 21세기에 들어서 많이 개관되었다는 점은 일반 박물관과 비교해 보면 좀 더 명확해진다. 〈그림 3〉과 〈표 1〉은 《총람》의 현존 박물관 전체의 건립 연도를 근현대 역사박물관의 그것과 비교해 본 것이다. 《총람》 박물관 전체도 86%가 1990년대 이후, 71%가 21세기에 들어서 건립되어 1990년대 이후 특히 2000년대 이후 '박물관의 붐'을 이루었다고 할 수 있다. 그러나 이 수치는 《총람》의 근현대 역사박물관의 92%(1990년대 이후 건립), 78%(2000년대 이후 건립), 온라인 조사 근현대 역사박물관의 각각 91%, 85%에 비하면 낮은 편이다. 근현대 역사박물관이 박물관 전체보다 최근 30년의 개관 집중도가 높다고 할 수 있다. 이에 따라 증가율도 근현대 역사박물관 쪽이 높았다. 2018년 말 현존 등록 박물관 수는 1990년 대비 7.2배, 2000년 대비 3.5배 증가한 것에 비해 2018년 말 《총람》 근현대 역사박물관 수는 각각 12.3배, 4.4배 증가하였다. 온라인 조사 근현대박물관 수(2019년 말 기준)

〈그림 3〉 박물관 및 근현대 역사박물관 건립 추이

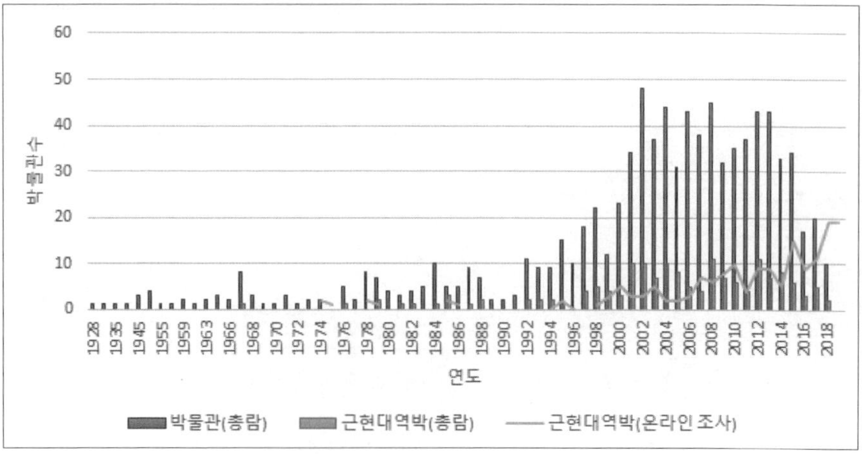

자료: 〈부표 1〉.

[표 1] 박물관 및 근현대 역사박물관의 건립 연도 추이

단위: 관, %, 배

기간	박물관(총람) A		근현대 역사박물관(총람) B			근현대 역사박물관 (온라인 조사) C		근현대역사박물관 (합계 B+C)	
1990년까지	122	14%	13	8%	(11%)*	16	9%	29	9%
1991~2000	132	15%	23	14%	(17%)	11	6%	34	10%
2001~2010	387	44%	78	49%	(20%)	49	28%	127	38%
2011~2018*	237	27%	46	29%	(19%)	100	57%	146	43%
합계	878	100%	160	100%	(18%)	176	100%	337	100%
1990년(누적) 대비 증가율	7.2		12.3			11.0		11.6	
2000년(누적) 대비 증가율	3.5		4.4			6.5		5.3	

자료: 〈부표 1〉. 개관연도 미상인 것은 제외하였다(총람 3개 관, 온라인 조사 근현대 역사박물관 8개 관). 《총람》 근현대 역사박물관의 괄호 안 수치는 B/A×100이다. 온라인 조사 근현대 역사박물관의 마지막 구간의 기간은 '2011-2019년'이다.

는 각각 11.6배, 5.3배 증가하였다. 이러한 증가를 바탕으로 《총람》의 전체 박물관에서 차지하는 근현대 역사박물관의 비중도 1990년 11%에서 2018

〈그림 4〉 근현대 역사박물관(《총람》+온라인 조사)의 지역 분포

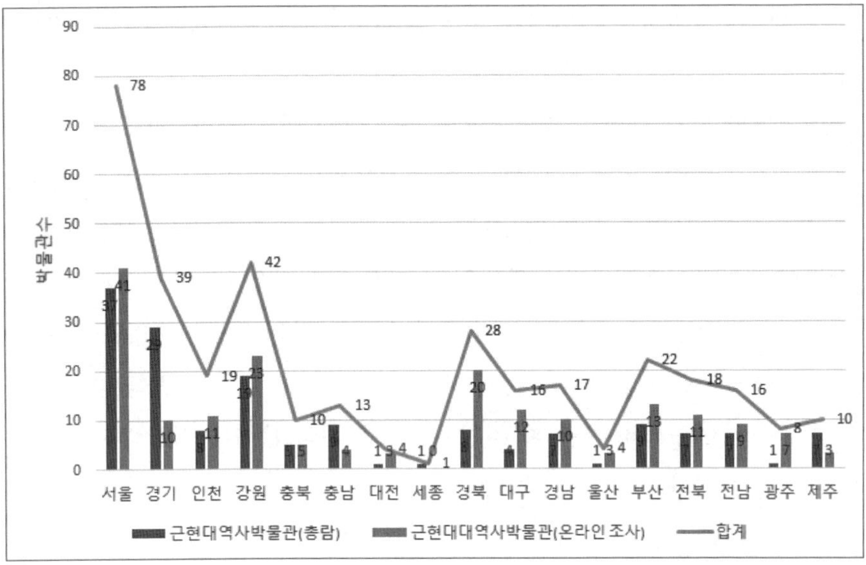

자료: 〈부표 1〉.

년 18%로 증가하였다. 《총람》의 박물관 중 1990년대 이후 개관된 박물관은 756개인데 그중 147개 19%가 근현대 역사박물관이었다. 1990년 이후 박물관 건립의 붐이 일었다고 한다면 그중 약 1/5은 근현대 역사박물관의 몫이라 할 수 있다. 미등록 박물관까지 포함하면 그 기여도는 더 높아질 것이다.

2) 지역 분포

근현대 역사박물관의 지역별 분포를 보면 절대 수에서 수도권 집중 현상이 보인다. 〈그림 4〉에서 보듯이 근현대 역사박물관이 가장 많은 지역은 서울로 《총람》 37개 관, 온라인 조사 41개 관 합 78개 관이다. 다음으로 강원도(42개 관), 경기도(39개 관), 경북(28개 관), 부산(22개 관)이 많은 지역이다. 이러한 동향은 박물관 전체와 유사하다. 2018년 말 현재 《총람》에서 박물관(881개관)이 많이 분포한 상위 다섯 지역은 경기(136개 관) 서울(128개 관) 강원(95개 관) 경남(70개

관) 경북(69개 관)이다.[4] 수도권(서울, 인천, 경기)의 근현대 역사박물관은 136개로 전체의 39%를 차지하여 《총람》 박물관 전체의 수도권 비중 292개 관 33%에 비하면 수도권 비중이 높은 편이다.

인구 백만 명당 근현대 역사박물관 수를 보면 전국 6.7개 관이며 전국보다 높은 수치를 보인 지역은 강원(27.2개 관), 제주(15.0개 관) 경북(10.5개 관), 전북(9.8개 관) 전남(8.5개 관) 서울(8.0개 관)이다. 가장 수가 적은 곳은 대전으로 백만 명당 근현대 역사박물관 수가 2.7개 관이었다. 다음으로 적은 곳은 경기(3.0개 관), 세종(3.2개 관), 울산(3.5개 관), 경남(5.0개 관) 순이다. 수도권은 5.3개 관으로 다른 지방의 평균 8.0개 관에 비해 낮은 수치이다. 절대 수에서 수도권 집중 현상이 드러나지만, 인구대비로 볼 때 지방보다 수도권의 근현대 역사박물관 수가 많은 편은 아니다.

박물관 수만으로는 그 내실을 알 수 없다. 〈표 2〉에 내실을 보여 주는 지표로 근현대 역사박물관의 학예인력, 소장품 수, 연 관람인원을 제시했다. 1관당 학예인력은 1.0명이고 소장품 수는 1관당 9,979점으로 《총람》 박물관 전체의 각각 3.4명, 14,059점에 비하면 부실한 편이다. 특히 근현대 역사박물관이 소장품보다는 기획전시를 통해 관람객과 소통한다는 점을 감안하면 학예인력의 차이는 크다고 할 수 있다. 수도권과 지방을 비교해 보면 각각 1.4명 대 0.7명, 14,605점 대 6,969점으로 두 배의 격차가 있다. 양 지역의 연관람인원이 75,842명 대 66,301명이라는 점을 감안하면, 지방의 근현대 역사박물관은 수도권의 그것과 비교해 보면 그 수요(관람객 수)에 비해 이를 맞이할 기반(학예인력, 소장품 수)은 약하다. 절대 박물관 수나 백만 명당 박물관 수에 높은 수치를 기록한 강원 경기 경북 부산 전북 전남 제주의 학예인력은 평균(1.0명)에 미치지 못했다. 소장품 수에서도 위 지역에서 경기 전남을 제외하면 모두 평균(9,979점)에 이르지 못했다. 지방의 인구 대비 근현대 역사박물관

4 문화체육관광부 문화기반과, 《2019 전국 문화기반시설 총람》(2019.12), 23쪽.

[표 2] 근현대 역사박물관의 현황(총람 2018년 말, 온라인조사 2020년 7월)

단위: 관, 천명, 명, 점

지역	박물관 수	인구 (천명)	백만명당 박물관 수	학예 인력	1관당 학예인력	소장품 수	1관당 소장품 수	연관람인원	1관당 관람인원
강원	**42**	1,543	**27.2**	13	0.3	66,909	1,593	3,618,572	86,156
경기	**39**	13,077	3.0	32	0.8	475,523	12,193	1,582,933	40,588
경남	17	3,374	5.0	11	0.6	210,876	12,404	768,881	45,228
경북	**28**	2,677	**10.5**	14	0.5	116,982	4,178	2,290,284	81,796
광주	8	1,459	5.5	1	0.1	139	17	18,981	2,373
대구	16	2,462	6.5	4	0.3	29,389	1,837	390,787	24,424
대전	4	1,490	2.7	6	**1.5**	79,070	19,768	397,059	99,265
부산	**22**	3,441	6.4	18	0.8	194,203	8,827	1,049,172	47,690
서울	**78**	9,766	**8.0**	143	**1.8**	1,473,637	18,893	7,858,897	100,755
세종	1	314	3.2	2	**2.0**	265,236	265,236	20,310	20,310
울산	4	1,156	3.5	0	0.0	1,159	290	73,989	18,497
인천	19	2,955	6.4	18	0.9	37,080	1,952	872,671	45,930
전남	16	1,883	**8.5**	13	0.8	218,584	13,662	781,820	48,864
전북	18	1,837	**9.8**	16	0.9	70,475	3,915	1,070,393	59,466
제주	10	667	**15.0**	7	0.7	22,764	2,276	1,068,965	106,897
충남	13	2,126	6.1	39	**3.0**	140,329	10,795	2,178,415	167,570
충북	10	1,599	6.3	6	0.6	40,383	4,038	129,350	12,935
합계	345	51,826	6.7	343	1.0	3,442,738	9,979	24,171,479	70,062
수도권	136	25,798	5.3	193	1.4	1,986,240	14,605	10,314,501	75,842
지방	209	26,028	8.0	150	0.7	1,456,498	6,969	13,856,978	66,301

자료: 〈부표 1〉; 국가통계포털 https://kosis.kr. 인구는 2018년 주민등록인구 수치이다. 학예인력, 소장품 수, 연 관람인원은 《총람》과 온라인에서 파악 가능한 수치이다(이하 동일).

수가 수도권의 그것에 비해 적지 않지만, 그 내실은 허약하다고 할 수 있다.

3) 운영 주체

대부분의 나라가 박물관 분류의 하나로 운영 주체별 구분을 사용하고 있다. 《총람》에서도 국립, 공립, 대학, 사립으로 박물관을 구분한다. 이에 따라 온라인 조사에서도 국립, 공립, 대학, 사립으로 구분해 보았다. 우선 《총람》

에 등록된 박물관 전체, 근현대 역사박물관, 온라인 조사 근현대 박물관의 운영 주체별 개관 추이를 도시해 보면 〈그림 5〉-〈그림 7〉과 같다.

〈그림 5〉 박물관(총람 881관) 운영주 체별 건립 추이

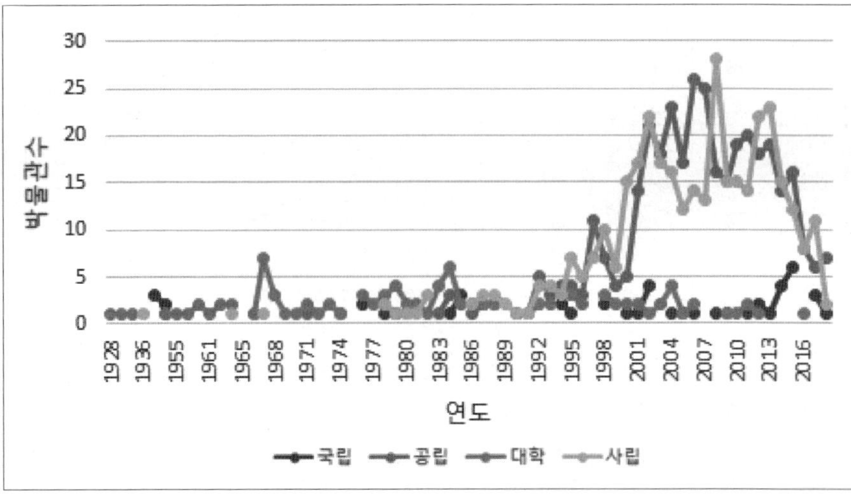

〈그림 6〉 근현대 역사박물관(총람 160관) 운영주체별 건립 추이

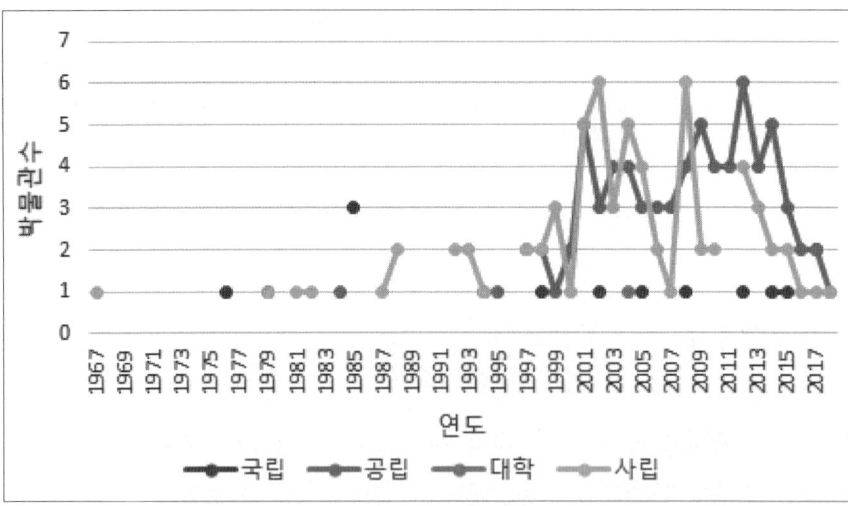

〈그림 7〉 근현대 역사박물관(온라인 조사 176관) 운영주체별 건립 추이

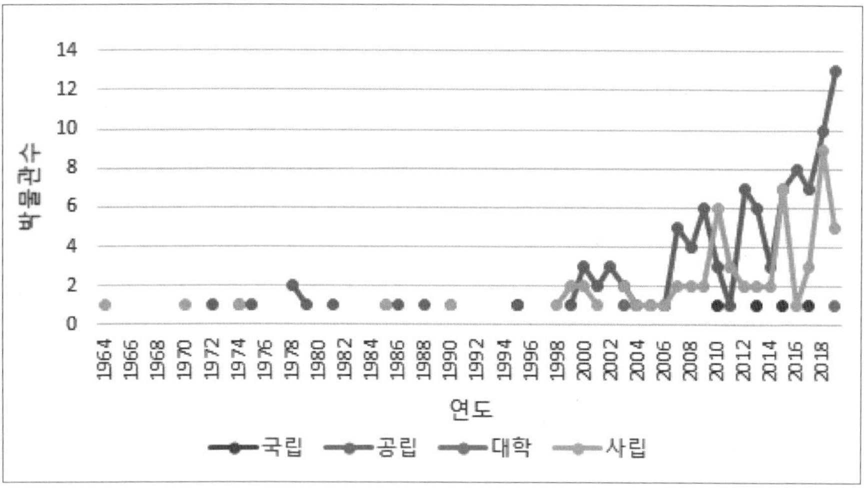

우선 박물관 전체의 추이와 다른 점은 '대학'이 운영 주체인 근현대 역사박물관이 적다는 점이다. 이는 대부분의 대학박물관이 종합박물관을 지향하므로 근현대 역사박물관으로 분류하지 않았기 때문이다. 《총람》에서 한국항공대학교 항공우주박물관, 서울대학교 치의학박물관, 온라인 조사에서 연세대학교 언더우드기념관, 가톨릭대학교 교회음악박물관이 근현대 역사박물관에 포함되었다. 이 대학박물관들은 근현대 이전 시기도 다루지만, 중점은 근현대 시기이다.

전체적으로 《총람》의 박물관, 《총람》과 온라인 조사의 근현대 역사박물관에서 공통으로 확인되는 것은 1990년대 이후 '박물관 붐'의 주체가 공립과 사립이라는 점이다. 특히 그림에서 알 수 있듯이 《총람》의 박물관 전체보다 근현대 역사박물관 쪽이, 《총람》보다 온라인 조사의 근현대 역사박물관 쪽이 공립박물관 건립이 두드러진다.

《총람》 근현대 역사박물관의 운영 주체별 건립 추이를 보면 공립이 1990년 말 대비 2018년 말 74배 증가하여 1990년 현재 비중이 8%에 불과했으

[표 3] 박물관 및 근현대 역사박물관의 운영 주체별 건립 추이

	박물관(총람)					근현대 역사박물관(총람)					근현대 역사박물관(온라인)				
	국립	공립	대학	사립	합계	국립	공립	대학	사립	합계	국립	공립	대학	사립	합계
-1990	16	17	67	22	122	5	1	0	7	13	0	11	0	5	16
(비중)	13%	14%	55%	18%	100%	38%	8%	0%	54%	100%	0%	69%	0%	31%	100%
1991-2000	6	47	17	62	132	1	8	1	13	23	1	5	0	5	11
2001-2010	10	194	14	169	387	3	38	1	36	78	2	28	1	18	49
2011-2018	18	108	4	110	240	5	27	0	14	46	3	62	1	34	100
합계	50	366	102	363	881	14	74	2	70	160	6	106	2	62	176
(비중)	6%	42%	12%	41%	100%	9%	46%	1%	44%	100%	3%	60%	1%	35%	100%
1990년 대비 증가율	3.1	21.5	1.5	16.5	7.2	2.8	74.0	-	10.0	12.3	-	9.6	-	12.4	11.0
2000년 대비 증가율	2.3	5.7	1.2	4.3	3.5	2.3	8.2	2.0	3.5	4.4	6.0	6.6	-	6.2	6.5

자료: 〈부표 1〉. 개관연도 미상인 것은 제외하였다(총람 3관, 온라인 조사 근현대 역사박물관 8관). 온라인 조사 근현대 역사박물관의 마지막 구간의 기간은 '2011-2019년'이다. 2020년 설립된 1관은 제외하였다.

나 2018년 말 현재 46%를 차지하였다. 사립은 같은 기간 10배 증가하여 1990년 현재 비중이 54%였는데 2018년 말 현재 44%를 차지하였다. 공립의 증가 추세에 미치지 못하지만, 공립과 함께 사립도 근현대 역사박물관의 양대 축이라 할 수 있다. 온라인 조사 근현대 역사박물관의 경우 공립이 1990년 말 대비 2019년 말 9.6배 증가하여 1990년 현재 비중이 69%에서 2018년 말 현재 60%를 차지하였다. 사립은 같은 기간 12.4배 증가하여 1990년 현재 비중이 31%에서 2019년 말 현재 35%를 차지하였다. 기준시점인 1990년 현재 공립의 비중이 높아 증가율이 높지 않지만 1991~2019년간 무려 95개의 공립 근현대 역사박물관이 세워졌다.《총람》의 같은 기간 설립된 공립 근현대 역사박물관은 73개로 양자 합쳐 168개의 공립 근현대 역사박물관이 건립되었다. 같은 기간 사립 근현대 역사박물관은《총람》63개, 온라인 조사 57개로 합 120관이 개관되었다.

박물관 전체적으로 1990년대 이후 '박물관 붐'의 시기를 거치면서 공립과 사립의 비중이 늘었다. 양자 합쳐 32%에서 83%로 증가했다.《총람》과 온라인 조사 근현대 역사박물관도 합쳐서 83%에서 93%로 증가했다. 양자의 차이점은 박물관 전체에 비해 근현대 역사박물관 쪽이 애초 국립과 대학보다 공립과 사립의 비중이 높았다는 점이다. 또 박물관 전체로는 공립과 사립의 개관 수가 비슷한 데 비해《총람》이든 온라인 조사이든 근현대 역사박물관은 공립이 사립보다 많이 설립되었다. 근현대 역사박물관은 운영 주체별로 볼 때 '공립'이 주도했고, '박물관 붐'의 시기를 거치면서 이러한 경향이 더 뚜렷해졌다 할 수 있다. 이는 1991년 지방자치제의 시행, 그에 따른 지역 정체성 개발과 그 마케팅 차원에서 근현대 역사가 적극적으로 활용됐기 때문인 것 같다.

근현대 역사박물관의 건립이 공립과 사립에 의해서 주도되었음을 확인했는데, 그러면 그 내실은 어떠할까? 〈표 4〉를 보면《총람》의 근현대 역사박물관 중 공립은 1개 관당 학예인력(1.1명), 1개 관당 소장품 수(6,474점) 1개 관당 관람인원(103,592명) 모두 평균(각각 1.7명, 19,907점, 113,006명)에 미치지 못한다. 사립은 1개 관당 관람인원(103,258명)이 평균에 미달했다. 온라인 조사의 근현대 역사박물관 중 공립은 1개 관당 소장품 수(629점)가 평균(1,392점)보다 적었으며, 사립은 1관당 학예인력(0.3명), 1관당 관람인원(21,483명)이 평균(각각 0.4명, 32,866명)에 미치지 못한다. 근현대 역사박물관 전체로 볼 때 모든 부분에서《총람》의 근현대 역사박물관이 온라인 조사의 그것보다 양호하다. 운영 주체별로 보면 공립은 1관당 학예인력, 1관당 소장품 수, 1관당 관람인원이 모두 평균에 미치지 못했고, 사립은 앞의 두 가지가 평균 이상이었음에도 후자는 평균 이하였다. 1개 관당 관람인원이 가장 많았던 국립의 경우 1관당 학예인력과 1관당 소장품 수가 평균 이상이었으며 그 결과 1관당 관람인원이 평균(70,032명)보다 2배 이상 높았다. 전체적으로 근현대 역사박물관은 그 양적 성장에 비해 학예인력이나 소장품 수 등 내실은 빈약하다고 할 수 있다.

[표 4] 근현대 역사박물관의 현황(총람 2018년 말, 온라인조사 2020년 7월)

단위: 관, 천명, 명, 점

근현대 역사박물관(총람)

운영 주체	관수	학예인력	1관당 학예인력	소장유물	1관당 소장품수	연관람인원	1관당 관람인원
국립	14	36	2.6	1,158,025	82,716	3,186,831	227,631
공립	74	85	1.1	479,075	6,474	7,665,823	103,592
대학	2		0.0	7,191	3,596	250	125
사립	70	147	2.1	1,540,858	22,012	7,228,093	103,258
소계	160	268	1.7	3,185,149	19,907	18,080,997	113,006

근현대 역사박물관(온라인 조사)

운영 주체	관수	학예인력	1관당 학예인력	소장유물	1관당 소장품수	연관람인원	1관당 관람인원
국립	6	1	0.2	906	151	30,931	5,155
공립	107	49	0.5	67,354	629	4,538,821	42,419
대학	2	1	0.5	921	461	6,574	3,287
사립	70	24	0.3	188,408	2,692	1,503,836	21,483
소계	185	75	0.4	257,589	1,392	6,080,162	32,866

근현대 역사박물관(합계)

운영 주체	관수	학예인력	1관당 학예인력	소장유물	1관당 소장품수	연관람인원	1관당 관람인원
국립	20	37	1.9	1,158,931	57,947	3,217,762	160,888
공립	181	134	0.7	546,429	3,019	12,204,644	67,429
대학	4	1	0.3	8,112	2,028	6,824	1,706
사립	140	171	1.2	1,729,266	12,352	8,731,929	62,371
합계	345	343	1.0	3,442,738	9,979	24,161,159	70,032

자료: 〈부표 1〉; 국가통계포털 https://kosis.kr.

3. 근현대 역사박물관의 주요 주제

항일, 한국전쟁, 민주화

근현대 역사박물관은 어떤 주제를 다루는가? 345개의 근현대 역사박물관을 아래 다섯 가지 주제로 대분류해 보았다. 여러 주제가 포괄된 박물관도 적지 않아 복수 분류도 가능하게 했다. 그 결과 인물을 주제로 한 근현대 역

[표 5] 근현대 역사박물관 대분류

대분류	내용	예	관
기구	중앙 및 지방 정부, 학교, 종교, 단체	해군사관학교박물관 원불교역사박물관 대한민국역사박물관	81
인물	근현대 역사 인물	심산김창숙기념관 청와대사랑채	125
사건	근현대 역사적 사건	왜관지구전적기념관 동학혁명기념관	93
지역	행정구역, 지방, 특정 권역	청계천박물관 구룡포근대역사관	66
기타 (근대문물 등)	철도, 신문, 잡지, 영화, 광고, 우표, 소리, 카메라 등	부산증권박물관, 근대소리박물관 대한컴퓨터박물관	72

자료: 〈부표 1〉.

사박물관이 125개로 가장 많았고, 다음으로 사건을 주제로 한 근현대 역사박물관이 93개로 많았다.

인물과 사건에 대해서는 뒤에 살펴보기로 하고 먼저 기구를 주제로 한 박물관 81개 관을 보자. 그중 비중이 큰 것을 꼽아 보면 종교 관련 13개 관, 학교·교육 관련 10개 관, 의료/병원 관련 8개 관이다. 모두 근현대 한국인이 살면서 크게 의지한 기구이다. '기타'로 분류된 박물관의 다수를 자치하는 것은 근대 문물을 주제로 한 박물관이다. 철도나 축음기에서 컴퓨터나 폰에 이르기까지 다양하다. 이러한 전문박물관은 최근 증가세이다. 72개 관 중 59개(82%)가 2000년대 들어서 개관하였다. 이 글에서 근현대 역사박물관에 포함하지 않았지만 피규어, 캐릭터, 커피 등 최근 유행품을 다룬 전문박물관도 늘어나고 있다. 관람객 대부분은 이러한 전문박물관에서 자신이 살아온 시대와 자신의 삶을 반추하므로, 전문박물관 관람은 일상생활에서 과거를 접하면서 스스로 역사상과 역사관을 획득하는 '역사실천'의 하나라 할 수 있다. 향후 근현대 물품을 다룬 전문박물관은 근현대 역사박물관의 중요 범주가 될 것이다.

지역의 근현대 역사를 주제로 한 근현대 역사박물관은 66개 관으로 그중 61개(92%)가 2000년대 들어서 개관되었다. 최근 지역재생이나 관광 사업 차원에서 지역의 근현대 역사자원을 활용한 박물관이 늘어나고 있어, 향후 근현대 역사박물관의 주요한 범주가 될 것 같다. 특히 새로운 경향으로 마을박물관이 생겨나고 있다. '마을'을 박물관 명칭에 사용하고 있는 박물관이 총 16개로 모두 2009년 이후 개관되었다. 인천 미추홀구 토지금고마을박물관의 사례를 보면 마을 주민이 큐레이터로서 기획, 수집 및 연구, 전시 및 교육을 주도하며, 지자체와 주변의 박물관 및 대학교가 협조하고 있다. 2015년부터 2019년까지 간행된 미추홀구(당시 남구) 편, 《도시마을생활사》 4권은 인하대 사학과 등 지역 연구진 참여하였다. 이는 마을 주민의 큐레이터 활동에 도움이 되었을 것이다. 마을 주민과 마을큐레이터는 그때까지 지자체(남구)가 추진해 왔던 전통 시대 중심의 지역 정체성 추구와 자신들의 삶 사이에 괴리를 느끼고, 자신들이 살아왔던 시대, 마을의 이야기를 2015년부터 2019년까지 5회의 전시회에 담았다. 기획전 외에도 지역 아이들을 위한 체험 활동을 진행하고 있으니 교육 기능도 맡고 있는 셈이다. 이러한 마을박물관은 현재 박물관의 민주화, '공공역사'의 흐름과 지역공동체, 마을이 만나는 지점이라 할 수 있다. 향후 지속성 확보, 지역 정체성에 갇히지 않는 보편성과 개방성 확보는 마을박물관의 과제이다.

근현대 역사박물관 중에서 125개 관을 차지하여 가장 많은 수를 기록한 인물 관련 박물관을 직업과 활동 분야로 소분류 해 보면 단일 항목으로는 '항일'이 39개 관으로 가장 많다. 문학, 예술, 문화재, 건축을 '문화'로 합치면 38개 관이다. 다음으로 종교인이 15개 관, '민주화' 관련 9개 관, '전쟁/반공' 관련 7개 관 등이다. 인물의 소분류 항목 중 '문화'인이나 '종교'인은 다른 항목과 중복되기도 한다. 예를 들면 광주의 오방최흥종기념관의 주인공은 교육가이자 종교인이며 항일운동도 했다. 그런데 항일, 민주화, 전쟁/반공은 중복되지 않는다. 주로 전자는 후자 두 가지와 활동 시기가 달라서 겹치지 않은 것 같고, 후자 두 가지가 상호 중복되지 않는 것은 다른 성향의 활동이기 때문인 것 같다. 설사 두 분야 모두에서 활동한 인물이 있더라도 현재 기념되지 않고 있다고 할 수 있다.

인물의 소분류를 고려하면서 사건 관련 근현대 역사박물관 93개 관을 소분류 해 보면 단일 항목으로는 '한국전쟁'이 27개 관으로 가장 많다. 다음으로 '항일'이 16개 관이며, 이어서 '민주화' 14개 관이다. 이 세 계열 각각과 유사한 성격의 소분류를 모아 보면 '한국전쟁 등 반공' 35개 관(한국전쟁 27개 관, 베트남전쟁 3개 관, 천안함 1개 관, 공비피해 1개 관, 새마을 3개 관), '항일/식민지피해' 20개 관(항일 16개 관, 식민지피해 4개 관), '민주화 등' 24개 관(민주화 14개 관, 제주 4.3 사건 1개 관, 동학농민전쟁 3개 관, 인권/평화/남북화해 6개 관)[5]이다. 인물과 사건의 소분류에서 알 수 있듯이 일제 강점과 저항, 한국전쟁, 민주화는 한국 근현대사의 가장 큰 사건이고 현재도 중요한 기억 정치의 소재이며, 이를 반영하여 근현대 역사박물관에서 해당 주제가 차지하는 비중도 크다.

대분류 인물 또는 사건 근현대 역사박물관 총 196개 중 소분류 '항일/식민지피해'에 해당하는 것은 58개 관이고, '한국전쟁 등'에 해당하는 박물관과 '민주화 등'에 해당하는 것이 각각 35개 관이다. 각각 개관연도 순으로 배열한 것이 아래 〈표 6〉-〈표 8〉이며, 이를 정리한 것이 〈표 9〉이다.

1998년은 처음으로 정권교체가 일어난 해이다. 이 해를 기점으로 증가율을 보면 '민주화 등'과 관련된 근현대 역사박물관이 가장 높은 증가율 10.5%를 기록한다. 다음으로 '항일/식민지피해'가 5.2%, '한국전쟁 등'이 2.9%이다. 절대수에선 '항일/식민지피해'가 가장 많은 47개 관이며 '한국전쟁 등'이 25개 관, '민주화 등'이 21개 관이다. 상위 분포 지역을 보면 '한국전쟁 등' 박물관은 강원도, 경상도가 압도한다. 정치성향만이 아니라 전

• • • •

5 중복 분류를 피하기 위해 희움일본군위안부역사관, 일본군위안부역사관은 '식민지피해', 전쟁과여성인권박물관은 '인권'으로 분류했다.

[표 6] 인물/사건 근현대 역사박물관 중 '항일/식민지피해' 박물관

개관 연도	박물관명	지역	대분류	소분류	운영주체	자료
1970	안중근의사기념관	서울	인물	항일	사립	온라인
1974	심산김창숙기념관	경북	인물	항일	공립	온라인
1974	서울유관순기념관	서울	인물	항일	사립	온라인
1981	만해기념관	경기	인물	항일	사립	총람
1987	독립기념관	충남	사건	항일	사립	총람
1988	매헌윤봉길의사기념관	서울	인물	항일	공립	온라인
1990	우당기념관	서울	인물	항일	사립	온라인
1995	백산기념관	부산	인물	항일	공립	온라인
1997	제주항일기념관	제주	사건	항일	공립	등록
1998	일본군위안부역사관	경기	사건	식민지피해/인권	사립	등록
1998	서대문형무소역사관	서울	인물/사건/기구	항일/식민지피해	공립	등록
1998	도산안창호기념관	서울	인물	항일	사립	등록
2000	광복기념관	부산	사건	항일	공립	온라인
2001	제암리 3.1운동 순국기념관	경기	사건	항일/식민지피해	공립	등록
2001	안성3.1운동기념관	경기	사건	항일	공립	등록
2001	윤봉길의사기념관	충남	인물	항일	공립	등록
2001	제천의병전시관	충북	사건	항일	공립	등록
2002	운강이강년기념관	경북	인물	항일	공립	등록
2003	만해문학박물관	강원	인물	문학, 종교, 항일	사립	등록
2003	일강김철선생기념관	전남	인물	항일	공립	온라인
2003	유관순열사기념관	충남	인물	항일	공립	등록
2004	한서남궁억기념관	강원	인물	항일	공립	온라인
2004	의암류인석기념관	강원	인물	항일	공립	등록
2004	윤동주기념관	서울	인물	문학, 항일	사립	온라인
2004	구파백정기의사기념관	전북	인물	항일	공립	등록
2004	제주평화박물관	제주	사건	식민지피해	사립	등록
2006	백범김구기념관	서울	인물	항일	사립	등록
2006	백범김구은거기념관	전남	인물	항일	사립	온라인
2007	최용신기념관	경기	인물	항일	공립	등록
2007	광주학생독립운동기념관	광주	사건	항일	공립	온라인
2007	김한종의사기념관	충남	인물	항일	사립	온라인
2008	서재필기념관	전남	인물	항일	사립	온라인
2009	왕산허위선생기념관	경북	인물	항일	공립	온라인
2009	상해임시정부청사 독립역사관	전남	사건/기구	항일	공립	온라인
2010	외솔기념관	울산	인물	국어학자, 항일	공립	등록

2010	석오이동녕기념관	충남	인물	항일	공립	등록
2011	몽양기념관	경기	인물	항일	공립	등록
2011	국채보상운동기념관	대구	사건	항일	공립	등록
2011	심산김창숙기념관	서울	인물	항일	사립	온라인
2011	임도현항일비행사기념관	제주	인물	항일	사립	온라인
2012	박열의사기념관	경북	인물	항일	공립	온라인
2012	윤동주문학관	서울	인물	문학/항일	공립	온라인
2015	항일독립운동가 주기철목사기념관	경남	인물	종교/항일	공립	등록
2015	광주백범기념관	광주	인물	항일	사립	온라인
2015	희움 일본군 위안부 역사관	대구	인물/사건	식민지피해/인권	사립	온라인
2015	국립일제강제동원역사관	부산	사건	식민지피해	국립	등록
2016	홍암나철기념관	전남	인물	종교/항일	공립	온라인
2017	경상북도독립운동기념관	경북	사건	항일	사립	등록
2017	상화기념관이장가문화관	대구	인물	문학/항일	사립	온라인
2018	의열기념관	경남	인물/사건	항일	공립	온라인
2018	식민지역사박물관	서울	사건/기구	항일/식민지피해	사립	온라인
2018	군산3·1운동100주년기념관	전북	사건	항일	공립	온라인
2018	항일독립운동역사관	충북	사건	항일	사립	온라인
2019	오방최흥종기념관	광주	인물	교육/종교/항일	공립	온라인
2019	문화공간이육사	서울	인물	문학/항일	공립	온라인
2019	스코필드 기념관	서울	인물	선교/항일	사립	온라인
미상	고당기념관	서울	인물	항일	사립	온라인
미상	중앙고등학교 3.1기념관	서울	사건	항일	사립	온라인

자료: 〈부표 1〉.

[표 7] 인물/사건 근현대 역사박물관 중 '한국전쟁 등' 박물관

개관 연도	박물관명	지역	대분류	소분류	운영 주체	자료
1975	이승복기념관	강원	인물/사건	반공/공비	공립	온라인
1978	춘천지구전적기념관	강원	사건	한국전쟁	공립	온라인
1978	왜관지구전적기념관	경북	사건	한국전쟁	공립	온라인
1979	낙동강 승전기념관	대구	사건	한국전쟁	공립	온라인
1981	다부동전적기념관	경북	사건	한국전쟁	공립	온라인
1984	임시수도기념관	부산	사건/기구	한국전쟁	공립	총람
1985	백마고지전시관	강원	사건	한국전쟁	공립	온라인

1986	강재구기념관	강원	인물/사건	베트남전쟁	공립	온라인
1994	전쟁기념관	서울	사건	한국전쟁	사립	총람
1999	포로수용소유적공원	경남	사건/기구	한국전쟁	사립	총람
2000	양구전쟁기념관	강원	사건	한국전쟁	공립	온라인
2002	자유수호평화박물관	경기	사건	한국전쟁	공립	총람
2002	지리산빨치산토벌전시관	경남	사건	한국전쟁	공립	총람
2002	학도의용군전승기념관	경북	사건/인물	한국전쟁	공립	온라인
2003	40계단 문화관	부산	지역/사건	한국전쟁	공립	온라인
2003	감우재전승기념관	충북	사건	한국전쟁	공립	총람
2004	박진전쟁기념관	경남	사건	한국전쟁	공립	총람
2004	인천학생6.25참전관	인천	사건	한국전쟁	사립	총람
2005	유치곤장군호국기념관	대구	인물/사건	한국전쟁	공립	온라인
2006	파로호 안보전시관	강원	사건	한국전쟁	공립	총람
2007	에티오피아한국전참전기념관	강원	사건	한국전쟁	공립	온라인
2007	6.25전쟁체험기념관	강원	사건	한국전쟁	공립	총람
2008	베트남참전기념관	강원	사건	베트남전쟁	공립	온라인
2008	월남파병용사 만남의 장	강원	사건/인물	베트남전쟁	공립	총람
2008	경상북도새마을회역사관	경북	사건/기구	새마을	공립	온라인
2009	태백중학교 학도병기념관	강원	사건/기구	한국전쟁	공립	온라인
2009	새마을운동발상지기념관	경북	사건	새마을	공립	온라인
2009	포항새마을운동발상지기념관	경북	사건	새마을	공립	온라인
2013	유엔군 초전기념관	경기	사건	한국전쟁	공립	총람
2013	호국철도기념관	대전	사건	한국전쟁	공립	온라인
2014	유엔평화기념관	부산	사건/기구	한국전쟁	사립	총람
2015	칠곡호국평화기념관	경북	인물/사건	한국전쟁	공립	총람
2017	천안함기념관	경기	사건	천안함	공립	온라인
2017	국립6.25전쟁납북자기념관	경기	인물/사건	한국전쟁	국립	총람
2019	영천전투호국기념관	경북	사건	한국전쟁	공립	온라인

자료: 〈부표 1〉.

쟁 격전지였던 지리적 이유도 있다. 반면 '민주화 등'의 박물관은 수도권과 전라남도에 많이 분포하여, '한국전쟁 등' 박물관과 확연히 구분된다. '항일/식민지피해' 박물관은 이러한 동서의 분리 없이 전국에 골고루 분포하는 편이다. 운영 주체별로 볼 때 '한국전쟁 등' 박물관은 다른 것에 비해 공

[표 8] 인물/사건 근현대 역사박물관 중 '민주화 등' 박물관

개관 연도	박물관명	지역	대분류	소분류	운영 주체	자료
1995	4.19국립묘지 기념관	서울	사건/인물	민주화	국립	온라인
1999	민주공원 민주항쟁기념관	부산	사건	민주화	사립	온라인
2005	이한열기념관	서울	인물/사건	민주화	사립	총람
2007	무위당기념관	강원	인물/사건	민주화	사립	온라인
2008	노동자역사 한내	경기	사건/기구	민주화	사립	온라인
2009	강원도디엠제트박물관	강원	지역/사건	평화/분단	공립	총람
2010	윤이상기념관	경남	인물	예술/민주화	사립	온라인
2012	전쟁과여성인권박물관	서울	사건	인권	사립	총람
2013	2.28 민주운동기념회관	대구	사건	민주화	사립	온라인
2013	김대중노벨평화상기념관	전남	인물/사건	평화	공립	총람
2014	울산노동역사관1987	울산	사건	민주화	사립	온라인
2015	5.18민주화운동기념관	광주	사건	민주화	공립	온라인
2015	소심당조아라기념관	광주	인물	종교/복지/여성/민주화	사립	온라인
2015	함석헌기념관	서울	인물	종교/민주화	공립	온라인
2016	민주화운동기념공원	경기	사건	민주화	공립	온라인
2016	근현대사기념관	서울	인물/사건	민주화	공립	온라인
2017	선감역사박물관	경기	사건/기구	소년수용소/인권	사립	온라인
2018	북측기념응원방문단전시관	강원	사건	남북화해	사립	온라인
2018	매향리 평화역사관	경기	사건	미군폭격/평화	공립	온라인
2018	문익환통일의집	서울	인물/사건	민주화	사립	온라인
2019	광주고등학교 4.19민주혁명역사관	광주	사건	민주화	공립	온라인
2019	민주인권기념관	서울	사건/기구	민주화	공립	온라인
2019	전태일기념관	서울	인물/사건	민주화	공립	온라인

자료: 〈부표 1〉.

립의 비중이 높으며 사립의 비중이 작아 지자체 차원의 설립이나 지원이 많았음을 알 수 있다. 추출 자료로 볼 때 '민주화 등'의 박물관은 총람의 비중이 작고 온라인 조사의 비중이 높다. '민주화 등'의 박물관이 문화체육관광부에 박물관으로 등록될 조건을 갖추지 못했거나 다른 부처 관할 아래 운영

[표 9] 주요 소분류 근현대 역사박물관의 건립 경향

분류	관수	건립연도			증가	
		1998년 이전 a	1998년 이후 b	연도미상	수	증가율 b/a
전체	345	42	295	8	253	7.0
한국전쟁 등	35	9	26		17	2.9
항일 등	58	9	47	2	38	5.2
민주화 등	23	2	21		19	10.5

상위분포 지역	운영주체			자료		학예인력	
	국립	공립	사립	총람	온라인	수	1관당
	6%	52%	42%	46%	54%	343	1.0
강원 11 경북/대구 10 경남/부산 6	3%	86%	11%	43%	57%	30	0.9
서울 15 경북/대구 8 전남/광주 8	2%	55%	43%	43%	57%	80	1.4
서울 7 경기 4 전남/광주 4	4%	52%	43%	26%	74%	18	0.8

자료: 〈부표 1〉.

되는 경우가 많기 때문이다. 학예인력도 가장 적다. 전체적으로 1998년 정권교체 이후 '민주화 등' 박물관이 늘어나기 시작했으나 절대 수가 많지 않으며 내실을 갖췄다고 보기 어렵다.

4. 근현대 역사박물관 건립 붐과 정체성의 재구성

현재 한국인이 근현대 역사박물관을 통해서 기념하고자 하는 주제는 항일, 한국전쟁, 민주화라 할 수 있다. 이 세 가지 주제는 서로 경합하며 한국인의 정체성을 만들어 가고 있다. 그러한 가운데 변화의 조짐도 보인다. 근현대 역사박물관 건립 붐의 요인을 정체성과 관련하여 살펴보면서 글을 맺겠다.

1990년대에 들어서면서 세계는 탈냉전의 시대를 맞이하여 종전과 다른 시각으로 과거, 특히 현재 발 딛고 있는 세계와 직접적으로 연관 있는 근현대사를 다시 보기 시작했다, 또한 탈냉전과 함께 인권, 평화 운동이 대두됨에 따라 이에 입각하여 과거사를 재조명하는 박물관, 기념관 설립이 이어졌다. 예를 들면 탈냉전의 현장이었던 독일의 경우 박물관이 1990년 약 4,000개에서 2015년경 약 6,700개로 증가했다.[6] 동유럽에서는 '소련 점령기'를 주제로 한 박물관이 새로 건립되었다. 남아프리카공화국 등에서는 과거사 관련 박물관·기념관 건립이 이어졌다. 비록 여전히 분단체제 아래 있는 대한민국이지만 이러한 세계적 동향의 영향을 받지 않을 수 없다. 인권과 평화를 주제로 한 박물관들이 세워지고 있으며, 한국전쟁을 주제로 한 박물관도 중점이 예전의 '전투'에서 '생활'(40계단문화관)과 일반인의 '피해'(납북자기념관)로 다변화되고 있다. 또 냉전의 유산에서 평화를 사고하는 박물관(강원도디엠제트박물관)도 만들어졌다. 전체적으로 대한민국에서도 급변하는 세계정세 속에서 발 딛고선 현재와 밀접한 근현대 역사를 다시 보거나 재구성하려는 차원에서 근현대 역사박물관 건립 붐이 일어났다고 볼 수 있다.

위와 같은 세계적 변화와 함께 국내 정치적 요인도 근현대 역사박물관 건립에 영향을 주었다. 1998년 대한민국은 처음으로 정권교체가 일어났고, 이후 야당과 여당이 뒤바뀌는 정권교체가 계속되었다. 정권교체 때마다 과거사 다시 보기가 추진되었고 기억 정치와 그 갈등·경쟁이 심해졌다. 이러한 정치적 요인도 근현대 역사박물관의 붐을 가져왔다고 할 수 있다. 아래 표를 보면 박정희 정권기 근현대 역사박물관의 비중은 전체 박물관의 10% 미만이었으며, 1980년부터 1997년까지도 15% 전후였다. 1998년 정권교체의 시대에 들어서면서 20% 전후의 비중을 차지하였다.

• • • •

6 마르틴 뤼케·이름가르트 췬도르프, 《공공역사란 무엇인가》, 정용숙 옮김(푸른역사, 2020), 192쪽.

[표 10] 역대 정권별 박물관, 근현대 역사박물관 건립 추이

단위: 관, %

연도(정권)	박물관	근현대 역사박물관	비중	누적비중
1928-1944	4	0	0%	
1945-1960	11	0	0%	
1961-1979	51	4	8%	6%
1980-1987	45	7	16%	10%
1988-1992	25	4	16%	11%
1993-1997	61	9	15%	12%
1998-2002	139	32	23%	17%
2003-2007	193	34	18%	17%
2008-2012	192	39	20%	18%
2013-2016	127	24	19%	18%
2017-2018	30	7	23%	18%
합계	878	160	18%	

자료: 문화체육관광부 문화기반과, 《2019 전국 문화기반시설 총람》, 2019.12, 238-591쪽;
〈부표 1〉. 박물관 총수는 881개관이나 연도미상 3개관은 제외함.

〈그림 8〉 정권별 주요 소분류 근현대 역사박물관 건립 추이

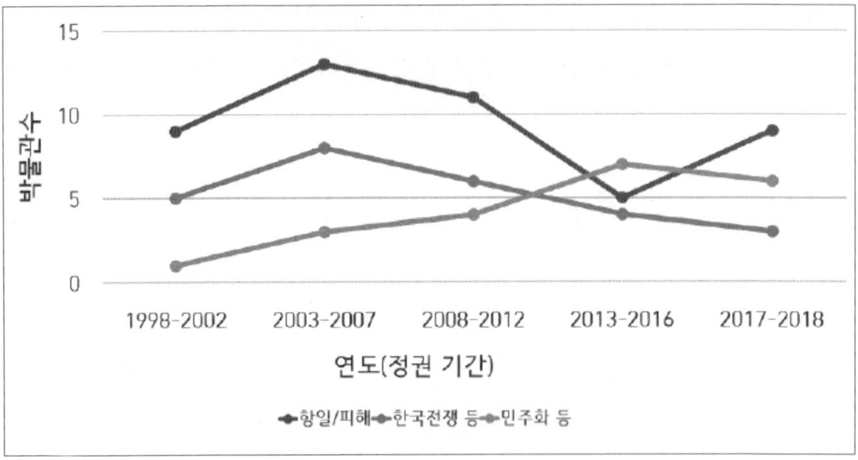

다만 정권의 성향과 특정 주제 박물관 건립이 동조 경향을 보일 것 같지만 시기별로 검토하면 꼭 그렇지는 않다. 〈그림 8〉을 보면 '한국전쟁 등' 근

현대 역사박물관은 이명박 정권기나 박근혜 정권기에 많이 세워졌을 것 같지만 실제 노무현 정권기에 가장 많이 건립되었다. '민주화 등' 근현대 역사박물관이 많이 세워진 시기는 박근혜 정권기이다. 좀 더 정밀하게 분석해 봐야겠지만 몇 가지 이유를 생각해 볼 수 있다. 첫째는 박물관 설립 결정 시점과 건립(개관) 시점의 차이이다. 둘째는 중앙이나 지역 단위에서 박물관 건립이 여러 정치세력의 거래로 이뤄질 가능성이 크다. 반대급부나 균형 차원에서 반대 성향의 박물관이 건립될 수 있다. 따라서 과도하게 박물관의 탄생과 관련된 정치성향, 정치세력과 연관하여 해당 박물관을 고정적으로 해석하는 것은 바람직하지 않다. 출생 배경과 상관없이 이후 박물관이 공공재로서 지내야 할 시간은 길다. 근현대 역사박물관을 어떤 내용으로 채워야 할지, 어떤 정체성을 추구해야 할지는 우리의 과제이다.

참고 문헌

문화체육관광부. 《전국 문화기반시설 총람 2012》, 2012.

문화체육관광부 문화기반과. 《2019 전국 문화기반시설 총람》, 2019.12

이동기. 《현대사 몽타주—발견과 전복의 역사》. 돌베개, 2018.

정호기. 《한국의 역사기념시설》. 민주화운동기념사업회, 2007.

뤼케, 마르틴·이름가르트 췬도르프. 《공공역사란 무엇인가》. 정용숙 옮김. 푸른역사, 2020.

국가통계포털 https://kosis.kr.

[부표 1] 근현대역사박물관 목록

일련 번호	박물관명	개관 연도	운영 주체	지역	자료*	시대 분류	대분류	소분류	소장유물 (여 점)	연관람 인원	학예 인력
1	한독의약박물관	1964	사립	충북	온라인	근현대	물건/기구		20,000	22,277	2
2	한국천주교순교자박물관	1967	사립	서울	총람	근대	인물/사건/기구	종교	5,004	100,000	4
3	안중근의사기념관	1970	사립	서울	온라인	근대	인물	항일	296	128,092	2
4	우정총국우체국(체신기념관)	1972	공립	서울	온라인	근대	기구				0
5	심산김창숙기념관	1974	공립	경북	온라인	근현대	인물	항일			
6	서울유관순기념관	1974	사립	서울	온라인	근대	인물	항일			0
7	이승복기념관	1975	공립	강원	온라인	현대	인물/사건	반공/공비		100,000	
8	해군사관학교박물관	1976	국립	경남	총람	현대	기구		7,881	89,486	0
9	춘천지구전적기념관	1978	공립	강원	온라인	현대	사건	한국전쟁		130,000	0
10	왜관지구전적기념관	1978	공립	경북	온라인	현대	사건	한국전쟁		115,045	
11	낙동강 승전기념관	1979	공립	대구	온라인	현대	사건	한국전쟁		90,000	
12	원불교역사박물관	1979	사립	전북	총람	근현대	기구		7,550	35,000	3
13	공군박물관	1979	국립	충북	총람	현대	기구		17,723	25,229	0
14	만해기념관	1981	사립	경기	총람	근대	인물	항일	3,036	21,316	3
15	다부동전적기념관	1981	공립	경북	온라인	현대	사건	한국전쟁		500,000	0
16	오륜대 한국순교자박물관	1982	사립	부산	총람	근대	사건/인물	종교	3,174	12,000	2
17	임시수도기념관	1984	공립	부산	총람	현대	사건/기구	한국전쟁	1,473	53,630	2
18	백마고지전시관	1985	공립	강원	온라인	현대	사건	한국전쟁			
19	국립등대박물관	1985	국립	경북	총람	근현대	물건/기구		8,982	952,369	2
20	육군박물관	1985	국립	서울	총람	근현대	기구		13,526	63,211	0

일련 번호	박물관명	개관 연도	운영 주체	지역	자료*	시대 분류	대분류	소분류	소장유물 (여 점)	연관람 인원	학예 인력
21	동학혁명기념관	1985	사립	전북	온라인	근대	사건	동학농민전쟁			
22	우정박물관	1985	국립	충남	총람	근현대	기구		27,359	26,026	0
23	강재구기념관	1986	공립	강원	온라인	근현대	인물/사건	베트남전쟁	125	12,000	
24	독립기념관	1987	사립	충남	총람	근대	사건	항일	98,928	1,631,742	33
25	철도박물관	1988	사립	경기	총람	근현대	물건/기구		10,964	160,071	
26	한국조폐공사 화폐박물관	1988	사립	대전	총람	근현대	물건/기구		79,070	111,568	1
27	매헌윤봉길의사기념관	1988	공립	서울	온라인	근대	인물	항일	334	164,543	4
28	우당기념관	1990	사립	서울	온라인	근대	인물	항일	301	6,700	0
29	수몰이주기념관(휴관)	1990	공립	충북	온라인	현대	지역/사건	수몰			
30	에디슨과학박물관	1992	사립	강원	총람	근현대	인물	과학자(외국인)	2,500	220,000	
31	서울대학교병원 의학박물관	1992	사립	서울	총람	근현대	물건/기구		4,130		1
32	조병화문학관	1993	사립	경기	총람	근현대	인물	문학	4,035	2,919	
33	한무숙문학관	1993	사립	서울	총람	현대	인물	문학	3,346	2,200	1
34	서울대학교 치의학박물관	1994	대학	서울	총람	근현대	물건/기구		6,000		
35	전쟁기념관	1994	사립	서울	총람	근현대	사건	한국전쟁	34,255	2,379,672	18
36	백산기념관	1995	공립	부산	온라인	근대	인물	항일	87	12,000	0
37	4.19국립묘지 기념관	1995	국립	서울	온라인	현대	사건/인물	민주화	6		0
38	보령석탄박물관	1995	공립	충남	총람	현대	물건/지역		4,748	65,384	1
39	태백석탄박물관	1997	공립	강원	총람	근현대	물건/지역		7,739	107,907	0
40	한국금융사박물관(휴관)	1997	사립	서울	총람	근현대	물건/기구		17,015	27,875	2
41	한국현대문학관	1997	사립	서울	총람	현대	물건/인물	문학	13,530	7,500	1

일련번호	박물관명	개관연도	운영주체	지역	자료*	시대분류	대분류	소분류	소장유물(여 점)	연관람인원	학예인력
42	제주항일기념관	1997	공립	제주	총람	근대	사건	항일	444	149,000	0
43	일본군위안부역사관	1998	사립	경기	총람	근현대	사건	식민지피해/인권	3,210	7,940	1
44	국회 헌정기념관	1998	국립	서울	총람	현대	기구		18,624	270,480	0
45	서대문형무소역사관	1998	공립	서울	총람	근현대	인물/사건/기구	식민지피해	241	678,033	2
46	도산안창호기념관	1998	사립	서울	총람	근대	인물	항일	6,260	58,868	2
47	이기풍선교기념관	1998	사립	제주	온라인	근대	인물	종교			
48	한국야구명예의전당	1998	공립	제주	총람	근현대	물건/인물	스포츠	3,151	11,700	0
49	대관령스키역사관	1999	공립	강원	온라인	현대	물건/지역				
50	황영조기념관	1999	공립	강원	총람	현대	인물	스포츠	106	14,723	0
51	포로수용소유적공원	1999	사립	경남	총람	현대	사건/기구	한국전쟁	218	395,749	1
52	문경석탄박물관(문경에코랄라)	1999	사립	경북	총람	근현대	물건/지역		6,859	179,664	0
53	민주공원 민주항쟁기념관	1999	사립	부산	온라인	현대	사건	민주화	59,872	300,000	0
54	우장춘기념관	1999	사립	부산	온라인	근대	인물	과학자	38	10,251	0
55	대발이파크(신영균영화박물관)	1999	사립	제주	총람	현대	인물	예술	460		0
56	양구전쟁기념관	2000	공립	강원	온라인	현대	사건	한국전쟁		881,150	
57	카메라박물관	2000	공립	경기	총람	근현대	물건		13,500	11,207	
58	명성황후기념관	2000	공립	경기	총람	근대	인물	조선왕비	137	121,522	1
59	광복기념관	2000	공립	부산	온라인	근대	사건	항일			
60	신문박물관 PRESSEUM	2000	사립	서울	총람	근현대	물건		3,961	38,090	3
61	애양원역사관	2000	사립	전남	온라인	근현대	기구		1,200	35,000	0
62	한센기념관	2000	사립	전남	온라인	근현대	인물/지역	한센인	12,000	35,000	0

일련 번호	박물관명	개관 연도	운영 주체	지역	자료*	시대 분류	대분류	소분류	소장유물 (여 점)	연관람 인원	학예 인력
63	이봉주기념관	2000	공립	충남	온라인	현대	인물	스포츠			
64	제암리 3.1운동 순국기념관	2001	공립	경기	총람	근대	사건	항일/식민지피해	1,425	100,000	2
65	한국만화박물관	2001	공립	경기	총람	근현대	물건		208,044	260,571	4
66	안성3.1운동기념관	2001	공립	경기	총람	근대	사건	항일	663	58,975	1
67	한국기독교역사박물관	2001	사립	경기	총람	근현대	기구		105,366	7,361	
68	영인문학관	2001	사립	서울	총람	현대	인물/물건	문학	30,000	1,600	2
69	한국은행 화폐박물관	2001	사립	서울	총람	근현대	물건/기구		20,429	224,854	7
70	전기박물관	2001	사립	서울	총람	근현대	물건/기구		10,650	77,844	1
71	서울올림픽기념관(휴관)	2001	사립	서울	총람	현대	사건	스포츠			
72	인천광역시역사자료관	2001	공립	인천	온라인	근현대	기구/지역		15,000	10,000	2
73	백령기독교역사관	2001	사립	인천	온라인	근현대	기구				
74	채만식문학관	2001	공립	전북	온라인	근대	인물	문학	376	23,353	1
75	윤봉길의사기념관	2001	공립	충남	총람	근대	인물	항일	61	90,000	0
76	제천의병전시관	2001	공립	충북	총람	현대	사건	항일	78	14,420	1
77	김유정문학촌기념관	2002	공립	강원	온라인	근대	인물	문학		112,300	1
78	이효석문학관	2002	공립	강원	온라인	근대	인물	문학	692	81,992	0
79	강원경찰박물관	2002	국립	강원	총람	근현대	기구		1,020	8,991	
80	자유수호평화박물관	2002	공립	경기	총람	현대	사건	한국전쟁	2,024	49,668	1
81	청강만화역사박물관	2002	사립	경기	총람	현대	물건		2,686	6,765	
82	한얼산업디자인유물관	2002	사립	경기	총람	현대	물건		10,000	1,000	
83	한얼의학유물관	2002	사립	경기	총람	현대	물건		10,000	1,000	

일련 번호	박물관명	개관 연도	운영 주체	지역	자료*	시대 분류	대분류	소분류	소장유물 (여 점)	연관람 인원	학예 인력
84	한얼카메라유물관	2002	사립	경기	총람	현대	물건		10,000	1,000	
85	지리산빨지산토벌전시관	2002	공립	경남	총람	현대	사건	한국전쟁		10,034	0
86	학도의용군전승기념관	2002	공립	경북	온라인	현대	사건/인물	한국전쟁		30,000	
87	운강이강년기념관	2002	공립	경북	총람	근대	인물	항일	98	12,873	0
88	한국잡지박물관	2002	사립	서울	총람	근현대	물건		12,441	5,520	1
89	매괴박물관	2002	사립	충북	총람	근현대	기구		2		0
90	만해문학박물관	2003	사립	강원	총람	근대	인물	문학, 종교, 항일	692	20,345	1
91	애니메이션박물관	2003	공립	강원	총람	근현대	물건/지역		8,543	125,898	0
92	포스코역사관	2003	사립	경북	총람	현대	기구		25,650	80,000	1
93	40계단 문화관	2003	공립	부산	온라인	현대	지역/사건	한국전쟁		11,361	
94	부산근대역사관	2003	공립	부산	총람	근대	지역		3,399	149,346	3
95	북촌생활사박물관	2003	사립	서울	온라인	현대	물건/지역		1,500	6,240	1
96	구세군역사박물관	2003	사립	서울	온라인	근현대	기구		3,000		2
97	연세대학교 언더우드가기념관	2003	대학	서울	온라인	근대	인물	종교	921	6,574	1
98	교과서박물관	2003	사립	세종	총람	근현대	물건		265,236	20,310	2
99	일강김철선생기념관	2003	공립	전남	온라인	근대	인물	항일	0	13,600	0
100	유관순열사기념관	2003	공립	충남	총람	근대	인물	항일	60	208,855	1
101	감우재전승기념관	2003	공립	충북	총람	현대	사건	한국전쟁	200	14,200	0
102	한서남궁억기념관	2004	공립	강원	온라인	근대	인물	항일		12,000	0
103	의암류인석기념관	2004	공립	강원	총람	근대	인물	항일	107	31,512	
104	한국항공대학교 항공우주박물관	2004	대학	경기	총람	현대	기구/물건		1,191	250	

일련 번호	박물관명	개관 연도	운영 주체	지역	자료*	시대 분류	대분류	소분류	소장유물 (여 점)	연관람 인원	학예 인력
105	박진전쟁기념관	2004	공립	경남	총람	현대	사건	한국전쟁	120	21,671	1
106	윤동주기념관	2004	사립	서울	온라인	근대	인물	문학, 항일			
107	혜곡최순우기념관	2004	사립	서울	총람	근현대	인물	문화재	2,066	16,008	1
108	샬트르 성 바오로 수녀회 역사박물관	2004	사립	서울	총람	근대	기구		2,655	641	2
109	우리은행 은행사박물관	2004	사립	서울	총람	근현대	기구/물건		24,775	13,862	2
110	인천학생6.25참전관	2004	사립	인천	총람	현대	사건	한국전쟁	823	63,900	1
111	동학농민혁명기념관	2004	공립	전북	총람	근대	사건	동학농민전쟁	6,546	69,547	2
112	구파백정기의사기념관	2004	공립	전북	총람	근대	인물	항일	8	10,000	0
113	제주평화박물관	2004	사립	제주	총람	근현대	사건	식민지피해	1,797	30,262	1
114	문창모기념관	2005	사립	강원	온라인	근현대	인물	의료인			
115	동강사진박물관	2005	공립	강원	총람	근현대	물건/지역		1,627	38,790	5
116	한국근현대사박물관	2005	사립	경기	총람	현대	지역		70,000	145,000	
117	해금강테마박물관	2005	사립	경남	총람	근현대	물건/지역		200,000	70,000	6
118	유치곤장군호국기념관	2005	공립	대구	온라인	현대	인물/사건	한국전쟁		14,466	
119	이한열기념관	2005	사립	서울	총람	현대	인물/사건	민주화	2,109	4,000	2
120	청계천박물관	2005	공립	서울	총람	현대	지역		0	166,222	5
121	경찰박물관	2005	국립	서울	총람	근현대	기구		8,944	295,594	3
122	수도국산달동네박물관	2005	공립	인천	총람	현대	지역		5,349	140,092	1
123	농민문학기념관	2005	사립	충북	총람	현대	인물	문학	500	550	2
124	파로호 안보전시관	2006	공립	강원	총람	현대	사건	한국전쟁	48	12,199	0
125	부천펄벅기념관	2006	공립	경기	총람	현대	인물	문학, 자선	247	14,547	

일련 번호	박물관명	개관 연도	운영 주체	지역	자료*	시대 분류	대분류	소분류	소장유물 (여 점)	연관람 인원	학예 인력
126	외교사료관	2006	국립	서울	온라인	근현대	기구		800	15,921	1
127	이화박물관	2006	사립	서울	총람	근대	기구		1,406	16,080	1
128	백범김구기념관	2006	사립	서울	총람	근대	인물	항일	1,545	175,205	3
129	인천개항장 근대건축전시관	2006	공립	인천	온라인	근대	물건/지역			55,434	2
130	백범김구은거기념관	2006	사립	전남	온라인	근대	인물	항일			
131	해녀박물관	2006	공립	제주	총람	근현대	인물	생활	3,861	187,250	1
132	에티오피아한국전참전기념관	2007	공립	강원	온라인	현대	사건	한국전쟁		53,338	0
133	이승만대통령화진포기념관	2007	공립	강원	온라인	근현대	인물	대통령		272,968	0
134	무위당기념관	2007	사립	강원	온라인	현대	인물/사건	민주화		4,599	1
135	6.25전쟁체험기념관	2007	공립	강원	총람	현대	사건	한국전쟁	892	632,206	0
136	최용신기념관	2007	공립	경기	총람	근대	인물	항일	1,123	32,508	1
137	광주학생독립운동기념관	2007	공립	광주	온라인	근대	사건	항일			
138	대구은행금융박물관	2007	사립	대구	총람	근현대	기구		320		1
139	제물포구락부	2007	공립	인천	온라인	근현대	기구				0
140	목포문학관	2007	공립	전남	총람	근현대	인물/지역	문학	7,089	19,806	1
141	김한종의사기념관	2007	사립	충남	온라인	근대	인물	항일			
142	보령댐애향박물관	2007	공립	충남	온라인	현대	사건/지역	수몰	268	25,000	0
143	베트남참전기념관	2008	공립	강원	온라인	현대	사건	베트남전쟁			0
144	월남파병용사 만남의 장	2008	공립	강원	총람	현대	사건/인물	베트남전쟁	85	8,018	0
145	노동자역사 한내	2008	사립	경기	온라인	현대	사건/기구	민주화			
146	디자인코리아뮤지엄	2008	사립	경기	총람	근현대	물건		2,700	1,500	1

일련번호	박물관명	개관연도	운영주체	지역	자료*	시대분류	대분류	소분류	소장유물(여 점)	연관람인원	학예인력
147	화폐박물관	2008	사립	경기	총람	근현대	물건		1,080	4,800	
148	경상북도새마을회역사관	2008	공립	경북	온라인	현대	사건/기구	새마을	80	3,000	0
149	김달진미술자료박물관	2008	사립	서울	총람	현대	인물	예술	3,500	3,000	3
150	국립경찰박물관	2008	공립	서울	총람	근현대	물건		897	140,092	1
151	한국영화박물관	2008	국립	서울	총람	근현대	물건		901,518	82,767	2
152	배재학당역사박물관	2008	사립	서울	총람	근대	기구		6,771	10,578	4
153	한국광고박물관	2008	사립	서울	총람	근현대	물건		45,810	10,377	1
154	한국이민사박물관	2008	공립	인천	총람	근현대	사건	이민	9,898	100,736	3
155	한국선교역사기념관	2008	사립	인천	총람	근대	기구		1,463	5,899	
156	서재필기념관	2008	사립	전남	온라인	근대	인물	항일	50	200,000	0
157	이세돌바둑기념관	2008	공립	전남	온라인	현대	인물	스포츠	150	7,500	0
158	소암기념관	2008	공립	제주	온라인	근현대	인물	예술(미술)	667	13,000	1
159	제주4.3평화기념관	2008	공립	제주	총람	현대	사건	4.3	5,488	436,977	2
160	태백중학교 학도병기념관	2009	공립	강원	온라인	현대	사건/기구	한국전쟁		200	
161	남종현발명역사관	2009	사립	강원	온라인	현대	인물	발명가			
162	강원도디엠제트박물관	2009	공립	강원	총람	근현대	지역/사건	평화/분단	6,581	272,726	2
163	강원도탄광문화촌	2009	공립	강원	총람	현대	물건/지역		42	50,995	
164	황순원문학관	2009	공립	경기	총람	근현대	인물	문학	96	96,092	1
165	실학박물관	2009	공립	경기	총람	근대	사건/인물	학문	2,099	210,858	8
166	노무현대통령생가(기념관)	2009	사립	경남	온라인	현대	인물	대통령			
167	새마을운동발상지기념관	2009	공립	경북	온라인	현대	사건	새마을		38,203	1

일련 번호	박물관명	개관 연도	운영 주체	지역	자료*	시대 분류	대분류	소분류	소장유물 (여 점)	연관람 인원	학예 인력
168	포항새마을운동발상지기념관	2009	공립	경북	온라인	현대	사건	새마을		43,700	
169	왕산허위선생기념관	2009	공립	경북	온라인	근대	인물	항일		57,093	
170	한국기독교선교박물관	2009	사립	부산	총람	근대	기구		1,400	5,322	1
171	인천도시역사관	2009	공립	인천	총람	근현대	기구		324	122,909	3
172	상해임시정부청사 독립역사관	2009	공립	전남	온라인	근대	사건/기구	항일		13,600	0
173	카메라영상박물관	2009	사립	전북	총람	근현대	물건		20,050	14,500	1
174	학선리마을박물관	2009	공립	전북	온라인	근현대	지역				
175	월하이태극문학관	2010	사립	강원	온라인	근현대	인물	문학			
176	잔아문학박물관	2010	사립	경기	총람	근현대	인물	문학	1,690	5,399	
177	윤이상기념관	2010	사립	경남	온라인	근현대	인물	예술/민주화	912	20,418	
178	박경리기념관	2010	공립	경남	온라인	현대	인물	문학		103,523	
179	경남선교120주년기념관	2010	사립	경남	온라인	근현대	기구		1,000		
180	상주동학교당유물전시관	2010	공립	경북	총람	근대	기구		1,425	5,475	0
181	고든어비슨기념관	2010	사립	광주	온라인	근현대	인물	종교			
182	곽병원운경기념관	2010	사립	대구	온라인	근현대	인물	의료인			
183	보수동책방골목 문화관	2010	공립	부산	온라인	근현대	물건/지역		300		1
184	청와대 사랑채	2010	국립	서울	온라인	현대	인물	대통령			
185	외솔기념관	2010	공립	울산	총람	근현대	인물	국어학자, 항일	159	51,989	
186	소리체험박물관	2010	사립	인천	온라인	근현대	물건		2,000	15,000	0
187	강화문학관	2010	공립	인천	온라인	근현대	인물	문학	354		1
188	인천개항박물관	2010	공립	인천	총람	근대	사건/지역	개항	672	75,224	1

일련 번호	박물관명	개관 연도	운영 주체	지역	자료*	시대 분류	대분류	소분류	소장유물 (여 점)	연관람 인원	학예 인력
189	예수병원의학박물관	2010	사립	전북	총람	근현대	기구		11,023	12,060	1
190	석오이동녕기념관	2010	공립	충남	총람	근대	인물	항일	10	14,568	0
191	몽양기념관	2011	공립	경기	총람	근대	인물	항일	265	8,425	1
192	울릉역사문화체험센터	2011	사립	경북	온라인	근현대	지역				
193	대구중부경찰서 경찰역사체험관(휴관)	2011	공립	대구	온라인	근대	기구				
194	대구근대역사관	2011	공립	대구	총람	근대	지역		5,445	85,601	1
195	국채보상운동기념관	2011	공립	대구	총람	근대	사건	항일	866	63,134	
196	심산김창숙기념관	2011	사립	서울	온라인	근대	인물	항일	215	559,943	2
197	군산근대역사박물관	2011	공립	전북	총람	근대	지역		3,000	810,014	2
198	임도현항일비행사기념관	2011	사립	제주	온라인	근대	인물	항일			
199	영월미디어기자박물관	2012	사립	강원	총람	현대	물건/지역		11,566	7,320	0
200	양구인문학박물관	2012	공립	강원	총람	근현대	인물	문학	1,816	14,376	
201	박인환문학관	2012	공립	강원	총람	근현대	인물	예술	70	53,415	1
202	진해군항마을역사관	2012	공립	경남	온라인	근현대	지역				
203	구룡포근대역사관	2012	공립	경북	온라인	근대	지역				
204	박열의사기념관	2012	공립	경북	온라인	근현대	인물	항일	533	15,053	1
205	KJB금융박물관	2012	사립	광주	총람	근현대	기구		139	6,620	1
206	문화역 서울 284	2012	공립	서울	온라인	근현대	기구			600,000	0
207	박정희대통령기념관	2012	사립	서울	온라인	현대	인물	대통령	9,093	30,105	5
208	윤동주문학관	2012	공립	서울	온라인	근대	인물	문학/항일			
209	한익환서울아트박물관	2012	사립	서울	총람	현대	인물	예술	2,450	1,947	1

일련 번호	박물관명	개관 연도	운영 주체	지역	자료*	시대 분류	대분류	소분류	소장유물 (여 점)	연관람 인원	학예 인력
210	전쟁과여성인권박물관	2012	사립	서울	총람	근현대	사건	인권/식민지피해	123	19,786	1
211	손기정기념관	2012	공립	서울	총람	근대	인물	스포츠	5,532	10,893	1
212	대한민국역사박물관	2012	국립	서울	총람	근현대	기구		130,981	1,092,456	27
213	소래역사관	2012	공립	인천	온라인	근현대	지역		383	47,342	1
214	짜장면박물관	2012	공립	인천	총람	근대	물건/지역		420	189,338	2
215	시문학파기념관	2012	공립	전남	총람	근현대	인물	문학	1,013	51,425	0
216	순천시기독교역사박물관	2012	공립	전남	총람	근대	기구		736	20,160	0
217	여명카메라박물관	2012	사립	전북	온라인	근현대	물건				
218	원오봉마을박물관	2012	공립	전북	온라인	근현대	지역				
219	여초서예관	2013	공립	강원	총람	근현대	인물	예술	1,075	13,892	1
220	유엔군 초전기념관	2013	공립	경기	총람	현대	사건	한국전쟁	251	43,573	1
221	해군6전단 항공역사관	2013	국립	경북	온라인	현대	기구				
222	2.28 민주운동기념회관	2013	사립	대구	온라인	현대	사건	민주화			
223	호국철도기념관	2013	공립	대전	온라인	근현대	사건	한국전쟁			
224	대전근현대사전시관	2013	공립	대전	온라인	근현대	지역			46,091	5
225	임권택영화박물관	2013	사립	부산	온라인	현대	인물	영화	6,400	2,490	2
226	파독근로자기념관	2013	공립	서울	온라인	현대	인물/사건	파독	2,000		0
227	고촌이종근기념관	2013	사립	서울	총람	현대	인물	의약	119	3,103	2
228	한국근대문학관	2013	공립	인천	총람	근대	물건/인물/지역	문학	194	31,150	1
229	김대중노벨평화상기념관	2013	공립	전남	총람	현대	인물/사건	평화	5,712	247,303	2
230	군산근대건축관	2013	공립	전북	온라인	근대	물건/지역		54	28,950	3

일련번호	박물관명	개관연도	운영주체	지역	자료*	시대분류	대분류	소분류	소장유물(여 점)	연관람인원	학예인력
231	책박물관(삼례책마을)	2013	사립	전북	총람	현대	물건/지역		20,000	38,956	0
232	넥슨컴퓨터박물관	2013	사립	제주	총람	현대	물건/기구		6,896	230,456	2
233	통일촌마을박물관	2013	공립	경기	온라인	근현대	지역				
234	초막골마을박물관	2013	공립	충남	온라인	근현대	지역				
235	손성목영화박물관	2014	사립	강원	총람	근현대	인물	영화	1,000	220,000	1
236	양구근현대사박물관	2014	공립	강원	총람	근현대	지역		20,583	28,235	
237	한국동요박물관	2014	사립	경기	온라인	근현대	물건			1,200	0
238	김중업건축박물관	2014	공립	경기	총람	현대	인물	건축	6,091	57,439	2
239	부산시민공원역사관	2014	공립	부산	총람	근현대	지역		1,371	41,660	1
240	유엔평화기념관	2014	사립	부산	총람	현대	사건/기구	한국전쟁	10,434	139,755	2
241	석조전 대한제국역사관	2014	국립	서울	총람	근대	기구/사건	대한제국	71	31,218	1
242	오영수문학관	2014	공립	울산	온라인	근현대	인물	문학	1,000	22,000	0
243	울산노동역사관1987	2014	사립	울산	온라인	현대	사건	민주화			
244	목포근대역사관	2014	공립	전남	총람	근대	지역		120	103,904	2
245	심훈기념관	2014	공립	충남	총람	근대	인물	문학	419	40,982	1
246	근현대인쇄전시관	2014	공립	충북	온라인	근현대	물건/지역				
247	갈남마을박물관	2014	공립	강원	온라인	근현대	지역				
248	성철스님기념관	2015	사립	경남	온라인	근현대	인물	종교			0
249	손양원목사순교기념관	2015	사립	경남	온라인	근대	인물	종교			
250	항일독립운동가 주기철목사기념관	2015	공립	경남	총람	근대	인물	종교/항일	55	26,905	0
251	한국대중음악박물관	2015	사립	경북	총람	근현대	물건		70,000	40,000	1

일련번호	박물관명	개관연도	운영주체	지역	자료*	시대분류	대분류	소분류	소장유물(여 점)	연관람인원	학예인력
252	칠곡호국평화기념관	2015	공립	경북	총람	현대	인물/사건	한국전쟁	83	178,070	1
253	5.18민주화운동기념관	2015	공립	광주	온라인	현대	사건	민주화			
254	소심당조아라기념관	2015	사립	광주	온라인	근현대	인물	종교/복지/여성/민주화			
255	광주백범기념관	2015	사립	광주	온라인	근현대	인물	항일		12,361	
256	남대영 기념관	2015	사립	대구	온라인	근현대	인물	종교		3,000	
257	희움 일본군 위안부 역사관	2015	사립	대구	온라인	근대	인물/사건	식민지피해/인권	940	9,588	
258	DTC섬유박물관	2015	공립	대구	총람	근현대	물건/지역		3,297	61,347	0
259	금융박물관로드	2015	사립	부산	온라인	현대	물건/기구			3,793	
260	국립일제강제동원역사관	2015	국립	부산	총람	근대	사건	식민지피해	2,798	145,018	0
261	국립중앙의료원 스칸디나비아 기념관	2015	국립	서울	온라인	현대	기구		100	10	0
262	함석헌기념관	2015	공립	서울	온라인	근현대	인물	종교/민주화	41	10,000	0
263	서울중부경찰서 역사박물관	2015	공립	서울	온라인	근현대	기구		410		0
264	토지금고 마을박물관	2015	공립	인천	온라인	근현대	지역				0
265	장흥동학농민혁명기념관	2015	공립	전남	온라인	근대	사건	동학농민전쟁	24	16,569	1
266	담양우표박물관	2015	사립	전남	총람	근현대	물건		200,000	3,000	1
267	함라초등학교역사관	2015	공립	전북	온라인	근현대	기구				
268	이화동마을박물관	2015	공립	서울	온라인	근현대	지역				
269	안산어촌민속박물관	2016	공립	경기	온라인	현대	물건/지역			46,441	1
270	민주화운동기념공원	2016	공립	경기	온라인	현대	사건	민주화		29,000	1
271	대한컴퓨터박물관	2016	사립	경기	온라인	현대	물건			600	0
272	거창근대의료박물관	2016	공립	경남	온라인	근대	기구			400	1

일련번호	박물관명	개관연도	운영주체	지역	자료*	시대분류	대분류	소분류	소장유물(여 점)	연관람인원	학예인력
273	얼음골 축음기 소리박물관	2016	사립	경남	총람	근현대	물건		550	15,695	1
274	성주초등학교 역사관	2016	공립	경북	온라인	근현대	기구				
275	대구교육박물관	2016	공립	대구	온라인	근현대	기구		18,521	62,451	2
276	사상생활사박물관	2016	공립	부산	총람	근현대	물건/지역		2,089	20,046	1
277	근현대사기념관	2016	공립	서울	온라인	근현대	인물/사건	민주화	150	25,000	3
278	쑥골 마을박물관	2016	공립	인천	온라인	근현대	지역				0
279	홍암나철기념관	2016	공립	전남	온라인	근대	인물	종교/항일		12,230	1
280	여주시립 폰박물관	2016	공립	경기	총람	근현대	물건		3,600	20,000	1
281	천안함기념관	2017	공립	경기	온라인	현대	사건	천안함			
282	선감역사박물관	2017	사립	경기	온라인	근현대	사건/기구	소년수용소/인권		1,000	0
283	국립6.25전쟁납북자기념관	2017	국립	경기	총람	현대	인물/사건	한국전쟁		52,986	1
284	성심원역사관	2017	사립	경남	온라인	현대	기구				
285	독도의용수비대기념관	2017	국립	경북	온라인	현대	기구			15,000	0
286	부계초등학교 어우름역사관	2017	공립	경북	온라인	근현대	기구				
287	경상북도독립운동기념관	2017	사립	경북	총람	근대	사건	항일	3,352	27,739	7
288	상화기념관이장가문화관	2017	사립	대구	온라인	근대	인물	문학/항일		1,200	0
289	박기종기념관	2017	공립	부산	온라인	근대	인물	기업인	0		1
290	부산영화체험박물관	2017	공립	부산	총람	근현대	물건/지역		91,968	120,000	0
291	백남준기념관	2017	공립	서울	온라인	현대	인물	예술	0	50	
292	국토발전전시관	2017	국립	서울	총람	현대	물건/기구		18,598	51,000	0
293	독정이 마을박물관	2017	공립	인천	온라인	현대	지역				

일련번호	박물관명	개관연도	운영주체	지역	자료*	시대분류	대분류	소분류	소장유물(여 점)	연관람인원	학예인력
294	유류피해극복기념관	2017	공립	충남	총람	현대	사건	환경오염	8,387	50,858	1
295	제전마을박물관	2017	공립	울산	온라인	근현대	지역				
296	명주동햇살박물관	2017	공립	강원	온라인	근현대	지역				
297	북측기념응원방문단전시관	2018	사립	강원	온라인	현대	사건	남북화해			
298	춘천고등학교 역사관	2018	공립	강원	온라인	근현대	기구				
299	매향리 평화역사관	2018	공립	경기	온라인	현대	사건	미군폭격/평화			
300	의열기념관	2018	공립	경남	온라인	근대	인물/사건	항일	60	12,000	1
301	고령군의회역사관	2018	공립	경북	온라인	현대	기구				
302	전국회의장 정의화기념관	2018	사립	부산	온라인	현대	인물	정치인			
303	한국신발관	2018	공립	부산	온라인	현대	물건/지역		400	20,000	0
304	천주교 서울대교구 역사관	2018	사립	서울	온라인	근현대	기구		0	12,000	0
305	세운전자박물관	2018	사립	서울	온라인	현대	물건/지역		190	27,485	0
306	이음피움 봉제역사관	2018	공립	서울	온라인	현대	물건/지역		0	18,107	0
307	문익환통일의집	2018	사립	서울	온라인	근현대	인물/사건	민주화	30,000	1,994	0
308	근대불교문화기념관	2018	사립	서울	온라인	근현대	기구		1,800		0
309	식민지역사박물관	2018	사립	서울	온라인	근현대	사건/기구	항일/식민지피해	40,000	20,000	5
310	고흥갑재민속전시관	2018	공립	전남	총람	근현대	물건/지역		3,690	2,723	5
311	군산3·1운동100주년기념관	2018	공립	전북	온라인	근대	사건	항일	168	27,013	3
312	근대소리박물관	2018	사립	전북	온라인	근현대	물건		700	1,000	0
313	공주기독교박물관	2018	사립	충남	총람	근현대	기구		89	25,000	2
314	항일독립운동역사관	2018	사립	충북	온라인	근대	사건	항일	100	30,000	0

일련 번호	박물관명	개관 연도	운영 주체	지역	자료*	시대 분류	대분류	소분류	소장유물 (여 점)	연관람 인원	학예 인력
315	반기문기념관	2018	공립	충북	온라인	현대	인물	정치인	1,780	22,674	1
316	돈의문박물관마을	2018	공립	서울	온라인	근현대	지역				
317	깡깡이예술마을박물관	2018	공립	부산	온라인	근현대	지역				
318	2018 평창동계올림픽·패럴림픽대회 의료지원기념관	2019	사립	강원	온라인	현대	사건	스포츠			
319	파독광부기념관	2019	공립	강원	온라인	현대	인물/사건	파독		76,477	0
320	턱거리마을박물관	2019	공립	경기	온라인	근현대	지역				
321	포항항도초등학교 역사관	2019	공립	경북	온라인	현대	기구				
322	영주근대역사체험관	2019	공립	경북	온라인	근현대	물건/지역				
323	영천전투호국기념관	2019	공립	경북	온라인	현대	사건	한국전쟁			
324	광주고등학교 4.19민주혁명역사관	2019	공립	광주	온라인	현대	사건	민주화			
325	오방최흥종기념관	2019	공립	광주	온라인	근현대	인물	교육/종교/항일			
326	테미오래	2019	공립	대전	온라인	근현대	물건/지역			239,400	
327	부산 증권박물관	2019	사립	부산	온라인	현대	물건		9,000	2,500	2
328	민주인권기념관	2019	공립	서울	온라인	현대	사건/기구	민주화	0	36,674	0
329	가톨릭대학교 교회음악박물관	2019	대학	서울	온라인	근현대	물건/기구		0		0
330	전태일기념관	2019	공립	서울	온라인	현대	인물/사건	민주화	15,117	25,245	1
331	헤론 기념관	2019	사립	서울	온라인	근대	인물	종교	1		0
332	서울생활사박물관	2019	공립	서울	온라인	근현대	물건/지역		8,057	83,031	7
333	문화공간이육사	2019	공립	서울	온라인	근대	인물	문학/항일	23	607	1
334	스코필드 기념관	2019	사립	서울	온라인	근대	인물	선교/항일			

일련 번호	박물관명	개관 연도	운영 주체	지역	자료*	시대 분류	대분류	소분류	소장유물 (여 점)	연관람 인원	학예 인력
335	배다리성냥마을박물관	2019	공립	인천	온라인	근현대	물건/지역		200	15,647	0
336	나바위성지역사관	2019	사립	전북	온라인	근대	사건/기구	종교	1,000		0
337	노송늬우스박물관	2020	공립	전북	온라인	현대	지역				
338	해심조윤남기념관	미상	사립	경북	온라인	현대	인물	교육(장학)			
339	김광석스토리하우스	미상	사립	대구	온라인	현대	인물	예술			
340	대구제일교회기독교역사관	미상	사립	대구	온라인	근현대	기구				
341	삼덕교회60주년기념관	미상	사립	대구	온라인	현대	기구				
342	고당기념관	미상	사립	서울	온라인	근대	인물	항일			
343	신아기념관	미상	사립	서울	온라인	근대	기구				
344	이승만대통령기념관(휴관)	미상	사립	서울	온라인	근현대	인물	대통령			
345	중앙고등학교 3.1기념관	미상	사립	서울	온라인	근대	사건	항일	0		0

자료: 문화체육관광부 문화기반과, 2019 전국 문화기반시설 총람 , 2019; 온라인 조사(2020년 4월~7월). '자료' 항목의 '총람'은 전자를, '온라인'은 후자를 말한다.

김형찬

고려대학교 민족문화연구원장·고려대학교 철학과 교수

고려대학교 국어국문학과 및 철학과 학사, 동 대학원 철학과 석사 및 박사 졸업. 현재 고려대학교 민족문화연구원장 및 고려대학교 철학과 교수. 주요 논저로는《율곡이 묻고 퇴계가 답하다》(2018), 〈이학과 심학, 그 간극 극복의 과제〉(2021), 〈퇴계의 양명학 비판과 조선유학의 성립〉(2020), 〈자아 확대의 두 가지 길—유학의 성인관과 근대의 시민관에 대하여〉(2019), 〈조선시대 지식생산체계 연구방법과 지식사회의 층위〉(2014), 〈생태적 미래와 자발적 가난〉(2011) 등이 있음.

박종천

고려대학교 민족문화연구원 교수

서울대학교 종교학과 학사, 동 대학원 종교학과 석사 및 박사 졸업. 현재 고려대학교 민족문화연구원 교수. 주요 논저로는《유한의 시간을 비추는 무한의 스크린—종교와 영화의 세계》(2020), 《예, 3천년 동양을 지배하다》(2011), 《다산 정약용의 의례이론》(2008) 등이 있음.

김은기

고려대학교 국제학부 교수

캐나다 알버타대학교 사회학 학사, 토론토대학교 사회학 석사 및 박사 졸업. 현재 고려대학교 국제학부 교수. 주요 논저로는 *Korean Culture: Confucianism, Shamanism and Other Habits of the Heart*(2022년 출간 예정), 《한류(韓流)와 역류(逆流)—문화외교의 가능성과 한계》(공저, 2020), "Minjung Theology in Contemporary Korea: Liberation Theology and a Reconsideration of Secularization Theory" [*Religions* 9, no.12(2018)] 등이 있음.

김종만
경희대학교 종교시민문화연구소 전임연구원

고려대학교 한국사학과 학사, 서울신학대학교 신학과 석사, 서강대학교 종교학과 박사 졸업. 현재 경희대학교 종교시민문화연구소 전임연구원. 주요 논저로는《틱낫한과 하나님》(2020),《틱낫한의 깨어 있는 마음 수행》(역서, 2021),《틱낫한의 사랑이란 무엇인가?》(역서, 2020) 등이 있음.

최종석
동덕여자대학교 국사학과 부교수

서울대학교 역사교육과 학사, 동 대학원 국사학과 석사 및 박사 졸업. 현재 동덕여자대학교 국사학과 부교수. 주요 논저로는《한국 중세의 읍치와 성》(2014),《조선시대 예교 담론과 예제 질서》(공저, 2016),〈13~15세기 천하질서하에서 고려와 조선의 국가 정체성〉(2017),〈고려후기 '자신을 夷로 간주하는 화이의식'의 탄생과 내향화—조선적 자기 정체성의 모태를 찾아서〉(2017),〈베트남 外王內帝 체제와의 비교를 통해 본 고려전기 이중 체제의 양상〉(2015) 등이 있음.

박경남
고려대학교 민족문화연구원 교수

서울대학교 국어국문학과 학사, 동 대학원 국어국문학과 석사 및 박사 졸업. 현재 고려대학교 민족문화연구원 교수. 주요 논저로는《저마다의 길—유한준평전》(2021),《동아시아 문학 속 상인형상》(공저, 2017),《정조와 정조 이후—정조시대와 19세기의 연속과 단절》(공저, 2017),《중국 문학 속 상인세계》(공역, 2017) 등이 있음.

정혜린
홍익대학교 초빙교수

서울대학교 미학과 학사, 동 대학원 미학과 석사 및 박사 졸업. 현재 홍익대학교 초빙교수. 주요 논저로는《추사 김정희와 한중일 학술교류》(2019),《추사 김정희의 예술론》(2008),〈북송대 문인화-사대부 문화의 시각화—소식(蘇軾)의 논의를 중심으로〉(2018),〈옹방강(翁方綱)의 서예사론(書藝史論)—해서(楷書)를 중심으로〉(2011) 등이 있음.

황두진
황두진건축사사무소 대표

서울대학교 건축학과 학사 및 석사, 예일대학교 건축대학원 석사 졸업. 현재 황두진건축사사무소 대표. 주요 논저로는《가장 도시적인 삶》(2017),《무지개떡 건축》(2015),《한옥이 돌아왔다》(2006),〈건축가 이훈우에 대한 연구〉(공저, 2020) 등이 있고, 주요 건축 작품으로는〈캐슬 오브 스카이워커스〉, 〈원앤원 63.5〉, 〈노스테라스〉, 〈스웨덴 동아시아 박물관 한국실〉, 〈무카스〉, 무지개떡 건축 및 한옥 연작 등이 있음.

고지혜

고려대학교 민족문화연구원 연구교수

고려대학교 국어교육과 학사, 동 대학원 국어국문학과 석사 및 박사 졸업. 현재 고려대학교 민족문화연구원 연구교수. 주요 논저로는《인공지능 시대의 국어교육과 교양교육》(공저, 2021), 〈1964년의 조지훈과 민족문화 프로젝트〉(2021), 〈《사상계》 신인문학상과 1960년대 소설의 형성〉(2016) 등이 있음.

정병욱

고려대학교 민족문화연구원 교수

고려대학교 사학과 학사, 동 대학원 사학과 석사 및 박사 졸업. 주요 논저로는《식민지 불온열전》(2013),《한국근대금융연구—조선식산은행과 식민지 경제》(2004),《일기를 통해 본 전통과 근대, 식민지와 국가》(공저, 2013), 〈1931년 식민지 조선 반중국인 폭동의 학살 현장 검토〉(2019), 〈1919년 3월 황해도 수안 만세시위의 재구성〉(2019) 등이 있음.

대니얼 코널리

한국외국어대학교 국제학부 조교수

캐나다 톰슨 리버스대학교 역사학과 학사, 고려대학교 국제관계학 석사 및 박사 졸업. 현재 한국외국어대학교 국제학부 조교수. 주요 논저로는 "Unwanted Participation? Defector Public Diplomacy in South Korea"[*Australian Journal of International Affairs*(2022년 출간 예정)], "Artificial Intelligence and Human Rights in APEC: Navigating the Shortcuts, Gaps, and Traps"[*Journal of APEC Studies* 13, no.1(2021)], "Why Are Developed Countries Giving Aid to India?"[*Asian Survey* 61, no.2(공저, 2021)], "New Frontiers of Profit and Risk: The Fourth Industrial Revolution's Impact on Business and Human Rights"[*New Political Economy* 26, no.1(공저, 2021)] 등이 있음.

한국 문화의 정체성

초판 발행 1쇄 2021년 12월 30일

지은이 김형찬·박종천·김은기·김종만·최종석
박경남·정혜린·황두진·고지혜·정병욱
대니얼 코널리
펴낸곳 고려대학교출판문화원
www.kupress.com
kupress@korea.ac.kr
(02841) 서울특별시 성북구 안암로 145
Tel 02-3290-4230, 4232
Fax 02-923-6311
찍은곳 네오프린텍(주)

ISBN 979-11-91161-79-3 93300

값 43,000원
※ 잘못 만들어진 책은 바꿔 드립니다.